역사철학
PHILOSOPHIES OF HISTORY

GRACE E. CAIRNS

PHILOSOPHIES OF HISTORY

MEETING OF EAST AND WEST IN
CYCLE–PATTERN THEORIES OF HISTORY

대원동서문화총서

역사철학

역사 순환론 속에서의 동양과 서양의 간남

그레이스 E. 케언스 지음
이성기 옮김

대원사

차례

6

서두

이 박학한 서적은 서양의 역사철학들과 사회와 문화 변천에 대한 이론들이 지닌 커다란 공백을 메워 준다. 최근까지 서양의 역사철학자들과 사회과학자들은 주로 직선적인 역사의 진화와 진보의 개념을 설명하였으며, 한편 서양의 역사가들은, 오스발트 슈펭글러(Oswald Spengler)의 말처럼 "매우 멋없고 뜻 없는 역사의 도식"을 고집하여 서구 문화의 관점에서 배타적으로 내다본 직선적인 '고대—중세—현대'라는 도식으로 시대를 구분하였다. 서구의 역사가와 사회과학자들은 직선적인 진화와 진보의 사상에 집착하여 거의 모든 비직선적인 이론들을 무시하였다. 특히 우주, 생물, 사회문화의 진보에 대한 순환론적인 해석과 더욱이 과거의 위대한 동양 문명의 탁월한 사상가들이 생각하고 발전시켰던 훌륭한 순환론을 무시하였다. 사회문화적인 변천과 진화, 그리고 그 과정을 다룬 우리 교과서들 대부분은 그 비직선적인 이론들을 거의 언급하지 않았고, 혹 언급했더라도 중요하지 않거나 무의미한 것처럼 몇 절로 처리해 버렸다.

20세기 인간의 세계——인간의 사회 생활과 제도 그리고 과학에서 종교에 이르는 문화의 모든 부문들과 여러 가치 체계——에서 발생했던 거대한 변화들 가운데서 현저한 변화가 우주와 사회문화의 변천을 연구하는 서양의 역사학과 철학 및 사회학적인 이론의 분야에서도 역시 일어났다. 이제까지 전매 특허를 얻은 양 군림해 오던 직선적인 역사 발전론은, 역사 변천과 사회문화적인 역학들을 순환적이며 율동적이고 "일정한 경향을 가지지 않는 파동"으로 보는 이론들의 출현과 성장으로 깨어지고 말았다. 이 이론들은 슈펭글러, A.J. 토인비, J. 오르테가 y 가세트, N. 버댜예브, F.S.C. 노드롭, A. K. 크뢰버와 그 밖에 다른 사람들의 저작에서 설명이 되었다. 이같은 변천과 함께 우주, 생물, 사회문화의 진보에 대한 이전의 순환적이고 비직선적인 개념들에 대해서 점차적인 관심과 연구가 높아 가고 있다. 그 결과로 우주, 생물학, 경제학, 정치학, 미학, 종교, 철학 그리고 또 다른 사회문화의 순환성, 율동성, 파동성 및 주기성에 대한 탐구는 물론 이 개념들을 다루는 서양의 문헌이 지난 수십 년 동안에 급격히 늘어났다.

그러나 이왕 발행된 많은 서적 중에는 아직까지 동서양의 위대한 문화가 낳은 탁월한 사상가들에 의해서 발전된 극히 중요한 순환론의 간결한 역사를 단 한 권으로 제시해 줄 만한 작품이 나오지 않았다. 케언스 박사의 이 책은 이러한 공백을 어느 정도 메워 주고 있다. 본서는 그러한 이론들에 대해서 형이상학적이며 철학적인 배경을 가지고 고대에서 현대에 이르기까지 우주와 역사의 진보에 대한 대부분의 중요한 순환론적인 개념들을 간결하게 설명해 준다. 이러한 의미에서 본서가 역사학과 사회과학에 미치는 공헌은 비할 데가 없다고 하겠다. 전문학도들과 일반 지식층의 독자들은 본서가 매우 유용하고 가치가 있음을 발견할 것이다. 본서가 지니는 효용성에는 역사와 사회문화의 변천과 진화, 진보를 다루는 학과 교과 과정의 보충 교재로 사용할 수 있다는 점도 있다.

피티림 A. 소로킨

서언

본 논문의 목적은 동서양의 사상 가운데 역사를 순환적인 형태로 파악하려는 몇 가지 중요한 접근 방법들을 소개하려는 데 있다. 만일 본서의 주제를 철저하고 포괄적으로 다루려면 많은 학자의 노작들을 필요로 하게 될 것이다. 이 간략한 연구의 목적은 역사 사상을 순환론적인 형태로서 파악하려는 몇 가지 탁월한 방법들을 원숙한 학생이나 폭 넓은 관심을 가진 독자에게 집성해 주려는 것이다. 저자는 역사 사상을 순환론적인 형태로 파악하려는 노력을 주요 특성에 따라 세 가지로 나누었다. 즉 (1) 영원히 되풀이된 우주적인 순환들에 대한 이론들, (2) 우주 혹은 단지 인간의 역사에 대한 대일환론들, 그리고 (3) 형태가 반복하거나 반복될 수 있는 문화 순환론들이 그것이다. 이러한 특성을 가진 역사적인 사상들 하나하나에 대해서 잘 알려진 몇 가지 실례들을 제시해 보고자 한다.

저자는 전문적인 역사가는 아니다. 그러나 오늘날 추구하고 있는 역사학이란 그저 정치적인 사건을 연대적으로 나열하는 것도 아니며, '고대―중세―현대'로 시대를 나누는 전통적인 형태도 아니다. 오늘날에는 인간의 정신적인 모험과 인문과학에서 인간이 이룬 업적이라든가 자연과학적인 지식의 발견과 공학적인 혁신에 더욱 많은 관심이 집중되며 강조된다. 그러므로 인문과학의 영역에 종사하는 학자들, 특별히 광범위한 분야――철학과 종교――에 종사하는 학자들은, 우주 안에서 인간의 역사적인 여정을 음미해 볼 적당한 근거를 가진 것이다. 이러한 까닭으로 철학과 종교 그리고 문화 일반에 대한 인문과학의 영역을 전공한 저자가 역사철학 분야의 논문을 하나 쓰려고 시도하는 것에 대해 구태여 변명할 필요가 없다고 믿는 바이다. 더욱이 이것을 연구해 나갈 때 분명히 밝혀지겠지만 순환론적인 유형을 통해서 역사를 이해하려는 대부분의 시도는 종교철학적인 세계관에 깊이 근거한다. 동양의 역사 사상에 종교철학의 영향이 있었지만 서양의 순환적인 역사철학들도 그에 못지 않게 종교철학의 영향이 있었음을 독자들은 발견하게 될 것이다.

이같이 혼탁한 시대에 본서가 시도하는 그러한 연구의 가장 중요한 존재 이유는 그것이 심원한 동서양의 순환적인 역사철학들 몇 가지를 모아 비교할 수 있게 해 주는 데 있는 것이다. 동서양을 막론하고 인간 역사의 의미와 가치 및 목적에 대한 견해들이 상당히 공통되어 있음을 알게 될 것이다. 지성인들은 동서양이 정신적인 노력의 방향과 의미에서 화해할 필요성을 절실히 깨닫고 있다. 본서는 우주와 인간 역사의 의미와 목표들에 대한 사상에 적용된 바와 같이 동양과 서양의 정신적인 통일을 보여 주려고 노력하였다.

필자는 그토록 광범위한 주제를 다루는 것이 적합치 못하다는 것을 잘 알고 있다. 그러나 바라기는 이 논문이 몇 가지 동서양의 탁월한 역사철학들을 연구하는 독자들에게 자료(한 권의 책으로 쉽사리 찾을 수 없는)가 됨과 아울러 제시된 주제들에 관해 어떤 생각을 불러일으켰으면 하는 것이다.

서론

현대의 세계적인 문화 속에서 동양과 서양 그리고 마르크스주의 세계는 서로의 기본적이며 중대한 사상들을 직접적으로 더 잘 알게 되었다. 이 사상들 가운데서 지극히 중요한 것은 동양과 서양 그리고 마르크스주의자들이 생각하는 인간 역사의 의미와 목표에 대한 개념들이다. 본서의 중요한 목적은, 그것이 세계의 이해와 협조에 도움이 되기를 바라는 바이지만, 동양과 서양 그리고 마르크스주의자들이 생각하는 인간 역사의 의미와 목적에 대한 이론들 가운데는 많은 공통점이 있다는 것을 보여 주려는 것이다. 이것은 몇 가지 잘 알려진 형태의 순환론적인 역사철학들이 제시된 다음 본서의 결론에서 직접 보여질 것이다.

순환론적인 역사철학은 인간의 역사 혹은 우주 역사의 의미에 대한 문제에 접근하는 세 가지 주요 방법 가운데 하나이다. 다른 두 가지 방법은, (1) 진보 사상으로서, 그것은 인류가 규정되지 않은 미래를 향해서 끊임없이 직선적으로 진보함을 의미한다. (2) 회의적인 역사관으로서, 역사에는 확인할 수 있는 의미와 형태가 없다는 것이다. 순환 사상과 진보 사상으로 설명된 역사관은 제3부에서와 같이 나선적인 유형이나 또는 제2부에서 논의된 헤겔 학파와 마르크스주의의 견해같이 진보의 성격을 가진 일환적인 유형으로 결합될 수 있을 것이다. 의미심장한 역사의 개념들은 분명히 다음에 기술한 순환적인 형식 중 어느 것과 관련을 갖는다.

　명확을 기하기 위해서 순환적인 역사의 개념들 즉 유일한 유형(類型) 개념들을 세 가지 주요 형태로 편성하고자 한다. 즉 인간의 역사를 이해하기 위한 (1) 우주 순환론, (2) 일환론, (3) 문화 순환론이 그것이다.

　우주적인 순환들을 다루는 제1부에서는 아득한 옛날 메소포타미아와 이집트 문화 속에서 우주 순환관의 기원들을 살펴보는 것으로 시작해야 할 것이다. 그 기원은 인생의 생사의 주기와 뱀이 주기적으로 허물을 벗는 것과 태양과 달의 주기를 관측하게 된 것과 관계가 있다. 가설을 창안해 내는 사상가로서의 인간은 곧 철학적인 우주 순환관을 발전시켰으며, 그것은 특히 인도와 그리스와 같은 위대한 문명에서는 전형적인 역사관이 되었고 또한 중국에서는 독특하고도 토착적인 형식이 된다.

　인도의 우주 순환 사상의 발전을 다루는 몇 장은 우주적인 순환 사상을 나타내는 한층 더 신화적인 형식(때때로 심오한 철학적인 해석이 주어진)과 더불어 시작한다——예를 들면, 시바(Shiva)의 우주적인 무용과 요가의 교리와 건축 양식 그리고 불 제단 의식(火壇儀式, fire-altar ritual)과 같은 것이다. 유사한 상징적인 방법이 불교와 자이나교의 사상에서도 발견된다. 어떠한 경우에도 위대한 사람들은 그 상징들에 대해서 깊은 철학적인 해석을 내린다. 이것은 진실한 구도자가 절대적인 실재와의 재수렴에 근본적인 도움이 되는 우주 도해로서 티베트의 만다라(mandala)의 상징을 해석하는 데서 인상적으로 나타난다. 불교 건축의 석조 만다라인 보로부두르(Borobudur)는 특이하며 유사한 의의를 지닌 것으로서, 인간과 우주적인 역사에 대한 가장 심오한 철학적 의미를 계시하는 것 가운데 하나이며 기념비적인 증거이다.

　만다라의 근본 주제에 대한 변주(變奏)로서 우주 순환과 인간 역사의 의미와 목적에 대한 또 다른 원숙한 정신적이며 철학적인 견해들은 "마야, 요가 그리고 동양 요가철학의 순환적인 유형의 시간"을 다루는 부문에서 기술하였다. 이들 요가철학에서는 (1) 자신을 사람과 우주적인 실재와 재수렴하고자 하는 인간의 심층심리학적인 요구에 대한 문제 해결과 (2) 인간으로 하여금 기본적인 형이상학적 실재와 더불어 조화와 총화를 이루게 하는 시간과 역사의 의미에 대한 철학을 강조한다는 것이 바로 이 부분에서의 요점이다. 더욱 제한된 방식으로 생각해 본다면, 그와 같은 인간의 사회화 또는 재수렴이라고 하는 것은 역시 서양의 기독교와 마르크스주의의 목표이며, 행자(行者, Yogi)들이 생각하는 자유와 흡사한 정신적인 자유이다. 서양의 사상이나 동양의 사상에서 역사의 의미와 목표에 대한 인간의 견해가 거의 비슷하다는 사실을 우리는 발견하게 된다. 역사의 의미와 목표에 대한 서양의 사상은 정신적인 자기 실현, 혹은 바꾸어 말해서, 마르크스주의자가 강조하는 물질적인 세계의 멍에로부터의 자유를 내포하는 정신적인 자유이다. 앞으로 밝혀지겠지만 이것은 동양과 서양 그리고 마르크스주의 세계가 문외한들이 의혹을 품는 것보다는 오히려 더 많은 공통점이 있다는 사실을 보여준다.

중국의 사상도 역시 토착적인 형식에서 정신적인 자유에 크게 역점을 둔다. 이러한 사상은 전체가 긴밀한 관계가 있다는 유기적인 관점으로부터 접근되었다. 인간은 전체 유기체, 즉 자연 그 자체인 대우주의 부분이라고 여겨진다. 이러한 전체적인 유기체의 한 유기적인 부분으로서 인간은 조화를 이루는 역할을 해야만 하며, 그렇지 않으면 자연의 균형은 깨어진다. 인간의 행동, 특별히 통치자들의 행동은 연중 계절적인 순환에 맞추어 조화를 이루어야 하며, 또 연중 계절적인 순환은 음양의 법칙과, 우주 안의 수많은 다른 현상들과 관련이 있다. 자유란 개인이 인간 사회와 자연과 조화 있는 총화를 이룰 때에 존재한다. 동중서(董仲舒)의 사상은 역사에 적용된 유기적인 사상의 한 실례이다. 도교에선 신비주의적인 요가 형식의 철학이 중심이 되어 있으며 따라서 위에서 언급한 요가를 취급하는 장에 포함시켰다. 비록 그 장에서는 후기 도교의 요가 형식이 강조되지만 초기의 도교도 역시 신비주의적이며, 고유한 중국인의 관념을 많이 가지고 있기 때문에 포함시켰다. 즉 자기 실현 또는 정신적인 자유에 대한 체험에서 자연과 신비적으로 연합하는 이 점을 인도철학과는 달리 중국의 요가 체계에서 강조하는 것이다. 이것을 유달리 강조하는 것은 찬 불교(일본에서는 젠이라고 불리운다)의 감화 때문이기도 하다. 불교의 교리에서 감화를 받은 것이 분명한 음양의 개념과 혼합된 우주적인 순환들에 대한 윤곽이 뚜렷한 이론이 소옹(邵雍)의 작품에 나타난다. 그렇지만 우주와 인간 역사에 대한 이전의 사상들이 훨씬 더 전형적인 중국 특유의 순환 사상이라 하겠다.

서양에서는 영원히 회귀하는 우주적인 순환(아마도 동양으로부터 차입한 사상이겠지만)이라는 견해가 역사를 이해하는 데 친숙한 방법이었다. 이미 서양의 독자들에겐 친숙하기 때문에 간단히 취급하겠지만 그 견해의 신화 상징적인 해석과 자연철학적인 해석이 종교적 그리고 과학적인 이중의 의미가 있기 때문에 언급하였다. 종교에서의 황금 시대와 신동(神童, Wonder-Child) 의 사상은 배화교도와 유태인들 사이에서 비슷한 사상의 유형을 찾아볼 수 있기 때문에 중요하다. 그리고 후의 아주 중요한 역사 이론에 영향을 미치는 두 집단의 역사 일환론적 사상의 중요한 한 측면이기 때문에 중요한 것이다. 과학에 관한 그리스인의 견해는 역사를 포함한 모든 분야의 근대 과학적인 방법들의 시조이다. 그러므로 또한 현대의 우주와 인간 역사에 대한 과학적인 순환 사상의 시조가 된다(결론의 부분을 보라).

제2부에서는 탁월하다고 인정되는 일환적인 유형의 우즈와 인간 역사에 대한 이론 몇 가지를 실었다. 초기의 보다 신화적인 견해 특히 비화교도의 견해는 후대에 미친 영향 때문에 다루어진다. 황금 시대, 신동, 세계의 대회년(大禧年, Great Year) 말에 낙원으로의 복귀 등에 대한 배화교도의 생각은 에덴에서 시작하여 황금기(Golden-era)와 신국(혹은 신의 都域)으로의 복귀로 끝나는 유태 기독교적인 대순환 사상과 많은 공통된 요소들을 가진다. 에덴에서 왕국에 이르는 순환을 보여 주는 유태인의 각본과 아우구스티누스에 의해서 잉태되어 세계의 대주간(great week)으로 유형지어진 기독교적인 순환(아직도 대부분 기독교인들의 정통적인 견해이기는 하지만)이 모두 기술되었다. 다가오는 새로운 황금 시대, 신국 혹은 낙원으로의 복귀(그때에 인간은 정신적으로나 물질적으로나 모두 진정 자유롭게 된다)에 대한 이 모든 견해는 현재의 불행과 혼돈에도 불구하고 인류에게 미래에 대한 희망을 불어넣어 주기 때문에 매우 의의가 크다. 인류에 대한 그와 같은 황금 시대의 희망은 또한 콩도르세(Condorcet)와 칼 마르크스(Karl Marx)와 같은 유물주의 사상가들을 매료시켰다. 그 영향에 대해선 그들의 역사철학을 다루는 부분에서 밝혀 놓았다.

유태 기독교의 일환적인 역사관과 정통 이슬람교의 사상은 유사한 유형을 가진다. 그러나 아가 칸(Aga Khan, 최근 하바드의 연구생)을 수령으로 하는 이스마일인의 집단과 같은 소종파들의 역사관을 덧붙였다 이스다일인들은 이미 기술한 바 있는 인도의 요가철학의 견해와 비슷한 우주 역사의 퇴화와 진화의 순환론을 굳게 믿고 있다. 요가철학과 유사성을 지닌 또 다른 중요한 수피(sufi) 집단도 포함되었다.

본서는 종교 지향의 순환철학으로부터 정반대의 방향, 즉 세속 지향의 순환철학으로 방향을 변증법적인 양식으로 바꾸어 나간다. 세속 지향의 철학

은 18세기 서양에서 너무나도 중요한 이성과 과학을 통한 진보 사상의 영향
으로 생겼다. 콩도르세는 이 진보적인 방법론을 대표한다. 다음에 헤겔은
자기의 유명한 변증법적 논리를 따라서 진보하는 일환적인 역사관을 발전시
켰다. 역사에서의 정신의 발전 순환은 독일 세계에서 정점에 도달한다. 여기
서 정신은, 세속적인 동시에 정신적인 자기 실현 혹은 자유의 이념에 도달하
는데, 이것이 바로 역사의 목표다(요가의 목적관을 참고하라).

마르크스는 헤겔의 정신의 변증법적인 역사의 발전을 유물론적으로 역사
에 적용한다. 그와 동시에 마르크스는 이미 기술한 바 있는 유태 기독교의
묵시적인 사상에서 차용한 훌륭한 예언적인 각본을 추가한다. 헤겔이나 동양
사상가들과 마찬가지로 마르크스도 역시 자유를 역사에서의 인간 행로의
목표로 보았다. 그러나 마르크스주의자는 물질적인 욕구에 대한 인간의 멍에
로부터의 자유를 강조한다. 마르크스는 그것이 급선무라고 선언한다. 그렇게
될 때에만 인간은 모든 분야에서 협동적이며, 건설적인 창의력을 자유롭게
발전시킬 수 있을 것이다.

동양의 사상에도 역시 일환적인 역사 이론들이 있다. 20세기 인도의 위대
한 철학자 오로빈도(Aurobindo)와 라다크리쉬난(Radhakrishnan)의 역사철학이
그 실례이다. 오로빈도는 우주적인 역사를 무한자의 퇴화, 진화의 순환으로
보았다. 이 순환의 목적은 영지적(靈知的)인 존재의 계속적인 출현이다. 이
영지적인 존재는 그들이 영원히 두 개의 층면 위에서 산다는 것을 제외하
면, 요가를 행하는 자(Yogi)들이 목표로 하는 성질의 존재다. 그는 가장 높은
단계에서는 신과 하나가 되며, 그 때문에 절대적이고 완전한 자유에 도달하
지만 이 지상에서는 유사한 영지적인 존재의 사회에서 이 무한한 존재의
의식에 대한 중심으로서 머물게 되는데 모든 사람들은 이들 두 가지 의식의
단계에서 사는 것이다. 이 사상은 배화교도, 유태인, 기독교인, 모슬렘인들의
사상 중 신국 사상이나 낙원에의 복귀 사상과 유사한 것이다. 다른 점이
있다면 천사 혹은 영지적인 존재로서 천상에 살지 않고 이 세상에 살면서
활동한다는 점이다. 영지적인 존재들의 세계에서 개체는 무한자 안에 있는
전체이며 전체는 개체 가운데 존재한다. 그러므로 이같은 사회를 일컬어서
영지적인 사회주의라고 할 수 있을 것이다. 왜냐하면, "개체를 위한 전체
그리고 전체를 위한 개체"라고 하는 마르크스주의자들이 외치는 사회주의의
격률도 이와 비슷하기 때문이다.

라다크리쉬난의 일환적인 역사철학도 오로빈도의 역사철학과 돈표가 유사하다. 역사의 이 다음과 최종적인 시대는 현재의 지성에 대한 단계가 정신의 단계, 즉 자유의 단계에 의하여 대치될 것이라고 라다크리쉬난은 생각한다. 일환적인 역사의 의미와 목표는 "자유스런 정신의 왕국을 수립하는 것이다." 지금까지 이같은 수준에 달한 성자들은 몇 안 되지만 결국 모든 사람은 이러한 자유의 높은 단계에 도달할 것이다. 그렇게 되면 죽음은 정복될 것이며, 시간도 극복되고 신국(Brahmaloka)이 지상에 도래하게 될 것이다. 그러나 이같은 일이 벌어질 때에 우주적인 현존재는 무한한 존재에 다시 병탄될 것이다. 우주적인 순환이란(오로빈도의 순환관, 성 아우구스티누스의 순환관, 그리고 유사한 순환관들을 참조하라) 만다라의 상징적인 표현에 생생하게 표상된 신(Divine Source)으로부터의 소외와 복귀의 순환이다. 거기에는 추상적인 무한자가 정반대의 유한한 특수자들의 물질 세계에서 자기를 자체로부터 소외시키고, 구체적인 무한자 혹은 절대적인 전체 이념, 즉 개체로서의 자신에게 다시 복귀한다고 하는 추상적인 무한자의 대 삼각 관계(大三角關係) 속에 있는 헤겔의 변증법적인 유형과 유사한 점이 있다. 헤겔의 사상과 다른 점은 절대자 또는 무한자는 자체를 현현할 필요가 없다고 하는 라다크리쉬난의 전형적인 인도인다운 관점이다. 왜냐하면, 무한자의 그러한 현현은 그의 본성이 지닌 그저 우연한 성질에 지나지 않기 때문이다.

이제 인간 역사에 대한 문화 순환론적인 태도로 나아가 보자. 역사를 유형 짓는 데 있어서 문화 순환 사상은 과학적, 사회학적인 방법으로 사료를 다루는 점에서 20세기 서양 세계의 특징을 나타낸다. 먼저 우리는 20세기 문화 순환 사관과 위대한 두 선구자 즉 서양의 비코(Vico)와 이슬람의 대역사철학가 이븐 할둔(Ibn Khaldun)을 특별히 언급해야 하겠다. 곧 밝혀지겠지만 이들 초기의 사상가들은 슈펭글러, 소로킨 그리고 토인비와 같은 현대의 순환론자들의 대부분의 사상을 내다보았다. 이븐 할둔과 비코 이 두 사람은 모두 문명의 흥망성쇠의 일정한 순환적인 유형을 묘사하며, 또 두 사람 모두가 어떤 형식의 종교적인 신앙을 한 문명의 총합을 위한 초석으로서 보았다. 또한 두 사람 모두 부덕한 사치 생활과 종교와 도덕적인 가치의 경시는 문명 쇠퇴의 근본 원인이라는 사실에 의견의 일치를 보고 있다.

20세기 문화 순환론자들 가운데서 대표적인 역사철학자는 슈펭글러이며, 그의 저서 「서양의 몰락(Decline of the West)」은 1차 대전 이후 많이 읽혀졌다. 슈펭글러의 주장에 의하면 모든 문화는 소우주적인 유기체와 비슷한 출생, 성장 및 쇠퇴의 유형을 따르는 독특한 대우주적인 유기체이다. 개개의 대문화 유기체는 하나의 종교적인 이념을 중심으로 총합된 전형적인 개성 혹은 양식을 발전시킨다. 이러한 양식은 그 문화의 예술과 과학 그리고 사회적인 기구와 정치적인 기구에서 드러나게 된다. 몰락과 쇠퇴는 그 문화를 총합시키는 주된 이념에 대해서 회의를 가질 때부터 시작한다. 역사란 그와 같은 대문화 유기체들의 발전이라는 것 이외에 다른 목적을 가지지 않는다.

잘 알려진 하바드의 사회학자 소로킨도 문화 순환관을 옹호한다. 각 문화는 특유한 '이념적—이상주의적—감각적 (Ideational—Idealistic—Sensate)'인 순환의 과정을 거쳐 나간다. 그러나 그 뒤를 따르는 문화는 이전 문화 위에 터전을 마련함으로써 대다수 인류의 진보가 가능하다. 이로써 소로킨의 역사 이론은 나선론적인 것이 된다. 하나의 문화가 중심으로 삼고 발전하기 시작할지도 모를 핵심적인 사상은 이념적(종교적 이념) 혹은 이상주의적(완전한 것이라고 불리우기도 한다)인 것이 될 것이다. 이상주의적 또는 완전한(integral) 것이란 그것이 종교적(직관적—신비적)인 것과 합리적—과학적인 것을 모두 강조하므로 차라리 나을 것이다. 그러나 문화를 총합하는 이념이 차츰 그 창조적인 정신을 잃어 가기 시작할 때에 그 문화는 쇠퇴하고 와해된다.

끝으로 토인비의 문화 순환관이 기술되었다. 그가 나타내는 순환 유형 또한 명백하다. 그의 전반적인 관점은 인간 문명의 기본 측면인 종교가 전반적인 진보를 보여 준다고 주장하는 나선적인 것이다. 과거의 모든 위대한 문명이 보여 준 흥망성쇠의 유형은 사람들을 현세의 유물주의적인 궁극 목표로부터 소원(疏遠)시키고 정신적인 궁극 목표로 향하게 하는 신의 섭리 (Divine Purpose)를 보여 주기 위한 것이었다. 이것은 가장 높은 의미로 이해된 종교의 전반적인 진보를 의미한다. 토인비는 세속 문화의 영고성쇠의 주기에 대해서 분명한 유형을 분류하여 놓았지만 모든 세속 문화의 몰락은 사람들에게 종교적인 목표를 가르치는 데에 결정적인 도움이 된다고 주장한다. 한 문화의 몰락은 세속적인 의미의 목표에 대한 환멸과 종교 진행의 발전을 유발한다. 즉 보다 높은 고등 종교의 탄생으로 인간은 정신적인 단계로 향할 수 있다. 오로지 이같은 영원한 정신 세계에서만이 인간은 진정 자유스럽게 된다. 육적인 세계에서 자애(自愛)라고 하는 것은 정도의 차이는 있겠지만 대부분의 사람에게 멍에를 지운다. 여기서 토인비는 성 아우구스티누스나 정통 기독교의 사상과 일치할 뿐만 아니라, 그의 역사의 목표와 의미에 대한 문제는 인도인이나 불교의 사상과도 일치한다. 그럼에도 불구하고 토인비는 모든 사람이 물질적으로나 정신적으로 가능한 한 많은 자유를 갖게 될 이 세상에서의 평화로운 형제 사회를 확립한 대부분의 현대 동양철학자들과 마찬가지로 각광을 받았다. 오로지 초월적인 영적 이념에 비추어서만이 인간은 이 세상에 위대한 국제 사회를 세울 수 있다. 성 프란체스코(St. Francis)는 이 회피할 수 없는 과업을 수행해 나가는 데 있어서 우리의 인도자가 될 보디사트바(菩薩)라고 주장한다.

결론부에서는 먼저 인간 역사와 우주적인 역사에 대한 하나의 접근 방법으로서 역사를 순환적으로 유형짓는 데 대한 입장을 설명하였고, 다음으로 동양과 서양(그리고 마르크스주의)의 순환적인 유형들을 비교하여 역사의 목표와 의미에 대한 일반 개념들 가운데는 유사성이 상당히 많음을 지적하였다. 끝으로 인간 역사에서 다음의 위대한 새 시대의 본질을 예언하려고 시도하였다.

제 I 부

회귀적인 우주 순환론

제1장
시간의 순환에 관한 초기 사상들
——뱀, 태양, 신화적인 단계의 사상——

　　최초의 문명기에서부터 인간은 시간의 진정한 본질을 불가사의한 것으로 생각해 왔다. 인간 자신의 생활 순환에 대한 이같은 수수께끼와 고대의 선입관의 비애는 서양 문학에서 가장 오랜 서사시, 기원전 약 2000년경 바빌론의 「길가메쉬의 서사시(*The Epic of Gilgamesh*)」와 같은 초기의 이야기에서 나타난다. 이 이야기의 정점과 마지막 부분의 특기할 만한 주제는 영웅 길가메쉬가 자신과 인류를 위해서 불멸성을 얻어 보려고 용감하게 시도해 보지만 미수로 그친다는 것이다. 이야기의 정점은 영웅의 막역한 친구 엔키두의 죽음에서 비롯되어 영원한 생명을 찾아나서게 된다. 그 서사시엔 다음과 같은 말이 나온다.

　　그의 친구 엔키두로 인하여 길가메쉬는
　　초원을 헤매며 슬피 울었다.
　　"나도 죽으면 엔키두처럼 되지 않을까?
　　죽음을 두려워하며 나는 초원을 헤맨다.
　　우발투투의 아드님 우트나피스팀에게 나아가려고
　　애타는 마음으로 길을 나섰다."[1]

---

1) Isaac Mendelsohn 편저, 「고대 근동 지방의 종교(*Religions of the Ancient Near East*)」 (New York : The Liberal Arts Press, 1955), "길가메쉬의 서사시", Tablet(IX), p.88.

불멸의 비결을 터득하려고 길가메쉬는 대홍수가 있었을 때 살아 남아 제신으로부터 영원히 살도록 허락받은 자기의 조상 바빌르니아의 노아, 즉 우트나피스팀을 찾아 나선다.

험하고 피로한 여행을 마친 길가메쉬는 드디어 현인 우트나피스팀에게 이른다. 그는 어떻게 해야 영원한 생명을 얻을 수 있는가를 길가메쉬에게 말해 준다. 그 비밀은 바다의 밑바닥에서 자라는 진기한 식물에 있는데 그것을 사람이 먹으면 불멸케 된다는 것이다. 길가메쉬는 용감하게 바닷속에 뛰어들어 그 식물을 찾아 꺾어 들었다. 불행하게도 그는 지금까지의 수고와 더위와 피로 때문에 그 식물을 먹지 못하고 우연히 이르게 된 냇가의 찬물에 뛰어들어 목욕을 하게 된다. 그가 목욕을 하는 동안 한 마리의 뱀이 그 식물을 가져다 먹는다. 그러자 그 뱀은 곧 허물을 벗게 된다. 이 허물을 벗는다는 것은 뱀이 불멸케 되었음을 의미한다. 왜냐하면, 뱀은 허물을 벗음으로써만이 자기의 생명을 끊임없이 새롭게 할 수 있기 때문이다. 그렇게 해서 간교한 뱀은 불멸성을 얻고 인간은 불멸성을 상실하였다는 것이다.

뱀이 자기의 허물을 벗음으로써 자기의 생명을 언제나 새롭게 한다는 생각은 고대인들만이 아니고 20세기에 살고 있는 여러 원시 부족들[2] 가운데서도 발견된다. 그것은 아마도 뱀이 다양한 고대 문화에서 영원한 시간의 상징이 되었다는(또는 상징들과 연관이 되었다는) 사고의 결과였던 것 같다. 이를테면, 기원전 4세기의 체르바니의 마기(Magi)는 무한한 시간, 즉 우주의 근본 원리를 사자의 얼굴을 가진 비인간적인 남성의 나상(裸像)에 거대한 뱀이 그 몸을 여섯 차례 휘어감은 것으로 상징하였다.[3] 후기 그리스 로마 세계의 밀의(密儀) 종교인 미트라교에서 상징적으로 사용한 뱀은 일식 때 태양의 고통스런 여정을 상징한다고 한다.[4] 이러한 의미는 이집트 같은 아주 오랜 문명들이 지녔던 사상들에도 있으며, 거기서 뱀은 태양의 순환과 분명히 연관되었다. 이집트에서는 태양이 밤에 뱀에게 먹혔다가 새벽녘에 승리하

2) 제임스 조지 프레이저, 초본, 「구약 성서 속의 민담(Folklore in the Old Testament)」 (New York and London: The Macmillan company, 1923), 제2장 2절, "허물 벗는 이야기", pp.26∼31.
3) Franz Cumont, The Mysteries of Mithra, 제2판, Thomas J. McCormack 역(Dover Publications, 1956), pp.105∼111.
4) 앞의 책, p.107.

여 나온다고 믿었다.[5] 바빌론에서는 여신인 용 티아맛(Tiamat, 蛇神)은 번식력과 풍요한 힘의 수호자이며, 태양신인 말둑(Marduk)에게 매해 정월 초하룻날 정복되었다. 이 상징적인 표현은 영원히 새로워지는 생명의 선물을 놓고 자애스런 신들의 도움을 받던 인간과 뱀 사이에 있었다던 그 옛날의 투쟁을 반영한다.

그리스 로마 세계의 예술가들은 끝없는 시간의 순환으로서 회전하는 역년(year)을 자기의 꼬리를 물고 있는 둥그스런 모양의 뱀으로서 나타냈다. 이 상징은 힌두 문화에서도 사용되었으며, 현대의 신지학자(神知學者)들도 끝없이 회귀하는 시간의 순환을 상징하는 데 사용한다. 메소포타미아, 이집트, 크레타와 같은 아아 문화(阿亞文化)에서 사용하던 이 뱀의 상징은 고대 인도의 선사 시대에도 널리 퍼졌던 것이다. 최근의 고고학적인 발굴로 말미암아 메소포타미아인의 것과 유사한 문화가 기원전 2000년경의 인도에서도 강창했다는 사실이 밝혀지게 되었다. 이 문화의 탁출한 원형(prototype)이자 여신인 시바(Shiva)가 후의 아리아인 침략자에게 전해졌다. 대신(大神) 시바를 특별히 상징하는 것은 코브라뱀이며, 그것은 생명의 원리와 우주 진화의 원리를 나타내며, 또 한편 코브라뱀의 이빨이 머금은 치명적인 독(시바가 마신)은 죽음의 원리와 우주 퇴화의 원리를 상징한다. 이런 상징은 일정한 간격을 두고 허물을 벗는 뱀의 습관을 관찰한 데서 연유되었으며, 또한 개인의 환생(reincarnation)과 재생(rebirth)의 상징이기도 하였다.[6]

힌두교의 탁월한 두 신 가운데 시바 이외에 비쉬누(Vishnu)라고 하는 또 다른 신에게 부속된 뱀의 상징이 있는데, 비쉬누는 이른바 이쉬바라(Ishvara)라고 하는 절대자의 모습으로 나타날 때는 나라야나(Narayana)의 형상을 취한다. 여기서 그 상징은 우주적이다. 인도 예술 해석의 권위자인 하벨(E.B. Havell)은 다음과 같이 말한다.

우주의 진화에 대한 이 철학적인 개념은 힌두 예술에서는 가끔 샛사(Sesha)

---

5) H. and H.A.Frankfort, John A. Wilson and Thorkild Jacobsen, *Before Philosophy*, Penguin Books 편 (Baltimore: Penguin Books, 1949), 프랑크포르트의 "신화와 실재", p.34.
6) E.B. 하벨, 「인도 예술의 이상(*The Ideals of Indian Art*)」 (London: John Murray, 1920), p.75.

라는 뱀 혹은 아난타(Ananta), 즉 '영원'——자기의 거대한 꼬리로 세계를 휘어 감고 있는 영원의 상징——위에 자리잡은 혼돈의 바다에서 잠자는 나라야나 라는 이름 아래 이쉬바라의 모습으로 상징이 되고 있다.[7]

고대 인도의 다른 종교 가운데서 이미 기원전 8세기경부터 전하 온 자이나 교에서는 뱀을 영원한 시간과 관련을 시켰다. 대인도학자 하인리히 짐머 (Heinrich Zimmer)는 이 상징을 다음과 같이 기술한다.

> 시간의 순환은 자이나(Jaina)들에 따라서 계속적으로 회전한다. 현재의 '하강하는'(avasarpini) 시기가 먼저 시작되고 다음 '상승하는'(utsarpini) 시기가 따르게 될 것이다. 사르피니(sarpini)는 뱀(serpent, sarpin)의 기복 운동을 나타낸 다. 아바(ava)는 '아래로', 우트(ut)는 '위로'의 뜻을 가졌다. 뱀의 운동과 같이 순환하는 시간(세계를 휘어감은 뱀은 자신의 꼬리를 물고 있다)은 이처럼 상승, 하강의 주기를 영원히 바꾸어 나감으로써 계속 회전할 것이다.[8]

마야와 아즈텍 문화 역시 뱀을 영원한 시간의 순환과 관련시켰다. 이것은 그들의 둥근 모양의 역석(曆石, calendar-stone)[9]의 도안에 나타나 있다. 끝없는 시간의 순환이 정확히 산정되었고 52년의 길이를 가졌다. 한번의 순환이 마칠 때(카렌다가 한 바퀴 회전할 때)를 "하나의 삶이 끝나고 새로운 삶이 시작되는 것으로 간주하였다.……새로운 불의 의식(The New Fire Ceremony) 은 생명을 새로 허락하는 표징으로서, 52년간 줄곧 타 왔던 옛 제단의 불을 끄고 새로운 제단에 불을 점화함으로써 상징하였다"[10] 좀더 큰 종교적인 의미는 두번의 주기(104년)가 마칠 때 부여되었다. 이때에는 52년 주기의 시작과 584일의 비너스년과 태양년 그리고 한 달의 시작(20일이 한 달을 이룬 다)[11]*이 일치되었다.

---

7) 앞의 책, p.67.
8) 하인리히 짐머, 「인도의 철학(Philosophies of India)」, 조셉 캠벨 편(New York: Meridian Books, 1957), n.44, pp.224~225.
9) Geoge C. Vaillant, The Aztecs of Mexico, Penguin 편(Baltimore Penguin Books, Inc, 1950), Plate 52. 아즈텍인은 마야인의 카렌다를 차용하였다.
10) 앞의 책, p.195.
11) 앞의 책, p.194 외에도 Encyclopedia Britanica "Calendar" 항목, Ⅳ권, pp.581~583과

뱀과 끝없는 시간에 대한 보편적인 연상은 뱀이 자기 껍질을 새롭게 가지는 것을 원시인들이 관찰한 데서부터 비롯되었음이 분명하다. 이러한 사실에서부터 생의 끝없는 갱생이 그 때문에 얻어질 수 있었다는 잘못된 결론이 나왔다. 인간은 허물을 벗는 힘이 없으므로 반드시 죽어야만 한다.

그러한 신화 시대(mythopoeic)의 사고는 인간에게 부딪친 과학, 철학, 종교적인 문제들에 대해 인간이 시도한 최초의 접근 방법이었다. 최초의 순환적인 시간관은 신화적인 단계의 것이었으므로 프랑크포르트(H. and H.A. Frankfort)가 제시했던 고대인의 사고방식의 특징을 약술하고자 한다.[12] 그 특징은 다음과 같다. (1) 우주는 근본적으로 인격적인 관계에서 '나와 너의 세계(I-Thou world)'라는 관점에서 생각된다. (2) 전형적인 방법인 '파르스 프로 토토'의 사고(Pars pro toto thinking)이다. 이러한 접근 방법에 있어서 부분(pars)은 전체(toto)를 나타낼 수 있으며(pro), 소우주(microcosm)는 대우주(macrocosm)를 나타낼 수 있다. 그것은 다음 장에서 서술한 가스터(T.H. Gaster)의 국소 우주(局所宇宙, topocosm)의 개념과 밀접한 관련을 가진다.

첫째 특징은 원시인과 근동, 극동 및 아메리카 대륙의 최초 문명권에서 살던 사람들이 자기들의 세계를 살아 있는 것으로 생각하였다는 것을 뜻한다. 식물과 동물은 물론 하천과 샘, 기석, 태양, 달과 항성들——전우주의 사물들——즉 모든 존재는 인간에게 선이나 악을 행할 수 있는 의지를 가진 것이었다. 레비 부륄(Lévy-Bruhl)이 이른바 인간은 '신비적인 참여(Participation mystique)'[13]의 방식으로 자기의 세계에 감정적으로나 주관적으로 휩싸여 있다. 예를 들면, 이집트의 나일 강이 범람하지 않아야 좋은 곡식을 거두어들일 수 있으므로 사람들은 나일 강이 범람하는 것을 원치 않았다. 그와 같은 있을 법한 부정적인 거동을 살짝 빠져 나가기 위하여 해마다 적절한 때를 잡아 강 속에 제물을 던져 넣었다. 또는 어느 사람이 돌부리에 발이 걸려 발을 상했다면 그것은 돌이 그를 상하고자 하였기 때문이다. 동물들은

"Chronology" V권, pp.660~662를 보라.
 * 마야, 아즈텍 문화의 1개월은 20일의 길이였고 18개월이 합하여 360일이 되며, 5일간의 작은 달을 합하여 365일이 되었다.
12) H. and H.A. Frankfort, 앞에서 인용한 책, 1장, pp.11~36.
13) 후기의 성숙한 철학적 종교적인 사상에서 이러한 신비(神秘) 참여는 우주적인 실재와의 자기 의식적인 수렴에 의하여 대치된다.

친밀감이나 공포감을 줄 수 있는 비상한 힘을 가지고 있다. 태양과 달 그리고 항성들은——특히 태양은——대단히 강력한 존재이다. 분명히 옛 사람들은 과학자들의 객관적인 세계 즉 '당신'으로서의 세계보다는 '그것'의 세계로서 비인격적인 법칙이나 원인 따위의 개념을 가지지 않았다. 최근의 사조로서 예를 들면, 화이트헤드(Whitehead) 같은 사람도 '현실적인 사건들'을 체험하는 데서 우러난 것이라야 우주를 가장 잘 이해할 수 있다는 견해를 옹호할 정도이므로 아마도 옛사람들의 직관적인 방법은 정당화되고도 남음이 있었을 것이다.

위에서 설명한 둘째 특징, 즉 하나의 방법론으로서 '파르스 프로 토토'의 사고(부분은 전체를 나타낼 수 있다)는 원인과 공간 그리고 시간에 대한 옛 사상과 관련시켜서 생각해 볼 때에 매우 중요한 것이다. 고대인들은 추상적으로나 양적으로 생각하지 않고 매우 구체적이며 질적으로 생각하였다. 「황금 가지(Golden Bough)」에서 프레이저(Frazer)는 이런 성질의 사고방식에 대해서 수많은 실례를 들고 있다. 왜냐하면, 그같은 사고방식은 모방적이며, 공감적(sympathetic)인 주술에 널리 퍼져 있기 때문이다. 물을 뿌리는 모방적인 주술의 한 실례(소우주적인 규모에서의 비)는 비(물을 뿌리는 것에 대한 대우주적인 대당)를 일으킬 것이다. 이런 까닭으로 모방적인 주술은 파르스 프로 토토의 사고를 명백하게 설명해 준다. 공감적인 주술도 아주 분명하게 그 점을 설명해 준다. 한 타래의 머리털, 손톱, 한 벌의 옷과 심지어 이름과 같은 것은 그것이 속한 사람의 전체 인격을 의미할 수 있다. 이들 '부분들'에 가해졌던 행위는 어떤 것이든지 상응하는 방식의 접촉을 통해서 그 사람 전체에 영향을 미칠 수 있다.

일찍이 종교적으로 중요한 의미를 지녔던 제의들, 예를 들면, 바빌론에서의 신년 축제 의식은 이와 같은 사고를 보여 준다. 소우주적인 규모에서 상연된 대자연의 연례적인 새로운 순환에 대한 제의극(ritual drama)은 매년 새로운 대우주적인 순환을 일으키는 본질적인 원인이었다.

공간에 대한 파르스 프로 토토의 사고는 세계의 창조자가 처음 혼돈의 바다로부터 떠오를 때 만들었다고 하는 이집트인들의 태고의 언덕(primeval hill)에 대한 개념에 가장 잘 나타나 있다. 태양신은 창조자라고 보통 생각되었기 때문에 태고의 언덕은 헬리오폴리스(Heliopolis)의 태양 신전 안에 자리잡았다. 그럼에도 불구하고 모든 신전의 지성소(至聖所)는 똑같이 성스러웠으며 모든 신성은 창조적인 힘의 근원이었다. 그러므로 태고의 언덕은 각 신전 안에 임재하는 것으로 인정되었으며 그것에 알맞는 건축의 상징적 표현을 얻게 되었다. 황실의 묘는 태고의 언덕을 이용하였다. 프랑크포르트는 다음과 같은 사실을 말해 준다. "아비도스에 있는 세티 1세의 기념비에서 관은 태고의 언덕을 뜻하는 상형 문자를 본뜬 이중의 계단이 달린 대(臺, island) 위에 놓여 있었다……. 이렇게 해서 죽은 왕은 매장이 되고 창조의 위치에서 다시 일어난다고 생각되었다."[14] 대우주와 소우주적인 상징적 표현들에서 유사한 것들이 불교와 힌두교의 영조물들에서도 역시 나타나 있다(제4장을 참조하라).

파르스 프로 토토의 사고에서 시간은 공간을 생각할 때와 마찬가지로 구체적으로 그림을 보는 것같이 생각되었다. 예를 들면, 이집트에서는 태양이 뜨고 지는 1일의 주기를 죽음과 재생으로 생각하였다. 이 짤막한 주기, 즉 부분은 매해 신년 원단에 기념되는 태양의 연례적인 순환과 본질적으로 같다. 매년과 같은 것으로서의 매일의 태양은 어둠과 죽음의 악마들과 더불어 투쟁하며, 최초에 창조되던 날과 똑같이 힘차게 새로이 태어난다. 여기서는 과학의 세계가 제시하듯이 객관적이며 비인격적이고 추상적인 시간 흐름의 개념은 존재하지 않는다. 시간은 인간과 자연이 지닌 생명의 흐름에서 중요한 주관적인 질서에 나타난 구체적인 사건을 의미한다. 그것은 인생에서 중요한 역할을 하는 출생과 청춘기 그리고 죽음의 여러 고비들 가운데서 감정적으로 채색된 생물학적인 리듬의 계기이다. 인간의 동기, 인간의 비애는 순환적인 시간관의 다른 자료들, 즉 낮과 밤의 일정한 계기, 달의 형상, 천체의 움직임, 세시(歲時)의 순서와 같은 관측된 계기적인 질서에도 적용된다. 예를 들면, 밤낮의 진행에서 밤의 길이가 달라진다는 것이 관찰되었다. 이것은 태양이 매일 아침 재생하기 위해서 어둠의 악마적인 힘과 투쟁해야만 했다는 것으로 해석되었다. 계절도 역시 길이가 일정치 않으며 따라서 파르스 프로 토토의 사고에 의하면 태양은 겨울의 악마와 대결해야만 하였다. 그리고 이 전투에서 태양의 승리는 매년 원단(元旦) 의식에서 극으로 꾸며졌다.

전형적인 신화 시대의 사상은 시간과 공간 그리고 인과론에 대한 극적이

---

14) 앞의 책, p.32.

며 인격적이고 주관적인 접근 방법으로서 옛사람들의 우주관을 나타낸다. 즉 활기에 찬 힘과 인격의 질서를 갖춘 우주에서, 모든 성원들은 고유한 자기의 역할을 가진 일종의 사회적인 유기체로서 각자가 자기의 역할을 잘 감당하면 전체는 조화와 안녕을 얻게 될 것이다. 이같은 유기적인 관점에서 개체로서의 인간은 자기가 속한 인간 사회에서 자신의 고유한 역할을 알았다. 또 자연, 즉 동물의 세계와 식물의 세계, 위의 하늘의 세계와 아래의 어두운 지하의 세계의 비인격적인 힘에 대한 사회의 역할을 알았다. 왜냐하면, 이들 모든 세계는 살아 있으며, 질서 있는 우주에서 합리적인 율동적 질서를 유지하기 위해서 여러 세력과 신 그리고 인간에게 복종해야 할 것이기 때문이었다.

　고대인들이 발전시킨 유기적이며, 해조(諧調)를 이룬 범심적(汎心的, Pan-psychic)인 우주의 고대적인 사상은 토착적인 중국의 철학과 대승 불교의 철학에서 심오하고 성숙하게 표현되기에 이르렀다. 서양에서는 20세기에 화이트헤드의 체계에서 그러한 사상을 엿볼 수가 있다. 그러나 서양에서는 유태 기독교적인 일환 사상의 영향 때문에 우주적인 시간에 회귀적인 우주 순환의 형태를 부여하는 일이 거의 드물었다. 반면에 동양에서는 회귀적인 우주적 순환관을 계속 견지하였다. 예를 들면, 현대의 힌두철학자 아난다 쿠메라스와미(Ananda Coomeraswamy)는 다음과 같이 말한다. "만약 우리가 시간과 영원을 화해시키려 한다면 광역한 공간과 장구한 시간 우에 펼쳐지는 위상의 교체 개념에 의해서만이 그렇게 할 수 있다."[15] 전우주에 적용된 동양의 순환적인 시간관은 오늘날의 동양에서도 매우 중요한 견해일 뿐 아니라, 가장 오래 된 시간 개념이기도 하다. 바빌로니아에서 발생한 그 문제는 그 뒤를 이어 다른 위대한 문화의 고도한 철학적인 수준에서 종종 발전되었으며 본서 제1부에서는 그것을 주제로 다룰 것이다.

---

15) 아난다 쿠메라스와미, 「시바의 춤(*The Dance of Shiva*)」(Bombay, Calcutta: The Asia Publishing House, 1948), p.94.

제2장
메소포타미아에서의 순환적인 시간 개념의 발생

최초의 시간 순환의 개념들을 이야기해 주는 가장 오랜 문헌들이, 처음으로 역사적인 문화가 나타났던 것으로 알려진 메소포타미아에서 발견되었다. 오늘날 원시 부족들 사이에서 찾아볼 수 있는 여러 종류의 시간 계산법은 역사적 문헌들이 나타나기 이전의 인간이 지닌 가장 오랜 원시적인 시간 개념을 이해할 수 있는 실마리가 된다. 닐슨(Nilson) 교수는 세심한 연구를 통해 이루어 놓은 「원시적인 시간 산정법(Primitive Time Reckoning)」[1]이라는 책에서 세계 각처의 다양한 원시 문명으로부터 수집한 자료의 연구를 통해서 시간 개념의 발전을 규명해 보려고 시도하였다. 최초의 시간 단위는 낮과 밤의 순환이었다. 좀더 큰 시간의 단위는 달이 보여 주는 위상의 주기였으며, 다음에 더운 것과 찬 것, 우기와 건조기, 풍요기와 곤궁기와 같은 계절적인 주기였다고 그는 결론을 내린다. 맨 나중에 태양년의 일정한 주기가 알려졌다——원시인의 지능으로 태양년이라고 하는 것은 매우 긴 기간이며 가까스로 그리고 아주 최종 단계에 이르러서야 전체로서 생각하고 측량할 수도 있게 되었다.[2]

---

1) 마틴 P. 닐슨, 「원시적인 시간 산정법(Primitive Time Reckoning)」(Oxford Press, 1920).
2) 앞의 책, p.11.

연례적인 순환과 그 우주적인 의미

메소포타미아에서 최초의 문명이 싹트기 전에 이미 연례적인 순환은 알려졌으며 신화와 제의로 기념되고 또 효과를 나타냈었다.[3] 신화와 관례 제전은 신년의 축제 행사였으며 아카드어(Akkadian)로 쓰여진 가장 오래 된 설명은 기원전 1500년경의 것으로 추정된다. 암송되는 신화는 바빌로니아인들의 창조에 대한 서사시로서 학자들은 원문의 처음 두 자를 따서 에뉴마 엘리쉬(Enuma Elish, 위에 있었을 때)라고 부른다. 신년 축제와 창조시에 담긴 사상들은 그보다 훨씬 이전의 시대에까지 거슬러 올라갈 수 있으며, 서사시 자체의 원본은 기원전 3000년경 문학을 창안한 수메르인들에까지 거슬러 올라갈 수 있음에는 의심의 여지가 없다. 왕의 굴욕, 모의 전쟁, 제의적인 결혼과 같은 신년 축제 행사의 주요 특징은 선사 시대에까지 거슬러 올라간다.[4]

창조시는 공동체의 복지를 좌우할 신년, 즉 새로운 계절의 순환을 시작하게 하려고 매 신년 원단(元旦)에 암송되어 극적으로 재연되고 다시 활기를 띠게 하였다. 새로운 창조는 질서 가운데 있었으나 언제나 태곳적 창조의 구조에 입각해서 생각되었으므로 이때에는 언제나 꼭 같은 창조시가 암송되었다. 원형적인 신성한 사건들과 원형적인 거룩한 영웅들은 일단 보편적인 원형이 결정되었기 때문에 현재로서는 태초에 신들에 의해서 결정된 신성한 원형에 가능한 아주 가깝게 되는 것 이상 아무 것도 할 수가 없었다. 태초에 이러한 일들이 일어났다고 서사시는 선언한다. 처음에는 물기 섞인 혼돈 이외에 신들도 아무 것도 존재하지 않았다. 이러한 물기 섞인 혼돈은 다음과 같은 두 개 혹은 세 개의 혼합된 요소들을 섞어 가지고 있었다. 즉 (1) 담수(淡水)를 "근원적인 아프수(Primordial Apsu)"라고 했고, (2) 염수(鹽水)는 티아맛(Tiamat)이라고 하였다. 그리고 쏘킬트 쟈콥센(Thorkild Jacobsen)에 의할 것 같으면 (3) 운무(雲霧)를 뭄무(Mummu)라고 했을 것이라 한다.[5] 다음은 서사시 자체를 처음부터 인용한 것이다.

---

3) 오시리스-이시스의 연례 순환적인 축제는 의미와 기능에서 바빌로니아의 신년 축제와 동일한 것이었다. 그러므로 여기서 그것을 기술할 필요가 없다. 「황금 가지」에서 프레이저와 「테스피스」에서 가스터는 이러한 이집트인의 풍요 의식을 매우 적절하게 설명해 준다.

4) 프랑크포르트, 앞에서 인용한 책, 쏘킬드 쟈콥센의 5장, "국가의 기능" pp.214~216.

5) 앞의 책, p.189.

> 그때에는 높은 곳의 하늘에 아직 이름이 없었으며
> 아래의 견고한 지반에도 이름이 없었습니다.
> 그들의 아버지인 근원적인 아프수 외에 아무 것도 없었습니다.
> (그리고) 뭄무 티아맛, 그녀가 그들 모두를 낳았습니다.
> 그들의 물은 마치 한몸과 같이 섞여 있었습니다.
> 갈대로 짠 초가도 없었고, 습지도 보이지 않았습니다.
> 그때엔 어떠한 신들도 존재하지 않았습니다.
> 이름도 없었고, 그들의 운명도 정해지지 않았습니다.
> 그러자 그들 가운데서 신들이 형성되었던 것입니다.[6]

그 서사시는 아프수가 라무(Lahmu)와 라하무(Lahamu)를 낳았으며 저들이 바로 어미인 티아맛과 함께 있었던 최초의 신들임을 이야기한다. 라무와 라하무는 아마도 바닷물 속의 침니(沈泥)를 나타내는 것 같다. 라무와 라하무로부터 두 개의 수평권(水平圈) 안사(Anshar)와 키사(Kishar)가 태어난다. "신화를 만드는 사람은 수평선을 남성과 여성으로 보고 남성권(圈)을 하늘로 여성권을 땅으로 표시하였음이 분명하다"[7]고 쟈콥센은 설명한다. 안사와 키사는 하늘신 아누(Anu)를 낳았으며, 그는 바빌론의 신, 특히 4대 신 중의 하나가 되었다. 그 다음으로 '땅의 주(主)'인 엔키(Enki)가 아누에게 태어나 자기 부친의 둥근 원반형의 형상을 취하였다(메소포타미아인들은 하늘과 땅이 둥글다고 생각하였다). 가장 오래 된 이야기를 따르면 두 거대한 원반(하늘과 땅)을 바람의 신 엔릴(Enlil)이 억지로 떼어놓았다고 하지만, 지금 우리가 가지고 있는 신화에서는 바빌론의 말둑(Marduk)이라는 신이 떼어놓았다고 한다.[8] 폭풍과 바람의 신 말둑이 바람(공기)으로 하늘의 원반을 아래의 궁창과 위의 궁창으로 갈라놓았음이 분명하다. 말둑은 에아와 엔키 사이에서 난 아들이었으며, 일찍이 창조 과정사(創造過程史)에서 지도적인 역할을 맡았다. 그가 관여하게 된 경위를 들어 보면 참으로 재미있다. 새로운 젊은 신들이 창조되었을 때 아프수와 티아맛은 그 어린것들을 거느리게 된 것을 몹시도 후회하였다. 어린것들은 너무나 시끄럽고 까불어 댈 뿐 아니라 건방

---

6) Mendelsohn, 앞에서 인용한 책, *Enuma Elish*, p.19.
7) 프랑크포르트, 앞에서 인용한 책, Jacobsen, p.185.
8) 바빌로니아인들은 수메리아인들에서부터 연원된 고대 이야기의 영웅 말둑을 국신(國神)으로 삼았으며, 수메리아인들의 폭풍신은 엔릴이었다.

졌다.[9] 아프수는 자기의 처 티아맛에게 다음과 같은 불평을 털어놓았다.

> 그들이 노는 것을 보면 정말 귀찮기 짝이 없소.
> 낮에는 쉴 틈이 없고 밤에는 잘 수도 없소.
> 내 그것들을 부수어뜨려 버려야겠소.
> 그러면 좀 조용해질 것이오, 우리 좀 쉬어 봅시다.[10]

티아맛은 자기 후손들이 멸망당하는 것을 원치 않았다. 에아는 평정을 얻으려는 아프수의 과감한 계획을 전해 듣고 곧 조처를 취했다. 그가 가진 마술의 힘으로 아프수를 잠재우고 그를 살해하였다(그리스 신화에서 태고의 父神 크로노스가 자기 아들 제우스에 의해 살해된 것을 참고하라). 티아맛은 남편의 죽음에 복수하려고 하였다. 그녀는 우선적인 조처로서 첫째 남편의 죽음을 보복하기 위한 전쟁을 이끌어 갈 둘째 남편으로 킹구(Kingu)를 맞이하였다. 신들은 공포에 휩싸였다. 에아의 아들 말둑과 그의 처 담키나(Damkina)를 빼고는 아무도 킹구와 티아맛을 당할 수 없으리라고 느껴졌다. 그 서사시에서는 말둑을 신들 가운데 가장 영광스러운 자로 열렬하게 묘사하였다.

> 에아가 그를 보자,
> 아비된 그는 기쁨에 부푼 가슴을 안고 뛸듯이 좋아하였다.
> 그는 그를 완전하게 하였으며 신성을 곱절이나 부여하였다.
> 그는 가장 빼어난 자로서 기고만장이었다.
> 그의 신체는 정도 이상으로 완벽하였다.
> ……
> 눈은 넷이요, 귀도 넷이었다.
> 입을 놀릴 때면 불꽃이 튀어나왔다.
> 청관(聽官) 네 개는 모두 컸으며,
> 같은 수효의 눈으로는 만물을 응시하였다.
> 그는 신들 가운데서 가장 고상하였으며 키 또한 장대하였다.
> ……[11]

---

9) Mendelsohn, 앞에서 인용한 책, *Enuma Elish*, Tablet I, p.19.
10) 앞의 책, p.20.
11) 앞의 책, p.21.

그는 "하늘의 태양"[12]이라고 불리웠으며, "신 열 명의 후광(後光)을 입었으며,"[13] "신들 가운데서 가장 빛나는 태양의 아들"[14]이라고 불리웠다.

운명의 서판(The Tablets of Destiny)

신들의 총회는 말둑에게 통치권을 부여하였으며, 그에게 운명의 법을 선포할 권한을 위임함으로써 그것을 표시하였다.

> 이날로부터 당신이 선고하신 것은 변치 않을 것입니다.
> 올리거나 끌어내리는 것, 이 모든 것이 당신의 손에 달려 있습니다.
> 당신이 선포하신 것은 이루어질 것이며
> 당신의 명을 아무도 의심치 않을 것입니다.
> 신들 가운데 아무도 당신이 정하신 것을 범하지 않을 것입니다.[15]

불행히도 공식적인 운명의 서판이 티아맛에 의하여 킹구의 손에 넘어갔지만, 말둑이 킹구와 티아맛을 무찔러 승리하여 그것을 다시 손에 넣을 때까지, 총회는 운명의 서판이 지닌 효력을 정지시킬 수 있는 힘을 형식적이지만 가지고 있었다. 운명의 서판을 소유함으로써 그는 만물의 운명을 결정할 수 있는 자기의 권한을 합법적인 것으로 만들었다. 그러나 승리를 얻기 전에는 킹구가 결정하는 운명의 유형들과 말둑이 결정하는 운명의 유형들 사이에는 갈등이 있어야 하였다. 그러나 이것은 우주의 질서가 완성되기 이전의 일로서 만일 티아맛과 킹구가 다른 신들을 정복하였더라면 태곳적 혼돈 상태로 되돌아갈 위험도 있었다. 두말할 여지도 없이 말둑은 혼돈의 괴룡(怪龍) 티아맛과 겨루어 단판에 승리를 거두었다. 그때 비로소 말둑은 창조의 작업을 완성하였다. 그는 티아맛의 몸을 조개처럼 두 조각으로 쪼개어 한쪽을 위에 두어 하늘처럼 천장을 삼았는데 그것이 바로 아래의 땅(에아의 영역)으로부터 위의 물(하늘에 있는)을 나누는 궁창이란 것이다. 그런 다음 그는 "대신(大神)들을 위해서 처소를 건설하였으며, 신들의 별과 같은 형상

---

12) 앞의 책, p.22.
13) 앞의 책.
14) 앞의 책, Tablet Ⅵ, p.39.
15) 앞의 책, Tablet Ⅳ, p.31.

을 성좌로 고정시켰다."

> 그는 지역에 이름을 정함으로써 다음과 같이 연드를 결정하였습니다.
> 그는 각기 열두 달을 위해서 세 개의 성좌를 세웠습니다.
> ......
> 달을 빛나게 하여 밤을 (그에게) 맡겼습니다.
> 그는 그를 밤의 생물로 임명하여 일수(日數)를 알리도록 하였습니다.
> "달마다 끊임없이 면류관으로 무늬를 이루어라
> 상순경에는 땅 위로 올라와,
> 그대는 휘황한 뿔을 가지고 여섯 날을 비추도록 하라.
> 제7일에 그대는 반(半) 면류관을 이룰지어다.
> 보름달이 되어서는 이제까지와는 정반대로 할 것이니라.
> 태양이 하늘 밑에서 그대를 쫓아갈 때에는,
> (그대의 면류관을) 줄이고 빛 속으로 물러날지어다.
> (사라질 적에) 그대는 태양이 가는 길에 가까이 하여라.
> 그리고 (제29일에) 그대는 다시 태양의 반대편에 설지어다."[16]

그것에 버금 가는 위대한 사건은 인간을 창조한 것이다. 말둑은 다음과 같이 말한다.

> 피를 한데 모으고 뼈가 생기게 하리라.
> 야만인을 세워 '인간'이라고 부르리라.
> 진실로 미개한 인간을 내 창조하리라.
> 그들로 하여금 신들을 섬기게 하여,
> 저들의 수고를 덜어 주리라![17]

에아의 제안으로 반역자 킹구의 피에서 인간이 창조되었다.

> 반란을 획책한 것은 킹구였습니다.
> 티아맛을 모반케 하고 전투에 가담하였습니다.

---

16) 앞의 책, Tablet V, pp.35~36.
17) 앞의 책, Tablet VI, p.36.

저들이 그를 묶어 에아 앞에 끌어왔습니다.
저들은 그의 죄를 따지고 나서 그의 피(혈관)를 끊었습니다.
그의 피로 저들은 사람을 만들었습니다.[18]

인간은 태초로부터 모반한 미개인이었으며 이마에 땀을 흘려야 생계를
세울 수 있다는 것이 창세기의 이야기에서처럼 분명하다. 다른 점은 창세기
의 이야기에서는 정의에 대한 관심이 표명된 것이다. 인간은 교만과 반역의
죄를 지은 까닭에 노동하는 벌을 받아 마땅하다. 바빌로니아인들의 이야기는
인간에게 일을 하게 강요한 정의에는 관심이 없으나 경제 단위가 신전(神
殿)이었다는 것과 신의 이름으로 모든 노동이 행해졌다고 하는 문화적 사실
만을 합리화할 뿐이다.

끝으로 서사시는 말둑이 운명의 패에 적힌 권한을 소유하면서 그가 율령
으로 정한 우주의 확립된 질서를 유지할 목적으로 신들을 300명씩 두 무리로
나누어 300명은 하늘에 또 다른 300명은 지상에 두었다고 말해 준다.

이같은 방식으로 우주의 질서와 인간의 생명이 창조되었으나, 태초에 말둑
이 세운 질서를 유지하기 위해서는 매해 신년 원단에 이 창조 신화를 암송하
고 관례를 따라 재연(再演)하며 극으로 꾸미어 다시 활기를 띠게 할 필요가
있었다.[19]

해마다 있었던 부흥 운동과 신년 축제 행사는 창조시라고 인정된 후대의
기록판에만 보존되어 있다. 그 중 가장 오래 된 형식은 가스터(Theodore H.
Gaster)가 약술한 다음의 유형과 일치하는 것 같다. (1) 일시적이나마 신을
체현(體現)하는 왕은 살해를 당한다. (2) 왕의 서리(署理)가 임명된다. (3)
왕은 굴욕을 당하고 눈물을 흘리게 된다. (4) 왕은 모의 전투에 출전한
다. (5) 왕은 거룩한 혼례식에 참여한다(이것은 생장을 자극하고 태양을 다시
불붙게 하며 인간의 다산을 촉진하는 성적인 허락의 제사를 포함한다). (6) 성대
한 의식으로 왕은 다시 공직에 복귀하고 계승자가 된다.[20]

---

18) 앞의 책, p.37.
19) 프랑크포르트, 앞에서 인용한 책, p.16. 프랑크포르트는 신화를 다음과 같이 정의한
　　다. "신화는 하나의 진리를 선언하는 시를 초월하는 시의 한 형식이며, 선언하는
　　진리를 만들어 내고자 하는 추리를 초월하는 추리의 한 형식이며, 행위 속에선 그것
　　의 완성을 발견하지 못하지만 진리의 시적 형식을 선언하고 세밀히 완성해야 하는
　　활동과 제의적인 행동의 한 형식이다."(p.16)

이것은 프레이저가 「황금 가지」에서 많은 증거를 제시한 고대의 풍요 의식(fertility cult)의 유형이다. 가스터는 문학과 희곡을 낳게 한 세련된 이야 기에 흥미를 가졌다. 가스터가 말한 국소 우주(局所宇宙, topocosm)라는 사상 은 신화적인 단계의 '파르스 프로 토토'와 같은 종류의 사고에 속하는 것으로 서 사회의 발생이나 신화의 상연, 즉 희곡에서 중요할 뿐만이 아니라, 또한 국소 우주적 혹은 파르스 프로 토토와 같은 성질의 사고에 대하여 불가분의 한 부분인 순환적 역사관의 발생에서도 가장 큰 의미를 지닌다. 다음의 「테스피스(Thespis)」에서 몇 절을 읽어 보면, '국소 우주'의 의미와 계절적인 의식과의 관계가 밝혀질 것이다. .

> 연극은 계절적인 제의들을 집행하는 데서 발전되어 나온다. 계절적인 제의 들은 성격상 기능적이다. 그것들의 목적은 살아 있는 유기체로 생각되는 어느 일정한 장소의 전체 구조, 즉 국소 우주(topocosm)를 주기적으로 재연하는 것이다. 그러나 이 국소 우주는 현실적인 현재의 공동체뿐만 아니라 이상적이 며 연속적인 본체를 나타내는 정시적(定時的, punctual)인 면과 지속적인 면을 모두 속성으로 가지고 있으며, 이상적이고 연속적인 본체에 대하여 국소 우주 란 현재적 현현(current manifestation)에 지나지 않는 것이다(프랑크포르트의 파르 스 프로 토토의 사고, 즉 부분은 전체를 나타낸다는 사고방식을 참조하라). 따라서 계절적인 제의들에는 이상적이며 지속적인 상황의 견지에서 제의들의 기능적 인 행위를 해석하도록 마련된 신화가 따르게 되었다. 신화와 제의를 해석하는 데서 희곡은 만들어진다.[21]

그 다음 몇 절에서는 신화와 제의를 연례적인 순환과 관련시킨다.

> 계절적인 제의 행사는 일치된 형식을 좇았다. 이것은 해마다 새롭게 맺어져 야 할 일련의 계약을 통해서 생명이 배수(拜受)된다고 하는 생각에 근거를 둔다. 그러나 계약의 갱신은 신의 섭리에 의해서가 아니라 인간의 계획된 노력 을 통해서 이루어진다. 그리고 제의들은 그러한 노력을 보강하고 조직화하기 위해서 마련되었다. 의식은 케노시스(Kenosis) 혹은 비움과, 플러 로시스(Ple-

---

20) T. H. 가스터, 「테스피스(*Thespis*)」(New York: Schumann, 1950), 3장. "고대 근동 에 있어서 계절적인 유형", pp.34~48.
21) 앞의 책, p.3.

rosis) 또는 채움이라는 두 부분으로 나누어지며, 전자는 생(生)의 비움(eva-
cuation)을, 후자는 생의 보충(replenishment)을 나타낸다. 케노시스의 의식은
금식과 대제(大齊, lent) 그리고 유사한 금욕 생활의 준수를 포함하며, 이 모든
것은 그 사회가 활기를 잃은 상태에 있음을 지적하기 위해서 마련되었다. 플레
로시스의 의식은 가뭄과 악마의 세력에 대항하는 모의 전투와 집단 성혼(成
婚) 그리고 강우술(降雨術)을 행하는 것 등을 포함하여 모두가 사회로 하여금
새로운 활기를 띠게 하려는 의도를 가진다.

본래 전 공동체에 의해서 수행된 의식은 시일이 지나는 동안 왕이라고 하는
단일의 개인 대표자에게 집중되는 경향이 있다. 그때에 일시적이나마 영광을
잃고, 유해한 세력과 대항해서 투쟁하며, '신성한 혼례식'에서 신랑이 되는
자는 바로 왕이다.

왕이 정시적(파르스 프로 토토)인 수준에서 행하는 바를 신은 지속적인 수준
에서 행한다. 따라서 왕이 수행한 모든 종교 의식은 신화라는 수단을 통하여
신이 수행한 행위로 전환된다. 이것은 나중에 왕이나 그 밖에 다른 계절 의식
의 수행자는 원래 제신이 수행한 행위를 체현하는(impersonating) 것에 불과하
다고 하는 생각을 낳게 한다. 그러면 제의란 각본, 즉 모방적인 표상(mimetic
representation)이 되는 것이다.[22]

상기한 바와 같이 가스터가 기술한 몇몇 또는 온갖 요소들의 유형과 국소
우주의 사상은 바빌론의 신년 축제와 근동 문화에서 널리 발견될 뿐만 아니
라, 인도와 중국 심지어 아메리카 대륙(마야와 아즈텍)에서도 직접적으로
혹은 잔재의 형식으로 발견된다. 초자연의 대우주적인 세력과 인간 세계
사이의 유기적인 중개자(organic link)로서의 황제라는 개념은 다음에 보게
될 것과 마찬가지로 최근까지 중국과 일본에 남아 있었다.[23]

바빌로니아와 메소포타미아의 문화에서 보통 신년 축제 행사는 10일에서
11일간에 걸친 행사였다. 이 날들은 지나간 계절의 순환이 끝남과 새로운
계절의 순환이 재생되기까지의 윤일(閏日), 즉 중간 시기였다. 11일이라고
하는 삽입된 기간은 연중 어느 부분에도 속하지 않았다. 따라서 신이 정해
준 일정한 질서가 없기 때문에 이 시기는 커다란 위험을 내포하는 기간이기
도 하다. 그러므로 적절한 제의극(祭儀劇)을 통하여 즉각적으로 질서를 다시

---

22) 앞의 책, p.6.
23) 제8장 이하.

회복할 필요가 있었다. 전반부(前半部), 즉 케노시스는 선사 시대에 왕이 내역한 말둑 신의 죽음으로 나타냈던 것 같으며 이때에 왕은 그를 체현하였다. 후에 임시적인 왕은 수난을 당하였으나 보존된 이야기를 보면(대부분 학자들은 아주 후대의 기록이라고 생각한다), 왕은 자기의 권좌를 표시하는 왕홀(sceptre)과 왕관 그리고 검을 몰수당함으로써 의식상으로 폐위되었다.[24] 그런 후 말둑의 사제는 왕의 뺨을 때리고 그의 귀를 잡아 끌어 말둑의 동상 앞에서 고백하도록 땅에 그를 꿇어앉힌다. 그 고백이란 것은 부정적(否定的)인 선언이었다. 즉 "열국의 주(主)이시여, 나는 죄를 짓지 아니하였나이다. 나는 당신의 신성이 요구하는 바를 소홀히 하지 아니하였나이다. 나는 바빌론을 피폐케 하지 아니하였나이다. 나는 바빌론을 전복시키라고 명하지 아니하였나이다. 나는 부하의 뺨을 심하게 때린 적이 없었나이다.······나는 그들을 모욕한 적이 없나이다."[25] 만일 왕이 눈물을 흘린다면 상서로운 것이지만, 만일 그가 눈물을 흘리지 않는다면 이듬해의 운수는 불길할 것이다. 그런 다음 왕은 다시 자리에 올랐다.

정화 의식(ritual purification) 또한 케노시스 의식의 부분으로서 신년 축하 행사에서 중요한 것이었다. 이들 의식의 절정은 모든 사람이 참여하는 3일간의 연극의 연출이다.[26] 극으로 꾸며진 주제는 말둑 신의 죽음과 부활이었다. 후케(Hooke) 교수는 이같은 일들이 벌어졌을 것이라고 생각한다.

> 사람들은 "그가 어디에 있소" 하고 물으면서 돌아다녔다. 거리에서는 소요와 싸움이 일어났다. 그 싸움이란 미리 준비된 것이었을 것이며 한 무리는 말둑을 그리고 다른 무리는 그의 적을 나타냈을 것이다. 최종적으로 가면과 의상을 걸치고 제신으로 분장한 사제들이 말둑이 감금된 무덤을 부수고 들어가 그를 풀어 주었다.[27]

그 다음에 플레로시스의 의식이 행하여졌다. 후케 교수는 다음과 같이

---

24) Mendelsohn, 앞에서 인용한 책, "신년 축제를 위한 바빌론의 신전 계획"으로부터 나온 문구들, p.138.
25) 앞의 책.
26) 사무엘 H. 후케 *New Year's Day* (London: Gerald Howe, Ltd., 1927), p.11.
27) 앞의 책, p.11.

기술하였다.

　　'운명의 고정(固定)'이라고 불리는 축하 의식의 후반부는 말둑과 그의 처, 신들과 왕(아마도 말둑의 위치를 차지하였을) 그리고 교외의 축제 장소를 향한 백성들의 거룩한 행렬과 신의 거룩한 혼례식으로 성황을 이루었다. 그런 다음 모두들 말둑의 신전으로 돌아가 제의는 끝을 맺었다. 마지막 이틀간은 보통 있는 일이지만 성대한 잔칫상과 술상을 벌여 놓고서 온갖 종류의 경기와 레슬링, 뜀뛰기, 불화살 쏘기와 불수레바퀴 돌리기(태양에 다시 불을 붙이기 위해서) 등으로 활기를 띠었을 것이다.[28]

　　후케 교수는 "생장을 자극하는 성적 허용 의식(許容儀式)"을 제외하고는 가스터가 개론한 일체의 계절적인 유형[29]의 요소들을 언급하였다. 그러나 후케는 이들 의식을 다른 곳에서 언급하며 선사 시대에 그 기원을 찾아볼 수 있는 축제 의식 중 거룩한 혼례 의식의 부분에 포함시킨다.[30] 메소포타미아와 시리아인의 종교에서 거룩한 매춘 행위가 중요한 부분을 이루었다고 하는 사실은 잘 알려진 일이다. 신년 축제 의식에 포함되었으리라고 믿어지는 또 다른 풍요의 상징에는 신성한 나무, 즉 '생명의 나무'가 있었다(이것은 이집트에서 오시리스교의 樹木 상징과 똑같은 것이다). 지금까지 발견된 바빌로니아인들의 건축물의 상부 기둥에 그려진 신성한 나무는 통나무나 나무 줄기의 모양을 하고 있었다. 그것은 기름을 붓는 절차에서 보여지듯이 그 나무는 신이나 신과 동일시된 왕을 나타내고 있음이 분명하다. 기름을 붓는다는 것은 생명 나무에 새로운 생명력을 준다는 것을 상징하며 따라서 앞으로 오는 새해에 그 공동체의 번영을 좌우할 왕과 신에게 새로운 생명력을 준다는 뜻이 된다. 왜냐하면, 왕과 신은 하늘과 땅 사이의 관계를 조화시킬

---

28) 앞의 책, p.12.
29) 신년 축제는 봄철 축제였으나 "아주 오랜 옛날 봄과 여름 모두가 메소포타미아에서는 신년 계절이었다"고 후케는 말한다. 후에 그 둘 사이에서 신년으로서의 선택은 한 특정 도시 국가에서 더욱 중요한 것이 된 축제에 의존했다고 그는 설명한다. 바빌론은 춘분을 신년으로 정하였으며 겨울의 사망 시대를 지난 다음 말둑의 죽음과 부활을 축하하였다.(후케, 앞의 책, p.25)
30) 쏘킬드 쟈콥센은 성혼식(成婚式)을 기술하고 있는 기원전 제3 밀레니엄 말경의 것으로 추정된 한 대본을 인용한다.(Jacobsen, 앞에서 인용한 책, p.214)

수 있는 중심 인물이기 때문이다.[31]

역사에 대하여 운명의 서판이 지니는 의의

일체의 플레로시스의 의식들은 새로운 창조를 장엄하게 상징한다. 이것은 위에서 기술한 창조시(축제 제4일 날 뒤늦은 시간에)[32]를 축제가 진행되는 동안 자주 자주 암송하는 것을 보면 명백해진다. 그 서사시의 최고 절정은 말둑이 킹구로부터 운명의 서판을 되찾는 데 있다. 왜냐하면, 이것은 창조 사업에 필요한 것이기 때문이다. 그러므로 후케 교수가 생각하듯이 신년 축제 행사의 "중심 목적은 '운명의 고정(固定)' 즉 신년의 진로를 주술적으로 결정하는 것"이었음이 분명하다. 그리고 "이 운명의 서판에는 문자와 신비한 지식이 기록된 주술적인 힘이 가득 담겨 있으며, 신년의 본래 의미로 돌아갈 것과 주술적인 운명의 문서(文書)로 돌아갈 것을 지시하그 있는데, 그것이 바로 태곳적의 달력이었다."[33] 또 한 사람 근동 지방의 종교학자인 어윈(Irwin) 교수는 이 축제 행사에서 운명 의식(destiny rite)들의 중요성을 언급한다. 그는 말둑과 나부(Nabu)가 "다가오는 해의 운명을 결정하려고 아키투(Akitu)의 집으로 장엄한 순례의 길에 올랐다"고 한다.[34]

자연의 새로운 순환의 발단과 밀착된 새 창조의 개념은 새로운 순환이 시작할 때까지 바빌로니아와 이집트에서 새 왕의 즉위식을 연기함으로써 더 한층 강조된다. 이집트에서 이때는 초여름 나일 강물이 불어나기 시작하던 때이거나 나일 강물이 물러나가고 들에 씨를 뿌리려고 하던 때이었을 것이다. 바빌로니아의 새 왕은 신년 원단을 가장 상서로운 때로 보고 그때에 통치를 시작하였다. 나중에 보게 될 것과 마찬가지로 중국에서 새 왕은 자기가 즉위하는 날로 연호(年號)를 변경한다. 바빌론에서 새로운 신전의 낙성식이 정초에만 있을 수 있었다는 사실은 의의가 있는 것이다.[35]

이런 실례들은 신화 시대의 사고에서 시간이란 낮과 밤, 새 달들의 차고

31) 후케, 앞에서 인용한 책, pp.13~14.
32) Mendelsohn, 앞에서 인용한 책, p.129.
33) 후케, 앞에서 인용한 책, p.15.
34) 프랑크포르트의 다른 작품, *Intellectual Adventure of Ancient Man*(Chicago: University of Chicago, 1946), Ⅶ장, William A. Irwin의 "신", p.236.
35) H. and H. A. Frankfort, *Before Philosophy*, 앞에서 인용한 책, 1장, H. and H. A. Frankfort 의 "신화와 실재", p.35.

기우는 것과 같은 어떤 구체적이며, 주기적으로 회귀하는 달의 위상들을 의미하였다는 것을 보여 준다. 그리고 최종적으로 해마다 순환하는 계절로 시간을 나타내기도 하였으나 연례적인 순환은 그 서사시에서 이야기되었던 것과 마찬가지로 '태초에 있던' 본래적인 창조를 본뜬 '새로운 창조' 혹은 '새해'를 의미한다. 저 유명한 운명의 서판에서 운명이란 그들이 본래 세시(歲時)와 일월성신들에게 주었던 것과 마찬가지로 해마다 꼭 같은 것이었다. 그러나 계절은 '좋을 수도' 있고 '나쁠 수도' 있으며 인간의 운명도 그렇고, 집단(도시 국가)과 개인도 모두 마찬가지이다. 이 현상에는 기계적이라거나 자동적인 것은 하나도 없다. 인간은 아주 오래전부터 그 속의 불규칙성을 보아 왔다. 이러한 사실은 인간으로 하여금 정신적인 실재와 자신의 의지와 유사한 여러 의지가 그것들의 기능을 지배한다고 확고하게 믿도록 만들었다. 이미 위에서도 언급하였던 바이지만 다른 곳에서와 마찬가지로 메소포타미아에서도 이 '의지들'은 모든 자연 현상에 책임을 진 신들로서 의인화되었다. 말둑이 혼돈의 괴물신(goddessmonster) 티아맛과 그의 남편 킹구를 정복하였을 때 그는 운명의 서판이 지닌 힘을 소유하고 모든 신들에게 우주에서의 명확한 위치와 기능을 부여함으로써 질서 잡힌 우주를 창조할 수 있었다. 이처럼 우주는 메소포타미아인의 도시 국가 형태를 모방한 하나의 도시[36]로서 생각되었다. 즉 역사적인 여러 시대의 국가가 아니라 그 옛날 형성기의 국가, 다시 말하면 영웅 시대의 '원시적인 민주 체제의 국가'[37]가 그것이다. 옛날에 말둑이라는 신이 있었는데 그의 기능은 위급한 시대에 처한 지상의 세속적인 왕의 기능과 일치하였다. 그의 권력은 절대적인 것이 아니었으며 다만 제신의 총회라고 하는 권력 분립 정부의 결의에 따랐던 것이다. 이것은 인간적인 차원에서 옛날 민주 정치에서의 성인 남자들의 총회와 일치하였다. 이 총회는 전쟁 때와 같이 위협이 계속되는 위기의 시대에 왕에게 절대 권한을 위임하는 것을 제외하면 궁극적인 통치권을 가진 기구였다. 평화 시절에 원로원은 공동체의 일상 사건을 지휘하였다. 그러나 대우주적인 국가에서는 혼돈(티아맛과 킹구에서 의인화된)이 힘을 다시 얻는 것을

---

36) H. and H. A. Frankfort, 앞에서 인용한 책, Jacobsen, V장, "하나의 국가로서의 우주"

37) 앞의 책, pp.141 이하.

막기 위하여 총회에 의하여 왕권이 말둑에게 부여되었다. 이것은 창조시 제4 서판을 보면 쉽게 알 수 있다.

> "그들은 그를 위해 왕좌를 하나 세웠습니다.
> ……
> 말둑이시여, 당신은 가장 높으신 위대한 신이십니다.
> 당신의 명을 대적할 자가 그 누구이겠습니까?
> 당신의 명령은 아누(Anu)입니다.
> 이날로부터 당신이 말씀하신 것은 변치 않을 것입니다.
> 올리거나 끌어내리는 것이 당신의 손에 달려 있습니다.
> 당신의 명은 이루어질 것이며
> 당신의 명을 아무도 의심치 않을 것입니다.
> 신들 중 아무도 당신이 정하신 경계를 범치 않을 것입니다!
> ……
> 우리는 당신에게 우주 전체를 다스릴 왕권을 허락합니다.
> 당신이 회중에 앉아 계실 때 당신의 말씀은 무쌍의 영광을 받을 것입니다.
> ……
> 오 주여, 당신을 의지하는 자의 생명을 굽어살펴 주소서.
> 허나 악을 꾀하는 신의 생명은 버리시옵소서.
> 주여, 당신의 명이 신들 가운데서 으뜸이로소이다.
> 멸하거나 창조하라고만 하소서.
> 그대로 될 것입니다."[38]

말둑이 티아맛과 그의 남편을 물리친 후에 그는 신들을 일정한 처소에 배치시키고 자연 가운데서 일정한 유형을 고정시키기 위해 마련된 질서를 저들에게 줌으로써 질서 잡힌 우주를 창조하였다. 예를 들면, 다음과 같은 것이다.

> 그는 대신(大神)들을 위하여 처소를 만들었습니다.
> 저들의 별과 같은 형상을 성좌로 고정시켰습니다.
> 그는 지역에 이름을 정함으로써 연도(年度)를 정하였습니다.

---

38) Mendelsohn, 앞에서 인용한 책, *Epic of Creation*, p.31.

(하늘의) 형상(으로) 연도의 날수를 규정한 후

그는 저들 (하늘의) 무리를 확정하려고 네비루(Nebiru)[39]의 처소를 마련하였으
니,

아무도 지나치거나 모자라지 않을 것입니다.

......

달을 빛나게 하여, 밤을 (그에게) 맡겼습니다.

그는 그를 밤의 생물로 임명하여 날수를 알리도록 하였습니다.[40]

비슷한 방식으로 질서 잡힌 우주 국가(cosmos-state)의 남은 부분을 만들어
냈다. 그러나 인간적인 의지들이 내포되었기 때문에 기계적으로 딱 들어맞는
질서는 존재하지 않았다. 더욱이 말둑은 전능한 존재는 아니었다. 그의 권력
은 총회뿐만 아니라 운명의 서판이 도난당했을 때와 마찬가지로 '우연한
사고'에 의해서도 영향을 받을 수 있었다. 게다가 우주적인 질서의 기능을
순조롭게 하기 위해서 방금 기술하였던 신년 제의와 같이 인간의 편에서
제의를 수행할 필요가 있었던 것 같다. 한 왕조나 도시 국가의 몰락과 같은
불행은 물론 홍수나 가뭄과 같은 우주적인 무질서는 위에서 언급한 바와
마찬가지로 어떤 우연한 사고에서 빚어질 수도 있을 것이고 혹은 이런 재앙
은 말둑이나 왕이나 다른 고위층의 어떤 다른 강력한 신의 노여움에 의해서
빚어질 수도 있었다.

이처럼 우주적인 역사나 인간의 역사는 신에 의해서 직접적으로 통제받았
지만, 또 신들 편에서 긍정적이든 부정적이든 어떤 반응을 나타내 보일 때까
지 어느 정도는 인간의 행동에 의해서 간접적으로 통제를 받았다. 이런 까닭
에 역사는 본질적으로 신들이 해마다 자연과 인간 역사의 순환을 통어하는
신정(神政) 정치의 역사가 된다.

기원전 3000년경[41]의 우투(Uttu) 시에서 「타락하기 이전(before the Fall)」이

---

39) 앞의 책, 역자(E.A. Speiser)의 주, p.35.

40) 앞의 책, Epic of Creation, p.35.

41) 알브라이트 교수〔그는 Lovejoy와 Boas가 편집한 Primitivism and Related Ideas in
Antiquity(Baltimore: Johns Hopkins Press, 1935)에서 "고대 서아시아에서의 상고주
의"라고 하는 자기의 논문에서 이 시를 인용한다〕는 이 연대를 전한다. Mendelsohn
(앞에서 인용한 책)은 이 시(그는 "Enki와 Ninhursag: 낙원 신화"라고 제목을 붙였
다.)에 대한 서론에서 그 번역은 기원전 제3 밀레니엄 초반의 서판들로부터 된 것이
었지만 "그 신화가 구성된 연대는 미상이다"라고 말한다.(Mendelsohn, p.3)

라는 시는 인간 역사의 초창기를 신화에 기록된 것처럼 대단히 예찬했다.

> 틸문(Tilmun)에서는 까마귀의 울음소리를 들을 수가 없었습니다.
> 다르(새)는 자기의 슬픔을 노래하지 않았습니다.
> 사자는 죽이는 일이 없었습니다.
> 승냥이가 양을 앗아가는 일이 없었습니다.
> 노니는 새끼 염소들을 개가 해치는 일이 없었습니다.
> ……
> 비둘기는 알을 낳지 않았습니다.
> 병난 눈이 '나는 병난 눈이다'라고 말하지 않았습니다.
> 아픈 머리가 '나는 아픈 머리다'라고 말하지 않았습니다.
> 늙은이가 '늙은 사람은 나다'라고 말하지 않았습니다.
> 늙은 여인이 '늙은 여인은 나다'라고 말하지 않았습니다.
> '어떤 사람이 도랑을 팠다'라고 말하는 이는 없었습니다.
> 감독자는 거만한 마음으로 찾아들지 않았습니다(?)
> '거짓말쟁이가 거짓말을 했다'(?)라고 말하는 이는 없었습니다.

알브라이트(Albright) 교수는 자기의 논문 「고대 서부 아시아의 상고주의 (*Primitivism in Ancient Western Asia*)」[42]에서 이 시를 인용하면서 다음과 같이 그 의미를 달았다. "위 행들에서 그린 그림은 야수들이 평화스럽게 지내며 서로 잡아먹지 않고, 질병이나 늙는다는 것이 없으며, 성교나 후손이라 할 것도 없었으며…… 농업도 없고 관개(灌漑)도 없으며, 조직화된 사회도 없는 ——다른 말로 하면 원시적인 낙원의 생활 상태인 것이다."[43] 그러나 그때에 엔키(Enki) 신과 그의 처가 신성한 결혼을 했으며 거기서 번식한다는 것이 존재하게 되었다. 나머지 시는 번역하기가 어려우나 알브타이트 교수는 번식력이 많은 질병의 발단이었으며, 따라서 동물과 인간의 세계를 괴롭히게 되었다고 말한다. 이 신화는 모든 그 다음의 역사에 대한 이야기, 즉 행복에서 불행으로의 점차적인 타락에 대한 이야기와 더불어 창조의 여명에 있었

---

42) 윌리암 F. 알브라이트, "고대 서아시아에서의 상고주의"(*Primitivism and Related Ideas in Antiquity*) Arthur O. Lovejoy and George Boas 편(Baltimore: Johns Hopkins University Press, 1935), p.424.

43) 앞의 책, p.425.

던 황금 시대적 낙원의 축복에 대해 이야기하는 유사한 신화들의 본래적인 원형이 되는 것 같다. 그러한 신화들은 인도, 중국, 배화교, 유태인, 그리스인과 로마인들의 전형적인 것이다.

월신(月神)의 연령과 우주의 대회년

바빌로니아인의 문학에는 사물의 기원을 서로 엇갈리게 설명하는 신화들이 몇 가지 있는데, 그 가운데는 낙원의 신화도 끼어 있다. 알브라이트 교수는 다양한 이야기들이 "거의 불가피하게 계기적(繼起的)인 세계 연령론(世界年齡論, theory of successive world-ages)[44]이나 세계의 부분적인 파괴가 연속되었으리라고 보는 이론을 전개하도록 이끌어 갔으며," 그로부터 명확한 회귀적인 우주적 순환론이 발전되었다고 생각한다. 바빌로니아에서 부분적인 세계 멸망의 순환을 언급하는 이야기가 아트라카시스 시(Atrakhasis Epic)에서 분명하게 발견되지만 19세기 이전에 기록된 형식으로 삽입되었을 것이다.[45] 이 서사시는 인간이 세번이나 신의 분노를 사 마침내 신들은 첫번에는 가뭄과 기근으로, 다음엔 역병으로, 마지막엔 대홍수로 인류를 절멸시키고자 결의하게 되었다는 사실을 자세하게 이야기해 준다. 그때마다 한 사람의 현인 아트라카시스(그의 이름은 '대단히 현명한 자'라는 뜻이다)가 인류를 절멸당하는 데서 구출하여 준다. 세번째의 재액 곧 대홍수는 길가메쉬의 서사시와 성서에 언급된 바와 꼭 같다. 분명히 그것은 메소포타미아와 시리아 일대에 대홍수가 실제로 있었음을 지적하고 있다. 이 대홍수가 있은 다음에야 비로소 그럴 듯한 역사가 시작된다. 대홍수 이전과 그 후 얼마 동안의 역사는 수메리아의 왕 일람표(The Sumerian King List)로 알려진 기원전 2000년경의 상형 문서에 나타난다. 그러나 그 일람표는, 대홍수 이전의 열왕들의 통치 기간이 터무니없는 것이기 때문에, 거의 믿을 수가 없다. 일람표에 기록된 통치자의 이름과 그들이 왕이 되어 지배하던 도시 국가와 통치 기간은 다음과 같다.[46]

44) 앞의 책.
45) 앞의 책, p.425 이하.
46) Jack Finegan, *Light from the Ancient Past*(Princeton, 1946), p.25.

통치자	도시	통치 기간
알루림(Alulim)·····················에리두(Eridu)·····················28800년		
알랄가르(Alalgar) ·· 36000년		
엔멘루—안나(Enmenlu-Anna)······반티비라(Badtibira) ················· 43200년		
엔멘갈—안나(Enmengal-Anna)···································· 28800년		
거룩한 두무치, 목자(Divine Dumuzi, a Shepherd) ·····················36000년		
엔시파지—안나(Ensipazi-Anna)···라라크(Larak)·····················28800년		
엔멘두르—안나(Enmendur-Anna)···시파르(Sippar)·····················21000년		
우-바르—투투(Ubar-Tutu)···········스루파크(Shuruppak) ··············· 18600년		

그 일람표에는 "왕권이 하늘로부터 내려졌을 때……"라는 구절의 서문이
있다. 이 말과 통치 기간을 보면, 이들 태곳적의 통치자들은 반신(半神,
demigod)들이었음을 나타내려고 하는 것 같다. 잘 알려진 것이기는 하지만
이 일람표의 훨씬 후대의 형식이 안티오커스 I세(Antiochus I, 기원전 281년~
261년) 치하의 바빌론에서 말둑의 사제였던 베로수스(Berossus)에 의하여
제시되었다. 베로수스의 일람표는 후대의 것으로 초기의 일람표 원문을 그릇
번역한 것이며,[47] 왕들의 통치 기간을 대폭 과장한 것이다(위에 제시한 바와
같이). 원래의 일람표에서는 전체의 통치 기간이 241200년이 되지만, 베로수
스의 판에서는 432000년으로 되어 있다. 이 후자의 숫자를 대우주적인 주기
나 우주의 대회년(great year)의 사상과 관련시켜 보면 대단히 의미있다. 우주
의 대회년에 대한 힌두교의 신화론적인 고찰에 의하면 이 숫자는 세계 주기
(world cycle, the Kali-yuga)의 4/4 분기의 길이가 된다. 알브라이트 교수는
인도가 메소포타미아로부터 세계 주기의 사상을 차입하였다고 믿었다. 비록
"세계년(world year)의 주기와 같은 사상이 아직까지 메소포타미아에서 전혀
발견된 일은 없으나 제3 밀레니엄 말(末) 이전"[48] 바빌로니아인들에게는
36000년이라고 하는 세계년이 알려져 있었다는 물적 증거들이 닿기 때문이
다. 그가 내세우는 이유는 두 가지이다. (1) 월신의 연령이 사르곤 II세
(Sargon II)의 비명(碑銘)에 언급되었다. 이 기간은 3000년 혹은 30일을 1세기

---

47) George A. Barton, *Archaeology and the Bible*(Philadelphia : American Sunday School
   Union, Seventh rev. ed., 1937), p,320.
48) 알브라이트, 앞에서 인용한 책, p.427.

로 계산한 것이다. 이처럼 3000년을 12개월에 계산한 태음년, 태양년, 세계년
에 있어서 36000년이라 함은(이렇게 부를 수 있는 기록이 있는 것은 아니지
만) 태양신의 연령 혹은 세계년이 될 것이다. (2) 알브라이트 교수가 제시한
둘째 이유는 왕의 일람표(The King List)의 모든 개정본에 나타난 숫자에
근거한다. 그는 36000이라는 숫자와 그것의 곱이 되는 72000이라는 숫자는
왕의 일람표에 너무 자주 나타났기 때문에 36000년의 태음년, 태양년, 세계년
이라고 하는 것이 기원전 2000년경의 메소포타미아에서는 아마도 잘 알려진
것 같다고 말한다. 그러나 바빌론의 수 체계는 십이진법(duodecimal)이었으
며, 따라서 모든 숫자는 6의 곱 또는 12가 될 것이기 때문에 위에서 말한
숫자는 그런 의미를 가질 필요가 없다. 옛날 신화적인 신들과 반신(半神)들
그리고 이를테면 이집트와 같은 다른 여러 민족들의 사화(史話)에서 발견되
는 영웅들의 통치 기간의 길이를 나타내는 숫자에는 기막힌 과장이 없었던
것도 아니다. 옛날 메소포타미아인들이 세계의 대회년에 대한 개념을 가졌다
는 견해에 대해서 고대 천문학의 권위자인 오토 노이게바우어(Otto Neuge-
bauer)가 매우 회의적이라고 하는 사실은 재미있는 일이다. 노이게바우어는
3600이라는 숫자를 나타내는 바빌로니아어의 '사르(Sar)'라는 단어는 "무엇보
다도 우주나 그 비슷한 것의 의미를 가진다고 말한다. 숫자를 표시하는 단어
로서 그것은 3600을 나타내며, 이런 까닭으로 일반적인 복수 개념으로부터
구체적인 고등 숫자로 변형된 한 실례가 된다.……그것이 베로수스(기원전
290년경)[49]에 의해서 3600년이라고 하는 특수한 의미로서 사용되었다. 그는
덧붙여 말하기를 기원후 1000년경 수이다스(Suidas) 백과사전에서 비로소
이 기간의 햇수에 대해서 천문학적인 의의가 부여되었다고 한다.[50]

만약 노이게바우어의 견해가 옳은 것이라면 3600년이나 대회년이라고
하는 말은 베로수스의 시대나 그보다 훨씬 이전의 시대에는 알려지지 아니
하였을 것이다. 그러나 베로수스가 홍수 이전 시대의 길이로서 제시한 총
432000년이라고 하는 숫자는 너무나 중요한 것이기 때문에 그저 우연한 일로
서 보기가 어렵다. 그것은 신성한 태음—태양년의 한 해(36000년×12)가 된
다. 하여튼간에 인도에서도 36000과 그 제곱이 되는 숫자가 우주의 순환,

---

49) Otto Neugebauer, *The Exact Sciences in Antiquity*(Princeton: Princeton University
    Press, 1952), p.135.
50) 앞의 책.

즉 우주의 대희년에 적용된다. 우주가 순환한다는 인도 사상의 전통은 매우 오랜 것 같다. 자이나교와 불교의 철학에서는 오래전에(기원전 6세기 이전에) 거대한 기간의 세계 순환을 가정해야만 했었다. 정통 힌두교에서는 인간의 360년을 신의 1년으로 가정한다. 신의 12000년은 하나의 전체 대(大) 유가 (Maha yuga) 또는 세계 주기(대희년)를 구성한다. 듀몽(P.E. Dumont)은 대희년의 사상이 인도에서는 기원전 9세기경에 생겨난 오랜 것이라고 생각한다.[51] 최근에 발견된 옛날 인더스 계곡 문화는 메소포타미아-인들의 것과 관련을 갖는 것 같다. 이것은 세계 주기의 사상이 전파된 것을 고찰해 볼 때 재미있는 일이 될 것이다.

고대 메소포타미아에서의 대희년이라는 사상의 진상이 어떻게 판명되든지 간에 거기에는 적어도 위에서 언급한 3000년이라고 하는 '월신(月神)의 일대 (一代)'의 개념이 남는다. 기원전 2000년경의 고대 왕의 일람표에 241200 년으로 나타난 월신의 연령은 80.4세가 될 것이며, 베로쯔스의 일람표에서는 144라고 하는 더욱 만족할 만한 숫자로 월신의 연령을 나타낼 것이다.

30일이라는 1개월의 주기, 즉 소우주적인 시간의 길이가 신의 대우주적인 수준에서 3000년이라는 월신의 연령으로서 표상된다고 하는 사상은 순환적인 역사관의 신화 시대의 발전 과정에서는 매우 중대한 발전을 이룬 셈이다. 파르스 프로 토토의 사고방식, 부분인 작은 달은 전체인 큰 달을 나타내며, 그리고 아마도 큰 달은 대우주적인 신년(Great Cosmic Divine Year)의 한 부분이 된다는 것이 여기에서 잘 설명된다. 부분과 전체 사이의 관계에 대한 개념은 유기적인 자연철학의 특징이며, 신화 시대의 사고의 많은 부분을 차지한다.

인간의 역사에 대해서 그러한 대우주적인 순환이 갖는 의미는 분명하지는 않다. 스파이서(Speiser) 교수는 「고대 메소포타미아의 역사 이념」[52]이라고 하는 자기의 논문에서 달의 주기나 36000년이라고 하는 태음-태양의 주기[53]를 언급하지 않는다. 그는 후대의 메소포타미아인들이 역사를 한때 세력을

---

51) P.E. Dumont, "인도 문학에서의 상고주의"(*Primitivism and Related Ideas in Antiquity*), 앞에서 인용한 책, p.433.
52) E. A. Speiser, "고대 메소포타미아", *The Idea of History in the Ancient near East*, ed. Robert Claude Dentan(New Haven: Yale University Press, 1955).
53) 토인비는 기원전 8~6세기 사이에 바빌로니아인들이 분명코 태양, 달, 지구는 물론

얻었다가 멸망한 일련의 왕조의 역사로서 생각하였다는 주장을 했다(이것은 현재 괄목할 만한 반향을 불러일으켰다). 기원전 3000년 말경 아카드의 사르곤의 시대는 "전례 없는 업적을 달성한 시기"[54]로서 우러러보였지만 그러나 이 찬란한 왕조도 결국은 무너지고 말았다.

> 아카드의 국력을 확립한 사르곤은 분명히 행운의 총아였다. 같은 증거로서 나람 신(Naram-Sin)은 불운했던 사람으로 보아야만 한다. 왜냐하면 기울어 가는 그의 치세의 해는 아카드를 위해서는 불행스러운 것이었기 때문이다. 마찬가지로 어느 왕조도 끝장이 날 때는 신의 불만이라고 하는 것이 직접적인 원인이었다.[55]

그러므로 메소포타미아인들의 역사에 대한 사상 가운데는 진보 관념이 전혀 없는 것처럼 보인다. 지금껏 사르곤의 시대를 능가한 시대는 없었다. 역사관은 순환론적이었으나 순환 사상은 여러 왕조와 민족들의 흥망성쇠에 적용되었다. 스파이서는 다음과 같이 말한다.

> ……고대 바빌로니아 시대의 사회철학자는 과거를 회귀하는 순환들로 볼 만한 충분한 이유를 가졌다. 그러나 그는 그러한 판단을 미래에 적용하였던가? 니다바(Nidaba)가 라가쉬(Lagash)에게 하였듯이 혹은 엔릴(Enlil)이 구티(Guti)에게 하였듯이 말둑은 바빌론에 대해서 무엇을 하였는가?……그러한 문제는 상당히 흥미있는 것이긴 하지만 도움이 될 만한 자료가 아직 미흡하므로 결론적인 답변을 기대하기는 어렵다.[56]

역사적인 사건 가운데 모든 메소포타미아인들의 사상을 지배하던 유일하고도 뛰어난 사상이 있었다면 그것은 신들이 역사를 통어한다고 하는 사상이었을 것이다.[57] 즉 역사에 대한 신정 정치(神政政治)의 철학이야말로 우주

모든 유성들에 두루 미치는 주기적인 순환을 발견하였다는 견해를 받아들인다. 이러한 주기의 길이는 "태양년을 무의미한 것으로 위축시켰다." D.C. Somervell이 축약한 토인비의 「역사의 연구」를 보라(Oxford University Press, 1947). p.251.
54) Speiser, 앞에서 인용한 책, "고대 메소포타미아", p.55.
55) 앞의 책, p.56.
56) 앞의 책.
57) 고대 바빌론에서 Ammisaduqa의 통치 기간에 금성의 출몰이 기록되었는데 그것은

신화 시대 철학의 불가분의 부분인 것이다.

메소포타미아에서 순환적인 역사관의 발전에 관한 본 장의 요지

(1) 고대인의 방법론과 인식론

우주에 대한 인간의 접근 방법은 신화를 만드는(mythopoeic) 것이었다. 즉 자신과 자연 현상 사이의 관계는 감정적이고 주관적이며, 미학적, 인격적인 것이었다. 현대인들의 '나'와 '그것'과의 관계이기보다는 '나'와 '당신'의 관계가 특징이었다. 인간은 자연 현상에 존재하는 '힘들'을 마치 저들이 자기가 추구하는 것을 도왔다든지, 방해하였다든지 하는 정도의 친의(親意)를 가진 것으로 혹은 적의를 가진 것으로 느꼈다. 이들 '힘들'은 후에 의인화되었고, 메소포타미아에서는 인간의 초기 정부 형태(원시적 민주주의)와 유사한 국가에 체계적으로 조직화되어 파고들어갔다.

(2) 최초의 회귀적인 순환 개념은 태양신이 매일같이 죽었다가 다시 살아난다고 신화적으로 생각되었던 매일의 태양의 순환을 관찰한 데서부터 비롯된 것 같다.

(3) 후대에 널리 알려졌던 훨씬 더 긴 회귀적인 순환으로서는 계절의 순환이 있었으며, 그것은 일찍이 선사 시대에 그랬던 것과 마찬가지로 농사법을 알게 된 때에도 여전히 중요한 것이었다. 이것 역시 왕(아주 오랜 옛날에는 추장이었을지도 모르는)의 현실적인 죽음과 함께 그에게서 처음으로 의인화된 번식력의 죽음과 재생이라고 신화처럼 생각되었다. 그의 정신은 본질적으로 그의 생산 능력을 의미하였으며, 그를 계승한 자에게서 부활하였다. 그런 다음에 그의 계승자는 모두가 모이는 축제에서 '거룩한 혼례식'을 거행하였는데, 그 축제에서 벌어지는 성적인 혼란은 모방적인 주술에 의해서 풍요에 도움을 주었다.

(4) 신화와 연극(신화의 극화)은 죽음의 의식(kenosis)과 부활의 신성한

───────────────

천체 현상과 국가의 중대사가 관련되었기 때문이라고 노이게비우어는 말한다. 이런 종류의 사상은 몇 세기 후 일정한 사법 점성술(Judicial Astrology)과 최종적으로 그리스인들에 의해서 발전된 헬레니즘 시대의 성위(星位) 점성술(horoscopic Astrology)에 이르렀던 발전의 효시를 분명히 나타낸다. 앞에서 인용한 책, p.95.

혼례식(plerosis)을 행하는 데서 발전하였다.[58] 신화는 우주적인 수준에서 특수하고 구체적인 소우주의 계절적인 상황을 보편화시켰다. 신화, 연극 그리고 창조시는 신(바빌로니아에서는 말둑)의 영원한 또는 보편적인 혹은 지속적인 단 한번의 신성한 창조 행위를 나타냈다. 인간적인 수준에서 하늘과 땅 사이에서 해조(諧調)를 이루는 유기적인 중개자로서의 왕과 더불어 소우주는 신이 지속적인 수준에서 행한 바를 재연하였다. 이러한 제의를 통한 재연은 필연적이었다. 즉 사람과 신은 훌륭한 새해를 확보하기 위해서 함께 노력하지 않으면 안 되었다.

(5) 신들은 궁극적으로 운명을 지배하였다. 이것은 말둑과 나부(Nabu)가 신년 축제 말미에 오는 해를 맞이하기 위해서 아키투의 집으로 순례의 길을 떠날 때 극화된다. 이같이 하여 매 연례적인 순환에서 일어나는 사건들, 선 또는 악 같은 것은 신들에 의해서 지배받았다. 이것은 신화 시대의 역사에서는 언제나 볼 수 있는 형식이다. 해마다의 역사는 신정 정치의 역사이다.

(6) 신들에 의해 지배받는 연례적인 순환에서 메소포타미아인들은 더욱 커다란 순환, 즉 3000년의 주기를 생각하게 되었던 것 같으며, 매 3000년은 '월신의 일대(一代)'인 것이다. 그들은 여기서 잇따르는 개념, 즉 우주의 회귀적인 대회년의 개념, 태음—태양의 소우주적인 혹은 인간의 햇수로 12개월과 맞먹는 신의 12개월(36000년)이라는 개념을 생각했을 수도 있다.

(7) 신년의 주기(Divine Year cycle)라고 하는 사상은 많은 다른 문명 속에서도 발견되는데 아마도 바빌로니아에서 비롯된 것 같다. 이미 언급한 바 있지만 알브라이트 교수의 견해가 옳다면 인도에서 그 사상이 차입되었을 것으로 보인다. 배화교에서 분다히쉬(Bundahish)는 메소포타미아에서 차용한 듯이 보이는 세계의 12000년의 주기[59]를 인용한다. 중국에서도 세계의 주기에 관련된 몇몇 사상을 차입했던 것 같다. 그러나 이집트에서는 세계년이라고 하는 사상이 있었던 것 같지 않다. 낭성(狼星)의 주기(Sothic cycle)에 대해서는 다음에 더욱 자세히 이야기하겠지만[60] 그것은 인간의 역사에는 아무런

---

58) 케노시스와 플레로시스의 제의는 오늘날 우리의 비극과 희극의 본원이다. 가스터의 「테스피스」를 보라. 앞에서 인용한 책.

59) Jack Finegan, *The Archaeology of World Religions*(Princeton: Princeton University Press, 1952), pp. 26~27.

60) 제10장을 보라.

의미도 갖지 못하는 그저 천문학적인 역법상의 주기였던 것 같다. 묘한 것은
마야의 문명이 유달리 순환 사상을 강조하며 바빌로니아인의 지구라트
(ziggurat)에 아주 흡사한 사원 건축 양식을 보여 준다는 사실이다.[61]

다음 장에서는 인도와 중국 그리고 배화교도[62]의 순환 사상을 살펴보고자
한다.

---

61) 프랑크포르트는 지구라트에 중대한 종교적인 의의를 결부시킨다. Nippur에 있는
엔릴 신의 지구라트는 "산의 집, 폭풍의 산, 천지간의 접합점"으로 불리웠다고 그는
말해 준다. '산'은 "대지의, 따라서 일체의 자연적인 생명의 신비스런 힘이 집중되는
곳"이라고 그는 주장한다. 프랑크포르트의 「근동에서의 문명의 탄생(The Birth
of civilization in the Near East)」 (Garden City, New York: Doubleday Anchor Books,
Doubleday & Company, Inc., 1956) p.56을 보라. 같은 면의 주 5에서 그는 지구라트
의 산 상징(mountain-symbolism)의 의의에 관하여 더 평한다. 산악 지대에서 내려오
는 수메리아인들은 계속하여 "높은 곳들"에서 저들의 신들에게 예배하고자 원했으
며, 그러므로 나아가 평원에서 그것들을 구축하였다고들 한다. 문제는 저들이 왜
"높은 곳들"을 적합하다고 생각하였는가 하는 점이다. 특별히 그곳에서 예배드렸던
신들은 천신(天神)들만이 아니라 주로 지신(地神, Chthonic gods)들이었기 때문이
다. 우리의 해석은 지리적인 특징으로서가 아니라 종교적인 의미가 투여된 하나의
현상으로서의 산을 출발점으로 한다. 몇 가지 널리 알려진 이론들은 하나의 종교적
인 상징으로서 산에 대한 한 가지 또는 그 이상의 측면들을 고려하며, 우리는 그것들
을 배제하지는 않으나 그것들을, 요컨대, 산이 신적인 활동에 대한 정상적인 무대
배경으로서 보여졌다는 근원적인 생각에 대하여 부차적인 것으로 고려한다. p.57
에서 그 신화들은 신이 신년 축제가 벌어지는 동안 그가 앞으로 나아가는 산에서
죽거나 잡혀 있게 된다. 수메리아인들은 저들이 자기들의 신전을 대신해서 인공적인
산들을 세웠을 때 신들과의 교통을 가능하게 했던 조건들을 참조하였다.
62) 배화교도는 일환론을 고집하였으며, 특별히 저들이 인도인의 신년(神年) 순환들과
서양의 일환적 묵시적인 역사철학 사이의 연결점을 제공하기 때문에 중요하다.

제3장
인도에서의 순환관의 발전
——힌두교——

1. 시바의 우주적인 춤이 나타내는 순환적인 상징

인도에서의 역사의 본성에 관한 신화적인 단계의 사상은 소박하게 시작해서 심오한 시와 철학이 되었다. 태양의 날마다의 순환, 즉 소우주적인 현상에 관한 원시적인 형태의 신화와 더불어 이같은 매혹적인 발전이 시작되었다. 그것은 끊임없이 회귀하는 우주의 대우주적인 순환들과 유추되어 시바의 우주적인 춤(cosmic dance)에서 시로 읊어졌다.

날마다의 태양의 순환은 모든 아리아인 세계에서 우주적 십자장(十字章, cosmic cross)으로 상징이 되었다.[1] 십자장의 각 방위지는 자정과 일출, 정오와 일몰시의 태양의 위치를 각각 나타낸다. 힌두 신화에서 잠을 자는 나라야나(Narayana) 혹은 요가 상태의 나라야나는 일몰시에 태양이 사라지고부터 자정을 지나 일출시까지의 태양이다(우주적 십자장의 子正肢). 창조신인 브라마(Brahma)는 일출(십자장의 東肢)이다. 평형의 원리인 비쉬누(Vishnu) 보존신은 정오의 태양이며, 달을 자기의 상징으로 삼는 파괴신 시바(Shiva)는 히말라야 산맥의 고봉을 넘어 일몰하는 태양이다.[2] 동에서 서로 향하는 태양의 운동은 우주적 십자장에 4개의 짧은 방향선을 부가한 卍자(Swastika)로서 도해처럼 제시되었다.[3] 하벨(E.B. Havell)은 다음과 같이 말한다.

---

1) E.B. 하벨, 「인도 예술의 이상」(London: John Murray, Albemarle Street, W, 1920), p.68.
2) 앞의 책.

태양의 상승 운동은 자연히 우주 안에서 질서와 행복의 고든 원리를 나타냈
으며, 이런 까닭으로, 卍자는 인간의 생명과 물질적인 번영의 상징이 되었다.
卍자에서 역운동(逆運動)은 강하(降下)의 원리이며 무질서와 와해를 뜻한다.[4]

고대 힌두교가 지닌 의식의 하나이며 오늘날에도 계속되는 성지 순례는
동쪽에서 시작하여 경사를 이룬 태양의 상승 운동을 따른다는 사실을 살펴
볼 때 여간 재미있는 일이 아니다. 태양에 드리는 예배는 오라 전 일출과
정오 그리고 일몰시에 무상의 존재(Supreme Being)에게 드리는 브라민
(Brahmin)들의 기도에서 시작되었다.

소우주적인 시간의 한 현상으로서 태양의 탄생과 죽음이라고 하는 날마다
회귀하는 거룩한 순환은 일찍이(적어도 기독교의 기원이 시작한 것만큼이나
일찍이) 힌두 신앙에서는 대우주, 즉 전 우주의 끊임없이 회귀하는 탄생과
죽음에 적용되었다. 브라마, 비쉬누, 시바와 같은 신들은 소우주적인 규모에
서 수행한 바의 기능을 대우주적인 규모에서도 수행하였다. 즉 브라마는
우주의 창조자(떠오르는 태양)이며, 평형의 원리(정오의 태양)인 비쉬누는
우주의 보존자이며, 파괴자 시바(그러나 재생산을 위한 파괴)는 지는 태양이
다. 비인격적인 브라만, 즉 무감각의 절대자는 잠자는 나라야나와 일치하며
(卍자의 子正時의 위치), 우주의 창조와 파괴 사이의 기나긴 기간을 나타낸
다.

부분인 태양의 날마다의 순환이 전체인 우주의 순환을 나타내는 이 유추
적인 사고에서 자연과 시간을 일반으로 이해하려는 전형적인 신화 시대의
접근 방법인 파르스 프로 토토의 또 다른 실례를 찾아볼 수 있다. 시간에
대한 그같은 사고의 질적이며 구체적이고 생생한 특징은 시간의 중요한
국면을 감정적으로 의인화하는 데서 더욱 잘 나타난다. 즉 일출을 브라마
로, 일몰을 시바로, 밤을 나라야나라고 한다든가, 창조를 브라마로, 평형을
비쉬누로, 파괴를 시바로 그리고 비존재를 비인격적인 브라만으로 하는 것
등이 그렇다. 그러나 우주에 대한 이같은 직관적이며 유기적인 이해 방법은
오늘날 옹호될 수 있으며 많은 사람들이, 최근의 대부분 서양철학의 유기

---

3) 앞의 책, p.69.
4) 앞의 책.

적 유물론적인 형이상학보다도 훨씬 진실한 것이라고 생각하고 있다.

더욱 원숙한 인도인들의 사상에서 비쉬누나 시바 신은 구도자들의 주목을 받았다. 우리가 순환적인 시간을 연구하려고 할 때 시바 숭배자(shaivite)의 것을 택하는 것이 좋을 것이다. 왜냐하면, 저들은 힌두교도의 대다수를 차지하며, 저들은 창조로부터 파괴에 이르는 순환 중에 일어나는 우주 변화의 모든 양상을 시바 나타라쟈(Shiva-Nataraja)의 우주적인 춤이라고 시적(詩的)으로 생각하기 때문이다(나타라쟈는 무용사의 長 혹은 배우의 왕이란 뜻이다).[5]

시바의 우주적인 춤이 지니는 완전한 의미를 감상하기 위해서는 그의 몇 가지 현저한 특징들을 알아 둘 필요가 있다. 시바는 역사적으로 말해서 대단히 오랜 신이다. 이 신을 나타낸 동상들이 하랍파의 유적에서 발굴되었는데 그 곳은 기원전 3000년경의 고대 메소포타미아 문명과 같은 시대의 고대 인더스 계곡 문화의 중요한 유적 가운데 하나이다. 인더스 계곡의 문화는 고고학적인 잔존물로 미루어 생각해 볼 때 메소포타미아의 문화와 마찬가지로 고도한 수준에 있었으며, 또한 이 문명들 사이에 문화적인 상호 교류가 있었음이 증명되고 있다. 그러나 인더스 계곡 문화는 그 자체가 창조적이며 단순히 메소포타미아인들의 사상을 차용했던 사람들의 문화는 아니다. 그러나 인더스 계곡 문화의 사람들이 사용한 문서는 아직까지 풀이되지 않았으며, 따라서 그들의 창조성이라고 할 만한 범위도 아직 알려지지 않았다. 이 사람들이 숭배하던 시바 신은 적어도 하랍파에서 발굴된 동상들에는 네 개의 팔과 세 개의 머리를 가진 춤추는 남성의 모양으로 표현되었다. 이것은 환생(還生)의 사상과 같은 그러한 다른 종교적인 차용물과 함께 시바 신도 아리아인의 신전에 전수된 하나의 토착적인 신이었다는 것을 의미한다. 인더스 계곡의 시바에 대한 또 다른 표현 중에는, 최근에 발견된 것이지만 한 마리의 바다 표범 위에서 움직이는 모양을 한 것이 있다. 여기서 시바는 요가의 자세로 좌상을 한 것으로 묘사되었다. 그는 여러 개의 뿔과 세 개의 머리를 가지고 있었으며, 머리에는 각기 삼지창(三枝槍)이 하나씩 있었다. 삼지창(우주적인 의미를 가진)은 후대의 불교 상징에서 삼고(三鈷, Trisula)*

---

5) 아난다 쿠메라스와미, 「시바의 춤」(Bombay, Calcutta: Asia Publishing House, 1948), p.83.

라고 불리는 중요한 것이 되었다. 뿔들은 그 당시 시바와 연관이 되었던 풍요의 동물인 황소를 나타냈을 것이다.

후대 종교(힌두교)에서 시바의 파괴적인 면이었던 시바의 처 조는 여성적인 힘(샤크티, shakti)인 칼리(Kali)의 원형도 인더스 문명에서 발견된다. 전형적인 아아인(亞阿人)들의 모신(母神)과 풍요의 여신으로 인정된 조상(彫像)들이 대거 발견되었다. 대모신은 만물 가운데서 보편적인 풍요의 원리로서 야수, 뱀, 새, 어류, 식물과 함께 자태를 나타낸다. 힌두교에서 시바의 춤을 보여 주는 조각품들은 한쪽 귀에 남성의 귀고리를 달고 다른 한쪽 귀에는 여성의 귀고리를 달았다. 이것은 우주적인 창조 춤의 남성과 여성의 정력을 상징하지만 대중의 신화와 예술에서 그의 여성적인 힘은 고상하고 상냥한 '마나님들'인 우마(Uma)의 형식을 취한다. 즉 두르가(Durga)는 악마와 전쟁의 초자연적인 여인으로, 칼리는 해골을 뒤집어쓰고 인간의 손을 가진 대모신(大母神)으로서 죽음과 자연의 잔인한 면을 나타낸다. 그러나 이들 모든 힘을 힌두교에서는 유일한 신, 즉 시바의 여러 측면으로서 철학적으로 이해하고 있다.

남근(lingam)과 시바와의 연관은 인더스 문화에서 또한 그 기원을 찾아볼 수 있을 것이다. 왜냐하면, "후대 시바교의 링감을 암시하는"[6] 많은 남근의 상징들이 발견되었기 때문이다.

후대에,[7] 힌두교는 대신(大神) 시바를 중심으로 특히 나단타(Nadanta)라고 하는 그의 춤에 대해서 매력이 넘치는 철학적인 교리와 아름다운 상징들을 발전시켰다. 남부 인도인들의 많은 청동상에서는, 춤을 추는 모양은 세밀한 점에서 조금씩 차이가 있으나 초상화법(iconography)에서 근본적으로 많은 일치점을 나타내 보인다. 인도 예술의 대가 아난다 쿠메라스와미(Ananda Coomeraswamy)는 이 초상화법을 다음과 같이 기술했다.

---

* 금강저(金剛杵)의 하나. 밀교에서 번뇌를 깨어나게 하는 보리심을 상징한 쇠붙이로 만든 법구(法具)다. 끝이 갈라짐에 따라 독고(獨鈷), 삼고(三鈷), 오고(五鈷)라 한다.
6) 벤자민 로올란트, 「인도의 예술과 건축(*The Art and Architecture of India*)」(Baltimore: Penguin Books, 1953), p.19. 주 14.
7) 기원후 100년까지 남부 인도는 실제적으로 불교를 제거하였다. 힌두교는 잔존하였으며 시바의 숭배는 힌두교의 가장 대중적인 형식이었다. 콜라 청동 제품은 그 당시 남부 인도에서 나왔으며 13, 14세기의 대 청동 제품에 대한 양식을 정하였다.

그 외에 또 그 조상들은 네 개의 팔을 가졌으며 많은 머리에 보석을 달아 춤을 출 때면 아래의 머리 타래를 어지럽게 선회시키며 춤추는 시바를 나타낸다. 그의 모발에선 코브라로 만든 화관과 해골과 강가(Ganga)의 인어 형상을 볼 수 있을 것이다. 그 위에선 초생달이 쉬며 카시아 잎사귀로 만든 화관을 썼다. 그의 오른쪽 귀는 남성의 귀고리를 했고 왼쪽에는 여성의 귀고리를 했다. 그는 목걸이와 보석으로 띠를 두른 상박(上膊) 가락지, 발목 가락지, 팔 가락지, 손 가락지 그리고 발 가락지로 아름답게 장식하였다. 그는 작달막하고 몸에 끼는 반의(半衣)를 입었으며, 펄럭이는 스카프와 신성시되는 천을 둘렀다. 하나의 오른손에는 북을 들었고 다른 오른손으로는 무서워하지 말라는 표시로 손을 들었다. 하나의 왼손으로 불을 쥐고 있고 다른 왼손으로 아래쪽 코브라뱀을 잡은 난장이 악마 무야라카(Muyalaka)를 가리킨다. 왼발은 들렸다. 연꽃무늬로 드리운 받침대가 있어서 그곳으로부터 불꽃을 단 휘감는 영광(tiravasi)이 솟아오르며, 소고와 불을 쥔 손과 맞닿아 있다. 그 조상은 전체 크기가 4피트가 넘지만 요모조모로 세련되게 만들어졌다.[8]

이 형태의 조상은 우주가 생겨나고 극치에 달한 후 파괴당하는 과정에서 시바의 우주적인 춤을 나타낸다. 춤은 우주의 중심인 치담바람(Chidambaram 또는 Tillai)에서 의미심장하게 행해지며, 주(主) 시바의 다섯 가지 우주적인 행위를 나타낸다. 즉 "스리스티(Shrishti, 眺望, 창조, 진화), 스티티(Sthiti, 보존, 부양), 삼하라[samhara, 파괴, 진화(evolution은 아마도 퇴화, involution의 오식이 아닐는지)][9] 티로바바(Tirobhaba, 가림, 체현, 망상, 그리고 쉬게 함), 아누그라하(Anugraha, 해방, 구원, 은총)"가 그것이다.[10] 이 모든 행위는 위의 조상에서 다음과 같은 방식으로 상징되었다. 즉 스리스티(창조와 진화)는 소고로 나타내었는데 소고의 율동적인 진동은 물리적인 자연과 유기적인 자연의 에너지들이 나타내는 창조적인 춤을 상징한다. 스티티(보존, 부양)는 "두려워 말라는 표시로 치켜올린 바른손"과 "인과응보의 고통 속에서 투쟁하는 피로한 인간에게 처소를 마련하여 주는" 터전 위에 오른발을 디딘 것으로 상징된다.[11] 하나의 왼손으로는 우주 순환의 끝장을 의미하는 파괴와 죽음과 "불타

---

8) 쿠메라스와미, 앞에서 인용한 책, p.86.
9) 쿠메라스와미의 책은 "진화"라고 했지만 이것은 오식임이 분명하다. 퇴화가 파괴와 조화를 이룰 것이다.
10) 앞의 책, p.87.

는 터전"을 상징하는 불을 들었다. 다른 왼손으로는 마하데바(Mahadeva, 시바)의 발 아래 짓밟힌 의인화된 악마인 난장이 무야라카를 가리키고 있다. 왼발은 들리웠는데 그것으로는 성화(聖化)된 인간이 끝없는 우주적인 춤에 휩쓸리지 않고 영원히 해방되는 것과 또한 그들이 진보와 생성의 세계를 초월한 영원한 비인격자를 나타내는 마하데바의 바로 그 면과 일치하여 얻게 되는 그들의 영원한 축복의 열반(nirvana)을 의미한다. 언제나 시바와 관련을 가졌던 초생달은 위에서 언급한 바와 마찬가지로 원래는 태양 숭배에 속하는 것 같다(일몰시의 태양으로서의 시바는 달이 떠으름과 함께 있다). 그렇지 않으면 그것은 신비적인 밤의 어두운 세력들에 대한 통치자로서의 시바와 관련이 되었을 것이다. 왜냐하면, 그는 위대한 요가 행자이며 고행자이기 때문인데 그것은 조상의 땋아 올린 모발의 일부로써 알 수 있다. 달은 뱀이 그런 것과 마찬가지로 끊임없이 생명을 주는 시바의 힘을 상징할 것이다. 왜냐하면, 뱀과 일종의 다른 생물들이 자기의 생활 주기(life cycle)를 끊임없이 새롭게 하듯이 달도 자기의 생활 주기를 실제로 보이지 않는 데서부터 초생달과 보름달로 끊임없이 새롭게 하기 때문이다. 시바의 모발에 나타나는 여신 강가는 갠지스 강을 의인화한 것이며, 강과 세계의 여러 큰 강들이 그들의 근원을 우주의 중심인 히말라야 산맥의 카일라사 산[12](시바의 거처로서 '우주의 축'을 이루며 그곳으로부터 세계의 큰 강들이 흘러 나온다)에 두고 있다는 생각을 말하는 것이다. 많은 조상들에서 볼 수 있는 시바의 머리장식(冠)이 거룩한 산의 형상과 또한 남근 모양이라는 것은 으의가 있다. 곧 그 두 상징은 우주의 핵과 중앙(naval)인 생명의 주축(pivot)을 나타내는 데서 하나로 합친다.[13] 남성과 여성의 귀고리는 모든 재생산적인 생명력의 원천인 남성과 여성으로서의 시바를 상징한다. 전체 모습의 둘레에 후광을 이루는 불꽃으로 둘러싼 편자(蹄鐵)형의 아치는 우주를 나타낸다. 불꽃(불꽃은 우주적인 힘의 에너지를 상징한다)을 쥔 손과 힘(법칙, 진화의 유형)의 율동적인 진동을 표시하는 소고(小鼓)는 분명히 우주의 아치와 닿았지만 탄면에 해방을 의미하는 손과 발은 아치와 떨어져 있다.

위대한 고행자 즉 행자 중의 행자로서 자신을 나타낼 때 시바가 지니는

---

11) 앞의 책, p.88. 쿠메라스와미는 이것을 *Chidambara Mummani Kɔvai*로부터 인용한다.
12) 카일라사 산은 위에서 언급한 "Chidambaram"과 일치한다.
13) 아래에서 인도의 건축에 대한 논의를 보라.

또 다른 속성은 그의 이마 중심에 수직으로 놓여진 제3의 눈이다. 이 제3의
눈은 인도인의 시간관과 관련시켜 볼 때에 매우 중요한 것이다. 시바가 지닌
세 개의 눈은 과거, 현재 그리고 미래에 대한 지식으로서 일체의 시간 순환
중에서 모든 시간이 지니는 일체의 지식을 상징한다.[14] 시바의 우주적인 성격
은 시바가 다섯 개의 얼굴을 가졌으며, 각기 얼굴은 오대(五大, 다섯 가지
요소)인 흙, 바람, 공기, 불, 물과 같다는 생각에서 더 한층 분명해진다.[15]
끝으로 코브라뱀은 마하데바의 한 속성으로서 우주적인 의미를 가진다. 인도
예술의 대가 중에 한 사람인 하벨이 이 상징에 대해 제시한 해석은 다음과
같다.

> 코브라의 나선적인 몸의 형태는 우주의 진화나 생명의 원리를 나타내며,
> 이빨의 치명적인 독은 퇴화 혹은 죽음의 원리를 나타내기 때문에 코브라는
> 시바의 특별한 표상이 되었다. 그리고 주기적으로 허물을 벗는 습관은 환생
> 혹은 재생의 상징이었다.[16]

앞의 제2장에서 지적하였듯이 메소포타미아에서도 수메리아인의 시대에
못지 않게 일찍이 뱀은 대체로 끝없는 생명 혹은 영원을 상징한다. 끝으로
황소 난디(Nandi)는 시바의 탈 것으로서 언제나 그와 함께 나타나며, 남근상
과 마찬가지로 이것도 풍요와 창조 그리고 모든 생명의 원천인 신의 한 상징
이다.

일반적으로 시바는 우주이며 그의 춤은 진화와 퇴화의 과정, 즉 발생으로
부터 절멸에 이르는 매 우주적인 순환의 전체 생활 과정의 기간이다. 이것은
티루물라(Tirumular)의 티루만트람(Tirumantram)의 제9 탄트라(Tantra)에서
시적으로 표현되었다.

> 당신의 형상은 어디에나 있습니다.
> 당신의 시바 샤크티(Shiva Shakti)는 만유에 편재하고 있습니다.

---

14) E.B. 하벨, 앞에서 인용한 책, p.50.
15) Jack Finegan, *The Archaeology of World Religions*, 앞에서 인용한 책, p.170. 좀더
    형이상학적인 다른 해석들이 또한 주어진다.
16) E.B. 하벨, 앞에서 인용한 책, p.75.

치담바람은 어디에나 있으며, 어디에서나 당신은 춤을 추십니다.
만사가 시바이며 모든 곳에 편재하고 계신 것처럼,
어디에서나 시바의 우아한 춤을 볼 수 있습니다.
당신의 다섯 차례 거듭된 춤은 일시적이며, 동시에 영원한 것입니다.
당신의 다섯 차례 거듭된 춤은 당신의 다섯 행위입니다.
당신은 다섯 가지의 행동을 하십니다.
이것이 우마 사하야(Uma-Sahaya)의 거룩한 춤입니다.
당신은 물과 불과 바람과 공기와 더불어 춤을 춥니다.
이리하여 우리의 주는 언제나 궁정에서 춤을 추십니다.
…………
우리의 주께선 당신의 영원한 춤을 추십니다.
샤크티의 형상은 모두가 기쁨입니다.
이처럼 하나가 된 기쁨은 우마의 몸체(Uma's body)입니다.
시간 가운데서 일어나는 이러한 샤크티의 형상과 그 둘을 합하는 것이 바로
춤입니다.[17]
…………
팔방(八方)은 당신의 여덟 팔입니다.[18]
세 개의 빛은 당신의 세 눈입니다.[19]

쿠메라스와미 박사는 시바의 춤에 대한 완전한 해석과 그 춤의 목적 그리
고 그 춤의 종교철학적인 의미를 간결하게 약술한다.

시바가 추는 춤의 본질적인 의의는 이중으로 되어 있다. 첫째로 그것은 아치
로 나타낸 우주 속의 일체 운동의 원천으로서 그의 율동적인 유희의 표상이
다. 둘째로, 그의 춤의 목적은 망상의 함정으로부터 사람들의 무수한 영혼을
해방하려는 것이다. 셋째로 춤을 추는 장소인 치담바람, 즉 우주의 중심은
마음속에 있다.[20]

---

17) 우마는 우아한 풍채를 한 시바의 여성적인 에너지(샤크티)이다. 그 상징은 구도자
의 혼과 우마는 하나라는 것을 의미한다.
18) 시바의 조상은 여덟의 팔을 가졌던 것 같으며 여기서 여덟 팔은 팔방을 의미한다고
생각되었다(동, 서, 남, 북, 동북, 서북, 동남, 서남). 이것은 시바가 온 우주를 지배함
을 의미한다.
19) 쿠메라스와미, 앞에서 인용한 책, p.88. 아마도 "세 빛"은 Vayu(바람), Agni(불이지
만 땅을 나타낸다)와 태양인 것 같다.

쿠메라스와미 박사는 또한 그 춤을 하나의 과학척학으로 현명하게 평한다.

> 이것과 마찬가지로 그러한 조상의 모든 부분은 그저 어떤 미신이나 교리가 아니라 분명한 사실을 직접적으로 표현한다. 오늘날 아무리 위대한 예술가라 할지라도, 과학이 일체의 현상의 배후에서 가정해야 하는 에너지의 표상을 이보다 더 정확하게 또 총명하게 만들어 낼 수는 없다. 만일 시간과 영원을 화해시키려고 한다면 광대한 공간과 긴 시간 위로 펼쳐지는 위상의 교체 개념을 사용하지 않고서는 달리 방법이 없다. 그때에 무엇보다도 중요한 것은 파괴하는 것이 아니라 '변화하게 하는' 북과 불로서 함축된 위상의 교체이다. 북과 불은 브라마의 밤과 낮에 대한 이론의 가시적인 상징에 불과하다.
> 브라마의 밤에 자연은 활동을 하지 않으며, 시바가 춤을 추게 할 때까지 춤을 출 수가 없다. 그는 무아 상태로 일어나 춤을 추면서 생기가 없는 물질을 통하여 일깨우는 소리의 고동치는 파장을 보낸다. 보라, 물질이 또한 그의 둘레에 영광스러운 자태를 보이며, 춤을 추고 있지 않는가! 춤을 추면서 그는 첩첩이 쌓인 자연의 현상을 이끌어 가고 있지 않는가! 때가 이르매 그는 여전히 춤을 추면서 일체의 형상과 이름들을 불로써 멸하고 새로운 휴식을 주고 있지 않는가! 이것은 시적이다. 그러나 그럼에도 불구하고 과학인 것이다.[21]

뒤에서 산발적으로 다시 다루겠지만, 요컨대, 쿠메라스와미 박사가 생각하듯이 시간과 영원을 화해시킬 수 있는 유일하고도 수긍할 만한 방법이라 할 순환관의 과학적인 변호 문제를 취급하기로 하겠다. 그러나 이 시점에서는 인도인의 사상 중 신화적인 단계의 순환관을 계속 탐구해 나가기로 하겠다.

2. 우주의 순환적인 대회년
—— 칼파와 4 유가 ——

브라마의 낮에 시바는 춤을 춘다. 브라마의 밤에는 휴식을 취한다(시바를 숭배하는 자들과 브라마의 관계는 시바에 대한 관계와 같은 것이다). 낮과 밤의

---

20) 앞의 책, p.93.
21) 앞의 책, pp.94 이하.

길이는 똑같다. 낮은 43억 2천만 년의 길이를 가졌으며, 밤도 그와 꼭 같다. 거대한 낮을 칼파(kalpa)라고 부른다. 하나의 칼파는 1000의 대 유가(maha-yuga) 들을 담고 있다. 마하유가는 인간의 햇수로 432만 년과 같고 신의 햇수로(신의 1년은 인간의 햇수로 36000년과 같다) 12000년과 같다. '유가론(doctrine of the yugas)'이라고 부르는 신년의 개념은 인도인의 사상에서는 적어도 기원전 9세기 이전에 형성된 오랜 개념이다.[22] 아마도 이 사상은 인더스 계곡의 문명권에서 살던 자가 메소포타미아로부터 빌려왔거나 이같은 방식으로 아리아인 침입자에게 전하여졌을 것이다. 우리는 앞에서 알브라이트 교수의 견해, 즉 신의 1년은 인간의 햇수로 36000년이라는 개념이 기원전 제3 밀레니엄(millenium)경의 메소포타미아에서는 이미 알려졌을 것이라는 점을 언급했다. 그러나 그 개념의 차입은 정반대의 방향으로 발전해 갔을 것이다——인더스 문화가 메소포타미아인에게 몇 가지 형태로서 그 사상을 전해 준 것 같다. 어쨌든 메소포타미아에서는 주기적으로 회귀하는 신년에 대한 분명한 관념을 찾아볼 수 없으나 유가론에 나타난 인도인의 사상에서는 윤곽이 뚜렷한 순환적인 유형의 신년이라는 개념을 찾아볼 수 있다.

신의 햇수로 12000년인 마하유가는 네 유가로 나누어진다. 그 넷은 각기 인도 주사위의 면을 따라 이름지어졌다. 각각의 이름과 특징은 다음과 같다.

1. 크르타 유가(Krta yuga)

이 칭호는 '운이 좋은 놈'이라는 뜻이며 네 개의 점을 가진 주사위의 면이다. 이것의 시대는 넷 가운데서 가장 길며 신의 햇수로 4800년의 길이를 가진다. 색채는 백색이다. 비쉬누[23] 즉 "모든 존재의 영혼"은 이 시대에는 백색이다. 마하바라타(Mahabharata)[24]는 이 기간을 극락과 같은 축복의 시대로 묘사한다.

---

22) Dumont, "인도 문학에서의 상고주의", *Primitivism and Related Ideas in Antiquity*, 앞에서 인용한 책, p.438.
23) 통속 힌두교에서 비쉬누는 보통 3중신(三重神), 즉 Trimurt 의 보존자상(保存者相)으로서 간주되었다. 다른 두 가지 측면은 브라마, 즉 창조자와 시타로서 우주의 파괴자 혹은 용해자이다.
24) Dumont, 앞에서 인용한 책, p.434. Dumont의 *Uahabharata*에서 인용하였다.

그 시대에는 제신, 다나바들(Danavas), 간다르바들(Gandharvas)과 라크사사들 (Raksasas)도 없었으며 파나가들(Pannagas)도 없었다. 산다는 것과 판다는 것이 아직 없었다. 베다(Veda)들도 사만(Saman)과 리그(Rig) 그리고 야쥬스(Yajus) 로 분류되지 않았다. 인간의 삶이란 것이 어려운 것이 아니었다(손으로 하는 일이 없었다). 땅의 열매는 그저 원하기만 하면 얻을 수 있었다. 노령으로 인한 감각 기관의 질병이나 쇠퇴가 없었다. 악의와 우는 것과 교만 그리고 적의란 것도 없었다. 다툼도 없고, 피로함도 없고, 미워함도, 잔인함도, 공포와 불행, 질투와 투기 같은 것도 없었다.[25]

2. 트레타 유가(Treta yuga)

이 칭호는 세 개의 점을 가진 주사위의 면을 의미한다. 그것은 크르타 유가 길이의 3/4으로서 신의 햇수로 3600년이 된다. 마하바라타의 바나파르 반(Vanaparvan) 149 이하는 이 시대를 다음과 같이 묘사한다.

트레타 시대에 제사는 시작되었으며, 정의는 1/4이 줄었고 비쉬누는 적색 (赤色)이 되었다.
그 시대에 인간들은 의전(儀典)에 의존한 진리와 정의에 몰두하였다.
트레타 시대에 인간들은 눈에 보이는 목적을 가지고 행동하였으며 자기들의 제사와 제물에 대한 보상을 구하였다. 그리고 더 이상 단순한 책임감에서 금욕 적인 생활과 관대함을 베풀려 하지 않았다.
그 시대에 그들은 자신의 여러 가지 의무와 종교적인 의식에만 몰두하였 다.[26]

3. 드바파라 유가(Dvapara yuga)

이것은 두 개의 점을 가진 주사위의 면을 의미한다. 그것은 크르타 유가의 1/2의 길이로서 2400년이다. 덕이란 것도 역시 1/2로 줄어들었다. 마하바라타 의 바나파르반 149,33이하에는 다음과 같이 기록되었다.

드바파라 시대에는 정의가 2/4로 줄어들었다. 비쉬누는 황색이 되고 베다는

---

25) 앞의 책.
26) 앞의 책, *Mahabharata*에서 Dumont의 인용, p.434 이하.

4배로 늘어났다.……하나의 베다에 대해서 무지하였기 때문에 베다는 곱으로 늘어났다. 선(善)이 질적으로 쇠퇴함에 따라 진리를 추종하는 사람은 소수에 불과하였다. 사람들이 선으로부터 벗어나 타락하였을 때 운명에 의하여 야기된 많은 질병, 욕망, 재화(災禍)가 그들을 엄습하였으며, 그로 인하여 그들은 심히 괴로움을 당했으며, 금욕 생활을 하지 않으면 안 되었다. 즐거움과 하늘의 복을 갈구하는 다른 사람들은 제사를 드렸다. 이런 까닭으로 사람들이 드바파라 시대에 이르렀을 때 그들은 불의를 통하여 쇠약해졌다.[27]

4. 칼리 유가(Kali yuga)

이것은 한 개의 점을 가진 주사위의 면을 뜻한다. 그것은 크르타 유가의 1/4의 길이, 즉 신의 햇수로 1200년에 불과하다. 이 시기게 비쉬누의 색은 흑색이다. 마하바라타는 이 불행한 시대를 악마의 모습으로 묘사한다.

> 칼리 시대에 의는 1/4 정도만이 남았다. 그 암흑의 시대에 비쉬누는 흑색이 되었다. 베다에서 과한 실행(實行)과 정의의 사업과 희쟁을 드리는 제사는 중단되었다. 재앙과 질병, 피로함과 분노, 그리고 다른 결점들과 고통, 근심과 기아 그리고 공포가 만연하였다.[28]

현재는 네 시대 가운데서 가장 부패한 칼리 유가의 시대다. 이 시기가 끝나면 신의 햇수로 12000년의 마하유가는 끝맺게 될 것이다. 그 다음에는 크르타 유가가 다시 돌아오고 트레타, 드바파라 그리고 칼리 유가가 뒤따르게 되고 또 하나의 마하유가가 끝맺게 된다. 마하유가의 순환은 그 자체 1천 번을 반복한다. 이것은 하나의 칼파 또는 신의 햇수로 1천2백만 년(인간의 햇수로 43억 2천만 년)과 같은 것이다. 그런 다음 브라마는 우주를 용해하여 1칼파의 길이가 되는 한 기간 동안 이런 성질의 행위를 멈춘다. 그 후에 그는 똑같은 시간과 공간 그리고 사건의 유형을 가진 다른 우주를 창조하

---

27) 앞의 책, *Mahabharata*에서 Dumont의 인용, p.435.
28) 앞의 책, *Mahabharata*에서 Dumont의 인용, p.435. *Mahabharata*는 인도의 두 위대한 서사시 가운데 하나이다. 그것이 대표하는 서사시의 선집은 기원전 200년~기원후 200년 사이에 비쉬누의 구도자에 의하여 수집되었으나 대부분 그 시는 훨씬 이른 것이다. Dumont 교수는 이 구절들(여기선 완전히 제시되지 않았다)을 인도 사상의 연대기적인 상고주의 실례들로서 택한다. 연대기적인 상고주의는 퇴행하는 그 후의 역사와 함께 인간 역사의 황금 시대를 시초에 둔다.

여, 그 주기는 다시 반복된다. 마치 흡입 배출과 같은 브라마의 율동적인 행위는 영원히 계속된다. 그러나 마하유가와 나머지 기간이란 신인 브라마의 한 낮과 밤에 불과한 것이다. 이 신은 그러한 낮들과 밤들의 100년을 산다. 그렇게 되면 삼사라(Samsara, 세계)의 다른 영혼이 그의 자리를 차지하게 되지만 인간 역사의 순환적인 유형은 여전히 꼭 같은 것이다.

왜냐하면, 순환적인 유가의 유형에는 변화란 존재하지 않으며 진실한 행자는 자기 원형, 즉 초심적 시간 환상의 눈(the eye of supramental time vision)[29] 인 제3의 눈을 가진 시바와 마찬가지로 과거와 현재 그리고 미래를 알 수 있기 때문이다. 이는 일체의 시간이 영원히 회귀하는 순환 가운데 존재하는 브라마(위에서 기술한 바와 같이) 안에 있기 때문이다. 행자는 삼매의 경지에 이르는 가운데 브라만과 하나가 됨으로써 브라만의 지식을 가진다. 브라만(Brahman)은 모든 시간과 변화를 초월하는 우주적 절대자인 반면에 신 브라마는 브라만의 샤크티의 일시적 자연 현상이 나타난 것이다. 절대자 브라만과 하나가 되는 삼매경에서 행자는 샤크티 속에 존재하는 브라만이나 시바의 우주적인 춤(브라마의 낮에 대한 상징)에서 에너지화하는 현현과 휴식하는 무한한 밤에서의 브라만을 안다. 20세기 인도의 위대한 철학자 스리 오로빈도는 행자의 지식을 기술하면서 이 지식을 그는 '초심적(超心的) 시간 환상'이라고 부른다.

> 다른 한편 초심적 의식(supramental consciousness)은 무시무한(無時無限)의 최상적인 의식에 기초를 두지만 시간 속에서의 무한한 에너지의 전개 비법도 역시 가진다. 그것은 시간 의식에 자기의 거처를 정할 수도 있고, 무시무한을 무상(無上)의 본래적인 존재의 배경으로 지닐 수도 있다. 무상의 본래적인 존재의 배경으로부터 초심적 의식은 그것의 일체 조직화하는 지식과 의지 그리고 행동을 받아들인다. 또는 그것은 그것의 본질적인 존재 속에서 중심을 찾으면서 영원을 지낼 수 있지만 무한으로서 그리고 동일한 무한으로서 그것이 느끼고 보는 시간 속의 현현에서 지낼 수도 있으며, 후자에서 숭고하게 생각하는 바를 전자에서 나타낼 수도 있고, 유지할 수도 있으며, 전개시킬 수도 있다. 그러므로 초심적 의식의 시간 의식은 심적인 존재의 그것과는 다를

---

29) Sri Aurobindo, *The synthesis of Yoga*(Pondicherry: Sri Aurobindo Ashram, 1955), Chap., XXV, "초지성적 시간 환상".

것이다. 그것은 순간들의 흐름을 무력하게 지나치지 않을 것이며, 매 순간을
잠시 머물다가 이내 사라지는 상황으로서 파악은 하지만 첫째, 시간의 변천을
넘어서서 자신의 영원한 자성(identity) 위에, 둘째로 영원에 대한 자기 지식과
자기 세력에 과거, 현재, 미래가 영원히 함께 존재하는 시간의 동시적인 영원
성 위에 기초를 세우게 될 것이며, 셋째로 시간의 여러 단계와 기간과 주기들
의 계기에서조차——오로지 기계적인 의식 가운데서——가볍고 눈에 띌 수
없게 보여진 하나의 움직임으로서 세 개의 시간 전체를 내다보면서——순간
의 점진적인 진화에서 순간을 파악한다. 그러므로 초심적 의식은 변태적인
힘으로서가 아니라 시간 지식의 정상적인 방법으로서 세 개의 시간에 대한
지식, 즉 트리칼라드르스티(trikala drsti)——옛부터 선각자나 릿시(Rishi)에
대한 무상의 표시가 된다고 여겨졌던——를 가질 것이다.[30]

  그런 다음 진실한 행자는 그의 사적인 의식의 시공적인 흐름을 상실하고
과거, 현재, 미래의 지자(知者), 브라만의 무한한 자아와 하나가 된다. 자아인
소우주는 지자(知者)이자 시간 순환의 전개자인 브라만, 즉 대우주가 된
다.[31]
  이것은 우주와 우주의 시간 순환에 대한 원숙한 철학적 이해이기는 하지
만 초기 인도인들의 견해는 더욱 신화적인 단계의 접근 방법을 취하였다.
시공 세계에 대한 초기의 보다 신화적인 단계의 대우주와 소우주라는 개념
은 일찍이 베다 시대(기원전 1500년~800년)의 건축과 불 제단 의식(fire altar
ceremony)과 같은 종교적인 제의에서 발견된다.

---

30) 앞의 책, p.1013. 오로빈도는 여기서 정신의 단계로부터 초정신의 단계에 이르는
   이간의 진화에서 다음의 단계를 내다본다. 그는 우주 역사의 순환을 무한자의 진보
   와 퇴보로서 생각한다. 최고의 혹은 절대 의식으로부터 가장 저급한 수준——무기
   적(無機的)인 자연——으로의 무한자의 퇴화가 있고 다음으로 이 수준으로부터
   최고의 절대 의식에 돌아가는 진화가 있다. 진화의 그 다음 단계는 초인 혹은 초정신
   (지성)의 단계이며, 그 단계에서 분리한 자아들은 자기들의 본성을 절대적인 자아에
   대한 지식의 중심들로서 볼 것이다. 이 자아들은 자신들을 절대 자와 더불은 하나로
   서 그리고 그것의 신적인 활동의 중심들로서 볼 수 있게 될 것이다. 제2부 오로빈도
   에 관한 장을 보라.
31) 행자의 전통적인 권능들은 The Yoga Sutras of Patanjali under Vibhutis 달성에 진술되
   었다. 이들 vibhutis 가운데 하나는 과거와 미래의 지식이다.(S.Radhakrishnan과 C.A.
   Moore의 Source Book in Indian Philosophy에서 "요가" p.473을 보라.)

3. 건축에서의 시간과 공간의 순환

하벨에 의하면 그 옛날 아리아인의 부락은 토착 문화보다는 아리아인들의 요새(要塞) 진영(陣營)에서 유래된 평면도를 가지고 있었다고 한다.[32] 이 평면도는 시방(十方)으로 향한 면들을 가진 장방형의 형태였으며 두 개의 길이 교차하여 네 개의 출입구에서 끝난다. 로올란트(Rowland) 교수는 다음과 같이 설명한다.

그것은 일종의 소우주로서 계획된 평면도였으며, 그 마을은 우주의 오대(五大)에 상응하여 다섯 개의 부문으로 나뉘었는데, 각 출입구는 하늘을 가로지르는 태양의 진로에서 태양의 위치를 상징하는 베다의 사신(四神)에게 하나씩 봉헌되었다. 이 부락들의 평면도에는 또한 외곽성 안의 건축물을 에워싼 큰 길이 있었으며, 그곳을 가장들은 제신의 가호를 마음속으로 빌고 되뇌이면서 순회하였다. 이러한 특징은 출입구에 부착된 형이상학적인 상징과 함께 불교의 스투파(stupa)의 설계도와 제의에서 영속화된다. 똑바로 뻗은 교차로에 기초를 둔 이 옛날 설계도들의 규칙성은 신 아리아인 문명의 형이상학적인 욕구와 건축상의 필요에 적응시킨 인더스 도시들의 체계적인 배열법 중의 한 잔유물일 것이라고 부연해서 말할 수 있을 것이다.[33]

마우리안(Mauryan)[34] 이전 시대의 후기 불교 스투파의 둥근 지붕의 형태를 가진 투물리(tumuli)에서도 유사한 우주 개념들이 발견되며 아마도

황실 분묘의 위치를 표시하는 것 같다. 따라서 그 속에는 불교 유해 분묘의 원형이 존재한다는 것을 인정할 만한 충분한 이유가 존재한다. 목재 기둥이 단단한 흙으로 만든 투물리의 중앙에 묻힌 채 발견되었다.[35]

이 기둥들은 지구라트의 상징적인 표현에서 유난히 눈에 띄는 '생명의

---

32) 로올란트, 앞에서 인용한 책, p.22. 로올란트 교수는 이 자료에 대한 전거로서 E.B. 하벨을 인용한다.
33) 앞의 책, p.22.
34) 기원전 322년 이전.

나무' 혹은 '우주의 축'을 상징적으로 나타낸다(고대 세계에 널리 퍼졌던 거룩한 산의 힘을 묘사하는 상징에 대한 앞의 제1장을 보라).

후대의 불교와 힌두교의 건축은 더 한층 복잡한 우주의 주술적인 복제품(replica)을 만들어 낸다. 가스터 교수의 말을 빌릴 것 같으면 건축은 전 시공의 우주를 축소한 국소 우주 혹은 모사(replica)를 표상한다. 슈피겔베르그(Spiegelberg) 교수는 이러한 국소 우주의 일반 상징적인 의의를 다음과 같이 기술한다.

> 유사한 불교의 스투파 혹은 유품함의 구조는 물론 힌두 사원의 기본적인 구조도 밑바닥에서부터 위로 올라가면서 설명된다. 기저의 맨 아랫 부분인 황색의 입방체는 흙(土)의 요소를 나타낸다. 다음 집회실인 녹색의 둥근 부분은 물(水)의 요소를 상징한다. 원추체의 첨탑은 붉은색으로서 위를 향하며 불(火)을 나타낸다. 사발 같은 반달형의 백색 첨단은 공기의 요소를 나타낸다. 그 위의 푸른색 불꽃은 우리 머리 위의 아카샤(Akasha) 또는 천계의 맑은 에테르를 나타내며, 또 한편 에테르는 브라만의 영역으로의 해방과 탈출을 상징한다.[36]

이러한 기본 구조에 세밀한 공을 들였다. 원추형의 첨탑은 왕왕 하늘의 수효에 따라 나뉘어지며 기저의 단들은 아래의 낙원을 나타낼 것이다.[37] 총체적인 주제는 일체의 순환에서 영원히 똑같은 시공적인 우주의 위계질서적인 유형이다. 시공의 삼사라(世界)에 존재하는 영혼이 만일 시공적인 순환 세계의 멍에로부터 완전히 벗어나지 않으면 대 유가들(mahayugas)이 회전할 때 주기마다 지금 어떤 사람에게서 태어나게 되며, 사원 모사에서 표상되었던 동일 수준에 있는 또 다른 자에게서 지금 태어나게 된다. 시간과

---

35) 로올란트, 앞에서 인용한 책, p.22.
36) 프레데릭 슈피겔베르그, *Living Religions of the World.*(N.J. Englewood Cliffs : Prentice-Hall, 1956), p.186. 슈피겔베르그는 "이러한 고대의 유형과 그리스의 자연철학간의 유추들, 중국의 탑, 무슬림의 모스크, 많은 유럽의 건축들 사이의 유사성은 뚜렷하지만 아직 역사적으로 탐구되거나 설명되지 않았다 (p.186. 주)"고 덧붙인다.
37) Evans-Wentz, *Tibet's Great Yogi Milalepa*: 고 Lama Kazi Dawa-Samdup의 영문 번역에 따른 티베트어의 전기를 보라. W.Y. Evans-Wentz 편저 제2판(London: Oxford University Press, 1951), p.269.

공간으로부터의 자유, 즉 해방은 슈피겔베르그가 위에서 설명한 것처럼 건축 상징의 상단에서 푸른빛의 불꽃으로 상징이 된다.

종교철학적인 개념들이 모든 외부에 구체적으로 나타난 것은, 브라마나들 (Brahmanas, 기원전 약 800년~500년)이라고 알려진 문학 속에서 사제들에 의해서 해석되고 발전된 것과 마찬가지로 희생 제단과 거기에 바쳐진 희생물을 중심으로 이루어진 밀교의 상징적 표현으로부터 갈라져 나온다.

4. 화단 의식의 순환적인 상징

제단과 제물은 하늘과 땅 사이의 강력한 기반(羈絆)들에 대한 메소포타미아의 지구라트와 이집트의 태고의 언덕(primeval hill)과 같은 관념 속에 존재하였다.[38] 벽돌로 지어진 새(鳥) 형상의 제단은 인간과 신들 사이의 사신이며 사제와 신의 중개자인 아그니(Agni) 신을 나타낸다. 그는 또한 불(火)이라는 요소의 신이기도 하다. 제단은 몇 층으로 영조되었으며 공간적인 도해에서는 국소 우주를 표상한다. 우주의 세 영역(힌두 사원에서 땅과 공기와 하늘), 즉 땅의 시방과 모든 생명체의 형상과 모든 신들이 분명하게 상징으로 표시되었다. 그러나 이것을 연구하는 데 무엇보다도 가장 중요한 날과 달 그리고 연중 계절들이 우주의 완전한 창조 순환을 상징하기 위해 표현되었다.

제단 영조의 절차를 집행하는 데 1년이 걸린다. 이같이 해서 마치게 될 때에 한 해의 주기가 끝나고 다른 한 해의 주기가 시작됨을 상징하게 된다. 파르스 프로 토토적인 성질의 사고에서 볼 때[39] 이것은 하나의 우주적인 순환이 끝마치고 다음의 우주적인 순환이 시작함을 상징한다. 불 제단(火壇)은 모든 생명체의 생존이 달린 우주와 계절을 매년 새롭게 하는 데 필수적인 것으로 생각되었다. 이 생각은 세시(歲時)의 순환에서 신년으로 상징된 우주를 새롭게 하는 신들에게 필수적으로 바쳐야 하는 신년 제사의 필연성을 이야기하는 메소포타미아인의 사상과 비슷한 것이다. 불 제단 의식에서

---

38) 제1장을 보라.
39) 제1장을 보라.

소우주와 대우주 사이에는 똑같은 상징과 똑같은 유기적인 접합점이 존재한다. 불 제단은 시공적인 우주의 축소된 모사, 말하자면 국스 우주이다.

불 제단 상징의 중요한 배경이 되는 것은 프라쟈파티(Prajapati, 조물주)와 아그니 신을 동일하다고 보는 사상인데, 아그니 신의 새의 형상을 따서 불 제단을 지었다. 아그니는 프라쟈파티의 어버이인 동시에 아들이다. 아들로서 그는 우주의 다른 것들과 더불어 프라쟈파티에 의해서 창조되며 어버이로서 그는 "갈가리 찢겨진 피조물의 주(主)를 새로 영조하기 뒤해서 자신의 몸(火壇)을 포기하고 또 자신의 불타는 정신을 가지고 그에게 뛰어듦으로써 결국 프라쟈파티를 회복하게 된다──'그 사실에서부터 그가 프라쟈파티인 동안에도 그를 아그니라고 부른다.'"[40]

> 자신을 제물로 바침으로써 프라쟈파티는 분할된다. 그리고 그의 분할된 사지와 모든 능력은 우주를 형성한다. 즉 제신과 아수라(Asuras, 어버이 프라쟈파티의 자녀들)들로부터 아래로 벌레와 풀잎사귀와 비활성 물질의 작은 분자에 이르기까지 존재하는 일체를 형성한다. 분할된 피조물들의 주를 다시 영조하는 데는 항상 새로운 제물이 요구되며 되풀이하여 자신을 바치고 우주를 새롭게 만들도록 하기 위하여 그를 원상으로 회복함으로써 시간과 물질의 회전은 방해를 받지 않고 유지된다.[41]

이리하여 메소포타미아에서처럼 신년은 창조를 새롭거 하며, 본래적인 사건을 상징적으로 반복한다. 이것은 브라마나에 아주 세밀하게 기록되었다. 주목할 만한 사실은 여기서 희생자 자신은 이 의식을 집행함으로써 프라쟈파티와 아그니가 되며 그 의식의 집행을 통하여 영생을 얻게 된다.

아그니카야나(Agnikayana)라고 일컫는 브라마나의 그 부분에 진술된 것처럼 큰 불 제단을 영조하는 데에는 몇 가지 중요한 단계들이 있는데 그것은 다음과 같다.

5층의 제단 중 제1층의 구성

---

40) Julius Eggeling 역, *The Satapatha Brahamana*, *Sacred Books of the East*(Oxford: Clarendon Press, 1897), Vol. XLIII, Julius Eggeling의 서론, p.xxi.

41) 앞의 책, p.xvii.

제단(아그니)은 새의 형상으로 구성되며 제단의 동부(아트만, Atman)는 각 면이 40피트의 정방형이다. 제단 동부(胴部)의 지면을 일구어 물을 뿌리고 온갖 초목의 씨앗을 뿌린다. 정방형의 흙 둔덕이 동부의 중간에 쌓여지며 그 다음 동부 전체는 정방형의 흙 둔덕과 수평이 되게 한다. 이같이 높여진 동부의 중앙에 두 개의 지주가——정방형 네 면의 각기 중간 부분을 상대면의 중간 부분과 연결하는——만나는 곳에 사제는 연잎을 내려놓고 그 위에 희생자가 의식이 시작될 때에 자기 목에 둘러 달았던 금판(태양의 상징)을 올려놓는다. 그런 다음 사제는 그 위에 사람(희생자 자신은 물론 아그니와 프라쟈파티를 나타내는)의 작은 금인형을 내려놓고 , 인형의 머리가 동쪽을 향하게 반듯이 눕힌다. 사제는 각기 버터 기름과 산성의 굳은 우유를 담은 두 개의 제사 수저를 그 인형의 양편에 하나씩 놓는다. 그런 다음 그는 천연적으로 구멍이 나 있는 벽돌 하나를 그의 위에 내려놓는다. 즉 각각의 땅과 공기와 하늘을 나타낸다고 가정된 첫째, 셋째 그리고 다섯째 층의 중앙에 구멍이 나 있는 벽돌들을 놓아 둠으로써 희생자(상에 나타나 있는)는 숨을 쉴 수 있게 되고 끝으로 영원한 처소를 향하여 가도록 허용된다. 사제는 이 돌 위에 지상의 초목과 희생자의 음식물을 나타내는 두르바 풀을 올려놓는다.……(그런 다음 여러 모양의 벽돌들이 특수한 위치에 놓인다. 이 중 하나는 희생자의 반려자를 나타내며 생산하기에 적당한 위치에 놓여야만 한다. 그 다음 반려자를 뜻하는 벽돌의 남쪽과 북쪽에 살아 있는 거북이가 금인형을 향해 놓이고 목제 절구와 절굿공이도 놓인다.) 목제 절구 위에 사제는 모래와 우유를 담은 우카(ukha) 혹은 불남비를 놓으며, 그리고 뒤이어서 다섯 희생물의 입과 코와 눈과 귀에 작은 금부스러기를 쑤셔 넣은 다음 다섯 희생물의 머리들은……그는 이제 계속하여 활기에 찬 공기의 출구를 나타내는 프라나브리타(Pranabhritah)를 열 개씩 되는 벽돌들의 다섯 벌 속에 하나씩 놓아 둔다. 처음 네 벌은 동남, 서북, 동북의 순으로 모퉁이로부터(혹은 어떤 것에 의하면, 중앙으로부터든지 마음대로) 제단 중심부의 네 모퉁이와 중앙을 연결하는 네 개의 대각선 위에 놓는다. 그런 다음 다섯째의 것은 중앙의 돌 둘레에 놓는다.[42]

창조와 풍요를 나타내는 상징들이 여기에 풍성하게 있다. 연잎은 아그니와 프라쟈파티가 태어난 자궁 또는 음부를 나타낸다. 땅, 공기 그리고 하늘이라고 하는 우주의 세 지역의 모양으로 형성된 불남비는 아그니가 그 해 동안 자라 온 태아인 것이다. 금판(金板)은 생명의 후원자인 태양이며 금인형,

---

42) 앞의 책, p.1 각주.

즉 태양 가운데 있는 사람은(아그니 프라쟈파티와 회생자는 이 태양 가운데 있는 사람이다) 아마도 거의 모든 곳의 원시인들에 의해 행해지던, 아주 오랜 옛날 신년에 드리던 인간 희생을 반영하는 것 같다. 이것은 고대 베다 문학의(리그베다 X,90) 찬송시에 암시되었다. 이 찬송시에서 "무쌍의 정신은 태초에 태어나서 '지금까지 있었던 어떤 것과, 미래에 있을 어떤 것'으로 이루어진 인격(the person) 또는 사람(purusa)으로서 생각되며, 가시적 혹은 불가시적인 우주의 창조는 일체를 바친 희생(yajna)으로부터 비롯하는 것으로서 표상되며 그 희생에서 푸루사, 자신은 제물(havis) 혹은 희생자라고 말할 수 있을 것을 형성한다."[43] 브라마나들의 프라쟈파티 아그니는 푸루사 즉 세속 인간을 대신하며, 그의 "주기적인 희생은 일체의 우주적인 생명과 항상 진행되는 물질의 파괴와 재생의 소우주적인 표상이다.[44] 금인형(태양)을 향해 놓여진 거북과 절구와 절굿공이는 또 다른 창조의 상징이 되는 것 같다. 왜냐하면 애호를 받는 고대의 창조 신화(아마도 잔존하는 창조 신화라고 하는 편이 더 낫겠지만)「우유의 대양을 휘저음(Churning of the Ocean Milk)」이라는 신화에서 신들과 아수라(Asura)들이 뱀 아난타(Ananta, 영원을 상징)를 현(絃)으로 사용하는 동시에 신들의 처소인 거룩한 산 만다라(Mandara)를 휘젓는 절굿공이 혹은 지팡이로 삼아 사용하는 동안에 비쉬누는 추축(樞軸)이 되어 주기 위하여 한 마리의 거북으로 변하였다고 한다[45](이것이 힌두교의 상류 계급 twice born에 의해서 마련된 신성한 현의 기원인가? 상류 계급이란 영원한 존재가 될 자격이 있는 자들이다). 우유는 혼돈의 바다를 의미하며 신들이 휘젓게 되면 거룩한 소(Surabhi, 牛)와 지상의 모든 꽃과 열매의 상징인 파리자타(Parijata), 나무와 달(시바에 의해 직접 점유된) 그리고 불멸의 신주(amrta)를 만들어 낸다.

이런 까닭으로 거북과 절구와 절굿공이 그리고 모래와 우유로 채워진 불냄비는「우유의 대양을 휘저음」이라는 신화에 제시된 최초의 우주 창조를 상징한다. 이것은 전체 불 제단 의식의 정수가 되는 생각을 다시 반복하는 것이다. 왜냐하면, 그것은 "일체의 우주적인 생명과 항상 진행되는 물질의

---

43) 앞의 책, p.xiv.
44) 앞의 책, xv.
45) E. B. 하벨, 앞에서 인용한 책, pp.60~63.

파괴와 재생의 소우주적인 표상이기 때문이다."[46]

제2층의 구성

제1층이 땅을 상징한 것처럼 제2층은 공간과 시간 그리고 땅 표면의 특징인 생물들을 상징으로 나타낸다. 여러 종류의 벽돌들이 공간의 구역──동서남북──을 나타내기 위하여 배열되며, 동시에 "태양이 도는 방향으로 (동, 남 등) 순서를 따라서 놓여진다."[47] 계절은 '두 여름철'을 나타내는 두 계절의 벽돌로 상징이 된다.[48] 바로 이 층에다 프라나브리트 벽돌들을 놓음으로써 바람과 호흡은 제단과 통하게 된다. 왜냐하면 제2층은 바람(공기)의 구역이기 때문이다. 비(雨)는 "물을 불러 주소서. 식물에게 생명을 주소서! 두 발 가진 자에게 축복을 내려 주소서! 하늘로부터 비를 내려 주소서!"[49] 라는 기도를 드림으로써 상징적으로 바람 속에 끼어 들게 된다. 끝으로 동물과 인간이 그 구조에 끼어 들게 된다.

시간은 구역과 계절의 벽돌 그리고 태양의 벽돌과 마찬가지로 각 층에 놓여진 로캄프리나(Lokamprina) 벽돌에 의하여 이곳과 불 제단의 각 층에서 상징된다. 일설에 의하면 로캄프리나 벽돌은 무후르타(Muhurta)들 또는 낮의 시간들을 나타낸다. 화단 전체에는 총 10800개의 로캄프리나 벽돌이 있으며 인도인이 햇수를 따질 때의 시간 수가 된다.[50]

제3층의 구성

이것은 공기의 층이다. 벽돌은 우주의 시방과 공기 그리고 동물을 상징하면서 놓인다(땅에 기거하는 동물이 아니라 땅 위에 기거하는 동물을 의미한다).[51] 바람신 바유(Vayu)는 '공기 세계의 빛'으로 불리며, 계절의 벽돌들──둘은 우계를, 둘은 가을철을 위해서──은 전체로서의 역년(year)과 생산력을 상징으로 나타낸다. 다른 세밀한 것들이 열거되었으나 우리의 주제와는

---

46) 앞에서 인용한 책, SBE, Vol. XLIII, p.xv.
47) 앞의 책, *Satapatha-Brahmana*, VIII, Kanda, 2 Adhyaya, 1 Brahmana, Eggeling 교수의 주 pp.23~24.
48) 앞의 책, p.29.
49) 앞의 책, VIII, Kanda, 2 Adhyaya, 3 Brahmana, 6. p.35.
50) 앞의 책, X, Kanda, 4 Adhyaya, 3 Brahmana, p.360.
51) 앞의 책, p.36 각주.

잘 부합이 되지 않는다. 방금 언급하였던 시간 상징의 중요성은 다음의 인용
절에서 밝혀진다.

> 이 불 제단은 역년이며, 역년은 이 세계들과 꼭 같고, 한가운데의 층은 그것
> 의 공기(세계)이다. 그리고 우계와 가을은 그것의 공기이다. 이런고로 그가
> 그들을 이 층에 놓았을 때 그것으로서 그는 그에게(아그니) 이들이 형성한
> 그의 몸(부분)을 회복하는 것이다. 이것이 왜 그가 네 개의 벽돌을 이 층(層)
> 에 놓고 있는가에 대한 이유이다.
>
> 그리고 이 아그니(불 제단)는 프라쟈파티이며 프라쟈파티는 역년이다. 한가
> 운데의 층은 이 제단의 중간이며 우계와 가을은 역년의 중간에 있다. 이런
> 까닭에 그가 저들을 이 층에 놓았을 때 그것에 의하여 그는 그에게(아그니
> 프라쟈파티) 이들이(형성한) 그의 몸의 부분을 원상으로 돌리는 것이다. 이것이
> 그가 그들을 이(層)에 놓게 된 이유다.[52]

제4층의 구성

제1, 2층은 발에서부터 허리에 이르기까지 프라쟈파티의 재구성을 상징한
다. 제3층은 그의 허리 혹은 중간 부분의 재구성을 상징한다. 제4층은 그의
허리로부터 머리에 이르기까지 그의 몸체를 다시 구성한다.[53] 대우주적으로
볼 때 그것은 "공기 위에 있으며, 동시에 하늘 아래에 있는 것"을 나타낸
다.[54] 그리고 하늘과 땅을 괴고 있는 것이 바로 이 층이다. 그것은 브라만이
다. 영감을 받은 베다의 저자들, 즉 리시(Rishi)들은 물론 사제들도 이 층에서
창조된다. 다시 다른 모든 창조가 이 층에서 상징적으로 일어나게 된다. 이
층에서 계절의 벽돌은 겨울의 두 달을 나타낸다.

> 그리고 이 아그니(火壇)는 역년이며, 역년은 이 세계들이다. 그것의 부분은
> 공기 위와 하늘 아래에 있으며, 그것이 제4층이며, 그것이 그것의 겨울철이
> 다. 그가 이것들을 이 여기에 놓았을 때 그것에 의하여 그는 그에게(프라쟈파티
> 아그니와 태양과 화단) 이 둘이 구성하는 그의 몸의 부분을 원상으로 돌리는

---

52) 앞의 책, VIII, Kanda, 3 Adhyaya, 2 Brahmana, pp.49 이하.
53) 우주와 대우주는 거인의 형상 속에 있다고 하는 사상은 짐머에 따르면 Jainas와
   더불어 기원했을 것이다.
54) 앞의 책, VIII, Kanda, 4 Adhyaya, 1 Brahmana.

것이다.[55] 이것이 그가 이들 둘(벽돌들)을 이(층)에 놓은 이유다.

제5층의 구성

이 층은 프라쟈파티 아그니의 머리이다. 그것은 신들의 "화평의 하늘"이며 불 제단의 완성이다. 희생자는 지금 이 구조를 이 제5층까지 끌어올리며, 그리고 제5층을 지나 상징적으로 하늘에 들어간다. 우리의 주제와 관련해서 이 구역의 상징에 대한 몇 가지 중요한 특징들이 다음 발췌문에서 분명하게 나타난다.

계절의 벽돌들은 이 계절들과 꼭 같은 것이다. 그가 그 옆에 놓은 것은 계절들이다. 그리고 실제로 계절의 벽돌은 여기서 만사이다. 왜냐하면, 계절의 벽돌은 역년이며 역년은 여기서 만사이기 때문이다. 이같은 까닭으로 그는 여기서 만사를 내려놓는다. 그리고 그들은 또한 번식력이기도 하다——왜냐하면, 계절의 벽돌은 역년이며, 역년은 번식력을 의미하기 때문이다. 이리하여 그가 내려놓는 것(혹은 아그니와 희생자에게 주는 것)은 번식력이다.[56]
......
그리고 이 화단은 역년이며, 그것은 계절의 벽돌에 의해서 결합된다. 이같이 하여 그는 역년을 계속하게 하며 계절에 의해서 그것을 결합한다. 이것이 그가 계절의 벽돌을 내려놓은 이유다.[57]
......
이 화단은 역년이며 역년은 이 세계들이다. 이 제단의 제5층은 하늘이며, 이(역년)의 이슬과 같은 계절은 창공이다.[58]
......
그로 하여금 이들(계절의 벽돌)을 흐트러지지 않게 하라, 그가 계절들을 흐트러지게 할까 저어함이다.[59]
그러나 계절의 벽돌들은 실제로 또한 이(세 개의) 세계들이다. (서로 다른) 여러 개의 층에 그는 이와 같이 이 세계들을 하나씩 쌓아 올린다. 그리고 계절의 (벽돌들은) 실제로 또한 고귀한 것이다. (서로 다른) 여러 개의 층으로 그는

55) 앞의 책, VIII, Kanda, 4 Adhyaya, 2 Brahmana, p.70.
56) 앞의 책, VIII, Kanda, 7 Adhyaya, 1 Brahmana, p.125.
57) 앞의 책.
58) 앞의 책, p.127.
59) 앞의 책, p.128.

이와 같이 (농민의) 위에 귀족을 세운다. 그리고 계절의 벽돌은 실제로 또한 역년이다. (서로 다른) 여러 개의 층에 그는 이와 같이 역년을 세워 올린다.[60]

이 여러 구절들에는 계절들로 구성된 역년이 하나의 완전한 전체라고 하는 사상이 자주 반복된다. 즉 그것은 바로 이 세계들이 며, 계급 차이의 사상마저 내포한다. 마치 아그니가 지상층의 태양(불)인 것처럼, 공간을 채우는 자인 태양을 하늘의 빛으로서 생명의 발생자로서 높이 올려 세운다.

불 제단 영조 과정의 말미에 아그니에게는 작은 금조각이 쏟아지며 그것은(그와 희생자를) 불멸케 하는 것을 상징한다.

매번 200개의 작은 금부스러기를 그는 그에게 뿌린다. 두 발을 가진 것이란 희생자이며 희생자는 아그니이다. 아그니가 위대한 것처럼 위대하게, 그의 도량이 위대한 것처럼 위대하게 이같이 많이 그는 그에게 가장 고상한 형식의 불멸성을 뿌린다. 다섯 차례(그는 뿌린다)——다섯 층으로 된 것은 제단이며 다섯 계절은 일 년을 이루며, 아그니는 바로 역년이다. 아그니가 위대한 것처럼 위대하게, 그의 도량이 위대한 것처럼 위대하게 이같이 많이 그는 그에게 가장 고상한 형식의 불멸성을 뿌린다. 일천 개의 조각을 그는 그에게 뿌린다. ——일천이란 만사를 의미한다. 만사를 가지고 이와 같이 그는 그에게 가장 고상한 형식의 불멸성을 수여한다.[61]

그는 공간의 일체 네 구역에 태양이 도는 방향으로 작은 금조각을 흩날린다. "이것은 좌로부터 우로, 태양이 도는 방향으로 뿌려지는데 이는 신들이 그렇게 하기 때문이다."[62] 이렇게 태양, 즉 역년의 회전은 그것의 구체적인 내용이 완성된 것으로 상징된다. 왜냐하면, 이 프라쟈파티 즉 역년이 숨쉬는 것들과 숨쉬지 않는 것들, 신들과 인간들의 일체, 즉 일체의 존재하는 것들을 창조하였기 때문이다.[63]

그러나 역년(또는 시간 과정)이라는 것은 삶인 동시에 죽음이다.

---

60) 앞의 책, p.129.
61) 앞의 책, VIII, Kanda, 7 Adhyaya, 4 Brahmana, p.146 이하.
62) 앞의 책, p.147.
63) 앞의 책.

역년은 물론 죽음과 똑같은 것이다. 왜냐하면, 그는 밤과 낮을 수단으로 유한한 존재들(인간)의 생명을 파괴함으로써 그들을 죽이기 때문이다. 그러므로 역년은 죽음과 꼭 같은 것이다.[64]

불 제단을 영조함으로써 죽음은 극복될 수 있으며 불멸의 생명을 얻을 수 있다. 왜냐하면, 이것은 아그니 프라쟈파티와 영조자, 희생자를 동일한 것으로 보기 때문이다. 우주의 세 구역을 지나 상징적으로 상승함으로써 희생자는 '일백 년'(인간의 완전한 일생을 의미한다)이 다 되어야 신이 되며, 보이지 않는 세계, 즉 역년이나 우주적인 시간 과정을 초월한 세계로 올라가게 된다.[65] (다음의 제6장에서 이와 비슷한 만다라의 상징을 참고하라)

불 제단의 상징 이외에 역년의 또 다른 의미는 사타파타 브라마나(Sata-patha-Bramana)의 다른 곳에서도 나타난다. 예를 들면, 계절적인 희생 제사에 바쳐진 어떤 부분 가운데는 다음과 같은 것이 있다.

> 진실로 계절의 희생 제사를 드리는 자의 의는 영원한 것이다. 왜냐하면, 그러한 사람은 역년을 얻음으로써 그침이 없기 때문이다. 그는 세 부분에서 역년을 얻으며, 그는 세 부분에서 그것을 정복한다. 역년은 전체를 의미하며, 전체는 영원한 것이다.[66]

여기서 다시 태양년은 전 시공간의 우주, 즉 전체를 나타낸다.

대마(大馬) 희생 제사와 역년

역년은 또한 상징에 있어서 아그니 프라쟈파티 희생 제사와 동일한 너무나 잘 알려진 아스바메다(Ashvamedha) 희생 제사의 희생말로서 표현된다. 대마 희생 제사를 기술한 브라마나에 다음과 같은 것이 있다. 즉, 새벽은 희생마의 머리이며, 태양은 눈이며, 바람은 입김이며, 아그니 바이스바나라(Agni Vaisvanara, 모든 사람에게 속하는 불)는 벌려진 입이며, 역년은 말의 몸통이며, 하늘은 등이며, 공기는 배이며, 땅의 사우(四隅)는 옆구리이며, 간방

---

64) 앞의 책, 3 Brahmana, p.356.
65) 앞의 책, 서론, p.xxiii.
66) 앞의 책, SBE, Vol., XII, Satapatha Brahmana. II, Kanda, 6 Adhyaya, 3 Brahmana, 1, p.444.

(間方)은 갈비뼈이며, 계절은 앞다리이며, 달(月)들과 보름달은 관절이며, 낮과 밤은 뒷다리이며, 별은 뼈이며, 창공은 살코기이며, 모래는 그 말의 장(腸) 속의 음식물이며, 강은 내장이며, 산은 간장과 허파이며, 초목과 나무는 갈기이며, 떠오르는 태양은 앞 부분이며, 지는 해는 뒷 부분이며, 번개는 하품이며, 천둥은 울음이며, 비는 말이 배설하는 오줌이며, 언어는 말의 음성이다. 말은 온갖 종류의 중요한 실체들을 지닌다.

"하야(Haya, 군마)처럼 그것은 신들을 나르며, 바긴(Vagir, 경마)처럼 간다르바(Gandharva)들을 나르고, 아르반(Arvan, 잘 달리는 말)처럼 사람을 나른다."[67] "그러므로 사람들은 본성적으로 프라쟈파티처럼 일체의 신격을 나타내는 자와 같은 봉헌된 것(제물)을 도륙한다고들 말한다. 그러나 실제로 아스바메다는 저편의 (태양을) 빛나게 하는 자이며, 역년은 그의 몸통이다."[68]

대의

대체로 불 제단 상징과 아스바메다의 상징은 상술했던 시바의 우주적인 춤처럼 그들이 나타내는 우주적인 의미가 아주 꼭 같은 것이다. 모든 시공간적인 우주는 구체적이며, 상징적인 형식으로 묘사되었다. 그러나 불 제단의 식의 상징은 훨씬 더 세밀하다. 시간과 공간은 일체, 즉 생물과 무생물의 전 우주의 발생이라는 구체적인 내용이다. 화단 의식에서 희생자를 위해 베푸는 의식의 목적은 이승에서의 장수(100년의 인생)를 위한 것일 뿐 아니라, 자신과 신, 즉 아그니 프라쟈파티를 동일시함으로써 불멸성——영원한 삶——을 얻기 위한 것이기도 하다. 더욱 심오하고 철학적인 차원에서 이해된 그러한 동일시와 신성을 향한 열중은 위대한 힌두교, 불교, 도교, 요가철학, 신비적인 유태 기독교 그리고 이슬람 철학에서 인간의 진실한 자유와 최종적인 목표가 되었다. 인간 역사의 의미와 목적과 관련해서 이들 심오한 철학들을 다음에서 분명하게 다루어 볼 작정이다. 이제는 불교의 사상에서 끊임없이 회귀하는 우주적인 순환 이론을 기술해 볼 필요가 있다.

---

67) 앞의 책, SBE, Vol., XLIII, X, Kanda, 6 Adhyaya, 4 Brahmana, p.401.
68) 앞의 책.

제4장
인도에서의 순환관의 발전
——불교——

힌두교에서 불교가 발전된 이래로 불교의 역사철학은 힌두교의 역사철학과 유사한 순환관을 가지고 있었다. 비수디 막가(Visuddhi-Magga, 순결의 길)라고 하는 불교의 교리에 대한 부다고사(Buddhaghosa)[1]의 논문에는 열반을 향하는 편력에서 더욱 높은 단계의 명상에 도달한 불승이 소유한 여섯 가지의 '높은 힘'에 대해 기술한 곳이 있다. 여섯 가지의 힘 중에는 "일백 혹은 일천 회의 세계 순환"[2] 이전까지 거슬러 올라가서 이전의 존재를 기억할 수 있는 능력도 있다. 그러나 불타의 80명의 대제자들은 한층 더 큰 힘을 가지고 있으며, "십만 회의 세계 순환을 지나는 동안 존재했던 것들의 이전의 상태를 상기할 수 있다. 두 명의 수제자는 한번의 무량겁과 십만 번의 세계 순환을 지나는 동안의 일들을 기억할 수도 있다. 개인적인 불타들은 두번의 무량겁과 십만 번의 세계 순환을 상기할 수 있다.……그러나 불타들은 무한의 힘을 가진다."[3]

한번의 세계 순환은 시간적으로 거대한 길이가 된다. 삼유타 니카야(Samyutta-Nikaya) 제15장 5절에서는 다음과 같이 이른다.

---

1) Buddhaghosa는 기원후 5세기에 살았으며 불교 교리의 권위자였다.
2) Henry Clarke Warren 편, *Buddhism in Translations*, Harvard Oriental Series, Vol., 3 (Cambridge: Harvard University Press, 1922), Visuddhi-Magga, xiii, p.316.
3) 앞의 책.

오, 사제여, 그것은 마치 틈이나 구멍 같은 것이 나지 않고 장(長)과 광(廣)과 고(高)가 각각 1리그*인 거대한 암석으로 된 산에 백 년마다 한 사람이 와서 명주 옷으로 그것을 문지르는 것과 같습니다. 오, 사저여, 큰 바위로 이루어진 산도 한번의 세계 순환이 마치기 훨씬 전에 닳아 없어질 것입니다. 오, 사제여, 수많은 그러한 순환이 지나갔으며, 그러한 순환이 수백 번, 수천 번, 수십만 번 지나갔습니다. 그러면 어찌하여 나는 그렇게 말하는 것입니까? 오, 사제여, 존재의 회전은 시발점이 알려지지 않았고 출생에서 출생으로 달려지나며, 무지로 인해 눈이 멀고 욕망에 갇힌 존재들의 이같은 회전의 시작을 알 도리가 없습니다. 오, 사제여, 이것이 시간의 길이이며, 그 동안에 불행과 재앙이 계속되었으며, 무덤을 가득 채우게 되었습니다. 오 사제여, 그런 한에서 존재를 구성한 모든 것에 염오를 느끼거나 자신을 그것들로부터 해방시킬 이유가 충분합니다.[4]

시간의 세계는 단순히 말해서 시작이 없으며 그것을 즈기적으로 구분할 수도 없고 세계의 순환들에 대해서 말할 수도 없다. 한번의 세계 순환은 다음과 같은 형식을 취한다. (1) 파괴의 기간, (2) 파괴의 연속 기간, (3) 쇄신 기간, (4) 쇄신의 연속 기간, 다음에는 다시 파괴의 기간이 오며, 또 쇄신의 기간이 온다. 전체의 계기는 끝없이 반복된다.

만약 파괴가 불에 의한 것이면(아마도 물이나 바람에 의한 것일 것이다), 파괴는 이와 같은 방식으로 일어날 것이다. 즉 큰 구름이 나타나고 많은 비가 쏟아지지만 곡식들이 "소의 먹이를 위해서 산더미처럼 충분히 쌓이게 되면," 모든 비는 뚝 그치게 된다. "수년 동안, 수백 년 동안, 수천 년 동안, 수만 년 동안 신이 비를 내리지 않는 때가 온다."[5] 결국 모든 살아 있는 생물들은 죽어 브라마의 세계에서 재생한다. 그런 다음 제2의 태양이 세상을 비추게 되는데 이는 한 태양이 지면 곧 다른 것이 떠오르기 때문이다. 이것은 사를 듯한 열을 발산한다. 다시 오랜 기간이 지나고 제3의 태양이 나타나며, 다음에 제4의 태양이 좀더 오랜 기간을 비출 것이며, 이렇게 하여 모두 일곱의 태양이 된다.

---

* 1 league=4.8km, 3 mile
4) 앞의 책, 각주, p.315 이하.
5) 앞의 책, p.321.

　제7의 태양이 자태를 나타내면, 온 누리는 불꽃 속에 흩날려 들어간다. 이것과 마찬가지로 수백억의 세계들도 그러할 것이다. 시네루(Sineru) 산의 만봉(萬峰)은 높이가 수백 리그인데도 부수어져 가루가 되어 하늘에서 사라진다. 불꽃이 일어나 사천왕들의 하늘을 둘러싼다.……이렇게 범천(Brahma-heavens) 셋을 불에 태우면서 광명한 신들의 하늘에 이르는 데서 멈추게 된다."[6]

　이렇게 파괴의 두 기간은 끝을 맺는다. 또 다른 오랜 기간이 흐른 다음에 쇄신기가 시작된다. 비가 내림으로써 쇄신기는 시작한다. 물이 바람에 의해서 모이고 낮은 지대로 내려오기 시작한다. "물이 내려올 때에 범천(梵天)이 다시 그의 위치에서 나타나고 보다 위의 관능적인 쾌락의 네 하늘이 다시 나타난다."[7] 그런 다음 그것은 땅의 표면에 내려오고 파괴를 피하여 빛나는 신들의 하늘에서 잠시 살아 온 존재들과 더불어 땅 위에 사람을 살게 함으로써 생명은 새롭게 된다. 그들을 하늘에 거할 수 있게 하였던 그들 존재의 공로가 이제 다하였다. 그들은 땅 위에 다시 태어나지 않으면 안 된다. 그들이 지상에 내려올 때는 자신들의 빛에 의해 그들은 별과 같이 빛나게 되지만 타락하여 달콤한 흙을 게걸스러이 먹게 된다. 이로 말미암아 그들 자신의 거룩한 빛을 잃게 된다. 태양과 달이 나타나 그들에게 빛과 별을 준다. 처음에 이 존재들은 태곳적의 결백한 생활과 탐욕과 욕망이 없는 축복의 생활을 누리게 되는데 이는 곡식들이 자연적으로 풍부하게 자라기 때문이며, 아직까지 성(性)과 사유 재산이 없기 때문이다. 그러나 타락이 시작된다. 어떠한 음식물에 대한 식욕 때문에 배설을 하면서부터 성기(性器)가 형성된다. 그 다음에 온갖 종류의 인간 악이 시작된다. "욕망에 대한 열정이 자라나고" 성행위를 음폐하기 위하여 집을 지으며, 게으른 자들은 음식을 쌓아 둠으로써 곡식은 제 힘으로 자라지 못한다. 그러자 인간들은 "경계선을 설정하고 혹자는 다른 자의 몫을 훔치게 된다. 두서너 번쯤은 범법자를 욕하는 것으로 그치나 그 다음 번에는 그를 주먹으로 치거나 돌덩이와 지팡이 등으로 내리친다." 그러자 몇몇이서 제안한다. "우리가 누구를 뽑아 그로 하여금 화를 당해 마땅한 자에게 분노케 하며, 비난을 받아 마땅한 자에게 비난토록 하며, 추방시켜 마땅한 자를 추방한다면 어떨까? 그 대신에 우리는 그에게

---

6) 앞의 책, p.323.
7) 앞의 책, p.324.

쌀을 한몫 떼어 주자."[8] 이렇게 해서 정부나 국가가 탄생하였다.

비수디 막가는 전체의 순환을 다음과 같이 약술한다.

> 이제 순환적인 파괴의 큰 구름으로부터 대 화재(劫火)가 마치게 될 때까지 한번의 무량겁이 이루어지며, 그 시기를 파괴의 시기라고 부른다. 그리고 순환적인 파괴의 대 화재로부터 수백 억의 세계를 채우는 유익한 큰 비가 오기까지가 두번의 무량겁이며, 큰 비로부터 태양과 달이 출현하기까지가 제3의 무량겁이며 쇄신기라고 한다. 태양과 달의 출현으로부터 순환적인 파괴의 큰 구름이 있기까지가 제4의 무량겁이며, 쇄신의 연속이라고 한다. 이들 넷의 무량겁이 한번의 대 세계 순환을 이루는 것이다.[9]

물로써 세계 순환이 허물어질 때 파괴는 완전하게 광명한 신들의 하늘에까지 미쳐 올라간다. 쇄신기에 사람들이 다시 살 수 있도록 하는 일이 바로 이 하늘로부터 내려온 존재들과 더불어 시작된다. 바람으로 세계 순환이 망하게 될 때 파괴는 보다 더 높은 충분하게 보상받은 지신의 하늘에까지 파급되며, 쇄신은 이 영역으로부터 시작된다.

비수디 막가는 파괴가 특별한 양식으로 일어나는 이유를 몇 가지 제시한다. 그 양식은 바로 그 순환기의 전형적인 특별한 악덕과 직접적으로 관련이 되었다. 만일 그 악덕이 유달리 결정적일 때는 세계는 불로써 파괴당한다. 만일 미움에 의한 경우는 물로써 모든 것이 파괴당하게 되며, 미쳐서 그럴 경우에는 바람으로 세계가 멸망당한다.

파괴의 순서가 다음에 기술되었다.

> 이제 멸망하는 세계는 불로써 계속 일곱 번이나 멸망당하고 여덟 번째는 물로써 멸망당한다. 그리고 다시 일곱 번을 불로써, 여덟 번째는 물로써 당한다. 이와 같이 세계는 물로써 각기 여덟 차례나 멸망하며, 세상이 물로써 일곱 번 멸망당하고 불로써 일곱 번을 더 멸망할 때까지 계속된다. 이렇게 63회의 세계 순환이 경과한다. 그런 다음 물에 의한 멸망은 물러나고 대신에 바람이 세계를 파괴시키는 위치를 차지한다. 그리고 완전하게 광명한 신들이 64회의 세계 순환을 지나는 저들의 생존 기간을 마치게 될 때에는 그들의 하늘

---

8) 앞의 책, p.326.
9) 앞의 책, p.327.

도 파괴당한다.[10]

그러나 64회의 순환보다도 더 긴 수명을 가진 더 높은 하늘이 존재한다. 아비담마타 상가하(Abhidammattha-Sangaha, v.2~6, 10)는 서른하나의 존재의 등급을 기술하지만 여기서는 범천의 존재들로부터 시작한다.

> 브라마를 수행하는 신들의 수명은 한번의 세계 순환의 1/3이며, 브라마의 사제들의 수명은 세계 순환의 1/2이며, 대브라마 신은 1회의 세계 순환을, 제한된 장려의 신들(the Gods of Limited Splendor)은 2회의 순환을, 무한한 장려의 신들은 4회의 순환을, 빛나는 신들은 8회의 순환을, 제한된 광휘의 신들은 16회의 순환을, 무한한 광휘의 신들은 64회의 순환을, 완전하게 광명한 신들은 32회의 순환을, 완전하게 광명한 신들과 지각을 갖지 않은 신들은 500회의 순환을, 아비하(Aviha)의 신들은 1000회의 순환을, 고통이 없는 신들은 2000회의 순환을, 쉽사리 보이는 신들(the Easily seen Gods)은 4000회의 순환을, 쉽사리 보는 신들(the Easily seeing Gods)은 8000회의 순환을, 숭고한 신들은 16000회의 순환을……무한한 공간의 영역에 자기의 처소를 지은 신들의 수명은 20000회의 순환을, 무한한 의식의 영역에 처소를 마련한 신들은 40000회의 순환을, 무의 영역에 자기 처소를 마련한 신들은 60000회의 순환을, 지각도 아니며 그렇다고 비지각도 아닌 영역에 자기 처소를 마련한 신들은 84000회를 순환한다.[11]

시공간의 무한함에서 더 한층 아찔한 것은 후대 불교의 견해인데, 그것은 상기한 바와 유사한 우주적인 순환을 지나는 세계가 헤아릴 수 없이 많다는 것이다. 대승 불교의 티베트인 권위자 롭상 푼트속 라룽파(Lobsang Phuntsok Lhalungpa)는 다음과 같이 기록한다.

> 티베트의 불교에서 우주의 개념은 다른 불교국이 소유한 것과 꼭 같다.…… 아비달마(Abhidharma)와 칼라차크라 탄트라(Kalachakra tantra)는 우주에는 불타 조차도 그들을 모두 헤아린다는 것이 불가능할 정도의 많은 수의 세계들로 가득 차 있다는 데 의견이 일치하고 있다. 우주의 어느 곳을 갈지라도 거기에

---

10) 앞의 책, p.329.
11) 앞의 책, p.290.

는 여러 세계와 존재들이 있다.……

하나의 특수한 세계의 체계가 지속되는 기간은 하나의 대우주가 지속되는 기간과 맞먹는 것이다. 하나의 우주가 지속되는 기간은 그 가운데 스물의 작은 우주적인 기간들로 이루어진다. 스물의 기간은 한 세계의 체계가 진화하는 데 필요한 것이다. 스물은 진화하는 기간을 위해서, 스물은 점진적인 파괴를 위해서, 스물은 그것의 절멸을 위해서 필요한 것이다. 점진적으로 파괴되는 스물의 우주적인 기간들은 인간의 수명을 100년이 마칠 때마다 1년을 잃어버리는 비율로써 80000년을 10년으로 줄여 가는 데 걸리는 시간과 닷먹는 것이다. 한 세계 체계의 창시와 파괴는 모두 가장 저급한 세계에서 시작한다.[12]

일체의 세계 체계들은 동시적인 것은 아니라 할지라도 똑같은 진화와 붕괴의 형식을 따른다. 그 형식은 어디에서나 꼭 같은 것이기 때문에 인간은 이 무량겁들 속에서 완전히 상실되었다는 기분을 느낄 필요가 없다.

불교는 현대 서양의 과학과 천문학적인 견해, 즉 시공 연속체의 무한에 대한 이론과 연속하는 거대한 수효의 은하계의 무한 이론 그리고 각 은하계에서 우주(나선적인 성운)의 진화 형식과 붕괴 형식의 유사성에 대한 이론들을 내다보았다. 인간 역사와의 관계에서 우주의 순환적인 진화와 붕괴의 형식이 지니는 의미는 다음의 제7장에서 논의된다. 제7장에선 인간의 명에라는 것이 순환 속에서의 주관적인 연루, 즉 개아 연루(ego-involvement)에 있으며, 순환이라는 것이 그러한 한정된 연루에서부터의 해방을 위한 필연적인 자극을 제공한다는 것을 제외하고 나면 그 자체가 무의미하다는 사실을 알게 될 것이다. 이 해방은 정신적인 자유이며, 그 자유는 시간 혹은 삼사라(Samsara)의 세계를 존재의 영원한 단계 혹은 니르바나(涅槃)의 단계가 유한하게 나타난 것으로 또는 동일한 것으로서 체험한다. 유한하고 덧없는 현상의 세계로부터 해방되어 모든 인간 존재의 목표인 영원한 존재, 톨타의 정수 혹은 니르바나의 차원에 이르는 것이 바로 정신적인 자유이다.

자이나의 시간 철학은 불교의 순환적인 시간관과 비교할 때에 어느 면에서나 가장 오래 된 것이기는 하지만 많은 방식에서 유사한 것이다. 다음 장에서는 이 집단의 순환적인 역사철학을 다루어 보겠다.

---

12) Lobsang Phuntsok Lhalungpa, "티베트의 불교"(「불타의 길」 Kenneth W. Morgan 편. New York : Ronald Press, 1956), p.285 이하.

제5장
인도에서의 순환관의 발전
——자이나교——

바퀴(車輪)는 힌두교와 불교 사상에서 순환적인 시간관을 나타내기 위해 자주 사용된 상징 가운데 하나다. 그것은 자이나의 시간관을 나타내는 완전한 상징이다. 자이나 교인은 시간을 칼라카크라(Kalacakra) 혹은 시간의 바퀴로서 나타낸다. 바퀴의 모든 살은 아바사르피니(Avasarpini)와 우트사르피니(Utsarpini)라고 하는 두 시대 중 어느 한 기간을 나타낸다. 언제나 같은 속도로 회전하는 바퀴의 한번의 완전한 회전은 아바사르피니와 우트사르피니라는 두 시대의 전 기간이다. 힌두교와 불교에서 말하는 순환적인 우주의 바퀴와는 달리 자이나의 바퀴는 아바사르피니와 우트사르피니의 시대가 끊임없이 연속하는 가운데 영원히 같은 속도로 어느 한 기간이라도 정지함이 없이 회전을 계속한다. 거기에는 '평온한' 기간들이나 '브라마의 밤'이란 것도 없다. 그 바퀴는 끊임없이 영원히 움직인다. 시간이란 그리스인의 사상에 있어서와 마찬가지로 끊임없이 '움직이는 영원의 표상'이다.

하인리히 짐머(Heinrich Zimmer)에 의하면 뱀의 상징이 순환의 이름으로 사용된 바로 그 단어들 가운데 드러나 있다. 어근(語根) '사르핀'(Sarpin, 아바사르피니와 우트사르피니에 나타난)은 '뱀'을 의미하고 '아바'(Ava)는 '아래'를, '우트'(Ut)는 '위'를 의미한다. 그러므로 그 표상은 '시간에 대한 뱀의 순환'(세계를 휘어감고 자신의 꼬리를 물고 있는)의 표상이며,[1] 이들 "'상승'과 '하강'의 기간을 번갈아 가면서 끊임없이 회전한다."[2]

자이나들은 각기 순환의 길이가 같고 형식이 같은 두 시대가 있다는 것을 믿고 있으나 어느 한 시대가 다른 시대의 역이라고는 믿지 않는다. 아바사르피니의 기원은 최선의 기간에서 출발하여 최악의 기간에 끝을 맺으나, 반면에 우트사르피니는 최악의 기간으로 시작하여 최선의 기간에서 끝맺는다.

다음의 피네간(Finegan) 교수의 「세계 종교의 고고학(*Archaeology of World Religion*)」[3]에서 인용한 표는 칼라카크라의 한번의 완전한 회전을 분명하게 해 준다.

아바사르피니(Avasarpini)

1. 수사마–수사마, '최선의' 기간, (그 길이는) 사가라(sagara)의 4코티코티
2. 수사마, '선한' 기간, 사가라의 3코티코티
3. 수사마–두사마, '선하고 나쁜' 기간, 사가라의 2코티코티
4. 두사마–수사마, '나쁘고 선한' 기간, 사가라의 1코티코티로서 42000년보다 적다.
5. 두사마, '나쁜' 기간, 21000년
6. 두사마–두사마, '최악의' 기간, 21000년

우트사르피니(Utsarpini)

1. 두사마–두사마, '최악의' 기간, 21000년
2. 두사마, '나쁜' 기간, 21000년
3. 두사마–사마, '나쁘고 선한' 기간, 사가라의 1코티코티로서 42000년보다 적다.
4. 수사마–두사마, '선하고 나쁜' 기간, 사가라의 2코티코티
5. 수사마, '선한' 기간, 사가라의 3코티코티
6. 수사마–수사마, '최선의' 기간, 사가라의 4코티코티

이들 기간의 긴 시간의 길이를 이해하기 위해서 독자들은 1코티코티(Kotikoti)가 우리의 숫자 체계에서는 100,000,000,000 000과 같고 1사가라(sagara)는 100,000,000팔랴(palya)와 같다는 것을 알아 둘 필요가 있다. 1팔랴는 "백 년마다 털 하나를 집어 낸다고 할 때, 7일 동안 자라난 양의 새 털을

---

1) 하인리히 짐머, 앞에서 인용한 책, n.44, pp.224 이하.
2) 앞의 책.
3) 앞에서 인용한 책, 피네간, *The Archaeology of World Religions*, pp.203 이하.

채운, 넓이와 깊이가 1요야나(yojana, 9마일)인 그릇을 비우는 데 소요되는 시간의 길이"[4]와 같은 것이다. 이 기간을 인간의 관점에서 내다볼 때 시간 바퀴의 완전한 한번의 순환이라거나 회전의 길이 같은 것은 생각해 볼 수도 없거니와 무한함과 같은 것이라고 할 수 있겠다. 그러나 수사마－수사마 기간 에 살던 인간들은 이같이 거대한 시간의 길이를 파악할 수 있었을 것이다. 이는 수사마－수사마의 기간 혹은 '최선의' 기간 중에는 힌두 대중의 우주 발생론에서처럼 세계 순환의 제1/4분기에 있었다는 더할 수 없는 행복과 질이 유사한 태곳적 에덴의 신선과 같은 생활이 전개되었기 때문이다. 20 세기 초 자이나의 학자와 함께 자이나교를 연구한 스티븐슨 부인(Mrs. Stevenson)은 고대 세계의 보편적인 신앙이었던 것으로 보이는 에덴의 시대에 대해서 회화적인 수법으로 다음과 같이 기술한다.

> 우리가 지금 살고 있는 시대인 아바사르피니는 가장 행복한 시대, 즉 수사마
> －수사마로 알려진 기간에서 시작하였다.……그때 모든 사람의 키는 6마일이나
> 되었고 갈비뼈의 수효는 이백하고도 쉰여섯 개나 되었다. 이 행복한 기간에
> 태어난 어린이들은 언제나 쌍둥이였으며, 한 아이는 사내였고 한 아이는 여자
> 아이였다. 열 그루의 칼파브릭사(kalpavriksa, 욕망을 채우는 나무)가 그들의 모든
> 필요한 것을 제공하였다. 한 나무는 그들에게 달콤한 열매를 주었고, 둘째는
> 주발과 냄비 모양의 잎사귀를 내었으며, 셋째는 달콤한 음악 소리를 내었고,
> 넷째는 밤에도 밝은 빛을 내었으며, 다섯째는 작은 등과 같이 밝음을 부어
> 주었으며, 여섯째의 꽃들은 정교한 형상과 향기를 지녔으며, 일곱째는 모양과
> 맛이 완전한 양식을 내었고, 여덟째의 잎사귀는 보석의 노릇을 했으며, 아홉째
> 는 들어가서 살 수 있도록 지어진 여러 층의 궁전과 같은 것이었고, 열째의
> 나무껍질은 아름다운 옷을 제공하였다.……아이들의 양친은 쌍둥이들이 태어
> 난 지 49일만 지나면 죽었으나 그것은 큰 문제가 아니었다. 왜냐하면, 어린아
> 이들은 그들이 태어나서 4일만 지나면 옥수수알 크기와 같은 정도의 음식물을
> 먹을 수 있기 때문이다. 그러나 그들은 음식의 양을 늘리지 않았고 나흘마다
> 음식을 먹었다. 어린이들은 결코 살생의 죄를 범하는 일이 없었으며, 그들이
> 전생을 사는 동안 요리 접시를 본 일이 없었으며, 요리된 음식물을 만져 보는
> 일도 없고, 그들이 죽을 때는 일찍이 어느 종교에서도 들어 본 일이 없는 데바
> 로카(Devaloka)로 곧장 간다.[5]

---

4) 앞의 책, p.191.
5) Mrs. Sinclair Stevenson, *The Heart of Jainism*(London, Edinburgh, New York, To-

　수사마의 기간이 누리는 축복은 첫째 시기가 누렸던 축복에 비하면 절반
밖에 안 된다. 쌍둥이는 키가 불과 4마일밖에 되지 않으며, 2팔랴의 시간
동안만 살게 되었으며, 양친들은 좀더 오래 살게 되었고 인간의 식욕은 더욱
불어나 더 많은 음식물을 필요로 하였다.

　제3기, 수사마-두사마 기간은 슬픔이 나타나 행복을 좀먹는 기간이다.
쌍둥이는 키가 불과 2마일밖에 되지 않았으며, 1팔랴 동안만 살았음에도
불구하고 죽은 다음에는 데바로카로 간다. 이제 슬픔과 악이 바로 그 그림에
첨가되고 사람들은 저들과 대처하기 위해서 선생을 필요로 하였기 때문에
최초의 자이나 티르탄카라(Tirthankara)가 탄생된다. 리사바데바(Rishabhadeva)
라고 하는 최초의 자이나의 성자(혹은 티르탄카라)는 "쌍둥이들에게 요리법
이나 바느질 같은 72가지의 유용한 기술을 가르쳤다. 왜냐하면, 그는 욕망을
채워 주는 나무들이 사라질 것을 알았으며, 인간의 존재들이 그때에는 오로
지 자신에만 의존해야 할 것이라는 사실을 알았기 때문이다."[6] 그는 또한
사람들에게 통치하는 방법을 가르쳤으며, 왕국을 세웠다 그의 딸 브라미
(Brahmi)는 학습의 수호 여신으로서 열여덟 개의 알파벳을 창안했다.[7]

　제4기, 두사마-수사마에서는 악이 증가하였다. 키는 점점 더 줄어들었고
남자와 여자들은 더 많이 먹었다. 인간의 구원을 돕기 위해서 나머지 23명의
티르탄카라들이 탄생하였다. 이 시기의 인간 존재들은 죽은 후에 모두 데바
로카로 가지 못했으나 어떤 자들은 인간의 존재 혹은 동물로서 다시 지옥과
천국 또는 땅 위에 태어난다.[8]

　제5기, 두사마는 현재의 시기이다. 그것은 '완전히 악한' 시기이다.[9]
수명은 기껏해야 125년이며, 아무도 7큐빗 이상 더 클 수가 없다. 악이
도처에 만연하였다. 티르탄카라는 이 시기에 하나도 태어나지 않으며, 자이
나교마저도 이 시기에 사라질 것이다.[10]

---

ronto, Melbourne, Bombay. Humphrey Milford, Oxford University Press, 1915) p.
　273.(데바로카는 하늘의 처소 가운데 하나이다).
　6) 앞의 책, p.274.
　7) 앞의 책, p.274.
　8) 앞의 책.
　9) 앞의 책, p.275.
　10) 앞의 책.

제6기, 두사마-두사마는 더욱더 악해서 모든 시기 중에서 가장 악한 시기이다. 인간의 키는 1큐빗으로 줄어들고 그의 수명은 16년에서 20년이 된다. 질병이 인간에게 돌고 욕망이 저들을 극도로 압도하기 때문에 정숙(貞淑)이라고 하는 것은 아무 데서도 찾아볼 수가 없다. 자연의 재액이 인간의 불행에 보태질 것이다. 왜냐하면, 이 시기의 끝에 이르면 무서운 폭풍이 지상을 휩쓸 것이기 때문이다. 인간과 동물은 대양, 즉 갠지스 강에 휩쓸려 들어가거나 그칠 새 없는 폭풍을 피하기 위하여 동굴 속으로 몰려 들어갈 것이다.[11] 이 제6기가 끝마치면 후반의 순환 우트사르피니가 시작한다. 그 유형은 아바사르피니의 시기와 아주 흡사하다. 티르탄카라들은 형식과 기능에서는 동일하지만 그들의 지바(Jiva, 영혼)들은 다르다. 왜냐하면, 전 시대의 티르탄카라들은 모크사(moksa, 시간의 바퀴 위에서 생사의 순환으로부터의 해방)를 획득하였기 때문이다. 우트사르피니에서 최초의 티르탄카라는 두사마-수사마의 기간에 나타날 것이며 그의 이름은 파드만아바(Padmanabha)일 것이다. 이 미래에 오실 성자는 마가다의 왕이었으며, "현재 제1의 지옥에서 자기의 나쁜 업보(Karma)를 속죄하고 있다."[12] 나머지 티르탄카라들은 수사마의 기간에 태어날 것이며 그들의 현재와 미래의 위치에 대한 유사한 지식을 전해 준다. 지금 저들의 대부분은 여러 하늘 중 어느 한 곳에 있다.

자이나 순환철학의 대의

자이나의 순환들은, 매 순환 중에 극소수의 영혼만이 해방을 얻고 저들은 다시 태어나지 않기 때문에 모든 세밀한 점에서 그렇다고 할 수는 없지만 형식에 있어서는 영원히 반복된다. 그러나 저들의 형상(또는 유형)은 칼라카크라로부터 다른 자들을 해방하는 데 도움을 주기 위하여 다시 태어나는 것이다. 왜냐하면 삶의 목적은 해방을 얻는 것이기 때문이다. 시간이란, 시간에서부터 영원으로 탈출하는 기회라는 것 이상의 어떤 다른 의미와 가치를 갖지 못한다. 다음과 같은 간략한 속기법의 상징[13]은 이 철학의 전모를 완벽하게 표현한다.

(c) 위에 점을 달은 초생달

---

11) 앞의 책.
12) 앞의 책, p.276.
13) 앞의 책, pp.251~252.

(b) 세 개의 점

(a) 卍자

스티븐슨 부인은 바로 그 고대의 상징을 설명한다. (a) 卍자(제3장에서 설명한 것처럼 원래 날마다의 태양의 순환을 상징하는)는 시간 속에서 재생의 전체 순환을 상징하기 위하여 여기서 사용된다. 그것은 하나의 지바(영혼)가 지옥이나 천국의 거주자로 또는 인간이나 동물로 태어나는 상태를 나타낸다.[14] 세 개의 점(b)은 세 개의 보석을 나타낸다. 즉 그것은 정지(正知)와 정신(正信) 그리고 정행(正行)인데 그것을 통해서 지바(영혼)는 (c)로 상징된 모크사(칼라카크라로부터의 해방)에 이를 수 있다.[15]

해방의 길은 매우 험난하다. 이 종교의 디감바라(Digambara)라고 하는 소종파(小宗派)는 단식을 권하는데, 단식을 함으로써 사람은 식물이나 동물의 생명 또는 물과 같은 유동 액체에 있는 영혼들(Jivas) 중 어느 하나도 해치지 않게 되므로 죄를 짓지 않게 될 것이라고 말한다.

대부분의 인간들을 위해서 아주 다행스럽다 할 것은 시간의 바퀴를 극복할 수 있는 보다 덜 금욕적이면서도 더욱 매력적인 길들이 있다는 사실이다. 이 가운데서 어떤 것은 전 시공의 우주적 모사(模寫)인 도해(단다라)들을 두드러지게 사용한다. 자이나의 우주 도해(혹은 만다라)는 칼라카크라의 식물 세계——끝없는 환생에서 주관적으로 연루된 세계——와 개인의 영원한 정신이 그러한 멍에로부터 해방되는 정신적인 영원한 세계 사이의 차이를 체득(realization)하는 것을 상징으로 나타낸다. 그와 같은 자기 체득이 이루어질 때에 성자의 업보는 거의 힘을 발휘할 수 없게 되어 현재의 삶을 누리는 데에서도 힘을 발휘하지 못하게 될 것이다. 거기에선 다시 산다는 일이 있지 않을 것이다——칼라카크라의 일시적인 세계 혹은 삼사라 세계의 멍에로부터 영원히 해방된 영원한 정신은 그 자체 진실하게 있는 그대로 항상 자유스럽고 불멸한다는 것을 안다. 영원의 단계는 이제 영원한 정신의 영원한 본향이다. 이러한 목표에 도달하기 위해서는 온갖 생명을 엄격히 존중하지 않으면 안 된다. 왜냐하면, 모든 살아 있는 것들은 자기의 지바 혹은 영혼을 가지고 있으며, 자신의 영혼과 마찬가지로 모든 지바는 자신의 영원성을 실현하

---

14) 앞의 책.
15) 앞의 책.

고자 지망(志望)한 자이기 때문이다. 이러한 관점에서 보면 모든 지바들은 무한한 가치를 지닌 것이다. 더욱 극단적인 종파 디감바라(Digambara)의 자이나 성자는 문자 그대로의 단식을 통하여 니르바나――유한한 삼사라의 세계로부터 해방된 영원한 상태――에 들어간다. 그는 물조차도 마시지 않는데 이는 그가 무심코 어떤 작은 생물이라도 마시게 되지 않을까 두려워서이다(그는 슈바이처를 능가하는 또 한 사람의 슈바이처로서 생명을 지극히 경외하는 자이다).

　서구 사상과 유사한 점은 정신적인 자유를 인간의 목표로 생각하는 점이다. 우리는 이것이 서구의 일환론(一環論)과 순환적인 역사관에서 뚜렷이 강조되는 것임을 발견하게 될 것이며, 이미 힌두교나 불교철학에서 이 목표가 얼마나 중요한 것인가를 주목해 보았다. 이제 우리는 인간과 우주의 역사와 영원한 생명과 자유에 대한 정신적인 목표를 다루는 동양의 견해들에 대해서 더욱더 세밀히 해 둘 필요가 있다. 우리가 취할 다음 단계는 인간의 역사와 우주 역사의 본성과 의미에 관한 동양인들의 순환론적인 형식의 견해를 이해하는 한 방법으로서 동양의 만다라(曼陀羅), 즉 매혹적인 도해 예술(圖解藝術)의 형식을 진술하는 것이다. 미리 당부해 두지만 순환론적인 유형의 시간 세계는 전체 삼사라(세계) 유기체의 한 유기적인 부분이며, 또 삼사라의 유기체란 영원한 세계에 대한 반성이랄까 혹은 사고에 의해 창조된 세계라는 것을 알아 두어야 할 것이다.

제6장
순환적인 시간과 만다라의 철학

만다라의 의미를 전수받지 못한 서구인들에게 만다라(曼陀羅, mandala)라는 말은 '주술적인 고리'를 연상케 할지 모르나 현대의 위대한 불교학자 가운데 빅슈 상가라크시타(Bhiksu Sangharakshita)는 오직 "이해하지 못하는 관찰자들"만이 만다라를 주술적인 고리로 생각한다고 말한다. 실제로 그것은 의미에 있어서나 기능에 있어서 모두 심오한 의미를 가진 상징이다. 만다라의 가장 일반적이며 중요한 특징은 의미에 있어서, 전체 우주에 대한 대승 불교의 철학이 도해 형식으로 풀이된 가시적인 표상이라는 점이며, 기능에 있어서 그 목적은 구도자를 이 우주적인 실재와 다시 근접(reintegration)시키는 것이다. 이 만다라가 지닌 실제 심리학적인 기능은 서양의 위대한 심리학자 칼 구스타브 융(Carl Gustav Jung)에 의해서 이미 감명 깊은 인정을 받았다.

만다라는 타 지역의 대승 불교도들에게도 중요한 것이기는 하나 티베트에 널리 퍼져 있는 밀교(密教, tantric) 형식의 대승 불교에서는 중대한 역할을 한다. 티베트의 비밀 불교(tantric Buddhism)의 기원은 인도였으며, 그곳에서 탄트라(tantra)에 뛰어난 요가 관습들은 아마도 기원전 2000년경 선사 시대의 인더스 계곡 문화만큼이나 오래 된 것이었을 것이다. 인도의 탄트라 불교(Tantric Buddhism)는 탄트라 힌두교(Tantric Hinduism)보다 더 오래 것이었으며, 전자가 후자에게 철학을 제공하였던 것 같다. 이것은 불교의 탄트라 관습들과 교리가 힌두교의 탄트라 형식으로부터 차입되었다고 하던 옛날의 견해

를 뒤집는 최근 불교계 학자들의 견해인 듯하다.[1]

힌두교는 물론 티베트 불교의 탄트라 요가 관습들은 서양인들에 의해서 가끔 오해를 받았다. 그러한 오해에 대한 좋은 해독제라 할 것이 에반스 벤츠(Evans-Wentz)가 티베트의 불교에 대하여 편집한 저서에서 제공되었다. 이 가운데서 가장 매력을 끄는 것은 위대한 티베트의 행자(yogi)이자 성자인 밀라레파(Milarepa)의 전기이다. 밀라레파는 기독교를 포함한 어떠한 표준으로 판단해 볼지라도 성자다운 영적인 생활의 절정에 이르렀다. 만다라는 밀라레파와 같은 위대한 성자가 추종하였던 이 탄트라 요가 철학의 생생한 표상이다.

불교의 만다라는 얀트라(Yantra)라고 하는 힌두교의 탄트릭 만다라와 의미는 전혀 같지 않지만 기능은 서로 유사하다. 하인리히 짐머가 「인도 예술과 문명에서의 신화와 상징(Myths and Symbols in Indian Art and Civilization)」이라는 그의 책에서 소박한 시바교의 탄트릭 얀트라(Shaivite tantric Yantra)의 도안과 의미를 매우 명석하게 설명해 주었으므로 스리 얀트라(Shri Yantra)[2]라고 하는 이 실례와 함께·만다라의 상징적인 표현에 대한 진술을 시작해 보고자 한다.

스리 얀트라는 네 개의 출입구를 가진 정방형의 외부 테두리를 가지고 있다. 정방형의 내부에는 네 개의 동심원의 선들이 있고 이들 내부에는 열여섯 개의 연꽃잎이 그려진 동그란 고리가 또 다른 여덟 개의 연꽃잎이 그려진 동그란 고리를 둘러싸고 있다. 한가운데에 있는 원 안에는 기하학적인 형식으로 대칭을 이루며 착종된 삼각형들이 그려져 있다. 그곳에는 위를 향한 다섯 개의 원추형의 삼각형과 아래를 향한 다섯 개의 삼각형이 있으며, 모양과 크기는 모두 같다. 위와 아래를 향한 삼각형들이 교차하는 한가운데에는 아래를 향한 작은 삼각형이 하나 있는데 거기엔 교차되는 것이 없다.

얀트라에 대한 짐머의 해석은 얀트라의 우주적인 의미를 명확하게 밝혀

---

1) Anagarika Govinda의 "비밀 불교의 원리"를 보라. P.V. Bapat 편, 2500 *Years of Buddhism*(Delhi: Publications Division Government of India, 1959). 또한 같은 책 가운데 H.V. Guenther의 논문 "Mantrayana and Sahajayana"를 보라.

2) 하인리히 짐머, 「인도 예술과 문명에 있어서 신화와 상징 (*Myths and Symbols in Indian Art and Civilization*)」(New York: Pantheon Books, Bollingen Series, VI, 1946) pp.146~148.

준다. 아래를 향한 삼각형들은 요니(Yoni) 혹은 여성의 창조적인 에너지를 상징한다. 위를 향한 삼각형들은 링감(남근) 또는 남성의 창조적인 에너지를 상징으로 나타낸다. 서로 교차하며 작은 것에서 큰 것으로 확대되는 다섯 개의 여성 삼각형과 다섯 개의 남성 삼각형들은, 남성과 여성 에너지의 서로 상반되는 것들의 결합을 통한 힘과 물질 그리고 생명을 지닌 현상적인 다이나믹한 세계의 생식 과정을 상징한다. 한가운데 있는 단 하나의 여성 삼각형은 가장 중요한 것이다. 그것은 절대적인 자체이기 때문에 표시되지 않았고, 절대적이기 때문에 시공의 세계를 초월하여 볼 수 없는 남성 대응부를 가지고 있다. 단독적인 중앙의 삼각형은 '원초적인 샤크티(primal Shakti)'를 상징하며, 그것은 불가시적인 절대자(비인격적인 시바)와 결합한다. 이 초월적인 시바는 우리가 말했듯이 그 본질은 비공간적(non-spatial)이고 비시간적(non-temporal)이기 때문에 보이지 않는다. 즉 그 본질은 영원이다. 원초적인 샤크티와 결합하고 있는 가운데 그것은 자체와 결합하면서——그 둘은 언제나 하나이다——불가시적인 실재, 즉 정신적인 우주와 물질적인 우주의 핵심은——자기의 샤크티와 상호 작용하면서——정신적이며(동그란 부분으로 상징된) 물질적인(정방형 또는 땅의 요소의 부분으로 상징된) 현상의 세계를 유출하는 중심인 것이다.

우리는 짐머가 기술한 것에, 그 도해를 둘러싼 정방형의 각 면에 하나씩 나와 있는 네 개의 돌출부 또는 출입구들이 卍자를 만들어 보이는 것 같다는 사실을 첨가해서 말할 수 있다. 태양의 상징인 卍자는 삼사라, 즉 세속적인 시간의 끊임없는 순환의 일체를 의미한다. 이같은 卍자의 정방형은 실제로 티베트의 모든 만다라에서 현저하게 눈에 띄는데 卍자의 정방형은 도해의 테두리 안에서 시간과 공간의 전체 우주의 질서 정연한 총화를 나타내는 여러 상징들 가운데 하나이다. 네 개의 출입구는 시공적인 우주의 상징들로서의 그들의 의미를 떠나서 생각해 보면, 얀트라의 원(圓)들로서 표현된 더 높은 정신적인 차원의 우주, 즉 신들의 낙원으로 향하는 계단들이다.

도해의 중앙의 점인 불가시적인 절대자 자체는 미묘한 정신적인 형상들과 조야한 구체적인 형상들의 시공의 세계 혹은 마야(Maya, 망상)의 세계를 밀어낸다. 이들은 정방형과 원형의 구역으로 상징되고 있다. 마야 세계의 진화 확장의 역동적인 에너지들은 교차하는 삼각형들(여성과 남성의 에너지——긍정과 부정)로 표상되었다.

강렬한 정신 집중을 위해서 그러한 얀트라를 사용하는 탄트라의 구도자는 중심, 즉 절대적인 실재 혹은 존재에 대한 존재자인 초월적인 시바와 더불어 자기의 자성(identity)을 실현할 수 있게 된다. 그리고 초월적인 시바의 마야 는 물리적으로 또 정신적으로 유한한 존재들의 삼사라 세계이다. 절대와 상대 혹은 열반과 삼사라라고 하는 이들 양편의 세계가 도해 속에 둘러싸이 게 된다. 그러므로 얀트라에 강렬하게 정신을 집중하면서 구도자, 즉 소우주 는 절대의 세계이며 동시에 상대의 세계인 대우주와 자신을 다시 근접시킨 다.

티베트 불교의 만다라도 또한 우주적인 도해로서 이해할 수 있으며 우주 의 도해로서 방금 기술한 힌두교의 탄트릭 얀트라와 흡사한 것이다. 탄트라 힌두교에서처럼 티베트의 탄트릭 불교(비밀 불교)에서도 만다라 형식의 일반 적인 의미는 물질 세계와 정신 세계의 접합(interpenetration), 즉 삼사라와 니르바나의 접합을 나타낸다. 그러나 이러한 차이가 있다. 즉 삼사라와 니르 바나를 불교의 탄트라에서는 연민과 지혜로서 상징하지만 힌두 탄트라의 상징에서는 시바와 샤크티로서 상징하며 그 실례가 되는 것이 스리 얀트라 이다. 물질적(삼사라)인 세계와 정신적(니르바나)인 세계의 이러한 접합을 표상하는 데 대한 철학적인 논거는 다음과 같은 세 가지 근거[3]에서 발견된 다. (1) 만물은 절대 정신의 현현이라고 하는 요가카라(Yogacara)학파의 가르 침, (2) 절대 정신은 초월적인 형식에서 순야타(Shunyata, 空)라고 주장하는 마디야미카(Madhyamika) 학파의 근본적인 신조, (3) 아바탐사카 수트라 (Avatamsaka Sutra)의 중심 사상, 즉 선험적인 공허와 삼사라의 세계(현상적인 대상들의 세계)의 접합에 대한 사상이 그것이다. 아바탐사카 수트라에서 간다 뷔하(Gandavyuha)는 이러한 사상을 밝혀 주는 중요한 부분이다. 그 주제는 수다나(Sudhana)라고 하는 젊은 청년이 달마다투(Dharmadhatu, 절대적인 실 재)에 들어가는 목표를 향하여 내딛는 순례이다. 수다나는 자신의 내면을 성찰함으로써 이 목표에 이를 수 있다는 사실을 발견한다. 이것을 행하면서 그는 인간의 정신이 불심(Buddha-Mind)이며, 불타와 정신 그리고 일체의 존재들은 하나라는 사실을 깨닫는다. 개체는 전체이며, 전체는 개체 속에

---

3) Bhikshu Sangharakshita, *A Survey of Buddhism*(Bangalore, India: The Indian Institute of World Culture, 1957), pp.409 이하.

존재한다는 사실을 그는 배운다. 이 교훈을 명료하게 나타내 주기 위해서 인드라(Indra)의 그물(帝網)에 대한 유추가 자주 재미있게 사용되었다. 인드라 신은 수십만 개의 보주로 만들어진 그물을 가지고 있으며, 그 개개의 보석은 다른 모든 낱낱의 보석들을 반영한다. 이 유추는 진실하게 자신을 아는 개체는 전체를 안다고 하는 아바탐사카의 근본 철학적인 가르침을 평이하게 나타낸다. 왜냐하면, 전체——제약받지 않는 것——는 현상적인 세계 혹은 조건으로 한정된 세계를 관통하기 때문이다. 이런 까닭으로 시간과 영원, 제약과 무제약 그리고 삼사라와 니르바나는 화해하게 된다.

탄트라가 강조하고 있는 것의 특성은 방금 기술한 진리들의 현실적인 생생한 체득(realization)이다. 아마 그러한 체득은 불교의 다섯 가지 정신 능력의 하나인 정진력(精進力)과 같은 것이 될 것이다(다른 네 가지는 신력, 경력, 심력, 혜력이다). 실제로 이 정신적인 정진력 또는 경험적인 체득이야말로 불교와 여러 종교가 공허한 형식주의에 빠져 경직되는 것을 방지한다. 방금 기술했던 정진과 심오한 종교철학적인 신념들의 실제 현실적인 실현을 이처럼 강조함으로써 "탄트라를 불교의 부패한 모습으로나 타락으로서 보거나 또는 우연히 역사적인 상황 때문에 탄트라가 불교와 연관을 갖게 되었다"고 말하는 것은 빅슈 상가라크시타와 다른 저명한 학자들이 주장하는 것처럼 "우려할 만한 큰 잘못이며, 다소 잘못된 표현"이라는 것이 분명해진다.[4] 탄트라 불교는 행위인 정진력을 강조하는 점에서 다른 학파와 다르다. 탄트라의 입문도는 만물의 선험적인 통일과 접합을 직접적으로 체험하고자 한다. 접합이라고 하는 사상은 아바탐사카 수트라에서는 아주 중요한 주제로서 절대자의 정적인 요소와 동적인 요소의 접합으로서 이해된다. 우파야(Upaya)라고 하는 동적인 요소는 남성으로서 표상되며, 우파야라고 하는 말은 '방책(device)'을 의미하며 방책에 의하여 지각하는 존재들은 제도(濟度)된다는 것을 나타낸다. 이 방책이란 연민이다. 이리하여 우파야는 연민과 같은 것이 된다. 이원성(二元性) 가운데 또 하나의 정적인 요소는 지혜를 뜻하는 프라냐(prajna, 般若)로 불리운다. 프라냐는 여성으로 표현된다. 티베트의 불교 초상화법(iconography)에서 신에 대한 얍 윰(Yab-Yum)의 표상들은 뗄 수 없도록 연합하고 있으며 접합하고 있는 남성과 여성의 측면, 즉 우파

---

4) 앞의 책, p.412.

야와 프라냐를 보여 준다. 이것은 물질의 세계와 정신의 세계——시간과 영원의 세계, 삼사라와 니르바나의 세계——의 통일과 접합을 평이하게 그리고 극적으로 나타낸다.

빅슈 상가라크시타는 그가 이르는바 이러한 '이원성'에 대한 4대 성찰에 대해서 기술한다. 이들 네 가지 성찰이란 우주적인 성찰, 불교적인 성찰, 개인적인 성찰 그리고 사회적인 성찰이다.[5] 우주적인 성찰은 진언종의 근본 원리를 형성하는 아모가바이랴(Amoghavajra)의 본질적인 가르침에서 가장 뚜렷하게 표상될 수 있다. 이 가르침은 우주가 태장계(胎藏界, Taizokai, 범어로는 garbha-dhatu)라고 하는 소극적이며, 정신적인 자궁의 요소와 금강계(金剛界, Kongokai, 범어로는 Vajradhatu)라고 하는 적극적이며, 물질적인 금강석의 요소라고 하는 두 가지 근본적인 요소로 이루어졌다고 주장한다. 각각의 요소는 자신의 만다라를 가진다. 이러한 형태의 상징은 다음에서 논하게 될 보로부두르(Borobudur)의 건축에 나타난 것으로 보인다.

지혜-연민에 대한 불교학적인 성찰은 남성이나 여성과 같은 인간의 형상으로서 묘사된 지혜와 연민의 연합과 접합을 보여 주는 경전들과 초상화법에서의 표상이다. 왜냐하면, 인간의 형상은 깨달음에 대한 가장 적합한 상징이기 때문이다.

이원성에 대한 사회적인 성찰이란 인간 관계의 분야에서 한 쌍의 모습으로 묘사된 실재를 의미한다. 이것은 성적인 결합의 행위이다. 그러나 이 결합은 상징적으로 수행된 것이지 축자적(逐字的)으로 수행된 것은 아니다(어떤 '바보들'은 그것을 축자적으로 실행했을 것이지만).[6] 왜냐하면, 그러한 탄트라 요가의 기술들에서 정액을 낭비하지 않는다는 것은 필수적인 것이기 때문이다. 몹시도 강한 힘인 성적 에너지는 신성한 연합에 집중되었고 승화되었다. 이것이 빅슈 상가라크시타의 지론이며, 그의 해석은 탄트라 불교(비밀 불교)에 대해서 조심스런 연구를 해낸 에반스 벤츠와 슈넬그로브(Snellgrove)와 같은 저명한 학자들에 의해서 지지를 받는다. 티베트의 위대한 행자이자 성자인 밀라레파의 전기가 그것을 입증할 수 있는 전거가 된다.[7] 아무도

---

5) 앞의 책, pp.424~426.
6) David L. Snellgrove, *The Hevajra Tantra*, 2 vols, London Oriental Series, vol., 6, (London: Oxford University Press, 1959), vol., I, pp.42 이하.
7) W. Y. Evans-Wentz, *Tibet's Great Yogi Milarepa*(London, New York, Toronto:

밀라레파가 야비한 성행위를 했다고 의심할 수가 없을 것이다.

네번째 개인적인 성찰은 우주적인 성찰과 대응이 되는 소우주적인 것이다. 우리가 다음에서 내부의 만다라를 이야기하면서 알게 되겠지만 불교 탄트라의 요가에서 프라냐와 우파야는 두 개의 정신 신경으로서 아바두티(Avadhuti)라 부르는 중앙의 정신맥(psychic vein)에 대해서 하나는 그 좌편에 또 하나는 그 우편에 있는 것으로 개체 속에서 성찰된다. 좌맥과 우맥은 전도체이며, 중앙의 맥인 아바두티에서는 미묘한 에너지들의 결합이 세 개의 단계, 즉 정신적인 단계와 초의식적인 단계 그리고 선험적인 단계에서 일어난다.

정신적인 에너지들이 영적인 여행을 할 때 저들을 감지하고 살피며 길을 열어 주고 집중하는 데 도움이 되는 하나의 수단으로서 만다라는 매우 중요한 것이다. 외부의 만다라는 행자가 주체와 객체 사이의 질적인 차이를 느끼지 않고 궁극적인 목표, 무한한 빛, 즉 선험적인 절대자를 체험하기 위해서 반드시 겪어 나가지 않으면 안 되는 실재의 단계들에 대한 상징적이며 그림과 같은 표상이다. 궁극 목표는 순야타(공허)인 달마카야(Dharmakaya)이며, 초의식적인 세계와 정신적인 세계 그리고 물질적인 세계는 달마카야의 영상들이다. 내부의 만다라는 소우주로서 행자의 체내에 있는 우주의 표상이다. 먼저 외부의 만다라 혹은 대우주적인 형식의 만다라에 대한 실례를 기술하고 다음으로 내부의 만다라에 대한 실례를 기술하도록 하겠다.

이 만다라들에 대해서 기술하기에 앞서 티베트의 만다라와 힌두 시바교의 얀트라가 지니는 의미 사이의 중요한 차이점을 지적하지 않으면 안 되겠다. 위에 기술했던 얀트라의 실례에서, 비록 나타나 보이지는 않았지만 영원한 정적인 상태에 있는 비인격적인 절대자는 남성이라고 암시하였다. 이는 그가 더불어 결합하고 있는 단독의 중앙 삼각형(비인격적인 절대자의 샤크티)이 여성이기 때문이다. 샤크티는 남성적인(또는 남성 여성적인) 절대자의 여성적인 생식 에너지이다. 티베트 만다라의 경우에는 그와 정반대이다. 정적인 상태에 있는 영원자 혹은 절대자는 프라냐(지혜)이며, 여성이다. 반면에 동적인 요소 우파야(연민)는 힌두 얀트라의 마야 샤크티와 일치하는 남성이다. 절대자는 여성적인 프라냐와 남성적인 우파야 그 들이 연합한 것이

Oxford University Press, 제2판, 1951).

다. 남성이 여성에 병탄되고 우파야는 프라냐 혹은 지혜에 병탄되어 합치된 상태를 순야타(공허), 즉 태어나지 않은 것, 혼합되지 않은 것, 창조되지 않는 것이라고 하였다. 불교의 행자가 생각하는 정신적인 여정의 목표란 바로 이 상태를 가리키는 것이며 그것은 모두 우주인 만다라의 한가운데에 표상되었다.

그와 같은 만다라의 첫번째 실례는 가장 단순한 것이기는 하지만 그것의 구조는 다음에 보게 될 우주적인 형태의 모든 만다라의 기본적인 것이다. 이 만다라는 오중현도(五重現圖, fivefold Manifestation)라 이름하고 있다(그림 Ⅰ). 모든 만다라와 마찬가지로 그것은 상징적인 형상들을 나타내는 원이며 땅 위에 그릴 수도 있고 마음으로 생각해 낼 수도 있다. 이 만다라의 핵심부는 아디 부다(Adi-Buddha), 즉 바이랴사트바(Vajrasattva)를 나타낸다. 그는 절대자를 나타내며, 프라냐와 우파야의 결합을 상징하며, 그곳으로부터 삼사라의 세계가 유출한다. 행자의 목적은 바이랴사트바의 상태를 실현하는 것이다.

원 안의 바이랴사트바를 중심으로 동, 서, 남, 북에는 넷의 불타(타타가타들 혹은 지나들이라고 부르는) 넷이 있고 그들과 더불어 간방(間方)에서는 여성 반려자가 나타난다. 또한 중앙에는 아크소비햐(Akshobhya)라고 이름하는 지나(Jina)가 있는데 아크소비햐는 바이랴사트바를 자기의 머리에 표시하여 가지고 있으며, 그것은 그(아크소비햐), 즉 제5의 불타 자신이 바이랴사트바의 본질임을 뜻하는 것이다. 바이랴사트바는 제6의 불타 또는 아디 불타이며 그에게는 이원성이란 존재하지 않으며 다만 완전한 아드바이타(Advaita)의 통일만이 존재한다. 시공의 우주 혹은 니르마나카야(Nirmanakaya, 變化身)를 유출하는 바이랴사트바로서의 아크소비햐와 다른 네 불타들은 각기 특수한 스칸다(Skandha, 蘊 또는 積聚)와 색, 정신적인 자질과 소리(자음의) 계열 그리고 두 가지 시간의 요소를 가진다. 두 가지 시간의 요소 가운데 하나는 하루 주기의 1/4이며 다른 하나는 태양년 주기의 1/4이다. 이들 요소들은 영원히 회귀하는 하루와 역년 그리고 우주적인 순환의 시간을 상징으로 나타낸다. 스칸다는 다섯이며(五蘊), 소우주적인 규모에서는 이른바 모든 개체들에 대한 다섯의 구성 부분이다. 이 스칸다는 (1) 신체, (2) 감정, (3) 지각, (4) 충동과 정서, (5) 의식의 행위*들이다. 불교철학에서 인간이란 이런 특징들의 '더미(heap, 적취)'로서 이해될 수 있다. 인간은 영원한 자아나 개체

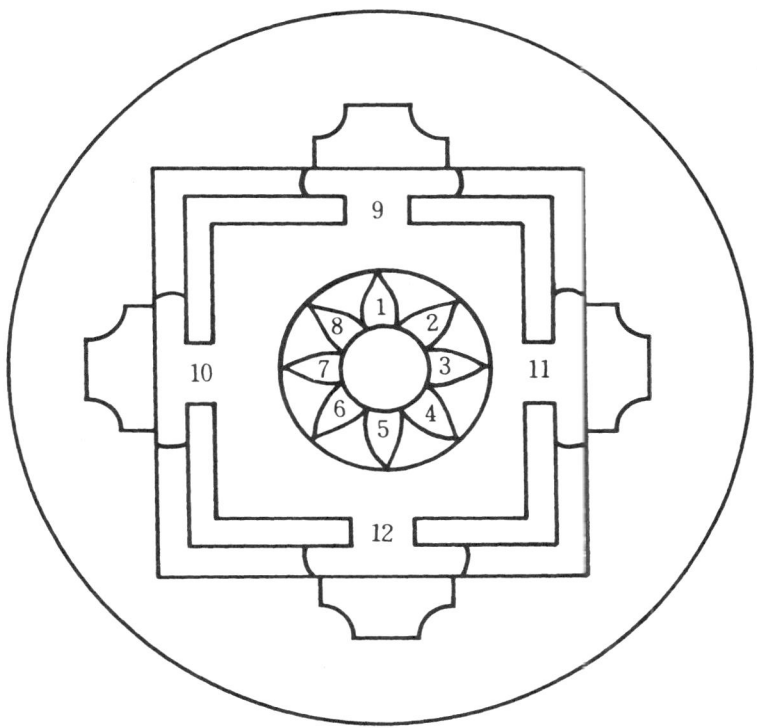

그림 1. 오중현도의 만다라(五重現圖의 曼陀羅)

1. 바 이 로 카 나 : 형상(形相), 동(東)
2. 로   카   나 : 지(地)
3. 라트나삼바바 : 감정(感情), 남(南)
4. 마   마   키 : 수(水)
5. 아 미 타 바 : 지각(知覺), 서(西)
6. 판다라바시니 : 화(火)
7. 아 모 가 시 디 : 충동(衝動), 북(北)
8. 타   리   니 : 공기(空氣)
9. 10. 11. 12 : 지(地)의 사우(四隅)
中央 : 아크소비햐(바이랴사트바), 의식(意識)

성을 가지고 있지 아니하다. 대우주적인 수준에서 같은 다섯의 '더미들' 또는 스칸다들은 구체적인 특수자들의 우주(the Universe of concrete particulars), 즉 우주의 실체(the body of the Universe)를 만들어 낸다. 그 외에 또한 다섯 가지의 정신적인 악의 자질과 각각의 불타와 관련이 된 다섯 가지 종류의 지식이 있다. 다섯 가지 사악한 정신적 자질이란 이기적인 개인주의에 대한 삼사라 세계의 근원이다. 즉 분노, 망상, 격정, 투기, 악의가 그것이다. 이들 사악한 자료와 정반대가 되는 다섯 가지의 지혜는 인간을 이기적인 개인주의로부터 해방시켜 준다. 이들 다섯 가지란 (1) 계시된 지식, (2) 거울과 같은 지식, (3) 동일함의 지식, (4) 지각적인 지식, (5) 필요한 행위에 대한 지식이다.

만다라에 나타난 삼사라 세계의 또 다른 중요한 상징은 두 부분으로 나뉘어진 남성의 자음 계열과 여성의 모음 계열의 자모(alphabet)이다. 각각의 지나(Jina)는 자신의 자음 집합을 가지며, 그의 여성 반려자는 특수한 모음 계열을 가진다. 여기서 중요한 것은 전 우주의 대상들에 대한 상징적인 포섭이다. 전 알파벳이 자모의 계열로서 만다라 안에 포섭되어 있다. 그러므로 모든 명사들이 포섭되어 있는 것이다. 왜냐하면, 모든 명사들은 반드시 이 글자들로 짜여져야 하며, 명사들은 이름이 주어진 객체를 의미할 뿐 아니라 고유하게 불러 말함으로써 그들을 생각해 낼 수 있기 때문이다. 이런 관점에서 본다면 우주의 일체 대상이 포섭된 것이다.

바이랴사트바의 속성에 대해서 계속해서 기술하면 그는 분노의 사악한 정신적 자질, 계시된 지식에 대한 지혜의 자질, 의식의 스칸다, 백색, 야(YA), 라(RA), 라(LA), 바(VA)의 자음 계열로 특정지어진다. 그에게 속한 연례적인 시간 순환의 부분은 가을이며, 하루의 주기에서는 밤의 후반부——자정에서 새벽녘까지——이다. 그를 상징하는 것들은 바이랴(Vajra, 우파야 혹은 연민의 상징)와 공(空, 프라냐)에 대한 간타(Ghanta, 鐘)의 상징이다. 그는 절대 정신이다.

이 만다라에서 동편의 불타는 바이로카나(毘盧蔗那)이다.[8] 그의 스칸다는

---

* 五蘊: 色, 受, 想, 行, 識
8) Edward Conze 외편. Buddhist Texts Through the Ages(New York: Philosophical Library, 1954), D.Snellgrove의 "만다라에 관한 주"와 "오중현도"의 원문 번역, pp. 246~252, *Advayavajrasamgraha*로부터 번역된 이 원문은 "오중현도" 만다라에 대한

'형식'이며, 그의 사악한 정신적 자질은 망상이며, 그의 지혜는 거울과 같은 시식이며, 그의 색은 백색이며, 그가 차지하는 연례적인 시간 순환의 1/4은 겨울이며, 하루의 주기에서는 '아침 당번'이며, 그의 자음 계열은 카(KA) 계열이다.

남편(南便)의 불타는 라트나삼바바이다. 그의 스칸다는 '감정'이며, 그의 정신적 자질은 악의이며, 그의 지혜는 동일함에 대한 지식이며, 그가 차지한 연례적인 순환의 1/4은 봄이며, 하루의 주기에서는 "제3의 담당자"이며, 그의 자음 계열은 타(TA) 계열이다.

아미타바는 서편의 불타이다. 그의 색은 적색이며, 그의 스칸다는 지각이다. 그의 사악한 자질은 격정이며, 그의 지혜는 지각적인 지식이다. 그의 자음 계열 역시 타(TA) 계열이며, 연례적인 순환 중 그의 담당은 여름이며, 하루의 주기에서는 저녁을 담당한다.

북편의 불타는 아모가시디이다. 그의 색은 진초록이며, 자기의 정신적인 상징으로서 횡선으로 그려진 낙뢰(vaira)를 보여 준다. 그의 스칸다는 행동이며, 그의 지혜는 필요한 행위에 대한 지식이며, 그의 자음 계열은 파(PA) 계열이다. 그가 담당하는 계절은 우계이며, 하루의 주기 가운데 밤의 전반부를 담당한다.

공간의 간방(間方)들은 로카나, 마마키, 판다라바시니, 타리니라는 네 여신들로 상징된다. 각각의 여신은 흙, 물, 불, 공기의 네 원소 중 하나를 나타낸다. 각자는 자신들의 모음 계열을 가지기 때문에 전 모음 계열이 포함된다. 각자는 삼사라 세계에 대한 자기들의 악을 가진다. 즉 망상, 분노, 격정, 시기가 그것이다. 각자는 넷의 지나들 하나하나에 대한 여성 반려자이다. 중앙의 불타 바이랴사트바는 자기의 여성 반려자로서 나이카(Nayika)를 가진다. 나이카는 본질적으로 공허(순야타)를 의인화한 것이다. 그녀는 "바이랴사트바의 진정한 본성을 소유한 것으로 묘사되며, 바이랴(Vaiira) 영역의 여왕이다. 그녀는 숙녀로서, 진여(眞如, Suchness)로서, 공허로서, 지혜의 완성(Prajnaparamita)으로서, 실재의 한계로서, 자아의 부재로서 알려져 있다."[9]

이런 성질의 우주 도해는 평범한 일상적인 인간의 체험에서 감지되는

위의 기술의 전거이다.
9) 앞의 책, p.252.

것보다 실재에 대한 더 진실한 그림이라고 생각된다.[10] 이는 그 도해가 정신적인 세계와 물질적인 세계의 진실한 본성을 보여 주기 때문이다. 그러한 만다라에 정신적으로 집중하는 데서 행자는 실재를 하나의 전체로서, 절대자인 달마다투(Dharmadhatu)의 유출(流出)과 복귀의 순환으로서 볼 수 있게 된다. 행자의 목표는 유출하는 마야 세계에 존재하는 일체의 절대적인 근원——이 태어나지 아니한, 파생되지 아니한 존재의 근원——으로 복귀하는 것이다. 행자의 귀의는 아디부다, 즉 바이랴사트바와의 융화(identification)를 통해서 달성된다. 그가 이 현실적인 동일성의 체험에 이를 때 그것은 순야타, 즉 공허의 체험인 것이다. 이것을 체험하고 나면 다원적인 세계는 절대자의 무차별한 단일성의 반영으로서 혹은 유출로서 새로운 빛 속에서 경험하게 된다. 개아 의식(個我意識)은 사라진다. 자신과 타자 사이의 구별은 환상인 것으로 보여진다. 실재에 대한 우주와 행자의 재수렴이 달성된다.

　보다 세밀하게 대우주적인 상징을 나타내는 또 다른 만다라의 실례는 뎀코크 탄트라(Demchog tantra)의 뎀코크 만다라이다. 이 만다라는 밀라레파와 그가 속한 카르규트파 라마교(Kargyutpa Lamaist)라 하는 종파에서 사용되었기 때문에 특별히 흥미있고 중요한 것이다.

　만다라를 상상하거나 그것을 땅 위에 그리기에 앞서서 행자는 뎀코크(아크소비햐의 노기 어린 모습)에게 기원을 드림으로써 명상을 시작한다. 뎀코크라는 이름은 '최상의 축복'을 의미하고 상징하며 합일적인 상태의 축복에 대해서 언급하는 것이다. 뎀코크에 기원을 드린 후에 행자는 비애집(非愛執, non-attachment)과 해방을 위해 투쟁하는 일체의 지각 있는 존재들의 도움에 자기의 선한 원망(願望)과 공덕을 바친다. 그런 후에 그는 계속 감각 기관들과 그 기능은 물론 우주의 모든 물질적인 요소들을 모두 신들인 양 상상함으로써 정화하고 본질을 변화시킨다. 이들 현상을 유출하여 내보내는 근본적인 신들은 다섯의 지나들이며, 저들의 본성과 기능에 대해서는 이미 오중현도의 만다라에서 기술한 바 있다. 행자는 지금 뎀코크 만다라를 가시화하고 명상에 잠길 채비를 한다.

　뎀코크 만다라는 실재 우주의 상징적인 모사(replica)가 되는 만다라 양식

---

10) Snellgrove, 앞에서 인용한 책, *The Hevajra Tantra*, vol., I. 서론, p.33. n.3.

의 전형이다. 하나의 모사(模寫)로서 그것은 전통적으로 우주의 중심이 된다
고 생각한 메루 산을 자기의 중심에 가진다. 메루 산 정상에는 네 개의 출구
를 가진 네 면으로 된 비하라(Vihara)[11]가 표상되어 있다. 비하라는 근저에
네 개의 계단식의 단을 가지고 있고 하나의 돔으로 높여진 4중의 중앙 바퀴
가 있다. 비하라의 외부에는 사자(死者)의 대 화장(大火葬)터가 여덟 개 있
다. 이 뎀코크 만다라의 핵심부의 설계도는 만다라의 본질적인 사상과 일치
한다. 슈넬그로브 교수가 말하듯이 "만다라의 본질적인 특징은 백방으로
향하는 규칙성이다. 우선 만다라는 제일 먼저 중심으로부터 공간으로의 유출
(流出)을 표현해야 한다."[12] 만다라 자체가 우주의 중심을 나타낸다. 그러므
로 전통적으로 우주의 중심이라고 생각된 메루 산은 만다라의 중심으로서
적합한 것이다. 비하라의 스투파(stupa, 塔波) 상징도 역시 매우 중요한 것이
며, 보로부두르(Borobudur)와 같은 위대한 건축 작품을 이해하는 데 중요한
열쇠가 된다. 비하라로 들어가는 네 개의 입구는 중심(메루 산)으로부터 유출
하는 공간의 주요 시방(十方)을 상징한다. 방금 기술하였건 상징과 그것의
스투파 상징과의 관계에 대한 슈넬그로브(Snellgrove) 교수의 견해는 그가
번역한 「헤바이랴 탄트라(Hevajra tantra)」에 붙인 서문에서 발췌한 다음의
구절에 명시되어 있다.

　　유출과 복귀(삼사라와 니르바나)의 진리를 표현하는 것을 으뜸 가는 기능으
로 삼는 만다라는 우주의 중심이다. 이런 까닭에 바로 이 사상과 관련을 가진
이전의 모든 전통을 포함한다. 그 핵심은 메루 산이다. 그것은 우주 제왕의
궁전이며, 그 산은 황실의 스투파이다. 그것은 심지어 자신을 희생 제물로
바치던 불의 제단이기도 한 것이다. 이 마지막 것에 대한 사상은 시살 의식
(弑殺儀式, Marana)에서 베풀어진 비유적인 해석에서 그 표현을 찾을 수 있다.
아마도 이들 모든 생각들은 불교의 스투파 자체에 포함되어 있는 것 같다.……
만다라는 제일 먼저 스투파로서 고찰되는 것이다.[13]

11) 불교와 힌두교 신화에 의하면 메루 산은 윗 부분에 낮은 하늘들과 그 꼭대기에
　　높은 하늘들과 함께 우주의 중심 혹은 척주(脊柱)이다.
12) 앞에서 인용한 책, p. 31
13) 앞의 책, p.32. n. 4. 건축상의 만다라로서 Borobudur는 아래에 논의되었다. Snell-
　　grove의 인용 가운데 생략된 부분은 이 해석을 옹호하는 Paul Mus의 Borobudur의
　　연구와 관계가 있다.

스투파의 상징적인 표현과 함께 비하라 내부와 만다라의 중앙 원에는 신 뎀코크가 있다.[14] 행자들은 자신을 이 신으로 생각하며 자기로부터 여덟 개의 연화가 솟아난다고 생각하면서 명상을 시작한다. 뎀코크로서의 행자는 자신을 네 가지 정화된 요소(흙, 불, 공기, 물)로서, 네 가지 가없는 원망(顧望 ─연민, 애정, 사랑, 공평무사) 그리고 네 가지 행동(평화스런 행동, 大確證의 행동, 유혹과 생산의 행동, 격렬하고 준엄한 파괴의 행동)과 같은 것을 상징하는 네 개의 얼굴을 가진 것으로 생각한다. 행자의 뎀코크 몸체(Demchog-body) 는 청색으로서 자기 지식의 불변 조건을 나타낸다. 네 개의 얼굴은 각기 과거, 현재, 미래의 세 가지 시간을 상징하는 세 개의 눈을 가지고 있다. 이것 은 모든 시간의 순환과 전지(全知)를 뜻한다. 전지한 자로서 그는 자기의 시하(視下)에 일체의 세 가지 세계들(lokas)을 가지고 있다. 즉 여섯의 카말로 카들(Kamalokas) 또는 감각에 작용하는 세계들, 열일곱의 브라마로카들 (Bramalokas) 혹은 감각적 갈망이 없는 형식의 세계들 그리고 넷의 아루파로카 들(Arupalokas) 혹은 무형의 정신적인 세계들이 그것이다. 그는 열둘의 손을 가지고 있으며, 그것은 종속적인 인과율의 과정, 즉 열두 니다나들(Nidanas) 의 퇴화와 진화의 과정 혹은 칼마 인과율(Karma-Causation)의 열두 겹의 사슬 (十二緣起)에 관한 지식을 뜻한다.[15] 그는 연민의 상징으로서 바이랴(도리 예, Dorje)를, 공허(순야타)의 상징으로서 간타(鍾)를 쥐고 있다. 연합하고 있는 연민과 지혜에 대한 최상의 경지를 보여 주려는 듯 그의 맨 위에 붙은 두 손은 자기의 여성 반려자를 포옹한다. 삼사라 세계의 교만과 모든 죄가 차단되었음을 나타내고, 무지가 극복되고 최상의 지식에 도달하였음을 나타 내는 다른 여러 상징들이 또한 다른 손들에 쥐어져 있다.

원래 연민으로서의 뎀코크와 그의 여성 반려자, 즉 지혜로서의 바이랴 요기니(vajra-yogini)가 더불어 연합하여 상징하는 무상(無上)의 지식에 대하 여 박식한 학자 라마 카지 다와 삼두프(Lama Kazi Dawa-Samdup)는 자기의 저서 뎀코크 탄트라(Demchog Tantra)의 서론에서 다음과 같이 기술한다.

---

14) Arthur Avalon(Sir John Woodroffe), *Tantric Texts*, Vol. VII, *Shrichakrasambhara Tantra*, a Buddhist Tantra(the Buddhist Demchog Tantra), Kazi Dawa-Samdup 편 (London: Luzac & Co., Calcutta; Thacker, Spink & Co., 1919), Demchog 만다라에 대한 기술은 이 작품으로부터 취한 것이다.

15) 이 12사슬(12緣起)은 다음과 같다. 無明, 積 또는 個性, 識, 名色(五蘊), 六人(六 根) 燭, 受, 愛, 取, 有, 生, 老, 病, 死.

순야타는 가상(假像)의 세계로부터 차용한 개념으로서는 결코 기술할 수 없는 외견상 흐르는 것의 끊임없는 흐름 가운데 또는 그 너머에 있는 필설로 다할 수 없는 신비이다. 왜냐하면, 이(가상의) 개념들은 모드 상대적인 의미만을 가지기 때문이다. 예를 들어 '하나'란 수의 세계에 속하는 관념이며, 자유와 영원은 의존과 변화의 현상에 관한 것으로 이해될 따름이다. 이렇게 아드바이타(非二元) 불교 종파의 탄트라는 순야타에 대한 교리다. 이것은 어느 개체에 있어서 정신과 육체가 하나로 통일되어 있는 것의 여러 측면인 것과 마찬가지로 우주와 열반이 둘이 아니라 하나이며 순야타(空)라는 것을 의미한다.[16)]

최상의 지식의 본성에 관한 이러한 진술은 근본적으로 마디야마카 학파의 교리다. 만다라의 중앙원은 이 지식(순야타)의 획득을 그 주제로서 가지고 있다. 이 원 속에서 뎀코크는 프라냐(바이랴 요기니)와 영속적으로 연합하고 있으며, 이것이 바로 순야타의 실현인 것이다.

만다라의 중심으로부터 두번째의 원은 대정복(大淨福, Mahasukka), 즉 기쁨의 합일적인 상태의 원이며, 그것은 절대적인 아드바이타(非二元)에 완전히 도달하지 못한, 즉 비의식적인 순야타의 경지인 것이다.

중심으로부터 세번째의 원은 정신의 영역이다. 정신의 원은 여덟 개의 연꽃잎을 가지고 있으며 연꽃잎 속에는 여성 신이 하나씩 들어 있다. 그것은 청색이며 창공에 있다. 그 신들은 지표 위의 공간들을 정화한다. 그것의 만다라 원은 바이랴들의 울타리와 바이랴들의 천장에 의하여 보호를 받게 된다. 이 바이랴 만다라는 정신의 창조적인 힘으로서 "정신의 한없는 비밀 바로 그 자체를 구성한다."[17)]

중심으로부터 네번째의 동심원은 언사(言辭, Speech)의 만다라이다. 이것은 적색으로서 여덟의 연꽃잎과 그 안에 각기 신을 하나씩 가진다. 언사의 만다라로로부터 다음 다섯번째의 원인 육체의 만다라는 물질화된다. 이것 역시 여덟 개의 꽃잎을 가진 연꽃과 연꽃 속에는 각기 신들이 하나씩 들어 있는 것으로 표상된다. 이 원을 넘어서 '수문장들'이라고 하는 열 명의 여성 신들이 있다. 여덟은 나침반의 방위 하나하나를 가리키며 다른 둘은 천정점과 천저점을 차지한다. 그 밖에도 행자는 무수한 다른 정령(精靈)들을 부르며,

---

16) Arthur Avalon, Tantric Texts, Vol., VII, 앞에서 인용한 책, p.xxxiii.
17) 앞의 책, p.31.

특히 세계 질서의 수호왕들인 기본 시방(十方)의 막강한 자들을 부른다. 외부에는 전면에 걸쳐 만다라를 둘러싼 '신성한 불꽃'이란 울타리가 있다.

전 우주의 실재는 행자의 명상을 돕기 위해서 이같이 도해로 그려졌다. 뎀코크 탄트라의 만다라 상징은 불타의 삼신(三身, three-bodies)에 대한 하나의 표상으로서 형이상학적인 수준에서 해석된다. 이것은 체득의 절대적인 경지와 더불어 행자의 재수렴에 더욱 보탬이 된다. 니르마나카야(Nirmana-kaya, 變化身, 應身)는 육체의 외부 만다라와 믿음의 수호신들(의인화된 행자의 믿음)로 상징된다. 대상들에 대한 전체 세계의 명백한 진리의 측면이 니르마나카야 속에 내포되었다. 언사(言辭)와 정신의 만다라들과 마하수카(Maha-sukha, 大淨福) 만다라(포용한 지혜와 연민의 연합된 측면)는 삼보가카야(Sam-bhogakaya, 收用身, 報身)를 구성한다. 최종적인 완성의 단계와 삼사라와 니르바나의 본성에 대한 참 진리와 그리고 그 둘의 연합(순야타)을 표상하는 만다라의 핵심원은 달마카야(Dharmakaya, 自性身, 法身)이다.

행자가 취해야 하는 그 다음 단계는 소우주로서의 자신을 만다라에 표상된 대우주와 융화(identification)하는 것이며, 그리함으로써 그는 순야타를 실현하는 최종 목표에 도달할 수 있다. 그것은 내적인 총화에 이르는 방법들 가운데 하나이다. 그것은 대우주적인 실재의 소우주적인 상징으로서의 내적인 만다라[18]가 행자의 육체에서 지각되는 한 과정이다. 실재의 대우주적인 만다라의 도해와 소우주 혹은 내적인 만다라와의 융화 근거는 삼불신론(The Theory of the Three Bodies of Buddha, 니르마나카야, 삼보가카야, 달마카야)에 있으며, 여기에 자존신(自存身, Self-existent Body) 혹은 대정복신(大淨福身, Body of Great Bliss)이라고 하는 제4의 신(身)이 부가된다. 각 신은 체내의 어떤 일정한 수의 연꽃잎의 카크라(Cakra, 방사원)와 동일시된다. 머릿속에 있는 카크라는 자존신(自存身)과, 목구멍 속의 카크라는 수용신(受用身)과, 가슴 속의 카크라는 자성신(自性身)과 그리고 배꼽 속의 카크라는 변화신(變化身)과 동일시된다. 이같은 방식으로 전체 대우주적 우주는 행자의 체내에 있는 소우주인 것이다.

위에 기술한 바 현상적인 세계를 유출하는 오중현도 만다라의 다섯 불타

---

18) 내부 만다라에 대한 이러한 설명과 철학적 심리학적인 의의는 Hevajra Tantra의 Vol., I에서 Snellgrove 교수의 기술과 해석에 입각하고 있다. pp.35~39.

들은 오중현도 만다라에서처럼 중심에 있는 아크소비햐와 함께 가슴의 카크
라에 존재한다. 카크라들과의 관계에서 발생하는 과정——그리고 이것은
순야타의 체득 과정이다——은 랄라나(Lalana), 라사나(Rasana), 그리고 아바
두티(Avadhuti)라고 하는 세 개의 주요 맥락을 통하여 진행된 정신적인 순환
과정이다. 랄라나는 아바두티라고 하는 중앙의 신경맥(nerve channel)의 좌편
에, 라사나는 우편에 있다. 랄라나와 라사나는 분리된 상태에서는 지혜와
수단들과 일치한다. 이것은 삼사라의 세계를 상징한다. 아바두티는 지혜와
수단들의 결합이다. 호흡을 조절함으로써 행자는 아바두티에서 지혜와 수단
의 통일을 이룰 수 있다. 그는 다음과 같은 방식으로 이것을 성취한다. 보디
시타(bodhicitta, '지혜의 생각'이며 생리학적으로는 정액이다)는 모든 세 개의
정신 맥락이 모이는 생식기의 근저에 주재한다. 여기서 보디시타는 상대적인
상태에 있다. 그러나 머리 꼭대기(머리의 카크라)에서 그것은 절대적인 상태
에 있다. 엄격한 호흡의 조절을 통하여 행자는 두 개의 정신적인 맥락을
중경맥(中經脈) 아바두티 속에 강제로 몰입시킨다. 여기서 보디시타는 랄라
나(지혜)와 라사나(수단)의 몰입으로 각성하게 된다. 그 둘의 접촉은 여신
칸달리(Candali)로서 의인화된 불이다. 칸달리는 불타오른다. 그녀의 범음절
(梵音節, Seed-Syllable, 種子)은 아(A) 음절이다. 그녀는 또한 우주적인 만다라
의 중앙 신의 여성 반려자와 동일시되었으며, 혹은 아바두티라고도 불리거나
지혜와 수단들의 연합에 대한 축복을 나타내는 어떤 명칭으로도 불릴 수
있을 것이다. 그때에 그녀는 그녀가 배꼽으로부터 가슴과 목구멍에 이르기까
지 카크라들을 통과할 때에 일체를 사르는 그녀의 불꽃이 위쪽으로 향하여
움직이는 것을 체험하게 된다. 최종적으로 그녀는 머리의 카크라에 들어간
다. 머릿속의 보디시타는 만트라(Mantra, 眞言) 혹은 함(Ham) 음절을 받는
다. 함(또는 문이라고도 한다)은 아바두티(혹은 칸달리)가 들어갈 때에 녹는
다. 그것이 녹을 때는 각개의 카크라에 들어갈 때처럼 아래로 흘러 전신에
스며 퍼진다. 끝으로 그것은 범음절(梵音節) '아'(여성 반려자 칸달리 혹은 지
혜)의 가장 낮은 카크라에 도달하며, '아'와 '함'은 '아함(AHAM)'이 된다.
아함은 '나(我)'와 같으며 재수렴된 자아[19] 즉 달마다투 혹은 절대의 경지를
나타낸다. 헤바이라 탄트라에 기술된 것처럼 재수렴 과정의 설명은 이것에서

---

19) 앞의 책. p.37.

끝난다. 유사한 재수렴의 과정을 가진 뎀코크 탄트라는 한 단계 더 나아가 음절의 이름을 용해하여 절대적인 존재를 나타내는 만다라의 중심점(형이상학적인 점), 즉 빈두(Bindu)에 들어간다. "그런 다음에 최종적으로 빈두 자체도 점점 희미해져서 드디어 그것은 완전히 사라져 없어지게 된다. 그 과정은 마치 소금이 물 속에서 용해되는 것과 같다.[20] 절대적으로 비이원적인 경지 ──태어나지 않은 자, 파생되지 않은 자, 혼합되지 않은 자, 순야타── 가 체험되지만 상대적인 현상 세계의 주관, 객관의 범주를 초월하기 때문에 필설로는 다 표현할 수가 없다. 철학적인 목표가 직접적인 체험으로 도달되었다. 행자는 이제 "나는 귀로 당신의 소리를 듣기만 하였사오나 이제 나의 눈은 당신을 보고 있나이다"[21]라고 말할 수 있다. 그는 이제까지 이론적인 형이상학에 지나지 않던 철학을 체험하게 된다. 그는 자신의 정신으로 우주의 유출과 재병탄의 언제나 회귀적인 순환의 본질을 스스로 체험한다. 이러한 과정과 더불은 현실적인 융화에서 그는 스스로가 중앙의 절대적인 불타로서 명상을 통한 환상 중에 특수한 지혜와 특수한 악덕을 의인화하는 다섯의 타타가타(Tathagatas, 혹은 지나들)들을 자신으로부터 유출하였다. 그리고 다섯의 지나들로부터 현상의 세계가 나온다. 뎀코크 만다라는 중앙의 절대적인 달마카야(法身)로부터 삼보가카야(報身)──미묘한 신(身)들의 세계──를 통하여 니르마나카야(應身)의 세계에 이르기까지의 유출의 단계들을 나타낸다.[22] 다섯 지나들과 함께 발단되는 신(神)들은 행자의 정신적인 환상 ──피조물(Vision-Creation)로 지각되지만 그럼에도 불구하고 저들의 몽상 세계의 사정 때문에 현실적인 것이다. 형이상학에서 요가카라(Yogacara) 체계의 기본 요소는 서양 개념론의 체계와 마찬가지로 정신은 궁극적으로 현실적이라는 것을 긍정한다. 제신(諸身)과 공간 및 시간의 현상적인 세계는 절대 정신의 유출에 의한 사고의 피조물이라는 것이다. 마디야미카(Madh-yamika)의 형이상학적인 요소는 절대자의 본성이 비이원적(아드바이타)이며, 삼사라와 니르바나의 범주를 초월할 뿐 아니라 그 둘은 각기 타자에 관해서만 의미를 갖는다고 행자들에게 말한다. 그러므로 사고의 산물인 행자의 세계는 행자가 현상적인 실재에 대한 만다라의 원들을 자신에게 재병탄

---

20) Arthur Avalon, Tantric Texts, Vol., VII, 앞에서 인용한 책, p.55.
21) 「욥기」 42:5.
22) 미묘한 신체는 다음 장에서 정의된다. 조야한 신체는 육신이다.

시키고 비이원성으로 특징지어진 중심, 즉 절대자에게로 귀의할 때에 체험된 진리, 오직 상대적인 실재를 가질 뿐이다.

만다라의 이념은 인간의 인격을 재수렴하는 데에서나, 시간과 영원의 관계에 대한 철학적인 개념을 밝혀주는 데에서 위대한 기능적인 가치를 가지고 있을 뿐만이 아니라 예술에 대해서도 역시 풍성한 감화를 미쳤다. 티베트의 만다라는 천이나 비단으로 만든 기치(旗幟) 위에 아름다운 도안으로 색칠되었으나 더 한층 인상적인 것은 건축에 구현된 만다라의 이념이다. 무엇보다도 먼저 우리는 베다의 불 제단(火壇)에 대한 상징과 만다라 상징 사이의 유사성을 지적하고, 불 제단과 건축의 만다라로서의 불교의 스투파(塔婆) 사이의 관계에 대한 문제로 주의를 돌리려고 한다.

건축에서 만다라 이념의 역사적 배경

위의 제3장에서 본 것과 마찬가지로 베다의 불 제단은 구도자를 유한 시간적(有限-時間的, mortal-temporal)인 단계로부터 불멸 영원한(immortal-eternal) 존재의 단계로 변형시키는 기능을 한다. 불 제단을 축조하는 주목적은 제물인 축조자와 아그니 프라쟈파티인 황금의 푸루사를 융화하는 것인데 불 제단을 축조함으로써 죽음은 극복된다. 이러한 융화 혹은 자기 변형을 통해서 희생자는 우주의 세 구역을 지나 영원한 불가시(不可視)의 세계, 즉 태양년 또는 우주적인 시간 과정을 초월한 세계로 상징적인 상승을 한다. 이 상징적인 표현은 만다라의 상징과 서로 비슷하며 만다라도 그것의 주요 세 구역(니르마나카야, 삼보가카야, 달마카야)을 통해서 나아갈 때 영원의 중심에서 시공의 우주를 초월한 이루 말할 수 없는 경지를 체험하게 된다. 크람리쉬(Kramrish) 박사는 불 제단의 의미에 대한 우리의 설명에다가 그것들의 구조와 불교 및 힌두교의 사원 사이에 어떤 관련이 있음을 이해하는 데 아주 중요한 사상을 첨가하여 말해 준다. 이것은 불 제단에서 통풍구(shaft)의 의미와 기능이다. 크람리쉬 박사는 다음과 같이 설명한다.

통풍구는 시간을 초월하여 금인형(金人形)의 '호흡'을 져나른다. 제단의 최상층부 위에 가장 높은 환석(環石)이 배치되었다. 통풍구는 현실적이라기보다는 오히려 상상적인 것으로 구멍난 돌들이 번갈아 가며 쌓여 나간 벽돌 층 사이에 놓이게 된다. 이와 비슷하게 후대에는 현실적이기보다는 더욱 상상적인 내부의 통풍구가 사원의 벽과 높이 솟은 상부 구조를 받치는 기둥에 둘러싸이게 되었다. 그것의 덮개 위에는 석주(石柱)의 최상부가 솟아 있으며, ……'무오 (無汚)'라고 부르는 환석으로 여미어졌다. 아말라카(Amalaka), 즉 '무오'는 태양의 문을 표상하며, 통풍구에 의하여 뚫려 있다.……남부 인도 사원의 통풍구는 돔을 이루는 곳을 지나며 돔의 반구형의 천장은 하늘을 상징한다.……아말라카 혹은 돔을 넘어서서 태산 같은 덩치의 사원 높다란 대 위에는 첨탑의 장식이 빛난다. 그 최첨단은 사원 본전(本殿) 소실 중앙의 터전에 뿌리 박혔을 것이라고 생각된 상상적인 내부의 석주와 동축(同軸)을 이룬다.[23]

이 석주가 건축물의 중심 테마가 된다고 크람리쉬 박사는 말한다. 왜냐하면, 그것이 몇 겹의 우주 단계를 지나 영원한 절대의 단계로 변형된 자아를 이끌어 나르기 때문이다. 이러한 상징은 힌두의 사원에서는 물론 불교의 스투파에서도 굳게 지켜진다.

불교의 신성한 영조물인 스투파는 아쇼카(Asoka) 대제가 불타의 유품을 보관하기 위한 기념탑을 축조하는 관습을 시작한 때부터 비롯하였다. 이 스투파는 황실의 묘와 꼭 같은 양식으로 지어졌으며, 불타가 세계의 지배자 (Cakravartin)였음을 상징했다. 만다라와 마찬가지로 스투파도 우주의 도해이다. 위에서 언급했던 오랜 옛날 불 제단이 황금의 푸루사(프라쟈파티)에 의해서 활기를 얻게 되었던 것과 마찬가지로 스투파는 불타의 유품에 의해서 활기를 얻는다. 첫째 스투파의 건축 방위(方位)는 정성을 다해 토점(土占)을 치는 의식을 통해 결정되었으며 따라서 싼치(Sanchi)의 대 스투파와 같이 동서남북에 정방형의 방위지(方位肢)가 건축물의 지면으로부터 돌출하곤 하였다. 이 정방형의 방위지는 대부분의 만다라에서 현저하게 눈에 띈다 (본 장의 5중현도를 보라). 만다라의 도해와 대 스투파의 시방에 방위지를 가진 정방형은 卍자의 형식이며 하늘을 지르는 태양의 진로를 상징한다.[24] 스투파로 순행하는 것은 제의적인 관습이며 하늘을 질러가는 태양 진로의 방향인 시계가 도는 우선(右旋) 방향으로 언제나 행하여진다는 사실에서 태양의 상징이라는 것이 더 한층 분명해진다.[25] 순례 행진의 기능적인 가치

23) Stella Kramrish, 「인도의 예술(*The Art of India*)」 (London: The Phaidon Press, 1954), p.19.
24) Rowland, 「인도의 예술과 건축」, 앞에서 인용한 책, p.52.
25) 앞의 책.

는 원 안의 전체적인 내용, 즉 도해 형식 속의 우주와 자신을 동일시하는
것이다.

　로올란트(Rowland) 교수는 싼치의 스투파에 대해 기술하면서 그 영조물
자체는 세계의 산인 메루 산을 둘러싸는 하늘의 반구형을 흉내내는 반구형
의 건축물이라는 것을 일러 준다. 뎀코크 만다라에서도 역시 메루 산은 우주
의 핵심인 세계의 산이다. 싼치 스투파의 정상에는 전통적으로 메루 산(히말
라야의 최고봉) 상봉에 자리잡은 서른세 신의 하늘을 상징하는 노대(露臺)
와 같은 부분이 있다. 중심으로부터 위로 뻗어 나가는 것은 아래 우주적인
바다(infra-cosmic Waters) 속에 그 근원을 가지고 있으면서 메루 산을 통하여
모든 천상의 하늘까지 도달하는 세계축의 상징인 높은 기둥(Mast) 혹은 야스
티(Yasti)이다. 서른세 신의 하늘 너머에 세 개의 우산꼴으 천개(天蓋, 傘蓋)
가 마스트 위에 있어 서른세 신의 하늘을 초월한 하늘들을 상징한다. 이들
하늘은 브라마의 하늘(梵天)에서 절정에 이른다.[26] 크람리쉬 박사는 마스트
의 의미에 대해서 좀더 많이 설명한다. 형식의 세계들과 무형의 세계들을
지나 모든 세계들을 초월한 초월의 영역——절대의 단계——으로 높이
솟아오르는 것은 통풍구(shaft)이다. 만다라 상징은 여기서 다시 분명해진
다. 즉 통풍구는 빈두(Bindu) 혹은 달마다투(Dharmadhatu)에까지 이른다.

　우리는 전장(제3장)에서 스투파의 구조에는 흙, 공기, 불, 물, 에테르 요소
의 상징 일체가 표상되었다고 기술하였다. 약술하면, 스투파의 상징은 만다
라[27]에서와 마찬가지로 지상적이거나 천상적이거나 모든 공간과 시간을 내포
하며, 일체를 초월하는 무시 무공(無時無空)의 영원한 절대를 암시하며 우러
러 가르킨다. 모든 공간은 땅의 시방과 하늘의 돔과 저편 너머의 하늘들과
시공간을 지나 그리고 시공간으로부터 영원으로 구도자를 이끌어 가는 운반
구인 축 혹은 통풍구로서 상징된다. 모든 시간은 卍자의 상징에 포함된다.
이것은 현재와 과거 그리고 미래를 모두 보고 있는 태양의 영원한 진로에
의해 소우주적인 규모로 표현된 순환적인 시간이다. 순환적인 시간 역시
땅으로부터 온 하늘에 걸친 삼사라의 모든 영역을 상징하는 구즈의 건축물

---

26) 앞의 책.
27) 만다라 자체는 스투파(stupa)로부터 연원되었다. 왜냐하면, 하나의 스투파로서 만다
　　라가 원래 고찰되었기 때문이라고 주장하는 본장 앞에서의 Snellgrove의 Hevajra
　　Tantra로부터의 인용한 것을 보라.

상징의 공간적 계층의 수준들(spatial hierachical levels)에 의해서도 나타난다. 전체 우주는 여기서 매우 간결한 상징적인 형식으로 말쑥하게 짜여져 있기 때문에 인간으로 하여금 전 우주와 재수렴된 기분을 느끼게 해 주며 따라서 전 우주의 힘을 의식하게 하고 자유 의식과 그 속에서 편안하다는 기분을 느끼게 해준다.

최근의 상징적인 형식으로 축도(縮圖)된 유사한 우주 구성법의 실례가 19세기에서조차 태국의 왕 슐라롱코른(Chulalonkorn)의 서임식에서 표상되었다.[28] 히말라야 산맥 가운데 우주의 축인 메루 산을 흉내내기 위하여 인공적인 산이 축조되었다. 이 산의 각기 4면 위에는 네 마리의 동물, 즉 사자, 코끼리, 황소, 말이 있었다.[29] 이 동물들은 세계의 사우(四隅)를 상징하며 서임식이 진행되는 동안 황태자는 각각으로부터 세례를 받았다. 각기 동물로부터 뿜어져 나오는 물은 세계의 네 강줄기를 나타냈다. 황태자는 소우주 속에서 우주와 자신을 수렴시키기 위하여 우주의 모사인 건축물의 둘레를 순행함으로써 대우주 속에서 우주에 대하여 힘을 갖는다. 로올란트 교수는 이것을 프라티빔바의 원리(the principle of pratibimba)의 한 실례라고 말하고 다음과 같이 정의한다. "초자연적인 사물과 지역에 대해 상징했던 구조를 사람들이 근사한 상징(imminent symbol)을 통해서 저들에 가까이 접근하고 힘을 얻기 위해 건축이나 조각에서 재구성하는 것이다."[30] 그러나 이미 우리가 불교의 사상가들에 대해서 말했던 것과 같이 상징적인 세계 구조는 상상된 것도 초자연적인 것도 아니다. 그것은 감각의 인상이 줄 수 있는 것보다 더 진실하고 '현실적인' 우주의 모사이다. 그러나 그 구조와 신들로부터 유출되는 모사는 또한 비현실적인 것이며 정신이 꾸며낸 것이다.[31]

---

28) Rowland, 같은 책, pp.44 이하.
29) 4동물의 상징은 적어도 아쇼카 시대의 Sarnath 지주만큼이나 오랜 것이다.
30) 앞의 책, p.45.
31) Bardo Thodol을 보라. 사후 상태에 관한 본 작품의 번역에 붙인 서문에서 Lama Anagarika Govinda는 다음과 같이 말한다. Bardo Thodol 원문이 거듭된 주장으로 매우 분명하게 해주는 것처럼, 일체의 이들 신성이나 영적인 존재 가운데 아무도 인간 존재 이상으로 어떤 실재적인 개체적 존재를 가지고 있지 않다……저들은 단지 업보적 작용에 의한 중간 상태—경박한 어떤 것들도 꿈 속에 엮어 들지 못한다—에서의 허깨비 같은 가상들로서 가시화된 의식 내용에 지나지 않는다.
　　고인에 의한 이러한 심리의 완전한 인정은 그를 해방시켜 실재에 들어가게 한다. 그러므로 Bardo Thodol은 그 이름이 내포하는 바와 같이 들음과 봄에 의한 대 해방

모든 불교의 건축물들 가운데서 가장 유명한 것 중에 하나인 쟈바의 보로 부두르(Borobudur)에서 프라티빔바의 원리란 말을 우리가 빌려 쓰고자 할 때, 프라티빔바의 원리는 광범위한 규모에서 설명이 되고 가장 높은 철학적 인 수준에까지 오르게 된다. 보로부두르는 전 아시아에서 가장 위대한 종교 적인 예술 작품 가운데 하나인 것이다.

보로부두르──석조 우주 만다라

보로부두르는 사원 영조물이며, 완전한 세계와 그 세계의 질서, 즉 태양이 회전하는 가운데 참예(參詣)한 지점들의 계열(succession), 그 영역의 지리 적, 정치적 그리고 정신적인 중심에 가시적으로 묘사된 불타의 법을 구성하 는 공간 속에서 물질화된 시간의 순환을 연결하고 있는 완전한 석조 만다라 이다.[32] 그림 II 와 III 은 각기 석조 대우주 만다라의 의미를 이해하는 데 도움 이 되는 수직 단면도와 평면도의 간단한 도해이다.

기념비의 기저에서 시작하여 (1) 지하부가 있으며, 지금은 덮어서 보호해 두었지만 지하부의 양각(陽刻)들은 지옥과 인간의 세계로부터 따온 장면과 여러 하늘이 나타내는 것으로부터 따온 장면들을 표상하고 있다. 전체의 주제는 업보(karma)의 세계, 즉 칼마의 법칙에 따라서 지옥과 지상에서 혹은 천상의 낙원에서 재생과 사망의 끝없는 회전으로 끝나는 욕망의 멍에를 짊어진 세계이다. (2) 제1회랑의 주제는 욕망의 멍에로부터, 따라서 칼마 로부터 인간을 해방한 불타의 이야기이다. (3) 제2회랑은 인간을 제도하는 자기의 과업을 위해서 스스로 마련한 투시타(Tusita) 하늘에 머물고 있는 보디사트바(菩薩)로서의 불타를 묘사한다. (4) 제2회랑(과 제2회랑의 일부 분)은 수다나(Sudhana)의 깨달음에의 추구를 묘사한 양각들이 나타나고 있 다. 그는 자기를 사만타바드라(Samantabhadra)로 향하게 하는 미래의 불타 마이트레야(Maitreya, 미륵)와 이야기를 나눈다. 사만타바드라는 그를 일시적 인 물질의 세계로부터 이끌어 지나들과 보살들의 무시(無時)의 영원한 영역

이다.
W.Y. Evans-Wentz 편, Lama Kazi Dawa-Samdup 역, *The Tibetan Book of the Dead* 를 보라. (London: Oxford University Press, 1957)
32) 로올란트, 앞에서 인용한 책, pp.266 이하.

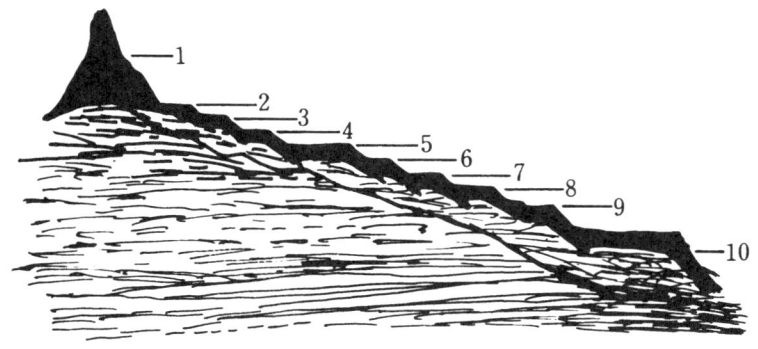

그림 2. 보로부두르(수직단면도)

1 : 중앙탑파(中央塔婆)

2, 3, 4 : 삼륜단(三輪壇), 정신적인 세계의
　　　　　 만다라(曼陀羅)　72 디야니불(佛)

5, 6, 7, 8, 9 : 정방형(혹은 피라밋형)의 오단(五壇)들

5 : 과도기적인 단(壇)

10 : 기저부

으로 향하게 한다. 이 주제는 (5) 제4회랑에서도 계속된다. (6) 제5회랑은 세 개의 솟아오르는 동심원 속에 도안되고 72 불타들을 모두 포함하는 이들 상부 에테르의 영역에 대해선 과도적인 것이다.[33]

　　지하부와 제1회랑의 양각들은 의미심장하게 현실주의적인 양식으로 되어 있으나 제4의 층면에 이르기까지 현실주의는 감소되고 양식은 형식적이 되며, 제5의 층면에서 그 양식은 더 한층 추상적이며, 정적이다. 이는 제5의

---

33) 앞에서 인용한 책 또는 하인리히 짐머의 *The Art of Indian Asia*, 2 vols를 보라. (New York : Pantheon Books Published for Bollingen Foundation, 1955), Vol., I, pp. 298~ 312.

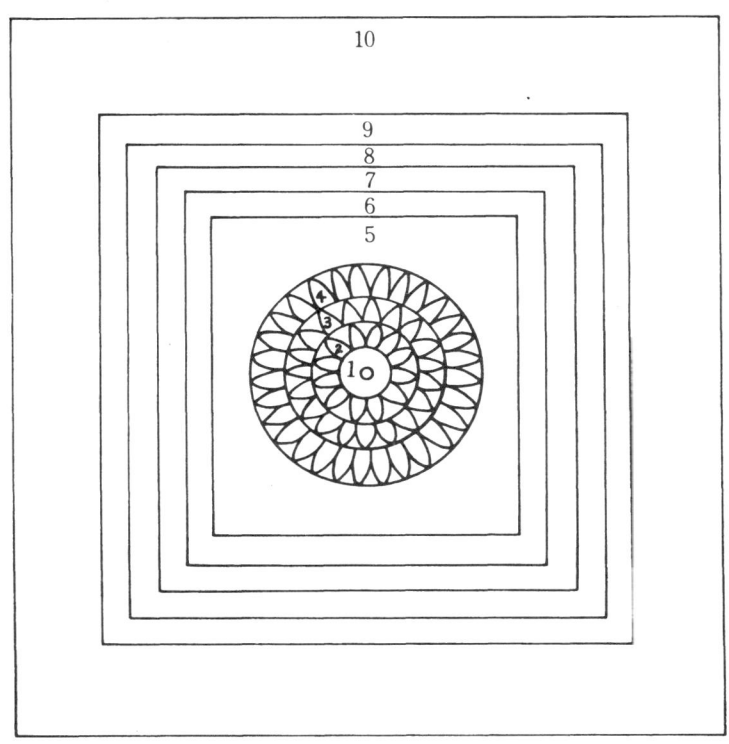

그림 3. 보로부두르(평면도)

1 : 점이 있는 중앙의 소원(小圓) : 중앙 탑파(塔婆) 아크소비햐(바이라사트바)
2, 3, 4 : 삼원단(三圓壇), 정신적인 세계의 만다라(曼陀羅), 꽃잎 하나 하나는
　　　　격자세공(格子細工)된 탑파 속에 둘러 있는 디야니불을 표상한다.
　　　　72불이 놓여 있다.
5, 6, 7, 8, 9 : 오 정방형의 단. 물질 세계의 만다라(曼陀羅).
　　　　　　다섯 번째의 단은 정신적인 세계에 대하여 과도적이다.
10 : 기저부와 봉단(封壇)

층면이 만다라 도해의 원형 구역, 즉 불타의 삼보가카야(報身)와 달마카야 (法身)의 제신(諸身)으로서 꼭 같은 상징적인 의미를 갖는 윤단(輪壇, circular terraces)들에 대해서 과도적인 것이기 때문이다. 또 도해와 보로부두르의 정방형의 구역은 땅의 구역 혹은 칼마와 욕망의 멍에가 지배하는 구역이기 때문이다. 윤단은 셋이 있다. 이들 세 윤단은 그들 위에 높이 솟아 공허를 향해서 위를 가리키는 중앙의 핵을 둘러싼다(그림 Ⅱ를 보라). 형식에서 그것은 영조물 안에 있는 스투파처럼 보인다. 그것은 의심할 여지도 없이 대승 불교의 인생 목표를 상징하는 것이다. 즉 주관과 객관, 삼사라와 니르바 나가 일반인 절대 정신의 합일적인 공(Shunyata)의 상태인 것이다. 그것은 본 장의 앞에서 설명한 힌두 건축의 기둥 혹은 통풍구에 가까운 의미이다.

전체 구조에 대해서 더 나아가 해석하게 되면 지하부와 정방형의 단들은 불교의 사상에서 "존재의 세 단계 가운데 두 개의 단계를 상징할 것이라 는 사실이 분명하게 된다." 즉 (1) 카마로카(Kamaloka) 혹은 오관(五官)의 향락에 대한 단계인 감각적인 체험의 세계, 지옥과 인간의 세계, 주린 망령의 영역, 동물의 영역 그리고 저급한 신들의 하늘은 바로 이 단계에 자리잡고 있다. (2) 루파로카(Rupaloka) 혹은 촉각과 후각과 미각이 결여된 형식의 영역인 존재의 제2의 단계. 이것은 명상의 영역이며 보다 높은 신들의 4 처소 로 나누어진다. 이 영역은 아마도 제5의 단계으로 암시될 수도 있을 것이 다. 그것은 정신의 감각만이 존재하는 아루파로카(Arupaloka)라 하는 무형의 세계, 즉 존재의 제3 단계에 대해서 과도적인 것이다. 거기에는 4가지 지력이 존재하는 4 처소가 있다. (a) '공간은 무한하다'는 지각, (b) '의식은 무한 하다'는 지각, (c) '아무것도 존재하지 않는다'는 지각, (d) '의식도 비의식도 아닌 깨달음의 상태'[34]가 그것이다. 여기서 인간은 대공허(大空虛) 즉 상대적 인 세계를 초월한 순수 합일의 상태인 절대 정신에 들게 된다.

어디에서나 사원을 뒤덮고 있는 불타의 조상(彫像)은 그것의 형이상학적 인 의미와 우주적인 의미를 가장 분명하게 잘 나타내고 있다. 그들은 오중현 도(五重現圖) 만다라의 다섯 불타로서, 아크소비햐(Akshobhya), 라트나삼바바 (Ratnasambhava), 아미타바(Amitabha), 아모가시디(Amoghasiddhi) 그리고 바이

---

34) Edward J. Thomas, 「불교 사상의 역사 (*The History of Buddhist Thought*)」 2판 (London: Routledge & Kegan Paul, Ltd., 1953), pp.111~112.

로카나(Vairocana)를 나타낸다. 이들 불타의 의미는 오중현도 만다라를 연구하면서 이미 분명해졌다. 이들 불타는 자신들 속에서 시공의 우주를 감지한다.

보로부두르의 만다라 형식은 오중현도의 도해보다 더욱 복잡하다. 왜냐하면, 로올란트 교수가 지적한 바와 마찬가지로 보로부두르어는 두 개의 만다라가 표상되었으며, 그 중 하나가 다른 것에 들어 있다는 사실이 드러났기 때문이다. 로올란트 교수는 두 개의 만다라를 해석하는 열쇠가 된다고 할 수 있을 것이 진언종(眞言宗)의 상징에서 발견된다고 생각한다. 여기의 이 불교 종파에서 궁극적인 실재는 대비로차나(大毘盧遮那)이다. 그는 대우주적(大宇宙的)인 실재이며, 그의 본성은 두 개의 만다라인 금강계(金剛界)와 태장계(胎藏界)라는 상대적으로 표상된 두 개의 상대적인 성분들 속에 상징되었다. 금강계(범어의 Vajradhatu)는 불교 탄트라 철학의 우파야 혹은 연민과 동일한 능동적이며 물질적인 금강석(金剛石)의 요소이다. 태장계(범어의 garbhadhatu)는 불교 탄트라 철학의 프라냐 혹은 지혜와 동일한 수동적이며 정신적인 '자궁의 요소'이다. 이 두 만다라는 다른 네 지나와 조야한 다른 신들에 의해 둘러싸인 중앙의 신으로서 바이로카나를 모신다. 일체의 대상과 일체의 사건 그리고 일체의 정신적인 실재는 선험적인 우주의 태양불(太陽佛)인 대비로차나불의 두 가지 기본 요소의 어느 일면이거나 양면이기 때문에 이 두 만다라는 전체 우주를 표상하는 것이다. 삼사라와 니르바나의 세계, 우파야(연민)와 프라냐(지혜)의 접합(interpenetration)과 그들의 선험적 통일(transcendental Unity, 바이로카나는 각각의 핵심적인 실재기다)이 생생하게 표상되었다.

티베트의 헤바이랴 탄트라는 그 상징적인 표상에 있어서 유사하다. 남성신 헤바이랴(Hevajra)는 신들(14 神)에 대한 일정한 만다라를 가지며 그의 여성 반려자 나이라트미야(Nairatmya)는 신들에 대한 그녀 자신의 만다라를 가진다. 그 둘은 진언종 만다라의 삼사라와 니르바나(열반)가 도해에서 절대적으로 결합하는 것과 마찬가지로 서로 연합하고 중첩되어 있다.

만약 보로부두르가 유사한 상징을 현현하고 있다면 먼저의 다섯 회랑(回廊)은 바이로카나보다는 아크소비햐를 중앙의 신, 즉 근권 실재로 모시는 물질 세계의 만다라를 보여 준다. 다섯의 상부 단들은 또한 아크소비햐에 지배되는 정신적인 세계를 나타낸다. 다섯의 회랑은 두 만다라 사이의 과도적인 것이며, 로올란트 교수가 생각하듯이 비로차나의 삼보가카야(報身)를 상징으로 나타내는 반면에 저편의 윤단(輪壇)들은 달마카야(法身)를 나타낸다. 어쨌든 만다라 형식의 전형적인 실례로서 오중현도(五重現圖), 즉 뎀코크 만다라와 헤바이랴 탄트라의 여러 만다라를 연구한 결과 삼불신으로 상징된 세 개의 세계들이 보로부두르의 상징 속에 설계되어 있다는 사실이 드러나곤 하였다. 정방형의 단들은 분명히 물질 세계(Kamaloka)이며, 물질 세계에 대해서 니르마나카야(應身)는 적합한 불신(佛身)이 될 것이다. 윤단들은 정점의 핵심 수트파 즉 달마카야(法身)에 대한 표상과 더불어 삼보가카야(報身)를 상징한다. 과도적인 단이 홀로 삼보가카야를 나타내고 있는지 어떤지는 몰라도 만다라 형식에 대한 의미는 꼭 같다. 즉 그것은 축소된 하나의 우주인 것이다.

　기념비적인 석조 만다라인 보로부두르의 기능 역시 구도자의 재수렴이라고 하는 모든 만다라가 지닌 바로 그 기능이다. 재수렴이란 물질 세계의 여러 단계(정방형의 단들과 지하부)를 지나 동그란 정신적인 구역의 과도적인 단계, 즉 제5층과 끝으로 천태만상의 전체 삼사라의 세계가 발원하는 핵심의 실재, 즉 달마다투에 대한 정신적인 구역의 윤단을 통과하는 수다나의 투지로 이 단에서 저 단으로 이행해 나가는 구도자에 의해 이루어진다.

　본서의 주제와 관련해서 보로부두르의 시간 상징을 따로 논의할 필요가 있다. 우리는 이미 기념비에 나타난 불타들의 명단은 오중현도의 그것이라고 언급하였다. 처음 네 개의 회랑에서 시방의 불타들, 즉 아크소비햐, 라트나삼바바, 아미타바, 아모가시디는 오중현도의 만다라에서처럼 동서남북에 각각 알맞게 자리잡고 있으며, 그 만다라에서처럼 불타들은 또한 시간의 순환을 상징한다. 비물질적인 상부 구역들로의 추이(推移), 즉 제5층의 전 사면(四面) 위에는 홀로 설법인(說法印, teaching Mudra)을 하고 있는 바이로카나의 조상(彫像)들만이 있다. 정신적인 구역의 윤단들은 격자세공된 돔 속에 모두 숨겨 있는 불타들에 둘러싸인 아크소비햐를 중심으로 모시고 있다. 아크소비햐가 이 중앙의 위치를 차지하게 된 이유는 오중현도의 만다라가 바로 꼭 같은 지점에 아크소비햐를 모시고 있기 때문에 다시 그것에 대한 우리의 연구 결과를 비추어 보면 분명하게 된다. 아크소비햐 "자신은 바이랴사트바(Vajrasattva)의 본질이며, 거기에는 공허와 연민 사이의 어떠한 차이도 존재하지 않는다"는 것을 오중현도의 만다라는 설명한다.[35] 그러므로 아크소비햐의 외형은 궁극의 상태, 즉 비이원적인 존재를 나타내는 최고의 불타 아디부다 바이랴사트바[36]에게 드려진다. 이 존재는 일체의 이원성들, 심지어는 공허와 연민의 이원성까지도 초월한다. 왜냐하면, 그는 자신 속에서 양자를 결합하고 양자를 초월하기 때문이다. 그는 공허와 연민, 삼사라와 니르바나 그리고 실체의 정신 세계와 행위 및 물질적인 사물들의 현상 세계에 대한 선험적인 원천이다. 모든 것은 궁극적인 불타의 존재, 즉 달마카야(법신) 안에서 하나인 것이다.

아크소비햐(바이랴사트바)를 둘러싼 72 불타들은 기왕의 오중현도 만다라의 의미에서가 아니라, 다른 의미에서 본다고 할 때에 회귀적인 시간의 순환을 상징한다. 만약 로올란트 교수의 해석이 옳다고 한다면, 72 불타는 세차(歲差, the procession of the equinoxes)에 대한 지식과 연결된 순환과 관련된다. 매 72년은 세차에서 일도(一度)의 변화를 표시하며 "따라서 72 불타의 존재는——그 숫자는 모든 대주기들을 셈하는 데 나타난다——시간에 대한 과거와 미래의 칼파(kalpa, 劫)들을 통하여 불타의 법이 존재한다는 것에 대한 조형 건축의 표상이 될 것이다."[37] 만약 이 해석이 그릇되었다 하더라도——그러나 그렇게 생각할 만한 충분한 이유가 있다——우리는 적어도 이 세상에서와 다른 모든 가능한 세계에서 태양의 순환을, 따라서 모든 시간을 상징하는 시방과 중심의 불타들의 시간 상징에 대해서만은 확신을 가질 수가 있다. 왜냐하면, 일체가 하나같이 꼭 같은 유형을 따르기 때문이다.

물질 세계로부터 정신 세계를 통하여 우주적인 석조 만다라로 명상하며, 이행해 가는 불도(佛徒)들의 순례는 시공의 우주와 그 원천의 진정한 수렴점(收斂點)에 이른다. 그는 일체의 공간과 일체의 시간 그리고 일체의 다양한 사물과 살아 있는 형상들을 단 하나의 우주적인 실재의 불가결한 부분들로 지각한다. 자신을 모든 존재의 유일하고, 영원히 초월적인 원천과 재수렴시키는 데서 그는 영원을 체험하는 것이다. 그러나 동시에 현재의 세계는 새로운 가치를 지니고 새로운 빛을 얻게 된다. 왜냐하면, 그것 역시 일자(一者)의 시간적이며 유한한 현현(顯現)인 까닭이다. 모든 사람과 일체의 자연은

35) Bhikshu Sangharakshita, 앞에서 인용한 책, p.425.
36) David Snellgrove, "오중현도", Buddhist Texts Throught the Ages, 앞에서 인용한 책, p.250.
37) 로올란트, 앞에서 인용한 책, p.251.

자신의 부분들이다. 시간과 영원의 세계, 삶과 죽음의 세계, 그리고 삼사라와 니르바나의 세계는 이제 유기적으로 결합한다. 영원의 단계로서 달마카야 (法身)에 다시 몰입한 구도자 자신은 영원한 유출과 복귀의 순환 속에 존재하는 실재인 것이다. 항상 회귀하는 그리고 언제나 꼭 같은 시간의 순환은 새로운 빛에 비추어 볼 때 가상적(可想的, noumenal)인 동일성과 영원에 대한 현상적(phenomenal)인 현현으로 간주된다. 이 모든 것이 요가의 재수렴 과정이다. 자기 존재의 근원으로의 이 숭고한 재수렴이——소외된 현상적인 자아(참으로 자아가 아닌)의 복귀——모든 만다라가 지니는 기능이다. 보로부두르의 제단(諸壇)에 오르는 철학적인 불도의 순례는 이 영원의 경지인 재수렴을 성취한다. 그에게 이것은 개인적이며 집단적인 인간 역사의 목적과 목표인 것이다.

대승 불교에선 자신만을 위한 구원이라고 할 그러한 재수렴을 성취한다는 것이 만족스러운 것이 못 된다. 정신적인 목표에 달한 성자는 영원의 상태에 들어가서는 안 되며 보살(Bodhisattva)이 되어야 한다. 천상의 영광을 지닌 보디사트바의 몸(the Sambogakaya)으로 그 성자는 삼사라의 세계에서 고통당하는 다른 피조물을 제도하는 데 강력한 이타적인 사랑의 진동하는 빛을 발산한다. 중생들이 삼사라로부터 제도된 다음에야 비로소 보디사트바 자신은 영원한 통일인 절대자의 영원에 들어갈 것이다. 일체가 구원을 얻게 되면, 일체가 일자인 초월적인 영원과 재수렴하게 될 것이다. 그러나 이것은 영원한 정적 상태를 의미하지는 않을 것이다. 영원한 일자는 무한이기 때문에 보편적인 구원이 달성되면 기상천외의 고도한 진화 목표가 있게 되는 것이라고 에반스 벤츠(Evans-Wentz)는 일러준다. "고도한 진화의 길"은 "유한한 정신의 개념을 완전히 초월한 목표에 이끌어"[38] 갈 것이다.

회귀적인 시간 과정에서 의미의 실현을 통하여 소외의 생각과 감정을 극복하는 만다라의 상징적인 표현에 대한 심리학적인 가치

현상적인 측면과 가상적(可想的)인 측면 모두에 있어서의 전체적인 실재의 상징으로서 만다라의 형식은 구도자가 재수렴을 성취하는 데 유력한 정신적

38) Evans-Wentz 편저, *Tibetan Yoga and Secret Doctrines*, Lama Kazi Dawa-Samdup 역 (London, New York, Toronto: Oxford University Press, 1958), p.149, n.1.

인 도움이 된다. 이같은 풍부한 상징적인 형식에 대해서 깊이 명상하는 구도자는 우주의 통일과 진실 및 실재에 대한 그 계통적인 충견들을 포착한다. 내부의 만다라에서 그는 자신을 외부의 대우주적인 만다라와 동일한 것으로 지각한다. 우주들의 창조와 파괴의 끝없는 반복은 분명히 업보의 과정들이 지니는 이 순환적인 세계의 멍에에 눌려 계몽되지 아니한 현상적인 개아에게는 무의미한 것이다. 왜냐하면, 업보의 과정들이 지니는 순환적인 세계 속에서 그는 오로지 불행과 고통과 소외만을 발견하게 될 것이지만 재수럼을 성취한 행자에게 그것은 전혀 새로운 빛을 안겨다 주기 때문이다. 깨달음을 체험하기 이전의 시간의 계기와 공간의 위치에서 다소 분리된 실체들로 지각되었던 만물이 이제는 한 전체의 유기적인 부분들로, 하나의 자아로서 지각되며 그와 더불어 행자는 동일하게 되었다. 악과 덕의 일체의 단계들에 속하는 일체의 사람들과 일체의 동물들과 심지어 바위와 돌들까지도 행자 자신인 것이다. 왜냐하면, 일체는 제한받지 않는 자, 즉 절대자 안에 그들의 실재를 가지고 있기 때문이다. 행자는 전혀 새로운 자유를 느끼게 된다. 왜냐하면, 그는 이제 더 이상 사사로이 윤회하는 개아의 운 또는 불운이라고 하는 것 따위에 매이지 않으며, 그의 깨달음의 체험을 통하여 자기의 개아라는 것이 완전히 분열된 망상이며, 그러한 망상은 인간의 악과 소외감의 근원이라는 것을 분명히 알게 되었기 때문이다. 현실은 삼사라와 니르바나의 자체이며 전혀 구별이 없는 순수한 통일이다.[39] 이제 개아 망상(個我妄想, ego-illusion)을 제거한 행자는 끝없는 고통과 끝없는 재생(再生)을 고통 속으로 몰아넣는 끝없는 욕망으로부터 자유롭게 되었다. 절대자로서 그는 망상적인 개아의 이기적인 노예가 되는 대신에 자기 운명의 정복자가 되었다. 윤리적으로 그는 가장 자유롭게(성 바울의 「기독교인의 자유」를 참조할 것) 처신할 수 있으며, 모든 그의 행동은 이타적으로 될 것이다. 이제 그의 목표는 다른 모든 존재들을 저들의 개아 망상(마야)으로부터 제도하는 일을 돕고, 또한

---

39) 비밀 불교(Tantric Buddhism)가 그 명칭을 얻은 탄트라(Tantra)라는 말은 '엮음'이나 '베틀, 거미줄, 직물'을 의미한다. 그 철학적인 뜻은 "내부나 외부의 세계들이 일체의 힘들과 사건들과 일체 형식들의 의식 및 일체의 대상들의 실들이 하나로 짜여져 들어가게 되는 동일한 직물의 두 면들일 뿐이라는 것이다." Anagarika Govinda, "비밀 불교의 제원리", 2500 *years of Buddhism*, P. √. Bapat 편(Delhi: Publications Division, Government of India, 1959), pp.373 이하.

불타(깨달은 자)의 경지에 이르도록 도움을 주는 것이다.

　다음 장에선 대 힌두철학과 도교 형식의 중국 요가에 묘사된 만다라 형상의 주제를 계속 다룬다. 끝에 가서 심리학적 및 철학적인 관점에서 만다라의 사상에 대하여 융(C.G. Jung)이 내린 가치 평가가 제시될 것이며, 마지막으로 시간적인 세계(마야)와 요가 그리고 순환적인 시간 사이의 관계에 대해 총괄적으로 약술하겠다.

제7장
힌두교, 불교, 후대 도교 사상의
마야와 요가 그리고 순환적인 시간

　우주적이며 동시에 생물 심리학적인 불교의 순환관을 잠시 살펴본 후 다시 힌두교로 돌아가서 시간과 시간의 현상에 대한 양자의 접근 방법 사이의 유사한 점을 지적해 보기로 하자. 이들 두 사상의 유파에 있어서 우주적인 시간은 순환적이며 영원토록 꼭 같은 유형을 따른다. 인도의 아드바이타 베단타(Advaita Vedanta) 학파의 대학자 샨카라(Shankara)는 이러한 전형적인 사상을 다음과 같이 약술한다.

　　계절을 알리는 여러 가지 전조들이 그들의 때를 따라 계속해서 되돌아오는 것과 마찬가지로 똑같은 존재들이 다른 유가(Yuga)들에 다시 나타난다. 지나간 시대의 신들이 소유했던 개체적 특성이 무엇이었든지간에 저들과 같은 것이 현재의 신들의 이름과 형상 속에 존재한다.[1]

　샨카라의 사상에서 브라만(영원히 동일한 자)은 자신으로부터 마야(망상)의 거미줄을 자아낸다. 즉 그는 매 세계 순환에서 꼭 같은 이름과 형상들 (사상의 유형들)을 '몰아 내쉰다.' 그러므로 현상들은 매 세계 순환에서 동일하다. 인도의 신화는 이러한 사상으로 가득 차 있다고 하인리히 짐머(Hein-

---

1) *The Vedanta-sutras with Commentary by Shankaracharya*, George Thibaut 역, SBE. Vol., XXXIV(Oxford : Clarendon Press, 1890), p.215.

rich Zimmer)는 말한다.[2] 하나의 실례로서 그는, 비쉬누가 멧돼지로 모습을 나타내고 있을 동안 그의 생활 가운데 있었던 한 사건에 대한 고대 전승 (Purana)의 이야기를 예로 들어 말한다. 멧돼지로서의 비쉬누는 깊은 바다로 부터 여신 대지를 구조하고 나서 "매번 내가 이와 같이 너를 도와주리라……"[3]고 말한다. 그 사건의 반복적인 성격이 여실하다. 역사의 원형적인 대사 건들은 순환적으로 반복된다.

개개 우주의 매 순환에서 진화 유형 역시 예상할 수 있을 정도로 반복된 다. 이러한 진화의 유형에 관한 가장 오랜 철학적인 서술은 아마도 타이티리 야 우파니샤드(Taittiriya Upanishad)에서 찾아볼 수 있을 것이다. 라다크리쉬난 (Radhakrishnan)은 이 우파니샤드가 기원전 8세기에 기록되었다고 생각한다. 진화 과정은 브라만이 물질적인 요소들(에테르, 공기, 물, 불, 흙)을 창조할 때 시작한다. 신체들은 존재의 이러한 물질적인 층면으로 구성되기 때문에 그것을 자아의 물리적인 껍질이라고 한다. 대우주적인 수준에서 물질적인 우주는 우주적인 자아의 물리적인 껍질이며, 소우주적인 수준에서 신체는 개체적인 인간의 물리적인 껍질이다. 그 다음 브라만은 존재의 활력 혹은 생명의 수준을 창조해 낸다. 이것이 우주적인 자아와 개체적인 인간 영혼의 생명의 껍질이다. 이 다음으로 정신과 지성의 수준이 존재하게 된다. 이와 같이 다양한 세계가 전개된다. 비록 브라만은 이 세계와 동등한 것은 아니라 고 할지라도 이 세계는 브라만이라고 우파니샤드는 표명한다.

창조 이전에 브라만은 현현되지 아니한 자로 존재하였다. 현현되지 아니한 자로부터 그는 현현된 자를 창조하였다. 자신으로부터 그는 자신을 끌어냈다.[4]

그러나 전개된 세계는 유사한 유형을 가진 끝없는 순환들 속에서 소멸되

2) 하인리히 짐머, 「인도 예술과 문명에 있어서 신화와 상징」, 앞에서 인용한 책, p. 18.
3) 앞의 책.
4) "Thaittiriya Upanishad," Swami Prabbavananda와 Frederick Manchester 역, *The Upanishads*, Mentor 편(New York: New American Library, 1957). 아래 제2부 7장에 서 살핀 것처럼 Radhakrishnan 교수는 이 Upanishad에서 내다본 우주의 진화 발전에 대한 현대적인 생각을 지적한다.

고 다시 나타날 것이다. 그러므로 세계는 영원한 실재인 본질적인 실체의 브라만이 아니다. 요가의 명상을 통하여 개체적인 인간의 영혼은 일체의 순환으로부터 브라만에게로 복귀한다. 우파니샤드는 물리적인 껍질(물질), 활력의 껍질(생명), 정신적인 껍질, 지성의 껍질 그리고 최종적으로 브라만, 즉 자아로 복귀하는 것에 대한 명상을 기술했다. 아트만(我)은 브라만(梵)이 된다. 명상하는 행자는 브라만에 복귀하는 순환을 끝마친다. 심리적이며 형이상학적인 관점에서 볼 때 우주는 행자의 체험 속에서 이미 브라만과 재병탄되었다.

우주가 전개되어 나가는 데 있어서 정확한 진화의 단계를 가정하는 최초의 체계적인 철학은 산캬(Sankhya)일 것이다.

1. 산캬 요가(Sankhya Yoga)

이쉬바라크리쉬나(Ishvarakrishna)의 삼캬 카리카(Samkhya-Karika)는 현존하는 가장 오랜 논문으로 기원후 3세기경에 쓰여진 것이기는 하지만 산캬 철학의 기원은 불교 이전이 분명하다고 라다크리쉬난은 생각한다. 이 권위 있고 체계적인 논문에서는 두 가지 궁극적인 성질의 실재가 전제된다. 즉 푸루사(Purusa)와 프라크르티(Prakrti)가 그것이다. 푸루사는 정신이며 무한한 수의 정신들이 존재한다. 프라크르티는 물질이다. 물질(프라크르티)은 복합체이며 사트바(Sattva)들과 라쟈(raja)들 그리고 타마(Tama)들이라고 하는 세 종류의 구나(Guna)로 이루어졌다. 사트바들의 구나는 물질의 요소 중 가장 가볍고 에테르에 가장 가깝다. 라쟈들의 구나는 능동적인 요소, 즉 역동적이거나 에너지의 성분이며, 타마들의 구나는 사물에 질량을 주는 무거운 불활성의 요소이다. 푸루사는 단순한 실체(substance)이다. 그것은 영원히 자증하는 자아(the witness self, 自證我)――순수한 존재, 의식, 정복(Sat, Chit, Ananda)――이다. 그것은 자체가 유일한 단일의 자질이며 그 본질은 영원한 순수 사유의 정신이기 때문에 직관적인 자성에 의한 지식을 가진다. 그러한 정신들의 수는 무한하지만 그러나 각자의 질은 같다.

우주의 진화 과정은 잔잔한 퇴화의 기간에 완전한 평형을 유지하는 프라크르티의 구나들이 마침내 분할해 나갈 즈음부터 시작한다. 그리고 같지 않은 비율로 구나들을 혼합하여 결합이 시작되면서 자연의 특수한 사물들이 모습을 나타낸다. 최초의 진화체(evolute)는 마하트(Mahat, 위대한 자)이며, 그의 별칭은 지성(Buddhi, 覺)이다. 이것은 크기나 시간적 혹은 공간적으로도 모든 진화체들 가운데서 가장 큰 것이다.[5] 그러나 이것도 역시 물질(프라크르티)이다. 사트바[6]들은 그것의 제1속성이 순수한 지성이기 때문에 각(Buddhi)에 있어서 우수한 구나다. 그리고 사트바들의 우주적인 특성에서 각은 일체의 제한된 지력들을 포함하는데 이것에는 다음과 같은 차이가 있다. 즉 후자는 대상들에 대해서 느낌을 갖는데 반하여 전자는 아무것에 대해서도 느낌을 갖지 않는다. 이는 전자에 대해서는 포착할 만한 대상이 존재하지 않기 때문이다(구체적인 대상들은 아직 전개되지 않았다).

그 다음의 진화체는 아함카라(Ahamkara, 我慢, egoity, 개아성) 혹은 자의식이다. 이것에서 내적이며 외적인 진화체의 계열이 전개된다. 내적인 계열은 열하나의 기관으로 되어 있다. 다섯의 인식 기관과 다섯의 행동 기관 그리고 정신(manas)[7]의 기관이 그것이다. 다섯의 인식 기관은 귀, 피부, 눈, 혀, 코이다. 다섯의 행동 기관은 음성, 손, 발, 배설 기관, 생식 기관이다. 아함카라(개아성)로부터 전개되는 외적인 계열은 다섯의 승화된 요소(tanmatras)와 다섯의 조야한 요소들로 되어 있다. 다섯의 조야한 요소들이란 흙, 공기,

---

5) Satkari Mookerjee, "The Samkhya-Yoga," *History of Philosophy Eastern and Western*, 2 vols. S. Radhakrishnan 외 편(London: George Allen & Unwin, Ltd., 1952), vol. I, chap. Ⅺ. p.250.

6) 소우주의 인간에서 Satvas guna는 지혜인이나 선인에게서 지배적이다. 그런 사람은 힘을 가지며 집착하지 않음을 보여 준다. 한편 tamas guna가 한 사람의 지성(Buddhi) 가운데서 지배적인 경우 그는 정반대의 악덕, 무지, 격정, 유약함 같은 정반대의 자질들을 나타낸다. Sarvepalli Radhakrishnan과 Charles A. Moore의 Source Book in Indian Philosophy(Princeton: Princeton University Press, 1957), 제12장 "Samkhya"를 보라. 그 장의 이 부분에서의 발췌문들은 이 Source Book에 주어진 것으로서 Ishvarakrishna의 *The Samkhya-Karika*로부터 인용된다. 이 각주의 자료에 대한 언급은 ⅩⅩⅢ절에 있다.

7) 정신(manas)은 감각과 운동 기능 모두에 관여한다. 그것은 "활동의 기관은 물론 감각의 기관이기도 하다. 왜냐하면 언어와 다른 운동 기관과 마찬가지로 눈과 다른 감각 기관들은 정신에 의하여 영향을 받을 때에만 각기 자기들의 대상들에 관하여 작용할 수 있기 때문이다.……그것이 관찰하는 원리이다.……이 관찰하는 것, 즉 감지된 사물에 속하는 것으로서 분명한 속성들에 대한 지각—그것은 정신을 통해서 수행된다."(앞의 책, Paragraph ⅩⅩⅦ).

불, 물, 에테르이다. 승화된 요소들은 혼합되지 않은 비특성적인 것이므로 일반 사람들이 느낄 수 있는 "고요함과 소란함" 그리고 망상의 자질들을 가지지 않는다.[8] 저명한 아드바이타 베단타(Advaita Vedanta)의 한 학자는 다음과 같이 설명한다.

  최초로 전개된 기초적인 요소들은 서로 혼합되지 않았다. 조야한 에테르는 원래의 승화된 에테르와 다른 네 가지의 승화된 요소들이 고정된 비율로 결합된 것이다.[9]

승화된 요소들과 여러 가지 비율로 혼합된 모든 조야한 요소들은 일상적으로 지각할 수 있는 현상의 세계를 구성한다.

개체 즉 소우주는 대우주로서의 프라크르티와 꼭 같은 진화처로 구성된다. 진화 과정의 목적은 그 과정으로부터 각각의 푸루샤를 해방하는 것이다.[10] 해방이 될 때까지 각각의 푸루샤는 천국과 같은 실재의 충면이나 지상의 어떤 생활 형식 혹은 지하의 충면에 다시 태어난다. 해방을 얻기까지 매 순환마다 윤회는 반복된다. 왜냐하면 산캬의 사상가들은 일정한 기간이 지나면 우주는 용해되고 구나들은 다시 평형을 유지하게 되며 그 과정은 끝없이 반복된다고 믿기 때문이다. 출생에서 출생으로 옮아 가는 개체의 신체를 '미묘한 신체(subtle body)'라고 한다. 이 미묘한 신체는 각(覺)으로부터 아래로 내려가면서 미묘한 요소들에 이르기까지 일체의 진화체들로 짜여져 있다. 그것은 최초에 형성되며, 그것은 바로 그 시각에 프라크르티로부터의 유출이 진화의 순환을 시작한다는 것을 의미한다. 그리고 이때에 각각의 푸루샤를 위한 미묘한 신체가 형성된다. 이 미묘한 신체는 출생할 때 조야한 몸체를 획득한다. 업보(karma)의 작용으로 세상에서 행한 덕행은 미묘한 신체로 하여금 더욱 높은 충면으로 오르게 할 수 있는 반면에 악덕은 저급한 데로 떨어지게 한다. 프라크르티와 그 순환으로부터 해방을 얻기까지 윤회는 계속된다.

---

8) 앞의 책, Paragraph XXXVIII.
9) Sadananda Yogindra, *Vedantasara* 또는 *The Essence of Vedanta*. Swami Nikhilananda 역(Almora, Himalayas: Advaita Ashrama, Mayavati, Swami Yogeshwarananda, 1949), pp.46이하. Vedanta는 이 꼭같은 진화 과정을 사용한다. 아래를 보라.
10) Ishvara Krishna, *Samkhya-Karika*, 앞에서 인용한 책, LVI, LVII, LVIII

프라크르티로부터 푸루사의 해방은 궁극적으로 직관적인 성질의 지식을 통하여 얻을 수도 있을 것이다. 이쉬바라 크리쉬나(Ishvara Krishna)는 다음과 같이 말한다. "체험과 최종적인 해방의 형태로 정신을 이롭게 하기 위하여 그녀(프라크르티 혹은 자연)는 지혜, 즉 분별력이라는 한 가지 형식으로 자기 자신을 스스로 해방한다."[11] 이러한 지혜 혹은 분별력이, 푸루사는 영원한 단순 실체, 즉 프라크르티의 진화 순환과는 아무런 관계가 없는 순수한 영원 불변의 정신인 자증(自證)하는 자아라는 지식을 만들어 낸다. 그때에 비로소 푸루사(정신)의 카이발랴(Kaivalya, 분리)는 영원히 이루어진다. 프라크르티 혹은 본래의 자연은 이 지식을 획득한 푸루사의 주변에 결코 얽어매는 거미줄을 다시 자아내지 않는다. "본래의 자연은, ……'내가 지금까지 보아 온 것과 마찬가지로' 실현되었기 때문에, 결코 다시 정신의 시야에 나타나지 않는다."[12]

요가의 기술은 산캬 학파와 너무나 밀접하게 연관되기 때문에 지타(Gita)는 요가와 산캬를 동일시한다. 지타의 기록에는, 오직 바보들만이 그들을 다른 것으로 본다는 것이다. 요가는 "산캬에 적용되었다."[13] 그럼에도 불구하고 요가는 산캬의 범주에 이쉬바라(Ishvara, 인격신)의 범주를 첨가한다는 차이가 있다. 신은 어떻게 우주가 해체되고 다시 시작하는가 하는 해결되지 않은 문제를 산캬의 체계에서 해결하면서 진화의 순환을 마치고 매번 새로운 우주적인 순환을 시작한다. 가장 유명한 요가의 교사이자 실행자인 파탄잘리(Patanjali)는 그의 요가 수트라(Yoga-Sutra, 瑜伽經)에서 해방을 위한 하나의 도움으로서 신(전지자)에 대한 명상을 말한다. 그러나 그러한 명상이 유일한 수단은 아니다. "산캬와 마찬가지로 그는 자아가 아닌 것에서 자아를 식별하는 지식을 해방에 대한 유일한 충분 이유율로써 주장한다."[14] 이것은 요가 수트라에 있는 다음의 말에서 미루어 볼 때에 분명해진다. "(명에를) 제거하는 수단들이란 방해를 받지 않는 분별력 있는 지식이다."[15]

요가 수트라는 이 분별력 있는 지식을 얻는 팔지행법(八支行法)으로 유명

---

11) 앞의 책, LXIII.
12) 앞의 책, LXI.
13) 앞에서 인용한 책, Satkari Mookerjee "The Samkhya-Yoga," p.256.
14) 앞의 책.
15) 앞에서 인용한 책, Radhakrishnan and Moore, *Yoga-Sutra of Patanjali*, 제2장 26절.

하다. 이 방법이나 견해는 산캬 요가의 추종자보다는 다른 많은 사람들에 의하여, 해방을 시켜 주는 궁극적인 지식을 얻는 데 사용된다. 이를테면, 그것은 다음에 우리가 보게 될 것과 마찬가지로 아드바이타 베단타(Advaita Vedanta) 학파에 의해서 사용된다. 비록 팔지행법은 서양의 독자들에게는 수많은 책자에서 간략하게 소개되기는 했지만, 그것을 우리의 중심 테마인 순환 사상과 관련을 짓기 위해 여덟 단계로 나누어 재고하는 것을 관대하게 생각해 주기를 바라마지 않는다.

전(全) 팔지행법은 심리학적인 측면으로 한번의 완전한 퇴화-진화(in-volution-evolution) 과정의 후반 복귀 과정으로 볼 수 있다. 푸루사는 성질상 정신으로부터 가장 멀리 떨어진 단계, 즉 그것의(푸루사의) 구현인 조야한 물질에 이르기까지 자연(프라크르티)의 하강하는 범주에 휘말려 들게 된다. 이것이 바로 정신(푸루사)의 전반(前半) 순환 과정이다. 정신은 그것이 "복귀의 여행을 시작할 때까지 자기를 구현해 가는 데 있어서 극도의 자기 소외와 무지(無知, avidya)를 겪는다"(그리고 이것이 바로 정신의 퇴화다). 진화체들 가운데서 가장 높은 것에조차 감염되지 않은 오랜 옛날의 영적인 단순한 정신의 본성에로 복귀하기는 어렵다. 파탄잘리의 요가 팔지행법은 푸루사의 순수한 자기 자아에의 순환적인 복귀를 달성하는 데 가장 효과적이며 확실히 가장 잘 알려진 방법으로서 추천되는 것 같다. 이러한 복귀는 프라크르티의 진화체들에 대한 푸루사의 외부 껍질들로부터 절연되고 감염되지 아니한 소박성에로의 푸루사의 내향적인 인퇴를 표상하며 정신적으로는 진화의 과정을 의미한다.

프라크르티로부터 인퇴의 제1단계는 조야한 신체와 그 욕망을 제어하는 것과 관련된다. 우선 두 단계에서는 도덕적인 정화가 문제이다. (1) 다섯 가지 자제할 것(yama): "어느 생명체에게도 해를 주지 달라(ahimsa), 진실, 불투도(不偸盜), 순결, 탐욕의 절제."[16] (2) 다섯 가지 준수할 것(niyama): "청결, 만족, 정화된 행동, 공부 그리고 주(主)를 일체 행동의 동기로 삼을 것."[17] 그 다음 (3) 일정한 자세(asanas)를 통하여 신체를 제어하기 위한 정신 집중이 있다. 그 다음으로 (4) 사람은 호흡, 즉 프라나야마(pranayama)의

---

16) 앞의 책, II장 Paragraph 30.
17) 앞의 책, II장 Paragraph 32. "주는 Ishvara이다."

단계를 통해 생명의 힘들을 다스려야 한다. 다음 단계는 (5) 조야한 신체의 세계를 뒤에 남겨 두고 떠나는 것으로서, 복귀하는 정신의 순환적인 진화에 있어서 제3의 중요한 단계이다. 바로 이 단계를 가리켜 방법적으로는 프라티 야하라(pratyahara, 감각의 인퇴)라고 한다. 그것은 대상들의 외부 세계로부터 물러서는 단계이며, 사상의 유형상 보로부두르의 감각 대상들의 현상적인 세계와 정신적인 세계들 사이의 과도적인 단과 유사하다.[18] 여기서 푸루사는 "미묘한 신체"의 세계, 즉 조야한 현상의 세계와 미묘한 현상의 세계 사이의 중간 단계 혹은 세계들의 조야한 신체와 대상들 세계의 껍질을 벗는다. 순환적인 복귀 과정의 (6)과 (7)의 단계들은 프라크르티의 영역에서 정신에 가장 가까운 순수한 지성(evolute buddhi)에 속한다. 다라나(dharana)라고 하는 (6)의 단계는 하나의 대상에 집중하는 단계이며, (7)의 단계 디야나(dhyana) 는 한 점을 향한 '정신적인 노력'의 계속이며,[19] 그것은 궁극적인 분별력에 도달하기 위하여 실재를 이해하려는 노력이다.

최종의 단계는 조야한 물질에서 푸루사의 퇴화로부터 요가의 방법을 통한 푸루사의 진화 복귀에 이르는 순환적인 푸루사의 순환적인 여정의 목표이 다. 이 최종의 단계 (8)은 삼마지(三摩地, 等持, Samadi, 삼매)이다. 여기서 푸루사는 프라크르티와 망상적으로 착종된 데서 영원히 해방된 오랜 옛날의 푸루사의 소박성으로 복귀하게 된다. 이 황홀 경지에서 푸루사는 대상을 갖지 않는 순수한 정신이다. 정신은 프라크르티로부터 자기를 분리하게 되었 다. 그리고 이것은 순수한 지성 혹은 지성을 내포하기 때문에 지성에 대한 주관–객관의 관념 세계도 역시 사라진다. 시간과 변화의 세계로부터 완전 한 해방이 영원히 보장되는 것이다. 요가 수트라에서는 다음과 같이 말한 다.

> 절대적인 자유는 푸루사의 대상이 없어짐으로 해서 자질들이 잠재적인 것이 되거나 혹은 의식의 힘이 그 자신의 본성 가운데 수립될 때에 얻어지는 것이 다.
> ……절대적인 자유란 자아의 체험과 해방이 달성되고 나서 자질들이 푸루

---

18) 위의 책, pp.102~106.
19) 앞에서 인용한 책, Radhakrishnan과 Moore, *Yoga-Sutra of Patanjali*, 3장, Paragraph 2.

사의 대상을 가지지 아니하게 될 때에 역과정(逆過程)에 의하여 자질들이 잠재
적인 것으로 됨을 이르는 것이다. Y.B.[20]

'역과정'이란 푸루사가 자기의 본래적인 상태로 순환하여 돌아가는 것이
다. 삼마지(三摩地)에서 이 상태는 직접 체험된다. 업보의 나머지는 죽을
때까지 푸루사의 현세적인 착종을 계속할 것이지만, 그는 이 세상에 있는
동안에 자유스러운 자인 지반묵타(jivanmukta)가 될 것이다. 그는 "나는 존재
하지 않는다. 나는 아무것도 아니다. 나는 있는 것이 아니다"[21]라고 하는
지식을 가지고 살 수 있을 것이며, 드디어 "육체로부터 분리하게 될 때에
그리고 목적은 성취되고 있었기 때문에, 자연은 이제 더 이상 힘을 미치지
못한다. 그때에 그는 영원히 절대적으로 분리하게 된다."[22] 영혼은 순수하게
영원의 정신으로부터 순수한 영원의 정신에 이르는 한번의 완전한 순환을
하였을 따름이다. 얽히고 설키는 순환은 프라크르티의 진화와 더불어 시작한
다 ——정신은 진화체들을 통하여 물질 세계로부터 온전히 복귀하는 순환을
시작한다. 정신 자체는 프라크르티의 세계 속에 자신이 관여되어 얽히고
설킨 데까지 프라크르티의 세계를 용해한다. 푸루사는 최종적인 분별 단계에
서 다음과 같은 사실을 배운다.

참으로 정신은 얽매이지 않는다. 아무도 윤회하지 않으며, 해방되는 것이라
고는 하나도 없다. 많은 매개체를 가진 자연만이 얽매이고 윤회하며 해방되는
것이다. 멍에와 윤회 그리고 해방은 마치 패배와 승리가 왕으로 인한 것과
마찬가지로 정신의 탓이다. 비록 승리와 패배가 현실에서 왕의 병사들에게
발생하기는 하지만 종복(從僕)들은 그 일에 관여하기 때문에 그 결과인 슬픔
혹은 이득은 왕의 수중에 떨어진다. 체험과 해방은, 이미 설명한 바와 마찬가
지로 자연으로부터 정신을 구별하지 않기 때문에 실제로는 자연에 속하는
것이기는 하지만, 똑같은 방식으로 정신의 탓이 된다.……[23]

타락 혹은 프라크르티 속에 얽히는 데 대한 망상과 복귀에 대한 정신의

---

20) 앞에서 인용한 책, 4장, Paragraph 34. 제2 페라그라프는 갸즈, 즉 *Yoga-Bhasya* of
Vyasa(기원후 4세기)이다.
21) 앞에서 인용한 책, *Samkhya-Karika*, LXIV.
22) 앞의 책, LXVIII.

순환은 다음에 기술한 타락과 정신적인 신국에의 복귀라는 기독교적인 순환
과 비슷하다.[24] 그러나 산캬철학과 인도철학에서는 대체로 아비디야(Avidya,
무지)를 타락의 원인이라고 하는 반면에 기독교의 철학에서는 아담(인간)
의 고의적인 사악이라는 윤리적인 원인이 강조된다. 그러나 양자 모두는
정신에 대한 한 차례의 완전한 역사적 순환만이 있을 따름이다. 이것은 진화
해 나가는 자연의 끝없는 순환에 대한 신념이 있음에도 불구하고 인도철학
에서는 대체로 사실이다. 베단타(Vedanta)철학은 인도에서 가장 유력한 것이
며, 베탄타에 있어서도 정신에 대한 한번의 순환만이 있을 뿐이다. 베단타에
서 순환과 끝없는 순환들과 함께 현상적인 가상의 세계(maya)에 대한 그
관계는 어느 철학 체계에서도 볼 수 없는 가장 심오한 것 중의 하나이다.
이제 이것으로 눈길을 돌려 보도록 하자.

2. 아드바이타 베단타, 마야, 우주적 순환
그리고 요가의 순환적인 복귀

8세기의 위대한 사상가 산카라가 설명한 아드바이타 베단타 철학 체계의
궁극적이며 유일한 참 존재는 브라만이다. 브라만은 유일무이하며, 존재이자
의식이며, 정복(浄福)이다. 현상적인 세계(maya)는 신기루에 물이 드리워
보이듯이 실재하는 것에 실재하지 않는 것이 포개어진 것(adhyaropa)으로서
이해되어야만 한다. 이 마야는 또한 아비디야(Avidya, 무지)라고도 한다. 마야
의 기원과 목적 그리고 유일한 참 존재의 관계는 전혀 불가사의한 것이다.
마야 혹은 현상적인 세계란 존재는 아니지만 아무것도 가지지 않은 존재
혹은 종속적인 존재, 현상적인 존재일 따름이다. 그러므로 또한 그것은 비존
재도 아니다. 그것은 브라만의 진정한 본성을 엄폐하고 망상의 세계를 투사
하는 힘을 가지고 있다.
이러한 마야 세계의 진화 과정과 끝없이 반복되는 소멸(消滅)의 과정은

---

23) 앞에서 인용한 책, Ishvara Krishna, *Samkhya-Karika*, LXII.
24) 아래의 제2부 3장.

다음과 같다.

1. 마야의 근본 실체(산캬의 프라크르티와 같은)는 산캬에서처럼 사트바들과 라쟈들 그리고 타마들이라고 하는 세 가지의 구나로 되어 있다. 진화체들은 세 가지가 결합된 것이다.

2. 최초의 진화체는 이쉬바라(Ishvara)이며 보통 신이라고 부른다. 이쉬바라는 여러 자질을 가진 브라만(Saguna Brahman)인데 반하여 브라만으로서의 궁극 존재는 자질을 가지지 않는다(nirguna Brahman). 이쉬바라는 순수한 사트바의 감화력을 가지고 있으며 그것은 그가 마야(무지)에 의해서 속지 않는다는 것을 의미한다. 이쉬바라는 우주에 있는 모든 대상의 증인이기 때문에 전지자이다. 그는 영혼들을 업보에 따라서 보상과 징벌을 내리기 때문에 만유(萬有)의 주이다. 그는 모든 영혼의 정신적인 성향들을 지휘하기 때문에 완전히 통어하는 힘이다. 그리고 끝으로 그는 "일체 무지의 계몽자"[25]이다. 왜냐하면, 무지(마야)는 이쉬바라에게만 현현되지만 이쉬바라 자신은 이 마야에 의해서 결코 영향을 받지 않기 때문이다. 소우주적인 규모의 프라냐(prajna), 즉 꿈꾸지 않는 수면(숙면)을 취하는 영혼의 상태는 대우주적인 수준의 이쉬바라와 같다. 만두캬 우파니샤드(Mandukya Upanisad)에 기술된 이 상태는 다소 적극적이다. 무지(maya)는, 말하자면, 해체 상태(대우주적인 규모에서 순환이 끝을 맺고 모든 것이 이쉬바라에 복귀하는 상태)에서 나타난다. 지바(영혼)는 아트만(브라만)의 정복(淨福)과 무지를 지각한다. 이것이 바로 "행복에 넘치는 영혼의 껍질(anandamayakosha)"에 대한 실체이다.[26]

3. 다음의 진화체는 에테르(아카사)이며 그 다음에는 공기, 불, 물, 흙이다. 이 5대(다섯 가지 요소)는 사트바와 라쟈의 분자들을 가지기는 하지만 타마들을 더 많이 가지며, 에테르는 대부분이 사트바들을, 흙은 타마들을 가진다. 이 단계에서 이 요소들은 서로 섞이지 않았으며, 미묘한 형식으로 존재한다. 그들은 산캬에서처럼 탄마트라들(tanmatras) 혹은 기본적인 요소라 한다.

4. 미묘한 신체들과 조야한 요소들은 탄마트라들로부터 생겨난다.

5. 미묘한 신체들은 산캬에서처럼 링가 사리라스(Linga Shariras)라고 하며, 열일

25) Sadananda Yogindra, *Vedantasara*, 앞에서 인용한 책, p.29.
26) 앞의 책, p.29. *Vedantasara*에는 다음과 같이 기록되어 있다. "Iswara와 연합된 무지(무명)의 집합체는 일체의 원인이 되기 때문에 원인체로서 알려진다. 그리고 그것이 행복에 부풀어서 껍질처럼 덮고 있기 때문에 Anandamayakosa(淨福의 껍질)를 가진다. 나아가 그것은 그 속으로 모든 것이 용해되어 들어가는 것처럼 우주적인 수면(睡眠)으로서 알려진다."

곱의 구성 분자를 가진다. 즉 다섯의 지각 기관과 다섯의 행동 기관 및 지성
(buddhi) 그리고 정신(manas)과 다섯의 활력이 그것이다. 아함카라(Ahamkara,
개아성) 또한 거기에 속한다. 지각 기관과 더불어 지성(buddhi)은 비냐나마야코
사(Vinanamayakosha) 또는 지성의 껍질을 구성한다. 이 껍질은 "그 존재가 매개
체이며, 열락자라는 것을 의식하며, 또 행복하다든가 불행하다는 것 등을 의식
하기 때문에"[27] 윤회하기 마련인 지바 혹은 개체적인 자아라고도 한다. 지각
기관과 함께 정신(manas)은 정신의 껍질(manomayakosha)을 만든다. 개아성
(아함카라)은 자기 의식으로 특징지어지며, 정신과 관련된다. 정신의 질료
(citta)는 기억이며, 각(覺, buddhi)과 관련된다. 또 각의 기능은 사물의 참 성질
을 결정한다(산캬에서의 분별). 안타카라나(antahkarana)는 "내부의 기관에 주어
진 이름이며 그 중에 씨타, 부디, 마나스, 아함카라는 다른 측면이다."[28] 활력의
껍질(Pranamayakosha)은 다섯의 활력들로 구성된다. 즉 프라나(Prana), 아파나
(Apana), 뱌나(Vyana), 사마나(Samana) 그리고 우다나(Udana)가 그것이다. 프라
나는 심장 가운데 자리잡고 있으나 그 임재(臨在)는 코끝에서 느껴진다. 아파
나는 배설 기관 속의 자원들과 함께 아래로 내려가는 활력이다.[29] 뱌나는 "사
방으로 움직이며 온몸에 퍼진다."[30] 우다나는 목구멍에 자리를 잡고 위로 올라
가는 활력이다. 그것은 임종시에 조야한 신체로부터 미묘한 신체가 빠져 나가
는 데 도움이 된다. "비록 임종시에 미묘한 신체는 몸의 어느 부분을 통해서라
도 밖으로 빠져 나갈 수 있지만, 목구멍은 이 출구로서 가장 빈번하게 이용되
는 곳이다."[31] 사마나는 "몸 중간쯤에 자리잡고 앉아 음식물과 음료수를 소화
시키는"[32] 활력이다.

개괄해서 말하면, 세 개의 껍질은 미묘한 신체의 기본 측면들이다. 그 셋의
관계는 다음과 같다. 즉 지성의 껍질은 분별하는 지식의 힘을 가진 매개체이
다. 의지력으로 특징지어지는 정신의 껍질은 수단이다. 그리고 활력의 껍질은
"행위에 부여된 것이며 그 산물이다."[33] 세계 모두를 합친 것이 미묘한 신체이
다. 미묘한 신체들을 전부 모아 하나로 나타낼 때는 사마스티(Samasti) 혹은
집단이라고 부르지만 여럿으로 나타낼 때는 뱌스티(Vyasti) 혹은 개체들이라고

27) 앞의 책, p.51.
28) 앞의 책, p.48.
29) 앞의 책, pp.52~53.
30) 앞의 책, p.53.
31) 앞의 책.
32) 앞의 책.
33) 앞의 책, p.56.

부른다. 우주적인 미묘한 신체라고 하는 것은 미묘한 신체들의 전체의 집단과 관련이 된 의식이다. 이 우주적인 미묘한 신체를 수트라트가(Sutratma), 히라냐 그라바(Hiranyagrabha), 프라나(Prana), 프라쟈파티(Prajapati) 조는 브라마 (Brahma)라고 이름한다. 이는 그것이 도처에 편재하기 때문이며, 그것이 지식과 의지와 행위의 힘을 부여받은 혼합되지 않는 5대(五大) 요소들과 자체를 동일한 것으로 간주하기 때문이다.[34] 히라냐그라바는 우주적인 수준에서는 꿈의 상태이며, 승화된 개체의 신체는 소우주적인 수준에 있어선 꿈의 상태에 있는 것이다. 꿈의 상태에서 지바(영혼)는 미묘한 단계에 들어가며 그 속에서 조야한 물리적인 대상들에 대한 깨어 있는 상태의 지각은 변형되어 단순한 관념들의 미묘한 단계에 들어간다.

6. 조야한 신체들은 조야한 요소들이 결합되어 이루어진다. 조야한 요소들은 일정한 비율로 승화되거나 기본적인 요소들을 혼합한다. 이를테면 조야한 공기는 소량의 다른 요소들과 섞인 미묘한 공기보다 무게가 더 나간다.

7. 조야한 요소들로부터 일곱의 단계들과 세계 그리고 세계 속에 담겨진 조야한 신체들과 아래의 일곱 단계들이 차례로 전개된다. 일곱의 단계들은 하나씩 위로 올라가면서 존재하는 부르(Bhur), 부바르(Bhuvar), 스바르(Svar), 마하르(Mahar), 쟈나(Jana), 타파스(Tapas), 사티암(Satyam)과 같은 하늘들이다. 세계 속에 있는 네 종류의 조야한 신체들은 자궁과 알, 습기 그리고 토질(土質)로부터 태어난 자들이다.[35] 아래의 일곱 단계들은 하나씩 아래로 내려가면서 존재하는 아탈라(Atala), 비탈라(Vitala), 수탈라(Sutala), 라사탈라(Rasatala), 탈라탈라(Talatala), 마하탈라(Mahatala), 그리고 파탈라(Patala)와 같은 것들이다. 그러한 것은 브라만에 대한 마야의 조야한 신체이다. 소우주적인 수준에서 조야한 물리적인 신체는 아트만의 현상적인 껍질이며, 안나마야코사(Annamayakosha)라고 한다. 대우주적인 수준에서 조야한 신체들의 집단(우주적인 안나마야코사)과 관련되어 있는 의식은 바이스바나라(Vaisvanara)와 비라트(Virat)라고 한다. 우주적인 형식과 개체적인 형식의 둘 가운데서 그것은 깬 상태의 의식이며, 실재로부터 가장 먼 것이다.

이상은 유일무이한 자로부터 진화하는 순환의 진행 졸차를 개략한 것이다.

이러한 현상적인 세계 속에서 윤회하는 존재로부터의 해탈을 열망하는

---

34) 앞의 책, p.57.
35) 앞의 책, p.86.

현인(賢人)은 환원 과정을 통하여 이 우주를 '해체시켜야 한다.' 대우주적인 규모로 이쉬바라가 우주를 해체하듯이 똑같은 방식으로 그는 소우주적인 규모로 이것을 행한다. 그는 아트만(我)을 둘러싼 프라크르티의 껍질을 하나씩 하나씩 벗겨 낸다. 이 과정은 마야의 세계가 브라만에 드리워지는(superimpose) 것의 역과정으로서 벗겨 냄(desuperimposition)이라고 한다. 그것은 소우주인 현상적인 세계에 둘러싸인 아트만의 마야 세계의 후반 복귀 과정이다. 목적인(目的因, 브라만)에의 복귀는 창조의 역순을 따르는 것이다.[36]

후반 복귀 순환, 곧 벗겨 냄이라고 하는 것은 물리적 껍질인 안나마야코사를 벗음으로써 시작한다. 복귀 과정의 결과들은 그 원인에 환원되어야 하므로(창조의 역순), 복귀의 제1단계는 조야한 신체들의 전체 물리적인 세계(음식물, 음료, 하늘의 일곱 단계, 아래의 일곱 단계, 세계)가 그 원인인 조야한 다섯의 요소로 환원될 수 있다는 사실을 지각하는 것이다. 이같이 하여 물리적인 껍질은 벗게 된다.

활력의 껍질——프라나마야코사와 정신의 껍질——마노마야코사(개아성을 포함한) 그리고 지성의 껍질——비냐나마야코사, 미묘한 신체로 구성된 그것의 일체는 저들의 원인——탄마트라들(혼합되지 않은 혹은 기본적인 요소들)에 환원된다.

다음에 탄마트라들은 저들의 원인인 프라크르티의 구나들(사트바, 라쟈, 타마)에 환원되며, 또 그들은 자기들의 원인인 무지(아비디야)와 관련된 의식(이쉬바라)으로 환원된다. 무지와 관련된 의식(우주적인 규모에서의 이쉬바라)은 정복(淨福)의 껍질인 아난다마야코사이다. 이것은 대우주적인 규모에서 전 우주를 덮어 싼 어두운 무지의 속 포장이며, 아트만은 아직도 마야의 껍질들에 의해 매료되어 있다. 행복의 껍질(깊은 잠에서 체험된)은 그것이 이 "비본질적인 신체(causal body)", 즉 무지와 관련이 된 이쉬바라가 "그들 일체의 하부 구조인 무지와 관련되지 않은 선험적인 브라만에 해체되어 들어가 변형될 수 있다"[37]는 것을 지각할 때 벗겨진다.

---

36) Swami Prabhavananda와 Christopher Isherwood 역, *Crest-Jewel of Discrimination* (Hollywood, California : Vedanta Press, 1947). pp.68∼79에서 Shankara는 껍질 하나하나의 의미를 설명하지만 저자는 *Vedantasara*가 서양의 독자들에게 더욱 분명히 밝혀 주고 있음을 발견한다. 왜냐하면, 그것은 어떤 어려운 사상들에 관하여 훨씬 더 많이 세밀히 다루기 때문이다.

37) 앞에서 인용한 책, *Vedantasara*, p.87.

다음과 같은 매우 단순한 성질의 만다라 도해는 마야에서 껍질을 뒤집어
쓴 아트만의 순환을 한눈에 보여 줄 것이다.

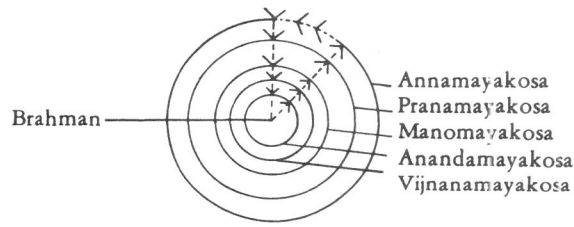

그림. 화살표는 마야의 껍질들의 드리움과 벗겨 냄의 순환을 또는 껍질에
    싸인 아트만의 순환적인 여정(旅程)을 상징으로 나타내고 있다.

껍질들을 벗음과 브라만과 아트만의 동일성을 체득하기 위하여 추천된
방법으로서는 이미 기술한 요가의 팔지행법(八支行法)이 있다. 그 방법의
여덟째의 최종 단계인 삼마지(三摩地)는 두 단계를 내포한다. 그것은 (1)
사비칼파 사마디(Savikalpa Samadhi)와 (2) 니르비칼파 사마디(Nirvikalpa
Samadhi)이다. 유상 삼마지(有想 三摩地, Savikalpa Samadhi)의 자기 의식은
브라만의 임재와 함께 나타난다. 사람은 양자를 모두 알고 있다. 그것은 이원
적인 의식이다. 무상 삼마지(無想 三摩地, Nirvikalpa Samadhi)에 있어서 자기
의식은 배제된다. 오로지 브라만——무자질(無資質, Nirguna)의 브라만—
—에 대한 인식이 존재한다. 이러한 상태에선 "매듭진 마음의 무지가 완전하
고 영원하게 풀린다."[38] 본질적이며, 진정하고 영원한 무자질의 브라만과의
동일성이 체득되며 완전한 자유의 상태가 실현된다. 이 상태에 들어가게
되는 자는 다음과 같이 말할 수 있을 것이다.

    나는 브라만이며, 유일무이한 자이며, 일체 존재들의 근거이다. 내가 만물을
    현현케 하였다. 내가 만물에게 형상을 부여하였다. 내가 만물 가운데 있으나
    아무것도 나를 더럽힐 수가 없다. 나는 영원하고 순수하며, 변하지 않는 절대

---

38) 앞에서 인용한 책, Shankara, *Crest-Jewel of Discrimination*, p.107.

자이다.

······나는 진리이다, 나는 지식이다. 나는 무한하며

······나는 행동을 초월하는 변할 수 없는 실재다. 나는 부분도 아니며, 형식도 아니다. 나는 절대이다. 나는 영원하며······나는 홀로 서 있다.······나는 유일무이한 자이다.[39]

아드바이타 베단타의 비밀불교적인 해석에 있어서 요가의 순환

아드바이타(非二元) 베단타에 대한 탄트라의 해석에서 마야는 더욱 적극적인 위치를 얻는다. 마야는 브라만의 샤크티이며, 때로는 어머니인 칼리(Kali) 여신으로서 의인화된다. 칼리는 위에 기술한 체계들에서 이쉬바라의 위치를 차지한다. 칼리는 매 순환에서 우주의 창조자이며 보존자이고 파괴자이다. 그의 영광스럽고 무시무시한 많은 작업에서 창조(마야 혹은 샤크티)는 칼리이다. 칼리는 대여신이므로 모든 피조물은 신성하다. 밝아진 정신은 세계를 자기가 사랑하는 칼리라고 찬양한다. 그럼에도 불구하고 그는 윤회적인 존재로부터 해방되기를 바라며, 쿤달리니 요가(Kundalini Yoga)라고 하는 탄트라의 방법을 통해서 이러한 해탈을 확보할 수 있다. 스리 라마크리쉬나(Sri Ramakrishna)와 스리 오로빈도(Sri Aurobindo)와 같은 현대 종교와 철학의 위대한 지도자들은 쿤달리니 요가를 높이 평가한다. 이러한 형식의 요가에서 복귀 순환은 앞의 장에서 기술한 비밀 불교(tantric Buddhism)의 '내부 만다라'의 그것과 흡사하며 다음과 같은 유형을 취한다.[40]

기둥, 즉 물라다라(muladhara)의 끝에서 잠자는 뱀(kundalini)과 마찬가지로 브라만의 샤크티는 행자의 체내에서 또아리를 틀고 누워서 잔다고 상상된다. 구도자는 만트라(mantra, 거룩한 이름들 혹은 음절, 眞言)들로써 쿤달리니를 깊은 잠으로부터 깨워 일으킨다. 얼마 동안 프라나야마(Pranayama, 호흡 조절)를 통해 수숨나(sushumna)라고 하는 척추의 중앙을 두루 통한다고 믿어지는 홈(管)을 정화시킨다. 이제 깨어난 샤크티는 일련의 상승하는 '중심들'이나 일련의 연화들을 지날 때와 마찬가지로 개통된 수숨나로 올라간다.

---

39) 앞의 책, p.137.

40) 앞에서 인용한 책, 하인리히 짐머, 「인도의 철학」, pp.584 이하.

각개의 중심은 몸체를 이루는 한 요소의 자리이다. 물라다라는 흙이라는 요소의 자리이며, 네 개의 꽃잎을 가진 연화로 묘사된다. 다음의 중심은 스바디스타나(svadhisthana, 샤크티 자신의 처소)라고 하는데 생식기의 부위에 있다. 그것은 물이라 하는 요소의 자리이며, 여섯 개의 꽃잎을 가진 주홍색 연화라 한다. 이 다음에 샤크티는 배꼽의 부위에까지 올라간다. 이 중심을 마니푸라(manipura)라고 한다. 그것은 불이라는 요소의 자리이며, 열 개의 꽃잎으로 된 흑청색의 연꽃이다. 삼사라에 있는 대부분의 사람들은 이 하위의 중심들에 의해서 움직인다. 네번째의 중심은 심장에 있으며 공기 요소의 자리이며, 위쪽의 거룩한 세계를 향한 상승이 시작된다.[41] 여기서 옴(Om)이라는 소리가 들리는데 물리적인 의미의 소리가 아니라 "소리로서의 여신 자신인 근본적인 창조의 옴(Om)"[42]을 행자는 듣게 된다. 이 중심을 아나하타(Anahata)라 하며 스무 개의 꽃잎으로 된 빨간 연화이다.(이 네번째의 중심은 불교에 있어서 행자 순례 과정을 위한 보로부두루, 즉 석조(石造) 만다라에서의 과도적인 단과 비교될 수 있을 것이다).[43]

제5의 챠크라(chakra) 혹은 중심은 침침한 자색(紫色)으로서 목구멍에 자리 잡고 있다(그곳은 베단타에서 보통 미묘한 신체가 자기의 출구로 삼는 곳이다). 이 챠크라는 비슈다 챠크라(Visuddha Chakra), 즉 '완전하게 정화된 것'이라고 한다.[44] 그것은 열여섯의 꽃잎으로 된 연화이며 에테르라는 요소의 자리이다. 다음의 두 단계는 미묘한 신체의 영역을 벗어난다.

제6의 챠크라는 양 미간에 있으며, 명령(ajna)의 연화라고 한다. 그것은 두 개의 꽃잎으로 된 연화이며 달과 같이 하얀색이다. 바로 이 단계에서 행자는 주(主, 베단타에서 이쉬바라와 같은 시바)를 바라본다. 체험된 정복(浄福)은 베단타의 체계에서는 '행복의 껍질'과 일치한다. 여기서 구도자는 다시 베단타[45]에서와 같이 우주와 베다의 종자 형상(seed-form)을 바라보는데 바로

---

41) 앞의 책, p.584.
42) 앞의 책, p.585.
43) 위의 책, pp.103이하. 처음의 세 연화(蓮花)들은 불교의 감각 세계(Kamaloka) 혹은 오관의 희열의 세계와 일치한다. Rupaloka 혹은 형식(미묘한 신체의 세계)의 영역인 과도적인 단계에서 촉각, 후각, 미각은 부재한다. 제2의 세계는 무형의 세계이며 거기서 영혼은 실재를 지각한다.
44) 앞에서 인용한 책, 짐머, 「인도의 철학」 p.585.
45) 앞의 페라그라프에서 Vedanta는 아드바이타 학파를 언급한다. 물론 두 개의 다른

이 종자 형상으로부터 순환마다 전개되는 우주가 나온다. 여기서 체험된 황홀한 경지는 사비칼파(savikalpa) 형태의 것이며, 이는 자아와 주에 대한 의식이 모두 나타나기 때문이다.

제7의 마지막 챠크라는 머리의 꼭대기에 위치하며, 사하스라라(Sahasrara)는 1000개의 꽃잎으로 이루어진 잡색의 연화이다. 이것은 샤크티가 순수한 통일, 즉 비이원적인 상태에서 그녀의 주(시바)와 연합하는 중심이다. 행자는 니르비칼파 사마디(Nirvikalpa Samadhi)를 복귀 과정의 목표로서 체험한다. 여기서 행자는 브라만 혹은 시바와 아트만의 동일성을 깨닫고 윤회하는 존재로부터 영원한 해탈을 얻는다.

탄트라의 요가는 베단타의 대학자 산카라와 같은 현인에 의해 가르쳐진 더욱 보수적이고 금욕적인 베단타 형(型)의 요가보다 훨씬 더 오래 된 것이다. 그러나 산카라는 시바의 숭배자였다. 시바와 모신(母神) 칼리로서의 샤크티 숭배는 아마도 4000년 혹은 5000년의 역사를 지녔을 것이다.[46] 삶에 대해서 더욱 적극적인 정책을 펴나가는 오늘날의 인도에서 그것은 생의 보다 심오한 형식인 세계(마야)로 향하는 자세와 스리 라마크리쉬나와 같은 사람들의 관대한 이타적인 가르침에서 부활된다. 브라만에의 복귀 순환은 성취되어야 할 목표인 것이다. 이 세계에 살고 있는 사람이 지식이 산출하는 만물에 대해서 사리(私利)를 꾀하지 않는 무욕(無慾)의 견해를 가지게 될 경우 마야의 세계도 역시 유일한 참 존재의 힘이나 샤크티로서 즐거움을 누릴 수 있게 될 것이다. 선과 추, 고통과 기쁨, 야만성과 온유함, 거룩함과 음란함 이 모든 것은 샤크티가 가진 여러 측면이며, 샤크티는 브라만을 자기의 질료와 기성인(期成因)으로서 가진다. 그러므로 마야의 세계 역시 신성하다. 그러나 현현되지 않고 영원하고 정적인 브라만과의 결합은 영혼의 가장 높은 달성——본질적인 브라만으로의 순환적인 복귀이다.

주요한 학파가 있지만 아드바이타가 훨씬 유력하다.
46) 위의 제3장 1절, 시바와 그의 순환적인 춤에 대한 논의를 보라. *Zen Flesh and Zen Bones*(Charles E. Tuttle Co., Rutland Vermont, 1957)의 부록에서 Paul Reaps는 Shiva 요가 숭배가 5천 년 가량 되었을 것이라고 생각한다.

3. 도가에서 중심으로의 순환적인 복귀
—— 중국 유가의 형식, 금화종지 ——

초기의 도교(Taosim), 즉 도덕경과 장자의 도교는 인도의 베단타[47]와 모슬렘 세계의 수피 운동(Sufiism) 그리고 서구의 플로티누스(Plotinus)와 마이스터 에크하르트(Meister Eckhart)의 전통과 유사한 신비주의적 형이상학에 근거한다. 이 모든 신비주의적인 철학에서 구도자의 목적은 존재 본래의 근원에 복귀하는 것이다. 초기의 도교에서 이 근원이라 함은 도(道)를 가리키는 것이다[도는 길이라, 대의(大意)라, 또 후에 유교의 영향을 받아 태극, 혹은 큰 마룻대(棟) 등등 여러 가지로 번역되었다. 유교에서 태극은 부셸(Bushel, 북두칠성 혹은 큰곰좌)의 손잡이인 큰 마룻대 또는 우주의 극을 나타내고 있다]. 중국 문명의 형성기인 한(漢) 왕조 시대에 있어서 이 사상의 기원과 그것이 지니는 의미를 본서의 다음 장에서 더욱 충분하게 설명하였다. 또한 거기서는 다른 많은 용어와 그들의 있을 법한 기원에 대해서 설명했다. 그러므로 중국 사상에 익숙치 못한 독자는 이 부분을 읽기에 앞서 다음 장을 먼저 읽으면 좋을 것이다.

리차드 빌헬름(Richard Wilhelm)은 「금화종지(金華宗旨, The Secret of Golden Flower)」라고 하는 그의 책 서론에서 다음과 같이 말한다.

도(道)라는 글자의 원래 형식은 '시작'이라고 풀이하여야 할 머리(首)와 그 밑에 정지(停止, 辵)……라는 글자로 이루어졌다. 그러면 본래의 의미는 "비록 그 자체는 고정되었지만 시작으로부터 목표에 직접적으로 이르는 한 통로"라는 의미다. 도는 비록 그 자체 움직이지 않으나 모든 운동의 수단이며 그것에 법칙을 준다고 하는 생각이 근본 사상이다. 천도(天道)는 별이 따라서 움직이는 길이다. 인도(人道)는 사람이 반드시 따라 여행해야 할 길인 것이다. 노자[48]는 이 말을 형이상학적인 의미로, 어떠한 깨달음이 있기 전에 존재하고 깨달음이 의존하고 있는 상반적인 극성의 파격적인 견인 작용으로도 아직

나누어지지 않은 최종적인 세계의 원리, 즉 '의미'라는 뜻으로 사용하였다.[49]

우주는 도(道), 즉 이 도로부터 나와서 전개된 실재의 핵심 혹은 중심(태극)인 일자(一者), 말하자면 정적인 근원으로부터 전개된다. 최초의 진화체는 상반되는 성격을 가진 양극으로 나누어지는 적극적인 존재이다. 즉 빛의 성질을 가진 양과 원래 어두움인 음(陰)이 그것이다.[50] 양(陽)은 자연의 능동적이고 남성적인 원리이며 또한 베단타에서 지성과 정신의 껍질들과 유사한 이성(로고스)과 관련된다. 음(陰)은 여성의 원리이며 에로스(Eros) 혹은 생명력과 관련되고 베단타에 있어서 우주의 활력의 껍질과도 비교가 된다. 양과 음의 힘으로부터 1만 개의 특수하게 존재하는 사물이 생겨난다. 인간은 그 1만 개의 사물 가운데 하나이며 베단타에서와 같이 우주를 축소하여 나타낸다.

「금화종지」[51]의 후기 도교는 도의 중심 단자(中心單子) 혹은 현상적인 형상이 생명의 원리로서 각 개체에 둘러싸였다고 확언한다. 그러나 개념에 있어서 그것은 성(性)을 명(命)이라고 하는 비인격적인 양극의 원리로 갈라진다. 성은 그 기원을 도 가운데 있는 양의 원리 속에 지니고 있다. 성은 비인격적인 로고스이며 서양의 로고스 사상에 매우 가깝다. 왜냐하면 성은 형식적인 원리이기 때문이다. 즉 영적인 존재로서 사람은 본질(性)에 의해서 인간으로 만들어졌다.[52] 명은 성과 더불어 현상의 개체화 과정에 들어가는 비인격적인 생명의 원리(에로스)이다. "중국 글자 명은 실제로 어명(御命)을 나타낸다. 그리고 인간에게 정해진 운명, 운수, 사람이 자기 마음대로 이용할 수 있는 생명력의 한도인 수명을 의미하며, 이런 이유로 명(생명)은 에로스와 밀접한 관계를 가질 수 있다"[53]고 빌헬름은 설명한다. 그 다음의

---

49) Richard Wilhelm, *The Secret of the Golden Flower*, Richard Wilhelm이 번역하고 설명했으며, C.G. Jung이 유럽식의 주석을 붙였다. Cary Baynes이 영역했다(New York: Wehman Bros., 1955). p.11 이하.

50) Wilhelm은 Granet와 Fitzgerald 같은 학자들이 주장한 음양 사상의 성적인 기원을 부인한다(다음 장을 볼 것)

51) *The Secret of the Golden Flower*(太一金華宗旨, 太一經)는 기록 형식으로 보아 7세기의 타블렛들에까지 거슬러 올라갈 수 있지만 구전은 8세기에 해당하고 8세기 현인 여암(呂嵒)의 것임이 입증되며 그는 황금선약(The Golden Elixir of Life)의 종교를 세웠다고 Wilhelm은 말한다.

52) 앞의 책, p.14.

진화체(進化體)들은 또한 동시에 반대편으로 나아간다. 명(命)으로부터 빌헬름이 아니마(Anima)[54]'로 번역한 백(魄)이라 하는 인간의 개체화된 '정신적인 구조'가 전개된다.[55] 이 아니마는 자기의 중심을 복부에 가지고 있으며 불합리한 욕망(베단타의 개체화한 '활력의 껍질'과 비교하라)의 온상이다. 성으로부터 빌헬름이 아니무스(Animus)로 번역하였던 혼(魂)이라 하는 개체화된 인간의 '정신적인 구조'가 전개된다. 아니무스는 양 미간에 자리잡는다. 그것의 주된 활동은 사고이며 능동적인 밝은 원리인 반면에, 아니마는 어둡고 수동적이다. 아니무스가 아니마를 종속시킬 수 있게 되는 경우에 개아를 현상적인 세계로부터 해탈시킬 수 있다. 개아는 인도의 요가에서와 같이 내향적인 명상의 과정에 의해서 이 세계로부터 물러날 수 있는 능력을 부여받으며 임종시에 신(神)이 된다. 그는 중앙의 단자(單子)가 펼치는 '내적인 순환'의 과정에 의해서 오래 살아 남게 된다. 이 과정은 매우 오랜 시간 동안 계속될 것이며, 그러한 신은 그들이 떠나간 뒤에도 인간의 사고에 영향을 미칠 수 있고 이 세계에서 존재한다. 고대의 성자와 현인들은 수천 년 동안 인간성에 자극을 주고 교화를 시켰던 이같은 존재들이다.[56] 만일 택(魄) 또는 아니마, 즉 밖으로 흐르는 세속적인 욕망에 대한 음의 세력이 아니무스를 제어하게 되면 임종시에 정력이 너무나 소모되기 때문에 인격적인 의미에서 개아(個我)는 거의 상실된다. 그것은 '무력한 망령(妄靈)'이 되며 붕괴 정도 여하에 따라서 여러 모양의 하늘이나 지옥으로 가라앉게 된다. 그것의 선행과 악행에 대한 결실들을 고통스레 받게 되지만 이 모든 것은 주관적이며 심리적인 수준에서 일어난다. 끝으로 이 망령의 존재(鬼는 이 존재에 대한 중국 어휘이다)는 새로운 자궁에 들어가서 그가 쌓아 놓은 '심상과 기억들'의 잔재로부터 다른 생활을 시작하는 것이다.[57]

신은 오랫동안 행복한 생활을 누리기는 하지만 불멸하는 것은 아니다. 오로지 금화(Golden Flower)만이 불멸한다. 금화(金華) 혹은 신선(不死身)

---

53) 앞의 책.
54) anima : 한 남성의 무의식적인 여성적 측면.
　　animus : 한 여성의 무의식적인 남성적 측면이라고 융은 말한다.
55) 앞의 책.
56) 앞의 책, p.18.
57) 앞의 책, p.17.

은, 무엇이든지 소유하고 싶다는 욕망의 의미로서의 일체 개아 의식이 상실될
때 달성된다. 집착으로부터의 자유를 얻게 될 때 개체성은 초월된다. 성과
명, 양과 음의 중심 단자에 대한 한계들은 부서지며 구도자는 도, 즉 실재의
핵심과 유일한 영원의 존재로 복귀한다.

태일 금화종지(太一金華宗旨, 太一經)에 기록된 바와 같이 중심인 도에의
복귀에 이르는 초월적인 위대한 분의 참 힘"이라 한다.[58] 그것은 "불로 장수
의 묘약"이다.[59] 금화의 실현은 신체에 있는 아니마에 의해서 방해를 받는
다.

　　　의식을 만드는 아니마는 그것에 밀착해 있다. 의식은 자기의 기원을 아니마
　　에 의존한다. 아니마는 여성(음)이며 의식의 실체이다. 이 의식이 차단되지
　　않는 한 그것은 세세토록 계속 생겨나며 아니마의 형식의 변화와 실재의 변형
　　은 끊임이 없게 된다.[60]

낮에는 양미간에, 밤에는(꿈을 꿀 때에는) 간장(肝腸)[61]에 자리잡는 아니무
스는 "빛의 순환을 통하여 일어나 정신 집중으로 아니마를 굴종시킨다."[62]
빛은 양의 원리이며 "현상의 세계에서는 태양이며 인간에게는 눈(眼)이
다."[63] 빛의 순환은 진실한 창조적인 형성력의 순환이다.[64] 만일 그것이 아래
쪽으로 향하게 되면 아니마가 그것을 지배하게 되며 영겁을 통해 방랑하는
동안 영혼은 거슬러 흐르는 방향에서 빛을 향하는 비결을 비로소 배우게
되는 것이다.(끝없는 영겁의 우주적 순환에 대한 불교의 사상이 여기서 받아들여
졌다). 거슬러 흐르는 방향은 호흡 조절(대체로 심장의 박동과 '활력의 껍질'
을 통제하기 위한)과 명상과 같은 전형적인 요가의 방법을 통해서 터득된다
(요가의 방법은 천태종으로부터 차용되었다).[65] 명상은 양미간의 점에 정신을

58) 앞의 책, p.23.
59) 앞의 책, p.25.
60) 앞의 책, p.28.
61) 앞의 책.
62) 앞의 책.
63) 앞의 책, p.34.
64) 앞의 책, p.35.
65) The Secret of Golden Flower는 그 자체로서 언급되고 있는 불교의 사상을 보여 줄

집중함으로써 이룰 수 있다(이것은 인도의 요가에서 二元의 삼매가 체험되는 곳이다. 여기서 이쉬바라와 샤크티는 결합된다). 여기서 빛은 내면의 빛뿐만이 아니라 태양과 달, 산과 강, 하늘과 땅에 두루 퍼져 있는 외브의 빛에 집중한다. 모든 빛은 구도자의 체내에서 순환할 뿐만 아니라 전 우주를 통해서 순환하는 똑같은 빛(陽의 힘)이다. 이 양의 힘(빛)은 인도의 힌두교와 불교의 요가에서 '제3의 눈'이 되는 양미간의 점에서 구도자에게로 흘러들어간다.

빛의 순환 과정에서 다음 단계는 빛으로 하여금 아래로 스며들어가 정신은 주위 상황의 한가운데 있는 중심을 결정(結晶)시키기도 하며 들어가기도 한다. 더 아래에 있는 '묘약의 밭', 즉 힘의 장소(太陽神經叢, Solar plexus)에 이르게 하는데 여기서[66] 빛(陽 혹은 火, 태양)은 '심연', 즉 여성의 요소(陰―水와 月)와 결합하며 새로운 존재인 금화(金華), 신선(神仙)이 나타나게 된다. 도(道)에 병탄되었다는 것은 바로 이것이다.

일자(一者)를 향한 순환적인 복귀의 제3단계에서 새로운 존재 혹은 금화(정신―육체라고도 한다)는 인간의 육신으로부터 분리하여 독립적인 존재의 상태로 올라간다.[67] 그 장소는 도의 장소이며 수천 수만의 공간들이 하나의 장소를 이룬 비물질적 공간이다.……그것은 "측량할 수 없는 시간으로서 모든 영겁의 시간들이 일순과도 같다."[68]

명상의 제4단계에서 "상황 한가운데 있는 중심"이 되는 상태가 그 충만한 의미로 체득된다. 상황 한가운데 있는 중심이란 원초적인 일자에게 순환적으로 복귀한 구도자가 체득한 도이다. 이 도는, 마치 북극성(道)이 우주의 중심 혹은 마룻대인 것처럼 현상적인 세계의 중심이다. 현상적인 세계는 '빈 것' 즉 본질적인 도가 아니며 망상인 것처럼 보인다(인도인의 마야의 현상적인 세계의 개념을 참고하라). 그러나 공허함과 망상(일자인 도의 관점에서 볼 때에)의 현상적인 세계는 그 근원을 도, 즉 중심에 가진다.

중심의 길 위에 있으면 사람은 공허의 이미지들을 만들기도 하지만 그러나 그것들을 공허라고 부르지 않고 중심이라고 한다. 사람은 또한 망상에 대해서

뿐 아니라 네스토리우스파 기독교(景敎)의 사상도 또한 보여 준다.
66) 앞의 책, p.40.
67) 앞의 책, p.51과 p.56(설명).
68) 앞의 책, p.62.

명상하지만 사람은 그것을 망상이라 하지 않고 중심이라고 한다."[69]

망상 혹은 현상적인 세계가 중심으로 보인다는 것은 그것이 또한 도로 보인다는 것을 의미한다. 자연과 모든 인간의 세계는 자신의 부분이며 자신은 모든 사람과 자연의 부분이다. 일체는 현상적이며 유출된 형식의 도이므로 일체를 중심적인 것으로 보아야 한다. 자연과의 융화를 강조하는 전형적인 중국인들의 세계에 대한 적극적인 자세가 명상적이며 신비적인 찬(禪)불교(일본에선 젠이라고 한다)에서와 마찬가지로 여기서 역력히 나타난다. 선에서와 마찬가지로 금화의 체험에 도달한 사람은 이전과 아주 똑같은 방식으로 이 세상에서 자기의 삶을 계속한다. 다른 점이 있다면 만물을 변형시키는 자신의 자세다. 「금화종지」는 그러한 사람의 체험과 자세에 대해서 다음과 같이 기술한다.

> 오래전 자극광(紫極光, purple polar-light)의 진실한 사람(紫陽眞人)이 말씀하셨다. 사람이 세계와 접해 살면서 여전히 빛과 조화를 이루면 그때에 둥근 것은 둥글며 모진 것은 각을 갖는다. 그때에 그는 숨어 사람들 중에 살지라도 눈에 보이고, 다를지라도 꼭 같은 사람들 중에서 살게 되지만 아무도 그것을 이해할 수가 없는 것이다. 아무도 우리들의 은밀한 삶을 눈여겨 보지 않는다. 빛이 순환하는 생생한 방식은 바로 이런 의미를 가진다. 즉 세상과 접하여 살려면 빛과 조화를 이루어야 한다.[70]

모든 사람과 만물의 통일은 사람이 중심인 도와의 동일성을 체득할 때 체험되는 것이다. 사사로운 개인의 의식(인도인의 사상에서는 개아성이라고 불리운다)은 망상으로 보이며 초월된다. 이것은 이 세상에서 무아적인 행동을 가능하게 한다.

인도의 힌두교와 불교의 요가는 모두 비슷한 철학에 기초하고 있으며 순환적인 복귀의 길은 아주 꼭 같다. 오늘날 서양 세계에서 일본의 젠(禪)이라는 이름으로 인기가 대단한 찬 불교와의 유사성이 더 한층 잘 나타나 있다. 온갖 형식의 중국의 명상적인 신비주의나 요가는 구체적인 형식으로

---

69) 앞의 책, p.67.
70) 앞의 책, p.58.

자연과 융화하는 전형적인 중국인의 심미적인 자세를 강조한다. 대우주와 소우주는 하나이며 진실한 자아는 영원한 무(the timeless No-thing) 혹은 덧없는 주관과 객관의 시공 세계를 초월한 일자의 실재이다. 그러나

> 자기 자신의 처소에 거하면서 외부의 것들에 무관심하였다. 강은 고요하게 흐르고 꽃들은 빨갛다.[71]

12세기 중국의 화가 곽암(廓庵)이 그린 십우도(十牛圖) 가운데 아홉째의 것에서 취해진 이들 몇 행에 대한 해석을 보면 다음과 같이 설명된다.

> 태초로부터 진리는 뚜렷한 것이다. 조용한 가운데 숙고하면서 나는 총합되고 해체되는 형상들을 목격한다. 형상에 집착하지 않은 일자는 '가조' 될 필요가 없다. 물은 밝은 초록색이며 산은 남색인데 나는 창조되는 것과 파괴되는 것을 본다.[72]

열째와 마지막의 소를 먹이는 그림에서는 다음과 같이 말한다.

> 맨발에 가슴을 열어 젖힌 나는 세상 사람들과 함께 어울린다.
> 나의 옷은 남루하고 흙먼지가 가득한데 나는 언제나 행복에 젖어 있다.
> 나는 나의 삶을 연장하기 위하여 주술을 부리지 않는다.
> 이제 내 앞에서 고목들이 생기를 띠는구나.[73]

이런 형식의 불교('찬' 혹은 '젠')에서 삼사라와 니르바나는 하나이다. 체득된 상태는 「금화종지」에서 기술한 "주위 상황 한가운데 있는 중심"의 그것과 유사하다. 끝없는 시간을 언제나 현재의 한 순간으로 간주하는 "중심에 순환적으로 복귀"하면 영원 측면 속에서 변형된 만물을 보게 된다. 전세계는 "신성하다." 19세기 선종의 아름다운 여승 료넨(療然)은 그녀가 죽기 바로 직전에 쓴 시에서 그녀와 자연이 융화된 기분으로 이 사상을 표현했다.

---

71) Paul Reaps, *Zen Flesh and Zen Bones*(Rutland, Vermont and Tckyo, Japan : Charles E. Tuttle Co., 1957), p.184.
72) 평언(評言)도 곽암(廓庵)에 의한 것이다.
73) 앞의 책, p.186.

예순여섯번이나 이 눈은 변하는 가을의 정경을 바라보았습니다.
나는 달빛에 대해서 충분히 말했으니
더 이상 묻지를 마십시오.
바람이 잘 때 솔과 백향나무의 속삭이는 소리를 듣기만 하십시오.[74]

이러한 선종의 사상은 옛날 도교의 철학을 다시 확인한다. 이를테면 장자
(기원전 4세기)의 제4장은 순환적인 복귀에 대해서 다음과 같이 개략한다.

나는 줄곧 그에게 말하였다. 사흘 후 그는 모든 세상의 물질을 무시할 수
있게 되었다. 그가 세상의 물건을 무시하게 된 이후 나는 계속해서 그에게
말하였다. 이레 후 그는 외부의 사물을 무시하기 시작하였다. 그가 모든 외부
의 사물을 무시하게 된 이후 나는 그에게 줄곧 말하였다. 아흐레 후 그는 자신
의 존재를 무시하기 시작하였다. 그 자신의 존재를 무시하면서 그는 밝아졌
다. 밝아지게 되면서 그는 그때 일자에 대한 환상을 얻을 수 있었다. 일자에
대한 환상을 가지면서 그는 그때 과거와 현재의 구별을 초월할 수 있었다.
과거와 현재에 대한 구변(區辨)을 초월하면서 그는 그때 생과 사가 더 이상
존재하지 않는 영역으로 들어갈 수 있었다. 그때 그에게 생의 파괴는 죽음을
의미하는 것도, 그가 존재하는 시간에 덧붙여진 생의 연장을 의미하는 것도
아니었다. 그는 어느 것이라도 쫓을 수 있고, 어느 것이라도 받아들일 수 있을
것이다. 그에게 일체는 파괴 속에 있었으며 일체는 건설 중에 있었다. 이것을
동중정(動中靜)이라고 한다. 동중정이란 완전을 의미한다.[75]

전체의 실재와 자아의 그같은 재수렴은 인간 영혼의 근본적인 요구이다.
융(Jung)과 같은 현대의 대 정신병학자와 심리학자들은 이 요구를 매우 강조
한다. 융은 동양의 만다라에 대해서 알지 못하는 그의 몇몇 환자들이 자연스
럽게 그와 같은 도해를 그리더라고 이야기한다.[76] 이들 도해의 상징은 힌두
교의 것이든 불교의 것이든 간에 전형적인 동양 만다라의 '집중화(centering)'

---

74) 앞의 책, p.66.
75) 풍우란 「중국 철학사」의 "장자"로부터 인용, Derk Bodde 역, 2 vols.(Princeton:
    Princeton University Press, 1952), Vol., I, pp.238 이하.
76) 앞에서 인용한 책, *The Secret of the Golden Flower*, C.G. 융의 주석, 2절, "The Circular
    Movement and the Center."

와 꼭 같은 것이었다. 그러나 환자는 보통 자신을 자기 주위의 나머지 전체 우주의 상징들과 함께 도해의 중심에 놓았다. 도해의 목적은 노이로제(영혼의 붕괴)의 근본 원인이었던 우주로부터의 자기 소외를 극복하기 위하여 전 자연과 전 실재와 더불어 자신을 재수렴하는 것이었다. 동양의 요가는 거의 꼭 같은 목적과 목표를 가지지만 보통 융의 환자들이 그린 서양의 만다라에서처럼 인간을 중심에 두는 대신에 신, 즉 일자 또는 브라만, 무 혹은 도를 중심에 둔다. 그러나 양자에서 우주와 자아 혹은 일자와 자아는 유기적으로 결합하여 재수렴하며, 그것은 동양 문명이나 서양 문명이나 가릴 것 없이 모든 사람들에게 그같은 결합에 대한 기본적인 인간의 요구를 보여 준다.

그러한 재수렴이 이루어질 때는 심리학적으로 대단한 가치가 있는 것이다. 동서의 위대한 성인들(혹은 행자들)은 신비적인 체험을 통하여 이것에 도달하였으며, 그러한 체험으로 그들의 도덕과 사회에 대한 자세를 완전히 뒤바꾸게 하였다. 현대인은 유사한 재수렴의 체험을 필요로 한다고 융은 생각한다. 그는 우리 시대의 종교, 사회 윤리, 그리고 정치적인 갈등과 그들의 불만스러운 피상적인 해결을 그 이유로서 제시한다. 그러나 보다 과학적이고 직접적으로 인간 개체들, 특별히 그가 다루었던 환자들에 대한 연구로부터 이끌어 낸 증거를 제시한다. 35세가 넘은 모든 환자는 자신의 삶에 의미를 줄 수 있을 어떤 보다 넓은 우주의 정신적인 실재에 자신을 수렴시키는 종교철학적인 문제를 자기들의 근본 문제로서 가진다고 융은 말한다.[77] 문제를 단순히 이론적으로만 접근하는 것은 적합한 방법이 되지 못한다고 융은 기술한다. 오직 해탈하는 체험만이 사람에게 정신적인 자유를 줄 수 있다. 정신적인 자유는 자체를 네 가지 정신적인 "은총의 은사" 가운데 드러낸다.[78] 이들은 (1) 사랑 대(對) 성(행자와 성자들은 이 문제를 해결하였다), (2) 희망 대 세계에 의한 환멸(幻滅), (3) 신앙 대 공포, (4) 존재의 의미에 대한 이해 대 몰지각이 그것이다. 동서양의 행자와 성자들은 (1)은 물론 (2), (3), (4)도 해결하였다. 하나의 유기적인 전체성 가운데서 우주와 인간

---

77) C.G.융, *Modern Man in Search of a Soul*, Harvest Book. W.S. Dell과 Cary F. Baynes 편역(New York: Harcourt Brace, 1933), p.229.
78) 앞의 책, pp.225 이하.

의 집중화 및 재수렴에 대한 만다라의 사상은 동양과 서양의 보편적인 문제
해결의 방식이다. 그러므로 융은 무의식에 의해서 우리에게 중재된 원형적인
사상이야말로 만다라의 동기라고 주장한다. 이들 원형적인 사상은 "의식에
의해서 지각될 때는 기본 주제의 많은 변형들을 표상하는 것처럼 보인다."
만다라의 동기에 대한 주제는 '중앙'인 것 같다. 그러나 나누어진 부문과
주위의 것들 역시 그러한 도해에서 중요하다. 그러므로 원형적인 것 자체는
그 본성에서 의식적인 것이 될 수 없으며 다만 초월적인 것이 된다고 융은
결론을 짓는다.[79] 의식적인 영혼에 미치는 원형적인 것의 영향은 영적이라는
사실을 융은 자기 환자들을 연구하는 데서 발견하였다. 집중화 과정은 환자
들이 회복에 이르는 정점이며 "최대의 가능한 치유의 효과"를 가진다.[80]
원형은 하나의 극(極), 즉 무의식이 갖는 정신적인 극이다. 또 하나의 극은
본능(생물학적인)이며 생명이 없는 물질의 세계에 이르는 교량이다. 그 둘
사이의 한가운데에 영혼 혹은 의지로서 특징지어진 의식적인 자아가 존재한
다. 두 개의 극인 정신과 물질은 "원형적인 개념들과 본능적인 지각들 속에
서, ……심리적인 단계에서, 서로 조우한다. 정신과 마찬가지로 물질도 심리
적인 영역에서는 뚜렷이 구별되는 의식 내용의 자질로서 나타난다. 양자의
궁극적인 본성은 초월적이며 가상적(可想的, noumenal)이다. 왜냐하면 영혼과
그것의 내용은 매개체 없이 우리에게 주어진 유일한 실재이기 때문이다."[81]

융의 분석적인 심리학의 목적은 "주관적인 개아(ego)와 집단적인 의식"
의 절대권을 철폐하고 자아(self)라고 하는 것을 그것에 대치시키는 데에
있다. 본능적인 그리고 영적인 수준에서 집단적인 무의식의 내용이 의식적인
자아와 수렴하게 되는 전 인격의 재수렴, 곧 융이 이르는 바 "개체화 과정"
을 통해서 자아는 실현된다. 개체화 과정은 본장과 전장에서 기술한 바와
같이 만다라로 상징된 동양 요가철학의 재수렴 과정과 유사하다. 사람은
생물학적 본능의 수준에서 '그늘' 즉 집단적인 무의식의 존재를 깨닫는다.
이러한 수준이 자신 속에서 나타날 때에 이것에 대한 인식은 "전인(全人)

---

79) Carl G. Jung, "A Philosopher Among Souls," Whit Burnett 편, *This is my Philosophy*,
    선집 제3장(New York: Harper & Brothers, 1957), 융의 논문은 "심리학의 정신"이
    라고 표제되었으며 본 논문 p.157에서 인용.
80) 앞의 책, *p*.147.
81) 앞의 책, *p*.158.

을 포함하는 고통과 격정의 의미"를 가진다.[82] 그것은 십자가의 성 요한이나 방금 훑어본 동양의 철학들에 있어서 자기 본위성(칼마와 재생의 원인)의 뿌리에 대한 인식과 같이 신비주의자들의 작품을 통해서 서구 세계에 친숙해진 '영혼의 어두운 밤'이다. 생명권, 즉 프로이트(S. Freud)에 의해 강조된 무의식의 영역에 놓인 것은 바로 이같은 무의식의 측면이다. 자신의 무의식적인 요소를 인정함으로써 사람은 자신의 이기적인 자기 의로움(self-righ-teousness)에 대한 생각을 버리고, 다른 사람들의 악덕에 찬성을 표하지 않는다고 할지라도 그들에 대해서 폭 넓은 공감을 갖게 된다. 개체화 과정은 변형 과정이며 그 속에서 죄의 인정은 본질적인 것이다. 티베트와 인도의 요가철학에서 이들 악덕은 현상의 우주적인 의식의 측면들인 개아성(egoity)의 근본 원인으로서 인정된다. 집단적인 무의식의 극 반대편에는 원형인 정신적인 극이 있다. 바로 이 극에서 구원이라고 할 것이 만들어져 나오는데 구원이란, 존재의 영적인 의미이다. 왜냐하면 원형적인 사상이 의식 속으로 흘러들어갈 때에 사람은 모든 인간성과 전 우주와 다시 수렴하게 되기 때문이다. 사람은 이전의 자기 본위의 태도를 버리게 된다. 영혼을 정화시키는 어두운 밤에 그는 성적 본능의 무의식적인 욕망만이 아니라 의식적인 자아의 이기적인 요구도 가차없이 끊어 버린다. 밝은 정신적인 극(원형)의 빛을 근원으로 하는 변형 과정에서 자아는 자기의 저급한 배경(생명권, 본성의 층)에 대해서 폭 넓고 진실하게 전망을 하며 보다 높은 정신적인 중심, 즉 전 우주를 수렴하는 궁극적인 의미를 본다. 개체화(혹은 자아의 실현)는 달성되었다. 융은 십자가의 성 요한[83]과 같은 위대한 기독교의 신비 체험자와 위대한 동양의 신비 체험자들, 힌두교와 불가와 도가에서의 자기 실현을 웅장한 규모에서 개체화를 달성한 예로서 지적하고 있다. 그의 환자들은 대부분 그와 같이 탄탄하게 짜인 조화있는 총화에 도달하지 못하였다. 그럼에도 불구하고, 비록 저들이 위에서 말한 바와 마찬가지로 재수렴에 대한 만다라의 중심에 정신적인 절대자 대신 자신들(인간성의 상징들)을 놓아 둔다고 할지라도, 그들이 보여 주는 개체화 과정은 유사한 것이다.

---

82) 앞의 책, p.151.
83) *Philosophy East and West*, vol., IV, No. 1(1954, 4월), pp.3~17에서의 "형이상학의 직관적인 요소"를 보라.

종교는 개체화를 목적으로 하는 변형의 상징들을 풍부하게 가지고 있다고 융은 지적한다. 카톨릭의 미사는 서양 종교의 한 실례이다. 성찬을 받는 사람은 자기의 죄를 인정하며 자기 본위를 상실하거나 단호하게 끊고 빵과 포도주에서 그리스도와 자신을 결합한다. 이것이 사도 바울(St. Paul)과 같은 사람이 체험하였듯이 실제로 체험된 변형이며 개체화의 과정이다. 그러나 종교적인 제의는 요가의 만다라 상징과 마찬가지로 사람을 우주적인 실재의 핵심에 집중화시키거나 재수렴시키는 기능을 가진다.

「신곡(Divine Comedy)」은 인간의 궁극적인 역사의 목표와 운명에 대한 기독교 철학의 만다라로서 정신적인 차원에서 볼 때에 동양의 만다라 이념의 형식과 변형의 상징을 가진다. 개체화의 과정은 지옥의 구역에 내려감으로써, 즉 죄를 인정(자아에 영향을 미치는 성적 충동의 무의식적인 욕망)함으로써 시작하며, 연옥에서 그것을 정화시키고, 끝으로 정신적인 하늘의(원형의) 세계에서 중심 혹은 핵심의 실재인 신께로 나아가 우주적인 통일의 근원인 이 절대적인 존재의 환상을 바라본다. 혹성의 영역을 지나 신의 보좌에 이르는 마호메트의 '밤의 여행(night journey)'의 '상승 만다라'도 유사한 의미를 가진다.

기독교와 마호메트교의 신비철학의 원천인 신플라톤주의도 역시 소외와 복귀의 만다라 상징을 가진다. 필설로 다할 수 없는 일자로부터 개념의 세계가 유출하며 다음에 세계의 혼(일체의 혼들을 다 포함한)이, 다음으로 물질이 유출한다. 복귀 만다라에서 영혼은 물질의 껍질을 벗고 지성의 껍질(동양철학에서 부디) 속으로 들어가며 다음에 그것은 이 껍질을 벗고 필설로 다할 수 없는 일자에 다시 병탄된다.

헤겔의 역사철학(다음 제2부에서 논의된)은 헤겔 사상에서 역사의 목표인 유사한 변형의 상징과 소외와 복귀의 만다라를 가진다. 절대자는 구체적인 특수자와 분할된 개아들의 세계에서 자체를 객관화시키거나 소외시키며 개체로서 자체에 다시 돌아간다. 각 사람의 역사적 목표인 구원 혹은 인간의 자유는 절대자와 인간 개성의 동일성의 체득 과정과 그것의 소외 또는 개체화 과정으로 이루어지고 있다.

마르크스의 철학(다음 제2부 마르크스의 역사철학을 보라)에서 인간성은 만다라의 중심에 존재한다. 계급 투쟁은 소외와 이기주의를 유발한다. 통일된 전체 인간성으로의 복귀는 계급 투쟁이 종식될 때에 일어날 것이다. 여기서 개체화란 창조적인 협동 생활을 하는 사회적인 이타주의를 뜻한다.

서양의 철학들이 훨씬 인간주의적이며 인간 중심적이다. 동양의 철학에서 필설로 다할 수 없는 실재인 절대자는 전형적인 중심이다. 융은 이러한 차이가 가지는 의의와 역사적인 기원에 대해서 다음과 같이 해석한다.

> 모든 직접적인 체험이 심리적이며 직접적인 실재만이 심리적일 수 있다고 하는 사실은 왜 원시인들이 망령이 나타나는 것과 주술의 결과를 현상적인 사건과 동일한 차원에서 보려고 하는가 하는 이유를 설명해 준다. ⋯⋯원시 세계가 붕괴되어 정신과 자연으로 나뉘어졌을 때 서양인은 스스로 자연을 구조(救助)하였다. 자연을 믿기가 수월했으며 자연을 정신적인 것으로 만들려는 고통스러운 노력과 함께 더욱 복잡하게 얽혀 나갔다. 이와는 반대로 동양인은 자신을 위해서 정신을 택하였으며, 물질을 한낱 망상(마야)인 것으로 설명해 버림으로써 아시아적인 추함과 함께 불행 속에서 꿈꾸기를 계속하였다. 그러나 단 하나의 땅과 하나의 인류만이 존재하기 때문에 동과 서는 인간성을 두 개의 서로 다른 반쪽으로 갈라놓을 수가 없다. 심리적인 실재는 그의 본래적인 단일성에 존재하며, 이제 더 이상 한쪽만을 믿고 다른 쪽을 부정하지 않으면서 양자를 하나의 영혼을 구성하는 요소로서 인정하는 의식의 차원을 향하여 인간이 발전해 나가기를 고대한다.[84]

노드롭(F.S.C. Northrop) 교수는 동양과 서양의 만남에 대해서, 정말로 관심을 가진 위대한 한 사람의 철학자에게 허용될 만한 탐구의 관점에서 이들이 가진 전형적인 차이들을 설명한다. 동양인은 자연에 대해서 항상 미학적, 비공학적, 비수학적인 접근 방법을 취하기 때문에 동양의 철학은 결코 방관자로서 자연으로부터 자신을 분리시키지 못하며 서양인들처럼 자연을 이용하려고 시도하지 않는다고 노드롭 교수는 설명한다.[85] 동양에서 땅이라고 하면 대지(Mother Earth)를 말하며 흙과 숲 그리고 식물들 심지어 바위들까지도 사람과 마찬가지로 "상호 연결된 순환 집합의 동등한 요원들이다."[86]

---

84) 앞에서 인용한 책, 융, *Modern Man in Search of a Soul*, p.191.

85) F.S.C 노드롭, "Mans Relation to the Earth in Its Bearing on His Aesthetic Ethical and Legal Values", William L. Thomas 외 편, *Man's Role in Changing the Face of the Earth*(Chicago: University of Chicago Press, 1956).

86) 앞의 책, p.1057.

사람들이 느끼는, 언제까지나 태어나고 멸망하는 순환적인 질서 속에서 의식된 자세한 사연들(the particulars)은 동양에서는 칼마(업보)의 법칙이며, 비공학적인 사회에서는 인과율의 개념이다.[87] 그러한 인과율로부터의 구원은 칼마의 순환으로부터 도피함으로써만이 얻을 수 있다. 그러므로 이 도피란 일체의 업보에 얽매인 영혼들의 역사적인 목표이다. 서양인은 자연에 대해서 수학적(이론적)이고 공학적인 방법을 발전시켰다. 그것이 한편으로는 많은 이기주의적인 죄악과 자연 및 다른 사람들 사이의 소외를 가져오기도 하였지만, 공학을 통해 이 세계의 인간 생활의 개량에 많은 공헌을 하였다. 그리고 이론적인 좋은 면으로서 더 한층 중요한 것은 그것이 자기 의식적인 추상적 법칙, 즉 만인에게 보장되어야 할 인권 사상과 '계약 사상'에 공헌하였다는 점이다. 그럼에도 불구하고 서양인은 동양인으로부터 자연과 우주와 인간의 유기적인 결합에 대한 미학적인 태도를 배울 수 있다. 동양의 선(善)이라는 개념은 자연과 뒤섞이며, 자연을 심미적으로 느끼며, 자연과 조화를 이룬다는 것이다.[88] 다음에 동양인들은 서양인의 공학과 이론적인 지식을 이용할 필요가 있다(동양은 실제로 지금 이것을 행하고 있다).

　동양철학의 비공학적 비수학적 그리고 주관적인 방법은 "분화되지 않은 연속체" 혹은 구별되지 않는 절대자를 궁극적인 실재와 인간 존재의 목표로서 강조한다. 때문에 인본주의적인 세계관을 가진 서양의 공학적 및 수학적인 방법이 전형적인 동양의 세계관에는 낯선 것으로 보일지도 모르겠다. 현상적인 세계를 궁극적인 의미의 객관적인 실재로 생각하는 서양의 세계관은 현상적인 세계가 마야의 지위를 가진다고 하는 견해를 지닌 동양의 사상(요가철학에서)과 정반대가 된다. 현상적인 세계에 대한 이러한 견해는 이 세계를 거부하거나 도피하는 것을 이 지구상의 인간 생활과 인간 역사의 유일한 목적으로서 생각토록 하였는가? 마야(망상)로서의 세계에 대한 문제는(융과 슈바이처와 그 밖에 많은 사람들은 그 문제가 아시아의 불행의 원인이라고 생각했다) 다음 장의 과제가 될 것이다. 브라만 또는 불교에서 말하는 절대 경지와의 연합이 인간 역사의 궁극적인 목표이기는 하지만 이 세계에서 이타적인 창조 활동을 금지하고 있기보다는 실제로 도움이 되고 있다는

---

87) 앞의 책, p.1058.
88) 앞의 책, p.1057.

사실을 알게 될 것이다. 그리고 이같은 생각에 대해서 제2부 스리 오로빈도 (Sri Aurobindo)와 라다크리쉬난(Radhakrishnan) 교수를 다루는 몇 장에서 훨씬 근본적인 방식으로 증거를 들어 설명할 것이다.

4. 요가의 체험과 마야 및 순환적인 시간

산캬의 체계에서 니르비칼파 사마디(無想三摩地, Nirvikalpa Samadhi)는 실재인 영원한 경지의 체험이다. 그리고 이 상태야말로 형이상학의 체계와 요가의 수련 목표이다. 니르비칼파 사마디에서 정신(푸루사)은 물질 세계에 감염되지 않은 최초의 순수한 상태에 있는 것이다. 그러나 이 물질 세계는 현실적인 것이며, 마야가 아니다. 산캬의 형이상학은 이원론적인 것이다. 마야의 개념은 자아가 지성, 정신, 감각 기관 개아성, 활력의 껍질 및 조야한 신체와 같은 프라크르티의 측면들과 융화될 수 있다는 망상에만 적용할 수 있다.

그러나 아드바이타(非二元) 베단타의 체계에서 형이상학은 일원론적인 것이다. 모든 실재는 브라만, 즉 유일의 영원한 현실 존재이다. 절대 최고의 본성에 존재하는 브라만이 니르비칼파 사마디에서 체험된다는 것을 보았다. 이 체험에서 브라만은 진리, 즉 '한 덩어리의 지식', 그러나 명확한 인식을 가지지 않은(이것이 부분들과 차이들을 포함하기 때문이다) 것으로서 그리고 무한으로서 알려진다. 왜냐하면 그것만이 현실적이기 때문이다.[89] 부분들과 차이들의 현상적인 세계와 위에 기술한 베단타의 철학이 상상하는 것처럼 그 진화 과정은 마술사가 망상을 만들어 내고 거미가 자기 신체의 실질(實質)로부터 거미줄을 잣듯이 브라만에 의해서 만들어진 마야의 세계이다. 아드바이타 베단타 학파의 가장 위대한 형이상학자 샹카라(Shankara)는 다음과 같이 기술한다.

마술사가 만든 주술적인 결과들은 비현실적이기 때문에 마술사가 언제라도

---

89) *The Vedanta-Sutras with Commentary by Sankaracharya*, George Thibaut 역, SBE. Vol., XXXIV, (Oxford: Clarendon Press, 1890), p.281.

그것에 영향을 받지 않는 것과 마찬가지로 최고의 자아도 세계(결과들 혹은 가상)에 의해서 영향을 받지 않는다. 꿈을 꾸는 사람이 자기 꿈의 망상적인 환상에 사로잡히지 않음은 그것들이 깬 상태와 꿈을 꾸지 않는 잠(깊은 잠)의 상태에까지 따라오지 못하기 때문이다. 마찬가지로 세 가지 상태에 대한 유일의 항구적인 목격자(최상의 자아는 세계의 창조와 존속 그리고 재병탄에 대한 유일 불변의 목격자이다)는 상호 배타적인 세 가지의 상태에 의해서 영향을 받지 않는다. 왜냐하면 최상의 자아가 그 세 가지 상태 속에 나타나는 것은 단순히 망상일 뿐이며 황혼에 뱀을 밧줄로 착각하는 것 이상으로 더욱 확실한 것이 못된다.…… 만약 일체의 차이들을(재병탄하는 시간에) 비(非)차이의 상태에 들인다고 가정하면 차이들에 영향을 받은 새로운 세계의 기원에 대한 특별한 이유가 있을 수 없을 것이라는 사실에 대한 반대……에 관하여, 우리는 마찬가지로 "유사한 경우들의 존재"를 지적하는 것이다. 왜냐하면, 그 경우는 깊은 수면과 황홀지경에 관한 경우와 동일하기 때문이다. 그들의 상태에 있어서도 또한 자아는 비차이의 본질적인 상태에 들어간다. 그럼에도 불구하고 아직 최종적으로 극복되지 않은 그릇된 지식 즉 낡은 차이의 상태는 자아가 수면이나 황홀지경에서 깨어나자마자 자체를 재확립하는 것이다.……[90]

더구나 현상의 세계는 나타난 것이라야만 하며 실재도 아니며 또한 절대적인 의미에서 진리 같은 것은 존재할 수가 없는 것이다. 진리가 지니는 의의의 절대적인 의미에서, 진리와 그 대상은 하나가 되어야 한다. 실재는 다수일 수가 없으며 더욱이 이중성일 수가 없다. 진정한 지식은 자성에 의한 지식(knowledge-by-identity)이 되어야 한다.

현대의 많은 힌두철학자들은 주관과 객관이 서로 다른 것이라는 합리적인 이성의 단계를 초월한 정신적인 단계에서의 진리라고 하는 진리관을 가지고 있다.[91] 이를테면, V. 수브라만야 이어(V.Subrahmanya Iyer)는 다음과 같이 말한다. 비분화(非分化)는 회의를 넘어서서 진리에 도달하는 데 필연적인 것이다. 사고와 지식에서의 절대적인 비분화란, 실재 혹은 존재의 비이중성

---

90) *The Vedanta-Sutras with Commentary by Sankaracharya*, II. i, 9. Radhakrishnan과 Moore, 앞에서 인용한 책, p.523에 인용.

91) Radhakrishnan과 Aurobindo의 견해들은 후장에서 논의되므로 여기선 취급하지 않을 것이다. 그러나 양자는 세계를 하나의 적극적인 투사로서 현상적이며, 그 정도로 ──유일의 절대적인 실재에 의해 생산된 실재의 세계로서 생각한다.

과 꼭 같은 것이며,[92] "안다는 것은 존재하는 것"이다.[93] 궁극의 실재는 원인과 결과, 공간과 시간에 대한 우리의 '깬 상태'의 범주를 초월한다고 그는 말한다.

> 인과 관계란 정신으로 하여금 체험의 세계를 알 수 있게 하는 사고 과정의 유일한 특징이다.……모든 관념과 개념이 깊은 잠에서 제거되는 것을 보면 그들은 그것으로서 현실적인 것이 아닌 것이다. 이 우주를 인과 관계의 개념과 관련이 없는 것으로 생각하면 만들어진 것도 아니며, 파괴된 것도 아닌 것이다. 인과율이 포함하는 공간과 시간은 꼭같은 운명을 공유한다.[94]

이어 교수는 다음으로 더 나아가 이 논문에서 다음과 같은 사실을 보여준다. 즉 과학, 심리학, 예술, 윤리학, 사회학, 종교와 같은 이를 모두가 통일을 목표로 하여 그것이 만약 달성된다면 절대의 비이중성으로 끝나게 될 것이다. 그 주장은 F.H. 브레들리(Bradley)가 「가상과 실재(*Appearance and Reality*)」에서 주장하는 것과 유사하다. 브레들리와 거의 마찬가지로 이어(Iyer)는 조건과 관계, 부분, 차이 그리고 분화의 현상적인 세계는 이성에 의해서는 비논리적으로 보이므로 비현실적인 것이라고 주장한다. 이어는 실재와 진리의 목표가 비이중성이라고 하는 '지적인 염려'를 이성이 제거한다[95]고 말한다. 깊은 수면 상태는 실재, 즉 브라만의 상태와 유사한 두분별(distinction-lessness, 비이중성)의 상태를 나타내 보여 준다. 다른 두 가지의 상태, 즉 깨어 있는 자아의 상태와 꿈꾸는 자아의 상태는 현상적이며 비현실적이다. 나중 두 가지의 상태 중 꿈꾸는 상태는 보다 진실한 것이다. 이는 물질의 세계(깨어 있는 자아의 세계)가 가장 적은 실재를 가지기 때문이다. 이 논문에서 이어 교수는 우파니샤드와 같은 정도로 오래 된 이상주의적인 철학적 견해들(경험적 검증으로서 요가의 체험과 결합된)을 되풀이하고 있다. 만두캬 우파니샤드(Mndukya Upanishad)는 대우주적인 규모에서 의식의 네 가지 상태를

---

92) V. Subrahmanya Iyer "철학에서의 인간의 관심 : 인도인의 견해". *Contemporary Indian Philosophy*, S. Radhakrishnan과 J.H. Muirhead 편, 개정 및 증보(London : George Allen & Unwin, Ltd., 1952), p.606.
93) 앞의 책, p.608.
94) 앞의 책, pp.609 이하.
95) 앞의 책, p.618.

기술하는데, 그것은 소우주적인 규모에서 정확히 일치되는 것을 가지고 있다. 이들 상태는 만트라(신비적인 음절, 眞言) 옴(Om)에 표상되었다. 옴이라고 하는 단어의 O는 원래 이중 모음인 AU였으며 이렇게 해서 AUM이라고 하는 세 글자가 된다. 'A'는 우주적인 인격(앞서 기술한 바와 마찬가지로 우주와 개체의 현상적인 껍질)의 깬 상태를 나타낸다.[96] 'U'는 꿈꾸는 상태를 나타내며 그들의 껍질(전에 기술한 것처럼)은 우주와 개체 인격의 '미묘한 신체'를 포함한다.[97] 그리고 'M'은 대우주와 소우주의 깊은 수면(꿈꾸지 않는 수면)의 상태, 즉 "정복(淨福)의 껍질이며, 인식의 덩어리, 행복으로 이루어진 ……만물의 주, ……전지적인, ……내적인 지배자, ……만물의 근원, ……존재의 기원과 목적으로서 묘사된다."[98] 이것은 무지, 즉 현상적인 세계의 기초가 되는 어두운 마야의 심층에 갇힌 이쉬바라이다.[99] 그러나 이 깊은 수면의 상태는 목표가 아니며 투리야(turiya)라고 하는 제4의 상태가 바로 목표인 것이다. 이어 교수가 실제로 기술한 것이 이 제4의 상태인 것 같다. 하여튼 제4의 상태는 자성에 의한 지식(Knowledge by identity)이며 그 상태에서 마야의 펫장, 즉 모든 껍질들은 벗겨지며 영원한 일자는 그의 무변(無變), 무분별의 무한 속에서 실현된다. 만두캬 우파니샤드의 깨달은 선각자는 필설로 다할 수 없는 것을 표현하려고 하고, 말로 묘사할 수 없는 것을 묘사하려고 한다.

　　내적으로 인식할 수 없고, 외적으로 인식할 수 없으며, 어느 쪽으로도 인식할 수 없는, 인식의 덩어리도 아니고, 인식도 아니며, 비인식도 아니며, 보이지도 않으며, 다룰 수도 없는 것, 포착할 수도 없고, 뚜렷한 표시도 없는 것, 생각할 수도 없고, 이름지을 수도 없으며, 자아와 하나가 되는 상태에 대한 확신의 본질, 발전의 정지, 평온하고 자비로운, 유일무이한(아드바이타)——(그러한 것을) 그들은 네번째의 것이라고 생각한다. 그는 자아이다. 그는 분명히 깨달아야 한다.[100]

---

96) 위의 제2절.
97) 앞의 책.
98) *Mandukya Upanishad*, p.56. Radhakrishnan과 Moore의 A Source Book in Indian Philosophy. 앞에서 인용한 책.
99) 위의 제2절.
100) Mandukya Upanishad, 앞에서 인용한 책.

왜냐하면, 힌두교와 불교 그리고 도교주의자들은 껍질들의 세계와 의식의 세 가지 상태의 세계가 마야라는 사실을 모르는 것이 인간의 근본적인 죄악이며 그것이 그를 영원히 반복되는 우주적인 순환 속에서 영겁에 걸친 생성의 바퀴 가까이로 굴려 보낼 것이라고 생각하기 때문이다. 사람은 현상적인 세계가 가장 높은 존재, 즉 초월적인 시바 혹은 힌두교의 브라만이나 비쉬누의 샤크티이며, 또는 대승 불교의 아디 부다(바이라샤트바 같은)이거나 도교에 있어서 도(道)의 현현이라는 사실을 깨달아야 한다. 소승 불교에서도 역시 불타가 이 마야의 세계를 초월하는 영원한 세계를 다음과 같이 묘사하였다고 전해진다.

> 태어나지 않고, 생성되지 않고, 만들어지지 않고, 혼합되지 않은 것이 존재한다. 만약 존재하지 않는다면 태어난 것, 생성된 것, 만들어진 것, 혼합된 것으로부터 벗어날 도리가 없을 것이다. 그러나 태어나지 않고, 생성되지 않고, 만들어지지 않고, 혼합되지 않은 것이 존재하기 때문에 태어는 것, 생성된 것, 만들어진 것, 혼합된 것으로부터 벗어날수가 있다.[101]

마야의 세계를 초월하는 것에 대한 이 부정적인 묘사는 아주 없어지는 것으로 해석될 수도 있을 것이다. 이러한 해석에 대해서 불타는 절멸되는 개아란 없다고 대답하였다 한다.[102] 개아를 믿는 것은 근본적인 무지이며, 그로부터 다른 모든 마야의 세계가 따르게 된다. 여기서 불교와 힌두교 그리고 불교가 일치한다. 우리가 검토해 온 일체의 요가들은 다음과 같은 점에서 일치한다. 사사로운 개아의 망상적인 쾌락과 고통이 샤크티의 주(혹은 위에서 기술한 요가 형식의 도교에서 대응극들이라고 할 음과 양, 경과 성)와 개아에 의해 심리적인 대상들로서 전개되는 삼사라의 생의 흐름 속에 태어난 개아의 망상을 주는 것은 다름 아닌 칼마적인 본체의 원망(願望) 세계라는 것이다. 욕망과 분노 그리고 탐욕은 좁은 개아 의식으로부터 비롯된다. 왜냐하면, 편협한 개아의식은 자기의 신적인 원천으로부터 또 우일한 실재와 더불

---

101) E. J. Thomas, *The History of Buddhist Thought*, 앞에서 인용한 책, p.129.
102) 열반이 실현되는 황홀 상태는 무자질이고 무분별이며 어느 점으로 보나 힌두교의 무상삼매(Nirvikalpa Samadhi)와 동일한 것 같다. 소승 불교에서 이 상태에 대한 해석은 부정적이다.

은 최초의 결합으로부터, 자아를 소외시키기 때문이다. 모든 요가들의 목표
인 중심에 복귀, 일자의 마야와의 재병탄은 일자만이 아니라 전체 현상적인
세계, 즉 일자의 마야와의 결합 기반(羈絆)을 회복하는 것이다. 세계는 브라
만, 도 혹은 불타의 본질처럼 꼭 같은 의미에서 현실적인 것은 아니지만
종속적인 '창조', 즉 유일한 실재의 적극적인 힘의 투사이다. 이것이 참이기
때문에 행자는 온전한 사랑을 가지고 그러나 집착하지 않고서 세계에 복귀
할 수 있다. 왜냐하면, 세계도 역시 브라만이기 때문이다. 개인적인 개아의
망상을 갖지 않으면서 행자는 세상에서 완전히 침착하게 자신을 이끌어
간다. 왜냐하면, 그가 지금 자신과 동일시하는 브라만과 마찬가지로 모든
인간과 사물은 유일한 마야의 세계, 즉 유일한 실재가 지니는 유일한 샤크티
의 유기적인 부분들로서 보여지기 때문이다. 어찌하여 무시무공의 영원한
일자가 마술적인 마야의 거미줄을 잣고 있는가 하는 것은 최종적인 분석에
있어서도 불가사의한 신비다. 보통 베단타의 견해는 특수한 시공적인 존재의
마야 혹은 삼사라의 세계를 릴라(lila), 즉 구도자의 자유 분방한 유회로서
받아들인다. 왜냐하면, 브라만은 무한한 존재이며 아무것도 필요로 하지
않기 때문이다. 그는 무리를 해가면서 끝없는 우주적 순환 속에서 마야의
세계를 유출하려고 하지 않는다. 그의 순수한 존재는 무수한 세계들의 퇴화
와 진화의 순환에 의해서 영향을 받지 않는다. 행자도 자기의 목표에 도달하
게 되면 역시 이러한 무한한 존재이며, 이 브라만과 브라만처럼 조용한 가운
데 초연한 자세로 마야의 세계가 펼치는 연극을 즐길 수 있다. 그러나 깨닫
지 못한 개아들, 세상의 재화를 게걸스레 움켜쥐려는 사사로운 개체성의
망상에 집착하는 마야의 노예들은 공허한 영겁을 통해 시간의 공허한 바퀴
에 묶인다. 삼사라의 비애는, 비록 인드라(因陀羅)가 도달한 신아(神我,
god-self) 의 상태가 그러한 것이라고 할 수도 있겠으나, 푸라나경(Puranas)
에 수록된 아름다운 상징적 신화인 '개미들의 행진'[103]에 나타난다.

  그것은 이야기의 주인공 인드라 신이 생명을 주는 하늘의 물을 가두어
둔 용을 베는 바로 그때부터 시작한다. 물은 이제 세계를 살지게 하기 위해
서 방출되었다. 전투가 끝났으므로 인드라는 하늘 도성의 공공 건물을 보수

---

103) *Brahmavaivarta Purana*, Krsna-janma Khanda, 47,·50-161,「인도 예술의 신화와 상징」
    앞에서 인용한 책, pp.3∼11에서 짐머가 인용.

하려고 마음먹었다. 그는 자신을 위해서 신들의 장인(匠人) 비스바칼만(Visvakarman)에게 어느 곳에서도 흉내낼 수 없을 만한 웅장한 궁전을 지어 달라고 부탁한다. 인드라의 요구가 너무나 무리하게 컸으므로 건축가 비스바칼만은 겁에 질려 보다 높은 신 브라마 앞에 나아가 상의하였다. 브라마가 말하기를 인드라는 머지 않아 건축 계획을 스스로 포기할 것이라고 한다. 이것을 이루기 위하여 브라마는 최상의 존재 비쉬누에게 도움을 요청한다. 비쉬누는 자신을 아름답게 생긴 브라민의 한 소년으로 인드라의 앞에 모습을 나타냈다. 이 고귀한 동자는 인드라에게 말하기를 이전의 어떤 인드라도 현재의 인드라가 계획했던 것과 같은 웅장한 궁전을 완성하지 못하였다고 말했다. 인드라는 깜짝 놀라 소년에게 얼마나 많은 인드라를 아느냐고 물었다. 그 소년은 다음과 같이 대답하는 것이었다.

오, 신들의 왕이여, 나는 우주의 무시무시한 종말을 알고 있습니다. 나는 매 순환 말에 일어나는 멸망을 몇 번이고 보았습니다. 그 두려운 때에 모든 단일의 원자들이 용해되어 최초의 순수한 영원의 물로 변하며 그로부터 원래의 모든 것이 발생하는 것입니다.……아, 누가 가히 사라져 없어진 우주들이나 광대한 바다의 무형의 심연으로부터 새롭게 또 다시 발생하는 창조들을 헤아릴 수 있겠습니까? 누가 가히 서로 끝없이 꼬리를 물고 쫓는 세계의 지나가는 시대들을 셀 것입니까? 그리고 뉘라서 넓고 무한한 공간을 통하여 각기 자기의 브라마와 비쉬누와 시바를 안고 나란히 늘어서 있는 우주를 세려 들겠습니까? 누가 그 가운데의 모든 인드라들을 셀 수 있겠습니까? 나란히 늘어서 있는 그 인드라들은 동시에 모든 헤아릴 수 없는 세계들을 지배하는데, 그들 앞에서 사라져 간 다른 자들과 혹은 하나씩 신적인 왕위에 오르며 하나씩 사라지는 일정한 설계 속에서 서로 계승하고 있는 인드라들까지 셀 수 있겠습니까? 신들의 왕이여, 당신의 부하들 가운데 어떤 자는 땅의 모래알과 하늘에서 떨어지는 빗방울을 센다는 것이 가능하다고 주장하는 자가 있습니다만 일찍이 아무도 그 모든 인드라를 세려고 하지 않았습니다. 이것이 바로 지자(知者)가 아는 바입니다.
한 인드라의 생명과 왕권은 일흔 하나의 영겁을 지탱하며 일흔 여덟의 인드라가 소멸할 때에 브라마의 하루 낮과 밤이 지나가는 것입니다. 그러나 그러한 브라마의 낮들과 밤들로 잰 브라마 하나의 존재는 일백하고도 팔 년에 지나지 않는 것입니다. 브라마가 브라마를 뒤따르며 하나가 가라앉으면 하나가 일어납니다. 그 끝없는 연속은 다 말할 수가 없습니다. 그 브라마들을 세는 데는 끝이 없는데, 인드라는 말할 것도 없습니다.

　어느 일정한 순간에 각기 브라마와 인드라를 품은 우주들을 나란히 늘어놓아 보십시오. 누가 가히 이들위 수를 헤아릴 수 있겠습니까? 저 멀리 시야를 넘어 아득한 곳에서 수많은 외계의 공간과 여러 우주는 헤일 수 없이 왔다가 사라집니다. 부숴질 듯한 작은 배들과 마찬가지로 그들은 비쉬누의 몸을 이루는 헤아릴 수 없는 맑은 물 위를 떠가는 것입니다. 그 몸의 모든 털구멍 하나하나로부터 우주가 거품처럼 생겨났다간 사라지는 것입니다. 당신이 감히 그들을 헤아려 보겠다고 하겠습니까? 당신이 그 모든 세계, 즉 현재의 세계들과 과거의 세계에 있는 신들을 헤아려 보시겠습니까?[104]

　그러자 개미들이 일렬 종대로 줄지어 나와 소년과 인드라의 앞에서 4야드의 넓이로 마루를 지나 행진하였다. 소년은 미소를 지었다. 인드라는 이유를 알고자 하였다. 그 소년은 대답하기를 자기가 웃는 까닭은 삼사라로부터 해방되기를 구하는 자에게는 정신적인 깨달음이 될지 몰라도 세속적인 존재들에게는 단지 해가 될 심오한 신비였다고 하였다. 인드라는 소년에게 을러대며 비밀을 실토하라고 하였다. 그러자 소년은 그에게 행군하고 있던 각각의 개미는 한때 하나의 인드라였다고 가르쳐 주었다. 많은 삶을 사는 동안 훌륭한 행적을 쌓음으로써 각기 인드라로 환생하였다. 그러나 그 뒤로 결점이 드러나고 사악한 행위를 함으로써 각자는 다시 훨씬 저급한 생명체가 되었다. 각자는 방금 그 개미였다. 이것은 덧없는 삼사라 세계에 있는 존재의 하찮음을 분명하게 말하고 있다.

　소년은 현상적인 시간의 세계는 꿈과 같은 것이라는 생각을 피력하면서 자기의 철학적인 담화를 끝맺었다.

　헤아릴 수 없는 환생의 순환 속에서 인생은 꿈의 환상과 같은 것입니다. 말 못하는 높다란 나무들과 돌기둥 위의 신들은 공상의 허깨비와 같은 것입니다. 그러나 죽음은 시간의 법을 꾸려 갑니다. 시간에 의해서 정해진 죽음은 모든 것을 마음대로 할 수 있습니다. 꿈속의 존재들이 행한 선과 악은 거품과 같이 스러질 것입니다. 끝없는 순환 속에 선과 악은 번갈아 나타납니다. 이리하여 현자는 악한 것에도 선한 것에도 그 어느 것에도 집착하지 않는 것입니

---

104) 앞의 책, pp.5 이하.

다. 현자는 전혀 어느 것에도 집착하지 않습니다.[105]

집착(욕망, 탐욕, 욕심, 자의식)하지 않음으로써 시간의 바퀴로부터 해방은
얻어진다. 왜냐하면 이것은 그러한 해방이 실제로 실현되는 요가의 황홀한
체험을 가능하게 하기 때문이다. 황홀한 상태에선 오직 순수한 의식만이
풍요한 순수 이성의 성질을 나타내지만 대상들을 가지지 않기 때문에 황홀
한 상태 그 자체가 무시(無時)의 실재에 대한 생각을 갖게 하는 것 같다.
지자(知者)와 알려진 것, 주관과 객관의 절대적인 결합이 실현된다. 진화의
순환들은 유형에 있어서 언제나 동일하며 끝없이 반복된다고 하는 견해를
보탠 이같은 체험이, 시간이란 무의미한 것이라고 하는 생각을 조성하는
것이다. 그렇게 되면 해방을 기리는 감정이 지배하게 되며, 그의 칼마가 성취
되고 브라만의 끊임없는 영원한 행복을 미리 맛보고 몸이 영원히 입멸하게
될 때까지, 즉 사마디(삼매)가 이루어질 때까지, 이 해방에 도달하는 요가의
방법을 연마하고 행하게 되는 것이다.

샨카라의 베단타는 마야의 세계에 대한 접근 방법에서의 부정성(否定性),
즉 이 현상적인 세계의 생(生)에 대한 어떠한 가치도 부정하기 때문에 비난
을 받아 왔다. 그러나 그의 견해는 신으로부터 인간을 소외시킨 이러한 육체
와 '타락'의 세계가 몇몇 영혼들을 하늘의 도성인 신국에서 영원한 생명을
누리도록 제도하기 위한 덧없는 처소라고 주장하는 성 아우구스티누스의
정통적인 기독교의 견해보다는 실제로 덜 부정적이다.[106] 다른 점은 아우구스
티누스와 유태 기독교와 배화교 그리고 모슬렘교의 사상에 있어서 대체로
우주적인 순환이란 유일한 것임에 반하여 동양의 사상에 있어서 세계의
순환은 반복된다고 하는 데 있다. 비록 전 은하계의 유일무이한 순환이 있다
고 할지라도 유사한 진화의 형태를 가진 수많은 은하계를 이야기하는 새로
운 천문학에서는 후자의 이론이 긍정되는 것 같다.

그럼에도 불구하고 하인리히 짐머는 샨카라의 태도와 그의 영도 아래
있던 전통적인 옛날의 베단타는 현대 힌두교의 사상보다는 훨씬 이 세상에
대해서 부정적이었다고 지적한다. 짐머는 세계를 긍정하려는 쪽으로 방향을

105) 앞의 책, p.8.
106) 아래의 제2부 제3장.

전환한 전위적인 실례로서 스리 라마크리쉬나(Sri Ramakrishna, 1836년~1886
년)를 꼽는다. 스리 라마크리쉬나는 상술한 바 있는 탄트라 형식의 요가를
추종하던 사람으로서, 모신 칼리의 또아리를 틀고 있는 몸체 아래의 마야
혹은 브라만의 샤크티의 숭배자였다. 스리 라마 크리쉬나의 말이 다음에
인용되었다.

　　모신은 그녀가 만사(萬事)로 변화하였음을 칼리 신전에서 내게 계시하였
다.……그녀는 내게 만사가 의식으로 차 있었음을 보여 주었다. 형상이 의식이
었으며, 제단(祭壇)이 의식이었으며, 물그릇들이 의식이었으며, 문지방이 의식
이었으며, 대리석 마루가 의식이었으며, 모든 것이 의식이었다. 나는 방 안의
모든 것이 말하자면 정복(浄福)인 삭시다난다(Saccidananda)[107]의 행복에 젖어
있음을 알았다. 나는 칼리 신전 앞에서 사악한 자 하나를 보았다. 그러나 그에
게서 또한 나는 모신의 힘이 진동함을 알았다. 그것이 바로 모신에게 바쳐야
할 음식을 고양이에게 먹인 이유였다.[108]

　　모든 마야의 세계는 영원의 샤크티인 모신으로서 존경받게 된다. 샨카라
학파의 행자와는 반대로 라마크리쉬나는 "'나는 브라만이다'라고 말하기를
즐겨하지는 않았으나" 그와 신을 사랑하는 자들은 " 오, 신이시여, 당신은
주인이시며 저는 당신의 종이로소이다. 당신은 어머니이시며 저는 당신의
어린아이입니다.……당신은 나의 아버지이시며 어머니이십니다. 당신은
전체이시며, 저는 부분입니다"[109] 라는 태도를 취한다. 그러나 라마크리쉬나도
역시 베단타의 형이상학을 받아들였으며 니르비칼파 사마디(無相三昧)를
체험하면서 마야를 초월한 영원한 일자를 체득하였다. 그러나 현상적인 세계
를 또한 신으로서 사랑하였음이 분명하다. 20세기 힌두 사상가들 가운데
가장 위대한 라다크리쉬난(Radhakrishnan)과 오로빈도(Aurobindo) 역시 세계
를 긍정하며 이 세상에서 사는 동안 숭고한 정신적인 가치들을 구현하는

---

107) 이것은 존재(유), 의식, 행복을 의미하며 또한 Sat, Cit, Ananda의 세 단어로서도
　　쓰여진다.
108) Swami Nikhilananda의 번역 및 서문과 함께 *The Gospel of Sri Ramakrishna*(New
　　York, 1942), p.858에서 짐머가 「인도의 철학」 pp.561~562에 인용.
109) 앞의 책, *The Gospel of Sri Ramakrishna*, pp.133~135로부터 인용.

것이 인간의 의무라고 믿었다. 본서 다음 부분에서는 이 사상가들을 위해서 1 8씩 지면을 할애했으므로 여기서 세계(마야)의 현상에 관한 그들의 사상을 세밀히 다룰 필요가 없다.

불교 또한 대승불교의 형식으로 영원히 반복되는 유형에 대해서는 마찬가지로 우주적인 순환의 무익함을 강조하고,[110] 개체의 윤회적인 실존을 그려주고 있는 삼사라 쳇바퀴의 비실재성과 덧없음 그리고 무의미함을 똑같이 강조하면서도 이 세상에 대해 훨씬 적극적인 자세를 취하였다. 대승불교의 보디사트바(보살)의 이상은 아바로키테스바라(Avalokitesvara)가 원형이라고 할 수 있으며, 마야의 세계를 극복하고 그로부터 자유를 이루며 영원한 열반에 들어갈 준비가 된 존재를 나타내 보여 준다. 그러나 아바로키테스바라(와 그의 모범을 따르는 사람과 역시 보디사트바가 된 다른 사람들)는 모든 존재들이 깨우쳐서 윤회하는 존재들의 마야 세계로부터 제도된 다음에야 비로소 열반에 들어갈 것을 서약하였다. 완전하게 된 존재를 상징하는 보디사트바의 무아성과 연민 때문에 이같은 서약을 하게 되었다. 그러한 서약이 가지는 의의는 삼사라 세계에 대한 가치를 전환하는 것이라고 짐머는 말한다. 왜냐하면 불교의 우주적인 순환에 대해서 검토해 보았던 것처럼 세계는 끝이 없기 때문이다. 그러므로 그같은 서약은 순환적인 영겁의 시간이 계속하는 한 열반에 들어갈 수가 없기 때문에 열반을 포기한다는 것과 다름이 없는 것이다. 보디사트바는 시간(마야의 세계)과 영원 사이의 상태에 영원히 머물러 있어야만 한다. "이것이 바로 그의 서약이 세계를 제도하기 위한 것이라고 하는 까닭이다"라고 짐머는 기록한다. 그것을 통해서 진리는 시간과 영원, 삼사라와 니르바나가 대응하는 짝으로서 존재하지 않고 똑같이 "'공허'(순야타), 즉 '빈 것'"[111]을 상징한다. 삼사라와 니르바나는 똑같은 것이라고 역설적으로 말하고 있는 것이다.

8세기에 시작해서 「금화종지」의 내용으로 기술한 교리를 낳은 후기 도교의 요가 학파에 직접적으로 영향을 미친 찬(禪) 학파에서의 삼사라와 니르바나 사이의 이러한 동일성을 중국의 불교는 강조한다. 이 중심에 관한 근본사상, 즉 중심으로의 복귀와 '빛의 순환'이 토착적인 도교의 사상과 불교의

---

110) 위의 IV장.
111) 짐머, 「인도의 철학」, 앞에서 인용한 책, p. 535.

요가를 한데 결합한다. 이 중국의 요가에서 삼사라와 니르바나는 다시 한번
융화된다. 사람은 위에 기술한 "상황의 한가운데 있는 중심"[112]의 상태에
도달한다.

결론적으로 말하면 동양의 철학이 세계를 부정하지 않는다는 것이다. 여러
철학들이 목적으로 하는 바는 오히려 이 세상에서 삶을 변형시키는 것이
다. 오로빈도가 말하듯이 중심, 즉 존재의 근원에 이르는 복귀 여정을 성공적
으로 끝내고 자유에 도달한 행자는 하나의 영지적인 존재(a Gnostic Being)
——일자의 존재 자세——가 되어야 하며 시간과 영원 속에서 모두 살아야
한다. 왜냐하면 양자는 유일한 현실 존재에 속하기 때문이다. 이러한 깨달음
에 도달한 행자는 진실한 자유를 획득한다. 그러한 자유의 핵심은 무아이
며, 그것이 바로 목표이다.

본서를 통해서 보게 될 것과 마찬가지로 자유는 동서양의 많은 철학과
역사의 신화론들에서 개체와 사회의 목표이기는 하지만 힌두교와 불교의
자유 이념은 개체와 우주의 반복적인 역사의 순환적인 바퀴의 멍에로부터의
해방을 강조하기 때문에 독특한 향기를 지닌다. 힌두교와 불교의 견해는
대승 불교의 형식으로 기원후 1세기 중국에 들어갔다. 우리는 그러한 견해가
「금화종지」에 나타난 중국 요가의 후대 도교에 미친 영향을 주목해 보았
다. 그러나 그 작품의 도가적인 배경은 중국의 형이상학을 독특한 방식으로
전해 준다. 우주 역사의 순환론적인 철학이 받아들여졌으나 불교로부터 연유
된 것이었다. 그러나 자연의 순환과 종합을 이룬 역사의 순환은 분명히 불교
이전의 것이었으며, 순전한 중국인의 것이다. 11세기경에 이르러서야 비로소
끝없이 반복되는 우주 순환론이 완전하게 발전되었던 것 같다. 여기 바로
그 이론에 있어서조차 토착적인 중국인의 개념들로부터 성장된 독창성이
나타나 있는 것이다.

---

112) 위의 3절.

제8장
중국 사상의 유기적인 순환사관

　역사에 대한 순환론적인 접근 방법은 중국 사상의 특징은 아니다. 전통적
으로 지배적인 역사철학은 아마도 비순환적인 '연대기적 상고주의(chrono-
logical primitivism)'[1]라고 해야 할 것 같다. 이것은 황금 시대가 언제나 한
문화의 과거에 있고 그 뒤의 역사는 쇠퇴를 나타낸다고 하는 역사관이다.
중국의 황금 시대는 기원전 3000년경의 황제(黃帝), 요(堯), 순(舜), 우(禹)
와 같은 문화적인 영웅과 전설적인 황제(皇帝)들에 대한 전설의 시대이다.
진보와 관련시켜서 생각하는 한 후시대가 바랄 수 있는 모든 것은 이 원시적
인 낙원의 시대에 가까이 접근하는 것이다. 그럼에도 불구하고 몇몇 중국의
위대한 사상가들은 이 위대한 문화의 특유한 유기적인 자연철학에 근거한
자연과 역사의 순환철학을 발전시켰다. 이 순환철학들은 대체로 중국의 세계
관에 대해서 불가분의 부분이므로 그 형성과 발전에 대해 간략하게 설명함
으로써 시작해 보도록 하자. 황제(혹은 天子), 역의 주(Lo-d of the Calendar),
하늘 그 자체, 음과 양, 땅의 오행(五行)은 다음에 보게 될 것과 마찬가지로
유기적인 세계관에서 본질적인 역할을 한다.

음양오행과 천자

---

1) Lovejoy와 Boas, 앞에서 인용한 책, p.1.

메소포타미아와 인도에서와 꼭 마찬가지로 중국의 왕권은 순환적인 계절의 풍요 의식으로부터 발전되었다. 왕은 농작물을 풍성하게 하기 위해 고유한 질서를 따르는 계절들을 지키는 중심 인물이 되었다. 이러한 역술적(曆術的)인 기능을 수행하기 위해서 그는 자연이 가진 음양의 힘을 제어할 수 있어야 했다. 또한 세시(歲時), 즉 지점(至點)과 주야 평분점에서 결정적인 전환점을 예보하는 하늘의 천문학적인 전조(前兆)를 읽을 수 있어야만 했다. 그는 만물을 초월한 역(曆)의 주이며, 하늘의 아들로서, 신민들은 그의 역을 받아들이는 것으로 그가 지닌 대군주의 지위를 인정하였다.

음양의 힘이라는 개념은 중국 문화에 그 독특한 향기를 주었다. 이 사상의 기원에 관해서 생각해 보는 것도 재미있는 일이다. 중국학의 학자 피체랄드(Fitzerald)는 그럴 듯한 소견을 피력했다. 황하 계곡 문화의 특수한 지리적인 조건이 음양 사상을 낳았다고 그는 믿었다. 자연력의 아주 섬세한 균형은 이 일대의 풍요를 위해서 필연적인 것이라고 그는 관찰하였다. 무엇보다도 농부의 농작물은 봄 비에 의존한다. 때때로 봄 비는 전적으로 부족하거나 적절한 수확을 기대하기에는 불충분한 것이었다. 만약 비가 아주 적게 오면 여름의 태양은 농작물을 시들게 함으로써 기근이 발생한다. 그렇지 않은 경우에는 한여름에 비가 너무 많이 내려 아직 채 익지도 않은 작물을 떠내려 보냄으로써 기근이 발생한다. 피체랄드는 이 재난들이 매 4, 5년마다 그 나라의 어느 지방에서고 발생한다고 말한다.[2] 그렇다면 자연력과 계절에 따라서 내리는 비와 적절한 시기에 적당한 양의 햇빛의 미묘한 균형은 적절한 수확을 위하여 필연적인 것이 분명하다.

중국인은 물(비)의 요소를 음(陰)이라고 했고 태양의 요소를 양(陽)이라고 불렀다. 기근을 피하려는 경우에 이 두 가지 요소는 적당하게 조화를 이루어 균형을 유지하지 않으면 안 된다. 음양의 힘은 또한 성(性)에 대해서도 나타난다. 음은 여성이 되며 달과 소극적인 것, 어두운 것과 차가운 것, 심지어는 짝수와도 적당하게 관련지어졌다. 양은 태양과 적극적인 것, 빛, 따뜻함과 홀수와 관련되었다.

세시의 자연력을 성과 연관시키는 기반(羈絆)은 아마도 태곳적인 과거에

---

2) C.P. Fitzerald, *China: A Short Cultural History*(New York : Frederick, A. Praeger, Inc., 1954), 4판, 개정본, p.35.

있었던 것 같다. 그때 봄철에 행하던 청춘 남녀의 집단 혼례는 이 음양의
힘이 조화있게 균형을 유지하도록 제어하려는 제의적인 술책이었으며, 그것
은 기근을 피하는 데 필요하다고 생각되었던 것 같다. 이 제사를 지냈던
곳들을 성역이라고 하였다. 그러나 상 왕조(商王朝, 기원전 1700년경) 때에
이르러서 혹은 그보다 더 일찍이 군주와 그의 처 사이의 혼인 관계가 봄철의
집단 혼례를 대신하기에 이르렀다.[3] 군주는 양의 힘을 의인화하였으며 양의
힘을 지배하였고, 그 처는 음의 힘을 의인화하고 그 힘을 지배하였다.[4] 이제
왕은 자연의 계절적인 조화에 무거운 책임을 지고 있었다. 그가 통치하는
영역의 역이 되는 농부들의 역을 반포하는 것이 그의 역할이었다.

  천문학적인 관측은 계절을 예보하는 데 필수적이었다. 왕은 계절적인 힘을
조화시키는 본질적인 인물이었기 때문에 이 부문에 책임을 진 수령이었다.
자기의 역술적인 기능을 수행하기 위해서 왕은 명당(明堂) 혹은 밝은 방을
이용하였다. 여기에는 관측실이 하나 있었는데, 때에 따라서는 다섯 개에서
아홉 개의 방이 있었다(아마도 주 왕대에는 방이 아홉 개였던 것 같다. 기원전
1122년~256년경). 왕은 다섯 개의 방이 달린 명당에서 계절에 알맞게 주술
적인 힘을 쏟거나 아홉의 방이 있는 건물에서 달(月)에 알맞게 주술적인
힘을 쏟는다. 계절의 순환과 공간의 방향 사이에는 직접적인 상관 관계가
있었다. 북은 겨울이었으며, 동은 봄, 남은 여름, 서는 가을이었다. 9개월
양식의 명당과 함께 간방(間方)의 방위들은 아래의 도해에서처럼 군주에
의해 점유되었다.[5]*

  이 공간들의 방향과 계절 사이의 상관 관계는 중국의 전승에서 가장 중요
한 성군(星群)인 두수(斗宿, Bushel)의 천문학적인 관측에 기초했음이 분명하
다. 이것은 우리의 큰곰좌이다(서양에서 보통 북두칠성이다). 어느 중국의
원전에서는 북두칠성의 손잡이를 관찰함으로써 계절의 시각과 공간의 방향
을 이야기하는 법을 설명해 준다.

---

3) Marcel Granet, *Chinese Civilization*, Kathleen E. Innes and Mabel R.Braisford(Lon-
  don: Routledge & Kegan Paul Ltd., 1930), pp.170~173, 봄의 집단 결혼을 기술한
  다.
4) 위의 책, p.185.
5) William Edward Soothill, *The Hall of Light*, Lady Hosie와 G.F.Hudson 편(London:
  Lutterworth Press, 1951), p.34.

북 — 겨울 — 3개의 북편방실(北便方室) { 10월 / 11월 / 12월 }

서 — 가을 — 3개의 서편방실(西便方室) { 9월 / 8월 / 7월 }

남 — 여름 — 3개의 남편방실(南便方室) { 6월 / 5월 / 4월 }

동 — 봄 — 3개의 동편방실(東便方室) { 1월 / 2월 / 3월 }

서 — 가을 — 8월 서편의 간실(西便의 間室) {총장대묘}
북 — 겨울 — 11월 북편의 간실(北便의 間室) {어두운 혹은 현당대묘}
정방형의 중앙대묘(中央大廟)   영대(靈臺) 혹은 중간계절
남 — 여름 — 5월, 남편의 간실(南便의 間室) {밝은 혹은 명당대묘}
동 — 봄 — 2월, 동편의 간실(東便의 間室) {청양대묘}

* 이 도해는 원서에 없는 것을 「大漢韓辭典」 p.644에서 인용하였다.

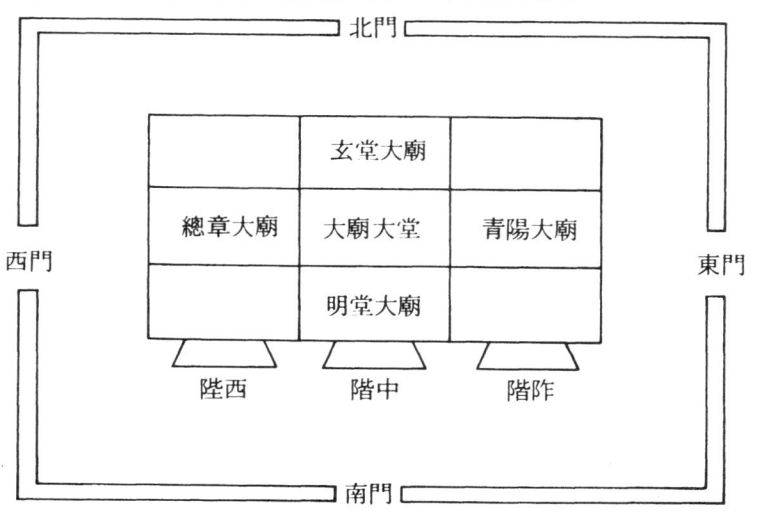

그림 . 명당도(明堂圖)

곰의 꼬리가(황혼에) 동쪽을 가리킬 때면 온 누리는 봄이다. 곰의 꼬리가 남쪽을 가리킬 때 온 누리는 여름이다. 곰의 꼬리가 서편을 가리킬 때 온 누리는 가을이다. 곰의 꼬리가 북쪽을 가리킬 때 온 누리는 겨울이다.[6]

갈관자(鶡冠子)의 저작에서 이 구절을 인용한 찰머스(Chalmers) 교수는 다음과 같이 부언한다. "큰곰의 몸체는 옛날에는 지금보다 상당히 북극에 가까웠다는 것과 꼬리는 다소 시계의 침과 같이 극점을 돌아 움직이는 것같이 보였다는 사실을 명심해 두는 것이 좋을 것이다."[7]

북극성 자체가 축이 되어 천체의 계절을 움직인다. 모든 천체가 신으로 생각되었으므로 중심으로서의 북극성은 지상에서 그의 대응부인 왕이 중심이거나 주축 인물인 것과 꼭 마찬가지로 하늘 영역의 대통치자가 된다.[8] 이것은 고대 문화에 널리 퍼져 있던 파르스 프로 토토(Pars pro toto)적인 사고의 또 다른 실례다. 인간 사회의 조직인 부분은 대우주적인 규모에서는 우주, 즉 하늘에까지 미친다. 이 신화 시대의 사고는 단원자(丹元子, 수 왕조, 기원전 589년~기원후 618년)의 천문학적인 시작(詩作) 보천가(步天歌)에 훨씬 잘 표명되어 있지만 다음에서 우리가 보게 될 것과 같이 일찍이 한(漢)대와 같은 시대에 널리 퍼졌던 사상에 근거한다. 수틸(Soothill) 교수는 하늘의 극(중앙)권과 관계된 부분만을 옮겼을 뿐이다. 거기서 기술된 천체 구성의 전면도는 다음과 같다. 즉 하늘은 중앙 혹은 극지의 성좌와 시방을 중심으로 동서남북의 커다란 다섯 구역으로 나누어졌다. 각각의 방위는 일곱의 수(宿, mansions)나 성좌들(총 28宿)을 가지며, 그 시(詩)의 각 수나 성좌는 그 별자리의 별들의 이름과 위치를 나타내는 시행을 가진다.

수틸 교수의 번역판은 우주를 이해하려는 신화적인 단계의 파르스 프로 토토적인 접근 태도를 분명히 밝혀 준다. "아래와 마찬가지로 위에서도 그러하리라." 즉 북극성과 북극성에 따르는 성좌는 하늘의 통치자인 최상의 정신과 그의 가족과 공리(公吏)들을 나타낸다. 현세의 세계나 소우주는 하늘의 세계인 대우주의 모사(replica)이다. 그 시는 다음과 같이 말한다.

---

6) 위의 책, p.60, Soothill 교수는 Chalmers를 인용한다.
7) 위의 책.
8) 풍우란, Derk Bodde 역. *A History of Chinese Philosophy*(Princeton: Princeton University Press, 1953), 2 vols. Vol., II, p.101, 각주 2.

> 북극의 중앙 왕궁은 자미원(紫微垣)이다.
> 북극의 다섯 별들은 그 한가운데에 있다.
> 대지배자의 옥좌는 두번째의 진주이며,
> 세번째 별은 서자(庶子)의 처소이다.
> ……
> 좌축과 우축은 남문을 지키며,
> 양편의 위병(衛兵)은 15인이다.
> 재상과 장관은 서로 마주 향하여 있다.
> 장관, 고위 정객(政客)과 다음에 하급의 정객.
> ……
> 후문의 동편에 수보좌관서(首補左官署)가 있다.
> 두 개의 황색 음덕성(陰德星)이 문 안에 모여 있다.
> 질서정연하게 비서관들은 그들의 다섯 처소로 들어간다.
> 코우첸(勾陳)의 꼬리는 극의 머리를 가리킨다.
> ……
> 천상의 통치관은 코우첸 안에만 있다.[9]

 이 시가 지어졌을 당시(주 왕조에서와 같이) 천문학은 점성술과 매우 밀접하게 관련되어 있었다. 성좌에 있는 각 별의 공식상의 위치를 안다는 것은 아래에서 일어날 사건을 예언하는 데 매우 중요한 것이었다. 왜냐하면, 별의 움직임은 아래에 상응하는 관리와 관직의 변화를 의미하였기 때문이다. 사법의 점성술(Judicial Astrology)은 오랜 옛날부터 매우 중요한 의사 과학(擬似科學)이었다. 이를테면, 희생자와 화목하게 하는 자라는 의미의 이름을 가진 희(犧)와 화(和)는 전설의 통치자 요 임금(기원전 2400년)의 어전 천문학자들로서 복술(卜術)을 감독하였다고 하며, 복술 중 제일은 점성술이었다.
 「예문지(藝文志)」, 즉 전한서(30장)에서 발견되는 한 왕조의 총서목록에서는 다음과 같이 말한다.

> 점성술은 28 수(宿)를 정연하게 배치하고 다섯 유성과 태양 그리고 달의 진행 과정을 적어 두기 위하여 사용되며, 그것으로 행운과 불운의 나타남을 기록하고자 함이다. 이같이 현군은 통치한다.[10]

---

9) Soothill, *Hall of Light*, 앞에서 인용한 책, 별책, Ⅱ, pp.244~251.

　　그러나 28 수(宿, 태음)는 주대(周代)까지만 해도 알려지지 않았으며, 기원전 1000년에서 800년[11] 사이에는 아무 데서도 알지 못했을 것이기 때문에 위에 기술한 종류의 사법 점성술은 그보다 일찍이 있을 수 없었다. 그럼에도 불구하고 갈관자로부터 몇 절 위에서 인용한 바와 같이 계절의 순환에 관한 두수(斗宿)의 관측은 기원전 1500년에서 1000년 사이에 만들어진 것이었다.[12]

　　한 왕조 때까지 두수는 그러한 의의를 지니고 있었기 때문에 황제의 수도는 큰곰좌(혹은 斗宿)의 유형에 일치하도록 설계되었으며, 작은곰좌는 북극성의 위치에서 황궁 자체와 연결되었다.[13] 이같이 황제는 마치 북극성이 하늘의 축이나 핵심인 것처럼 현세의 유기체와 그 조화로운 복지의 핵심이 되는 것이다. 천지간에는 그같이 밀접한 유기적 관계가 있기 때문에 만일 황제가 스스로 부당하게 행동하면 제철에 벗어난 일기 현상과 다른 상서롭지 못한 현상에서 하늘의 분노를 느낄 수 있을 것이다. 통치자는 각 계절을 공표하고 그것이 '제철일 것'에 대해서 책임을 진다. 이를테면 성력계(星曆計, steller calendar clock)인 북두칠성이 황혼에 자기의 꼬리로 동편을 가리키면 통치자는 봄이 왔음을 알리고 봄맞이에 적당한 의식을 수행한다.[4] 가장 오랜 부분의 의식은 경작 의식이다. 예식의 색인 녹색 옷을 착용하는 것과 마찬가지로 다른 부분들도 풍요와 관련되었다. 언덕과 삼림 그리고 냇물에 제물을 바치라는 명령이 발포되었다. 그리고 여성의 제물을 제사하는 것과 새 둥지를 뒤지거나 태어나지 않은 것과 새로 태어난 것, 갓난 것과 어린 동물이나 알을 깨뜨리는 것을 금하는 명령을 내린다.[15] 도발전(挑發戰)도 또한 금지된

---

10) 풍우란, 앞에서 인용한 책. vol., Ⅰ. p.26.

11) H.D. Chatley, "고대 중국 천문학" 본주. No.5, *Royal Astronomical Society* , 1939, pp.65~74.

12) 위의 책.

13) J.J.L. Duyvendak, "The Mythico-Ritual Pattern in Chinese Civilization " 암스테르담, 1950. 9. 4~9, 종교사를 위한 제7차 회의의 회보, C.J. Bleeker, G.W.J. Drewes, K.A.H. Hidding 편(Amsterdam North-Holland Publishing Co., 1951), pp.137~138. 1955년 3월 종교 평론에 나타난 Orange 저, *Iconography of Ancient Kingship*에 대한 T.H Gaster의 서평에서 본 논문에 대하여 주의를 환기하는 데 본인은 크게 힘을 입었다.

14) Soothill, 앞에서 인용한 책, p.36.

15) 위의 책, p.39. 월령(月令, Monthly Command, 기원전 3세기 연감)으로부터 Soothill은 인용한다.

다.[16] 이 모든 명령은 봄의 새로운 생명력을 조장하기 위하여 모방적인 주술로서 의도한 것이 분명하다. 모방적인 주술에 의한 파괴 행위는 생명력을 저해한다.[17] 적절한 의식과 명령이 연중 각기 열두 달을 위해서 발해졌다. 명당 혹은 역사(曆舍, The House of Calendar)에서 황제는 사람의 안녕이 의존하는 천(天), 지(地), 인(人) 사이의 조화를 유지하는 주축 인물로서 기능을 수행하였다. 그라네트(Granet)가 말하는 바와 마찬가지로 "천자는 계절에 맞추어 조절하는 자기의 덕을 전 제국에 베푼다. 왜냐하면, 그는 역사(曆舍)에서 하늘의 이름으로 시간 과정을 지배하기 때문이다."[18]

천, 지, 인의 이같은 유기적인 우주의 조화 속에서 대지(大地)의 자리는 땅의 오행——토, 목, 화, 금, 목——과 인간의 덕 사이의 관계라고 하는 말로 설명되었다.

> 오행은 다섯 가지 상덕(五常德 : 개인적인 용모, 言辭, 환상, 傾聽, 사상)의 유형적 본질이다. 「서경(書經)」에 기록되기를 첫째 것의 범주는 오행이라고 한다. 둘째 것은 다섯 가지 기능의 경건한 실행이라 한다고 한다. 이것은 다섯 가지의 기능이 오행과 일치하여 실행되어야 할 것을 의미한다. 만일 사람이 자신의 용모와 말과 환상과 경청과 사상의 고유한 질서를 잃으면 오행은 혼란에 빠지고, 다섯 유성 중에는 변화가 일어날 것이다. 왜냐하면, 이 모두는 달력과 관련된 수(數)들로부터 나오며 한 가지 것(오행의 움직임 가운데)의 부분들이기 때문이다. 그들의 법칙은 모두 다섯 가지의 힘(즉 요소들)의 회전으로부터 발생하며 만일 그들이 가장 멀리까지 뻗치게 되면 그들이 미치지 못할 것은 (우주에는) 하나도 없다.[19]

이같은 유기적인 도식에서 인간의 위치는 회남자(淮南子, 기원전 2세기에 쓰여졌지만, 아마도 훨씬 이전의 견해를 반영하는 듯한)의 우주론에 나타난다. 사람의 몸은 우주의 모사로서 묘사되고, 그 정신은 도교의 형이상학에서 연원된 개념으로서, 궁극적인 무형의 실재 자체 속에 그 기원을 가지고 있는 것으로 묘사된다.

---

16) 위의 책.
17) 위의 책.
18) Granet, 앞에서 인용한 책, pp.38 이하.
19) 풍우란, 앞에서 인용한 책, Vol., I. p.27.

신체에 대해서 회남자는 다음과 같이 말한다.

하늘은 사계(四季)와 오행(五行)과 아홉의 구역과 360일을 가진다. 사람도 마찬가지로 사지(四肢)와 오장(五臟)과 아홉의 구멍과 360의 마디를 가진다. 하늘은 바람과 비와 찬 것과 더운 것을 가지고 있으며, 사람도 마찬가지로 수용(受容)과 시은(施恩), 즐거움과 노하는 성질을 가지고 있다. 그러므로 쓸개는 구름, 폐는 수증기, 비장은 바람, 신장은 비, 간장은 천둥에 상응한다. 이같이 사람은 하늘과 땅과 더불어 삼위일체를 이루며, 그의 정신은 지배자이다. 그러므로 귀와 눈은 태양과 달과 같고 피의 체액은 바람과 비와 같다.[20]

인간의 궁극의 정신적인 가능성에 관해서 회남자는 다음과 같이 말한다.

우리가 옛날 태초의 때를 돌아다보면 사람은 비존재로부터 태어나서 존재의 형상을 취하였다. 형상을 갖게 되면서 그는 사물에 의해서 규제를 받았다. 그러나 그가 결코 육체의 형상을 가지지 않았던 것과 같이 되기 위해서 그가 태어났던 상태로 되돌아갈 수가 있다면 진실한 사람(眞人)이라고 불린다. 진실한 사람은 마치 태일(太一, Great Oneness)로부터 아직 나누어지지 않은 자와 같다.[21]

황제는 위에서 본 바와 마찬가지로 보편적인 우주 조화의 바퀴통이었기 때문에 진인(眞人)인 유일무이한 사람으로 간주되었다. 봉건적인 투쟁의 몇 세기가 지난 후 중국을 통일한 시황제(기원전 246년~210년)는 후대 제국의 통치자들 가운데서 거대한 규모로 스스로 이러한 역할을 권리로 요구한 최초의 황제였을 것이다. 그는 진인으로서 현상의 요소들을 지배하여 하늘을 마음대로 떠다니고, 젖지 않고 물에 들어가며, 계절의 순서를 자기가 원하는 대로 바꿀 수 있기를 열망하였다. 그러나 그는 계절의 순서를 바꿀 수 없었으며, 진인으로 남아 있을 수도 없었다. 왜냐하면, 그같은 전환은 우주의 조화를 깨뜨릴 것이며, 진인은 이런 일을 계획하지 않을 것이기 때문이다. 황제가 진인으로 존속하는 동안 그는 행동에 의해서가 아니라 단순히 사건

---

20) 위의 책, p.399.
21) 위의 책.

이 발생하는 것을 허락함으로써 하늘과 땅에 있는 만물을 지배하는 것이다. 그에게서 발산하는 덕은 만물을 바르게 질서 잡기에 충분한 것이다. 하늘을 통치하는 그의 지상 왕궁은 명당 자체보다도 더욱 적절한 우주의 유형이되었다. 명당은 연중 알맞은 달에 왕의 적시(適時)의 순시(巡視)를 위해서다섯 개에서 열두 개의 방을 가지고 있었다. 그러나 시황제의 왕궁은 연중매일같이 방을 바꿀 수 있을 만큼 많은 방을 가지고 있었다.[22] 그의 지배하에있던 요소는 물(水)이었다. 검정색(언제나 물의 요소와 관련이 되었던)은 관복과 창기(槍旗)와 깃발에 사용되는 왕조의 색이었다. 6은 물이라고 하는 요소에 대한 수(數)로서 공식적인 수였다. 물과 검은색은 언제나 거칠음과 혹독함을 나타내는 겨울철과 연관되었기 때문에 매사는 준엄한 무차별의 정책에따라서 처리되었다.[23]

왕궁의 장식 역시 우주적인 의의를 지녔으며, 황제가 가진 하늘의 주권을상징했다. 은하수가 나타나 있었으며, 거기에는 소우주를 상징하는 찬란한황제의 마차도 있었다. 그 마차는 사면체로서 땅을 상징하였으며, 그 둥근옥좌는 하늘을 뜻하였다. 성좌는 깃발에 묘사되었다. 황제의 의상에는 태양과 달과 성좌와 빛, 구름과 용이 그려져 있었다. 전체의 설계는 그와 그 주위의 것들을 소우주 속의 우주로 만들었다.[24] 우주적인 유기체의 축과 핵심인황제는 땅에 도래한 하늘의 통치권을 나타냈다.

진(秦)을 계승한 한(漢) 왕조는 계속하여 통치자를 형식상 신으로서 숭배하였는데, 그것은 중국에서 황제가 존재하는 한, 정도는 다를지라도 계속되었다. 전한의 무제(기원전 140년~87년)는 자기의 의무를 세계와 우주의 중심이 되는 것으로서 아주 심각하게 생각하였다. 사가(史家) 사마천은 새로운역사의 순환을 기념하기 위하여 기원전 106년에 새로 지은 명당(曆舍)의건물과 낙성식에 대해서 기록했다. 사마천은 다음과 같이 기록했다.

　　그 시대가 다시 돌아왔다!…… 그것은 다시 시작한다.…… 역년(曆年)의
　　구분은(그 시각으로부터) 정확했다. 곡보(曲譜) 유(羽聲)는 다시 순전했다.……
　　음과 양의 원리들은 일정한 형식으로 나뉘어지며 결합되었다.[25]

---

22) Granet, 앞에서 인용한 책, pp.392 이하.
23) 풍우란, 앞에서 인용한 책, Vol., Ⅰ. p.163. 각주 1.
24) Granet, 앞에서 인용한 책, p.393.

무제가 영예로 삼은 황색과 다섯 수는 모두 흙(土)의 요소를 상징한다. 도량의 체계도 다섯이라는 수와 맞추기 위하여 바꾸어졌다. 음도(音度)를 결정하는 퉁소도 적절히 조정되었다. 무제는 자기의 위치를 유일무이한 인간인 진인(眞人)으로 삼았는데, 인간 사회와 하늘과 땅 그리고 자신에 대한 그의 의무는 시간과 역사의 재출발이라는 뜻을 함축한다.

사마천은, 무제 치하의 태사령(太史令)이었던 부친 사마담(司馬談)의 「사기」를 편찬하였다. 이 역사서가 황색의 황제(皇帝)인 황제(黃帝)를 중국 역사의 발단으로 삼는다는 사실은 상징적으로 의의가 있다. 이같이 황금 시대는 새로운 황제 무(武)와 더불어 시작한다. 사마담과 사마천이 정한 순환적인 역사철학은 후대의 중국 사가들의 표준이 되었다.

그라네트는 다음과 같이 말한다.

> 그의 모든 후계자들은 그를 모방하였다. 똑같은 정신이 사건을 선택하고 전개시키는 과정과 철학적인 해석의 체계에 계속적으로 감화를 주었다.……이어져 나가는 순환에서 어김없이 반복되는 것들을 표시하는 데만 열중하였다. 전형적인 영웅과 판에 박힌 사건들만을 알고 있을 따름이다. 본질적으로 그것은 자체를 한 사람의 인물에만 골똘하여야 하였다. 통치권, 유일무이한 인간 그리고 그의 덕은 특별히 중요한 시기의 전형이다. 역사란 개괄적인 회화로써 도안된 달력과 다를 바가 없다. 마찬가지로 그것은 달력에 관해 고찰하는 데서 생겨나는 것이라고 말할 수 있다.[26]

---

25) 위의 책, p.388. Granet은 Edouard Chevannes의 각주 *Les M'emoires Historiques de Ssu-ma Ch'ien*, 5vols(Paris: Ernest Leroux, 28 Rue Bonaparte, 1895), Vol., III, XXVI 장, "Le Calendrier", pp.321~338로부터 인용한다. 인용된 구절은 p.331에 다음과 같이 나와 있다. "Dorénavant, les divisions de l'année sont de nouveau Correcte: la note yu est de nouveau pure: les dé nominations sont de nouveau modifées exactement……alors la facon reguliére dont(les principes) yn et yang se séparent et s'unissent est en vigueur……"
순환적인 사상이 같은 장 "Le Calendrier"(XXVI 장)에서 적용된다. "Le Principe des Hia fut le premier mois: celui des yn fut le douzieme mois: celui des Tcheou fut le onziéme mois. Ainsi les principes des trois dynasties furent comme un cycle qui, une fois termine, revient a son point de depart……"
(今日順夏至黃鐘爲宮林鐘爲徵太蔟爲商南呂爲羽姑洗爲角自是 以後氣復正 羽聲復清明復正變以至子日當冬至 則陰陽離合之道行焉十 一月甲子朔 且冬至已濬其濬以七年爲太初元年)
26) 위의 책, Granet, pp.46 이하.

이같은 유기적인 순환 사상에 근거한 조직적인 역사철학들은 몇몇 위대한 중국의 사상가들에 의해서 발전되었다. 동중서(董仲舒)는 방금 기술한 전한조(前漢朝, 기원전 206년~기원후 24년)의 관념론을 대표하며, 소옹(邵雍, 기원후 1011년~1077년)은 송나라 때의 성리학자(性理學者)였다.

동중서(董仲舒, 기원전 179년~120년)

자연과 인간 역사에 대한 동중서의 유기적인 순환관의 배경
—— 추연(騶衍)과 음양 오행 학파

기원전 2세기경에 살았던 동중서의 중요한 우주론적인 사상들은 기원전 3, 4세기 이전의 음양오행 학파에서 찾아볼 수 있다. 추연(騶衍)은 이 학파의 저명한 지도자였다. 순환사관에 적합한 추연의 사상들은 오행(五行)을 역사적인 기원(紀元)들과 관련시키는 것들이다. 여불위(呂不韋)가 편찬한 「여씨춘추(呂氏春秋)」라고 하는, 3세기 여러 학파들의 사상에 관한 문서에선 다음과 같이 진술하고 있다.

> 어느 때이든지 황제나 왕이 일어나려고 할 때에는 먼저 하늘이 낮은 백성들 가운데서 어떤 상서로운 징조를 보여 준다. 황제(黃帝) 시대에 하늘은 먼저 수많은 지렁이와 땅강아지를 보여 주었다. 황제가 이르기를 "흙(土)의 요소가 우세함 가운데 있다"고 하였다. 그러므로 그는 황색을 자기의 색으로 취하였으며, 흙(土)을 자신의 국사의 한 유형으로서 생각하였다.[27]

그 이야기는 하(夏) 왕조의 개조 우(禹)에게도 계속된다. 나무와 풀이 나타나 나무의 요소가 우세하다는 것을 표시했다. 그러므로 녹색은 예우를 얻은 색이었다. 다음, 금(金)의 요소와 백색이 상(商) 왕조(기원전 1766년~1123년)와 더불어 세력을 얻었다. 그 다음에 불(火)의 요소와 적색이, 지배하는 가문으로서 주(周) 왕조(기원전 1122년~256년)와 함께 득세하며, 끝으로 물(水)

---

27) 풍우란, 앞에서 인용한 책, Vol., Ⅰ. p.161. 풍우란은 이 구절을 「여씨춘추(呂氏春秋)」(ⅩⅢ, 2)로부터 인용한다.

의 요소와 흑색이 진(秦, 기원전 255년~207년), 한(漢, 기원전 206년~기원후 220년)과 함께 득세하였다. 흙이 다시 우세하게 되면서 똑같은 순환이 반복되며 이 순환적인 유형은 끝없이 계속된다. 인간의 역사에서 모든 변화는 그 요소들과 관계가 있는 것이다. 그 요소들은 사실상 왕조의 흥망성쇠와 특색의 원인들로서 여겨진다. 우리는 일찍이 진시황제가 검정색을 자기 왕조의 색으로 채택하였으며, 물을 자기에게 세력을 가져다 주고 그 밑에서 그가 다스리는 되는 요소로서 인정하였음을 언급하였다. 이 요소와 일치하여 그는 제국을 다스리는 데에 준엄한 무차별의 '겨울' 정책을 따랐다. 물(水)과 조화가 되는 '겨울' 정책의 이념은 분명히 오행 학파가 종합한 음양 사상으로부터 연원된 것이었다. 이같은 종합에서 어떤 덕은 사계(四季)와 오행(五行) 및 공간의 오방(五方)과 정확한 상관 관계를 가진다. 봄에는 양(陽)이 우세하며, 공간의 방향은 동(東)이며, 요소는 나무(木)이며, (어긴 자들에 대한) 용서가 덕이다. 여름에 양은 절정에 있으며, 남방과 불(火)의 요소와 자선과 쾌락이 덕이다. 가을에는 음(陰)이 우세하며, 서방과 금의 요소와 평온과 성실 및 정직과 온화함이 덕이다. 가을에 사물은 사실상 긴장이 되어 가므로 인간의 세계는 조화로워야 한다. 겨울에 음은 최대의 상태가 되며 북방과 물의 요소와 순결과 은근한 분노 그리고 비장(祕藏)하는 것이 덕이다. 분노와 징벌이 여기에 적합하다. 다섯번째의 요소, 흙(土)은 공간의 중심에 나타난다. 그 영향은 사계를 통하여 두루 느껴진다. 그 덕은 조화와 평등 그리고 불편부당인데 이는 그것이 사계를 똑같이 보조해 주기 때문이다.

통치자들이 계절의 적부(適否)에 관하여 책벌과 보상을 집행할 것으로 생각되었다. 대체로 용서와 자비와 관용은 성장의 확대 과정을 조장하기 위하여 봄과 여름에 나타내야 할 것이고, 책벌과 엄격함과 준엄한 심판은 가을과 겨울에 자연의 죄어들어가는 과정을 돕기 위하여 나타내야 할 것이다. 이같은 유형이 준행되지 않으면 봄의 가뭄이나 여름의 서리라든가, 겨울의 천둥과 같은 세시에 뒤틀리는 현상들이 일어난다. 현군(賢君)의 어깨에는 계절과 우주의 조화에 대한 무거운 책임이 짊어져 있다(메소포타미아에 관한 장을 참고할 것). 특수한 계절에 알맞는 보다 특유한 명확한 유형의 덕 말고도 통치자는 자기의 왕조가 그 밑에서 세력을 얻도록 해준 요소의 유기적인 복합체에 속하는 일반적인 덕의 풍조를 준수하는 것이다.

동중서(董仲舒)

우주와 인간의 문제들에 관한 유기적 신화적인 단계의 사고를 배경으로 동중서는 훨씬 더 조직적이고 세밀한 철학을 발전시킬 수 있었다. 그의 자연과 역사의 철학은 「춘추번로(春秋繁露)」라고 매력적인 제목을 붙인 현존하는 그의 주저(主著)에서 발견된다. 이것도 중국의 대부분 철학들과 마찬가지로 유기적인 체계를 가지고 있으므로 그의 역사철학을 이해하기에 앞서서 동중서의 전 체계를 제시할 필요가 있다. 그의 체계는 원(元)과 천(天), 음과 양, 오행과 사계, 그리고 하늘의 수적(數的)인 범주와 인간의 상호 관계와 같은 기본 개념에 근거한다.

원(元)은 만물의 기원(起源), 즉 태초이다. 그것은 존재하는 모든 것의 근원이며 뿌리이다. 그것은 하늘과 땅 이전에 존재하며, 서양철학에서 존재라고 하는 범주와 흡사하다. 원(元)으로부터 하늘과 땅, 음과 양, 오행과 인간이 연원되었으며 모두 합해서 열(十)이 된다. 이들 열 가지와 더불어 천(天)의 수(數)는 완전하게 된다(그는 특수하게 좀더 현상적인 의미에서 사용한 '하늘'이라는 말과 현상적이며 정신적인 전 우주를 부르는 데 사용된 하늘이라는 말을 구별한다).

음과 양은 기본적인 원동력으로서 그것을 통하여 만물이 존재한다. 그는 다음과 같이 기록한다.

> 우주에는 음양의 기(氣)가 존재한다. 물고기가 언제나 물 속에 있는 것과 같이 사람도 언제나 그 속에 있는 것이다. 그들과 물의 차이는 후자의 교류 운동이 가시적인 데 반하여 전자의 것은 눈에 보이지 않는 것이다. 그러나 우주에서 인간의 존재는 물고기가 물에서 벗어날 수 없음과 같다. 어디서나 이 기(氣)는 발견되지만 그들은 물보다 덜 진득하다. 이런 까닭으로 우주 속에는 아무것도 없는 것 같으나 실체가 있는 것이다. 인간은 언제나 이 소용돌이 치는 물질의 덩어리 속에 잠겨 있으며, 그 자체 질서있는 것이든지 혹은 무질서한 것이든지 간에 그들은 물질의 덩어리와 함께 평범한 흐름을 따라 움직여 나가게 된다.[28]

동중서는 계속해서 음양의 기를 우주의 다른 것들과 관련시킨다. 그는

---

28) 풍우란, 앞에서 인용한 책, Vol., Ⅱ. p.20.

다음과 같이 말한다.

> 우주의 에테르(氣)들을 한데 모으면 통일을 이루고, 나누면 음고 양을 이룬
> 다. 사분하게 되면 그들은 사계를 이루고(더 한층) 흩뜨리면 그들은 오행을
> 이룬다. 이 요소들은……운동하는 모양을 나타낸다. 그들의 운동은 같지가
> 않다. 그러므로 그들을 다섯 가지 원동력이라고 부른다. 이 다섯 가지 원동력
> 은 다섯 가지 집행하는 (힘들을) 구성한다. 각자 차례로 태어나며(五行相生)
> 하나씩 역순(逆順)으로 극복(五行相剋)되는 것이다.[29]

그 체계에서 다음 단계는 오행과 사계 사이의 관계를 규명하는 것이다.
동(董)은 추연(騶衍)과 같은 이전의 사상가들과 마찬가지로 각각의 요소와
각각의 사계 사이에 일 대 일의 대응 관계를 설정한다. 즉 나무와 봄, 불과
여름, 쇠와 가을, 물(水)과 겨울을 대응시키는 한편 흙(土)은 중심에 귀속시
키고 모든 사계에 참여하게 한다. 만물의 성장과 쇠퇴를 유발하는 계절의
변화는 음양에 의해서 다음과 같은 방식으로 지배된다.

> 하늘의 진행 과정이 완료되면 다시 시작되는 것이다. 그러므로 북방은 하늘
> 이 (자기의 진로를) 시작하고 끝내는 곳이며, 음과 양이 (서로) 연합하고 분리하
> 는 곳이다. 동지가 지난 다음 음(陰)은 자체를 낮추어 서쪽으로 물러간다. 한편
> 양(陽)은 자체를 일으켜 동쪽에서 밖으로 나온다. 그들이 나타나고 물러가는
> 위치는 언제나 서로 정반대가 되지만 그들의 양(量)이 보다 많게 혹은 보다
> 적게 한결같이 섞이는 데는 언제나 상호 일치된다. (하나예) 양(量)이 많아질
> 지라도 지나침이 없으며 (다른 것이) 적어질지라도 부족함이 없는 것이다.
> 봄과 여름에 양(量)은 더욱 풍부해지며, 음(陰)은 줄어들지만 반면에 가을과
> 겨울에 양은 덜 풍부하고 음은 많아지는 것이다. 이들의 양은 일정하지가 않은
> 데 그것은 하나나 다른 것이 나누어지거나 분산되지 않는 대가 결코 없기 때문
> 이다. 그들이 나타나거나 물러갈 때에 그들은 서로를 줄이거나 증가시키며,
> 그들이 많아지거나 줄어들 때에 그들은 서로 결실을 맺거나 부유하게 된다.
> 더욱 풍부한 것이 지배하게 될 때 증가하는 비율에 맞추어 덜 풍부한 것은
> 물러가는 것이다. 물러가는 것은 하나가 줄어드는 반면에 나타나는 것은 둘이
> 증가된다.……이같이 에테르는 그들 서로 회전하는 과정에서 환위(換位)될

---

29) 위의 책, pp.21 이하.

때에 서로 영향을 미치는 것이다.……

쇠, 나무, 물, 불에 관해 말할 것 같으면 그들 각자는, 음과 양(의 움직임)에 따라 공동의 작업을 수행함에 있어 저들과 힘을 합하기 위하여 자기들이 관장하려는 것을 이어 받는다. 이런 까닭으로 해서 결과적으로 달성된 것은 단지 음과 양(때문)만은 아닌 것이다. 오히려 그것은 음과 양이 자신들을 이들(4요소) 위에 기초를 두고 (요소들이) 관장하는 그들(계절적인 과업들)을 수행함에 있어 그들에게 도움을 주려고 하는 경우이다. 이같이 줄어드는……양은 자체를 나무(木)에 근거하여 봄의 발아시키는 활동을 도와 주고 있다. 점차 커지는 ……음은 자체를 불에 근거하여 여름의 성장하게 하는 활동을 도와 준다. 점점 줄어드는 음은 자체를 금에 근거하여 가을의 무르익게 하는 활동을 도와 준다. 그리고 점차 커가는 음은 자체를 물에 근거하여 겨울의 저장하는 활동을 돕는다.[30]

끝으로 동중서는 인간과 천지와 음양과 오행의 결합을 설명한다. 그는 인간에 대해서 개괄적인 찬사를 보내는 것으로 시작한다.

에테르(음과 양)보다 더 잘 정화되고, 대지보다 더 부유하며, 하늘보다 더 고결한 것은 없다. 하늘과 대지의……빼어난 정수로부터 태어난 생물 가운데서 사람보다 더 고귀한 것은 없다. 사람은 하늘의 율령(命)을 받았으므로 (다른) 피조물보다 더욱 고상하다. (다른) 생물들은 피로움과 고통을 당하지만 사랑(仁)과 올바름(義)을 실행할 수가 없다. (다른) 생물들은 고통과 피로움을 당하지만 자신을 하늘과 대지에 결합시킬 수가 없다. 인간만이 이를 행할 수 있는 것이다.[31]

동중서는 계속해서 사람의 몸과 정서와 정신 그리고 우주적 현상들 사이의 직접적이며, 정확한 상응 관계를 보여 준다.

사람의 생리적인 형상에 있어서……그의 머리는 크고 둥근 것이 마치 하늘의 용안(龍顏)과 같다. 그의 머리털은 별과 성좌와 같다. 그의 귀와 찬란한 영채를 지닌 눈은 태양과 달과 같다. 그의 콧구멍과 입은 호흡하는 것이 마치

---

30) 위의 책, pp.24 이하.
31) 위의 책, p.30.

바람과 같다. 오성은 꿰뚫는 그의 가슴에 자리잡고 있으며 가치 하늘의 정신적인 지력과도 같다. 그의 복부와 자궁은 불렀다가 꺼지는 것이 수백의 생물과도 같다. 몸은 하늘과 같고, 그의 수적인 (범주들은) 후자의 것과 일치하며, 사람의 생명은 하늘과 연결되어 있다. 역년(曆年)을 채우는 (날들의) 수와 더불어 하늘은 사람의 몸에 형상을 부여하였다. 이런 까닭으로 366거의 작은 마디들은 (曆年의) 날 수와 일치하며, 보다 큰 12부분의 마디들은 달 수와 일치한다. (몸)내부에는 오행의 수와 일치하는 다섯의 내장(심장, 간장, 비장, 폐, 신장)이 있다. (눈의) 감고 뜨는 것은 낮과 밤과 일치한다. 강(剛)과 유(柔)의 교대는 겨울과 여름에 대응한다. 슬픔(悲)과 기쁨(喜)의 바뀜은 음과 양에 대응한다. 정신은 하늘의 숙려(熟慮)와 산정(算定)하는 힘과 대응하는 사고력을 가진다. (사람의) 행위는 하늘과 대지의 관계, 즉 우(憂)와 열(劣)의 관계와 일치하는 고유한 관계의 원리를 좇는다.……수로 헤아릴 수 있는 데에서는 유(類)의 일치도 있다. 하늘과 (사람) 그 둘의 (경우에는) 동일한 점도 있고 한결같이 일치되는 점도 있다.[32]

사람과 우주 사이에는 정밀한 일치점이 있을 뿐 아니라 인간이 없다면 우주는 근본적으로 불완전한 것이다. 동중서는 다음과 같이 말한다.

하늘, 땅, 사람은 만물의 기원이다. 하늘은 그들을 낳고 땅은 그들을 완전하게 한다. 하늘은 연장자에 대한 효성과 존경심을 고취함으로 그들을 낳는다. 땅은 의식(衣食)을 공급함으로써 그들을 살찌게 하며, 사람은 제의(禮)와 음악(樂)을 창조함으로써 그들을 완전하게 한다.[33]

하늘, 땅, 사람의 이같은 결합에서 중심 인물은 왕이다. 그는 모든 삼재(三才)의 결합과 조화를 유지하는 책임이 있다. 이것을 행하려고 통치자는 하늘의 사계를 모범으로 삼는다. 통치자의

호(好)와 불호(不好), 희(喜)와 노(怒)는 하늘의 춘하추동과 같은 것이다. 자기의 따뜻함을 바꾸어 서늘함과 냉과 열을 만들고 그것(하늘)은 자기의 일을 완성한다. 하늘이 이들 네 가지를 계절에 알맞게 보여 줄 때 그 해는 좋은

---

32) 위의 책, p.31.
33) 위의 책, p.32.

것이며, 계절적으로 맞지 않으면 언짢은 것이다. (마찬가지로) 사람들의 통치자
가 그들의 올바른 관계에서 자기의 네 가지를 보여 줄 때 세상은 순조로운
질서를 갖지만 그가 이것에 실패하면 세상은 무질서에 빠진다. 그러므로 질서
가 잘 잡힌 세계는 상서로운 해와 꼭 같은 상태이며, 무질서의 세계는 언짢은
해와 똑같은 상태이다.……(통치자가) 어떤 것을 좋아한다고 나타낼 때는
(봄의) 따뜻한 분위기처럼 행동한다. 그리고 인간 세계에는 출산이 있게 된
다. 그가 어떤 것에 대해서 싫어함을 나타낼 때는 (가을의) 서늘한 분위기처럼
행동하며, 인간 세계에는 죽음이 발생한다. 그의 즐거움은 (여름의) 더운 분위
기처럼 행동하며 그의 분노는 (겨울의) 찬 분위기처럼 행동하는데, 그때에는
(인간의 활동력에) 그침이 있는 것이다.……

　　선행과 보상, 징벌 그리고 처형은 각각 춘하추동에 결부된다. 그러므로 왕이
하늘과 서로 평등하다는 말은 하늘이 자기의 진로에서 네 가지 통치 방식을
가진다는 것을 의미한다.……통치자의 즐거움과 분노와 슬픔, 쾌락 그리고
그의 선행과 보상, 징벌, 그리고 처형은 이렇게 사계를 본뜬 것이다. 각자가
정도에 알맞게 활동한다면 세계는 질서가 잘 잡히게 될 것이다.[34]

　인간이, 특별히 통치자가 고유한 인간적인 관계를 유지하지 못할 때는
재해와 불가사의한 조짐들이 나타난다. 동중서가 말하기를 그릇된 행위와
부도덕은 음과 양의 기를 "뒤틀리고 왜곡"되게 한다고 한다.

　인간과 우주 사이의 이상과 같은 모든 상관 관계를 설정하면서 동중서는
인간의 역사에 의의가 있는 모든 것을 우주에 관련시키려고 하였다. 이것은
기원전 4세기 말 추연(騶衍)에 의해서 이미 수행되었다. 오행의 순서에 대한
그의 체계는 위에서 기술한 것과 마찬가지로 끊임없는 순환 속에서 왕조의
지배 양식과 오행을 연관시키는 것이었다.[35] 이것이 한(漢) 왕조 시대의 역사
철학이었으며, 그것을 받아들인 많은 사람들 사이에서는 한(漢)이 물의 요소
나 흙 혹은 불의 요소에 지배를 받았는지의 여부에 대한 논쟁도 없지 않아
있었다.[36]

　오행에 근거한 이 이론과 병행하여 역시 순환론적이기는 하나 역사를
근본적으로 혹, 백, 적의 세 계기(三統)의 순환으로 설명하는 훨씬 다르고

---

34) 위의 책, p.47 이하.
35) 위의 책, pp.171 이하.
36) 앞에서 인용한 책, 풍우란, Vol., Ⅱ. p.58.

더욱 복잡한 또 하나의 철학이 있었다. 동중서는 이 사상을 조직적인 역사철학으로 발전시켰다. 그는 삼통(三統)을 가정하는 이유로서 하나의 계기가 시작이나 출발점이라고 하는 사실을 제시하였다. 하늘의 출발점은 역년(曆年)의 시원(始源)이다. 11월, 12월, 13월이라고 하는 역년의 세 가지 차원만이 있을 따름이다. 역년 중 다른 데에서 시작하면 그러한 계절의 변화에 의존하는 계절의 기후와 생의 과정을 동시에 맞출 수가 없을 것이다. 역년 혹은 신년의 발단은 봄의 도래를 널리 알리는 것이기 때문에 방금 언급한 세 달보다 더 이르거나 늦게 배치시킬 수가 없는 것이며, 따라서 어들은 삼통(三統)인 것이다. 동중서는 모든 계기들의 보편적인 특성을 다소 자세하게 묘사해 준다. 한 계기와 다른 현상들 사이에 그가 규정한 상관 관계의 양식을 보여 주는 데는 한가지 실례로 충분할 것이다.

　　　3가지 시원(始原) 가운데서 흑(黑)의 계기(繼起)가 제일 먼저 온다. 그 해의 첫날에 태양과 달은 천마좌(Barracks, Pegasus)의 성좌와 일치하며, 북두칠성(Big Dipper)은 음에 일치한다. 모든 것을 에워싼 하늘의 에테르들이 비로소 퍼져 나가기 시작하여 사물을 낳고, 거기서 성장의 싹이 나타난다. 그들의 색은 흑이다. 그러므로 그 달의 첫날 궁에서 입었던 의상은 흑흑색이었으며, 관모의 장식과 제왕의 수레와 그들의 말들도 흑색이었다. (관리들의) 옥새를 나르는 대(帶)는 흑색이며, 그들의 관(冠)과 기(旗)와 그들의 고귀한 옥(玉)과 외곽 주민들의 제물로 사용된 동물들도 그러하였다. 이 동물들의 뿔은 달걀 모양이다. (젊은이가 성년이 될 때 하는) 성인식은 본당 앞 동편의 계단에서 행한다. 혼례식에서 (신랑은), (신부 집의 사당) 마당에서(신부를) 만난다. 장례식에서 고인은 (본당에 이르는) 동편의 계단 위에서 입관된다.[37]

백(白)의 계기에서 모든 중요한 것은 백색이며, 적(赤)의 계기에서는 적이 그러하다. 흑, 백, 적의 정확한 순서에 따라 새로운 왕조는 계기를 바꾸었을 것으로 생각되며, 다음 왕조는 흑으로 되돌아가 순환은 반복된다. 새로운 통치자에게 주어진 하늘의 명령은, 하늘이 자기의 명령을 철회한 이전 왕조의 것으로부터 고유한 계기 변화에 의해서 표명되어야만 한다.[38] 역사적으로

---

37) 위의 책, p.58 이하.
38) 동중서는 유교의 고대 주문서(周文書)가 고어로 발견되었다고 가정되었기 때문에

는, 하왕조(기원전 2300년~1800년)는 흑의 계기를, 상(혹은 은, 기원전 1800년~ 1150년)은 백의 계기를, 주(기원전 1150년~250년)는 적의 계기를 준수하였 다. 주를 계승한 왕조는 다시 흑을 준수하여 순환은 자체를 반복한다.

동중서의 역사철학은 둘과 넷과 다섯 및 아홉의 또 다른 순환들을 포함하 고 있어 다소 복잡하다. 그는 전체의 이론을 이와 같이 개괄한다.

기원전 1세기경에 시작된 '고문경학파(古文經學派)'에 대해서 유교의 '금문경학파 (今文經學派)라고 불리는 전형적인 사상인 음양오행 학파의 종합을 대표한다. 유교 의 금문경학(今文經學)은 전한(前漢) 시대에 쓰여진 문서에 입각했으므로 이 시대 의 새로운 기풍에 젖어 있다. 금문서들은 공자가 초월적 존재였다고 하는 것과 같은 지나치게 미신적인 신앙을 제외하면 학자들에게 상당히 신빙성이 있는 것으 로 여겨졌다. 음양오행의 금문종합철학은 너무나 영향력이 커졌기 때문에 전한조 (前漢朝)의 쇠미 징조가 나타났을 때 왕망(王莽, 6년~23년)은 이 철학을 자기의 왕위 찬탈을 정당화하는 데 이용하였다. 이것은 정덕곤(鄭德坤)의 "음양무형(陰陽 無形)과 한(漢)의 예술"(*Harvard Journal of Asiatic Studies*, Vol., 20, June, 1957, Numbers 1, 2, pp.162~186)이라는 논문에서 밝혀졌다. 정덕곤은 왕망이 "훌륭한 유학자이며 의식에 아주 익숙한 자였으나, 그의 경력은 이 이론의 효과에 거의 전적으로 의존하였다"고 말한다. 찬탈의 각본은 오행을 배경으로 하여 연출되었으 며, 모든 방면에서 자연적인 하늘의 징조로 뒷받침되었다. 그는 같은 방향으로 역사 를 재해석하였으며, 복희, 신농과 다른 전설적인 황제들에 의하여 인정된 왕좌에 대한 자기의 권리 주장을 정당화하기 위하여 역사를 재해석했다. 중국 역사는 그의 새로운 도식에 의하여 늘어나고 풍부해졌으며 아래와 같이 도표로 작성될 수 있 다.

나무(木)	1. 복희(伏義)	6. 제곡(帝嚳)	11. 주(周)
윤수(閏水)	Kung-kung	Ti-chih	진(秦)
불(火)	2. 신농(神農)	7. 제요(帝堯)	12. 한(漢)
흙(土)	3. 황제(黃帝)	8. 제순(帝舜)	13. 진(晉)
쇠(金)	4. 소호(小昊)	9. 하우(夏禹)	
물(水)	5. 전욱(顓頊)	10. 상(商)	

이 도표를 보여 준 다음 정덕곤은 계속하기를 "이 체계를 따르면 중국 역사는 초기 한(漢)대에 인정된 한번의 순환 대신에 이미 2회 내지 1회 반의 순환을 경과하였 다. 왕망은 심지어 Kung-kung과 Ti-chih와 진(秦)을 포함시키기 위하여 윤수의 단계를 창안하기까지 하였다."

정덕곤은 대소 우주적 유기론적인 금문의 이데올로기에서 왕(임금)의 중심적인 성격을 밝히는 더욱 흥미진진한 세부 묘사를 덧붙인다. "왕망은 명당 혹은 지혜의 궁(Soothill의 *Hall of Light*은 변형된 번역이다)을 지었으며 월령(月令)을 실시하였 다. 명당은 4면에 3개의 방을 가진 사각의 건물이었다. 황제는 오행의 이론에 따라 매일 한 개의 방에서 지내도록 되었으며, 오행설을 따른 특별한 색깔의 옷을 입 고, 특별한 음식을 먹고 특별한 음악을 들으며, 특별한 신들에게 제사를 지내고 국가의 특별한 문제들 등등에 몰두하여야 하였다. 이렇게 함으로써 천지의 조화는 확보될 수 있을 것이다."

그러므로 (새로운 왕조들을 창건한) 왕은 (전 왕조의 제도로부터 자기들의 제도를) 어떤 점에서 바꾸지 말아야 할 것들이 있다. 어떤 점에서 (왕조의 한번의 순환이) 두번 있은 후에 (이전 왕조의 것으로) 되돌아가야 한다. 어떤 점에서 (순환이) 세번 있은 후에 되돌아가야 한다. 어떤 점에서 (순환이) 여섯번 있은 후에 되돌아가야 한다. 어떤 점에서 (순환이) 아홉번 있은 후에 되돌아가야 한다.[39]

이들 각각의 순환에 대하여 설명이 주어지고 있다. 그러나 먼저 그는 모든 순환 중에 동일한 것으로 남아 있는 비순환적인 것이 하나 있다는 것을 분명히 한다. 이것은 도덕적인 덕(德)이다. 통치자는 새 왕조를 시작하면서 그의 제도를 바꾸지만 인(仁)과 의(義) 그리고 지혜에 대한 근본적인 유교의 덕을 결코 바꾸지는 않는다. 두 왕조의 한 차례 순환이 있은 다음의 변화란 질박함(質)과 정묘함(文) 사이의 대극적인 진동이다. 질(質)과 문(文), 이 둘의 순환은 동중서에 의해서 제시된 것보다 다소 자세한 형식으로 기원후 1세기의「백호통의(白虎通義)」에서 설명되었다.「백호통의」에는 다음과 같이 기록되었다.

어떻게 (신왕조를 창건한) 왕들은 질박함과 정묘함 사이를 바구어 나가지 않으면 안 되는가? 그것은 음과 양에 따라서 그들이 하늘과 땅(의 일)을 수행하기 위해서이다. 양의 과정이 원지점(遠至點)에 이르면 음의 과정이 뒤를 잇고, 음의 과정이 원지점에 이르면 양의 과정이 뒤를 잇는가. 두 음과 두 양이 각기 상대편으로부터 계속될 수 없음이 분명하다. 사실은 그저 질박함(質)이 하늘을 모범으로 삼고 정묘함(文)이 땅을 모범으로 삼는다는 것이다. 이런고로 하늘은 (사물의 근본에 있어서) 질박함을 창조하며 그것을 땅이 받아들여 변형되고 살지게 하며 완전한 형상을 얻어 이렇게 해서(세밀한) 정묘함이 창조된다.……새 황제와 왕이 일어날 때 그 가운데 첫째 사람은 질박함을 좇고 다음 사람은 정묘함을 좇는데 이것은 하늘과 땅의 진로에 맞고, 무엇이 먼저고 무엇이 다음인가 하는 의미와 맞추며 또 무엇이 먼저 오고 구엇이 다음에 오는가 하는데 대한 계기에 맞추기 위하여 행하여진다.……'정묘함과 질박함의 이중의 교체가 있는가 하면 역년의 발단에 삼중 변화도 있다.'[40]

---

39) 풍우란, 앞에서 인용한 책, Vol., Ⅱ. p.61.
40) 위의 책, pp.63 이하.

방금 위에서 언급한 순환표에서 "어떤 점에서 셋의 순환이 한번 있은 다음에 되돌아가야 한다"는 말은 이미 기술한 적, 백, 흑의 계기를 좇음을 뜻하는 것이다. "어떤 점에서 넷(의 한번 순환이 있은 후)에 되돌아가야 한다"는 것은 이와 같이 설명된다. 즉 상(商)과 하(夏)와 질박함(質)과 정묘함(文)의 순환이 있다. 상(商)과 하(夏)는 이 이름을 가진 왕조를 그저 가리키는 것이 아니라 추상적인 범주들을 가리키는 것이다. 이 넷의 순환에 대한 각 요원(要員)은 일정한 특성을 가진다. 그는 상(商)에 대해서 말하기를 "하늘을 자기의 지도 원리로 삼고 상(商)을 모범으로 삼으면서 통치하는 자의 행로는 양(陽)이 다했을 때의 것이다. 그것은 가족 관계를 강조하며, 사랑과 숨김이 없는 소박성을 찬양한다."[41] 이 순환 중 제2의 요원(要員)인 하(夏)는 땅을 자기의 지도 원리로 삼은 것으로 묘사되며 따라서 자라나는 음으로 특징짓게 된다. 그것은 "우월한 것들의 영광을 강조하며, 고유한 관계를 다스리는 규칙을 찬양한다."[42] 제3의 요원인 질박함(質)은 충만한 가운데 있는 양(陽)을 나타낸다. "그것은 가족 관계를 강조하고 소박성과 애정을 찬양한다."[43] 제4의 요원인 정묘함(文)은 땅을 지도 원리로 삼으며, 자라는 음의 시기이다. "그것은 우월한 것들의 영광을 강조하며, 예절과 세련됨을 찬양한다."[44] 상(商), 하(夏), 질(質), 문(文)의 이 '네 가지 모델'은 "사계(四季)와 같은 것이다"라고 동중서는 개괄하여 말한다. "(그들의 순환이) 마치면 그것은 다시 시작하며, 그것이 결말에 이르면 그것은 다시 출발점으로 돌아간다." 실제 역사에서 상(商)의 시대는 분명히 "순(舜, 전설적인 왕조 이전의 통치자)이 치세하던 때였으며, 하늘을 자기의 지도 원리로 삼았다." 하(夏)의 시대는 하(夏)의 개조 우(禹)가 땅을 자기의 지도 원리로 삼고 치세하였다. 질(質)은 탕(湯)이 하늘을 지도 원리로 삼고 상(혹은 殷)의 시대를 개시했을 때 시작하였다. 문(文)은 땅을 지도 원리로 삼고 정묘함을 모범으로 하였던 문왕(文王)이 주(周)를 창건함으로써 시작한다.[45]

(다섯과 아홉에 대해서) 언급한 끝의 두 가지 순환은 역사의 형태론에 직접

41) 위의 책, p.66.
42) 위의 책, p.66.
43) 위의 책, p.67.
44) 위의 책.
45) 위의 책, pp.67 이하.

적으로 적합한 것은 아니다. 이 시대에 이전 왕조 왕가의 자손들은 재산과
영예를 얻는다. 아주 오랜 왕가의 후손들은 가장 커다란 칭호를 얻지만 가장
적은 재산을 받는다. 반면에 최근 왕조의 후손들은 많은 개물을 얻게 되나
보다 낮은 영예의 칭호를 받는다.

이 순환에서 기본적이며 가장 중요한 것은 세 계기(三統, 즉 흑, 백, 적의
순환이다. 왜냐하면, 이들은 역년의 시원과 태고 시대로부터 가장 중요한
일에 관계되기 때문이다. 이러한 생각에서 역주(曆主, Lord of Calendar)로서의
통치자와, 이로부터 그는 계절에 고유한 요소들의 조화이 대해서 책임을
진다는 것과 우주의 중심으로서의 통치자의 중요성이 인정되었다. 덕이 결여
되어 그가 이러한 조화를 유지할 수 없을 때에는 천명을 상실하게 되며 새로
운 왕조가 창업되어야 하는데 신왕조는 역년의 시원을 바꿈으로써 새로운
시대를 시작할 의사를 나타낸다. 세 가지의 시원(11월, 12월, 13월)만이 있을
수 있기 때문에 세 가지 주요 유형의 왕조만이 끝없이 반복될 뿐이다. (둘의
—질과 문—순환과 넷의—하, 상, 질, 문—순환들은 저들이 보다 덜 근본적인 변화
를 내포하기 때문에 중요한 세 가지 것에 종속된다. 우리는 역년의 시원에서 변천하
는 것으로 상징된 전체적인 쇄신보다는 그 자체가 덕(德)인 자질들의 과도함을
교정하는 데 더 관심을 기울인다.) 우리는 역년의 시원에 있어서 변천하는 것으
로써 지적된 바[46]와 같은 그러한 순환적인 쇄신의 지대한 중요성에 대해서
논평한 사마천(司馬遷)을 주목했다. "그 시대가 다시 돌아왔다. 그것은
다시 시작한다!……역년의 구분은 (그 시각으로부터) 정확했다. 곡보(曲譜)
유(羽聲)는 다시 순전했다.……음과 양의 원리들은 일정한 형식으로 나뉘어
지며 결합되었다."

「백호통의(白虎堂에서의 포괄적인 변론)」는 공자가 "주(周)의 악폐를 상속
하게 되었을 때……(역년의) 시원으로서 제11월을 (사용했던 왕조의) 계승자
로서 그가 스스로 제13월을 시행해야 한다는 사실을 알고 하(夏)의 역(曆)
을 실시하였다"[47]고 말한다. 더크 보데(Derk Bodde, 우리가 광범위하게 인용해
온 풍우란의「중국철학사」두 권의 역자)는 공자의 순환 사상에 관한 이 인용문
에 각주를 붙여 다음과 같이 말한다.

---

46) 위의 p.169.
47) 풍우란, 앞에서 인용한 책, Vol., Ⅱ. p.65.「백호통의(白虎通義)」로부터 인용한다.

즉 하(夏)와 상(商)과 주(周)의 역(曆)이 이미 연달아서 행해져 왔으므로 순환의 다음 국면은 하(夏)의 역(曆)으로 돌아가야 될 것이다. 이것은 동중서가 상세히 설명한 신념과 관련되어 있다.…… 그것에 의하면, 비록 주위 사정의 영향으로 주(周) 왕조는 실제로 공자의 시대가 지난 몇 세기 동안 존속했었다고 할지라도 공자는 새 왕조의 설립자가 되어야 마땅할 "관을 쓰지 않는 왕"이었다. 논어 XV.10. 으로부터 공자는 정말 하역(夏曆)으로 돌아가는 데 창도적인 역할을 하였다는 것을 알 수 있다. [48]

위의 각주[49]는 기원후 1세기에 있었던 왕망(王莽)의 왕위 찬탈에 적용된 순환 사상의 기능적인 가치를 기술한다. 순환적인 역사관은 많은 점에서 후대의 문명에 유형을 정해준 한(漢)왕조 문화의 불가분의 부분이었음이 분명하다. 그러나 기원후 1세기 중국에 들어간 불교는 몇 가지 새로운 사상을 첨가하였다. 불교의 순환론적인 우주 역사관은 송(宋)왕조의 위대한 철학자 소옹(邵雍)이 우주적인 수준에서 전개한 순환론에 반영된 것 같다.

소옹(邵雍, 기원후 1011년~1077년)과 우주

소옹이 제시한 순환론적인 역사관은 많은 점에서 동중서가 정한 한(漢)의 유형과 유사하다. 한(漢)과 마찬가지로 그의 역사철학은 고대의 역학적(曆學的)인 주제, 즉 계절 변화의 순환을 유추함으로써 암시를 얻은 것이다. 소옹은 성리학이 형성되던 시대에 살았다. 그와 성리학이 형성되던 당시 주돈이(周敦頤)의 형이상학적인 견해는 종교적인 색채를 가진 도교로부터 많은 영향을 받았다. 두 사람의 형이상학은 적어도 8세기나 앞선 도교의 작품「상방대동진원묘경도(上方大洞眞元妙經圖)」[50]로부터 사상들을 빌려왔다.

이 도교의 작품으로부터 연원된 소옹의 형이상학은「역경(易經)」을 그 원천으로 한다.「역경」으로부터 소옹은 자기 체계의 본질적인 사상들을 보여

---

48) 풍우란, p.65. 역자 Derk Bodde, 주 7.
49) 위의 pp.180 이하.
50) 풍우란, 앞에서 인용한 책, Vol., Ⅱ. p.438.

주는 도해를 그려 대우주론을 전개한다. 형이상학의 체계는 그가 최상의
궁극자라고 명명하는 궁극의 실재와 함께 시작한다. 이 최상의 궁극자는
심(心), 도(道) 혹은 정신이다. 이 정신이 수(數)를 만들고 수는 상징(象)을
만들며 상은 기(器)를 만든다. 수를 만들어 내는 정신이란 갈의 뜻은, 최상의
궁극자(정신)는 1이며 1은 2를 낳고 2를 쪼갬으로써 4가 성기며 4를 나눔으
로써 8이 생기며 8은 16을 낳고 16은 32를, 32는 64를 만든다는 것이다. 다음
에 이들 수는 상(象)을 만들어 낸다. 상이란 양(一)과 음(--)의 두 형식이
다. 하늘의 사상(四象) 집단은 태양(═), 태음(☷), 소양(小陽, ☲), 소음(小
陰, ☵)이다. 땅의 사상(四象)은 역경의 사유 소성괘(四維 小成卦)로 나타나
며, 그것을 소(邵)는 "소강(小剛), 소유(小柔), 태강(太剛), 태유(太柔)"라
하는 자질의 이름들로서 불렀다. 이들 상(象)으로부터 모든 도구(器)가 생겨
난다. 그는 기(器)를 우주의 구체적인 사물로서 의미한다. 그는 이것이 어떻
게 일어나는지를 다음과 같이 설명한다.

> 커다란 형세에 있는 움직임을 태양(太陽)이라고 하며 적은 형세에 있는
> 것을 소양(小陽)이라고 한다. 커다란 형세에 있는 정지(靜上)를 태음(太陰)이
> 라고 하며 적은 형세에 있는 것을 소음(小陰)이라고 한다. 태양은 해를, 태음은
> 달을, 소양은 항성들을, 소음은 황도대(黃道帶)의 공간들(十二支)을 이룬다.
> 태양과 태음, 성신(星辰)과 십이지의 상호 작용을 통하여 구체적인 하늘의
> 실체는 완전히 현실화된다. 태유(太柔)는 물을, 태강(太剛)은 불을, 소유(小
> 柔)는 흙을, 소강(小剛)은 돌을 이룬다. '물(水), 불(火), 흙(土), 돌(石)의 상호
> 작용을 통하여 구체적인 땅의 실체는 완전히 현실화된다.'[51]……팔괘(八卦)가
> 서로 섞임으로써 만물이 만들어져 나온다.[52]

이 형이상학을 기본으로 소옹은 나아가 보편적인 역사철학을 세웠다. 이러
한 구성의 근거는 (八 小成卦와는 달리 복잡한) 육십사 대성괘(六十四 大成卦)
로 상징된 음양의 운동과 연중 사계 사이의 상관 관계이다. 그 다음에 이
도식은 대희년(大喜年) 혹은 우주의 순환에 적용된다(아마도 불교의 영향하에
있었던 것 같다). 이 우주의 순환들은 각기 똑같은 양식의 대상들과 사건들을

---

51) 위의 책, p.456. 소옹의 「관물(觀物)」로부터 풍우란의 인용.

52) 위의 책, p.457. 소옹의 「관물」로부터 인용.

가진 동일한 유형들에서 반복된다.

가장 단순하고 가장 근본적으로 그 체계는 연중 계절들에 적용된다. 이같은 계절들의 회전은 우주의 회전에 적용된 유형이기 때문에 고대의 중요한 역(曆)의 사상이 다시 표명되었다. 소옹은 전통적인 중국의 천문학적인 역년(曆年)의 시원인 동지(11월에 발생하는)와 더불어 역(曆)을 시작한다. 동짓날 자정에 특유한 육효(六爻, 하나의 陽線과 다섯의 陰線——陽線은 갈라지지 않은 선이며, 陰線은 갈라진 선이다) 가운데 단 하나의 음선은 10월에 발생하는 음의 원지점(遠至點)을 지나 양의 재생을 상징한다. 음의 원지점은 (갈라진) 육음선의 육효로서 나타낸다. 동짓날 양이 재생한 후에 양의 힘은 4월에 그것이 원지점에 이를 때까지 점차로 증가한다. 하짓날 자정에 양의 힘은 재생하여 중국인의 10월(우리의 11월)에 원지점에 달할 때까지 계속 자라난다. 양은 동짓날(중국인의 11월)에 재생하여 순환은 다시 시작된다.

이 순환은 자연에 있는 만물의 성장과 쇠멸에 적용된다. 이를테면 개화하기 시작하는 꽃은 육효에서 한 개의 양선(陽線)을 가진 동지, 즉 역(曆)에 있어서 양(陽)의 재생과 일치하며, 만개되었을 때는 양(陽)의 원지점(혹은 역에서 하지를 앞둔 달)에 일치한다. 음의 재생에 일치하는 육효, 즉 역(曆)에 있어서 하지와 더불어 꽃은 자기의 꽃잎을 떨어뜨리기 시작하며, 역(曆)에 있어서 음(陰)의 원지점과 일치하는 육효, 즉 10월(11월)에 죽는다.[53]

계절은 물론 자연의 개체 사물들인 식물, 동물, 인간은 육십사괘로 상징되는 음양의 순환을 거치기 때문에 소옹은 전체 우주가 유사한 순환을 거치는 것이 분명하다고 생각한다. 그는 다음과 같이 말한다.

> 변역(變易)들에 대한 수(數)가 (자기들 회전의) 끝에 이르면 하늘과 땅은 한번의 순환을 마친다. '그러면 하늘과 땅도 역시 (다른 사물들과 마찬가지로) 한번의 순환을 거치는 것인가?'라고 물을 수 있을 것이다. 나는 다음과 같이 말할 수 있다. '(만물에) 성장과 쇠멸이 존재하고 있는데 그들이라고 그러한 순환을 갖지 않겠는가? 하늘과 땅은 크기는 하지만 그들 역시 형상과 질료로 이루어져 있으며……이런 까닭으로 해서 두 가지 대상을 구성하는 요소가 된다.'[54]

---

53) 위의 책, p.463.
54) 위의 책, p.469. 소옹의「관물」로부터 인용.

소옹은 나아가 그의 「우주론적인 연대기(Cosmological Chronology, 皇極經世書)」에서 음양의 운동을 상징하는 육십사괘(六十四卦)의 견지에서 전 우주의 세계년(World year)의 진화 과정을 기술한다. 그의 체계를 시간적으로 구분하면 다음과 같다. 세계의 발단으로부터 전체의 파멸에 이르기까지의 기간을 한번의 순환이라고 한다. 한번의 순환은 129600년이다. 각각의 순환은 마치 일 년이 열두 달을 가진 것과 마찬가지로 12 시대를 가진다. 각각의 시대는 마치 한 달이 30일을 갖는 것처럼 30회의 회전을 한다. 한번씩 회전할 때마다 12세대가 지나간다(인간의 세시가 태음력에 따라서 360일을 갖는 것과 마찬가지로 12세대는 인간의 햇수로 360년과 같다). 각각의 세대는 30년으로 이루어진다. 매년은 열두 달을 가지며, 1개월은 30일을 그리고 하루는 24시간을 가진다.

이들 시간의 기간과 육효(六爻, hexagram) 사이의 관계는 이러하다. 세계의 순환은 동지를 상징하는 대성괘(大成卦, hexagram)에서 시작하여 음(陰)의 원지점을 나타내는 것에서 끝난다. 제1의 시대(10800년)에서 양(陽)은 자라기 시작하여 하늘이 태어난다. 제2의 시대(10801년~21600년)이 땅이 태어나며, 제3의 시대에 사람이 나타나며 제6의 시대까지 양(陽)은 원지점에 이른다. 이것이 바로 순환의 백중(伯中)이고, 인간의 덕이 완전히 만개된 정점이며, 기원전 3000년의 위대한 전설의 현군 요(堯)의 치세하에 있던 인간의 황금시대이다. 이제 쇠퇴가 시작된다. 음(陰)이 점차로 증가하며 제7의 시대(64801년~75600년)가 시작한다. 이것은 하(夏), 은(殷), 주(周), 진(秦), 한(漢), 진(晋) 왕조와 삼왕국, 남북조, 수, 당, 오 왕조, 그리고 송(소옹이 살던 당시의 왕조)에 걸친 시대이다. 이러한 시간 척도에 따르면 현재는 대략 이와 똑같은 제7의 시기 중 192회째 회전과 일치하는 해일 것이다. 제11의 시대에 이르기까지 쇠퇴는 계속할 것이며, 315번째의 회전(108001년~118880년)에서는 생물이 끝장을 보게 된다. 제12의 시대(118880년~129600년)에서 음(陰)은 자기의 원지점에 도달하며, 전 우주도 끝나는 것이다.[55] 그러면 새로운 세계가 일어나 똑같은 순환을 반복하며, 세계 순환의 반복은 끝없이 계속된다.

---

55) 위의 책, 역자(Derk Bodde)의 주, p.473. 서양의 연대기와 같음을 나타낸 소옹의 표는 기원전 67017년에서부터 시작된다. 요(堯)의 지배는 기원전 2337년~2307년. 피조물의 종말은 기원후 46023년~46383년. 전체 우주의 종말은 기원후 62583년.

우주의 순환 속에서 소옹은 음과 양의 세력의 성쇠라고 하는 자기의 기본
사상과 전형적인 중국인의 사상을 따르는 인간 역사의 유형을 제시한다.
오늘의 인간 무대는 만개된 꽃과 같지만 과거는 그것의 제일의 영광인 것이
다. 그에 의하면 인간의 만사는 통치권에 관계되며, 통치하는 데는 네 가지
주요 형식, 즉 주권자, 황제, 왕 그리고 폭군들에 의한 다스림이 있다고 말한
다. 각 형식의 지배자는 전형적인 몇 가지 덕을 가진다. 주권자는 우웨이
(無爲, 비활동성, 즉 그의 덕은 너무나 위대하기 때문에 그의 권세는 음양과 모든
자연의 힘을 조화시킨다)를 행한다. 황제는 온화와 성실을 행하며, 왕은 공정
으로, 폭군은 음모와 무력으로 특징지어진다. 그런 다음 이들 형식들은 실제
역사와 계절의 역(曆)에 관련지어진다.

> 세 사람의 주권자(三皇)는 봄과 일치하며, 오제(五帝)는 여름에, 삼왕(三王)
> 은 가을에, 다섯 폭군(五伯)은 겨울에 일치한다. 칠국(七國)은 계속되는 겨울
> 추위와 일치한다.[56]

소옹은 삼황과 오제의 연대와 이름을 기입하지 않았는데, 이들 시대의
전설적인 이야기와 서로 다르다. 그라네트(Granet)는 삼황으로 복희(伏羲),
신농(神農), 여왜(如媧)를 꼽으며, 오제로서 황제(黃帝)와 전욱(顓頊), 제곡
(帝嚳), 요(堯) 그리고 순(舜)을 꼽는다.[57] 이들에게 제시된 연대는 대략 기원
전 2450년에서 2206년이다. 풍우란(馮友蘭)은 "공자에 이르기까지의 전통적인
중국사 도표"[58]에서 복희(伏羲), 신농(神農), 황제(黃帝), 소호(小昊), 전욱
(顓頊)을 오제로 제시한다. 이들 다음에 요와 순이 뒤따르지만(요는 소옹에
의해서 정의된 것처럼 주권자의 귀감이 되었던 것 같다), 전문적으로 말하면
그들은 왕조를 건립하지 않았기 때문에 황제는 아니었다. 그 다음에 풍우란
은 우대제(禹大帝, 공자에 의해서 황금율의 통치자로서 찬양을 받았다)에 의해
세워진 하(夏) 왕조를 기입한다. 소옹에 의해서 언급된 삼황은 최초 3왕조의
창설자, 즉 하(夏)의 우(禹), 상(商) 혹은 은(殷)의 탕(湯), 주(周)의 무(武)
이다. 칠국 시대는 몇몇 지도적인 봉건 국가들이 세력을 다투고 최종적으로

---

56) 위의 책, p.475, 소옹의 「관물」로부터 인용.
57) Granet, *Chinese Civilization*, 앞에서 인용한 책, I장 및 II장.
58) 풍우란, 앞에서 인용한 책, Vol., I. p.1에 나타남.

는 시황제하에서 진(秦)나라가 승리를 거두는 전국 시대(기원전404년~221년)이다.

소옹은 자기 시대에까지 이르는 중국 역사를 기술하며 다음과 같이 끝을 맺는다.

> 요(堯)황제로부터 오늘에 이르기까지 백 세대 이상을……걸치는 3천년 이상이 지났으며.……어느 때는 통일 또는 어느 때는 분할된 때도 있었다.……그러나 아직까지 어느 누구도 한 세대 이상 풍습과 관습을 (정말로) 통일할 수 있었던 사람은 없었다.[59]

비록 이것은 비관적인 말로 들릴지 모르나 꽃이 피었다 지고 떨어지는 것처럼 이 문화의 쇠퇴라고 하는 것이 불가피한 것이기는 하지만 전 우주가 다시 새롭게 시작하여 반복될 것이라든가 또 다른 문화의 황금 시대가 일어나게 될 것이라고 하는 믿음의 커다란 위로도 없지는 않다. 그는 개체가 개체의 자격으로서 매 순환마다 다시 반복되는 것인지에 대해서는 말하지 않지만 형태와 성쇠의 유형은 언제나 매 순환마다 영원히 꼭 같은 것이라는 것을 긍정한다.

소옹의 순환 사상은 일정한 순환의 유형인 구체적인 존재의 세계에서 그 자체로부터 영원히 진화하는 대유기체 혹은 대우주로서의 우주라는 생각에 근거한다. 이 세계는 생기가 없는 자연으로부터 생기가 넘치는 자연에 이르기까지 음양의 힘으로 움직여 나가고 존재하는 것이다. 소우주적인 차원에서의 음양의 힘은 소우주적인 수준과 대우주적인 수준에서 언제나 반복하는 만물의 생사 순환과 유기적으로 관련된 계절의 변화를 일으킨다. 소우주적인 수준에서 음양의 힘은 세시의 변화, 즉 생기를 가졌건 갖지 않았건 자연 가운데 있는 만물의 생활 순환을 일으키고 또한 그 상징이 되는 소우주의 근본적인 순환을 야기시킨다. 그 다음에 대우주적인 수준에서는 영구히 반복되는 한번의 커다란 세계의 순환 혹은 우주의 대회년이라고 하는 것이 있다. "천지간에는 떠났다가 돌아오지 않는 것이 하나도 없다."[60]

---

59) 위의 책, Vol., Ⅱ. p.475 이하. 소옹의 「관물」로부터 인용.
60) 위의 책, 역계사전(易繫辭典)은 기원전 175년경 한(漢)나라 학자에 의하여 쓰여졌다. 꼭 같은 형식적인 유형에서 전체 우주의 순환적인 반복에 대한 소옹의 사상은

중국의 순환 사상과 서양에 미친 영향

자연, 특별히 결코 끊임없이 순환하는 계절의 질서에 근거한 중국인의 순환 사상은, 중국의 현인들 특히 도교의 현인들과 그들로부터 감화를 받은 자들에게(예를 들면 선불교), 우주 속에서의 정신적인 평온과 편안함을 느끼게 하여 주었는데, 그것은 장자(莊子)의 사상에 잘 표현되었다. 장자의 도교적인 자연-지혜는 자기의 처가 죽었을 때 노래를 부른다고 비난을 받자 그가 말하려고 의도하였던 바에 잘 표명되었다. 자기의 친구들에게 너무나 무정하게 보였던 이러한 행동에 대해 그가 제시하였던 심오한 철학적인 이유는 다음과 같은 것이었다.

> 그녀가 죽었을 때 먼저 어찌 내가 슬퍼하지 않았겠습니까? 그러나 사실을 음미해 볼 때 태초에 그녀는 원래 생명이 없었다는 것을 알았습니다. 그리고 생명이 없었을 뿐만이 아니라, 그녀는 본래 형상도 없었습니다. 형상이 없었을 뿐 아니라, 그녀는 본래 모든 실체를 빠뜨리고 있었습니다. 혼돈된 무질서의 이러한 최초의 상태가 계속하는 동안 변화가 이르러 실체가 되었습니다. 이 실체는 변하여 형상을 취하였습니다. 그 형상은 변하여 살게 되었습니다. 그리고 지금 그것은 다시 변하여 죽음에 이른 것입니다. 이것은 춘하추동의 사계를 지나는 것과 같았습니다. 그리고 그녀가 커다란 집(즉 우주)에서 이와 같이 누워 잠이 들어 있는데 반하여 내가 울며 슬퍼한다면 나 스스로가 운명에 대해서 무지함을 나타내는 것이 될 것입니다. 그러므로 나는 참는 것입니다.[61]

이러한 태도는 서양의 스피노자(Spinoza)의 자연주의적 범신론의 태도와 근사한 것이다. 다른 점이 있다면 도교나 대부분 동양철학자들이 직관적인 방법으로 거기에 도달한데 반하여 스피노자는 더욱 전형적인 서양의 방법인 합리주의에 의해 거기에 도달하였다는 점이다. 그와 같은 자연 신비주의는 양자의 관점으로부터 옹호될 수 있다. 다음 장에서와 이 책의 마지막 장에서

우주적인 순환들에 대한 불교의 사상에 영향을 받았음이 분명하다.
61) 풍우란, 앞에서 인용한 책, Vol., I. p.237. 풍우란은 이 구절을 장자 18장으로부터 인용한다. 밑줄 친 것은 본인의 것으로서 순환적인 역사관이 발전되어 나온 아주 오랜 옛날부터 끊임없는 사계(四季)의 반복된 순환에서 그 기초인 사계의 중요성에 대하여 주의를 환기시키고자 하는 것이다.

보게 될 것과 마찬가지로 서양의 과학은 동양의 가장 심오한 직관적인 사상
과는 물론 자연 신비주의와도 조화를 이룬다.

　중요한 것은 서양이 중국의 사상가들에게 진 빚을 인식하는 것이다. 오늘
날 서양에서 인기가 높은 일본의 젠(禪)불교는 하나의 실례이다. '젠'이란
중국의 찬(禪)불교를 일본인들이 이르는 것으로 그 근본은 도교에 있다.
중국철학이 근거한 천, 지, 인 사이의 조화를 내포하는 유기적인 조화에 대한
유교의 사상은 중국에 파견된 예수회 선교사들에게 큰 감명을 주었다.
이 선교사들은 라이프니츠(Leibniz)와 같은 서양의 철학자들에 몰두하던
유럽으로 이들 유기적인 우주의 사상을 가지고 갔다. 우주의 예정 조화에
대한 라이프니츠의 유기적인 철학은 중국 사상에 의해 많은 영향을 받은
것이었다.[62] 비록 인도의 사상이 독일 범신론적 관념론자들에게 중요한 영향
을 미쳤지만 라이프니츠도 칸트(Kant)와 독일 범신론적 관념론에 대체로
영향을 미쳤다. 그러나 그러한 감화들이 중요한 의미를 가지기 시작하였던
17세기에서 18세기에서 훨씬 앞서서 중국과 서양 사이에는 접촉이 있었다.
일찍이 로마 시대(중국에서는 전한과 후한의 시대)에 중국과 서구의 로마 세계
사이에는 상교통(商交通)이 있었다. 사상의 교류도 마찬가지로 있었을 것이
다.[63] 예를 들면, 풍우란(馮友蘭)은 피타고라스 학파의 수의 신비주의와 한
(漢)나라 시대에 널리 퍼졌던 수에 대한 철학의 유사성을 지적한다.[64] 그
밖에도 인도와의 접촉으로 한나라 시대에는 그 나라를 통하여 그리스의
사상을 중국으로 가져갔다. 그러나 그리스인들이 최초로 발전시킨 자연에
대한 이론적이며, 객관적인 과학의 방법론은 중국(혹은 인도)과 결코 현실적
인 접촉이 이루어졌던 것 같지가 않으며, 이들 나라의 천재는 여전히 직관적
인 데 머물러 있었다. 노드롭(Northrop) 교수가 「동양과 서양의 만남(Meeting
of East and West)」에서 밝혔듯이 양자의 접근 방식이 모두 필요하다.

---

62) Adolph Reichwein, 「중국과 유럽」(New York: Knopf. 1925), pp.73~98.
63) J. 니담.「중국의 과학과 문명」(Cambridge: The Cambridge University Press, 1954
　　년~1956년). Vol., Ⅰ. 7장, 여러 곳.
64) 풍우란. 앞에서 인용한 책, Vol., Ⅱ. p.93~96. 12조음적(調音笛)들의 음도는
　　"전체가 정확하게 한 옥타브이므로 부드럽지 않은 반 음도의 12반음을 이룬다"는
　　것을 언급하는 역자(Derk Bodde)의 각주를 보라. 이것은 "피타고라스의 것과 동일
　　하며", "기원전 3세기 중국에서 처음 나타났다." 그것은 "알렉산드로스 대제의
　　아시아 정복의 결과로 그곳에 전해졌을" 것이다.(풍우란의 Vol., Ⅱ. p.11. 주)

그리스의 사상가들은 역사의 유형을 확인하는 문제를 포함해서 모든 문제에 대한 과학적 혹은 자연주의적 접근 방법에서의 선구자들이었다. 인도와 중국의 사상가들과 마찬가지로 그들도 신화적인 단계의 접근 방식으로부터 시작하였으나 곧 우주 역사와 인간 역사의 유형을 확인하는 문제에 대하여 참으로 과학적인 해답은 아니라고 할지라도 자연주의적이며 합리주의적인 접근 방식을 창안하였다.

제9장
그리스와 로마 세계의 신화적인 순환관

그리스 사상에서 헤시오도스(Hesiodos, 기원전 8세기)는 역사의 유형에 관한 자기 동포들의 오랜 사상을 최초로 증언한 사람이다. 그의 「작업과 나날 (*Works and Days*)」은 이미 그리스인들에게 잘 알려져 있던 역사의 유형에 관한 신화들을 반영하고 있다. 헤시오도스가 전해 주는 유형 가운데는 다섯 시대가 있으나 이것은 헤시오도스 이전 신화의 네 시대와 "헤시오도스나 다른 어떤 선구자가 제3의 시대와 마지막 시대 사이에 보충해 넣은" 영웅들의 시대에 관한 전설을 융합한 것이다.[1] 다섯 시대란 다음과 같다.

황금시대

무엇보다도 먼저 올림포스에 거처가 있는 불사의 신들은 필멸하는 인간들로 무리를 이룬 황금족을 만들었다. 크로노스가 하늘의 왕으르 군림하던 시대에 이들은 살고 있었다. 신들과 마찬가지로 저들은 슬픔을 느끼지 않고 고통과 괴로움도 모르며 살고 있었다. 저들이 누리던 운도 참담한 것은 아니었다. 다리와 손에 피로도 느끼지 않은 채 저들은 즐겨 식사를 하였으며, 일체의 악한 것들이 미치지 못하였다. 그리고 저들이 죽었을 때는 마치 잠이 든 것 같아 보였다. 온갖 선한 것들이 저들의 것이었다. 왜냐하면, 절로 열매를 맺는 땅은 아낌 없이 풍성한 열매를 저들에게 안겨 주었기 때문이다. 저들은 많은 선한

---

1) Lovejoy와 Boas, 앞에서 인용한 책, *Primitivism and Related Ideas in Antiquity*, p.25.

것들과 많은 짐승의 떼를 안고 있는 자기들의 대지 위에서 평안함과 평화로움을 느끼면서 그리고 축복받은 신들의 사랑을 받으면서 살았다.[2]

여기 황금 시대란 고대 세계, 즉 메소포타미아와 이집트,[3] 인도, 조로아스터와 유태인의 모든 신화에서 볼 수 있는 황금 시대와 유사한 것이다.[4] 다른 모든 고대 문화에서 묘사된 태곳적 역사의 여명기는 물론 아담과 이브의 에덴 동산의 시대와 마찬가지로 황금족은 도덕이나 육체적인 악이란 것을 알지 못하였으며 노동을 하지 않았다.

"올림포스의 거주자들에 의해 만들어진 제2의 종족은 은(銀)의 종족으로, 그들의 조상보다는 훨씬 못된 종족이었다. 저들은 길지 않은 기간을 살면서 저들의 어리석음 때문에 슬프게 지내야 하였다. 왜냐하면, 자기들은 서로를 향하여 야만스럽게 오만 불손한 마음을 억제할 수 없었으며, 신을 섬기려하지 않고 축복받은 자의 거룩한 제단에 제사를 드리지 않았기 때문이다."[5] 화가 치민 제우스는 그들을 멸망시켰다.

제3의 종족은 청동(靑銅)이었다. 이 종족은 "지독히 강했고 전쟁(Ares)과 폭력"의 행위를 즐겼다. 그러나 "저들은 자기들 손에 멸망당하였다."[6]

제4의 종족은 반신(半神)의 영웅적인 종족으로서 "보다 정당하고 의로운 영웅 ─ 인간의 신적인 종족이었다."[7] 이들 인간들은 호머(Homer)의 「일리아드」와 「오디세이」에서의 신과 같은 영웅들이었다. 이들 역시 죽었지만 죽은 다음에는 하늘로 올라갔다. 하늘에 올라간 저들은 "극락도(極樂島)에서 슬픔을 벗은 홀가분한 마음으로" 거하고 있다.

제5의 종족은 현존의 인류이며, 철(鐵)의 종족이라고 명명된다. 이 불쌍한 종족에 대해서 시인은 다음과 같이 말한다.

   내가 제 5 종족의 무리 가운데 있지 아니하고 이전에 죽었거나 이후에 태어났더라면 좋았을 것이다. 이는 지금의 종족이 철이기 때문이다. 낮엔 괴로움과

---

2) 위의 책, p.27. 헤시오도스, 「작업과 나날」에서 번역.
3) 아래의 pp.233~235.
4) 아래의 pp.235 이하.
5) 위의 책, p.28. 「작업과 나날」에서 인용.
6) 위의 책, p.29. 「작업과 나날」에서 인용.
7) 위의 책, p.30. 「작업과 나날」에서 인용.

슬픔이 가실 새가 없으며, 밤에도 가라앉질 않아 기진해 버리는 것이다. 그런데도 신들은 그들에게 고통스러운 불안을 보태 줄 것이다. 이렇게 하는 것도 저들이 저지르는 악에 비하면 훨씬 너그러운 편에 속할 것이다. 그러나 제우스는 인간이 생태적으로 사악해지는 시기에 이르게 되면 이 인간의 종족들도 멸망시킬 것이다. 아비라도 자식과 뜻을 모으지 못하며, 자식이 아비를, 손님과 주인이, 친구가 서로 인화(人和)를 이루지 못하며, 이전처럼 형제가 형제를 사랑하지 못할 것이다. 머지않아 사람들은 나이 지긋하신 부모를 싫어하며 트집을 잡고 심한 말로 꾸짖고, 무자비하며, 신들을 경외해지 않을 것이다.……힘이 곧 정의이며, 겸손이란 더 이상 찾아볼 수가 없을 것이다. 사악한 자가 착한 자를 해칠 것이며, 거짓 이야기를 하며 그 말에 맹세를 할 것이다. 투기와 상스러운 말과 미워하는 얼굴과 악을 즐거워하는 것이 모든 비열한 사람들에 붙어다닐 것이다. 부끄러움(Aidos)과 의분(Nemesis)이 자기들의 아름다운 형상을 흰 옷으로 감추고 큰길이 놓인 땅으로부터 올림포스토, 사람들을 버리고 신들의 백성에게 갈 것이다. 쓰라린 슬픔만이 필멸의 인간데게 남게 될 것이며 악에 대항하여 어쩔 도리가 없을 것이다.[8]

헤시오도스의 다섯 시대의 유형은 헬리니즘의 사상, 이를테면 「다니엘서(Book of Daniel)」에서는 네 시대의 유형(영웅들의 시대가 빠졌다)으로 줄어든다.[9] 네 시대의 이야기는 아주 후대에 헤겔(Hegel)의 역사철학 같은 데에서도 나타난다. 비록 헤겔은 자기의 사상을 다루는 다른 여러 책에서는 삼부일체(Triad)의 리듬을 적용하면서도 역사철학에서는 네 시대로 구분한다. 헤겔은 자기의 유형을 성서에서 이끌어 내었으며, 성서는 다음에서 논의된 것과 마찬가지로 헤시오도스 이전의 자료로부터 그 유형을 끌어내었다.[10]

러브조이(Lovejoy)와 보아스(Boas)에 의하면 헤시오도스의 시대론은 오비디우스 「메타모르포시스(Metamorphoses)」에서 나온 이야기로, 유럽인의 사상에 가장 많은 영향을 미치게 되었다고 한다. 이 이야기는 "중세와 현대의 원시적인 공산주의에 관하여 특별히 중요한 것이다."[11] 오비디우스의 시대 개념은 기원전 3세기 아라터스(Aratus)의 작품 「파에노메나(Phaenomena)」에

8) 위의 책, pp.30~31. 「작업과 나날」에서 인용.
9) 아래의 pp.245~247.
10) 아래의 p.246.
11) Lovejoy와 Boas, 위에서 인용한 책, p.49.

의해 영향을 받은 것이다. 아라터스는 헤시오도스의 다섯 시대 유형의 사상을 세 시대의 이야기로 단순화시켰으며, 정의를 중심 인물로 하여 극화시키고 있다.

> 견우성 발 아래, 빛나는 옥수수 이삭을 손에 들고 있는 소녀를 바라보라. 그 소녀는 아득한 옛날 별들의 아비였다고 전하는 아스트라에우스(Astraeus) 족속에 속하는지 다른 종족에 속하는진 모르겠으나 그녀는 거기 안전히 버티고 서 있었다. 지금 항간에는 이전에 그 소녀가 어떻게 땅 위에 살았으며, 사람들과 만나 얼굴을 마주 대하고 남녀 불문하고 고대인들을 업신여기지 않고, 자기는 불멸의 존재였음에도 사람들 중에 자리하였는가 하는 이야기가 널리 알려져 있다. 사람들은 그 소녀를 정의라고 불렀다. 저자에서건 한길에서건 장로들을 모아 놓고 소녀는 큰 소리로 사람들에게 좀더 이로운 판결을 내릴 것을 촉구하였다. 그 때까지만 해도 사람들은 혐오스러운 전쟁과 독설을 퍼붓는 논쟁과 소란한 전투를 이해하지 못하였으며, 단순하게 살았기 때문에 바다가 사납다는 것조차 알지 못하였고 배를 타고 멀리 나가서 생계를 해결해야 할 일도 없었다. 황소와 농삿일과 정의 자체나 사람들의 아낙들과 올바른 일을 행하는 자들은 모든 필요한 것을 몇 천 갑절이고 내었다. 이것은 땅이 황금족을 뒷바라지하는 한 계속되었다.[12]

은의 종족이 뒤를 이어 타락한 모습을 보이자 정의는 산으로 물러나서 못된 족속들이 이르게 될 것이라고 예언하였다. 은의 종족을 계승한 청동족은 정의가 예언한 것을 이루었다. 이 사람들은 "이전 사람들보다 한층 지독하여 노변에서 악을 행하는 칼을 벼리는 데 으뜸이었고, 밭갈이를 하는 황소를 잡아먹는 데 둘째 가라면 서러워하였다."[13] 정의는 이 종족을 아주 싫어하여 "하늘로 날아갔다. 그리고 그녀는 그 나라에 거하면서 여전히 밤에는 사람들에게 모습을 보여 주었는데, 멀리 바라보이는 견우성 가까이에 그 소녀는 자리잡고 있다."[14]

오비디우스가 「메타모르포시스」를 구상할 때까지 시대라고 하는 것은 크로노스(또는 로마인들 사이에서는 새턴)의 황금 시대와 제우스의 시대, 즉

---

12) 위의 책, p.35. *Phaenomena* 96~136으로부터 번역.
13) 위의 책, p.35. *Phaenomema* 96~136으로부터 번역.
14) 위의 책.

현대인의 타락한 시대라고 하는 사실상 두 시대로 줄어들었다.[15] 오비디우스
가 황금 시대에 있었던 정의의 무상권(無上權)을 강조한 것은 아라터스의
영향으로 보인다. 사실 오비디우스는 금, 은, 동, 철의 네 시대를 기술했다.
그러나 그는 새턴(크로누스)하의 황금 시대와 다음 쥬피터(제우스)하의 점진
적인 타락의 시대를 강조하여 비교한다. 그러나 현재의 인간 종족은 (비록
타락하기는 하였지만) 그 도식에서 벗어나며, "대홍수가 있은 다음 지상에
다시 사람이 살게 하기 위하여 듀켈리온과 피라가 그들 어깨 뒤로 던진"[16]
돌로부터 비롯되어 나왔다.

　오비디우스는 황금 시대를 다음과 같이 묘사한다.

　　최초의 시대는 황금 시대였다. 그때에는 심판관이나 율법이 없이도 사람들
　은 자유 의지로 믿음과 의를 소중히 사랑하였다. 형벌이라든가 공포라는 것이
　없었다.……탄원하는 무리들이 심판관의 말을 두려워하지 않았으며, 보호자가
　없어도 안전할 수 있었다.……군대를 사용하지 않고도 사람들은 안전하게
　자기들의 달콤한 휴식을 즐길 수 있었다.……봄은 영원한 것이었다. 젖이 흐르
　는 강과 꿀이 흐르는 강이 있었으며, 노란 꿀이 푸른 참나무로부터 방울방울
　떨어졌다.[17]

　쥬피터가 통치하면서부터 타락이 잇따랐다. 은의 종족은 덕을 멀리하기
시작하여 철의 종족에 이르러서는 극에 달하였다. (철의 종족은 은의 종족을
뒤따른 동의 종족을 계승하였다). 철의 종족은 부패할 대로 부패하였다.

　　……단단한 철의 종족은 마지막 종족이었다. 곧 비금속(卑金屬)의 시대에는
　온갖 악습이 옮겨졌으며, 부끄러움이 떠나고 진리와 믿음도 떠났다. 이 자리를
　사기와 속임수, 배신, 완력과 저주스러운 소유욕이 차지하였다.……그리고
　이제는 해로운 철과 더 한층 해로운 금이 산출되었다. 이것들은 전쟁을 만들어
　내었다. 왜냐하면 전쟁을 할 때는 그것들을 가지고 싸웠기 때문이다. 쩔렁거리
　는 무기들이 핏자국 서린 손에 의하여 던져졌다. 사람들은 약탈로 생계를 유지
　하였고, 손님이 주인으로부터 무사하지 못하였으며, 시아버지가 사위로부터

---

15) 위의 책, p.43.
16) 위의 책, p.43.
17) 위의 책, p.46. 오비디우스, *Metamorphoses*, Ⅰ, 76~215에서 번역.

무사하지 못하였고, 형제들에 대한 사랑을 찾아보기가 어려웠다.

의무(Pietas)는 쓰러져 위압당하였으며, 천상의 마지막 존재인 처녀 아스트리아가 피비린내 나는 땅을 떠났다.[18]

이 종족은 멸망당하였다. 위에서 언급한 바와 마찬가지로 현재의 인간 종족은 대홍수 후에 듀켈리온과 피라가 땅에 사람을 살게 하기 위해 어깨 뒤로 던진 돌에서부터 생겨났다. 이것 역시 부패하였다.

이 책에서 오비디우스는 황금 시대로의 복귀에 관해서 묘사하거나 이론을 정립하지 않았다.[19] 그러나 베르길리우스는 그의 유명한 「메시아(Messiah)」라고 하는 짧은 목가시에서 그러한 말을 한다. 이 단시(短詩)는 스토아 학파의 세계 시대와 순환론[20]과 황금 시대에 관해서 이야기를 하는 아라터스와 그밖의 다른 작가들에게서 발견되는 사상에 의해 영향을 받았다. 베르길리우스는 황금 시대와 '소녀'(정의)의 연상에서 아라터스를 따르며, 오비디우스와 마찬가지로 황금 시대와 '새턴의 치세'를 동등한 것으로 취급한다. 황금 시대로의 복귀를 말하는 베르길리우스의 순환관은 또한 후대의 서양 역사철학가들에게 지대한 영향을 미쳐 왔다. 베르길리우스는 순환적인 황금 시대의 복귀를 묘사하는 그의 유명한 단시에서 아우구스투스(Augustus)와 계승자 신동(wonder-child)에 의해 시작된 평화와 함께 황금 시대의 복귀를 내다본다.

이제 큐메안(Cumaean)이 예언한 마지막 시대가 도래하였다. 대순환의 시대들이 새로이 탄생된다. 이제 그 소녀가 돌아오고 새턴이 통치하던 때가 돌아왔다. 이제 높은 하늘로부터 새로운 세대가 도래하였다. 그러나 너희는 그 소년이 나실 것에 대비하여라. 그가 나면서부터 철의 종족은 그치기 시작할 것이며, 온 누리에 황금족이 일어날 것이다. 거룩한 루씨나여, 영광이 있으라. 이제

---

18) 위의 책, pp.47 이하. *Metamorphoses*, Ⅰ, 76~215에서 번역.

19) 위의 책, p. 48. Lovejoy와 Boas 평론. "오비디우스가 여기서 황금 시대로의 복귀 가능성을 암시하지 않는다는 것은 주목할 만하다. 그의 시의 계획과 목적이 아마도 그로 하여금 스토아적인 이론을 이용하도록 허락하지 않았겠지만 아무튼 그는 스토아적인 이론에 영향을 받지 않았다." p.7의 각주는 다음과 같이 부언한다. 그러나 253~255행들에서 대화재에 대한 암시가 있다.

20) 아래의 pp.220 이하.

당신의 아폴로가 통치하신다. 당신의 집정관에게서, 오, 돌리오, 당신에게서
이 영광스런 시대가 등장할 것이다. 그리고 위대한 세월이 행진을 시작할 것이
다. 당신의 지배 아래 아직도 남아 있는 우리 죄의 형적은 사라지고, 이 땅으로
하여금 영원히 불안에서 벗어나게 해 줄 것이다. 그는 신들의 성명 속에서
자랄 것이며, 신들과 영웅들이 한데 어우러진 것을 볼 것이며, 스스로를 그들
에게 나타낼 것이며, 그의 아버지의 덕이 평화를 내린 세상을 지배할 것이다.
오, 소년이시여, 가꾸지 않더라도 땅은 당신께 처음으로 어린이에게 맞는 선물
들을, 구불거리는 월계수 넝쿨과 지기다리스의 웃음을 더금은 아켄터스와
뒤섞인 콜로카시아를 쏟아 낼 것입니다. 돌보는 이 없는 당신께 암양이 부풀은
젖을 가져다 줄 것입니다. 큰 사자라도 그들의 무리를 놀라게 하지 않을 것입
니다. 시키지도 않았는데 당신의 요람은 사랑을 찾는 꽃들 속에 들어 있게
될 것입니다. 뱀도 사라질 것이며, 나쁜 독을 내는 식물도 사라질 것입니다.
앗시리아의 향이 한껏 자라다 질 것입니다.……오, 작은 소년이시여 당신의
어머니를 반겨 웃어 보십시오. 당신의 어머니에게서 기다림의 열 달은 지루하
기 짝이 없었습니다. 오, 작은 소년이시여, 그렇게 해보십시오. 양친께 웃음을
지어 보이지 아니한 자들 가운데 결코 아무도 신의 식탁이나 여신의 잠자리에
서 영광을 얻을 수가 없었답니다.[21]

  기독교도들은 '신동(神童)'에 의해 시작된 황금 시대의 예언과 이사야
(Isaiah)의 예언이 유사함에 깊은 관심을 기울였으며, 이때로부터 '메시아'
라는 이름이 이 단시에 붙게 되었다. 다음에 한 장을 이러한 성질의 역사적
인 사고에 할애하였으므로 여기서 그 의미를 세밀히 다루지는 않겠다.
  황금 시대가 다시 돌아오지만 원래 상태로 다시 돌아가게 되며, "새로운
전쟁이 역시 일어날 것이며, 다시 힘있는 아킬레스가 트로이에 보내질 것이
다……"[22]라고 하는 베르길리우스의 순환 사상은 자연주의적이며 과학적인
역사 이론을 정립하려는 그리스인의 정신을 담은 스토아적인 순환론에서
영감을 받은 것이다. 그리스인들은 인간과 우주적인 역사를 포함한 아마도
모든 분야에서 객관적이며, 과학적인 인식의 방법을 취한 개척자들이었던
것 같다. 우리는 한결같이 순환적인 이 자연주의적 견해들 가운데서 몇 가지

---

21) 베르길리우스, *Virgil's Work, The Aeneid, Eclogues, Georgics*, J.W. Mackail 역, Modern
   Library편(New York: Random House, 1934), pp.274 이하.
22) 위의 책, p.274.

를 검토해 보고 나서 일환론의 직접적인 배경이 되는 신화론적인 접근 방법
으로 다시 돌아갈 것이다.

제10장
우주적 순환들에 적용된 그리스의 자연주의

우주의 본성에 관한 순수한 자연주의적인 이론을 정립해 보려고 한 그리스인들 가운데 최초의 사상가들은 이오니아인들이었다. 이 이오니아인들 가운데 두 사람인 아낙시만드로스(Anaximandros)와 아낙시메네스(Anaximenes)는 우주 역사에 관한 그같은 유형의 이론을 제시한 최초의 사람들이었다. 아낙시만드로스는 우주의 궁극 실체가 아페이론(Aperon, 가없음)이라고 생각하였다. 이 실체는 시작도 끝도 없는 것이다. 세상에 있는 사건의 모든 다양성은 그것의 찬 부분과 더운 부분의 분화 작용에 의해서 발생한다. 이 분화 작용은 어느 점까지 진행하다가 떨어져 나가 쇠퇴하는 세계 체계(world-system)들을 낳았다. 세계 체계의 형성과 쇠퇴의 과정은 영원한 과정이다. 그것은 이 무한한 순환 과정인 아페이론의 본질에 속한다. 아낙시메네스의 순환론은, 궁극 실체를 아페이론 대신에 공기로 생각하는 것을 제외하면 비슷한 것이다.

헤라클레이토스(Herakleitos, 기원전 6세기)는 불이 자연의 궁극적인 실체라고 가르쳤다. 이 불의 요소는 흙과 공기와 물을 낳는다. 만물은 이들 네 요소로 이루어졌다. 그러나 근본 실체인 불은 질료적인 성질 이상의 것을 가지고 있다. 그것은 '로고스(Logos, 문자대로 하면 '말'을 의미하나 '이성'이란 의미를 내포한다)'라고 불리우며, "일정한 양에 따라서 불을 붙기며, 일정한 양에 따라서 소멸시키는" 작용을 한다. 이것으로 헤라클레이토스는, 불이 변화의

본질이며, 변화는 자연에 두루 퍼져 있는 특징이지만 변화에는 법칙(Logos)
이 존재한다고 말한다. 이 로고스는 전체로서의 우주에서 그같이 정확한
방식으로 작용하기 때문에 불에서부터 나온 요소들과 다른 모든 것들의
진화와 또 만물이 불로 돌아가는 에크피로시스(ecpyrosis) 또는 대화재(大火
災)의 일정한 순환의 기간들이 존재한다.[1] 어떤 전승에 의하면 진화 기간의
발단으로부터 에크피로시스에 이르는 세계 순환의 길이는 18000년이며, 또
다른 전승에 의하면 10800년이다.[2] 만약 센소리누스(Censorinus)가 제시한
후자의 숫자가 옳은 것이라면 그것은 "30년을 한 세대로 하여 그것에 1년의
날 수인 360일을 곱한 데서" 끌어낸 것이 분명하다.[3] 여기서 우리는 대회년
(大禧年) 혹은 신년(神年)이라고 하는 바빌로니아인의 사상으로부터 연원되
었다고 믿어지는 개념을 얻게 되며 그것의 신화론적인 기원에 대해서 우리
는 위에서 이미 언급하였다.[4] 헤라클레이토스가 정확한 길이를 가진 규칙적
인 세계 순환의 사상을 실제로 주장하는 경우, 그는 고대 세계에 유포된
통상의 신화 시대의 우주론보다 훨씬 과학적인 자연철학의 기초 위에 그것
을 세우려고 시도하면서 순환관에 대한 본래의 이야기를 제시하는 것이다.

피타고라스 학파와 순환적인 우주의 대회년

  피타고라스 학파(Pythagoreans, 기원전 6세기)도 역시 회귀적인 세계 순환론
을 믿었다. 그들은 수(數)가 만물의 본질이라고 하는 그들의 사상으로부터
자연철학을 엮어 냈다. 그러므로 그들은 천체의 규칙적인 운동에 몹시 감명
을 받았으며, 이것을 계절과 세상의 다른 순환적인 사건과 연관을 시켰다.
헤라클레이토스와는 달리 그들은 주기적인 우주의 파괴와 진화를 믿지 않았
다. 그들의 순환관은 모든 천체와 땅이 꼭 같은 상대적인 위치로 되돌아가는
시간인 우주의 대회년이라고 하는 천문학적인 사상에 입각했다.[5] 천문학적인
사건과 지상의 사건들 사이에는 밀접한 관계가 있으므로 지상의 모든 상황

  1) ecpyrosis에 대한 이러한 사상(세계 순환들)은 헤라클레이토스의 잔존하는 단편 작품
     에서는 발견되지 않지만 Aetinus와 Censorinus와 같은 후기 고전작가들은 그의 것이
     라고 주장했다. 러브조이와 보아스, 앞에서 인용한 책, pp.79 이하를 보라.
  2) 러브조이와 보아스, 앞에서 인용한 책, p.80과 각주.
  3) Sir Thomas Heath, *Aristarchus of Samos, The Ancient Copernicus*(Oxford: Clarendon
     press, 1913), p.61.
  4) 위의 제2장.

들 역시 이들 지구와 천체가 서로 결합하고 있었던 예전의 상태로 돌아가야 한다. 그런 다음 하늘의 순환 혹은 대회년이 새로 시작함에 발맞추어 하나의 순환이 다시 시작한다. 매번 새로운 세계 순환 속에서의 사건과 인물들은 숫자적으로 정확하게 이전에 있었던 사건들을 반복하는데 이는 모든 것이 천체와 일정한 관계에 있기 때문이다.[6] 똑같은 상황 아래서 똑같은 사건들과 똑같은 사물들 그리고 똑같은 인물들이 매 순환마다 영원히 다시 발생할 것이라고 하는 이 수학적인 사고는 아마도 인도인의 견해로부터 영향을 받아 피타고라스(Pythagoras)[7]가 최초로 주장한 것 같다.[8]

소크라테스 이전의 또 다른 철학자인 아테네의 엠페도클레스(Empedocles) 도 역시 순환관을 창도하였다. 그는 자연의 요소들(흙, 공기, 불, 물)은 사랑의 원동력에 의하여 하나로 통일이 되며, 그 다음 미움에 의해 흩어져 여럿이 되고 그 후에 사랑이 다시 총합하는 과정을 시작할 때까지 붕괴의 극대에 이른다고 하는 가설을 제시하였다. 우주의 역사는 이 순환의 유형을 끝없이 반복한다.

순환적인 역사관은 초기 그리스인의 사상에만 공통되는 것은 아니었다. 그것은 여전히 그리스 철학에서 가장 원숙한 발전을 이룬 사상들의 특징이기도 하였다. 그것은 플라톤과 아리스토텔레스의 작품들에서 발견된다.

플라톤 사상에서의 우주와 문화의 순환
—— 대회년 ——

5) 에두아드 첼러, 「그리스 철학사(*A History of Greek Philosophy*)」, S.F. Alleyne외 역 (London: Longmans Green, 1881~1888), Vol., Ⅰ, The Pre-Socratic Philosophers, p.474.

6) 러브조이와 보아스, 앞에서 인용한 책, pp.82 이하.

7) 첼러, stoics, *Epicureans and Sceptics*, Oswald J.Reichel 역(London: Longmans, 1870), p.166. 각주.

8) Gomperz는 *Greek Thinkers*, Vol., Ⅰ에서 피타고라스와 피타고라스주의는, 인도의 일부를 포함하였던 cyrus 제왕하의 페르시아 제국에 의하여, 출생의 순환적인 회귀 사상들이 이오니아의 그리스인들에게 퍼졌다고 생각한다. 피타고라스가 이오니아에 있었던 동안 그는 순환론적인 사상들을 받아들였다. 그러나 버넷(Burnett)는 그의 *Early Greek Philosophy*(1930년편)에서 가장 일찍이 인도 사상의 영향하에 들어간 것으로 알려진 그리스인은 유명한 회의주의자 Elis의 Pyrrho(기원전 360년~270년) 이었다고 말한다. Pyrrho는 알렉산드로스의 인도 원정에 수행했다.

플라톤의 순환관은 피타고라스 학파의 것과 비슷하다. 왜냐하면, 그것 또한 천체의 운동과 관련이 되기 때문이다. 플라톤의 「티마에우스(Timaeus)」에서는 대회년 혹은 우주년을 유성군(流星群)이 자기들이 발생되었던 꼭 같은 상대적인 위치로 돌아가기까지 경과하는 시간으로 묘사한다. "그러나 시간의 완전수(完全數)는, 똑같이 고르게 움직이고 있는 회전에 의하여 측정된 상대적으로 서로 다른 속도를 지닌 여덟 가지 공전들이 동시에 완료될 때에 완전한 햇수를 채운다고 보면 별 어려움이 없다"고 플라톤은 말한다.[9] 플라톤은 이 점에서 이러한 우주년(Cosmic year)의 길이를 제시하지는 않지만 같은 대화의 첫머리에서 크리티아스(Critias)는 9000년 전 아테네 사람들에게 닥쳤던 큰 재난에 대한 솔론(Solon)의 이야기를 자세히 언급한다. 대홍수에서 살아 남은 자를 제외하고 모두들 멸망당했다. 이것은 주로 불이나 물에 의하여 발생하였던 인류의 파멸에 관한 많은 이야기 가운데 하나에 불과한 것이라고 크리티아스는 부언한다. 그런 다음에 다음과 같은 중요한 구절이 나온다.

> 지금 이것은 신화의 형식을 가지지만 실제로는 오랜 기간 후에 다시 발생하는 지구를 중심으로 하늘에서 움직이는 물체들의 적위(赤緯)와 땅 위에 사물을 불사르는 대화재가 내릴 것을 나타낸다. 그러한 때에 산 위나 건조하고 높은 곳에서 사는 자들은 강가나 바닷가에서 거주하는 자들보다 훨씬 타격이 클 것이다.[10]

이 구절은 플라톤이 지상 문명의 순환을 천체 운동과 연관시키고 있음을 보여 준다. 그러므로 대회년의 길이는 10000년인 것 같으며, 이것은 헤라클레이토스로부터 연원된 10800이라는 수치(만약 헤라클레이토스가 이 숫자를 제시한 것이라면)와 근사한 수치이다. 플라톤이 "각 사람의 영혼이 자기가 나왔던 곳으로 돌아가는 데에 10000년이 경과한다"[11]고 주장하는 「파에드러스 (Phaedrus)」에서는 10000년이라는 숫자, 즉 천체의 완전한 공전 기간에 대한 증거가 더 많이 있다. 조물주께서는 별들이 존재하는 것만큼이나 많은 영혼

---

9) 플라톤, *Timaeus, The Dialogues of Plato*, B. Jowtt 역 (New York: Random House, 1937), 2 Vols., Ⅱ, p.21.(Steph, 39).

10) 앞의 책, *Timaeus*, p.8.(Steph, 22).

을 만드셨으며, 각 영혼에게 그 자신의 별을 할당해 주셨다고 「티마에우스」
에서 플라톤은 말한다. 태초에는 모두들 인간으로서 세상에 들어왔으나 육체
의 감각으로부터 자신을 해방한 자들만이 자기들의 별로 돌아가 행복한
영적인 생존을 영위하는 것이다. 플라톤은 어디에서건 천문학적인 대회년의
분명한 길이를 제시하지 않았으며, 순전히 천문학적인 관점에서 그것을 기술
하는 「티마에우스」로부터 인용한 그 구절에서조차 분명한 길이를 제시하지
않는다고 테일러(Taylor) 교수는 주장한다. 다른 한편으로 젤러(Zeller)는
대회년의 길이가 천문학적인 계산에 의해서가 아니라 독단적인 측측에 의하
여 결정되었다는 것과, 플라톤이 "그것에다 세계의 조건 속에서의 주기적인
변화를 연관시킨 것 같다"[12]고 생각한다. 또다른 대 플라톤 학자 곰페르츠
(Gomperz)는 플라톤이 말하는 대회년의 길이는 인간의 햇수로 10000년이라
고 생각한다.[13] 곰페르츠는 확신하듯이 이 숫자를 플라톤이 피타고라스 학설
에 관심을 기울인 사실과 결부시킨다. 피타고라스주의자들은 10을 완전수로
생각하였다. 토마스 히츠 경(Sir Thomas Heath)은 그 이유를 다음과 같이
제시한다.

　　(전하는 바이지만) 피타고라스주의자들은 10을 완전수로 삼았다. 1, 2, 3, 4
　라고 하는 네 수들의 합이 되는 수인 10은 '네 수들의 집합'을 이루었으며,
　4변수(tetractys)라고 하였다. 이 수들의 집합은 음정에 일치하는 비율, 즉 4：
　3(4도), 3：2(5도), 2：1(8도)을 이루는 수들을 포함한다. 덕은 4변수에 속하기
　때문에 그것은 피타고라스주의자들에게는 '위대한 맹약'이었으며, 어떤 때는
　'건강'이라고도 불렀다. 그것은 또한 한 줄씩 아래로 내려가면서 네 줄 가운데
　있는 점들로서 도식적으로 표현할 때는 삼각형의 수를 낳은 것이다. 여기에서
　부터 다음과 같은 루시안(Lucian)의 이야기가 나왔다. 언젠가 피타고라스가
　어떤 사람에게 수를 헤아려 보라고 말한 적이 있었다. 그래서 그가 1, 2, 3,
　4를 말할 때에 피타고라스가 말을 가로채며 말하였다. '알겠느냐? 네가 4라고
　생각한 것이 바로 10이고 완전한 삼각형이며, 우리의 맹약이다.'

---

11) 앞의 책, Phaedrus, Vol., Ⅰ, p.253.(Steph. 248).
12) Eduard Zeller, *Plato and the Older Academy*, Alleyne and Goodwin 역, 신판(London：
　　Longmans Green and Co., 1888), p.382.
13) Theodore Gompez, *Greek Thinkers*, C.G. Berry 역, (New York： Humanities Press,
　　1955), Vol. Ⅲ. p.223.

$$*$$
$$*\quad*$$
$$*\quad*\quad*$$
$$*\quad*\quad*\quad*$$

스페우시푸스(Speusippus)는 더 나아가서 1은 점이고 2는 선이며, 3은 삼각형이며, 4는 피라밋이기 때문에 10은 그 속에 '선'과 '평면'과 '입체'의 다양한 수를 내포한다는 것을 깨달았다. 이것은 적절한 위치에 바른 수효의 점들을 찍어 보면 쉽게 알 수 있다. 이런 까닭으로 우리는 그림으로 나타낸 수들의 이론을 상기하면 마치 피타고라스 자신에게로까지 돌아간 느낌이 든다.[14]

플라톤은 조물주(Demiurge)가 가능한 한 완전하게 세계-유기체(혹은 세계-영혼)를 지었기 때문에 완전하고 거룩한 4변수 10을 여러 번 곱하면 이 세계-유기체가 완전히 한번 공전한 길이의 수가 되는 것이 당연하다고 생각했다. 이같은 방식으로 플라톤은 일만 년의 기간을 그의 천문학적인 대회년의 길이로서 결정하였을 것이다.

그러나 다른 유능한 학자들은 플라톤의 대회년이 36000년의 기간이었다고 주장한다. 토마스 히츠는 이러한 관점을 다소 충분하게 논의한다. 플라톤의 「공화국(Republic)」 제8권 546면에서의 완전수는 3600의 제곱 혹은 12960000이라고 생각한다. 이 숫자는 땅이 자기의 축 위에서 매일 자전하는 수를 나타낸다. 「법률」편에 나타난 플라톤의 소년(小年)은 360일이다. 이런 까닭으로 대회년은 12960000일을 360으로 나눈 36000 소년(小年)이 된다. 토마스 히츠 경은 수긍할 만한 증거를 찾지 못하였으며, 플라톤의 대회년의 길이에 대한 문제를 해결짓지 못한 채 남겨 두었다.[15] 한편 조지 사르톤(George Sarton)은 36000년을 순환의 길이로서 받아들이고 플라톤은 바빌로니아인들로부터 유래된 이 수를 60^4(36000소년)로서 인정하였으며, 추측컨대 바빌로니

---

14) Sir. Thomas Heath, *A History of Greek Mathematics*, 2 Vols.(Oxford : Clarendon Press, 1931), Vol., Ⅰ, pp.41 이하.
15) 앞의 책, Vol., Ⅰ, pp.305～308.

아의 대회년(본서 제2장에서 기술한 神年)의 길이였을 것이라고 생각된다. 사르톤은 다음과 같이 기록한다.

> 60의 거듭제곱 가운데서 $60^4 = 12960000$이라고 하는 것이 옛날 표에서 매우 빈번하게 나타난다. 이제 이것은 플라톤의 기하학적인 수이며, 12960000일 = 360일의 36000년, 즉 '대 플라톤'년(great platonic year, 바빌로니아인의 순환 기간)이다. 인간 100세의 수명은 '대회년'에 포함된 햇수와 같은 36000일이다. '기하학적인 수', 즉 땅 위의 흙과 생명을 측량하고 지배하는 수는 이런 까닭으로 바빌로니아인에게서 비롯되었음이 분명하다.[16]

현대 천문학사에서 지도급에 있는 학자 오토 노이게바우어(Otto Neuge-bauer)는 플라톤의 대회년이 바빌로니아인들에게서 비롯하였다고 하는 사르톤의 생각과 의견을 달리한다. 노이게바우어는 다음과 같이 논평한다.

> 절대적인 수치를 결정하는 표시법이 없었으므로 곱셈 또는 역수(逆數)의 단순한 표들을 잘못 해석할 가능성이 있었다. 1906년에 힐프레히트(Hilprecht)가 「니푸르(Nippur)의 사원 장서로부터 나온 수학과 기상학 그리고 연대의 패(牌)」라고 하는 책을 출판했을 때 그는 이들 원본이 플라톤의 수(數) 신비설에 대한 관계를 보여 준다고 확신했었다. 「공화국」의 제8권에서 플라톤은 독재적으로 지배하는 사회의 감시인이 어떻게 진정한 부부 관계를 조정해야 할 것인가에 관한 신비적인 몇 가지 규범들을 제시한다. 약간 즈잡한 술책에 의하여 플라톤의 비밀 결사(cabala)는 그 패에 입각한 수들과 관계를 맺기에 이르렀다.[17]

힐프레히트는 방금 인용한 구절에서 사르톤 교수에 의하여 언급된 자료 소식통의 한 사람이므로 플라톤의 순환 수에 대한 '바빌로니아 기원설'은 의심스럽다. 그러므로 36000이라는 숫자는 불확실하다. 왜냐하면, 그것은 '바빌로니아 기원설'에 입각하기 때문이다. 많은 사람들에 의해서 3600년이라고 하는 천문학적인 의미를 나타내기 위해서 취해진 바빌로니아의 사로스

16) George Sarton, *A History of Science: Ancient Science Through the Golden Age of Greece* (Cambridge: Harvard University Press, 1952), p.71.

17) Otto Neugebauer, *The Exact Science in Antiquity*, 앞에서 인용한 책, p.26.

(Saros)는 아마도 기원후 1000년까지는 그러한 천문학적인 의미를 지니지 않았던 것 같다고 노이게바우어 교수는 주장한다. 이때쯤의 수이다스 백과사전(encyclopaedia of Suidas)에서 사로스에 주어진 그러한 의미를 찾아볼 수 있다.[18] 상형 문자인 수메리아어의 기호 사르(Sar)가 원래 의미하는 것 가운데 하나는 '우주'였으며, "숫자로는 3600을 나타내므로 일반적인 햇수 개념으로부터 구체적인 고등수로 변환한 실례가 된다."[19] 햇수(3600년)에 적용된 수가 최초로 나타난 것은 베로수스(Berossus, 기원전 290년경)에서이다.[20] 노이게바우어는 사로스와 다른 천문학적 우주론적인 바빌로니아인의 이론들에 관한 신화들이 특별히 제레미아스(Jeremias)의 「고대 동양 정신문화 편람(*Handbuch der alt orientalischen Geistes kultur*)」[21]의 오류에서 나온 것이라고 지적한다.

플라톤은 세계 순환의 본성에 관해서 반(半)신화적인 방식으로 논한다. 피타고라스주의자들과는 달리 그는 사건들과 개체들이 매 세계 순환에서 동일하다고 생각하지 않는다. 모호한 신화적인 방식으로 플라톤은 그의 대화 「정치가」에서 세 가지 순환의 유형을 제시한다. 최초의 순환에서 신 자신은 우주의 조타기를 조정한다고 그는 기술한다. 이 시대는 낙원과 같은 행복한 시대, 즉 헤시오도스의 「작업과 나날」에 나타난 황금 시대이다.

그때에 인간은 신적인 존재와 비교가 되었음에도 불구하고 마치 사람이 하등 동물을 지배하는 것과 마찬가지로 신은 사람들의 목자였으며, 사람들을 지배하였다. 그 밑에선 어떠한 형태의 정부도 없었고 여자와 자식을 나누어

---

18) 앞의 책, p.135.
19) 앞의 책.
20) 앞의 책.
21) 앞의 책, p.132. 노이게바우어는 이 작품을 비난한다. 그는 다음과 같이 말한다. "엄청나게 박학한 자료를 사용하여 저자는, 1908년과 1914년사이에 독일에서 번창했지만 제1차대전 이후 완전히 폐기될 범바빌론주의적 이론을 발전시킨다. 이 학파의 주요 주장은 증거 없이 주장된 '대우주 및 소우주'와 결합한 바빌론 천문학의 위대한 시대에 관한 터무니없는 이론들 위에 세워졌다. 이러한 바빌론인들의 가설적인 우주철학에까지 소급하지 않았던 고전적 우주 발생론, 종교, 문학에는 그러한 현상이 전혀 없었다. 원문의 증거, 부차적인 자료들, 오래 된 번역들의 폭 넓은 사용에 대한 더할 수 없는 등한시는 바빌론 문명의 예상된 연대기와 결합되어 바빌로니아에 관한 문헌에 커다란 영향을 발휘하였고(여전히 발휘하는) 환상을 창조하였다."p.132.

소유하는 일이 없었다. 왜냐하면, 모든 사람은 과거를 기억하지 않고 땅으로부터 다시 일어나기 때문이다. 비록 저들은 이런 것들을 전혀 가지지 않았지만 땅은 사람의 손으로 심지 않은 나무와 관목에서 저절로 자라는 열매를 풍성하게 베풀어 주었다. 기온이 온화하였고 침상도 없었기 때문에 발가벗은 채로 야외에서 거주하였으나, 땅에서 풍성하게 자라난 풀을 부드러운 잠자리로 하여 누웠다. 소크라테스여, 그러한 것이 크로노스 시대의 인간의 생활이었소. 우리의 현존 생활의 특성은 제우스 하에 있는 것이라고 말하는데 당신은 체험을 통하여 알고 있을 것입니다.[22]

제2의 순환에서 신은 우주의 조타기에서 손을 뗀다. 그리고 이것은 생물학적인 과정을 포함하여 모든 과정의 역류 현상을 일으킨다. 나이 많은 사람은 젊게 되고 젊은이는 어린아이가 되며 어린아이는 용해되어 버린다. 그런 다음 신은 우주가 괴로운 사정에 있음을 보고 연민의 정을 가지고 조타기를 다시 잡아 제3의 순환이 시작된다.

제3의 순환은 현재의 순환이다. 황금 시대는 다시 존재하지 않는다. 대신에 신은 세계-피조물(world-creature)을 "불멸하고 죽지 않게" 하며, 소우주로서의 동물들도 이전처럼 땅에서 일어나는 대신에 성적으로 자신들로부터 자기들이 종(種)을 생산함으로써 불멸하고 자족하는 세계-생물을 모방한다. 인간들은 이제 신과 반신(半神)들을 의존하는 대신에 자신들을 의존하지 않으면 안 된다. 태초에 저들의 상태는 비참한 것이었다.

　　자신들을 소유하고 돌보시던 신의 보호를 받지 못하게 된 저들은 도움도 받지 못하여 무력하게 되고, 천성이 사나워 들에서 자라는 야수들에게 산산이 찢겨졌다. 제일 첫 시대에는 저들은 아직 기술도 자원도 없었으며, 한때 절로 자라던 음식마저 부족하였다.……이 여러 가지 이유 때문에 저들은 대단히 어려움 가운데 있었다. 그런 까닭에 불가피하게 많은 교훈과 교육과 함께 옛날 전승에서 말했던 선물들이 신들에 의하여 인간에게 전하여졌다. 프로메테우스에 의하여 불이, 헤파에스터스와 그의 동료 아테네에 의하여 기술이, 그리고 다른 자들에 의하여 종자와 작물이 주어졌다. 이것들로부터 인간의 생활을 영위하는 데 도움이 되는 모든 것이 파생된다. 내가 지금 말했던 것처럼 제신의 관심이 이제 인간을 저버렸기 때문에, 저들이 모방하고 따르는 만유(萬有)

22) 「플라톤의 대화」 앞에서 인용한 책, Vol., Ⅱ, Statesman: pp.271~272.

의 생물(universal creature)이 사람이 변하는 것처럼 항상 변하고, 어느 때에는 이런 식으로 또 어느 때에는 저런 식으로 살아가고 자라나는 것과 꼭 마찬가지로 자기 인생 행로를 영위해야 했으며, 스스로가 자기 자신의 주인이었다.[23]

플라톤의 이 제3의 순환에 대한 묘사는 인간 자신의 노력에 의해 인간의 진보(프로메테우스와 헤파에스터스 그리고 아테네와 같은 신들의 선물로서 상징된)를 긍정하는 데에서 신화의 영역을 남겨 둔다.

그러나 진보란 끝이 없는 것이다. 「공화국」에서 플라톤은 인간의 문화 순환을 우주적 순환 기간에 관련시키는데 그것의 '기하학적인 수'의 길이에 대해서는 위에서 살펴본 것처럼 이론이 분분하다.[24] 감독-통치자(guardian-ruler)는 '출산의 법칙', 즉 출산의 선과 악을 조절하는 '기하학적인 숫자'를 무시하기 때문에 철인왕에 의하여 통치되는 이상적인 인간의 공동체는 쇠퇴하기 시작할 것이다. 태어난 어린이들은 그들의 조상들처럼 고상하고 영민하지 못할 것이다. 그들은 음악을, 다음에 체육을 소홀히 여기기 시작할 것이다.

다음 세대에서 통치자는, 헤시오도스의 것처럼, 다른 종족의 금속이 금, 은, 동, 철이라고 하는 사실을 구별하는 감독자의 힘을 상실한 자가 지명될 것이다. 그래서 철이 은과 섞이고 동이 금과 섞이게 될 것이며, 이리하여 언제나 어디에서나 증오와 전쟁의 원인이 되는 비유사성과 불평등과 불규칙성이 생겨날 것이다.[25]

이상적 국가인 귀족 정치는 금권 정치로 타락하며 이것은 과두 정치로, 또 이것은 민주 정치로 타락하며, 끝으로 최종적인 쇠퇴의 단계는 참주 정치에 이르게 된다.[26]

문화 순환의 사상은 다시 「크리티아스(Critias)」에서도 나타난다. 「정치가」편에서처럼 「크리티아스」편에서도 신의 황금 시대를 최초의 시대로

---

23) 앞의 책, p.274. 인간과 문화 순환의 이러한 최초의 상태에 대한 플라톤의 견해들은 다음에 기술한 비코(Vico)의 순환 이론의 발전에 기본적인 것이었다.
24) 앞의 책, Vol., I, *Republic*, VIII, 546과 위의 논의.
25) 앞의 책, *Republic*, VIII, 546~547.
26) 앞의 책, pp.547~569.

묘사한다. 이 기간 중 신은 인간의 문화를 지휘한다. 아테네와 헤파에스터스는 아티카(Attica)를 지배하고 포세이돈은 아틀란티스를 지배하였다. 아티카는 위에서 언급한 공화국에서 지적한 이상 국가의 것과 같은 사회 기구와 문화를 전개시켰다. 아틀란티스(Atlantis)는 커다란 부를 소유한 고도로 개화된 해상 세력이 되었다. 아틀란티스의 사람들은 여전히 자기들의 힘과 여러 세대에 걸쳐 온 사치 생활에도 불구하고 부패하지 않았다.

> 그들은 덕을 제외한 모든 것을 경멸하였으며, 그들의 현자 생활 상태를 높이 평가하지 않고 그들이 소유한 황금과 다른 재산의 짐을 홀가분하게 여겼다. 그들은 사치한 생활에 젖지도 않았고, 부로 인해서 자제력을 잃지도 않았으며, 그 때문에 그들의 멸망을 자초하는 일이 없었다. 그렇기 되기는커녕 정신적으로 깨어 있던 그들은 이 모든 재화가 덕과 결합된 상호간의 선의에 의해서는 증가되지만 재물을 공경하고 그것을 위해 투쟁하면 재화 자체가 파괴될 뿐만아니라, 그들의 덕마저도 파괴되리라는 것을 잘 알고 있었다.[27]

그러나 결국 아틀란티스의 사람들도 타락하였다. 제우스가 그들을 파괴시키려 마음먹을 때까지 권력에 대한 탐욕과 사랑이 점차 그들의 생활을 지배하였다. 러브조이와 보아스가 지적한 것처럼 그 이야기는 「티마에우스」편에서 분명하게 계속된다. 아틀란티스의 사람들은 많은 열방(列邦) 사람들에게 전쟁을 거는 가장 사악한 종류의 공격자가 되었다. 아테네의 사람들은 아틀란티스의 사람들에게 저항하는 그리스인들을 이끌어 대승리를 거두었다. 그들은 그리스인뿐만이 아니라, 지브랄타의 동쪽에 있는 모든 사람들을 해방시켜 주었다. 그럼에도 불구하고 두 민족은 위에서 살펴본 것과 마찬가지로 천문학적인 순환의 말미에 발생하였음직한 동일한 대홍수 때에 멸망당하였다. 구원받아서 살아 남은 자는 문화를 새롭게 발전시켜야 했다. 러브조이와 보아스는 다음과 같이 논평한다. "사라져 없어진 종족들이 번창시켰던 예술을 상실하였거나 전혀 알지 못했던 것으로 생각되는 현재의 아테네인의 조상들이 점차 똑같은 문화의 양상을 되풀이하게 되자, 드디어 현존하는——그리고 열등한——사회 혹은 정치 체계가 이루어졌다."[28]

---

27) *Critias*, 120e, 121a, 러브조이와 보아스에서 인용, 앞에서 인용한 책, p.161.
28) 러브조이와 보아스, 앞에서 인용한 책, p.161.

대의

신성한 천체는 아마도 지상의 존재보다는 훨씬 불변하는 것이라고 생각되었기 때문에 플라톤은 반복적인 천문학적인 순환이 존재한다고 믿었던 것 같다. 모든 것은 하나의 세계——유기체의 부분이기 때문에 인간의 문화사에서 변천이라고 하는 것은 이 천문학적인 순환과 상관 관계를 가진다. 문화사는 새로 순환을 시작하기 위해서 마지막에 남아 있는 자들과 함께 흥기(興起), 절정, 타락하여 끝나는 순환의 유형을 되풀이한다. 사건과 인물은 동일한 형식으로 반복되지는 않으며, 쇠퇴의 원인은 지혜에 대한 경멸과 권력에 대한 탐욕과 집착 때문이다. 이들 악덕은 문화를 파괴하는 증오와 갈등과 더불어 끝난다.

고대 세계의 아리스토텔레스와 르네상스 시대의 비코(Vico, 자신이 플라톤의 순환적인 문화론에 힘입었음을 강조한다)와 루소(Rousseau), 그리고 18세기의 문화적 상고주의자들과 20세기의 슈펭글러(Spengler), 토인비(Toynbee), 소로킨(Sorokin)과 함께 그 밖의 다른 사람들과 같은 위대한 후대의 역사철학가들은 모두 직접 혹은 간접적으로 플라톤을 자기들의 문화 순환론에 대한 근거로서 이용하였다.

아리스토텔레스의 자연과 문화 철학에서의 순환

이전의 그리스의 사상가들과 마찬가지로 아리스토텔레스도 세계는 반드시 영원한 것이어야만 한다는 자연주의적인 입장을 취했다. 만일 그렇지 않으면 우리는 무(無)로부터의 창조나 세계의 어떤 다른 초월적인 발단을 가정해야만 하기 때문에 인간의 체험과 논리 영역을 벗어나게 된다. 만약 우리가 인간의 체험과 논리 영역의 분야에 머무르게 되면 전체로서의 우주는 언제나 존재하여야 하며 만약 그렇다고 하면 그것의 원인도 영원한 것이어야 된다. 영원한 원인은 스스로를 세계의 영원성으로서 반영하는 것이다. 그러면 세계 과정의 근본 역학이 영원한 것이라면 그것은 순환적인 것이라야만 한다. 아리스토텔레스는 「발생과 부패에 관하여(De Generatione et Corruptione)」와 「정치학(Politics)」에서 자연과 인간 문화의 역학에 대한 순환적인 접근 방법의 다소 체계적인 공식을 제시한다.

「발생과 부패에 대하여」에서 아리스토텔레스는 존재하게 되는 것(com-
ing-to-be) 과 사라져 가는 것(passing-away)은, 그 원인이 영원하기 때문에
영원한 것이 되어야만 한다고 주장한다. 존재하게 되는 것과 사라져 가는
것은 이원적이거나 정반대의 운동이므로 이원적인 운동에 의하여 야기된
것이다. 이 이원적인 운동은 태양이 땅에 접근할 때에 존재하게 되는 것을
만들어 내고, 물러갈 때에 사라져 가는 것을 만들어 내는 황도대(Zodiac)의
경사권 내에서의 태양의 운동이다. 반대로 태양의 영원한 운동은 모든 동심
의 궤도와 더불어 움직이는 바깥 궤도의 한결같고 영원한 운동에 의하여
야기되며 바깥 궤도의 운동은 그 운동의 부동(不動)의 원인인 신이 영원하기
때문에 한결같이 영원한 것이다. 이제 존재하게 되는 것과 사라져 가는 것의
이 연속적인 이원 운동은 현세의 세계가 영원한 그것에 대하여 할 수 있는
가장 가까운 접근 방식이다. 아리스토텔레스는 다음과 같이 말한다.

　　이제 '존재'(우리가 이 용어에서 인정하는 정확한 가지각색의 의미들을 다른 곳에
서 설명하였다)가 '존재가 아닌 것(not-being)'보다는 훨씬 낫지만 만물이 모두
'존재'를 소유할 수는 없다. 왜냐하면, 그들은 독창성이 있는 근원으로부터
너무나도 멀리 떨어져 있기 때문이다. 그러므로 신은 나머지 수단을 채택하여
존재하게 되는 것이 끊일 새가 없도록 함으로써 우주를 완성하는 것이다. 가장
가능한 가장 큰 응집력은 이렇게 하여 존재를 확보하게 될 것이다. 왜냐하면,
'존재하게 되는 것 그 자체가 영구히 존재하게 되어야 할 것이라고 하는 것'
은 영원한 존재에 가장 가까운 상태이기 때문이다.[29]

　이 구절은 「티마에우스」편에서 신이 세계를 '움직이는 영원의 표상'으로
만들었으며, 그 안에서 모든 잠세태(潛勢態, possibility)들이 실현되고 현세의
일시적인 생물들이 포괄적(all-inclusive)인 영원한 존재의 완성을 닮도록 하기
위하여 온갖 종류의 생물을 배치하였다고 하는 플라톤의 진술을 모방한
것으로 보인다.
　그러면 존재하게 되는 것과 사라져 가는 것의 이 이원적인 운동은 영원한
것이며, 그것이 영원한 것이므로 직선적인 것이 아니고 주기적이거나 순환적

---

29) 아리스토텔레스, *The Basic Works of Aristotle*, Ross역, 단행본판, Richard McKeon
　　(New York: Random House, 1941), *De Generatione et Corruptione*, 336b.

인 운동이어야 한다고 아리스토텔레스는 말한다. 이를테면, 물은 변형되어 공기가 되며 공기는 불이 되고 불은 다시 물로 된다. 이같은 까닭으로 변화는 순환하는 형식에서 자체로 돌아간다. 만약 그 운동이 순환적인 것이 아니라면, 흙, 공기, 불 그리고 물의 요소들은 무한한 시간에서 서로 부단히 분리되어 왔어야만 할 것이다.

아리스토텔레스는 만물을 지배하는 질서가 존재하며, 그것에 의하여 각자는 자기에게 할당된 일정한 존재 기간을 가진다고 한다.[30] 존재하게 되는 것과 사라져 가는 것 그리고 성장과 쇠멸의 순환은 연속적이며 회귀적인 것임은 물론 각기 사물의 본성에 따라 규칙적이다. 그와 같은 철저하게 규칙적인 생존하는 것들이 나타나고 사라지는 것은 우리가 말한 바와 같이 태양의 접근과 물러감에서 기인되는 것이다. 비록 이 태양의 운동이 각기 생존하는 것의 수명을 규제하고, 그 존재하게 되고 사라져 가는 것을 일정하고 필연적이며 영속적인 것으로 만들기는 하지만 언제나 회귀적인 존재들이 구체적인 점에서 완전히 똑같을 것이라고 가정하는 것은 필연적인 것이 아니라고 아리스토텔레스는 주장한다 . 이를테면, 세시는 형식을 좇아서 순환하지만 계절들은 구체적인 특수성을 살펴보더라도 전혀 동일하지 않다. 인간의 존재에 관해서 말한다면, 동일한 개체가 필연성을 통하여 두번째에 다시 태어나지 않는다는 사실은 더 한층 명백한 것이다. 왜냐하면 그대들의 "존재는 그대들의 어버이의 존재를 미리 가정해야 되겠지만 어버이의 존재는 그대들이 존재를 미리 가정한 것이 아니기 때문이다." 개체들이 개체로서 순환하지 않는다는 사실은 그들의 실체가 덧없기 때문이라고 아리스토텔레스는 말한다. 부패하지 않을 그들 사물의 실체만이(그리고 현세계의 실체는 부패하지 않을 것이 하나도 없다) 숫자상 동일한 것으로 순환할 수 있는 것이다. 그러나 만물은 '특성에 따라' 동일한 것으로 순환한다. 이것은 똑같은 형(型) 혹은 모습들의 존재는 영원히 순환한다는 것을 의미한다.[31] 여기서 아리스토텔레스는 위대한 인도의 사상가 샨카라(Shankara)와 일치한다.

아리스토텔레스는 이 같은 순환의 개념을 사회 생활에까지 연장시켜 나간다. 꼭 같은 문화의 유형들이 개체의 성장과 성숙, 쇠퇴와 죽음과 비슷하게

---

30) 앞의 책.
31) 앞의 책, 338b. 또한 러브조이와 보아스, 앞에서 인용한 책, pp.170~177을 보라.

순환하며 극치에 달했다 쇠퇴하는 것이다. 여기서 그는 비코(Vico)와 슈펭글러와 같은 현대의 사상가들을 앞지른다. 한 사회를 구성하는 정치적인 생활과 예술 및 과학은 이와 꼭 같은 유형을 따른다. 전체로서의 인간성에 대한 일반적이며 끝없는 진보의 이념은 전혀 존재하지 않는다. 각기 문화는 특성에 따라서 꼭 같은 문화의 예술과 과학을 찾아내어 일정한 시기까지 진보하다가는 쇠퇴하는 것이다. 아리스토텔레스는 정치의 기술에 대한 경우에서의 이 순환을 자세하게 설명해 준다.[32]

가족은 사회 조직의 발단이며, 모든 동물들에 공통점인 성적(性的) 본능과 어버이의 본능에서 기인된다. 사회 조직의 제2의 원인은 인간 유형의 천성적인 차이점이다. 즉 어떤 자들의 본성은 지배하려 드는 것이고 또 어떤 자들의 본성은 지배받으려는 노예형이다. 가정에 이은 사회 조직의 제2의 단계는 몇몇 가구의 세대들 가운데 최연장자에 의하여 통치되는 씨족이다. 이것이 왕권(Kingship)의 기원이다. 그 다음은 방어와 물질적 재화에 대한 사회의 요구를 더욱 적절하게 충족시키기 위하여 여러 씨족이 단합함으로써 형성된 도시 국가의 단계이다. 이렇게 되어 사심 없이 입법(立法)하고 일반적인 국가의 이익을 돌볼 수 있는 유한 계급이 생길 수 있게 되었다. 지적인 생활을 배양하는 것은 바로 이 계급이다. 이것이 바로 어느 사회 집단이고 간에 그대로 두면 저절로 따르게 될 자연적인 유형이지만 마지막 단계——문화 순환의 극치와 만개——는 지속되지 못한다. 이같은 극치에 달하게 되면 도착(倒錯) 증상이 나타나기 시작하며 타락의 단계로 접어든다. 아리스토텔레스는 자기 당시의 그리스 세계가 모든 점에서 문화의 정점에 이르렀다고 생각하였다. 미래에 발견될 수 있을 만한 여지가 있다고 생각할 만한 것이 하나도 없었다. 모든 가능성이라고 할 것이 고갈되었다. 이것은 「정치학」에서 나오는 다음과 같은 구절을 생각해 볼 때에 명백한 것이다.

이것들이 만약 훌륭한 것이었다면 오랜 시간과 장구한 세월 속에서 알려지지 않은 채 남아 있지 않았을 것이라는 분명한 사실을 명심해 두어야 한다. 몇몇 경우에는 알려진 것이라도 아직 체계가 수립되지 못하였을 뿐이거나, 또 다른 경우에 사람들이 자기들이 소유한 지식을 활용하지 못한 것도 있지만

---

32) 러브조이와 보아스, 앞에서 인용한 책, pp.173 이하.

이제는 거의 모든 것이 해결되었다.[33]

그러면 아리스토텔레스는 자연과 문화 사회 생활에서 존재하는 것과 사라지는 것의 모든 형식과 유형에 대한 일정한 순환관을 고집했음이 분명하다. 직선적인 진보의 사상은 대체로 그리스인의 사상이나 그의 사상에서는 아주 낯선 것이었다.

스토아 학파의 순환들——에크피로시스

스토아 학파의 학자들은 피타고라스 학파와 유사하게 자연과 문화의 순환에 대해서, 가장 근본적인 순환관을 가지고 있었다. 스토아의 학자들은 매 다른 순환에서 일어났던 것이 정확하게 숫자까지 아주 세밀하게 매 세계의 순환 속에서 반복한다고 믿었다. 심플리키우스(Simplicius)가 그의 「물리학 (physics) 」에서 전하는 이야기에 나오는 에우데무스(Eudemus)에 의하면 스토아 학파의 학자들은 이 개념을 피타고라스 학파에서 차용했다.[34] 그러나 스토아 학파의 순환론의 기원들에 관해서 전해 주는 전거들은 후대의 것이기 때문에 스토아 철학의 그러한 신조의 근원이나 연대를 확인할 길이 없다.[35] 2세기의 작가 타티아누스(Tatianus)는 그 신조를 제논(Zenon)[36]의 것이라고 하는 반면에 유세비우스(Eusebius)는 말하기를, 제논은 "만물의 대화재 (ecpyrosis)에 관한 판단을 중지하였다"고 한다.[37] 네메시우스(Nemesius, 기원후 5세기)는 스토아 학자들에게 붙어 다니던 순환 사상 전통의 본질에 대해서 훌륭하게 설명해 준다.

그리고 스토아 학파의 학도들은, 유성들이 우주가 태초에 처음 결합될 때에

---

33) *Basic Works of Aristotle*, 앞에서 인용한 책, Politics, Ⅱ, 1264a. 또한 러브조이와 보아스, 앞에서 인용한 책, p.179에 인용됨.

34) Zeller, *Stoics, Epicureans and Sceptics*, 앞에서 인용한 책, p.166 각주.

35) 러브조이와 보아스, 앞에서 인용한 책, p.83.

36) 앞의 책, p.84. Tatianus Adv. Graec. c. 5로부터 한 구절이 다음에 인용되었다. "제논은 ecpyrosis 후에 이 인간들은 그전처럼 부활될 것이라고 보여 주었다. 그리고 이것은 Anytus와 Meletus가 다시 고발당할 것이며, Busiris가 이국인들을 학살하고 헤라클레스가 그의 노동을 행할 것이라는 점을 내포해야 한다는 것이 나의 의견이다."

37) 앞의 책, pp.83~84. Eusebius, Praep. evang. ⅩⅤ, 18,1~3으로부터 인용.

자기들이 가졌던 경도나 위도가 똑같은 황도대의 궁(zodiacal sign)으로 환원될 것이라고 말한다. 즉 정기적인 시간에 사물의 대화재와 파괴가 이루어질 것이며, 다시 한번 우주는 태초에 있었던 대로 환원될 것이라고 한다. 그리고 성신 (星辰)들이 이전과 마찬가지로 꼭 같은 길에서 움직일 때 이전의 기간에 발생하였던 각기 사물은 다름없이 다시 발생하게 될 것이다. 또다시 소크라테스와 플라톤과 모든 사람이 꼭 같은 자기의 친구들과 동료 시민들과 함께 존재하게 될 것이며, 그는 꼭 같은 운명을 겪게 될 것이며, 똑같은 체험을 하게 되고 똑같은 행동을 하게 될 것이다. 그리고 모든 도시와 부락과 들이 다시 환원될 것이다. 또 전체의 완전한 회복이 한번만이 아니라 여러 번 혹은 다소 끝없이 존재하게 될 것이다. 꼭 같은 사물들이 끝없이 환원될 것이다.[38]

세네카(Seneca)는 1세기 초에, 아주 자상하게 설명하지는 않았지만 꼭 같은 순환 사상을 함축한 글을 썼다. 그는 창조의 첫날 아침에 새긴 것을 마지막 날 여명에 풀이할 수 있을 것이라고 말한다.[39] 마르쿠스 아우렐리우스(Marcus Aurelius)도 유사한 견해를 가지고 있었다. 이는 스토아 학파의 학도들이 자연의 궁극적인 실체가 되는 불을 철저하게 합리적인 것, 즉 르고스(Logos)로서 생각했기 때문이다. 자연의 일체 사건은 이전 사건이나 그 사건들로부터 수학적인 논리의 순서를 좇아 뒤를 따른다. 우연이라든가 불합리한 것이 절대로 있을 여지가 없다. 그러므로 만사는 그와 한결같이 동일하게 반복되어야 한다.

세네카는 태초에 있었던 황금 시대의 천진난만함과 행복에 관한 헤시오도스의 문화 순환의 유형을 따른다. 그러나 이 시대에도 도덕적인 덕은 별로 위대한 것이 못 되었는데 이는 그러한 덕을 발전시켜 주는 갈등의 기회가 별로 많지 않았기 때문이다. 인간들이 도덕적인 덕의 올바른 원형을 찾아내는 한, 진보라는 것이 존재하여 왔지만 그러나 여기에서조차 보다 높은 차원을 향한 그러한 진보의 계속이라는 생각은 없었다. 세네카는 스토아 학파의 위대한 그리스인 지도자들과 퀴니코스 학파(Cynic School, 大儒學派)에 의해서 위대한 도덕적인 진리들이 발견되었다고 생각한다. 더 이상 진보한다는 것이

---

38) 앞의 책, p.84. Nemesius De nat. hom.c. 38로부터 인용.
39) 앞의 책, p.285. "a primo die mundi……quando mergerentur terrena decretum est." Seneca, *Quaestiones Naturales*, Ⅲ, ⅩⅩⅩ-1로부터 인용.

있을 수 없다.[40]

순환의 말미에 사람과 그의 업적은 파괴될 것이라고 세네카는 생각한다. 때때로 세네카는 두 단계의 세계 순환의 종말을 묘사하곤 하였다. 첫번에는 대홍수가, 다음에는 대화재가 있을 것이다.[41] 그런 후에 세계의 순환과 인간의 순환은 다시 시작할 것이지만 아주 꼭 같은 유형을 따른다. 태고 시대의 행복이 다시 도래할 것이다.

> 모든 종류의 동물이 새로이 창조될 것이며, 땅 위에 다시 한번 사람——보다 행복한 길조 하에 태어나 악을 전혀 모르는 인간——이 거주하게 될 것이다. 그러나 저들의 천진난만함도 저들이 새로운 동안에만 지속될 것이다. 눈깜짝할 사이에 가증스러운 것이 만연한다.[42]

에피쿠로스 학파의 순환관

스토아 학파와 같은 시대에 이름을 떨쳤던 에피쿠로스 학파 역시 자연과 문화에 대한 순환관을 가지고 있었으나 몇가지 이유에서 스토아 학도들과 견해를 달리하였다. 데모크리토스(Demokritos)의 견해를 따를 것 같으면 그들은 우주를 무수한 원자(Atom)와 진공(빈 공간에서 원자는 움직인다)이 결합한 것으로서 이해하였다. 원자의 크기와 무게 그리고 모양은 다르며, 이것은 육체와 영혼과 같은 그러한 현상을 포함한 세계에서 모든 다양한 현상을 일으킨다. 세계는 이러한 방식으로 형성된다. 흩어진 원자들은 낙하하며, 그들이 낙하할 때 빗나가 서로 부딪치게 된다. 이것이 부딪칠 때 반동을 일으킨다. 좀더 가벼운 원자들은 떠밀려 올라가고 좀더 무거운 것은 아래로 내려간다. 이것은 회전하는 운동을 일으키며, 잇달아 생겨나는 원자들의 무리는 그들 자신의 운동에 의하여 여러 집단으로 나뉨으로써 세계를 형성한다. 원자들은 영속하며, 그 수가 무한하며, 운동은 그들에게 고유한 것이다. 이것은 철저하게 유물론적인 자연주의의 형이상학인 것이다.

비록 원자들은 그 수가 무한하지만 그들의 종류는 그리 많지 않다. 그러므로 에피쿠로스(Epikuros)는 우리의 세계와 다른 세계들은 헤아릴 수 없이

40) 앞의 책, p.264.
41) 앞의 책, p.285~286.
42) 앞의 책, p.286. *Questiones naturales.* Ⅲ, ⅩⅩⅩ, 7~8로부터 인용.

반복되어야 하도록 되어 있다고 생각하였다. 세계들의 다양성에 대해 말하려
들면 끝이 없다. 다양한 세계들을 만들었던 원자들에 대해서 상상할 수 있는
한의 모든 조합(組合)은 이미 헤아릴 수 없이 발생하였으며 다시 발생할
것이다. 이런 관점에서 에피쿠로스 역시 세상에는 새로운 것이 하나도 없다
고 믿었다. 비록 우리의 세계가 설명하는 원자들의 조합이 의심할 여지도
없이 이전에 존재하였고, 다시 존재하겠지만, 그 세계의 일정한 순서란 없
다. 우리의 세계가 언제 다시 존재하게 될 것인가 하는 것은 우연한 문제이
지만(로고스가 존재하지 않는다) 그러나 그것이 다시 존재할 것이라는 사실은
주사위를 얼마간 던지면 몇 번의 간격을 두고 순환할 것이라는 정도만큼이
나 확실하다(현대의 철학에서 유사한 '영원 회귀론'이 다음에 기술한 니체의 사상
에서 발견된다).

 에피쿠로스의 유명한 로마인 제자 루크레티우스(Lucretius)는 헤시오도스
가 말하는 인간의 문화 순환의 시초에 있었다던 황금 시대관을 따르지 않는
다. 인간은 최초 생존하던 시대에는 야수와 같았으며, 다른 동물과 마찬가지
로 흙에서 나왔다. 일찍이 인간은 동물의 포효하는 소리를 지르다 언어를
발전시키게 되었으며, 농업 기술과 요리와 뜨개질하는 법을 창안하였다.
그 다음 노래와 춤의 기술로 즐거워하였다. 다음에 황금과 사유 재산과 부의
축적에 대한 인간의 새로운 관심 때문에 정부가 발전하였고 전쟁이 뒤를
따랐다. 그럼에도 불구하고 세계를 위한 진보는 계속되며, 아직도 세계는
청년기에 있다. "농업과 확립된 법률에 근거한 사회 생활의 새로운 질서
그리고 끝으로 사물의 진정한 본성을 밝혀 줌으로써 초자연적인 두려움으로
부터 사람들을 자유롭게 해 주고 '욕망과 공포를 제한하고'· ……, 우리 모두가
추구하는 최고선의 본성을 보여 준……에피쿠로스의 가르침, 이렇게 인류에
게 세 가지 위대한 선물을 마련하여 준"[43] 아테네 시에 찬사를 보낸다.

 이러한 좀더 낙관적인 견해에도 불구하고 루크레티우스는 막연히 진보가
계속될 것이라고는 생각하지 않았다. 흙 자체는 차츰 닳아져 결국 완전히
분해될 것이다. 그는 다음과 같이 말한다.

 사물이 크고 넓을수록 그것이 더 이상 자라지 않게 될 때에 자체로부터

---

43) 앞의 책, p.237.

더욱더 질료를 뿜어 내고 사방으로 그것을 흩날린다. 먹는 것은 쉽사리 혈관으로 흡수되어 들어가지 않으며 넘쳐 흘러나오는 흐름에 맞먹는 상당한 양의 실체로 하여금 그들의 자리를 대신하게 한다는 것도 충분치 못하다. 그러므로 만물은 이같은 흐름에 의하여 여위어 멸하고 외부로부터의 타격에 굴한다. 고령에 차면 영양을 섭취하지 못하게 되는데 반하여 외부의 물질들은 부단히 만사에 부대끼게 됨으로써 그것을 붕괴시키고 끝장내는 것이다.

　　그러므로 힘센 우주 장벽의 둘레 여기저기서 무너져 내리다 산산이 부서지며 허물어지게 될 것이다.……심지어 이제 생명력은 끊어졌으며, 기진맥진한 땅은 간신히 작은 생물을 만들어 낸다. 땅은 한때 온갖 동물을 종류대로 만들어 내었으며, 거대한 몸집을 가진 야생 동물을 낳았다.……그리고 이제 나이 지긋한 농부는 가끔 자기의 머리를 설레설레 흔들면서 자기 손의 노력이 무익하게 되었다는 시늉을 한다. 그는 현시대와 지나간 시절을 비교하면서 가끔 자기 선조들의 행운을 부러워한다. 오래 되고 시들어 버린 포도원의 재배자는 긴 시간을 요하는 작업에 불만을 터뜨리며 하늘에 실없이 조르고 불평하기를, 지난날의 사람들은 경건하기 이를 데 없었으며 넉넉지 못한 토지에서도 쉽사리 생명을 부지할 수 있었다고 말한다. 옛날에는 한 사람이 차지하는 토지의 분량이 지금보다 훨씬 작았음에도 불구하고 말이다. 그는 만물이 조금씩 닳아져 가고 있으며 장구한 시간에 걸쳐 고갈되어 무덤에 가까이 다가가고 있다는 사실을 모르는 것이다.[44]

　　대체로 루크레티우스는, 인간이 자기 생존을 즐길 수 있도록 간단한 기술을 충분히 발견하고 사유 재산과 권력에 대한 욕심이 강해지기 이전 인간 문화사의 제2의 시대에 인간은 가장 행복한 시대를 맛보았다고 생각하는 것 같다. 그러나 그는 과학과 공학은 아직도 더 발전할 수 있다고 믿었다. 그런데도 불구하고 만물은 노쇠하며, 결국 붕괴한다. "전체로서 세계의 무한한 진보에 대한 신념"을 찾아볼 수 없다.[45]

　　마터누스 줄리우스 휠미커스──낭성(狼星)의 주기, 다섯 혹성과 다섯 시대.
　　4세기에 살았던 라틴어 작가이자 천문학자인 마터누스 줄리우스 휠미커스(Maternus Julius Firmicus)는 세계의 순환들에 대한 그의 진술에서 자기 시대

---

44) 앞의 책, pp.238 이하. Lucretius, *De Rerum Natura*, Ⅱ, 1122~1174로부터 인용.
45) 앞의 책, p.237.

의 절충주의를 반영한다. 그는 인간의 햇수로 1461년이 되는 우주의 천문학적인 대회년을 가정한다.[46] 이러한 시간의 길이는 이집트인에서 그 기원을 찾아볼 수 있다. 이집트인의 낭성 주기(Sothic Cycle)는 천낭성(天狼星, Sirius)이 태양과 시간을 같이하여 출몰하는 데 근거한다. 이런 현상이 발생하는 날이 신년 정월 초하루가 된다. 이집트인들은 365일을 1년으로 잡지만, 1년은 약 365 1/4일이므로 4년 만에 오는 신년 정월 초하루는 하루가 늦게 된다. 이런 까닭으로 365×4년 하여 1460년이 되는 때의 정월 초하루는 최초 원래의 날에 다시 마주치게 되는 것이다. 대회년으로서의 낭성의 주기는 기원전 2781년 훨씬 이전인 기원전 4241년에 일찍이 이집트인들이 알고 있었다.[47]

휠미커스 순환론의 제2 요소는 헤시오도스만큼이나 오랜 문화 순환 사상으로서 세계에 대한 다섯 시대의 개념이다.[48] 그러나 휠미커스는 각 시대를 다섯 혹성에 하나씩 연관시킨다.

제1의 시대는 토성(Saturn)에 의해서 통치되지만 헤시오도스의 이야기처럼 황금 시대는 아닌 것이다(헤시오도스에서 크로누스는 새턴과 같은 것이다). 이와는 반대로 새턴의 시대에 사람들은 "원시적인 성질의 집단 속에서 살았으며, 비인간적이고 극도로 야만적이었다." 이것은 원시인에 대한 루크레티우스의 견해와 비슷하다. 제2의 시대는 쥬피터(Jupiter)에 의해 지배를 받으며, 인간의 생활 양식을 정화한다. 화성(Mars)에 의하여 지배되는 제3의 시대는 예술과 기술이 배양되는 시대이다. "신선하고 자애스런 신" 금성(Venus)에 의하여 지배되는 제4의 시대는 선견지명이 있는 권력자가 인간을 통치하는 시대이다. 제5의 마지막 시대는 수성(Mercury)에 의하여 지배된다. 이것은 퇴화하는 시대이며, 그때에 인간의 변덕과 그의 유해한 간계와 보편적인 사악이 극에 달한다. 아마도 토성이 다시 통치를 하게 되고 다섯 시대의 낭성 순환이 반복될 것이다.[49]

---

46) Sir. George Cornewall Lewis, *An Historical Survey of the Astronomy of the Ancients* (London: Parker, Sons, and Bourn, West Strand, 1862), p.282. Lewis는 그의 근거를 휠미커스의 Praef. ad stron로서 인용한다.

47) 대영백과사전(1957 ed), Vol., 4, "Calender", p.575.

48) 위의 pp.196 이하.

49) 다섯 시대에 대한 이러한 기술은 러브조이와 보아스, 앞에서 인용한 책, pp.76 이하에서 발견된다.

휠미커스는 세계년(世界年)들에 대한 이 이론에 덧붙여 다섯 시대의 세계년과 소우주인 개체의 생활 사이의 관계를 유추한다. 그는 "우리는 무엇이나 간과해서는 안 되며, 인간이 세계의 표상 속에서 형성됨을 입증하는 것으로 모든 것을 설명해야 한다"고 말한다.[50] 이 유추는 다음에서 보게 될 것과 마찬가지로 현대의 역사철학에서 대성을 보게 된다.

우주적인 순환에 적용된 그리스와 로마의 자연주의 및 현대의 자연주의

우리가 루크레티우스를 논할 때 언급했던 바와 마찬가지로 19세기의 철학자 니체(Nietzsche)는 '영원 회귀'의 교리를 가르쳤다. 간혹 세계는 자체를 정확하게 아주 세밀할 정도로 반복하지 않으면 안 된다고 그는 생각한다. 그는 짜라투스트라(Zarathustra)로 하여금 다음과 같이 말하게 한다.

> 내가 이 태양과 더불어, 이 대지와 더불어, 이 독수리와 더불어, 이 뱀과 더불어 다시 오노라——새로운 생이나 보다 나은 생이나 비슷한 생을 위해서가 아니니라.
> 내가 이 동일하고 똑같은 생에로, 그것의 가장 큰 것에서나 가장 작은 것에서나 만물의 영원 회귀를 다시 가르치기 위하여 영원히 다시 오노라——
> 대지와 인간의 위대한 정오(正午)에 관하여 다시 말을 하기 위하여, 다시 인간에게 초인을 알리기 위하여.[51]

니체는 자기의 교리가 과학적이라고 선언한다. 그는 그것이 에너지 보존에 대한 과학적 이론의 필연적인 귀결이라고 생각한다. 그는 주장하기를 우주의 열이나 물질의 양은 일정하거나 유한하며, 오로지 어떤 제한된 수의 조합(組合)만이 가능하다고 한다. 확률의 수는 대단히 클지 모르나 그것은 일정한 수가 되지 않으면 안 된다. 이와는 반대로 시간은 무한하다. 그러므로

---

50) 앞의 책, p.76. Firmicus의 *Mathesis*로부터 인용.
51) 니체, 「짜라투스투라는 이렇게 말하였다」, Vol., XI, *of the Complete Works of Friedrich Nietzsche*, Oscar Levy 편(New York : The Macmillan Company, 1913, Copyright : Allen & Unwin, London), p.270.

무한한 시간에서 모든 가능한 조합이라고 하는 것은 일정한 질서가 아니라 다만 우연의 법칙을 따라서 그들 자체를 끝없이 반복해야 하는 것이다. 이것이 영원 회귀의 교리이다. 그는 또 부언하기를 열은 언제나 일정하게 남아 있어야만 하며 결코 평형의 상태에 도달해서는 안 된다고 한다. 그것을 사라지게 할 수 있는 길이 없기 때문에 그것은 언제나 일정하게 남아 있지 않으면 안 된다. 열 이외에는 아무것도 존재하지 않으므로 그것은 사라질 수가 없다. 공간과 같은 그러한 것이 없기 때문에 열이 공간으로 방사한다고 해서 상실될 수는 없다. "물질과 같은 공간은 주관적이지만 시간은 그렇지가 않다. 공간의 개념은 공간을 비울 수 있다고 가정하는 데서 처음 생겨났다. 그러나 빈 공간 따위는 존재하지 않는다. 모든 것은 열이다."[52] 열은 영원히 회귀하는 조합의 가능성을 저지할 평형의 상태에 도달할 수가 없다. 왜냐하면 그러한 상태가 가능한 것이었다고 하면, 시간의 무한성은 우리의 배후에 있는 것이므로 그것은 이미 도달되었을 것이며 그 상태는 존속되었을 것이기 때문이다.[53] 그렇게 되면 현세계는 존재하지 않을 것이다. 그러나 현세계는 존재하고 있다. 그러므로 평형의 상태는 불가능하다. 이같은 까닭으로 "생성의 전 과정은 유사한 상태의 반복으로 이루어진다."[54]

모든 것은 에너지라고 하는 니체의 이론은 아인슈타인(Einstein)의 획기적인 저명한 방정식이, 물질과 열이 이론적으로 같음을 보여 주기 때문에 현대적인 논조를 가지는 것이다. 회귀론 역시 니체가 확언한 것과 같지는 않다고 할지라도 우주론적인 이론에서 가능성이 있다. 오늘날 가장 일반적으로 받아들여지는 우주론적인 이론 가운데 가모프(Gamov) 교수가 논증한 이론이 하나 있으나 이것은 순환적인 이론은 아니다. 가모프 교수는 우주 팽창 현상을 관찰한 데에서 이 팽창 과정이, 대부분 방사하는 열로 구성된 핵심의 실체와 함께 약 5억 년 전에 시작하였다는 이론을 전개한다.

우주가 존재하게 된 최초 몇 분 동안 물질은 양자와 중성자 그리고 전자로만 이루어져야 하였다.……분자들이 혼합된 것을 엘렘(ylem eelem이라고 발음한다)이라고 할 수 있는데, 그 이름은 아리스토텔레스가 초초의 물질에 붙인

52) 앞의 책, *Complete Works*, Vol., XVI, p.240.
53) 앞의 책, pp.241~242.
54) 앞의 책, p.242.

것이다. 우주가 계속 팽창하고 엘렘의 온도가 떨어질 때 양자와 중성자는 서로 달라붙기 시작하여 이중자(二重子, deuton, 중수소의 핵)와 헬리움과 좀더 무거운 원소들이 형성되었다.[55]

이같은 방식으로 우주는 시작하였다. 은하계라고 부르는 물질의 덩어리가 형성되었으며, 은하계는 움직이면서 멀리멀리 떨어져 나간다. 결국 최대한의 팽창에 달하였다. 가모프는 다음과 같이 말한다.

　이같이 우리의 우주는 영원한 시간이 지나는 동안 존재하였으며, 약 5억 년 전까지만 해도 그것은 무한한 회화(稀化, rarefaction) 상태로부터 한결같이 붕괴되고 있었다는 것과, 5억년 전 그것은 모든 물질의 밀도가 원자의 핵에 밀집된 분자들의 밀도(물의 밀도의 10^{16}배)만큼이나 되었을 최대의 압축 상태에 달하였다. 그리고 이제 우주는 그 반동을 이용하여 무한한 회화 상태로 돌이킬 수 없이 퍼져 나가는 것이라고 우리는 결론을 내린다.[56]

이 인용문의 제일 첫 부분은 무한한 회화(稀化)의 기간이 있었으며, 그 기간에 우주가 붕괴되어 최대의 압축 상태에 이르렀다고 하는 가설을 말한다. 이제 우주는 무한한 회화의 상태에 다시 이를 때까지 팽창하고 있는 것이다. 이것은 순환의 과정으로 보아야 당연할 것 같다. 프린스턴 대학교의 천체물리학자인 레이저(Layzer) 교수는 그러한 팽창과 수축의 영원한 순환의 과정에 대해서 연구를 계속하여 왔다. 그러나 아직 그는 그의 이론을 증명할 수가 없었던 것 같다. 그 증거는 불가역성(不可逆性)을 내포한다고 가모프 교수는 생각한다. "그러한 운동은 쌍곡선적인 것이라고 그는 생각한다. 즉 그 (운동은) 유성처럼 태양의 주위를 공전하지는 않지만 (어떤 경우에는) 무한한 공간으로부터 들어와서 아름다운 꼬리를 드러내 보이면서 구부러진 진로를 따라 태양의 주위를 돌다 돌아올 기약도 없이 다시 무한 속으로 사라져 없어지는 혜성의 운동과 비교될 수 있다."[57]

---

55) George Gamov, the Scientific American편, *The New Astronomy* 내의 "현대우주론" (New York: Simon and Schuster, 1955), p.20.
56) 앞의 책, p.23.
57) 앞의 책, pp. 23 이하.

이것은 지적(知的)으로 거의 만족을 주지 못하는 이론이다. 우리가 알고 싶은 것은 무한한 회화(稀化)에 다시 이르게 되고 나서 또다시 붕괴하지 않을 것이라고 하는 사실에 대한 충분한 증거가 있는지의 여부인 것이다. 앞의 회화-수축의 리듬과 가모프가 생각하듯이 지금 진행하는 회화의 과정이 수축을 하지 않을 것이라고 하는 것 사이에 다른 점은 무엇인가? 만약 후대의 이론가들이 정규의 율동적인 수축-팽창의 과정을 영원히 회귀하는 것으로 한다면 엠페도클레스(Empedocles)가 최초로 제안한 형식과 거의 틀림이 없는 우주 역사에 대한 순환론적인 견해는 가장 유당한 것을 증명할 것이다. 어쨌든 우리는 앞의 회화 과정으로부터 붕괴 과정이 일어나고 뒤이어 회화 과정이 따르게 되기 이전의 우주는 무엇과 같았는가 하는 데 대해서 경이롭게 생각하지 않을 수 없다.

입증 가능한 것으로 보이는 다른 필적할 만한 이론으로서는 호일리(Hoyle)와 골드(Gold) 그리고 본디(Bondi) 같은 천문학자들이 옹호하는 우주론적 가설로서 '정상(定狀, steady-state)' 이론이란 것이 있다. 호일리는 항성간의 공간에서는 무로부터 물질의 분자가 계속적으로 창조된다고 주장한다. 이것들이 은하계를 형성하며, 차츰차츰 전개되어 절정에 달하다가 쇠퇴하여 사라진다. 우주에는 다양한 연령의 은하계가 존재한다. 순환들은 계속적으로 꼭같은 일반적인 유형을 가지고 있는 전체로서의 우주와 더불어 모든 특수 은하계의 국부적인 현상이 될 것이다. 가모프는 이 이론을 주장하기에는 증거가 빈약하다고 생각한다. 그는 다음과 같이 논평한다. "지금까지 나타난 바에 의하면 증거의 비중은 본디와 골드 그리고 호일리가 상상한 정상(定狀) 이론보다는 진화하는 우주에 대한 사상이 결정적으로 더 많다."[58] 그러나 호일리는 가모프 이론의 결점을 지적하며 부언하기를 가모프의 이론은 실험과 관찰을 통하여 확증할 수가 없는 반면에 정상 이론은 더 많은 관찰을 통해서도 확증되거나 반증될 수 있다고 한다. 본서의 마지막 장에서는 정상 이론을 지지하는 이야기를 좀더 할 것이다.

주목해 볼 만한 중요한 사실은 언급했던 오늘날의 위대한 천문학자들과 같은 천체물리학자들이 취하는 과학적인 접근 방법과 흡사하게 그리스인들은 우주론에 대한 자연주의적인 접근 방법을 시도하였다고 하는 점이다.

---

58) 앞의 책, p.15.

오늘날 우리는 훨씬 많은 관측 자료를 가지고 있으며 우주의 크기에 대해서
는 불교의 사상가들이 상상했던 무량(無量)함에는 미치지 못할지라도 그리
스인이 상상했던 것을 훨씬 넘어섰다. 과학은 아직 전체로서의 우주가 순환
적인 회귀의 유형이나 혹은 가모프가 옹호하였던 '쌍곡선'의 돌이킬 수 없는
과정을 따르는지의 여부를 말해 줄 수 있을 만큼 충분한 자료가 없다.

　다음 부분에서는 어떤 의미에서 간접적인 관점, 즉 전 우주의 역사 혹은
인간의 역사 아니면 양자의 일환적인 역사의 과정이 존재한다는 이론을
제시한다. 이러한 견해에 대한 신화적인 단계의 기원을 이야기하고 다음에
그 사상의 현대적인 변형을 제시할 것이다.

제Ⅱ부
우주적인 역사와 인간 역사의 대일환론

234

제1장
일환론의 배경
——에덴에서 에덴으로, 황금 시대의 사상——

고대 이집트의 황금 시대 사상

우리는 앞의 몇 장을 살펴 내려오는 동안 역사의 초기에 있었던 낙원의 행복한 생활을 이야기하는 황금 시대라는 오래 된 사상과 익숙하게 되었다. 이 사상은 일찍이 우리가 앞서 제2장에서 인용하였던 메소포타미아의 우투(Uttu) 시에서 나타난다. 낙원의 행복이라는 개념은 인도와 중국 사상의 전형이며, 헤시오도스는 그리스인의 사상에 그 개념을 확립시켜 놓았다. 이집트인의 문화에서도 비슷한 신념이 엿보인다. 이제까지 우리는 이집트인들의 견해를 언급하지 않았는데 이는 그 문화에서는 역사에 대한 순환론적인 접근 방법의 존재를 입증할 만한 사실이 있는 것 같지가 않았기 때문이다. 이와 같이 시대의 복귀에 관해서 이야기된 것이 하나도 없는 것 같지만 그러나 이집트인도 그들 역사의 초기에는 신들의 황금 시대를 확실히 믿고 있었다.

대학자 마스페로(Maspero)는 헬리오폴리스의 사제들에 대한 이야기를 전해 준다. 저들은

> 에네아드(Ennead)의 신들을 왕으로 바꾸어 놓았으며, 그들의 통치 기간을 아주 정확하게 결정하였으며, 항간의 이야기를 모아 그들의 전기를 편찬하였다. 봉건 신에 대한 이야기에 표리가 있다는 것은 세계 역사를 혼돈의 역사와 연결시키는 데 놀랄 만한 편법을 제공하였다. 투무(Tumu)는 누(Nu)와 동일한 것으로 간주되었으며 최초의 대양으로 좌천되었다. 라(Ra)는 남아 있었으며,

세계 최초의 왕으로 선포되었다. 그의 계율을 확립하는 데는 많은 난관이 있었다. 질서와 광명에 대하여 적의를 품은 패배의 자식들은 그와 치열한 전투를 벌였다. 그는 헤르모폴리스와 심지어는 헬리오폴리스 자체에서 야간 전투를 벌여 그들을 정복하고 나서야 비로소 그의 왕국을 건립하는 일을 무사히 마칠 수 있었다. 심한 상처로 찢긴 뱀 아포피(Apopi)는 신년이 시작되는 바로 그 찰나에 깊은 대양에 가라앉아 버렸다. 태양과 더불어 대 데네아드의 차위급 구성원들은 최초의 왕조를 형성하였으며, 그것은 첫날 새벽에 시작하여 이시스(Isis)의 아들 호루스(Horus)가 오면서 끝을 맺었다.[1]

라(Ra)가 통치하던 이 시대는 축복의 시대로 믿어졌다. 그 당시 이집트인들은 행복하고 완전한 세상에 태어났다. 그러나 저들의 후손은 점차 타락하여 현재와 같은 타락 상태에 이르고 말았다. 마스페로는 기원전 1319년에서 1301년경에 통치하였던 세티(Seti) Ⅰ세의 묘에서 나온 비명(碑銘)으로 이 사상을 증명한다.

세티 Ⅰ세의 무덤에서 '태양의 무리와 라의 무리'라는 단어들은 타로 호루스 신이 인간을 가리켜 말한 것이다. 이집트 작가들이 사용한 어떤 표현들은 인간의 최초 몇 세대는 행복하고 완전한 상태에서 살았을 것이라는 사실을 보여 주기에 충분하다. 이집트인들에게 라의 시대, 즉 신의 시대——말하자면 창조가 시작되고 나서 곧장 몇 세기 동안——는 이상적인 시대였으며, 그때 이후로 지상에는 선한 것이 나타나지 않았다.[2]

최초 신들의 시대라는 이러한 개념은 마네토(Maneto)의 역사에서도 나타난다. 그는 헬레니즘 시대(기원전 3세기)에 작품을 썼지단 근거가 충분한 전승을 전해 준다. 마네토는 기원전 30627년경에서부터 그의 연대기를 시작한다.[3] 그는 최초에 신들의 왕조가 있었으며, 다음에 반신(半神)들의 세 왕조

1) G.마스페로, 「이집트의 역사(*History of Egypt*)」 2 Vols, A.H. Sayee 편, M.L. McClure 역, (London: the Grolier Society, 1901). 이 창조 신화를 제2장 메소포타미아인의 것과 비교하라. 투무의 명칭과 표상은 티아맛과 가깝다. 영웅에 의한 택의 정복과 그 뒤의 창조의 유형은 두 신화에서 유사하다. 매년 풍요 의식으로 극화된 오시리스—이시스의 신화는 메소포타미아에 관한 장에서 언급한 신년 제의 신화와 제사의 이야기와 기능에서 유사하다.
2) 앞의 책, p.225.

(일종의 영웅들의 시대)가 있었다고 주장한다.[4] 최초의 인간 왕 메네스(Menes)
는 기원전 5702년경에 통치하였다.[5] 이전의 신들과 반신(半神)들의 시대는
24925년을 채웠다.[6] 여기서 우리는 다시 왕위에 대한 인간적인 기원과 비교
된 신의 통치 기간에 대한 개념이 바빌로니아인의 사상과 유사한 점이 있음
을 찾아보게 된다.

죽은 다음에는 다른 세계의 행복에 이른다고 하는 선입관 때문이었는지는
몰라도 이집트인들은 황금 시대가 돌아온다는 것을 상상하지 않았다.

유태인의 사상에서의 황금 시대와 신동(神童)

유태인의 사상 역시 에덴 동산의 이야기에서 황금 시대를 설명한다. 타락
하기 이전에 처음 한 쌍의 인간에게는 행복과 천진스러움만이 있었을 뿐
다른 것이 없었다. 그들은 일을 할 필요도 없었고 고통도 없었으며 자연과
인간은 조화를 이루었다. 아직 죽음이란 것이 존재하지 않았으며, 뱀이 아담
과 이브에게 나쁜 나무의 것을 먹으라고 꾀지만 않았던들 결코 죽음은 존재
하지 않았을 것이다. 만약 그들이 생명 나무의 것(불멸성)을 먹었더라면 그들
은 영원히 살았을 것이다.[7]

「이사야서」에 나오는 유명한 목가적인 구절은 황금 시대의 복귀를 예언하
는 것처럼 보인다.

> 이새(Jesse)의 줄기에서 한 싹이 나며
> 그 뿌리에서 한 가지가 나서 결실할 것이요.
> 여호와의 신 곧 지혜와 총명의 신이요
> 모략과 재능의 신이요
> 지식과 여호와를 경외하는 신이
> 그 위에 강림하시리니
> 그가 여호와를 경외함으로 즐거움을 삼을 것이며
> 그 눈에 보이는 대로 심판치 아니하며

---

3) 앞의 책, Sir. George Cornewall Lewis, 앞에서 인용한 책., p.327.
4) 앞의 책.
5) 앞의 책, Menes의 연대는 기원전 약 2900년.
6) 앞의 책.
7) 「창세기」 3 : 22.

공의로 빈핍한 자를 심판하며
정직으로 세상의 겸손한 자를 판단할 것이며
그 입의 막대기로 세상을 치며
입술의 기운으로 악인을 죽일 것이며 공의로 그 허리띠를 삼으며
성실로 몸의 띠를 삼으리라.
그때에 이리가 어린 양과 함께 거하며
표범이 어린 염소와 함께 눕고
송아지와 어린 사자와 살찐 짐승이 함께 있어
어린아이에게 끌리며
암소와 곰이 함께 먹으며
그것들의 새끼가 함께 엎드리며
사자가 소처럼 풀을 먹을 것이며
젖먹는 아이가 독사의 구멍에서 장난하며
젖 뗀 어린아이가 독사의 굴에 손을 넣을 것이라.
나의 거룩한 산 모든 곳에서 해됨도 없고 상함도 없을 것이니
이는 물이 바다를 덮음과 같이
여호와를 아는 지식이 세상에 충만할 것임이니라.
그날에 이새의 뿌리에서 한 싹이 나서 만인의 기호로 설 것이오.
열방이 그에게로 돌아오리니 그 거한 곳이 영화로우리라.[8]

「이사야서」 앞머리(9장 6절)에서는 이 시대에 도래할 구세주 통치자를 "놀라운 모사라, 전능한 신이라, 영존하시는 아버지라, 평강의 왕"이라, 그리고 임마누엘(Immanuel, 우리와 함께 계시는 신)이라 부른다. 위의 메시아의 구절에 대한 두 가지 중요한 해석 가운데 하나는 그레스만(Gressman)의 것이다. 그레스만은 그 구절을 신의 대속자(代贖者)가 백성이 요구하는 시기에 나타날 것이라는, 널리 퍼져 있는 민간 신앙에 관련시킨다. 이사야는 이 구속자가 나타나는 때를 분명히 정한다. 그레스만은 고대 동양에 널리 유포되었던 종말론적인 사상에 비추어서 그러한 구속자에 대한 신앙의 분위기를 해석한다. 구속자(救贖者)로서의 신동(神童, Wonder-Chid)의 출현은 이들 종말론에서 가장 중요한 것이다. 인도에서 신동이라 함은 불타 또는 비쉬누의 아바타르(avatar)이다. 그리고 앞의 여러 장에서 우리는 회귀적인 역사의

---

8) 「이사야」 11: 1~11.

순환들에서 일정한 기원(epoch)들에 관하여 이들 구속자들이 가지는 종말론적인 의의를 논하였다. 초대 기독교의 사상과 그 뒤를 이은 서양의 역사철학에서 너무나도 중대한 신동에 대한 신화와 구세주의 사상에 이바지하였을 유사한 구속자의 사상이 배화교(Zoroastrian)의 사상에도 들어 있다.

신동과 황금 시대에 관한 배화교도의 신앙

배화교의 창시자 조로아스터(Zoroaster)의 시대를 확정한다는 것은 어려운 일이다. 학자들은 그가 살았던 시대를 제각기 달리 추정한다. 어떤 사람들은 그가 기원전 1000년경에 가르침을 폈다고 하는가 하면 또 어떤 사람들은 기원전 6세기로 잡는다. 그러나 조로아스터가 가르친 교리에 대해서는 많이 일치한다. 그는 태초에 아후라 마즈다(Ahura mazda)와 아리만(Ahriman)이라고 하는 두 창조적인 세력들이 있었다고 가르쳤다. 아후라 마즈다는 우주 가운데 빛과 선한 모든 것을 창조하였으나 아리만은 세상에 있는 어두움과 더러움, 죽음과 그 밖의 모든 악을 창조하였다. 우주의 역사는 이 두 세력 사이의 투쟁이다. 인간은 이 투쟁에서 중심 인물이다. 아후라 마즈다의 피조물인 인간은 이 신에게 책임을 져야 하지만 그의 창조자가 그에게 자유 의지를 부여한 이후에 그는 악령 아리만의 사악한 영향을 받기 쉽게 된다. 선한 사상과 선한 말씀 그리고 선한 행위에 대한 윤리적인 규정을 준수함으로써 인간은 아리만과 그의 악마들을 물리치고 최후의 승리를 거둘 때 아후라 마즈다와 그의 수천사(首天使)들을 도울 수 있는 것이다.

가타스(Gathas, 조로아스터의 사상에 대한 가장 오래 된 자료)의 조로아스터는, 인간들에게 오르마즈드(Ormazd)와 정의의 편을 들라고 하는 최후의 호소를 하기 위하여 이 특별한 때에 예언자로서 보내졌다고 믿어진 것 같다. 왜냐하면, 그는 최종적인 충돌이 급박하였으며, 천국이 가까웠다고 생각하였기 때문이다. 오르마즈드의 승리는 확실한 것이다. 사자의 부활과 각 사람의 선한 행위가 악한 행위와 비교되어 경중을 따지게 될 최후의 심판이 있을 것이다. 덕이 있어 심판할 때에 살아 남은 자들은 갱신된 낙원의 지상에서 영원히 살게 될 것이며, 오르마즈드의 하늘에서 그의 왕국은 나뉘지 않은 하나의 영역이 될 것이다. 아리만과 어둠 그리고 모든 악은 영원히 근절될 것이다. 빛의 아들들은 어둠의 아들들을 이겨 완전히 승리할 것이다. 이러한 배화교도의 사상은 포로기 이후 유태인들이 주(主)와 주의 천사들 그리고 사탄과 그의 악마들이 투쟁한다고 하는 사상을 전개하는 데 매우 중대한 영향을 미쳤다. 유태인과 기독교의 묵시 문학은 이런 사상으로 가득차 있다.

후기 배화교도의 사상은 최후의 심판과 하늘 왕국의 강림을 훨씬 나중 시대로 연기한다. 「분다히쉬(Bundahish)」[9]로 알려진 문서에는 언제 끝장을 보게 되는지 인간들이 알도록 하기 위해서 세계 역사의 완전한 순환이 묘사되었다. 전 세계의 순환은 12000년의 길이를 가진다. 이 수는 황도대의 12 궁(宮)이 각기 30°씩이라고 하는 사실에 근거한다. 그러나 기원전 500년경에 이르러서야 바빌로니아의 천문학자들은(당시 정치적으로 페르시아의 통치하에 있었다) 하늘 천체의 권을 수학적으로 30°씩 나누어 거기에다 성좌의 이름——이름 자체는 오래 되었지만——을 붙였던 것이다.[10] 그러므로 세계 연륜의 개념이 근거하는 전통은 기원전 500년 훨씬 이전의 것이 될 수 없다. 세계 연륜의 사상은 "기원전 5세기경에 형성된 것이라야 한다"고 피네간(Finegan)은 생각한다. "왜냐하면, 조로아스터의 영적인 육신이 그가 지상에 태어나기 6000년 전에 선재하였다는 신념이 그 이론의 일부를 이루며, 이 신념이 크산투스(Xanthus)의 시대에는 이미 그리스인들 사이에 분명히 알려져 있기 때문이다."[11]

그렇게 되면 기원전 5세기까지는 세계 순환의 개념이 「분다히쉬」에서 묘사된 것과 거의 근사한 형식을 취했던 것같이 보인다. 이 책의 제34장은 이 세계의 역사를 훌륭하게 개론한 것이다. 인도인의 역사 사상에서와 마찬가지로 역사를 4등분하지만 각 부분은 길이가 같으며, 인도인의 유가들 (Yugas, 4기)의 방대한 길이와 비교하면 3000년에 불과하다. 매 본기의 각기 1000년은 그것의 황도대(Zodiac)의 특유한 궁(宮)에 의해서 지배되는 것이다.

---

9) 현존 형식의 「분다히쉬(Bundahish)」는 9세기 작품인 것 같으나 훨씬 오랜 전승 자료를 담고 있으며 「창세기」와 유사하다.
10) 노이게바우어, *The Exact Sciences in Antiquity*, 앞에서 인용한 책, p.97.
11) 피네간, *The Archaeology of World Religions*(Princeton: Princeton University Press, 1952), pp.78 이하.

제1/4분기는 구체적인 세계가 나타나기 이전의 시기이다. 이 시기에 아후라마즈다는 "영적으로 피조물들을 만들어 냈다." 그것은 "3000년 동안 영적인 상태로 머물러 있었다. 따라서 그들은 지각할 수 없는 실체들을 지닌, 생각되지 않고 움직이지도 않는 그러한 것이었다."[12]

나머지 3분기에 대해서는 이와 같이 일방적인 방식으로 묘사된다.

> 아우하르마즈드(Auharmazd 또는 아후라 마즈다)는 전지하기 때문에 이것을 또한 알고 있었다. 즉 이들 9000년 가운데 3000년간은 아우하르마즈드의 뜻에 의해 모든 것은 진행되며, 3000년간은 아우하르마즈드와 아하르만(Aharman, Ahriman)의 의지들이 뒤섞이며, 마지막 3000년은 악령이 힘을 잃고 피조물들로부터 물러나 적의를 품지 못하게 된다.[13]

이들 3기 가운데 제1의 기간이 지나는 동안 "모든 것은 아후라 마즈다의 뜻에 따라 진행된다." 세계는 구체적으로 창조되며, 최초의 인간 게이요마르드(Gayomard)가 최초의 황소와 더불어 지상에 배치된다. 게이요마르드와 황소는 3000년 동안 에덴 동산에서와 같은 종류의 생존을 영위하였다. 아리만은 무력하였기 때문에 이 기간이 다 지나도록 창조에 대하여 악을 일으킬 수 없었다.

3기 중 제2의 기간(전체의 도식에서 제3의 기간)에 "여성의 악마 게(Geh)에 의해 자극을 받은 아리만은 자기의 힘을 과시하였다. 그는 물질과 영혼의 모든 피조물에게 공격을 퍼부었다. 그는 지상에 유독하고 물고 해치는 생물을 유포시켰다. 그는 식물을 말라 죽게 하고 시들게 하였다." 그리고 "탐욕, 결핍, 고통, 기근, 질병, 육욕, 혼수 상태가 그에 의해서 황소와 게이요마르드에 널리 퍼졌다."[14] 다음에 최후의 적인 죽음이 게이요마르드와 황소를 공격하였다. 게이요마르드의 씨로부터 마쉬야(Mashya)와 마쉬오이(Mashyoi)라고 하는 최초의 인간 부부가 창조되었으며, 황소의 씨로부터 보통의 가축이 창조되었다. 이처럼 아리만과 그의 악마들에 의해서 생긴 고통과 간난의 시대 즉 세계 대회년의 제3/4분기가 도래하였다. 그러나 인간은 자유 의지

---

12) *Sacred Books of the East*, Vol., V, *Pahlavi Texts*, E. W. West 역(Oxford: Clarendon Press, 1880), Bundahish, I, 8.
13) 앞의 책, I, 20.
14) 앞의 책, III, 17.

가 있기 때문에 아리만이 인간에게 자극하는 도덕적인 악에 대해서 저항할
수 있는 것이다. 이렇게 인간은 아리만과 그의 악마들에 대항하여 최후의
승리에서 아후라 마즈다를 도울 수 있다.

　세계 역사는 이 제3기 3000년 동안에 대충 묘사가 된다. 「분다히쉬」는
게좌(Cancer)와 사자좌(Leo) 그리고 처녀좌(Virgo)의 각각 1000년의 통치가
(아마도 백양좌와 황소좌와 쌍동이좌도 역시) 경과하였다는 것을 관찰함으로써
시작한다. 왜냐하면, 1000년의 통치가 천평좌(Libra)에 이르렀을 때는 6000
년이 지났으며, 적이 침입해 왔고, 게이요마르드는 간난 속에서 30년을 살았
기 때문이다. [15] 그 다음에 마쉬야와 마쉬오이가 나타났지만 50년간 남편과
처로서 함께 지내지는 않았다. "결혼"한 후 그들은 "호쉬양(Hoshyang)이
올 때까지"[16] 93년을 함께 살았다. 호쉬양은 이란 왕조의 개조라고 생각되었
다. 이 왕조의 다른 이란인 왕들도 또한 언급되었다. 이 제3기 중 둘째 1000
년은 전갈좌(Scorpio)가 황도대를 지배하는 궁이며, 이 동안에 다하크
(Dahak)는 완전히 천 년간을 통치하였다.[17] 피네간은 이 인물의 이름을 전혀
다른 왕조의 상징으로 생각한다. 다음 "1000년의 통치는 사수좌(Sagitarius)
에 이르며,"[18] 조로아스터의 출현을 의미하는 "종교의 도래"[19]에 왕들의 목록
은 더 이상 나오지 않고 끝난다.

　조로아스터의 강림과 그의 종교는 세계 역사의 마지막 제4/4분기인, 역사
적인 우주의 대회년 말에 도래한다. 이것은 아리만에 대한 최종적인 전투의
시대이다. 조로아스터와 그의 종교는 그 전투를 지휘하며, 인간들이 잊을세
라, 인간에게 더 많은 도움을 주기 위하여 1000년의 간격으로 세 사람의 구세
주가 나타날 것이다. 이들은 조로아스터에 의하여 태어나게 될 것이다. 조로
아스터의 씨는 페르시아의 어떤 호수에 신비스럽게 보존되어 있으며, 황도대
의 고유한 천 년의 궁이 이를 때마다 거기서 처녀들이 목욕을 하면, 조로아
스터의 씨를 통하여 아이들을 잉태할 것이다. 아우세타르(Aushetar)가 조로아
스터 다음으로 1000년 후에 태어날 것이다. 조로아스터의 다음 2000년 후에

15) 앞의 책, XXXIV, 2. 역자에 의한 괄호.
16) 앞의 책, XXXIV, 3.
17) 앞의 책.
18) 앞의 책, XXXIV, 6.
19) 앞의 책, XXXIV, 7.

아우세타르만(Aushetarman)이 올 것이다. 최종적으로 12000년이 경과하여 세계의 종말에 이르면 마지막 구세주 사오쉬안트(Saoshyant)가 나타날 것이며 전반적인 부활과 최후의 심판이 있을 것이다.

부활할 때에 게이요마르드와 마쉬야와 마쉬오이를 위시하여 모든 사람들이 그들의 육체적인 몸을 다시 취하게 될 것이다. 그들은 서로를 알게 될 것이며, 사악한 자는 "검은 양들 가운데 있는 흰 양들처럼 분명히 드러나게 될 것이다."[20] 사악한 자는 지옥에 던져져 고통을 당한다. 이후에 불과 녹은 쇠가 온 땅에 쏟아질 것이다. 의로운 자에게는 녹은 쇠가 마치 따뜻한 우유와도 같이 느껴질 것이나 사악한 자에게(지옥으로부터 이러한 淨罪를 받기 위하여 보내졌음이 분명하다)는 녹은 쇠처럼 느껴질 것이다.

녹은 쇠로 정화가 된 다음 가족들은 다시 연합되고 선한 자와 사악했던 자들이 모두 함께 모이는데, 이는 사악했던 자들의 죄가 이제 씻어졌기 때문이다. 모든 사람은 그들을 불멸케 하는 후쉬(Hush)라고 하는 영(Substance)을 받게 된다. 성인은 영원히 40세로 소생되며 어린이들은 15세로 소생된다. 모든 사람들이 자기의 처를 갖지만 더 이상 자녀를 낳는 일이 없다.[21]

다음에 아후라 마즈다는 아리만과 그의 악령들을 파멸시킨다. 그때에 지옥은 "세계를 확장하기 위하여"[22] 개간되며, 세계 그 자체는 "영원히 그리고 끝없이 불멸하게" 된다.[23] 그때에 세상은 얼음과 경사가 없는 평야가 될 것이며, 그곳에서 행복한 생활을 영위할 것이다. 하늘 역시 모든 불멸의 의인들에게 개방된다. 이렇게 하여 기독교의 묵시 사상에서와 마찬가지로 세계 역사의 행복에 넘치는 결말이라고 할 "새 하늘과 새 땅"이 존재하게 된다.

세계 역사의 순환과 황금 시대 그리고 신동에 대한 배화교도의 견해의 요지

배화교도의 사상에서 역사는 절대의 시원(始原)과 절대의 종말을 가진 유일한 한번의 대회년이다. 그것은 정복(淨福)의 황금 시대, 즉 게이요마르드와 최초의 황소의 시대로 시작하여, 그 다음에 아리만과 그의 악령들이 의와 순결과 질서 그리고 진리를 파괴시키려고 세상에 들어온다. 악마의 세력과의

---

20) 앞의 책, XXX, 10.
21) 앞의 책, XXX, 26.
22) 앞의 책, XXX, 32.
23) 앞의 책.

전투에서 결정적인 전환점은 인간을 돕고자 종교를 가져온 구속자 신동 조로아스터가 출현함으로써 도래된다. 조로아스터의 아들들, 즉 3인의 구속 자는 그 싸움에서 인간이 승리할 때까지 계속 도와 준다. 그때에 황금 시대가 다시 존재하게 되며 오로지 이 시대만이 영원한 것이다. 이렇게 하여 그 순환은 완전히 회전하여 처음으로 돌아가게 되지만 최초의 낙원보다는 훨씬 안전하고 행복한 낙원으로 돌아가는 것이다. 왜냐하면, 더 이상 상반되는 어둠과 악의 세력으로부터 위협을 받지 않게 되기 때문이다.

세계의 대회년에 관한 이들 묵시적인 사상은 조로아스터 시대 이후에 형성되었다. 조로아스터는 그가 가르치던 시대에 세계의 종말이 임박한 것으로 생각한 듯하지만, 마지막 날이 지연되는 것같이 생각되었을 때 위와 같은 세계 기원설(世界紀元說)이 전개되었다. 이것은 아마도 아케메니드(Achae-menid, 기원전 549년으로부터 알렉산드로스 대제에 이르는)와 삿산 왕조(226년~651년)를 지나는 동안의 일이었을 것 같다.[24] 중심 사상은 거의 틀림없이 아케메니드 시대와 같이 이른 시기에도 있었을 것이다. 왜냐하면, 우리가 위에서 살펴본 바와 마찬가지로[25] 크산터스는 조로아스터가 탄생하기 6000 년 전의 그의 선재(先在)를 말하는데, 그것은 각기 3000년씩 되는 세계 기원들에 대한 이론을 포함하기 때문이다.

배화교도의 묵시적인 사상은 포로 기간에 유태인들에게 알려졌으며, 페르시아의 천사론과 귀신론이 그랬던 것과 꼭 마찬가지로 후대 유태인의 종교 사상에 영향을 미쳤다. 유태 기독교의 사상을 통해서 역사에 대한 이러한 일환적인 묵시론의 유형은 서양 문화에 영향을 미쳤다.

---

24) John B. Noss, *Man's Religion*(New York : The Macmillan Company, 1956), p.457.
25) 이 책, p.215.

제2장
유태 기독교의 일환관
————낙원으로의 복귀 순환, 다가오는 신국————

동양 전체에 분명히 널리 퍼진 하나의 사상, 즉 평화의 왕자인 신동이 통치함으로써 도래될 황금 시대의 여명에 관한 초기 유태인의 사상을 언급하였다. 이것은 유태 기독교의 사상이 (1) 최초의 황금시대, (2) 인간의 타락, (3) 타락 이후의 도덕적인 퇴보의 기간, (4) 황금 시대————지상과 천국 양편에서의 신국————로의 복귀에 대한 계획을 가진 일환적인 역사관을 의미한다.

위에서 언급한 제1이사야(기원전 8세기)가 설명한 것처럼 포로기 이전 성서의 사상에서 신국은 "구원받은 남은 자", 즉 신이 회개하지 않은 죄인들에게 내리는 파괴에서 살아 남은 소수의 경건한 자들에 의하여 확립된 지상의 신국이다.[1] 분명히 신의 기름부음 받은 왕으로서 평화의 왕자인 신동에

---

1) R.H. Charles에 따르면 묵시적 종말론에 대한 교량이 「이사야」lxv-lxvi에서 발견된다. 여기서 필자는 이 세상에 복원된 왕국의 사상을 포기한다. 그는 인간의 정신적인 본성의 점진적인 변형을 통하여 일어날 하나의 "새 하늘과 새 땅"을 언급한다. 이 새 왕국에서 죄인들은 100세에 사망하지만 의인은 그가 누릴 수 있는 최대한도의 햇수, 아마도 1000년을 지낼 것이다. Canon Charles는 이 견해가 「쥬빌리의 서」와 12족장의 성약 가운데서 볼 수 있는 "유대주의에서 두번 더 나타난다"고 부언한다 (나중의 두 책은 기원전 2세기에 속한다). R.H. Charles의 *Religious Development Between the Old and New Testaments*(London, New York : Home University Library of Modern Knowledge, 1914) p.70을 보라. 그러나 1~39장의 「제1이사야」는 이 세상

의하여 이 남은 자들은 통치될 것이다. 그러나 기원전 586년 예루살렘 성전
의 파괴에서 극에 달한 그 다음의 한 세기 반 동안의 정치적인 상황의 변화
는 역사의 계획에 대한 새로운 변형들을 낳았다.

가장 중요한 새로운 변형은 예언자 예레미아의 문서에서 발견된다. 예레미
아는 미래의 신국을 보편적인 어떤 것으로 생각하였다. 그것은 세계적인
사회(이방인들을 포함한)가 되며, 거기서 외적인 율법이나 종교 의식은 필요
치 않을 것이다. '율법'은 모든 인간의 마음 속에 새겨질 것이다. 모든
사람들은 자발적으로 경건해질 것이다. 신과 동료에 대한 사랑이 보편적인
내면 행위의 동기가 될 것이다. 이러한 예레미아의 보편주의는 유사한 사상
을 확언하고는 있으나 묵시 사상과 결합한 기독교에서 절정에 달하였다.

중요한 묵시 사상——후대의 서양 역사철학에 영향을 미쳤기 때문에 중요
한——은 성서의 「다니엘서」에서 시작된다.

「다니엘서」는 유태인 구약 성서 중 성문서 부분에 속하며, 그리스화(化)
를 강요하는 셀루시드(Selucid)의 통치자 안티오커스 에피파네스(Antiochus
Epiphanes)가 박해를 하는 동안 유태인의 사기를 북돋아 주기 위해서 기록된
것이었다. 이 당시(기원전 165년경) 이것은 선동적인 작품이었기 때문에 저자
는 자기의 뜻하는 바를 감추어야 만하였다. 이것이 묵시적인 표현 양식을
사용하게 된 이유이다. 그는 미래 역사의 유형을 예언하는 형식으로 기록하
였으며, 자기 사상을 표현하기 위하여 모든 묵시적 형식 둔학이 특징인 금수
와 뿔의 형상들과 같은 은밀한 비유의 표현을 사용하였다. 회상을 더듬는
방식으로 저자가 우리에게 제시하여 준 역사의 유형은 네 개의 기원으로
되어 있다. 각 시대는 상징적으로 표현된다. 첫째 것은 칼데아인 제국(帝國)
의 시대이며, 둘째 것은 메디아인의 시대이며, 셋째는 페르시아의 시대이
며, 넷째는 셀루시드의 시대이다. 느브갓네살(Nebuchadnezzer)의 꿈속에 나타
난 우상의 상징에서 그 우상의 네 부분은 각기 이들 시대를 상징으로 나타낸
다. 돌이 철과 진흙으로 된 우상의 다리를 치면 그 돌이 태산을 이루어 온
땅을 채우게 되는데 그것이 유태 민족이다. 이것은 신의 개입으로 새로운
왕국에 유태인이 세워지리라는 사실을 의미하는 것이다. 「다니엘서」 7장에
묘사된 네 짐승에 대한 다니엘의 꿈 역시 비슷한 의의를 지닌 것이다.

에서 왕국이 나타나기를 고대하였다.

「다니엘서」에서 역사를 네 시대로 구분하는 데 대한 있을 법한 기원

네 시대로 시대를 구분하는 기원의 실마리는 느브갓네살의 꿈에 나타난 우상을 이루는 재료에 있다. 제1의 시대인 갈데아인 세계의 제국은 금으로 된 머리로서, 제2의 시대인 메디아인의 제국은 은으로 된 가슴과 팔로서, 셋째 페르시아인의 제국은 동으로 된 배와 넓적다리로서, 넷째 셀루시드는 부분적으로는 철로, 부분적으로는 진흙으로 된 다리로서 상징된다. 이 금속들은 제시된 순서에 의해 볼 것 같으면, 헤시오도스의 「작업과 나날」에 나오는 네 시대(삽입되었던 영웅들의 시대가 빠졌다)에 붙여졌던 이름들이다. 헤시오도스의 작품에서도 역시 인간의 역사는 도덕적으로 볼 때 황금 시대로부터 철의 시대로 타락하는 것이다. 중세의 작가들은 헤시오도스의 견해(그들은 그것을 오비도스의 「메타모르포시스」에서 전해 준 형식으로 받아들였다[2])와 「다니엘서」의 4시대설에 영향을 받았다. 철학자 콜링우드(Collingwood)는 이것이야말로 그다지 오래 되지 않은 19세기 말에 헤겔이 정신의 발전과 관계된 다른 모든 곳에서는 삼부일체적(triadic) 유형을 사용하면서 역사의 기원을 네 시대로 구분하게 된 이유라고 지적한다.[3]

그러나 한편 헤시오도스가 네 시대를 구분한 것은 고대의 일이며 그 기원이 알려지지 않았다.[4] 우리가 고대 문화의 시간 상징을 연구해 본 결과에 비추어 본다면, 이 시대의 유형은 우리가 알고 있듯이 4등분(소우주적인 태양년의 계절들과 마찬가지로)으로 나뉘었던 배화교도의 세계년(世界年)으로부터 기원하였을 것이라고 결론지어도 좋을 것이다. 그렇지 않으면 세계년의 사상은 바빌로니아나 인도의 문화로부터 차용했을 가능성도 있다.

다니엘의 묵시적 종말론

「다니엘서」 12장에서 저자는 미증유의 '환난 시대'를 예언한다. 그런 다음 옛적부터 항상 계신 이가 불꽃이 이는 자기의 왕좌에 자리를 정하여 앉으시고 사자들이 무덤에서 일어나며, '책들'이 열리고 최후의 심판이 있게 된다. 경건한 자들과 "지극히 높으신 이의 성자들"(분명히 자기들의 종교적인 신념을

---

2) 앞에서 인용한 책, Lovejoy와 Boas, p.49.
3) R.G. Collingwood, *The Idea of History*(Oxford: Clarendon Press, 1946), p.57 각주.
4) 앞에서 인용한 책, Lovejoy and Boas, p.24.

포기하기를 거부하고 모세의 종교에 충성하였던 유태인들을 의미한다)은 영원한 신국에서 영생을 은급으로 받게 된다.「다니엘서」7장 27절에선 다음과 같이 이른다.

> 나라와 권세와
> 온 천하 열국의 위세가
> 지극히 높으신 자의 거룩한 백성에게
> 붙인 바 되리니
> 그의 나라는 영원한 나라라,
> 모든 권세 있는 자가 다 그를
> 섬겨 복종하리라.

이러한 사건들이 일어날 때를 위해서 은밀한 말을 하는 것이다. 그 시기는 아마도 기원전 164년으로 해석되었을 것이다.

묵시 문학과 초자연적인 구세주——「에녹서」

찰스(R.H. Charles)는 초자연적인 메시아 사상의 '싹'은 '인자(人子)'라는 개념으로「다니엘서」에서 발견된다고 한다. 그러나「다니엘서」에서 인자는 이스라엘의 의인, 즉 "가장 높으신 성자들"[5]을 상징한다. 한 세기 후에 기록된「에녹서」에서 인자의 개념은 최후의 심판에 나타날 초자연적인 메시아 사상으로 발전하였다. 이 메시아는 후대에 신약 성서의 문학에서도 나타나듯이 중요한 칭호들을 얻게 된다. 이것들은 "그리스도"(xlviii. 10), "의로운 자"(xxxviii, 2 ; 사도 행전 iii. 14), "뽑힌 자"(xl. 5 ; 누가 ix. 55), "인자(人子)"[6] 같은 것들이다.

신약 성서의 묵시 사상

신약 성서의 메시아는「에녹 1서」의 초자연적인 인자의 개념과「이사야」53장에서 발견되는 "고난받는 야웨의 종"의 개념을 결합하였다.[7] 신약 성서

---

5) 앞에서 인용한 책, R.H. Charles, *Between the Old and New Testaments*, p.85.
6) 앞의 책.
7) 앞의 책, p.92.

의 문서 중에서 가장 오래 된「데살로니카 전서」는 분명히 최초에 예수를
추종하던 자들 중에서 흔히 볼 수 있던 종말론적인 생각을 기술한다.

> 형제들아, 죽은 자들에 관하여 너희가 모르는 것을 우리가 원치 아니하노
> 니, 이는 소망 없는 다른 이처럼 슬퍼하지 않게 함이라. 우리가 예수의 죽었다
> 가 다시 사심을 믿을진대 이와 같이 예수를 믿다가 죽은 자들도 하느님께서
> 예수와 함께 데리고 오시리라. 우리가 주의 말씀으로 너희에게 이것을 말하노
> 니, 주 강림하실 때까지 우리 살아 남아 있는 자도 죽은 자보다 결단코 앞서지
> 못하리라. 주께서 호령과 천사장의 소리와 하느님의 나팔로 친히 하늘로부터
> 강림하시리니, 그리스도 안에서 죽은 자들이 먼저 일어나고 그 후에 우리 살아
> 남은 자도 그들과 함께 구름을 타고 들리어 올라 공중에서 주를 영접하게 하시
> 리니, 우리가 항상 주와 함께 있으리라.[8]

아무도 예수 재림의 때를 모른다. 바울은 그것이 "밤에 도둑과 같이"[9]
놀랍게 사람들에게 이를 것이라고 말한다.

「마가 복음」[10] 13장의 "소묵시(小黙示)는 재림에 대한 그 후 초기의 변형
이다. 여기서는 최후의 날과 연관된 전쟁, 거짓 예언자들, 지진, 기근, 태양과
달의 이지러짐 그리고 별들이 떨어짐과 같은 불길한 전조가 언급된다. 대개
그러한 환란은 창조가 시작될 때로부터 지금껏 없었던 것이며 앞으로도
없을 것이다."[11] 그런 다음 "그들은 큰 권세와 영광을 가지고 구름 가운데
오시는 인자를 볼 것이다." 그때에 "그는 사방으로부터 땅 끝에서 하늘 끝에
이르기까지 그가 택한 자를 모을 것이다."[12]

「묵시록」이라고도 칭호가 붙은「계시록」에서 묵시는 절정에 달한다. "바
빌론(로마)의 심판"의 날에 미칠 화는「마가 복음」의 소묵시에서의 것보다
훨씬 언짢은 것이다. 뇌성, 번개, 불, 지진, 우박, 별이 떨어져 땅의 물이
1/3은 쑥맛으로 변하며, 태양과 달의 1/3이 사그라지며, 바다의 1/3이 피로
변하고, 5개월 동안 전갈 같은 인간들이 찌르는 고통을 당하는 두려운 일들

---

8)「데살로니카 전서」4: 13~18.
9) 앞의 책, 5:2.
10) 아마도 70년이나 그 후 바로 기록되었을 것이다.
11)「마가복음」13: 19.
12)「마가복음」13:26~27.

이 로마 제국과 모든 우상을 숭배하는 죄인들에게 미치어 파멸케 할 것이다. 이때에 그 누구도 신의 진노를 견디지 못할 것이다. 끝으로 아마겟돈(Armageddon)에서 바빌론과 악령들은 신의 힘으로 정복될 것이다. 사탄과 늙은 뱀(龍)은 1000년 동안 무저갱(無底坑)에 묶일 것이다. 이러한 1000년, 즉 밀레니엄(Millenium)을 지나는 동안 "금수나 그들의 상(像)을 숭배하지 않은 모든 자들과 그들의 이마와 손에 표시를 받지 않은 자"[13]들은 그리스도와 함께 통치할 것이다. 1000년이 지난 후에 사탄은 무저갱으로부터 풀려 나오고 나머지 사자들이 부활하게 될 것이다. 책들이 열리고 모두들 심판을 받게 될 것이다. 생명의 책에 이름이 기록되지 않은 자들은 사탄과 더불어 "불과 유황의 호수"에 던져질 것이며, 그곳에서 그들은 "영원토록 밤낮 고통을 받게 될 것이다." 이것이 "제2의 죽음"이며, 거기에는 부활이란 존재하지 않는다.

경건한 자들을 위해서 값진 보석으로 휘황하게 빛나는 거룩한 새 예루살렘과 함께 "새 하늘과 새 땅"이 있게 될 것이다. 성자들은 거룩한 성에서 신과 함께 거할 것이다. "신 자신이 그들과 함께 계실 것이며, 그가 그들의 눈에서 모든 눈물을 닦아 주실 것이며, 죽음이 다시 없고 슬픔도 없으며, 우는 것과 고통도 더 없으리니 전의 것이 사라졌음이라." 그리고 "다시는 밤이 없을 것이니 이는 신의 영광은 밤의 빛이시기 때문이다." 이 새 예루살렘에 있는 강 양편에 "생명의 나무"가 있고 "그들의 옷을 빠는 자는 복이 있으니 그들은 생명 나무에 대한 권리를 가질 것이다." 이것이 에덴으로의 복귀이다. 제2의 생명의 나무가 여기에 있으니 최초의 낙원에서 아담과 이브가 놓친 불멸의 상징이다. 인간 역사의 순환은 이제 완성된다. 신으로부터 인간의 영혼이 나왔으며, 그것은 동양의 요가철학에서와 마찬가지로 신에게로 복귀한다. 역사란 어떤 영혼들이 구원을 받아 신에 복귀하는 악몽과 같은 중간 시대(nightmarish interim)인 것이다. 성 아우구스티누스(St. Augustinus)는 역사의 목적과 의미에 대한 이러한 사상에 가장 조직적이며, 철학적인 형식을 부여하였다.

---

13) 그 숫자가 666인 '금수'는 네로(처음에는 칼리굴라, 다음에는 네로였을 것이다)이나 70년에 제2성전을 파괴한 로마 황제 티투스를 나타내기 위하여 다양하게 해석되었다.

제3장
성 아우구스티누스의 대세계 순환
──세계의 대주간, 신으로부터 신에 이르는 인간의 여정 혹은 지상의 낙원으로부터 천상
의 낙원에 이르는 인간의 여정──

　　그의 유명한 역사철학이 담긴 「신국」에서 성 아우구스티누스는 바로 앞
장에서 논의하였던 식의 기독교 묵시 사상에 대하여 좀더 분명한 유형과
더욱 심오한 철학의 관념론적인 접근 방법을 제시한다. 아우구스티누스의
역사에 대한 핵심 이념은 여전히 성서의 묵시적인 어떤 것, 즉 지상의 에
덴, 타락으로 인하여 죽음이 인간에게 이르렀다는 사실, 구속(救贖), 천년
왕국, 낙원에 복귀함으로써 끝나는 최후의 심판과 구원받은 자의 불사(不
死)와 같은 것이다.

　　고도한 철학적 정신의 소유자인 아우구스티누스는 제일 먼저 창조와 시간
의 문제를 다룬다. 신플라톤주의를 통하여 플라톤 사상의 영향을 받은 아우
구스티누스는 신이 전지하시며, 있었던 것과 있는 것 그리고 있게 될 모든
것을 아시는 분이라고 생각한다. 신의 정신은 플라톤주의적인 형식의 전체
세계를 알고 계신다. 이것은 진실이므로 그는 영원으로부터 그가 창조한
세계에서 일어나게 될 모든 사건들을 알고 계신다. 그럼에도 불구하고 그는
세계를 창조하셨으니 이는 그가 그것이 선한 것임을 아셨기 때문이다.[1] 아우

───────────────
　1) The Works of Aurelius Augustine, Marcus Dods 목사 편, Vols. I 과 II. 「신국(The
　　City of God)」 Marcus Dods 역(Edinburgh: T&T Clark, 1871~1872), Book, XI,

구스티누스는 여기서 「창세기」를 인용한다. 성서는 영원하고 완전한 전지의
존재가 행하신 창조에 내포된 시간 문제를 다루지 않는다 한 사람의 철학자
로 아우구스티누스는 이 문제를 해결할 필요가 있다고 생각하였다. 그의
해답은 창조된 세계와 시간이 동시에 시작하였다는 것이다. 왜냐하면, 영원
한 존재인 신 안에서 변화란 있을 수 없으며, 창조라고 해서 신이 알고 계신
것에 아무것도 더하는 것이 아니기 때문이다. 그는 창조하셨지만 그의 '영원
한 계획'을 바꾸시지는 않는다고 아우구스티누스는 생각한다.[2] 이것이 바로
어찌하여 신의 섭리가 모든 역사를 지배하는가에 대한 기유이다. "열왕과
열국의 시대들은 진실하신 신의 심판과 권세에 의해서 정해진다."[3] 만일
그렇지가 않다면 신은 신이 아니다. "왜냐하면 모든 미래사를 미리 알지
못하는 자는 신이 아니기 때문이다."[4] 하고 아우구스티누스는 선언한다. 신의
예지(豫知)는 시간적인 요소를 하나도 가지지 않는다. 시간 속에서 우리에게
나타나는 것들은 모두 그의 영원한 지금(eternal now) 가운데 있는 것이다.

> 왜냐하면, 그는 사고의 추이를 따라 이것에서 저것으로 옮겨 가는 것이 아니
> 고 절대적인 불변으로 사물을 보시기 때문이다. 그러므로 시간 속에 나타나는
> 것 가운데서 미래란 진실로 아직 아닌 것이며, 현재란 지금이며, 과거는 더
> 이상 있지 않은 것이다. 그러나 이들 일체는 그의 안정된 영원한 현재 앞에서
> 그에 의하여 감지된다.[5]

이러한 신의 전지성(全知性)이 신을 역사 가운데서 유일하게 책임을 지는
존재로 만드는 것같이 보일 것이다. 전체의 창조는 분명히 줄을 잡아당기는
신의 꼭두각시 놀음에 불과한 것이다. 그러나 성 아우구스티누스는 이것을
부인하는데, 그 부정의 논리는 어떤 사상가들에겐 좀 미약한 느낌을 주는
것 같다. 아우구스티누스의 관점에서 보면 인간은 신을 사랑하거나(구원받게
되는) 혹은 자신을 사랑할(잃게 되는) '자유 의지'를 가진다. 신은 원형적인

21장.
2) 앞의 책, Book XI, 6장과 21장.
3) 앞의 책, Book IV, 33장.
4) 앞의 책, Book V, 8장.
5) 앞의 책, Book XI, 2장.

최초의 인간 아담이, 슬픈 일이지만 자기의 자유 의지를 남용하여 죄를 지을 것이며, 따라서 그리스도를 통한 구속이 영원 전부터 예정된 무리를 구원하기 위해서 필요하게 될 것이라는 사실을 미리 알고 계셨다. 인간 역사의 유일한 목적은 타락과 구속을 주제로 하는 우주적인 각본(cosmic drama)의 대단원을 내리는 것이지만 구속(救贖)받는 자는 제한된 수에 불과하며, 그 나머지는 타락한 상태에 머물러 있는 것이다. 이런 까닭으로 원래의 타락 이후의 역사는 인간을 두 가지 범주로 나누는데, 그것을 아우구스티누스는 '도시들' 즉 신의 도시(구속된 자)와 사탄의 도시(상실된 자)라 부른다. 역사의 줄거리는 다음과 같은 형식을 취한다. 즉 신은 "죄를 지을 수 없음"을 뜻하는 자유 의지를 가진 천사를 창조하였다. 천사 루시퍼는 자신에 대한 사랑과 심지어 신을 경멸하는 것을 의미하는 근원적이며, 기본적 죄인 교만을 나타냈다. 루시퍼는 이같은 형식의 나쁜 죄의 본보기에 매력을 느껴 추종하는 천사들을 모았다. 그러자 신은 이제 사탄이 된 루시퍼와 나쁜 천사들을 지옥으로 내쫓았다. 아우구스티누스는 이것이 창세기의 창조 설화 가운데서 신이 어둠으로부터 빛을 가르셨다고 하는 구절의 의미라고 말한다. 빛은 선한 천사를, 어둠은 사악한 자를 상징한다.[6]

그 극에서 그 다음 막은 인간의 창조와 타락이다. 신은 인간을 천사와 같이 "죄를 짓지 않도록" 창조하였다. 만약 인간이 그의 자유 의지를 적절히 사용하여 죄를 짓지 않았더라면 그는 "천사와 같은 불멸성"을 보상받았을 것이다. 그러나 불복하였기 때문에 죽음으로 대가를 치르었다.[7] 인간은 불복할 것을 택하였다. 그러나 사탄은 타락하지 않은 인간을 시기하여 뱀으로 하여금 인간의 부부 중 약한 자를 꾀도록 하였으므로 인간은 이 교만의 죄를 짓도록 자극을 받았다.[8] 그 결과는 인류의 죽음이었다. "죽음은 죄이며, 그 기원은 아담의 죄에 있다"[9]고 아우구스티누스는 말한다.

어찌하여 전지전능한 신은 인류에게 그렇게 가혹한 일들이 일어나도록 마련하셨을까? 신은 인간의 죄를 미리 알고 계셨으며, 그것을 예방하실 수도 있었다고 아우구스티누스는 대답한다. 그럼에도 불구하고 그는 "저들이

---

6) 앞의 책, Book XI, 19장.
7) 앞의 책, Book XIII, 1장.
8) 앞의 책, Book XIV, 11장.
9) 앞의 책, Book XIII, 논지.

교만으로써 악을 행할 수 있음과, 그의 은총으로써 선을 행할 수도 있음을 보여 주기 위해서"[10] 그렇게 하지 않았다. 신은 타락하지 않은 인간을 시기하고 미워하는 사탄과 천사들이 인간을 꾀어 피해를 주도록 허락하였다. 왜냐하면, "신의 은총에 힘입은 인간의 씨에 의하여 바로 이 악마 자신이 정복될 것과 그것이 성도(聖徒)들의 보다 큰 영광이 될 것을 그(신)는 미리 아셨기 때문이다."[11]

그 후의 인간 역사는 사탄과 그를 따르는 모든 자들, 즉 타락한 천사들과 신의 은총으로 구속받지 못한 사람들을 정복하는 것을 목적으로 한다. 역사는 인간의 착하거나 악한 행위로 이루어지기 때문에 영혼들의 우주를 신의 도시와 사탄의 도시라고 하는 두 도시로 나누는 것이다. 신의 도시에는 구속받은 자가 속한다. 이들은 겸손함과 신과 이웃에 대한 사랑을 자기들의 주요 덕목으로 삼는 영혼들로서 신을 사랑하여 자신을 경멸한다. 사탄의 도시는 이기주의자들로 구성되어 있으며, 그들 영혼의 근본 죄는 자신을 사랑하여 신과 이웃을 경멸하는 교만이다. 신의 도시에 들어가도록 결정된 자들의 구원은 신의 선민인 유태인에 의하여 수행된다. 그러므로 아우구스티누스는 하느님의 말씀인 성서에 언급된 유태 역사의 획기적인 사건들에 따라서 역사를 시대 구분한다.

성경에서 거룩한 날은 안식일이다. 아우구스티누스는 이날에 감명을 받아, 유일하게 의미있는 세계사인 유태인의 역사를 일곱 시대로 나눈다. 이것은 다음과 같다. (1) 아담으로부터 노아 홍수까지, (2) 노아로부터 아브라함까지, (3) 아브라함으로부터 다윗까지, (4) 다윗으로부터 포로기까지, (5) 포로기로부터 그리스도의 탄생까지, (6) 길이가 정해지지 않은 현재의 시대로서 그것은 계시록에 기록된 1000년의 기간에 일치하는 교회의 시대이다 (아우구스티누스는 이 기간이 1000년을 넘지 못할 것이라고 생각하지만 오직 주만이 아신다고 말한다). (7) 신이 구속받은 자와 성도(聖徒)들을 그 안에서 쉬게 하는 안식일의 시대, (8) "그리스도의 부활에 의하여 봉헌되고 영혼뿐만이 아니라, 육체의 영원한 안식을 나타내는 여덟번째의 영원한 주의 날이 그것이다. 그날에 우리는 쉬면서 볼 것이고, 보면서 사랑할 것이며, 사랑하면서

---

10) 앞의 책, Book XIV, 27장.
11) 앞의 책.

찬미할 것이다. 이것이 끝없는 마지막에 있게 될 사실이다."[12]

역사의 정점이 되는 주요한 사건은 타락한 인간의 구속자로서의 신이신 그리스도의 강림이다. 역사의 종국에 신의 도시는 불멸하고 영원하게 될 것이다. 사탄의 도시는 타락한 천사와 대다수의 타락한 인간들에게 영원한 고통의 도시가 될 것이다. 부활할 때에 구속받은 자는 썩지 않는 육신을 허락받는다. 저주받은 자도 또한 육신을 허락받지만 더욱 강렬하게 그들의 영원한 고통을 느끼게 될 뿐이다.[13]

결론적으로 개체 인간의 생에 대한 의미와 마찬가지로 인간 역사의 의미에 대한 아우구스티누스의 견해는 우리의 온 생이 "죽음을 향한 경주"에 불과하다는 단 한마디로 요약할 수 있을 것이다. 인간은, 비록 죄의 근원이 육체에 있는 것이 아니라 인간의 영혼 가운데에 있는 것이라고 할지라도 "그가 살아가는 육체라기보다 오히려 이 죽어 가는 육체에 거하는 순간으로부터" 결코 정말로 살아 있는 것이 아니다. 교만(不腹)에 대한 아담의 원죄는 그의 영혼으로 하여금 그의 육체를 지배할 수´없게 하였다. 이로 말미암아 아담과 모든 후대의 사람들은, 육체의 욕망이 성령을 거스르는 타락의 상태에 있는 것이다. 오로지 그리스도에 의한 구속 가운데서 역사하시는 신의 은총만이 육체를 다시 지배할 수 있게 하는 데 족한 것이다. 구속받지 못한 자들은 첫번째 사망에서 죽음을 당하여 부활할 때까지 고통을 겪게 될 뿐만이 아니라 아담의 죄로 인한 이들 희생자는 두번째의 사망에서도 죽음을 당하는데 이때 다시 결합된 영혼과 육체는 영원토록 버림을 받아 고통을 당한다.

신으로부터 신으로, 황금 시대로부터 황금 시대로, 즉 타락과 구속을 통한 지상의 낙원으로부터 하늘의 낙원에 이르는 성 아우구스티누스의 인간 역사의 순환은 신의 도시의 구성원들, 즉 간택된 소수자들에 의해서만이 완성된 순환이다. 동양 문화의 대회년이라고 하는 단위와 비교해 볼 때 그 상징은 본래적인 창조의 소우주적인 주간(microcosmic week)과 일치하는 대우주적인 단위로서의 대주간(great week)이다. 역년(曆年)에 대한 상징과 주간(週間)에 대한 상징 모두가 각기 인도와 메소포타미아의 문화와 유태인 문화의

---

12) 앞의 책, Book XXII, 30장.
13) 앞의 책, Book XXI, 10장.

창조 설화로부터 차용된 것이다. 앞의 메소포타미아인과 인도인의 순환관을 다룬 몇 장을 참고하기 바란다. 대희년(大禧年)과 마찬가지로 대주간(大週間)의 순환은 신으로부터 영혼의 소외를 의미하는 하나의 악몽과 같은 중간 시대인 것이다.

제4장
회교 사상의 대일환관

회교(Moslem religion)와 회교도(Islam)는 잘 알려진 바와 마찬가지로 유태교와 기독교의 경전을 알라(Allah)의 진정한 예언자들에게 계시되었던 것으로 받아들인다. 마호메트에게 계시된 코란(Koran)은 가장 늦은 것임에도 불구하고 최후의 것이므로 모든 계시 중에서 가장 권위가 있는 것이다.

코란은 우리가 이미 기술한 바 있는 유태교와 기독교의 묵시 사상의 그것과 유사한 일환적인 유형의 역사를 가르친다. 신은 무로부터 세계와 "일곱 하늘"과 땅을 창조하였다.[1] 아담은 그가 피조되었을 때 낙원에 존재하였으나 타락하였기 때문에 그는 곧 땅으로 추방당했다. 아우구스티누스의 사상에서와 마찬가지로 사탄은 최초로 타락한 자였다. 사탄의 죄는 아우구스티누스의 신학에서와 같이 교만이었다. 교만은 알라가 천사들에게 "아담을 경모하라"고 요청했을 때 나타났었는데 그 천사 중에는 이블리스(Iblis, 사탄)도 끼어 있었다.[2] 이 에피소드에서 이블리스가 표명한 터무니없는 교만 때문에 알라는 그를 그릇되게 믿는 자로 생각하였다. 이블리스는 타락한 후에 유태 기독교의 전승에서와 같이 아담을 타락케 하였는데, 그 이야기는 비슷하다.

---

1) 「코란」, R.A. 니콜슨의 서문과 E.H. 팔머 역(London, New York, Toronoto: Oxford University press, 1900: 세계의 고전편, 1953년 재판), Ⅱ. 25~30.
2) 앞의 책, Ⅱ. 30~35.

알라는 아담에게 낙원에 있는 어떤 나무의 열매를 먹지 말라고 금하였다. 사탄은 아담을 꾀어 불복케 하여 이 열매를 먹게 하였다. 아담은 불복으로 낙원에서 내쫓기는 벌을 받았다. 주의 연민이 이때 아담(과 죄틀 지은 미래의 그의 후손들)을 지옥의 불에서 구하였다.[3] 원죄의 교리가 없으면 보상이란 것이 필요없다.

아담의 타락에 뒤이은 인간의 역사가 간략하게 회고되며, 대홍수와 이집트 로부터의 탈출, 아브라함과의 언약에 대한 이야기, 아브라함과 하갈 사이에 서 태어난 아들 이스마일에서 회교도들이 내려온다(유태인은 이삭의 후손들이 다)고 하는 구약 성서의 획기적인 사건들과 설명을 다소 엄밀하게 따른다. 아브라함이 이스마일과 맺은 언약을 강조하는 것은 아마도 모슬렘의 신앙이 구원에 이르는 궁극적인 신앙이라는 것을 상징하는 것 같다.[4]

아우구스티누스의 사상에서와 마찬가지로 신은 절대적으로 전지전능하 다. 그러므로 그는 창조로부터 마지막 날에 이르기까지 세계의 순환 속에 있는 모든 사건들을 미리 알고 있다. 알라는, 일어났으며, 일어나고 있고, 또는 일어날 모든 것을 마련하였으며, 실제로 예정하였다. 이것은 모든 사람 의 사상과 행위를 내포하는 것이다. 덕있는 자를 그의 덕으로, 사악한 자를 그의 사악으로 인도한 이는 알라 자신이다. 코란에 이르기를 "신이 우리를 위해 기록한 것 이외에 아무것도 우리에게 발생하지 않을 것이다"[5]라고 한 다. 그는 우리의 주이며 믿는 자들은 신을 의지한다. 대신학자이자 철학자인 알 가잘리(al-Ghazzali, 1058년~1111년)는 그의 유명한 작품 「종교학의 부흥 (*Resuscitation of the Sciences of Religion*)」에서 다음과 같이 기록한다.

> 그는 아실 수 있는 모든 것을 알고 계신다.……"그는 칠흑 같은 밤에 단단한 돌 위를 걷는 검은 새도 아시며, 태양빛 속에서 움직이는 티끌도 주의해 보신 다.……그는 내면의 동기와 충동과 가장 은밀한 생각도 터곳적 이전부터 가지 고 계신 영원한 지식으로 아신다고 하겠으니 마치 그 지식이 그에게 새로 일어 난다든가 그에게 들어왔다는 식은 아닌 것이다.……그는 존재하는 모든 것을 원하시며 사건들을 결정하신다.…… 이같은 까닭으로 만물은……선 혹은 악…

---

3) 앞의 책, Ⅱ. 35~40.
4) 앞의 책, Ⅱ. 115~135.
5) 앞의 책, Ⅸ, 50~55.

…순종과 불복의 행위는 모두 그의 결단과 결정, 그의 지혜와 의지에 따라서만 일어난다.……그가 뜻하시는 것은 무엇이든지 일어나며 그가 원치 않으시는 것은 일어나지 않는다.……그의 의지는 그의 다른 속성과 마찬가지로 그의 본질을 이루며 언제나 그에게 속한다. 영원으로부터 그는 시간 속에서 그들에게 정해진 만물들이 존재하기를 원하였으며 그들은 그때에 존재하게 되었다. 엄밀하게 말해서 다른 어떠한 것도 그의 지식과 의지에 따르지 않는 것이란 없다."6)

신의 섭리가 모든 역사와 자연과 인간을 지휘하신다. 각 사람이 누리는 생은 그를 위해서 알라가 계획한 생인 것이다. 정통 회교도들은 이러한 견해를 대체로 받아들인다. 동시에 그들은 정의와 자비로운 신에 의한 (덕과 악에 대한) 보상과 응징이라고 하는 사상도 받아들인다. 이슬람 사상에 정통한 학자 아서 제프리(Arthur Jeffrey)는 "훌륭한 해결책은 '이크티삽'(Iktisab)의 교리이며, 비록 각 개체의 행동은 미리 운명이 정해진 것이기는 하지만 이크티삽의 교리에 따라서 개체는 행동할 때에 자신과 그것을 융화시킴으로써 해결책을 얻게 되며, 따라서 책임을 지게 된다"7)고 말한다. 덕은 보통 다섯 기둥(five pillars)8)에 둘러싸여 있으며 주위 환경이 영혼을 위태로운 데서 지키지 못할 경우 저들을 지키지 못하게 된다. 그러나 알라는 연민의 정이 넘치는 자비로운 분이다. 그가 용서할 수 없다고 생각하는 유일한 죄는 다른 신들을 그로 연상하는 '시르크(shirk)'이며, 그것은 그의 유일성을 부정하는 행위인 것이다. "알라 이외에 다른 신이 존재하지 않는다"는 것이 절대 최고의 신앙이며, 그러한 신앙이 없으면 아무도 영원한 징벌로부터 구원받을 수 없을 것 같으나, 반면에 진심으로부터 이것을 성실하게 믿는 자는 구원이 실제로 확실한 것이다.

---

6) 알 가잘리, *Resuscitation of the Sciences of Religion*. 이것은 Charles Hartshorne과 William L. Reese의 *Philosophers Speak of God*(Chicago: University of Chicago Press, 1953)의 p.107에서 이 책으로부터 짤막하게 발췌한 부분에서 인용되었다.
7) 아서 제퍼리 편, *Islam*, Library of Religion(New York: The Liberal Arts press, 1958), p.147.
8) 간략하게 말하면 이것들은 다음과 같다: 信條의 公言(알라 이외에는 다른 신이 존재하지 않으며 마호메트는 알라의 예언자이다). 일정한 간격을 둔 기도, 회교력 9월(Ramadan)의 금식, 준 십일조(Zakat)의 드림, 가능한 경우 메카 순례.

마호메트는 외람되게 지상에서 인간 역사의 마지막 날을 정확하게 안다고 하지는 않았으나 마지막 날이 임박하였다고 생각한 것 같다. 신만이 이 비밀을 알고 계신다. 코란은 그날의 파국을 상세하게 일러 주고 있으나 수집된 전승(Hadith) 가운데 하나는 그 '시간'에 앞서 일어날 '열 가지 전조'에 관한 흥미있고 중요한 정보를 제시해 준다. 아부 다부드(Abu Dawud, 888년 사망)의 수난(Sunan)은 이 열 가지 전조를 다음과 같이 상술한다.

> 그 시간은 열 가지 전조가 이루어지고 나서야 비로소 이르게 될 것이다. 즉 해가 진 자리에서 떠오르고, 금수[9]가 나타나며, 곡(Gog)과 마곡(Magog)[10]이 나타나며, 아드 다잘(ad-Dajjal)[11]이 나타나며, 마리아의 아들 예수가 나타나며, 연기[12]가 일어나며 세번 하늘이 가리울[13] 것인즉 한번은 서쪽에서 가리워지며 또 한번은 동쪽에서 가리워지며 다음에 아라비아 반도에서 가리워질 것이다. 그 후에 예멘(Yemen)에서 불이 일어나 아덴(Acen)의 골짜기로부터 모든 사람을 집합 장소로 몰아갈 것이다(그곳에서 그들은 심판을 기다린다).[14]

코란 자체가 그러한 묵시적인 사상을 나타내는 문체로 수식되어 있다. 코란은 심판의 날의 으스스한 그림을 묘사한다.

---

9) 제퍼리 교수는 각주에서 이 구절에 대하여 다음과 같이 설명한다. 즉 "이것은 많은 금수의 부분들로 만들어진 하나의 거대한 금수일 것이라고 전래되며, 그것은 메카의 근처 사파(Safa) 산의 터진 곳으로부터 나와 모든 사람들의 얼굴에 낙인을 찍을 것이며, 누가 믿고 누가 믿지 아니하는가가 명백하게 밝혀질 것이다."

10) 제퍼리 교수는 다음과 같이 설명한다. 즉 "이 야만적인 무리들은 알렉산드로스 대제가 저들을 막으려 세웠던 방책을 부수고 돌파할 것이며, ……예수가 중재하실 때 알라가 저들을 파멸시키기까지 큰 파괴와 괴로움을 줄 것이다. 여수의 강림은 이런 까닭으로 거짓 메시아와 일군의 곡과 마곡에 의하여 야기된 고통들을 종식시키는 것이다."

11) 제퍼리 교수의 주(註)는 다음과 같다. ad-Dajjal은 "자기가 주(主)인 체 행세하면서 기적과 이적을 행하고 많은 사람을 미혹하게 할 거짓 메시아이다. 예수가 그를 폐하러 하늘로부터 땅에 내려오실 것이다."

12) 제퍼리 교수의 주는 다음과 같다. "이러한 짙은 안개가 몇 날 동안 땅을 뒤덮을 것이다."

13) 제퍼리 교수의 주(註)는 다음과 같다. "어떤 자들이 말하는 khusuf는 하늘이 가리는 것이 아니라 지진을 의미한다."

14) 제퍼리의 Islam, Abu Dawud의 Sunan에서 인용. 앞에서 인용한 책, p.144.

하늘이 갈라져 떨어져 나갈 때에
그리고 별들이 흩날려 떨어질 때에
그리고 바다가 용솟음칠 때에
그리고 무덤들이 뒤집혀 무너지게 될 때에……[15]
……
그리고 나팔소리가 한번 세차게 울릴 때에
그리고 땅이 높이 들리우게 되며 산들도 또한 마찬가지로
그리고 둘 다 힘껏 부딪쳐 가루가 되며……
그리고 그날에 하늘이 갈라져 흩어지게 될 것이다.……[16]

세상의 종말에 거짓 메시아 아드 다잘(ad-Dajjal)의 기동을 종식시키기 위하여 예수가 나타남은[17] 기독교의 묵시 사상(예수가 敵 그리스도를 정복한다)으로부터 차용한 것 같다. 아부 다부드의「수난(Sunan)」역시 회교의 메시아 혹은 구속자와 같은 마디(Mahdi)가 와서 최후 심판의 날에 앞서 "지금까지 불의와 억압으로 가득했던 지상에 정의와 평등이 가득하게 할 것이며, 그는 7년을 치세할 것이라고"[18] 언급한다. 코란과 초기의 전승들은 마디에 대해서 전혀 모르고 있으나 이것은 비정통적 소종파인 시아파 신도(Shi'ites)에게는 중요한 역할을 한다.

코란은 이르기를 마지막 날에 죽은 자가 그들의 무덤으로부터 일어날 것이며(몸의 부활이 주장된다), 알라가 천사들이 가져온 왕좌에 앉기 전에 최후의 심판이 일어날 것이라고 한다. 각기 부활한 사람은 자기 생을 조심스럽게 기록한 자기의 책을 전해 받게 될 것이다. 경건한 자들은 그들의 왼손에 그들의 것을 전해 받는다. 코란은 이들 각각의 무리의 운명을 생생한 필치로 묘사한다.

땅이 흔들리고 진동하며 그리고 산들이 부수어져 가루가 되면

---

15)「코란」LXXXII, 1~5.
16)「코란」LXIX, 10~20.
17)「코란」은 예수의 처녀 탄생을 긍정하지만 신의 아들임은 긍정하지 않는다. 예수는 신의 입김으로써 아담이 창조된 것처럼 창조되었다.「코란」은 이 문제에 관해서 분명치는 않지만 예수가 최후의 날 이전에 다시 나타날 것이라는 유력한 전통이 있다.
18) 제퍼리에 의하여「이슬람」에 인용, 앞에서 인용한 책, p.146.

티끌과 같이 흩어지리라!
그러면 세 무리로 나뉘게 될 것이다.
바른편의 무리들——그들에게 복이 있을진저!
왼편의 무리들——그들에겐 저주가 있을진저!
앞에 나와 있는 무리들——그들이 으뜸이 되리라![19]
이들은 그들의 주께 가까이 하게 될 자들이니라.
쾌락의 동산에서!
먼 옛날 사람 중에선 많은 무리가, 후대로부터는 소수의 사람들이
금실로 짠 자리에 누워 얼굴을 마주 대하리라.
영원한 젊음을 간직한 이들이
그들에게 잔과 물항아리와 넘쳐 흐르는 포도주 잔으로 사후(伺候)하리니,
다시는 머리의 아픔도 없을 것이며 생각이 흐려지는 일도 없을 것이라!
그들 보기에 최상의 과일들과
그들이 바라던 새의 고기,
숨겨 놓은 진주와도 같이 밝고 큰 눈을 가진 소년들이,
그들이 행한 일의 보상이니라!
어리석은 말과 죄에 대한 이야기를 듣지 않을 것이다.
오로지 "평안하라, 평안하라!" 하는 문안만을 들을 것이다.
……
진실로 우리가 천녀(天女)를 만들되[20] 처녀로 하였으니,
바른편의 무리를 위한 사랑스런 동년배의(반려자라)!
……
왼편에 있는 무리들——얼마나 비참한지 모르겠도다!
뜨거운 용광로와 끓는 물 속에서
칠흑 같은 연기의 그늘 아래,
선선하지도 않고 상쾌함을 느끼지도 못할 것이다!
진실로 이전에 그들은 편안하게 살면서 흉악한 죄를 자행하며 말하기를
"우리가 죽어 티끌과 뼈가 될 때에 선조들과 함께 일어나게 되겠느냐?"
하였느니라.

---

19) E.H. 팔머의 주(註)에는 다음과 같이 기록되어 있다. "즉 지상에서 신앙을 공언 (公言)하는 데 으뜸인 자는 그때에 으뜸이 될 것이다."(코란, 앞에서 인용한 책, p.466).
20) E.H. Palmer의 주: "천상의 아가씨들"(앞의 책, p.467).

진실로 먼 옛날의 세대와 후대의 무리들이
약속된 날에 함께 모여 만나게 될 것이라고 하자.
그러면 너희, 오, 너희 죄지은 자들아! 누가 거짓이라 하더냐!
너희에게 자쿰나무의 열매를 먹이고[21]
그것으로 너희 배를 채우리라! 너희에게 끓는 물을 먹일 것이라!
그러나 너희는 마치 목마른 낙타가 마시듯이 마실 것이니라.
이것이 심판 날에 그들의 연회(宴會)이리라![22]
……
만일 그가 바른편의 무리 가운데 있다면! 그대에게 평화가 있을진저!
바른편에 있는 무리들에 의하여!
만일 그가 거짓이라고 말한 자 가운데 있다면!
그릇된 자여! 그러면 끓는 물이나 맞이하라! 지옥에서나 태워지거라!
진실로 이것은 의심할 여지가 없는 진리이니라![23]

   최후의 심판과 경건한 자와 죄인들의 운명에 대한 이 묘사는 배화교와
기독교(계시록)의 묵시와 비슷한 것이다. 경건한 자에게 베푸는 보상으로
회교에서 소녀들(houris)을 포함하는 것은 다른 두 종교의 이야기에는 빠져
있는 하나의 희열이다. 그러나 다른 위대한 세계 종교들의 위대한 철학자들
과 마찬가지로 아비세나(Avicena)와 아베로스(Averroes)와 같은 회교의 위대
한 철학자들은 최종적인 인간의 운명에 대해서 그와는 달리 영적인 견해를
가지고 있었다.
   아리스토텔레스와 신플라톤주의에 의하여 영향을 받은 아비세나(1037년
대)는 그가 대중의 무지한 미신과 욕망이라고 생각한 점을 넘어선다. 그는
인간의 대다수가 그들이 이해하는 바, 즉 보상으로서의 육체적인 쾌락에
의해서 덕을 행하도록 자극을 받을 수 있다고 날카롭게 논평한다. "진정한
행복과 영적인 쾌락을 그들은 조금도 감지하지 못한다. 비록 어떤 자들은
말로는 그런 척하지만 그들의 이해력으로서는 미치기 어려운 것이다."[24]

---

21) 「이슬람」에서 아서 제퍼리는 이 구절을 이슬람의 종말론의 예증으로서 인용한다
   (앞에서 인용한 책). 그의 각주(p.141)는 자쿰나무의 의의를 상세히 설명한다. 그것
   은 "저주받은 자들에게 그 속에 녹은 납처럼 뜨거운 음식을 제공하는 나무이다."
22) 「코란」 LVI, 1~60.
23) 「코란」 LVI, 89~95.

그러므로 마호메트는 모든 예언자들 가운데서 가장 위대한 분이시다. 왜냐하면, 그는 가장 구체적인 말로써 보상과 응징에 대해서 묘사하였기 때문이다. 이와는 대조를 이루는 것으로서 기독교의 부활 개념은 내세를 천사들에 대한 것으로 묘사하기 때문에 활기가 없다. 기독교 신자들은 마음속으로 천사들이 제일 불쌍한 존재라고 생각한다고 아비세나는 말한다. "그들은 쾌락도 느끼지 못하며 조금도 쉴 수가 없다. 그들은 먹지도 마시지도 못하며 결혼도 못한다. 그들은 할렐루야를 부르며 밤이나 낮이나 매 시간 예배만 드리며 잠시도 마음껏 여유를 부려 보지도 못하고 그렇게 하고도 결국 보상을 못 받는다."[25] 이것이 기독교인들에게 사상의 양식을 제공하는 것이다. 아마도 이런 까닭에 진실한 기독교인이 많지 않은 것 같다.

전수받은 자, 즉 지혜와 지식을 함양한 사람들은 육체적인 부활을 조금도 믿을 수가 없으며 기독교의 보다 영적인 이야기조차도(아우구스티누스의 철학에서 기술한 바와 같은) 믿을 수 없는 것이라고 아비세나는 말한다. 개체의 정신만이 홀로 불멸하는 것이다. 어떠한 육체적인 부활도 있을 수가 없다. 윤회도 역시 믿지 않는다. 불멸하는 것은 인간의 합리적인 영혼이다. 왜냐하면, 이것만이 자신의 존재를 물질에 의존하지 않기 때문이다. 몸이 쇠약해져 가는 늙은 사람의 합리적인 영혼이 실제로 더욱 큰 힘을 얻는다는 사실이 그 증거이다. 이것이 사실이기 때문에 합리적인 영혼은 육체의 일부분이 아니다. 합리적인 영혼의 실체만이 영원하고 불멸하므로 천사와 같은 실체이다. 합리적인 영혼의 목표와 영원한 운명은 천사와 같은 모양의 행복이다. 아비세나는 다음과 같이 기록한다. "영혼이 자유롭게 되어 육체와 생리적인 흔적을 벗게 되는 내세에서의 행복은 지적으로 그분의 본질을 명상하는 완전한 쾌락이다. 그분의 왕국은 막강하며 그분을 예배하는 영적인 존재들과 가장 숭고한 세계와 그리고 게다가 완성에 이른다는 것이 그분께 속하는 것입니다. 내세에서의 불행은 그와 정반대인 것입니다."[26]

관조적인 생의 행복에 도달하지 못하고, 세상에서 생존하는 동안 격정과 욕망에 지배받아 온 영혼들은 사후에도 계속해서 그러한 격정과 욕망에

24) A. J. Arberry의 *Revelation and Reason in Islam*(New York : The macmillan Co., 1957) 에서 아비세나의 논문, al-Risalat al-adhawiya fi amr al-ma'ad로부터 인용, p.53.
25) 앞의 책, p.53.
26) 앞의 책, pp.54〜55.

의해 지배받게 된다. 비록 그들이 육체의 소유를 꿈꾼다고 할지라도 그것은 육체가 없이 상상에 그치는 꿈의 차원에서 진행되는 것이다. 상상력이 그들에게 응징하는 지옥과 천상의 낙원과 궁전 그리고 천녀(天女)들과 술의 보상을 창조한다.[27]

합리적인 영혼(주로 철학자의 것인)의 목표에 대한 그 이상의 묘사는 아리스토텔레스의 사상에 물든 신플라톤주의로부터 끌어낸다. 여기서 우리는 인도와 중국의 범신적인 요가의 체계, 즉 중심에의 순환적인 복귀 사상과 유사한 사상을 발견한다. 아비세나는 그의 「구원의 책(Book of Salvation)」의 다음과 같은 구절에서 이러한 복귀에 대해서 기술한다.

> 이제 합리적인 영혼이 경주하여 나가는 특유의 완성이란, 말하자면 그것이 일체의 형식과 일체에서 깨달을 수 있는 질서와 일체에 두루 퍼져 있는 선에 감동된, 지적인 소우주가 되어야 한다는 것이다. 즉 가장 먼저 일체의 원리, 다음으로 나아가서 고귀한 실체와 절대적인 영성(靈性), 그 다음에 어느 정도 유형적인 것과 연결된 영성, 그 다음으로 다양한 성향과 힘을 가진 천상적인 무리들에게 향하는 소우주가 그것이다. 그리고 자체 속에서 일체 존재의 형태를 완전히 체득하기까지 그렇게 계속하고, 이런 까닭으로 완전한 균형과 절대선 그리고 참된 미를 관조하면서 그것과 더불어 결합한, 온전히 존재하는 우주와 왕래를 하면서 그것 자신의 이해 가능한 우주로 변형시켜야 하는 것이다. 따라서 그것은 그것의 이념과 유형을 좇아 새겨질 것이며 진주가 목걸이에 꿰어 있듯이 그것의 줄에 매여 있게 될 것이며, 그것의 동일한 실체로 모양을 바꾸게 되는 것이다.[28]

지금 읽은 것은 행자가 자신(영혼의 껍질들)을 대우주의 '껍질들'과 동일한 것으로 간주하며 존재의 핵심 혹은 중심으로 복귀하는 힌두교와 불교 요가의 우주적인 만다라와 아주 흡사하다. 「신곡(Divine Comedy)」역시 신을 존재의 핵심 혹은 중심으로 하는 똑같은 성질의 만다라 유형으로 생각할 수 있을 것이다. 단테의 영적인 여행 역시 존재의 근원에 이르는 순환적인 복귀를 상징한다.(Asin 교수가 연구한 것을 따르는 학자들은, 마호메트가 그의 유명한

---

27) 앞의 책, p.55.
28) 앞의 책, p.49. *Book of Salvation*으로부터 Arberry의 인용.

'밤의 여행'에서 생각하였던 하늘의 여행과 신의 보좌에 대한 모슬렘의 사상은 천국과 지옥에 관한 많은 신비적인 사상과 공상적인 措寫法의 원천이었다고 생각한다. 이런 성질의 문학이 신곡의 근원 중의 하나였다.)[29]

회교에서 그 후의 모든 정통 사상에 대한 그러한 주지주의에 재갈을 물린 철학자이자 신학자는 알 가잘리(Al-Ghazzali, 1058년~1111년)였다. 알 가잘리의 내세관은 코란의 축자적인 교훈으로 되돌아간다. 그는 합리주의적인 철학자들(특별히 아비세나)이 코란의 종말론적인 구절들을 비유로 해석하는 것을 믿지 않는다. 그와 같은 비유 해석은, 예언자가 직접적으로 진리를 왜곡하였으며 "예언의 직분은 진리에 대해서 너무나 거리가 멀어 신성하지 못하다."[30]는 사실을 내포한다. 육체의 부활은 신이 마호메트에게 내리신 계시인 코란에 명시되었으며, 그것은 무(無)로부터 세계가 창조되었다는 것을 생각하는 것보다 더 모순되는 것이 아니다. 세계가 존재하지 않을 때와 마찬가지로 세계가 파괴되었을 때에도 자기의 무한성 가운데 존재하는 영원한 신을 가정한다면, 우리에게는 불가사의한 일로 보일지 모르나 그러한 존재에게 창조란 어려운 과업이 아닌 것이다. 마찬가지로 이 세계에 종말이 올 때에 각 사람의 육체적인 몸이 부활한다거나 인간을 위해서 낙원을(그리고 사악한 자를 위해서 지옥을) 세운다는 것이 전지한 신에게는 아무런 문제도 되지 않는 것이다. 인간의 운명 즉 인간 역사의 전체 일반의 목표인 낙원은 코란이 천명하듯이 풍요의 면에서나 쾌락의 면에서 틀림없이 '육체적'이라고 알 가잘리는 선언한다. 더 나아가서 알 가잘리는 얼핏이나마 낙원을 보았던

---

29) Emile Dermenghem, *Muhammad and the Islamic Tradition*, Men of Wisdcm Series(New York: Harper & Bros., 연도 미상). p.33. "다른 대 이슬람의 학자 Alfred Guillaume 로부터의 한 인용문이 또한 Asin의 견해를 다음과 같이 입증한다. 즉 마드리드의 故 Asin 교수의 매혹적인 연구에 힘입어 우리는 단테에 대한 Ibn Arabi의 다대한 영향을 발견한다. 그 아랍인이 최초로 지옥, 천문학자의 하늘, 축복받은 자의 낙원, 신의 광채를 중심으로한 천사들의 합창대, 그의 안내인이었던 아름다운 여인을 묘사하였다. 아주 묘하게도 아랍과 플로랜스의 두 사람은 저들의 사랑의 찬가들이 은밀하며, 호색적인 의의를 지닌 것이 아님을 보여 주기 위하여 저들의 첫 작품들에 관한 주석을 써야 하였다. 두 작가 사이의 연관은 그 이후 지금까지 발견되어 왔으며 제휴의 사실이 지금 유럽 문학사에 기입되었다. 중요한 점은 그 이야기가 낙원으로 승천한 마호메트의 전설에 입각하고 있다는 것이다."(Alfred Gu:llaume, *Islam*, Penguin ed, Baltimore: Penguin Books, Inc., 1954), p.148.
30) Arberry, 앞에서 인용한 책, pp.63~64.

성자들에 대해 이야기하는 설화들 가운데 하나를 인용한다. 이 설화에서 우트바 알 굴람(Utba al-Ghulam)이라고 하는 성자는 꿈을 꾸었는데 거기서 그는 낙원으로부터 온 아리따운 천녀(天女)를 한 사람 보았다. 천녀는 "오, 우트바여 제가 당신을 사랑하나이다. 부질없는 일을 하여 제가 당신께 이를 수 없게 하지 않도록 조심하세요. 그러면 그들이 저를 당신으로부터 떼어 데려간답니다!"하고 말하였다. 우트바는 "내가 세번이나 이 세상을 이별하였으며, 이제 더 이상 세상을 좇아 돌아가지 않을 것이므로 내가 당신 품에 안기기를 바라오"라고 대답하였다.[31] 정통파(orthodoxy)는 이렇게 "이슬람의 증거"라고 부르는 이 위대한 사상가이자 신학자에 의하여 옹호되었다. 그는 합리주의적인 철학자들에 대해서 그가 벌인 해박한 '논박'(그의 위대한 저서 「철학자들의 부조리」에서 이것을 시도한다)과 코란에서 인간에게 준 계시를 옹호하였기 때문에 이 칭호를 부여받았다. 알 가잘리는, 땅은 구체(球體)이며, 그 둘레를 유성과 항성의 구체들이 공전한다고 하는 프톨레마이오스의 세계관을 받아들이면서 자연과 계시를 결합하려고 시도하였음이 분명하다. 모든 우주가 신의 뜻에 의하여 지어졌으며, 그리고 다시 코란의 묵시적인 구절에 따라 그의 뜻대로 절멸될 것이라는 선언에서 계시는 그림처럼 명백해지는 것이다.

알 가잘리의 인간 본성론에는 수피(sufi)의 영향이 나타난다. 알 가잘리는 철학에 환멸을 느낀 후 수피가 되었는데, 신과의 신비적인 융화, 수피의 교리, 관행의 핵심은 인간과 알라 사이의 친밀성을 강조하는 알 가잘리의 신학에 남아 있다. 인간의 영혼에는 신의 불꽃 같은 것이 있으며, 그것이 최초의 정신인 신 안에서 쉬게 될 때까지 안정을 얻지 못한다는 것은 성 아우구스티누스와 같은 의견이다(알 가잘리는 가끔 성 아우구스티누스와 비교가 된다). 이 신의 불꽃인 인간의 정신은 신이 세계를 지배하는 것처럼 인간의 육신을 지배한다. 의지는 인간과 신에 공통되는 것으로서, 의지를 통하여 인간은 신을 아는 것이다. 인간은 신의 형상대로 창조되었으며, 간단히 말하면 소우주인 것이다. 신은 대우주이다. 알 가잘리의 사상에는 대체로 원죄론이란 것이 존재하지 않는다. 아담의 자유 의지가 그의 개인적인 타락을 가져왔으며, 그는 비록 그의 후손들이 에덴으로부터 쫓겨난 것이 사실이기는 하지만

---

31) 앞의 책, p.64.

아무런 변상을 하지 않고서도 용서를 받았다. 아담과 마찬가지로 각 사람은 자유 의지를 가지고 있으며, 최후의 날에 그의 것이라고 정해진 낙원 혹은 지옥에서의 그의 영원한 운명에 대해 책임을 지는 것이다. 본장 첫 부분에서 언급한 바와 마찬가지로 알 가잘리는 알라의 전지와 전능을 힘있게 강조하기 때문에 왜 어떤 사람이 자기 행동에 대해서 보상을 받아야 하며, 또는 응징을 받아야 하는지 생각하기 어렵게 된다. 알 가잘리는 이같은 난제에 대답을 하지 않고 다만 인간은 절대와 무한에 대한 지식을 가질 수 없으며, 상대적이며, 유한한 지식을 가질 수 있을 뿐이라고 말한다. 계시간이 우리에게 신에 대한 지식을 준다. 그러므로 코란은, 개체 영혼의 운명과 인류의 운명에 대한 코란의 이야기 그대로 받아들여져야만 한다. 전지전능하신 알라가 개체와 집단으로서의 인류 역사의 모든 사건을 축자적(逐字的)인 의미 그대로 미리 운명을 정하시고 예정하신다.

수피 교도(The Sufis)

수피의 범신론자들과 일원론자들 사이에선 개인과 우주 역사의 이념이 매우 다르다.[32] 주로 페르시아인들로 구성된 이 수피 집단은 자기들의 철학을 대부분 기독교와 신플라톤주의 사상으로부터 끌어냈으나 또한 배화교와 불교, 힌두교 그리고 영지주의(靈知主義, gnosticism) 등에 의하여 영향을 받았다.[33]

이 신비적인 철학의 중심 교리는 마호메트가 힘차게 증언한 신의 혼융(unity of God)이다. 신의 혼융이란 말은 일체가 신이라는 의미이다. 신의 존재를 떠나서는 아무것도 존재하지 않기 때문에 인간과 전 우주는 신의 현현인 것이다. 절대 최고의 존재인 신은 신플라톤주의에서처럼 알 수가 없는 것이지만 화나(fana, 絶滅)——이루 말로 다할 수 없는 분, 즉 신과 합일되어 개체의 의식이 절멸하는——가운데서 신의 혼융은 체험될 수 있을

---

32) 수피들 중에서는 단지 경건주의, 금욕주의, 일원론적 범신론이 대하여 알 가잘리의 정통 수피주의에서처럼 신의 친밀감의 형식들에 대해서만 의견을 달리하는 신학적인 견해들이 있다.

33) H.A.R. Gibb, *Mohammedanism*, Mentor 편(New York: New American Library, 1955), p.101. *Encyclopaedia Britannica*, 1957년 판, Vol., 21. "Sufism" 항목, pp.523 이하를 보라.

것이다.

신과 창조된 세계 사이에는 분리가 있을 수 없으며 분리되었다고 하는 것은 신의 혼융을 부정하는 것이며, 세계는 신이 자기를 현현하는 영원한 과정이다. 실제로 존재하는 시간이나 시간 속에서의 창조라는 따위는 존재하지 않는다. "우주의 형상들이 변하고 사라져 가며 동시에 한순간도 멈추지 않고 새롭게 되는 동안에도 그것은 본질적으로 신과 더불어 영원하다."[34] 대승불교의 사상과 도교의 중국 요가나 라마크리쉬나의 베단타에서 삼사라와 열반이 동일한 것과 마찬가지로 이 신비적인 철학에서 중심을 향해 순환적으로 복귀하는 영혼의 여정은 인간 역사의 유일한 목적이며 의미이다.

이미 기술하였던 요가에서처럼(그리고 기독교와 모든 신비주의에서처럼) 여기에도 정화(浄化)와 명상의 단계들이 있다. 일찍이 9세기의 어떤 수피는 회개, 절제, 단념, 청빈, 인내, 신에 의탁 그리고 만족이라고 하는 것으로 이들 단계를 정하였다. 이들 단계 혹은 도정과 일치하는 공포와 희망 그리고 사랑과 같은 영적인 몇 가지 상태가 있는데, 그것은 무상한 지식의 상태(신의 정신과의 연합)와 신의 본질에 병탄한 궁극의 직관적인 자성에 의한 지식(Knowledge-by-identity)으로 이끌어 간다.

일자(一者)의 가장 높은 현상적인 현현은 신의 정신이다. 이 정신은 "내재하는 합리적인 원리(로고스)"로서 전체 자연에 널리 퍼져 있지만 그 자체를 완전한 인간에게서 탁월하고 완전하게 계시한다.[35] 원형적인 전인(全人)은 "선재하는 실재 혹은 마호메트의 정신으로서 그의 '빛'은 아담으로부터 시작해서 일련의 수많은 예언자들과 그들 다음에 마호메트의 영적 후예들인 일단의 무슬림(Muslim, 이슬람 교도)의 성자들을 밝게 비추어 주는 것이다."[36] 전인이라 함은 인도와 중국 도교의 사상에서 최종적인 자기 실현의 단계에 거의 도달한 행자와 일치한다. 인도와 중국의 도교 사상에서는 자신들을 모두 대우주와 동일한 것으로 간주한다. 나는 이쉬바라로서 브라만이다. 혹은 나는 능동적인 도(道)이다. 아니면 나는 불타의 정신이라는 말은 다음과 같이 루미(Rumi)의 몇 행에 표현된 수피의 사상과 유사하다.

---

34) 레이놀드 A. 니콜슨의 *Rumi: Poet and Mystic*에 대한 그의 서론(London: George Allen and Unwin: Ltd., 1950), p.23.

35) 앞의 책, p.23.

36) 앞의 책, pp.23 이하.

순수한 별처럼 찬란한 영혼들이 언제나 하늘의 별들을 채우고 있답니다.
외양으로 우리는 이 별들에 의해 지배되나
내면의 본성은 창공을 지배한답니다.
그러므로 모양으론 당신이 소우주에 불과할지라도
실상은 대우주이신 것이랍니다.[37]

전인(perfect man)이 하나를 이룬 대우주에서 로고스 혹은 만유의 이성 (Universal Reason)은 소우주(인간) 속의 정신이 자기의 육신에게 활력을 주고 지배하듯이 자연의 전체 현상의 세계에 "활기를 주며 그것을 지배"한다. 일자의 현상적인 현현의 목적은 자기 의식이기 때문에 로고스 혹은 전인은 창조의 목적인(目的因, final cause)이다. 전인을 통해서만 이 "신은 자신을 완전히 의식하게 된다."[38]

보통 사람은 전인과 하나가 되는 잠재력을 가진다. 전인(로고스)과 합일하기에 앞서 사사로운 개아 의식(ego consciousness)과 그것의 현상적인 현현들을 극복하지 않으면 안 된다. 그 다음으로 구도자는 로고스(보편적인 이성)를 넘어서서 존재의 중심에 들어간다. 잘 알려진 마호메트의 승천 혹은 밤의 여행에 대한 설화는 대체로 모슬렘의 전승을 잘 따르는 유추이며, 그것은 우리가 이미 말했던 것과 마찬가지로 모슬렘 신비주의에 대해서 밀교적인 신비한 만다라를 제공한다. 가브리엘이 마호메트를 데리고 이 여행에 나선다. 최초의 가장 낮은 하늘에서 마호메트는 아담을 만났다. 둘째, 셋째, 넷째, 다섯째, 여섯째 하늘에서 마호메트는 이드리스(Idris), 모세, 예수, 아브라함을 만났지만, 설화의 해설자는 아브라함을 여섯째 하늘에서 조우하였다는 사실을 제외하고 이 성자들을 몇째 하늘에서 만나 보았는지를 모른다. 저편의 제7의 하늘에서 마호메트는 알라가 계신 곳에 들어갔는데 그곳에서 신의 음성이 그의 사자(마호메트)에게 모든 회교도들은 하루에 50회 기도를 드려야 한다(최종적으로 알라는 다섯번이 가장 그럴 듯하다고 동의하였다)고 전하였다. 신과 합일하는 불가사의한 여정의 단계는 우리가 위에서 언급한 바와 마찬가지로 여섯 가지이다. 제7의 단계는 전수자를 신의 중심 자체에 데려간다. 이것이 바로 보편적인 이성(로고스 혹은 전인)을 초월한 단계이며, 일자와

---

37) 앞의 책, p.124.
38) 앞의 책, 서론, p.24.

의 이루 말할 수 없는 황홀한 합일인 화나(fana)로서 체험된다. 그런 연후에 영험을 얻은 사람은 "존재의 범위"가 단 하나의 점, 즉 "신의 본질 안에서 시작하여 신의 본질 안에서 끝남을 안다."[39] 동양의 사상에서와 마찬가지로 현상의 세계는 신의 마야(Maya, 망상)이다. 수피의 시 「루미」로부터 다시 한번 인용해 보도록 하자.

시간의 세계(루미)

순간마다 당신은 죽고 있으며 복귀하고 있습니다.
"이 세계는 순간에 불과한 것이라"고 예언자는 말씀하셨습니다.
우리의 사상은 그가 당기신 살(矢)입니다.
어떻게 그것이 공중에 머물러 있겠습니까? 그것은 날아 신께 돌아갑니다.
매 순간마다 세계는 새로워지고 있습니다만
우리는 그 거듭되는 변화를 알지 못합니다.
생명은 언제나 새로이 흘러 내리고 있습니다.
비록 육체 속에서 그것은 촘촘히 이어진 모양을 하고는 있지만,
흐름이 너무나 빠르기에 이어지는 것으로 보이는 것입니다.
마치 당신이 당신의 손으로 불꽃을 돌릴 때처럼 말입니다.
시간과 지속은 신의 행위가 빠르시기 때문에 생겨난 현상입니다.
"솜씨를 발휘하여 햇불을 돌리면
길다란 꼬리를 가진 불꽃이 나타나 보이듯이 말입니다."[40]

세계는 스피노자(Spinoza)의 사상에서와 마찬가지로 영원의 형식들(species) 밑에서 고찰되어야만 한다. 그러나 인간이 바로 존재의 핵심에 계신 신이 되는 무아적 초월 상태의 자성에 의한 지식이란 스피노자의 체계를 초월하는 것이지만 이미 검토해 본 동양의 철학들과 조화를 이루는 것이다. 예측할 수 없는 사건들이 발생할 수 있는 순전하게 창조적인 시간의 과정으로서의 역사는 이러한 종류의 사고에 의하여 부정된다. 반면에 역사는 영원히 존재하는(eternally Is) 일자의 현상적인 나타남이 된다. 수피주의에서 인간 역사의

---

39) 앞의 책, p.117 n.
40) 앞의 책, p.117.

목적은 순환한다. 전인 혹은 원형의 인간 즉 능동적인 지성에 나타난 일자의 자기 계시는 바꾸어 식물과 동물의 세계 그리고 끝으로 무기적인 물질에서도 자체를 구현시킨다. 복귀 순환은 영혼의 저급한 상태로부터 더욱 높은 상태로 옮겨진다(아리스토텔레스가 말했듯이 인간은 식물과 동물적인 수준의 영혼을 가지고 살 수도 있다). 능동적인 지성(전인)과의 합일 단계는 복귀의 '상승 만다라'에서 대단히 높은 것이지만 존재 자체의 중심, 바로 그 핵심과의 일치는 궁극적인 목표이다. 그런 연후에 참배자는 존재하는 일체의 것과 자신을 전적으로 재수렴시킨다. 왜냐하면, 그는 존재하는 일체의 것이기 때문이다. 이것은 마치 아드바이타 베단타의 교도들이 이 영광스런 최종의 단계를 아트만(我)이 브라만(梵)이 된 것으로 나타내고 있는 것과 같다. 이것이 인간 역사의 의미다.

우주와 인간 역사에 대한 이스마일리의 순환론

모슬렘의 소종파 이스마일파(Isma'ili)는 정통 수니(Sunn.) 집단과 대립하는 시아(Shi'a)파의 한 분파이다(정통 수니의 위대한 신학자 알 가잘리의 견해를 위에서 언급하였다). 시아파는 마호메트의 사위 알리(Ali, ㅁ-호메트의 딸 화티마의 남편)가 마호메트의 후계자(Caliphate)에 대한 권리를 부인당했을 때 정치적인 운동으로서 시작하였다. 그의 아들들 역시 잘못하였다. 큰아들은 그의 적으로부터 후계자의 권리를 포기하고 단지 연금만 받으라는 압력을 받았으며, 후계자가 될 권리를 가지고 있던 작은 아들은 무력으르 그것을 확보하려 시도하다가 순교를 당했다. 알리 아들들의 친구들은 그들 주위에 모여 알리의 아들들의 후손을, 마호메트가 공공연하게 알리에게 물려준 후계자의 직위와 마호메트가 가지고 있던 권리에 대한 정당한 후사로서 간주하는 당을 형성하였다. 마호메트가 알리와 그의 혈손 이맘(Imam)들에게 자기의 영적인 능력과 이슬람을 통솔하는 후계자의 직을 유증하였다고 하는 사상이 전개되었다. 시아파 신도들은 일찍이 당시 알리의 당원들에 의하여 받아들여졌던 '전승(Hadith)'을 인용하는데, 거기에는 마호메트가 다음과 같이 갈한 것으로 인용된다. "내가 머지않아 천명을 받아 하늘로 돌아가게 될 것이로되 내가 너희에게 두 가지 중요한 유산을 남겨 놓으리니 곧 코란과 나의 가족이다."[41]

시아파는 "하늘로 돌아가리라"는 구절이 마호메트는 선재(先在)하는 신의 존재라는 것을 암시하기 때문에 이 말에서 마호메트가 신의 권세를 알리에게 수여하였다고 믿는다. 그러므로 그는 알리, 즉 제1의 이맘에게 신의 권세를 내린 것이었다. 제2 그리고 제3의 이맘은 알리의 아들들이었으며, 이들의 후손이 후대의 이맘이었다. 시아 종파 가운데 가장 유력한 세 개의 분파는 이 신성한 이맘들의 수효에 대해 의견을 서로 달리한다. 자이디테(Zaidites)는 일곱 사람에게, 그리고 12인파(Twelver)는 열두 사람에게 이맘이라는 칭호를 붙인다. 모두가 이맘들은 비술(祕術)과 초인간적인 지식을 소유한 죄 없고 무오한 존재라고 주장한다.[42] 페르시아에서 우세한 12인파들은 열두번째의 이맘 무하마드 알 마디(Muhammad al-Mahdi)는 880년에 사라졌으며 세상이 끝날 때 많은 사람들이 지켜 보는 가운데 다시 마디(Mahdi)로서 나타날 것이라고 믿는다. 그는 세상 최후의 종말이 있기 전에 모슬렘의 보호 아래 세상에서 공의(公義)와 의로 치세할 것이다. 16세기에 12인파의 교리가 페르시아의 공인된 종교가 되었을 때 사파비드(Safavid)들은 예수와 마디가 재임하실 때 타시도록 하기 위하여 언제나 두 필의 말에 안장을 걸어 놓았다.

이스마일파의 신도는 마디의 정체에 관해서 다소 엇갈린 견해를 가지고 있었는데, 제7대의 이맘이 이스마일(Isma'il)이었고 마디였으며 알라에 버금가는 자였다고 생각한다(12인파들은 이스마일이 협잡꾼이었다고 생각한다). 11세기까지 이스마일파 신도의 운동은 매우 강력해져서 전 모슬렘 세계에 걸쳐 추종자들이 있었다. 주로 파키스탄, 인도, 아프가니스탄, 이란, 아라비아, 시리아, 모로코 그리고 잔지바르에서 살고 있는 회교도들 가운데서 아직도 2천만 명 가량의 추종자가 있다.

이스마일의 교리적인 가르침은 은밀한 교훈이 되었으며 오늘날까지도

---

41) John Clark Archer, *Faiths Men Live By* 제2판. Carl E. Purinton의 개정본(New York: The Ronald Press, 1958), p.483. 또 A.S Tritton의 *Muslim Theology* (London: Luzac & Co., Published for The Royal Asiatic Society, 1947). p.33을 보라. 후에 이맘들은 "모든 예언자들과 천사들보다 더 출중하였으며, 저들은 예언자들의 책들, 모세의 지팡이, 솔로몬의 옥새, 조세프의 셔츠, 법률 상자, 율법의 서판들을 가지고 있다. 저들은 세계 창조의 목적이며, 지금과 내세에 신의 활동 수단들이며, 신과 인간 사이의 필연적인 특사들이라고" Tritton은 말한다(p.33).

42) Alfred Guillaume, *Islam*, Penguin 판(Baltimore: Penguin Books, Ltd., 1954), p.120.

그런대로 남아 있다. 그러나 학자들은 이 소종파의 몇 가지 문서에 접할 수 있었다. 저들 신앙의 철학은 "근본적으로 생각해 볼 때 신플라톤주의적인 것이지만"[43] 영지주의와 연금술과 마니교(Manichism)로부터 연원된 요소들을 가미한 것 같다.[44] 코란은 풍유적이고 밀교적으로 사용되었다.

형이상학은 우주와 인간 역사의 철학과 종합되어 있다. 궁극적인 실재는 신플라톤주의에서와 마찬가지로 속성들을 가지지 않은 신(알라)이다. 모든 그 밖의 범주에 속하는 존재는 역시 신플라톤주의에서처럼 그로브터 유출한다. 제일 먼저 보편적인 이성이 유출하며, 그것은 보편적인 영혼을 창조하고 보편적인 영혼은 최초의 물질을 낳아 거기서 최종의 요소인 공간과 시간이 나온다. 이 모든 것은 신플라톤주의적인 것이다. 형이상학적인 기반을 가진 범주들 가운데서 현저하게 눈에 띄는 7이라는 수는(사람을 포함할 때도 7이라는 것이 작용된다) 위에서 기술한 '상승 만다라'로부터 연원된 것 같다. 인간은 온갖 범주로 짜여져 있으며, 보편적인 이성을 포함한 소우주이다. 보편적인 이성은 지식(지성)을 자기의 유일한 속성으로 가진다. 최초의 물질은 보편적인 이성이 정해 준 형상을 취한다. 시간과 공간은 보편적인 이성과 상호작용하며 모든 범주들은 물질에 작용한다.

아담, 노아, 아브라함, 모세, 예수, 마호메트와 제7대의 이맘(이스마일)의 아들 무하마드 이븐 이스마일과 같은 일곱 예언자들 속에서 보편적인 이성은 구현되었다. 역사의 각 시대에 대해서 예언자가 한 사람씩 존재하는 법이다. 방금 열거한 각 시기의 예언자들과 그들의 실행자, 즉 그 시대의 이맘은 밀접한 관계를 가진다. 이를테면 마호메트의 이맘은 알리였다. "알리를 그의 당원들은 코란과 그 예언자의 모든 밀교적인 가르침에 관계하는 사람(privy)으로 믿었다. 말하자면, 마호메트와 마주 대하고 있는 그의 위치는 아담에 대한 아벨, 노아에 대한 샘, 아브라함에 대한 이스마엘, 모세에 대한 아론 그리고 그리스도에 대한 시몬 베드로의 관계와 꼭 같은 것이다"라고 아르베리(Arberry)는 말한다.[45] 일곱번째(아마도 마지막일 것 같은)의 예언의 순환을 펼친 이스마일의 아들 무하마드를, 그의 후손들이라고 믿어진 이맘

---

43) 앞의 책, p.123.
44) Arberry, 앞에서 인용한 책, p.84.
45) Arberry, 앞의 책, p.70.

들, 즉 이집트의 파티미드(Fatimid)들이 뒤를 이었다. 파티미드 왕조는 12세기에 이집트에서 끊어졌지만 그 동안에 파티미드(이스마일파) 종파의 한 분파가 페르시아와 북부 시리아에서 자리를 잡았다. 이들 집단은 그들이 합법적인 지배 가문인 알리 가문의 이름을 가진 지배 세력을 회복하는 데 폭력적인 방법이 알맞다고 믿고 폭력을 사용하였기 때문에 회교의 광신자들로 알려졌다. 최근에 하바드에서 수학하는 아가 칸(Aga Khan)은 저명한 현대 이스마일파의 수령으로서 회교 광신자들을 영도하던 사람의 한 후손이다.[46]

우리가 이미 말했던 바와 마찬가지로 이 종파의 밀의적인 교훈은 아직도 공식적으로는 비밀에 붙여져 있다. 최근에 이 중 몇 가지가 알려지게 되었다. 아르베리는 "그리스 철학과 이스마일교 신지학(神知學)과의 조화"라고 프랑스인 편자가 걸맞게 부제를 달은 나시르 이 쿠스라우(Nasir-i Khusrau)가 지은 「키탑 자미 알-히크마타인(Kitab Jami' al-hikmatain)」으로부터 몇 가지 실례를 제시하고 있다. 아르베리가 제시한 밀의(密儀) 교훈 양식의 전형적인 실례는 다음과 같다.

> 보편적인 지성은 코란에 언급된 펜과 똑같은 것이다. 보편적인 영혼은 서첩(Tablet)이다. 현상의 세계는 말하자면 신이 기록하신 책인 것이다.……
> "종교계에서는 그 예언자도 신의 펜이다. 고귀한 「코란」은 그 펜으로 새긴 신의 책이다. 말하자면 서첩에 대한 그 예언자의 관계는 실행자의 관계인 것이다.……
> 그러므로 가시(可視)의 책(창조의 세계)과 가청(可聽)의 책(고귀한 코란경)은 오성은 함유한 사람들을 위해 두 펜으로 두 서첩에 기록한 신의 글이다."[47]

우리의 중심 주제에 더욱 적합한 또 한 실례는 다음과 같은 것이다.

> 태양이 대우주인 현상의 세계에서 차지하는 위치와 소우주적인 인간에게서 심장이 차지하는 위치는 꼭 같은 것이다. 달은 뇌이며 다섯 혹성은 오감(五

---

46) 이 젊은이의 부친인 고(故) 아가 칸은 한때 전 인도 무슬림 연맹의 총재였다. 그는 분명 관심을 덜 가진 장자보다는 오히려 하바드의 학생이었던 아들을 자기의 후계자로서 간택하는 지혜를 보여 주었다.

47) Arberry, 앞에서 인용한 책, pp.79~81, 인용문은 Khusrau의 책으로부터 Arberry의 인용임.

感)이다. 사람은 유형으로 볼 때엔 대우주의 자식이며, 영적으로는 보편적인 영혼의 자식이므로, 대우주는 말하자면 보편적인 영혼의 육신이며 우리가 언급한 기관들을 가진다는 결론이 된다. 이와 같은 의미에서 마리아의 아들 예수——그에게 평강이 있을지어다——께서는 "내가 나의 아버지께로 가며 나의 아버지는 하늘에 계신다"고 말씀하셨다. 이것은 '나의 특수한 영혼이 하늘에 계신 보편적인 영혼에 복귀한다'는 의미인 것이다.[48]

코란의 적절한 구절들이 풍유적인 해석과 더불어 인용된다.

그러한 비밀 교리를 전수하는 데는 일곱 단계가 있는 것 같다. 낙원에 관한 신앙은 완전한 지식 혹은 보편적인 이성과 더불은 연합이다. 지옥은 무지의 상태이며, 인간의 격정과 욕망의 본성에 속하는 것이다. 그러나 지옥은 잠정적인 것이다. 힌두교와 불교의 사상에서와 마찬가지로 영혼은 그것이 보편적인 이성과 합일에 이를 수 있을 때까지 다시 태어나는 것이다.

악은 이 순환이 끝을 맺고 인간을 포함하여 유출된 피조물들의 나머지 전 체계가 원래 그들이 나왔던 보편적인 이성으로 다시 병탄될 때에 최종적으로 사라질 것이다. 이같은 까닭으로 해서 소우주의 순환과 대우주의 순환은 마찬가지인 것이다.

'껍질들'의 퇴화하는 순서에서 소우주의 순환은 신의 원천(Divine Source)으로부터 나타나는 순환과 별로 다를 것이 없다. 그런 다음 '껍질들'이 벗겨지고 구도자가 신의 원천으로 돌아가는 복귀의 진화 순환이 있게 된다. 잘 알고 있는 요가 만다라의 유형이 다시 묘사된다.

대우주적인 순환은 아주 유사한 것이다. 보편적인 이성은 자기의 낮은 껍질들을 발산시키며 일곱 시기가 지난 후, 일체를 그 자체 속에 다시 병탄시킨다. 우주의 역사는 개체 인간 영혼의 순환과 똑같은 순환을 그리는 것이다. 각 사람은 신으로부터 신에게로 향하는 하나의 순환을 가진다.

그러나 모슬렘 사상(수니)의 대다수 종파는 밀의적인 해석을 내리는 가운데 묵시적이며 일환적인 역사관을 받아들인다. 그들의 위대한 신학자 알 가잘리도 역시 이 견해를 따른다. 이러한 관계에서 모슬렘 사상과 정통 기독교의 사상은 일치한다. 우리는 위에서 성 아우구스티누스의 사상과 알 가잘리의 사상 사이에 유사한 점이 있음을 지적하였다.

---

48) 앞의 책, p.78. 인용문은 Khusrau의 책에서 인용.

제5장

아우구스티누스의 일환적 역사철학이 후대 서양 사상에 미친 영향

　　인간 역사에 대한 성 아우구스티누스의 철학은 중세기를 지나는 동안 유력한 것이었다. 그것은 13세기 성 토마스 아퀴나스에 의하여 재확인되었으며 바로 이 형식으로 오늘날에도 로마 카톨릭교에서 받아들여지고 있다. '예정론'이라는 항목 아래 「카톨릭 백과사전」에서는 예정론에 세 가지 특성이 있다고 기록한다. 이것들은 (1) 어떤 영혼들은 은총을 입은 상태에서 이승을 떠날 것이라는, 신의 무오(無汚)하신 예지에 근거한 신의(神意)의 불변성과, (2) 앞의 명제로부터 수반되는 선민수(選民數)의 한정, (3) 영혼은 자신이 선택된 자 가운데 있다고 믿은 후에도 다시 죄 가운데 빠질 수 있기 때문에 생기는 선택의 주관적인 불확실성이 그것이다. 인간의 의지는 자유로이 은혜 가운데 머무를 수도 있으며 또다시 죄에 빠질 수도 있다. 그럼에도 불구하고 신은 전지하시기 때문에 그는 개체가 행할 바를 미리 아신다. 지나친 심려를 가라앉히려면 개체는 그가 정결한 마음을 지니고 정규적으로 성체를 받고 기도하는 중에 즐거움을 얻으며, 고통을 참고, 그리스도와 교회를 사랑하며, 거룩한 성모 마리아께 지성을 보이며, 대체로 모범이 되는 생활을 영위하는 경우에 자기가 구원받은 자 가운데 있음을 느껴도 좋을 것이다.

　　그 백과사전은 선민의 수에 대해서 성 토마스를 좀더 인용한다. 성 토마스는 그의 「신학대전(Summa)」에서 선민의 수가 타락한 천사들의 수와 맞먹을 것인지의 여부와 동시에 예정된 자의 수가 신앙이 돈독한 천사들의 수와 맞먹을 것인지의 여부에 대한 문제를 다룬다고 그 백과사전은 진술한다. 성 토마스는 신만이 성실한 천사들과 타락한 천사들의 수를 알고 계시며, 따라서 신만이 선민의 수를 아신다고 대답한다. 「카톨릭 백과사전」은 부언하기를 구원받은 자의 수는 적어도 인류의 절반 가량은 되어야 한다고 말한다. 왜냐하면, 그 정도의 수는 신의 영광을 위해서 필요하며, 그의 왕국은 적어도 인구의 수에서 사탄의 왕국 정도는 될 것이기 때문이다.

문예 부흥기에 이성과 과학이 강조되면서 섭리론의 근거가 위태로워지기 시작하였다. 그러나 종교 개혁으로 말미암아 그것은 이전보다 더욱 힘차게 재확인되었으며, 특히 칼빈(Calvin)의 신학에서 예정론은 더욱 분명하게 중심 교리를 형성하게 되었다. 역사 분야에서 월터 랄레이 경(Sir Walter Raleigh)은 「세계사(The History of the World)」라고 하는 작품을 완성하였다. 그는 이 책에서 신의 섭리는 인간 역사에서 통어하는 요소라고 주장한다.

17세기 코페르니쿠스(Copernicus)와 데카르트(Descartes)와 같은 사상가들에 의해서 발달된 과학적인 방법론의 영향으로 역사에서 신의 섭리에 의해 연출된 부분에 관한 회의론이 생겨났다. 20세기에 접어들기 전까지 이 섭리론을 옹호하려 한 최후의 위대한 역사가는 부셰(Bossuet)였으며, 그의 「보편사론(Discourse on Universal History)」은 인간 역사에 대한 아우구스티누스의 섭리론적인 접근 방법을 부활시켰다. 다시 20세기 중엽에 아놀드 토인비(Arnold Toynbee)는 그의 저서 「역사의 연구(A Study of History)」에서 그것을 재확인하였다.

아우구스티누스와 토인비

토인비는, 힌두교와 불교 그리고 고대 그리스의 순환적인 역사관은 이 세상에서의 생을 무의미하게 만든다고 믿는다. '인간성'은 "영원히 자기의 수레바퀴에 묶인 익시온(Ixion)도 아니며, 영원히 자기의 돌을 꼭 같은 산꼭대기로 굴려 올리다가 그것이 다시 굴러 내려가는 것을 맥없이 바라보아야 하는 시지푸스(Sisyphus) 같은 것도 아니다"[1]라고 그는 말한다. 다순환적(多

---

1) 아놀드 J. 토인비, 「역사의 연구」 D. C. Somervell에 의한 초본, Vols. I-VI.(New

循環的)인 유형의 순환철학에 대한 토인비의 해석은 이같이 가차없다.

역사에 대하여 신중한 연구를 한 끝에 토인비는 성 아우구스티누스의 섭리론을 재확인하게 된다. 대문명의 흥망과 성쇠에는 순환적인 유형이 있다는 것을 그는 인정하지만 그럼에도 불구하고 대체로 종교에서는 지금까지 직선적인 진보가 있어 왔다고 생각한다. 토인비가 생각하는 인간 역사의 목적은 모든 인간이 한 분이신 진정한 신을 알게 되고 가능한 한 그와 닮도록 되는 것이다. 이 목적은 신의 계획, 즉 역사에서의 섭리인 것이다.

제3부에서 1장을 토인비에 할애하였으므로 여기서 그의 이론을 세밀히 다루지는 않겠다. 토인비의 역사철학은 나선적인 진보의 유형——인류의 문명은 영고성쇠하지만 문명들과 개체 인간이 멸망하는 원인은 창조자이신 신으로부터의 소외 때문인 것이다——을 강조한다는 점을 언급하는 것으로 족할 것이다. 성 아우구스티누스의 것과 유사한 일환관이 암시되어 있다. 그리스도가 나타나실 때까지(成肉身) 점차 수준을 높여 가면서 신으로부터의 소외와 신으로의 복귀가 있게 되는 것이다. 개체와 무리로서의 인간의 운명은 신에 복귀하는 것이다. 즉 개체의 영혼은 신의 영원한 영(靈)에로 복귀하며 인류는 지상의 신국으로 복귀한다. 영혼이 신께 복귀한다는 것은 바로 동양의 종교에서는 모든 개체와 사회 역사의 목표인 것이다. 이들 종교에서 역사란 무의미하게 반복하는 것이 아니며 다만 외부의 형식이 반복하는 것은 영혼들로 하여금 신께 돌아갈 수 있도록 연마하기 위한 것이다. 토인비의 견해를 따를 것 같으면 이것이 바로 세속 역사의 목적이다. 문화의 순환에는 반복적인 형식의 유형이 있어서 인류가 신께 복귀하여 지상에서 신국을 이룰 때까지 계속 반복할 것이다. 그렇게 된다고 할지라도 인간의 본향은 이 세상이 아니며 신과 영원히 하나가 되는 것이다. 요가의 복귀 순환은 실제로는 토인비와 성 아우구스티누스 그리고 알 가잘리가 품고 있는 인간 역사의 의미에 대한 견해인 것이다.

현대의 세속적인 역사관에 미친 묵시론과 섭리론적인 일환관의 영향
—— 헤겔과 마르크스 학파의 순환

York and London: Oxford University press, 1947), p.254.

배경──진보의 이념

「역사의 이념(*The Idea of History*)」이라고 하는 책에서 콜링우드(Colling-wood)는 모든 후대의 서양사가들과 역사철학가들에 대하여 유태 기독교적인 역사관이 가지는 의의를 논평한다. 이 영향은 그가 열거하는 다음과 같은 네 가지 방식으로 나타난다고 말한다. 즉 "어떠한 역사라도 기독교적인 원칙에 입각해서 쓰게 되면 반드시 보편적, 섭리론적, 묵시론적이며 시대를 구분하는 것이 될 것이다."[2] 헤겔과 마르크스의 역사 순환은 기 네 가지 특성을 모두 가지고 있으나 세속적으로 변형되어 있다. 우주와 인간사에 대한 전통적 종교적인 접근 방법으로부터 탈피하려는 경향이 르네상스 시대에 시작해서 계몽주의 시대에는 극에 달했다. 역사적인 사상의 이러한 세속주의는 콩도르세(Condorcet)의 작품 「인간 정신의 진보에 대한 역사상의 소묘(*Sketch for a Historical picture of the Progress of the Human Mind*)」에서 웅변적인 형식으로 묘사된 계몽주의 시대의 진보 이념에 표명되었다. 이 책에서는 낙원이 하늘에서 지상으로 낙원이 내려와 있다. 인간의 목표는 이 땅 위 바로 여기에 행복한 하늘의 예루살렘을 이루는 것이 되었다. 왜냐하면, 단테는 그의 「신곡」에서 초자연적인 은총에 힘입지 않고도 인간은 지상의 낙원을 이룬다는 것이 가능하다고 생각하였기 때문이다. 단테는 연옥의 산 정상에 에덴 동산을 설치함으로써 이것을 상징으로 나타낸다. 이것은 자연적인 이성(베르길리우스)의 도움으로 자기의 악덕을 정화했을 때 인간은 타락하기 이전 아담(에덴)의 행복한 상태에 도달할 수 있음을 의미하는 것이다. 계몽주의 시대의 한 사상가로서 콩도르세는 이 목표를 건전하며 좀더 현대적인 것으로 만들고 그의 시대에 급격히 성장하기 시작하였던 새로운 과학적인 지식이 가져다 주는 희망을 근거로 하여 확신케 한다. 과학을 통하여 인간은 결국 바로 여기 이 지상에 그 자신의 하늘을 만들수 있다고 콩도르세는 기록한다.

인간의 이 최종 목표를 향한 진보는 10단계의 직선적인 계열로 체계를 수립할 수 있다고 콩도르세는 말한다. 이들은 다음과 같다. (1) 규모가 커진 가족의 단위로부터 씨족적인 조직이 발전하는 단계, (2) 인간에게 더욱 경제적인 안정을 주었던 목가적 또는 유목의 단계, (3) 농업 문화의 단계와 문체

---

2) R.G. Collingwood, *The Idea of History*(Oxford: The Clarendon Press, 1946), p.49.

의 창안, (4) 그리스 문화, 특히 아리스토텔레스의 시대에 이르는 학문의
발전, (5) 아리스토텔레스와 더불어 학문이 분화하여 쇠퇴하기 시작, (6)
"지식의 퇴폐와 십자군 시대에 즈음하여 회복되기까지," (7) "초기 과학의
진보와 서양에서 그것의 부흥으로부터 인쇄술이 발명되기까지," (8) 인쇄술
의 발명으로부터 철학과 과학이 권위의 멍에를 떨쳐버리기까지," (9) "데카
르트로부터 프랑스 공화국이 설립되기까지," (10) "인간 정신의 미래의 진
보," 이 제10의 단계에서 민족간의 불평등의 철폐와 각 민족 내에서의 평등
권의 진보와 인류의 진정한 성숙을 체험하게 될 것이다.[3] 콩도르세에 의하면
인류의 성숙은 예술과 학문과 윤리에서 깜짝 놀랄 만한 진보가 계속하는
것을 의미한다. 즉 전쟁이 철폐되고 교육은 의무화되어 고르게 되며 공통어
가 생기고 모든 사람은 그들이 경제적인 요구를 풍요하게 충족시키게 될
것이며 지능은 거대하게 증가될 것이고 최종적으로 죽음 자체도 정복되며
인간은 고매하게 되어 불멸할 것이다.[4]

헤겔의 사상에서 역사의 변증법적인 순환

세속적인 진보에 대한 이러한 사상은 헤겔의 변증법적 일환(一環) 역사철
학의 영향 아래 마르크스(Marx)에 의해 공식화되었다. 헤겔의 변증법적인
순환에서 인간의 역사는 다음과 같은 명제-반명제(thesis-antithesis)의 유형을
나타낸다. 순수한 존재로서의 무한의 부정은 무(無)이다. 현실적인 것이 되기
위해서 무한은 구체적인 것이 되어야만 한다. 그러므로 그것은 자체를 실존
적인 세계(세속적인 현현)의 무수한 형식들 속에 현현하고 유일한 실재의
개체인 절대 이념으로서의 그 자체에 돌아가야 한다. 구체적인 발전의 과정
은 좀더 낮은 차원에서 좀더 높은 차원으로 발전 성장의 나선적인 진보를
나타내지만, 역동적인 전체의 과정은 한 단계(명제)가 부정당하는(반명제)
변증법적인 논리의 과정이다. 그런 다음에 이 부정이 부정을 당한다(이것이
종합 명제이다). 그런 다음 종합 명제는 또 다른 명제(thesis)가 되며, 그것은
자기의 반명제를 일으키는 등 한이 없는 것이다. 역사적인 진보의 목표는

---

3) Antonie-Nicolas de Condorcet, *Sketch for a Historical Picture of the Progress of the Human Mind*, June Barraclough 역(New York: The Noonday Press, 1955). p.173.
4) 앞의 책, "The Tenth Stage", pp.173~202.

절대적인 무한한 정신의 완전 구체적인 실현이다. 이것은 자우의 실현을 의미한다.

　헤겔은 모든 정신의 한계나 부정은 정신의 구체적인 측면에서의 유일한 절대자 또는 무한한 정신의 단순한 자기 현현들이라고 하는 정신의 자기 실현으로서 자유를 정의한다. 그러나 이러한 구체적인 측면이 없으면 무한한 정신은 알맹이 없는 공허한 추상이 될 것이며, 따라서 무와 같은 것이다. 그러나 구체적으로 되는 데에서 무한한 정신은 무한으로서의 자체를 부정하고 유한이 되어야 한다. 왜냐하면, 모든 한정은 부정이기 때문이다. 즉 모든 한정된(구체적) 존재는 다른 존재들에 의해 묶여 있으며, 한정되어 있거나 부정되어 있다. 절대의 총괄적인 전체만이 무한하고 무저한하며 영원할 수 있기 때문에 각각은 유한하며 일시적인 것이다. 그럼에도 불구하고 정신의 구체적인 형식하의 변증법적인 정신의 발전에 있어서 긍극의 목적(여기에 기독교적인 계시의 이념이 있다)은, 정신의 구체적 유한의 현현이 정신에서 벗어난 것이 아니며(이를테면 유한 대 무한, 정신 대 물질처럼), 다만 그것은 자체에 의해서만 제한받는다는 사실을 정신에 의하여 체득하는 것이다. 이것이 자유의 이념이다. 즉 정신은 자체의 외부에서 아무것도 그것을 제한하거나 강요하지 않을 때 그리고 그것이 절대적으로 완전히 자기 한정될 때에 자유인 것이다. 정신의 이러한 궁극적인 자기 실현(형이상학적인 자유의 상태)은 인간적인 차원에서만이 그리고 사람들의 조직화된 사회, 즉 국가에 있어서의 인간적인 차원에서만이 달성될 수 있다. 이는 사람이 먼저 타자 의식(Other-Consciousness)을 의식하게 되지 않으면 자기 의식에 도달할 수 없기 때문이다. 자기와 타자의 변증법적인 양극은 최고의 수준에서의 자기 실현 혹은 자기 의식의 종합에 의미를 주는 본질적인 것이다. 왜냐하면, 여기서 일체의 자아(사람들)는 그 상대편(他者)에 관해서 현실적이라는 것이 경험되기 때문이다. 따라서 저들은 타자(Other Selves)이며 역으로도 마찬가지인 것이다. 그때에 자기와 타자는 유일하게 궁극적으로 현실적인 개체, 즉 절대 정신이 자기 실현을 하는 데에서 필수적인 변증법적인 계기들로 경험하게 된다.

　일체의 자아는 더욱더 구체적이며 분명한 방식에서 타자이다. 하나의 자아는 그 구체적인 내용 때문에 하나의 자아 혹은 인격이라고 헤겔은 말한다. 이 구체적인 내용은 사회(국가)와 더불어 상호 작용할 때에만이 개체적인 자아가 된다. 사회의 전체(과거와 현재의 타자들)는 종교, 예술, 문학, 음악, 철학, 과학과 같은 구체적인 이념의 내용을 공급한다. 이런 까닭으로 좀더 정확하게 문자가 뜻하는 의미에서 하나의 자아(인격)는 그 내용을 담는 것이며, 어떤 의미에서는 타자들인 것이다. 이같이 하여 사회의 전체(국가)를 통하여 자아와 타자는 유일하게 궁극적으로 현실적인 개체, 즉 절대 정신만의 자기 실현에서 필수적인 변증법적인 계기로서 경험된다. 그것은 그 자체가 자유인 자기 자신의 타자라는 이 진리에 대한 정신의 자기 실현이며, 전체의 변증법적인 세속—역사의 과정은 이러한 자기 실현을 목적으로 하는 것이다.

자연의 물질 세계는 그것이 공간에 계시된 바와 마찬가지로 이 과정의 변증법을 보여 준다. 역사는 시간에 있어서 그 과정의 현현이다. 공간 세계(물질)의 핵심 이념은 중력이다. 그러나 중력은 모든 분자를 통일로 이끄는 하나의 힘으로서, 그것이 절대적으로 이루어지면 물질의 세계를 절멸시킬 것이므로 중력은 그 자체를 부정한다. 왜냐하면, 물질은 바로 그 존재를 분리된 불연속적인 분자들의 존재에 의존하기 때문이다. 외부적인 관계는 이러한 물질의 세계를 그와 같이 특징짓지만, 내면의 관계를 향하여 몰아 가는 중력은 변증법적으로 화학 작용을 일으키며 그 속에서 제관계는 더욱 내적이며 유기적인 것이 된다. 내면의 관계들에 대한 그 이상의 발전은 자연의 유기체적(생물학적)인 차원에서 달성된다. 생명(유기체)의 단계에서 유기체 하나하나의 요소는 존재하는 그대로이며, 그것이 전체와의 관계에서 행하는 바를 행한다. 여기서 정신은, 우리가 말했듯이, 일체의 관계가 내면적인, 즉 일체의 구체적인 유한의 실재들이 유일의 상존하는 역동적인 구상의 총괄적인 전체의 유기적 부분들인, 정신의 편에서 자기 인식(Self-awareness)을 꽃피우게 하는, 궁극적인 자기 실현에 육박하는 것이다.

사람의 정신적인 수준의 것은 역사적인 과정을 통하여 이 진리를 체득한다. 위에서 살펴본 바와 마찬가지로 국가라는 유기체들은 그러한 자기 실현을 위한 근거를 마련한다. 이것은 또한 동시에 정신의 편에서 절대 자유에 대한 의식의 실현이다.

이 구체적인 역사 과정의 전개는 아시아에서 시작한다. "아시아에서 정신의 빛이 일어났으며 따라서 세계사가 발생하였다."[5] 왜냐하면, "세계사는 동방에서 서방으로 진행하며, 유럽이야말로 완전히 역사의 종결이며, 아시아

는 발단이기 때문이다."[6] 아시아(인도와 중국)에서 역사는 시작하며, 아시아
의 역사 의식은 정신 발전의 유아기로 나타낸다. 이것은 '소박한 의식
(Unreflected Consciousness)'이다.[7] "이러한 수준에서는 한 사람만이 자유이며,
실질적인 존재로서의 유일한 개체에게 일체는 귀속하며, 따라서 그 이외에
어떠한 개체도 분리하여 존재하지 않는다."[8]

이것은 절대적인 황권(皇權)의 단계이다. 제2의 단계는 정신의 청년기이며
그리스 세계에 의하여 표현되었다. 그리스와 로마의 세계에서는 약간의 사람
만이 자유이다(노예는 아직도 존재한다). 그리스인들은 "심미적인 자유"의
단계를 실현하였다. 여기서 "그 이념은 조형적인 형식과 결합된다."[9] 왜냐하
면, 그것은 "현실적인 것과 결부되어 있으며, 하나의 아름다운 예술 작품에
서처럼 감성적인 것은 정신의 각인과 표현을 지니기 때문이다."[10] "주관의
개체적인 의지는 정의와 법률에 의하여 미리 정해진 행위와 관습을 아무
반성 없이 채택하기 때문에 덕성은 아직 자기 의식적인 것이 아니다."[11] 반성
적인 의식인 진실한 덕성은 소크라테스로부터 비롯하지만 이것은 고전 문화
의 청산을 의미하는 것이다. 이는 소크라테스가 정신의 전형적 그리스인의
현현으로부터 벗어남을 나타내기 때문이다. 이러한 전형적인 현현은 그리스
의 예술에서 가장 잘 나타나며, 그리스 예술에서의 정신은 객관적 구체적인
형식으로 적절하게 계시된 것으로 느껴진다. 신들은 인간의 형상에 계시되어
있다. 그러나 정신이 발전해 가는 다음 단계에서 정신은 무한하며 본질적인
성질은 어떤 유한한 구체적 형식으로 표현될 수 없음을 자각하게 된다. 소크
라테스는 정신에 대한 그의 태도의 반성적인 내면성에서 이러한 실현의
발단을 표상한다. 정신은 제3단계인 로마 제국에서 더욱더 발전한다.

제3단계는 정신의 장년기이며, 로마 세계에서 현현되었다. 그것은 "추상적
인 보편성의 단계이다(추상적인 보편성에서의 사회적인 목표는 일체의 개별적인

5) 헤겔, 「역사철학」, J. Sibree 역, 개정편(New York: Willey Book Co., 1944), p.99.
6) 앞의 책, p.103.
7) 앞의 책, p.104.
8) 앞의 책, p,105.
9) 앞의 책, p.106.
10) 앞의 책, p.106.
11) 앞의 책, p.106.

목표를 병탄한다).[12] 국가는 그 추상적인 보편성에서 중대성을 갖는다. 개체는 국가의 이익을 위해서 자신을 희생시킨다. 동시에 개체의 인격도 인정된다. 개체는 일정한 권리들의 추상적인 대상이 된다. 이들 두 상반하는 원리는 국가가 별개로 분할된 개인주의로 타락하였다고 개체 인격들이 스스로 주장할 정도가 되면 갈등에 빠진다. 그때엔 강력한 개체인 전제 군주가 국가의 통치를 맡게 되며 질서를 유지하는 수단으로서 받아들여진다. 그러나 그러한 야만적인 폭군 밑에서 정신의 불행으로 세계사의 제4 단계이자 최종 단계인 게르만인의 세계가 일어난다.

"게르만인의 세계는 정신의 노년기이다. 이 단계에서 모든 사람──인간으로서의 인간──은 자유라는 사실이 인정된다. 그것은 로마 세계에서 참주 정치가 타락함으로써 발전하게 되었던 기독교와 더불어 시작한다. 정신은 이제 자체 속에 깊이 복귀함으로써 야만적인 로마의 전제 정치에 대항하여 반동을 일으킨 것이다." 그러므로 "개체의 인격이 자신의 변덕스러운 선택을 따르는 대신에 보편성, 즉 자신의 자유 의지가 일체의 선에 향하는 원리들을 채택하고 실제로 신적인 인격에 달하는 주체성에로까지 정화되고 높아진다는 사실에서 영혼의 내면에서는 투쟁에 대한 정신적인 유화가 일어난다."[13] 교회의 발생과 더불어 거룩한 삶의 신적인 세계와 세속 세계가 분리된다. 이것은 카톨릭 교회에 의하여 제도화된다. 그러나 세속적인 세계는 정신적인 세계와 융화를 이루는 것이 당연하다. 중세 교회의 부패, 즉 자기 부정 혹은 세속화로 말미암아 이 융화는 달성되었다고 헤겔은 말한다. 이것은 인간으로 하여금 물러서서 "세속적인 원리들에만 의거하게 하고 세속적인 원리들만으로 이성의 이념을 실현케 한다." 이같이 하여,

> 교회와 국가의 반명제는 사라진다. 정신적인 것은 세속적인 것과 다시 결합되며, 이 후자를 독자적인 유기적 존재로 발전시킨다.…… 자유는 자기의 이념──자기의 진실한 존재──을 실현하는 수단을 발견하였다. 이것은 역사의 과정이 성취하려고 의도했던 궁극적인 결과이며, 우리들은 이제까지 밟아 나온 긴 여정을 세밀히 더듬어 나가지 않으면 안 된다. 그러나 시간의 길이는 전적으로 상대적인 그 무엇이며, 정신의 요소는 영원한 것이다. 진정으로 말해

---

12) 앞의 책, p.107.
13) 앞의 책, p.108.

서 시간의 지속을 영원에 속한다고 말할 수는 없는 것이다.[14]

이념의 역사-변증법적인 진보의 과정은 구체적인 자유의 실현을 향한다. 이성(정신)과 그의 작품들(구체적인 현현)은 일체의 관계가 내면적(유기적) 인 하나의 총괄적 전체이며, 양자가 모두 시간의 과정인 동시에 시간의 과정 이 아닌 자기 의식적인 체득의 단계인 것이다. 개체적인 인간 정신의 상대적 유한의 관점에서 보면, 역사는 일시적인 과정으로서 현실적인 것이다. 그러 나 정신의 무한한 본성이라고 하는 데 관점을 맞추고 보면 영원한 현재 (eternal present) 밖에는 아무것도 존재하지 않는다. 이것은 시간의 길이와 지속 이 그 본성에 있어서 정신에 속할 수 없다고 주장하는 위의 명제에서 살펴보 았다. 「역사철학(*Philosophy of History*)」 서문에서 헤겔이 더 한층 강조하는 명제는 이것이다. 즉 "정신은 불멸이며, 거기에는 과거도 없고, 미래도 없으 며, 단지 본질적인 '지금'만이 있을 따름이다."[15]

구체적인 생(역사)으로서의 정신의 본질적인 현현은 명제, 반명제, 종합 명제의 순환적인 변증법이다. 그리하여,

> 언제나 임재하는 정신의 생명은 일면에서 보면 여전히 서로 병존하고 있으 나, 다른 관점에서 볼 때에만 과거로서 나타나는 계속적인 구현들(embodi-ments)의 순환인 것이다. 정신이 그 배후에 남겨 둔 것처럼 보이는 단계들을 그것은 여전히 그의 현재의 깊은 곳에 간직하고 있다.[16]

결론적으로 말해서 정신의 영원, 무한한 본성이라는 관점에서 보면, 역사 란 무한한 정신이 자체를 추상적인 무한으로 가정하는, 한번의 거대한 대우 주적인 변증법적인 순환이다. 변증법적으로 이것은 곧 자기의 부정, 즉 구체 적인 세계의 유한한 특수자들에 대한 전체의 무한과 구체적 무한(절대적 전체 이념)인 부정(종합 명제)의 부정을 낳는 것이다.

구체화의 역동적인 논리는 무한한 정신(절대 이념)의 관점으로부터 볼 때 비시간적이다. 무한이 구체화된 한번의 거대한 포괄적인 순환과 그와

---

14) 앞의 책, pp.109~110.
15) 앞의 책, p.79.
16) 앞의 책.

거의 꼭 같은 형식의 구체화된 수많은 작은 순환(sub-cycle)들(대-소 우주적인 사고)은 현실적인 현재이며, 동시에 일체는 절대자를 위한 것이다. 이같은 까닭으로 순환의 전체 내용과 함께 그것의 '발전적인' 작은 순환들 일체는 절대자들의 관점에서 볼 때 참으로 비발전적이며, 비역사적인 영원한 현재이다.

인도철학에서처럼 인간의 목표는 자유(무크티, mukti)이며, 자유는 자기 실현을 의미한다. 즉 특수성 가운데 있는 사적인 개아는 비현실적이며, 유일한 실재는 무한한 절대자(브라만 혹은 헤겔의 절대자)이다. 헤겔의 절대 이념과 인도 사상의 아드바이타 베단타 학파의 절대자를 비교할 경우 절대자의 개념에 서로 다른 점이 있음을 알게 될 것이다. 베단타주의자들의 절대자는 무자질(無資質)이며, 구체적인 세계는 브라만의 비본질적인 마야의 현현이다. 반면에 헤겔 학파에서의 구체적 세계는 절대자의 본질적인 현현이다.[17] 인도(아드바이타주의자)와 헤겔 학파의 사상은 모두 인간의 목표는 "나는 브라만이다. 혹은 나는 절대자이다"라고 하는 것이 실현될 때에 오는 자유이다. 이러한 실현이 바로 자유이며, 개체와 집단적인 인간 역사의 목표이다. 힌두교와 불교를 모두 포함한 인도의 사상가들은 방대한 수효의 우주 순환들과 '존재의 단계들'의 다양성을 보다 크게 깨닫는 점에서 헤겔 학파와 다르며, 그 모든 것이 헤겔의 시대에는 공상적인 것으로 보였으나 오늘날에는 가능하며, 심지어 틀림없어 보이기조차 한다.

인간을 중심으로 한 헤겔의 역사철학은 오늘날 특별히 이론적인 공산주의의 시조 칼 마르크스에 미친 영향 때문에 중요한 것이다. 마르크스의 변증법적인 유물론의 역사철학은 헤겔의 변증법적인 관념론의 세속적 '과학적인' 변형이다.

마르크스의 묵시적 일환사관

우리가 위에서 언급한 바와 마찬가지로 마르크스와 헤겔의 역사철학은 콜링우드가 열거한 보편성, 묵시주의, 시대 구분, 섭리에 의한 통치의 사상과 같은 기독교의 몇 가지 특징을 차용한다(헤겔의 정신 혹은 이성의 변증법을

---

17) 베단타의 Visistadvaita 학파의 설립자 Ramanujah(기원후 11세기)는 저명하며, 아직도 인기가 높은 인도 사상가로서 그의 유심론은 헤겔의 관념론과 유사하다. 헤겔보다 훨씬 전에 무자질의 절대는 비유(non-being)라고 Ramanujah는 주장하였다.

마르크스는 유물론적으로 취급했다). 이 일체의 사상은 앞 장에서 이미 언급한 것처럼 기독교 이전의 아주 오랜 기원을 가진다. 보편성, 시대 구분, 섭리에 의한 통치의 사상은 그리스 순환관의 특징이며, 묵시주의는 배화교 사상의 특징이다. 마르크스의 공헌은 이들 원리에 대해서 보다 현대적인 과학적 근거를 마련하려 시도했던 점에 있다.

본서의 주제에 가장 적합한 마르크스 철학의 측면은 순환적인 시대 구분이다. 반면에 헤겔의 시대 구분은 명백하게 생물학적인 것이다(정신의 구체적인 현현의 유년기, 청년기, 장년기, 노년기). 마르크스의 시대 구분은 순환적인 것이다.[18] 인간 역사의 주요 시기는 (1) 원시 공산주의의 단계, (2) 노예의 단계, (3) 봉건제, (4) 자본주의, 그리고 (5) 공산주의의 단계이며, 이렇게 다시 처음으로 돌아옴으로써 순환은 끝나게 된다. (1)과 (5)의 단계에서는 재산을 공동으로 공적으로 소유함으로써 계급 없는 사회를 갖는다. 다른 점은 변증법적인 역학에 있으며, 그것으로서 제5단계는 제1의 단계를 그대로 반복하지는 않지만 자체내에 생산에 대한 이전의 단계들을 내포하는 "보다 높은 종합"인 것이다. 제5의 단계는 단지 형식에서만 제1단계의 반복이지 구체적인 내용의 반복은 아니다. 이러한 순환의 양식을 이해하기 위하여 우리는 마르크스에 의해 적용된 헤겔의 변증법을 이해하지 않으면 안 된다. 순환의 법칙(아우구스티누스와 스토아의 역사철학에서 신의 섭리의 작용과 헤겔의 역사철학에서 정신 혹은 이성의 변증법에 일치하는)은 변증법적인 것이지만, 마르크스의 유물론적으로 변형된 변증법에 속하는 것이다.

생기를 가진 자연과 생기를 갖지 않은 자연은 변증법에 따라서, 하나의 유기체와도 같이 작용한다는 헤겔의 견해를 마르크스는 차용하며 받아들인다. 헤겔과 마찬가지로 마르크스에서도 원자와 같은 실재는 존재하지 않는다. 마르크스는 헤겔이 변증법을 관념론적으로 해석하는 데 대해서만 의견을 달리한다. 마르크스의 견해에서 모든 실재는 자체를 운동하는 물질에 환원시키지만 물질보다는 오히려 운동(에너지 발전역학)을 강조한다. 변증법은 단순히 "외부의 세계와 인간 사상의 운동 법칙들에 대한 과학이다.[19] 사고가 물질

---

18) 위에서 주목해 본 것처럼 아마도 헤겔은 역사를 네 시대로 구분하기 위하여 「다니엘서」의 시대 구분을 차용하였던 작가들에 의하여 자극을 받았던 것 같으며, 반면에 그의 변증법적인 유형은 다른 곳에서는 삼부일체적이다.

19) 칼 마르크스와 프리드리히 엥겔스, 선집, Vol., Ⅱ (London : Lawrence and Wishart,

과 운동에 앞선다기보다는 오히려 물질과 운동이 사고에 앞선다. 논리 자체
는 "현실 세계의 변증법적인 운동에 대한 의식적인 반성에 불과한 것이
다."[20]

현실 세계 운동의 주요 범주(헤겔의 논리로부터 차용한)는 다음과 같은
세 가지가 있다. (1) 양, (2) 질, (3) 부정의 부정이 그것이다. 영국의 공산주
의자 모리스 코른포르트(Maurice Cornforth)가 이들 범주의 의미에 대해 제시
한 현대적인 정확한 설명은 오늘날 공산주의에서 그들의 의미를 밝혀 주는
데 가치가 있다. 코른포르트는 제1의 범주인 양(量)의 발전 법칙이 제2의
질(質)로 옮아 가는 것을 마르크스의 공동 이론 수립가 엥겔스(Engels)의
저작으로부터 예를 찾아서 밝혀 준다. 물은 일정한 질적인 속성들을 가지고
있으나, 어떤 일정량의 열이 가해지면 물 분자는 서로 멀리 떨어지며 교점
(交點)이라는 일정한 점에 이르면 증가하는 온도에 의해 발생한 운동의 양은
분자를 분리하여 증발하게 한다. 바로 이 점에서 물은 증기가 되며 새로운
질이 만들어진다. 교점은 하나의 질로부터 양의 증가에 의해 발생한 다른
질로의 비약이다. 자연에서 모든 중요한 진화적인 변화는, 예를 들어 비생활
물질로부터 생활 물질의 출현 같은 것으로 비슷하게 설명된다.

비공산 세계의 과학철학자와 과학적인 접근 방법은 이러한 헤겔의 변증법
을 유기적이거나 비유기적인 자연의 발전 변화 작용의 양식을 기술하는
데 뚜렷한 근거를 가지고 있는 것으로 받아들이지 않는 것 같다. 그러나
제한된 방식으로 이들 법칙은 몇몇의 역사 현상에 적용될 수 있다. 예를
들면 양이 질로 발전한다는 법칙은 다음과 같이 경제학의 분야에 적용될
수 있을 것이다. 즉 자본주의는 한 국가의 경제 생활을 지배하도록 양적으로
충분한 수의 자본가가 존재할 때에 발생한다. 봉건주의로부터 자본주의로
'비약'이 발생하는 교점을 확인한다는 것이 어려운 일이겠지만 비약의 사상
은, 자본주의로부터 사회주의로의 비약을 기술한 다음 구절에서 스탈린이
설명한 바와 마찬가지로 분명히 공산주의 이론에서 결정적으로 중요하다.

　　더욱이 완만한 양적 변화가 급속하고 갑작스런 질적 변화로 추이하는 것이

　　1950), 논문: "포이에르바하와 고전 독일철학의 종언", p.350.
　20) 앞의 책.

발전의 법칙이라면, 억압당하던 계급에 의해 일어난 혁명은 당연하고 불가피한 현상임이 분명하다.

　이런 까닭에 자본주의로부터 사회주의로의 추이와 자본주의의 멍에로부터 노동 계급의 해방은 완만한 변화와 개혁에 의해서는 달성될 수 없으며, 오로지 자본주의 질서의 질적 변화와 혁명에 의해서만이 달성될 수 있다.[21]

　이 일절은 '비약'을 극화시키며, 멘셰비키의 민주적이며 평화적이고 진화적인 사회주의와 볼셰비키 사회주의(공산주의) 사이의 다른 점을 보여 준다.

　제3의 변증법적인 법칙은 '부정의 부정'이다. 코른포르트는 우선 이 말이 형식 논리에 적용되었을 때와 역사 발전에 적용되었을 때에 갖는 의미의 차이점을 밝힘으로써 이 법칙의 설명을 시작한다. 그는 형식 논리에서 한 명제에 대한 부정의 부정은 단순히 본래의 명제를 만들어 낼 뿐이라고 지적한다. 예를 들면 '이것은 하나의 장미이다'라는 명제를 부정하면 '이것은 장미가 아니다'가 되지만, 부정의 부정은 본래의 명제 '이것은 하나의 장미이다'가 된다.

　다음으로 형식 논리에서 부정의 부정과 코른포르트와 공산주의자 일반이 이르는 구체적인 논리(혹은 역사의 발전) 사이의 차이점을 밝히기 위해 그는 마르크스와 모든 후대의 공산주의자들이 이해하는 바와 같은 인간 역사의 주요 단계들[22]을 돌아본다. 다음의 코른포르트로부터 인용한 글은 부정의 부정과 또 다른 두 가지 법칙에 대한 개괄만이 아니라 뒤에서 언급한 공산주의 이론 중 본질적인 이념들을 개괄한다. 특별히 인간 역사의 대일환관과 묵시적인 순환의 정점에 관한 그의 묘사를 주목해 보도록 하자.

　　사회는 원시공산주의로부터 노예 체제로 발전한다. 다음 단계는 봉건제이다. 그 다음 단계는 자본주의이며, 각 단계는 이전의 단계로부터 일어나며, 그것을 부정한다. 지금까지 우리는 단순히 각기 전자의 부정으로 잇따르며 보다 높은 발전의 단계를 이룩하는 단계들에서 하나의 계기를 맞이하였다.

21) 스탈린, *Dialectical and Historical Materialism*(Moscow: Foreign Languages Publishing House, 1951), p.16.
22) 마르크스와 엥겔스. Vol., Ⅱ, "Socialism: Utopian and Scientific", pp.107~142.

그러나 다음에는 무엇이 올 것인가? 공산주의이다. 여기서 처음으로 되돌아가
게 되지만 보다 높은 차원에서 돌아가는 것이다. 극단적으로 원시적인 생산력
에 근거한 원시 공산주의의 자리에 극단적으로 발전된 생산력에 근거하며,
자체내에 거대한 새로운 발전의 가능성을 안고 있는 공산주의가 오게 된다.
낡고 원시적인 계급 없는 사회가, 새롭고 보다 높은 계급 없는 사회로 되었
다. 말하자면, 그것은 보다 높은 세력에 올랐으며, 보다 높은 차원에서 다시
나타났다. 그러나 이것은 낡고 계급 없는 사회가 계급의 출현과 계급 사회의
발전에 의하여 부정당하고 최종적으로 계급 사회가 전체 발전에 침투하였을
때 그것은, 세력을 쥐면서, 인간에 의한 인간의 착취를 끝장내고, 순전한 이전
의 발전에서 거둔 성과들을 기초로 하여 새로운 계급 없는 사회를 수립하는
노동 계급에 의하여 그 자체가 부정당함으로써만이 일어나는 것이다.[23]

  먼저 이 1절에서 설명된 것처럼 '부정의 부정'에 대한 법칙의 논리를 음미
하여 보자. 언급하였던 하나의 전체 질서를 부정한다는 것은 결코 있을 수
없으며, 다만 한 질서의 요소들이 다른 질서로 이행된 것이라고 지적할 비평
가도 있을 것이다. 이 요소들이 이행되었던 곳에서 저들은 부정된 것이 아니
며, 저들이 부정당한 곳에서 저들이 이행된 것도 아니며, 다만 실패하였거나
파괴당한 것이다. 예를 들면, 자본주의로부터 사회주의로 전환하는 데 있어
서 사실상의 부정이란 것은 생산 수단에 대한 소유권의 특성에만 관련되어
있다. 공적 또는 사적이라고 하는 저들의 '순수한' 형식으로 취한 양 체계하
에서 꼭 같은 의미로 소유권이 각기 사적으로나 공적으로 소유된다는 것은
사실이 아니다. 일군의 관계들(사적인 소유권)의 부정(공적인 소유권)은 그것
이 참으로 부정인 경우, 비록 공적인 소유권, 즉 새로운 그리고 정반대 부류
의 관계들로 향하는 길이 무난하다고 할지라도 사적인 소유권의 관계들의
부류를 파괴한다.
  하나의 체제를 봉건주의나 자본주의처럼 착종된 것으로 간주하고 그것을
전체로서 부정하고 나서 분명히 그 사실이 "보다 높은 종합"에서 부정의
부정을 부정하지 않았다고 하는 것은 틀린 논리인 것 같다. 문화적인 후진성
때문이든지 혹은 새로운 상황하에서 그들이 여전히 유용하기 때문이든지
하나의 질서와 문화의 어떤 요소들이 "부정되었다", "파괴되었다" 또는 "상

---

  23) 코른포르트, 앞에서 인용한 책, pp.112 이하.

실되었다"든가, 어떤 요소들이 계승하는 사회 경제 체제로 "이행되었다"는 것이 참일 것 같다. 이를테면 가족은 많은 문화적인 시대를 지나면서도 어디서나 하나의 제도로서 남아 있으며, 현대의 러시아와 같은 사회주의 국가에서도 가치 있는 제도로서 발견된다.

공산주의자 자신들은 변증법을 따라야 할 의무를 지고 있지 않다. 레닌 자신도 오래전에 그것을 걷어치웠다. 변증법을 비판하면서 그는 다음과 같이 기록한다.

> 엥겔스 주장의 기본 취지는 유물론자들이 역사의 과정을 정확하고 틀림없이 기술하여야 한다는 것이며, 삼부일체적 리듬(triad)의 정확성을 교시하는 선례들의 선택······을 고집하는 것이 헤겔철학의 유물에 지나지 않는다는 것은 만인이 주지하는 바이다.······ 그리고 실제로 일단 삼부일체로 무엇이나 입증하려 시도하는 것이 부조리한 것이라고 명백하게 선언되어 왔다면, '변증법적인' 과정의 실례들이 가질 수 있는 의의는 무엇인가······엥겔스가 변증법적인 방법에 대해 내린 정의와 서술을 읽는 사람은 누구나 헤겔의 트리아드는 언급조차도 되지 않았으며, 그 모든 것이 사회 혁명을 자연과 역사의 발전 과정으로 거의 생각하고 있다는 사실을 알게 될 것이다.······
> 마르크스와 엥겔스가 변증법적인 방법이라고 하는 것은 사회를 일정 불변한 발전 상태의 살아 있는 유기체로 간주하는 사회학에 있어서의 과학적인 방법 이상도 이하도 아니며, 그것에 대한 연구는 주어진 사회적 구성을 이루는 생산의 관계들에 대한 객관적인 분석과 그것의 기능과 발전에 대한 법칙들의 조사를 필요로 한다. [24]

코른포르트는 위의 인용절에 대해서 다음과 같이 논평한다. "사회에 대한 연구와 우리가 우리의 정치적인 전략의 기초로 삼는 현실적인 사회의 변천에 대한 평가에 관해서 어떤 추상적인 예상된 도식을 자기들의 지침으로 생각하는 자들을 레닌은 조소하였다. 동시에 스탈린은 그의 「변증법과 사적 유물론(Dialectical and Historical Materialism)」에서 변증법을 고집하며 말렌코프(Malenkov) 체제에 이를 때까지는 심지어 생물학자들도 '예상된 도식'을 사용

---

24) 레닌, *What the Friends of the People are and How They Fight the Social Democrats*, Part, I, 코른포르트에서 인용, 앞에서 인용한 책, p.89.

292 제2부 우주적인 역사와 인간 역사의 대일환론

하여야 하였다. 우리가 지금까지 보아 온 것과 마찬가지로 코른포르트 자신은 변증법적인 법칙들을 설명하고 분명히 해 주려고 많은 노력을 기울인다. 끌어낼 수 있는 유일한 결론은 레닌과 그 후의 공산주의자들이 구체성을 변증법적인 유물론의 본질적인 요소로 고집한다고 하는 사실이다. 이는 그들의 주된 관심이, 마르크스나 엥겔스의 노력으로 이루어진 예상된 변증법적인 유형에 관계 없이 가능한 한 어떠한 수단으로나 혹은 어느 때에라도 권력을 탈취하려는 데에만 있었기 때문이다. 레닌은 마르크스의 변증법적인 발전의 법칙과는 반대로 러시아에선 자본주의의 이러한 발전 단계를 거치지 않고서도 사회주의가 가능하였다는 사실을 보여 줌으로써 본을 세웠다.

그러나 되풀이해서 말하면 구체성(정치나 관념론적인 방편을 의미하는)은 중요하며 결정적인 요소이다. 변증법적인 발전의 법칙이 공산주의의 진보와 승리에 저촉이 되는 곳에서 구체성은 간과되지만, 그것이 공산주의의 명분에 도움이 되는 곳에서는 마르크스주의에서 하나의 본질적인 요소로서 훌륭하게 작용한다. 그것은 공산주의 이론과 사기를 진작시키는 데 도움이 되며 특별히 변증법이 인간 역사에 적용될 때에 공산주의의 승리는 불가피한 것이라는 공산주의 교리에 도움이 된다. 마르크스는 이러한 승리에 대한 몇 가지 이유를 변증법의 견지에서 설명한다. 먼저 그는 하나의 계급으로서 유산 계급(bourgeoisie)과 그것의 부정적 계급인 무산 계급(proletariat)을 동시에 가정한다. 전자의 계급은 후자가 없으면 존재할 수 없으며, 하나의 실재가 될 수 없다. 이 두 상반적인 주요 계급은 서로 대립한다. 자본주의에 모순은 불가피하기 때문에 무산 계급은 유산 계급과의 투쟁에서 불가피하게 승리를 얻게 되어 있다. 전쟁과 노동 조합 그리고 식민지 확장 따위는 일시적인 치유책으로서 정세를 완화하기는 하나 결국 전체 자본주의 질서는 붕괴할 운명을 가지고 있다. 그러면 모순에 대한 유일한 해결책으로서 사회가 소유권을 갖게 되고 용도에 따라서 생산을 계획하게 될 것이다. 사회적인 소유권(혹은 사회주의)은 부정의 부정이며, 변증법적인 순환의 최종 목적이며 목표이다. 이런 까닭으로 변증법의 법칙은 공산주의를 불가피하게 만든다.

변증법의 순환이 완성되는 때의 인간의 상태에 대한 묘사는 기독교의 천국 사상과 유사하다. 그것은 에덴에 인간이 복귀한 상태(마르크스주의자에게는 원시공산주의)이지만 상당히 높은 발전의 수준에서 복귀한 상태인 것이다. 그것은 우리가 위에서 기술한 콩도르세에 의해 채색된 묵시적인 목표와 같은 것이다. 엥겔스는 그의 논문 「사회주의—이상향과 과학(*Socialism: Utopian and Scientific*)」에서 이 천국과 같은 시대를 형재애의 윤리적인 원칙으로 통치되는 시대로 말한다. 그때에 세계의 생산력은 모든 인류가 공동으로 소유하게 되며 "각자의 자유로운 발전은 전체의 자유로운 발전을 위한 필요 조건이 된다."[25]

그것은 모든 사람이 처음으로 진정 자유스럽게 되는 시대이다. 자유를 마치 헤겔의 철학에서처럼 지향해야 할 목표로서 상당히 강조하며 찬양하고 있다. 엥겔스는 다음과 이 기록하고 있다.

> 사회가 생산의 수단을 점유하면서 상품의 생산은 폐지되며 동시에 생산자에 대한 생산의 지배도 폐지된다. 사회적인 생산의 무정부 상태는 조직적인 일정한 기구에 의해서 대치된다. 개체적인 생존을 위한 투쟁은 사라진다. 그때 처음으로 인간은 어떤 의미에서 나머지 동물의 왕국으로부터 최종적으로 구별되며 단순한 동물의 생존 상태로부터 벗어나 진정한 인간의 상태로 들어간다.……인간 자신의 사회 활동에 대한 법칙들은 이제까지 자신과 성질에 맞지 않고, 자신을 지배하는 자연의 법칙들처럼 인간과 상충하여 맞서고 있지만 그때엔 완전히 이해되어 사용될 것이며, 인간에 의해 자유롭게 구사될 것이다.……지금까지 역사를 지배해 온 외래의 객관적인 힘들은 인간 자신의 지배하에 넘어간다. 오직 그때로부터 인간 자신은 더욱더 의식적으로 자기 자신의 역사를 만들어 갈 것이며,——오직 그때로부터 인간에 의해 움직이게 된 사회적인 명분들은 대체적이고도 점차적으로 인간이 의도했던 결과를 얻게 될 것이다. 그것은 필연의 왕국으로부터 자유의 왕국으로의 인간의 상승인 것이다.[26]

여기서 우리는 콩도르세가 아주 고상하게 상상하였던 계몽 시대의 목표를 달성하는 데 한 몫을 하고 있는 헤겔 변증법의 완전한 세속화를 발견한다. 자유의 단계가 달성되기 전에 변증법의 법칙은 기계적이고 절대적으로 작용한다는 것을 알아 두는 것이 중요하다. 이것은 위에서 묘사한 바와 마찬가지

---

25) 마르크스와 엥겔스, 앞에서 인용한 책, Vol., Ⅱ. "Socialism: Utopian and Scientific" 및 Vol., I, "공산당 선언", p.51.

26) 앞의 책, Vol., Ⅱ. 논문, "Socialism: Utopian and Scientific" pp.140~141.

로 자연의 영역과 경제적인 동기의 작용에서뿐만 아니라 인간 문화의 모든
면에서도 진실인 것이다. 이는 모든 경제 시대의 전체 문화적인 상부 구조
(superstructure)가 단순히 경제적인 하부 구조(substructure)의 관념론적인 측면
에 지나지 않기 때문이다. 이 사상은 자주 인용되는 다음과 같은 마르크스의
유명한 일절에서 나타난다.

> 인간 생활의 사회적인 생산에서, 인간들은 필수적이며, 저들의 의지와는
> 관계 없는 일정한 관계들을 맺게 되며, 저들의 물질적인 생산력의 일정한 발전
> 단계와 일치하는 생산의 관계들을 맺는다.……물질 생활의 생산 양식은 대체
> 로 사회와 정치 그리고 지적인 생활 과정을 한정한다. 인간의 존재를 결정하는
> 것은 저들의 의식이 아니며, 반대로 저들의 사회적인 존재가 저들의 의식을
> 결정하는 것이다.……경제적인 바탕이 변천함으로써 전체의 거대한 상부 구조
> 도 다소 급격하게 변형된다. 그러한 변형을 생각하는 데 있어서, 정밀한 자연
> 과학으로 결정할 수 있는 경제적인 생산 조건의 물질적인 변형과 법, 정치,
> 미학, 철학적——간단히 말해서, 인간이 이러한 갈등을 의식하고 그것과 투쟁
> 하게 되는 관념론적인 형식들을 언제나 구별하지 않으면 안 될 것이다.[27]

이 일절은 변증법적인 법칙에 따라서 작용하는 경제적 결정론이 원시
공산주의로부터 공산주의에 복귀하는 역사의 순환을 통하여 인간의 활동과
문화의 모든 면에서 절대적이라는 사실을 밝혀 준다. 순환이 끝난 후에야
인간은 그 자체가 생물-사회의 차원에서 작용하는 비인격적인 자연 법칙의
일면인 경제적 원인에 의한 결정론에 대해서 자유롭게 된다. 공산주의로의
복귀가 불가피할 때에 그 순환으로부터의 해방은 인간을 처음으로 진정
자유롭게 할 수 있다. 왜냐하면, 이제 "지금까지 역사를 지배해 온 외래의
객관적인 힘들은 인간 자신의 통제하에 넘어가기 때문이다.……그것은 필연
의 왕국에서 자유의 왕국으로의 인간의 상승이다."[28] 자유에 대한 헤겔파의
이념과 마찬가지로 자유에 대한 새로운 공산주의는 일체의 저급한 발전
단계들의 새롭고 보다 높은 웅대한 구체적인 종합이다. 자유의 왕국은 역사

---

27) 칼 마르크스, "정치 경제학 비판 서문" 마르크스와 엥겔스, 선집, 앞에서 인용한
    책, Vol., I, pp.328 이하.
28) 프리드리히 엥겔스, "Socialism: Utopian and Scientific", 마르크스와 엥겔스, 선집, 앞
    의 책, Vol., Ⅱ, p.141.

의 목적이며 목표이다. 형식상 그것은 배화교와 유태 기독교의 철학에서의
인간 역사의 목표인 새로운 에덴, 즉 천년 세계와 신국과 일치한다. 일체는
칼마 수레바퀴의 결정론으로부터 해방된 영혼에 의해 달성되는 동양의 자유
의 이념들과 비교가 된다. 순환(일회적인 순환이거나 헤아릴 수 없이 많은 순환
들이거나 간에)의 결정론으로부터 인간 정신의 진보는 일정한 방향을 가진
다. 즉 현세의 생리, 정신, 사회의 원인에 대한 결정론으로부터의 자유와
자기 결정을 위한 자유가 그것이다. 마르크스파의 자기 결정이란 여전히
경험적인 제한된 영역, 즉 인간 속에 남아 있지만, 반면에 헤겔파와 동양의
힌두교와 불교의 자기 결정은 유일의 우주적인 무한한 존재의 그것이다.
이미 기술한 동양적인 순환은 물론 서양의 마르크스 학파와 헤겔 학파의
순환은 순환의 결정론을 초월한 매우 중요한 목표들을 가진다. 그러나 동과
서의 현실적인 화해는 20세기 두 위대한 인도의 철학자들인 사르베팔리 라다
크리쉬난(Sarvepalli Radhakrishnan)과 스리 오로빈도(Sri Aurobindo)에 의해
제시된 일환적인 역사 이론에서 훨씬 더 명백히 나타난다. 두 사람 가운데
스리 오로빈도는 다소 마르크스에 가깝고 라다크리쉬난은 성 아우구스티누
스와 토인비에 가깝다.

제6장
스리 오로빈도의 일환적인 역사 이론
────무한자의 퇴화와 진화────

　스리 오로빈도는 우주 역사를 무한한 정신의 퇴화와 진화의 과정으로
본다. 이것은 헤겔의 역사철학과 비슷하지만 우주 역사에 나타난 정신의
구체적인 현현이 헤겔에서처럼 본질적인 것이 아니라는 사실만이 크게 다를
뿐이다. 오로빈도의 더욱 큰 특징으로서 힌두교적인 무한자의 개념은 한
존재에 대한 개념이며, 그의 실재는 부분적인 방식으로만 우주에 의하여
현현된다. 거기에는 현현되지 않은 무한한 깊이가 있다.
　근본적인 우주 역사의 과정, 즉 무한자의 퇴화와 진화는 어떤 필연성을
통해서 일어나는 것은 아니다. 그것은 그저 희열이나 유희(lila)에 도취한
무한자가 여럿, 즉 수많은 구체적인 존재의 세계에서 그 자신의 일면에 대한
계시인 강렬한 창조적인 활동을 현현하고자 결정하기 때문에 일어나는 것이
다.
　무한자의 퇴화는 그것의 가장 저급한 수준의 존재인 물질로의 하행이다.
물질은 또 비의식적인 차원이라고도 한다. 그런 다음 진화가 시작되며, 비의
식적인 것은 하위 의식적인 것 혹은 생명 차원의 존재에 달한다. 다음에
자기 의식적 혹은 정신적인 차원, 즉 인간이 차츰 나타난다. 이것을 넘어서서
진화 과정의 최종 목표는 영지적인 차원, 즉 초정신적인 것이지만 여태까지
이러한 수준에 도달해 보지를 못하였다.
　무한한 존재의 한 가지 측면의 퇴화와 진화로서 이해된 우주와 인간 역사

에 대한 자기의 이론을 옹호하기 위하여 오로빈도는 인간과 자연에 대한 서양의 모든 경험적인 진화론들에 도움을 호소한다. 그는 또한 전형적인 동양의 직관적인 요가 형식의 경험론에 도움을 호소한다. 서양의 독자를 위해서는 후자만을 자세하게 일러줄 필요가 있다.

탄트라 학파가 해석한 바와 마찬가지로 요가의 체험은 대우즈적인 퇴화-진화의 순환과 유사한 것으로 간주될 수 있다고 오로빈도는 말한다. 이 체험에서 퇴화는 "육체의 신경 계통에서 가장 깊은 밑동의 관(管) 또는 방(房), 물라다라(Muladhara), 주춧대, 대지의 중심에서 몸통 부븐에 또아리를 틀고 있는 영원한 힘"[1]인 쿤달리니(Kundalini)에 의해 표상된다. 이것은 대우주의 차원에서 퇴화와 일치한다. 진화는 쿤달리니가 자기를 찾아 자유롭게 질주하는 호흡, 말하자면 생명의 흐름에 의하여 충격을 받을 때에 시작한다.[2] 생명에 의하여 환기될 때에 쿤달리니는 척수의 오르막길을 치밀어 올라가며 정상에서 정신과 결합하여 하나가 될 때까지 첩첩히 엉켜 둘러싸인 역동적인 의식의 비밀들을 힘으로 열며, 중심을 찾아 들어간다. "이런 까닭으로 그녀는 비의식에서의 퇴화로부터 차근차근 자기 힘의 영광을 드러내면서 정신의 가장 위대하고도 영원한 초의식으로 추이하여 간다."[3] 이러한 방식으로 소우주적인 요가의 체험은 대우주적인 퇴화-진화의 순환을 확증한다.

이 순환은 대략 성 아우구스티누스의 역사철학과 비슷하다. 양자의 역사철학에는 무한자로부터 전개되는 세계의 과정이란 것이 있다. 양자의 역사철학에는 타락이라는 것과 신의 세계로의 복귀라는 것이 있다. 아우구스티누스 철학에서 타락이란, 우주 역사에 대한 오로빈도 사상의 "굴질에의 영락"이란 것과 유사하지만 윤리적으로는 뚜렷한 차이가 있다. 아우구스티누스가 말하는 타락은 신이 창조한 존재들의 교만 때문인데 반하여 오로빈도가 말하는 "물질에의 하행"과 진화적인 상승은 헤겔의 정신적인 자연주의의 관점에서 생각해 볼 때 훨씬 잘 상상이 된다. 나중에 본 장에서 보게 될 것과 마찬가지로 오로빈도의 순환적인 역사 이론에는 마르크스의 일환관과 유사한 점들도 있다.

---

1) 스리 오로빈도, *The Problem of Rebirth* (Pondicherry: Sri Aurobindo Ashram, 1952), p.76.
2) 앞의 책.
3) 앞의 책.

오로빈도는 태어날 때마다 그 다음과 최종적인 진화의 수준, 즉 영지적인 존재의 차원을 향하여 분투 노력하는 존재의 정신적인 차원에서 인간의 마음을 이해한다.[4] 이 새로운 차원이야말로 인간의 사회적 질병에 대한 유일의 항구적인 치유책이라고 스리 오로빈도는 주장한다. 일체의 우주 역사와 일체의 인간 역사는 역사의 목표인 이 새로운 진화 발전을 맞아들이는 역할을 하였으며, 현재에도 그러한 역할을 담당하고 있다. 오로빈도는 인간 사회의 현시대를 과도적인 시대로 이해할 뿐만 아니라 하나의 전체 진화 차원이 끝마치는 시대로 이해한다. 인간 세계에 만연된 위기의 해결책으로 제시된 사회주의자와 공산주의자 그리고 자본주의자의 치유책——심지어 종교적인 치유책마저도——은 그저 일시적인 임시변통의 완화제가 될 수 있을 뿐이다. 현실적이고 항구적인 해결책은 영지적인 존재, 즉 새로운 진화의 차원이 출현하는 것이다.

오로빈도가 영지적(靈知的, Gnostic), 초지성(超知性, Supermind), 초인(Superman), 초정신적(Supramental)이라고 하는 명칭들로 이르는 이러한 차원에 대한 그의 묘사는 대체로 삼매(三昧, Samadhi)라고 하는 황홀경지에서 행자가 도달한 상태에 근거를 둔다. 존재의 영지적인 차원은 삼매에서 체험된 일체의 힘을 가지지만 완전하고, 항구적이며, 계속적으로 가지게 될 것이다. 영지적인 존재는 생존의 모든 차원들——물질, 생명, 정신——을 직관적으로 알 것이다. 이것은 그의 지식이 진화적인 자연에 대한 현재의 정신 차원에 특유한 종잡을 수 없는 추론적 이성의 현상적인 주관 객관의 지식 대신에 자성에 의한 지식(직관에 의하여 감지되는 지식)이 될 것을 의미한다. 영혼의 무의식적인 깊은 곳은 이러한 현재의 진화적인 차원에서조차 물질, 생명, 우주적인 정신, 초정신적인 차원들의 존재와 함께 잠재 의식적으로 접촉을 한다. 그러나 초정신적인 차원에서 이러한 잠재 의식은 완전히 의식적으로 될 것이다. 물질과 생명 그리고 정신에 대한 가상적인 지식(noumenal knowledge)이 존재하게 될 것이다. 그러한 지식은 분명히 물리적인 자연을

---

4) 오로빈도는 영혼의 재생에 대한 힌두-불교의 이론을 받아들인다. 그는 우리 가운데 형질 유전(진화적)과 환경에 의하여 이유를 밝힐 수는 없지만 민족 정신과 신체적 계통의 요소 이외에 과거를 전제하거나 미래의 진화를 받아들임으로써 이유를 밝힐 수 있는 어떤 요소가 있다면 어떤 종류의 영혼 탄생은 논리적 필연성이 된다고 주장한다. (앞의 책, pp.36∼37)

지배할 것이며——모든 에너지의 문제들도 모든 존재들에 이익이 되도록 해결될 것이다. 그러한 지식은 생물학적인 자연을 지배할 수 있을 것이며, 그것은 모든 질병과 죽음마저도 정복할 것이라는 것을 의미한다(영지적인 존재들은 마음대로 불멸하게 되거나 혹은 육신들을 변화시키게 될 것이다). 그리고 끝으로 정신의 차원에서 완전한 통제가 있게 될 것이다. 외냐하면, 초정신적인 존재들은 정신적인 과정들에 대한 가상적인 지식을 갖게 되며, 저들을 완전히 통제할 것이기 때문이다. 초정신적인 존재들은 무한자, 즉 절대적인 존재나 정신을 직관적으로 알게 되며, 저들의 구체적인 현현은 바로 이 우주와 혹은 그 밖에 다른 우주에서 실현된 차원들의 진화라는 것을 알기 때문에 이 모든 것이 가능하다. 무한자와의 동일성과 또 그에 대한 가상적인 지식을 지님으로써 영지적인 존재는 스스로를 대우주와 소우주로, 하나와 여럿으로, 무한자와 유한자로 생각할 것이다. 오로빈도는 하나와 여럿의 이러한 범신론적인 동일성을 여러 곳에서 묘사하는데, 그 가운데서 다음의 구절은 대표적인 것이다.

> 우리 소업에 대한 주인과 원동자(原動者)는 보편적이며 지고한 동시에, 영원하며 무한한 하나(一者)이다. 그는 우리를 초월하여 나타나지 아니하고 현현되지 아니하여 필설로는 다할 수 없는, 선험적인, 알려지지 않은 혹은 알려질 수 없는 절대자이다. 그러나 그는 또한 모든 존재들 자체이며, 모든 세계의 주인이며, 모든 세계들을 초월하며, 빛과 지도 원리이며, 가장 아름답고, 가장 행복하고, 사랑받는 자이며, 사랑하는 이이다. 그는 우주의 정신이며, 우리 주위의 모든 이러한 창조적인 에너지이다. 그는 우리의 내면에 내재한다. 존재하는 모든 것은 그이며, 그는 존재하는 모든 것 이상이다. 그리고 우리들 자신은 비록 우리가 알고 있지는 못한다고 할지라도 그의 존재 중의 존재이며 그의 힘 중의 힘이며, 그로부터 파생된 의식을 가지고 의식한다. 우리 필멸의 존재마저도 그의 실체로부터 만들어졌으며 우리의 내면에 불멸하는 것이 있으니 그것이 바로 영원한 빛과 행복의 불꽃이다.[5]

하나이지만 우주 속에서 여럿이 되는 것으로서의 그러한 자체의 실현은 오로빈도가 사크키다난다(Sachchidananda)라고 부르는 것의 실현 상태이다.

---

5) 스리 오로빈도, *On Yoga, Book I, The Synthesis of Yoga*, 앞에서 인용한 책, p.279.

사크키다난다는 존재-의식-행복을 의미한다. 이 상태는 바로 영지적인 존재
가 도달한 상태이다. 오로빈도는 그것을 다음과 같이 묘사한다.

> 이 치트(chit, 의식)는 자체를 진리의 단계인 초정신으로, 인간적인 단계에서
> 는 인간적인 이성, 의지, 감정, 감각으로 보다 낮은 단계에서는 표면적으로
> 볼 때 자체에 대한 의식적인 소유가 아닌 모호한 힘의 생명 혹은 생리적인
> 본능, 충동, 습관에 어울리도록 변화시키는 것이다. 모든 것은 치트이다. 왜냐
> 하면, 모든 것은 사트(Sat, 존재)이기 때문이다. 모든 것은 원래의 의식의 다양
> 한 운동이다. 왜냐하면, 모든 것은 원래 존재의 다양한 운동이기 때문이다.
> 우리가 치트를 찾거나, 이해하거나, 알게 될 때에 우리는 또한 그 본질이
> 아난다(Ananda) 혹은 자존(自存)에 대한 희열이라는 것을 알게 된다. 자신을
> 소유한다는 것은 자신의 행복을 소유하는 것이다. 자신을 소유하지 못한다는
> 것은 다소 애매모호하게 생존의 희열을 추구하게 된다는 것이다. 치트는 영원
> 히 그것의 자기 행복을 소유한다. 치트는 존재에 대한 만유의 의식적인 질료이
> 며, 의식적인 만유의 존재는 또한 의식적인 자기 행복을 소유하며, 생존의
> 보편적인 희열에 대한 주인이다. 모든 자질이나 무자질, 인격이나 비인격, 여럿
> 을 병탄하는 하나(一者)나 자기의 본질적인 다양성을 현현하는 하나에서 신이
> 자체를 현현하든지 혹은 어떠하든지 간에 신은 언제나 사크키다난다이기 때문
> 에 자기 행복과 모든 행복을 소유한다.[6]

자기 실현을 향한 그와 같은 영혼의 편력은 이미 개략한 일반적인 요가의
유형으로서 기술되고 있는데,[7] 이러한 요가 유형은 우리가 살펴본 바와 마찬
가지로 소우주 가운데서 순환적인 유형의 대우주를 표상하지만 오로빈도의
요가에서 강조하는 것은 약간 다른 것이다. 오로빈도는 자기의 요가를 '완전
한 요가(Integral Yoga)'라고 하며, 이 요가를 행함으로써 인간은 새로운 영지
적 차원 혹은 초정신적인 차원의 존재의 출현을 촉진할 수 있다고 믿는다.
그는 산카라의 베단타가 잘못이라고 생각하는 데 반하여 완전한 요가는
'진실한 베단타'에 근거한다고 주장한다. '진실한 베단타'는 산카라의 사상에
서처럼 우주를 단순히 무한한 존재의 현상적인 나타남으로 만드는 것이
아니고 우주를 무한자의 현실적이며 구체적인 현현으로 만든다고 오로빈도

---

6) 앞의 책, p.445.
7) 위의 II부 제6장 및 제7장.

는 말한다. 만약 이 진실한 베단타가 받아들여지게 되면, 개체는 산카라의
견해로부터 따르게 되는 부정적인 도피자의 태도를 취하는 대신에 이 세상
에서 생에 대하여 긍정적이며 건설적인 태도를 취하게 된다(라다크리쉬난과
같은 다른 위대한 사상가들은 산카라에 대한 오로빈도의 비평에 동의하지 않는다.
제1부 7장을 보라).

　오로빈도는 베단타를 해석하면서 그것이 이 세상의 생에 대하여 매우
적극적이며 창조적인 태도를 지닌다고 찬양해 마지않는다. 그의 체계는 이
세계와 거기에 사는 존재들이, 무한자가 우주의 퇴화와 진화 속에서 자체를
나타내는 것과 마찬가지로 무한자의 모든 구체적이며 현실적인 현현들이라
는 사실을 분명하게 밝힌다. 그러므로 이승에서의 삶은 본체적인 가치
(noumenal value)를 지닌다. 완전한 요가에서 이것은 행동의 요가, 사랑의 요
가, 지식의 요가와 같은 모든 세 가지 요가들에 붙어 다니는 관록에 나타난
다. 행동의 요가는 무아적인 행위, 행위에 대한 보상과 응징에 집착하지 않는
행위를 의미한다. 사랑의 요가는 사람과 무한한 존재에 대한 무아적인 사랑
을 의미한다. 지식의 요가는 이미 위에서 기술한 직관적인 지식(自性에 의한
지식)을 의미한다.[8] 세 가지 요가는 총합되어 하나의 조화를 이룬다. 신은
자연의 여러 측면——물질적, 생물학적, 지적, 정신적——에 모습을 드러냄
으로써 실현되며, 일체는 신적인 것이다. 만물의 신적인 조화, 통일, 신비적인
직관(Gnosis)에 대한 그와 같은 하나의 통합된 요가의 의식은 영지적인 존재
의 탄생을 촉진시킬 수 있다. 그러나 무한자가 진화해 가는 오르막길에서
그의 활동은 더 한층 절실한 것이다. 무한자는 위에서부터 우리에게 내려오
며 우리는 완전한 요가를 통하여 아래서부터 분투 노력한다. 양자의 협동에
서 새로운 영지적인 존재의 시대는 도래될 수 있다. 신과 인간 사이의 이같
은 상호 작용은 인간이 신국에서 삶을 누리도록 인간을 대속하기 위하여
인간에게 이르는 신의 은총과 인간의 반응이라는 아우구스티누스의 사상과
흡사하다.

　진화 발전이 영지적인 수준에 이르게 될 때 새로운 사회 질서가 존재하게
될 것이다. 왜냐하면, 새로운 영지적인 존재는 자기들의 낮은 의식의 생물적

---

8) 오로빈도는 여기서 「바가바드 기타」와 같은 그러한 고전적인 인도철학 작품에 기술
　된 세 요가를 그저 따른다.

인 욕망과 생리적인 욕구에 의하여 포악하게 변한 현재의 인간(지적 수준의 존재)과는 다르기 때문이다. 저들은 자신과 심적, 활력적, 물질적인 차원의 자연에 대하여 직접적, 곧 바른 직관적인 지식을 가지고 일체 존재의 영적인 생활의 풍요를 위하여 자연의 모든 측면들을 사용할 수 있게 되고 또 그것을 위해서 안간힘을 다할 수 있게 될 것이기 때문이다. 오로빈도가 열렬하게 상상하는 새로운 인간의 사회는 정신적인 사회주의와 같은 것이 되겠지만 그 자신은 그것을 이런 이름으로 부르지는 않는다. 이 새로운 사회의 질서에는 개인주의와 이타주의 사이에 갈등의 근원이 될 만한 것은 존재하지 않을 것이다. 한 사람 한 사람의 영지적인 존재들 자신은 전체 영지적인 존재들 자신과 하나가 될 것이다. 왜냐하면, 각자는 타자를 하나의 "존재의 추", 구체적인 행위의 중심 그리고 무한한 정신의 창조성으로 생각할 것이기 때문이다. 각자는 지금 우리들이 다른 사람들에 대해서 가진 혼동된 성질의 지식이 아니라 영지적인 자성에 의한 지식을 가지고 있으므로 자기 동료 존재들을 직관적으로 알고 느낄 수 있을 것이다. 모두들 끊임없는 요가의 의식(기독교의 천사들의 의식과 지식에 흡사한 것이지만 훨씬 능가한다)을 가질 것이다. 그러므로 행위와 창조성에 대한 오해라든가 중복되는 분야로 인한 갈등이란 있을 수가 없다. 영지적인 존재들의 사회에서 "적대 감정으로 인한 전쟁, 적의, 야만성, 파괴, 무지스러운 폭력, 끊임없는 갈등으로 인한 정치적인 투쟁, 빈번한 억압, 불성실, 비열, 이기적인 관심, 무지, 부조리와 혼란 상태"⁹같은 것들은 존재하지 않을 것이다. 이 새로운 최종적인 존재의 진화 수준과 함께 퇴화 진화의 순환은 끝나게 될 것이다. 구체적인 우주는 그때에 영지적인 존재들 가운데서 그가 나온 무한자에게로 자기 의식적으로 복귀할 것이다.

요점을 되풀이하여 말하면, 신적인 존재인 일자는 자기 소외를 통하여 정반대의 물질에서 자체를 현현하며, 생명과 정신의 단계들을 통하여 자체를 전개시키며, 영지적인 존재의 차원인 순수 정신으로 다시 돌아간다. 그러나 영지적인 존재는, 비록 유일한 무한의 정신과 자기와의 통일을 실현시키지만, 또한 자체를 이 무한자에 대한 많은 구체적인 "존재의 추들" 가운데 하나로서 실현시킨다. 왜냐하면 영지적인 존재는 여전히 물질적인 육체를

---

9) 스리 오로빈도, *The Life Divine*(Pondicherry: Sri Aurobindo Ashram, 1955), p.1267.

가지지만 그것들을 완전히 지배할 것이기 때문이다.

오로빈도의 일환적인 역사관은 신으로부터 신에 이르는 순환이며, 이러한 관점에서 볼 때 신과 에덴(지상의 낙원)으로부터 와서 신과 하늘의 낙원으로 돌아가는(타락하였기 때문에 어려운 것이기는 하나) 인간 영혼의 순환적인 유랑이라는 아우구스티누스의 사상과 유사한 것이다. 오로빈도는 그의 '천사들'을 이 세상에 두고 있지만, 정신적으로 인간과 우주 역사의 대일환적인 순환의 목표인 궁극적인 신의 사회에서는 별 차이가 없는 것이다.

마르크스주의와는 일환론적인 역사의 개념뿐만이 아니라, "개체를 위한 전체 그리고 전체를 위한 개체"라고 하는 마르크스의 말을 격률로 삼게 될 자유스럽게 협동하는 존재들의 사회에서 이 순환은 완성된다고 하는 것이 유사하다. 바로 이 사회는 이승에서의 낙원이 될 것이다. 여기서 오로빈도와 마르크스는 뜻을 합치한다. 역사의 발전 과정을 결정론적인 단계(오로빈도의 사상에서 물질과 생명 그리고 정신의 차원)로부터 자유를 향해 전개되는 것이라고 하는 견해에서도 유사하다. 차이점이 있다면 마르크스의 철학에서는 물질을 우선으로 하는 데 반하여 오로빈도의 체계에서는 정신의 절대성을 우선으로 강조한다는 점에 있다. 그러나 인도인의 사상은 유심론적인 것이 특징이므로, 오로빈도의 유일한 독창력은 이 혹성 위에서 진화가 바야흐로 새로운 최종적인 단계, 즉 영지적인 존재의 차원에 이르게 될 것이라는 그의 이론에 있다. 그리고 이것은 이 지상에서 무한한 기간의 낙원을 의미할 것이다.

이제 우리는 역시 고전적인 인도의 유심론의 사상에 근거한 라다크리쉬난의 역사철학을 알아보도록 하자.

제7장
라다크리쉬난의 역사에 대한 일환사상

위대한 인도의 철학자이자 정치가인 라다크리쉬난은 인간의 역사와 이 우주의 역사를, 본서 제1부에서 논의한 흔히 볼 수 있었던 인도의 다순환관과는 달리 일환적인 것으로 이해한다. 오로빈도와 마찬가지로 라다크리쉬난은 전형적인 인도인의 유심론에 입각한 형이상학의 체계를 마련하여 주고 있지만 동시에 서양철학이 이룩한 최선의 업적들에 대한 완전한 지식과 비판적인 지식도 아울러 제시한다. 스리 오로빈도(그도 또한 서양의 전통에 통달한 사람이다)와 라다크리쉬난 모두가 인도의 사상은 여러 면에서 서양의 사상보다 우월한 것이라고 생각한다. 왜냐하면 인도의 철학은 정신적인 생활을 인간의 목표로서 강조하기 때문이다. 서양의 철학적인 사상은 대체로 비판적이며, 회의주의나 유물론인데 지나지 않으며 기껏해야 정신보다는 지성에 가장 높은 범주의 위치를 부여한다.

라다크리쉬난은 존재를 최초의 실재로서 가정한다. 존재는 그 자체가 어떤 동물 혹은 개체와 같이 실존하는 것은 아닐지라도 절대자, 즉 모든 존재하는 것의 근원이다.[1] 절대자(존재)는 순수한 정신이며, 자유이다. 어찌하여 절대

---

1) 사르베팔리 라다크리쉬난(Sarvepalli Radhakrishnan), "정신의 종교와 세계의 요구" 「사르베팔리 라다크리쉬난의 철학」, Paul Arthur Schilpp 편(New York: Tudor Publishing Co., 1952), p.38.

자는 자유로이 이 세계인 특수한 가능성을 실현코자 하는지 우리에게는 불가사의한 것이며, 그것을 우리는 '신의 의지'[2]로서 인정할 수밖에 없다. 절대자는 두 가지 측면을 가지고 있다. 영원한 적막과 평화 가운데 있는 비인격적인 무시(無時), 무공(無空)의 브라만의 측면과, "주와 창조자로서 활동하는 절대자,"[3] 즉 인격적인 이쉬바라의 측면이 그것이다. 이쉬바라는 "자기의 힘과 자질들을 창조적으로 쏟아 내는 의식적인 능동의 희열"[4] 속에 있는 절대자이다.

절대자는 "그가 무한한 가능성들을 소유하기 때문에 무한하며" 또한 그것은 자유 가운데 거하고 있다. 그것은 "정신 가운데 잠재적으로 존재하는 무한한 가능성 가운데 하나를 실현하고자 비정신의 세계에"[5] 들어가기로 하였다. 이같은 방식으로 무제약의 존재는 특수한 가능성들을 창조함으로써 제한을 받게 되는데, 그것이 바로 이 세계이다. 절대자는 창조자, 보존자, 파괴자(그가 궁극적으로 우주를 와해시킨다)라고 할 수 있을 것이며 그것을 인도어의 명칭으로 각기 브라마, 비쉬누, 시바라고 한다. "브라마의 이념들은 구체적인 표현을 찾고 있으며 비쉬누는 완전을 향한 세계의 노력을 돕는다"[6]고 라다크리쉬난은 말한다.

세계의 구조는 현실적이다. 그것은 망상의 성격을 가지지 않는다. 그러나 그것은 세계가 의존하는 절대자와는 달리 종속적이며 제한된 실재를 갖는다. 이것이 바로 마야(妄想)의 교리가 의미하는 것이라고 라다크리쉬난은 설명한다. 마야의 교리는 "세속의 과정이 비극이라든가 탈선이라는 의미는 아니다. 세계의 실재는 그 자체에 있는 것이 아니고 창조자의 사상과 존재 속에 있는 것이다."[7] 신을 의존하는 실재의 세계에 대한 기독교의 교리와 마찬가지로 적극적인 의미로 마야를 해석하는 오로빈도와는 달리 라다크리쉬난은 고전적인 마야의 교리에 대한 샨카라의 사상을 해석한다. 기독교의 교리와 마찬가지로 또한 라다크리쉬난은 세계와 시간에 대하여 시작과 종말

---

2) 앞의 책, p.39.
3) 앞의 책.
4) 앞의 책.
5) 앞의 책, p.40.
6) 앞의 책, pp.40 이하.
7) 앞의 책, p.41.

을 가정한다. 시종간에 일어나는 일, 다시 말하면 우주의 역사와 특별히 인간
의 역사는 중요한 것으로 꽉 차 있다. 라다크리쉬난은 다음과 같이 기술한다.

> 세속적인 과정의 모든 순간은 결단의 순간이다. 그것은 극도로 긴장되어
> 있다. 역사는 순환적인 순간이 아니다. 그 속에서 신이 일을 하시며, 그 속에서
> 자신을 계시하기 때문에 그것은 새로운 것들로 가득 차 있다. 시간 과정의
> 궁극 목적은 세계 정신의 승리이며, 그리스 고전 사상의 용어를 빌리면 혼돈에
> 대한 이성(Nous)의 승리이다.[8]

라다크리쉬난은 역사적인 세계의 과정을 오로빈도가 가정하였던 것과
유사한 퇴화 진화의 순환으로서 이해한다. 라다크리쉬난은 진화 사상이 인도
인의 사상에서는 오래 된 것임을 지적한다. 그것은 고대 우파니샤드의 타이
티리야(Taittiriya, 기원전 8세기)에서 찾아볼 수 있다고 그는 말한다. 본서 제1
부 인도의 순환관에 관한 장[9]에서 만약 환원 과정을 진정한 의미로 진화적이
라고 할 수 있다면 진화적인 자연관은 아마도 훨씬 오랜 것(기원전 9세기)
이라는 것을 보았다.[10] 타이티리야는 오로빈도와 서양의 일반적인 진화론,
즉 물질에서 시작하여 그 다음 단계에선 생명을 향하여 전개되며, 다음엔
지각적 본능적인 성질의 의식으로, 그 다음엔 반성적인 의식의 단계로 그리
고 결국에는 정신적인 의식에 이르는 과정과 맞먹는 진실한 진화의 과정을
묘사한다.[11]

라다크리쉬난은 이 우파니샤드에서 "물질, 유기체, 동물, 인간 그리고 영적
인 존재의 순서가 잇따라 출현한다"[12]고 논평한다.

라다크리쉬난의 진화적 순환관은 그것과 유사하다. 그러나 그는 푸루사와
프라크르티에 대한 산캬의 개념을 가지고 시작한다.[13] 프라크르티는 어느

---

8) 앞의 책, p.42.
9) 위의 제Ⅰ부 제3장.
10) 매 순환은 낙원의 시대와 더불어 시작하며, 극단의 도덕적 혼돈의 최종적인 제4
시대로 전개된다. 그러나 Prabhavananda와 Isherwood는 가장 높은 창조적 현현들로
부터 시작하여 가장 낮은 것에 떨어지는 Sankhya 우주론에 대하여 "진화적인 순환"
이라는 문구를 사용한다. Mentor 편 「바가바드 기타」에 대한 그들의 번역을 보라.
(New York: New American Library, 1951), p.134.
11) 앞에서 인용한 책, 라다크리쉬난, p.27.
12) 앞의 책.

의미에서 비존재인 만물의 가능성(潛勢態)이다. "그것은 현현되지 아니한 지각 불가능한 것이며, 비록 저항, 존재, 형식, 의미가 없는 것이 아니라"고 할지라도 거의 아무것도 받아들일 수 없다. 푸루사(정신)는 프라크르티에 의미를 일러 주고 점차 보다 높은 진화 과정 속에서 그것을 지도하는 적극적인 원리이다. 라다크리쉬난은 다음과 같이 기술한다.

> "그리스 철학에서는 초월적이며 무시간적인 이데아들의 세계와 동일한 것으로 간주되었고, 기독교의 사상에서는 신의 초자연적인 영역을 위해 보존되고 있던 정신의 광휘가 역사적인 세계에서 자연력을 이용한다. 우주적인 진화의 최고의 산물인 아난다(ananda) 또는 정신적인 자유는 서서히 자체를 드러내며 작용을 하는 감추어진 원리가 되지 않으면 안 된다. 정신은 항구적인 구현 과정에 의하여 세계를 창조하고 그 역사를 지배한다. 정신은 물질 속에서 작용하며, 물질은 정신을 받들어야 할 것이다."[14]

라다크리쉬난은 위의 인용문에서 물질(프라크르티)과 형상(정신, 누스, 혹은 관념들의 세계) 간의 관계에서 그리스의 사상과 기독교의 성육신(成肉身)의 사상에 유사함을 보여 준다. 그는 또한 "세계의 과정은 둘이 서로 적대적이기는 하지만, 존재(有)와 비존재(非有)의 피할 수 없는 원리들 사이의 투쟁으로서만 상상할 수 있다"[15]고 말할 때 그는 자기의 형이상학에 헤겔과 마르크스의 변증법적인 개념을 첨가한다. 그럼에도 불구하고 프라크르티는 철두철미 절대자인 일자의 종속적인 측면이며, 마야와 맞먹는 것이다. 프라크르티(마야)는 진화의 세 단계에서 푸루사(창조 과정에서 자체를 현현하는 정신 또는 절대자)에 의하여 형상을 부여받은 객관 세계의 물질이다.

창조 과정의 목표는 이제껏 달성해 보지 못했다. 오로틴도와 마찬가지로 라다크리쉬난은 진화의 다음 단계는 정신의 단계라고 믿는다. 이것이 전체 우주 역사 과정의 목표이다.

---

13) 앞의 책, p.31.

14) 앞의 책.

15) 앞의 책, p.31. 독자가 아는 바와 같이 마르크스주의는 형이상학에서 라다크리쉬난과 인도의 유심론과 다르며, 헤겔의 관념론과 다르다. 유심론에서 정신은 절대이며, 우선적인 실재이지만 마르크스의 유물론에선 물질이 우위이며, 정신은 물질로부터 나중에 진화 발전한 산물이며 물질에 의존한다.

　역사의 의미는 모든 사람을 예언자로 만드는 것이며, 자유 정신의 왕국을
세우는 것이다. 무한히 부유하며, 정신적으로 배태된 미래, 지성이 정신으로
그리고 사람의 아들이 하느님의 아들로 점차로 변해 가는 이러한 각본이 바로
역사의 목표이다. 죽음이 극복되고 시간이 정복될 때 영원한 정신의 왕국은
수립된다.[16]

　인간은 지금 하나의 종족으로서 지성의 수준에 있으며, 다음 단계는 정신
의 단계로 여기에 이르면 역사와 시간은 끝나게 된다. 인간은 지금이라도
정신의 수준에 오를 자유를 가지고 있다. 왜냐하면, 성자들과 현인들은 해방
되어 정신의 단계에 이르렀음이 분명하기 때문이다. 인간의 의지는 자유이지
만 이기적인 동기(個我性)에 의해 지배받을 때는 기계적인 칼마의 힘에 종속
된다. 칼마(업보)로부터의 자유와 정신적인 단계에 이르는 해방은 "필연성과
칼마가 종속되어 있는 바로 그 힘",[17] 즉 영원한 정신과 더불어 교통하기
위하여 자신을 개방하는 기도와 명상을 통하여 이루어진다. 우리 속에 조명
된 정신은 우리를 도와 중생을 위한 신세계를 창조할 수 있게 한다. 절대적
인 의미(절대자와의 연합)에서의 궁극적인 자유는 전체 인류가 정신의 수준에
이르러야 비로소 달성될 수 있기 때문에 이것은 필연적인 것이다. 이러한
수준에 이른 개체는 일체의 타자들이 이 상태에 이를 때까지 자기의 개체성
을 잃지 않게 보존하여야 한다. 그 이유는 다음과 같다.

　……완전한 해방이란 자신의 내면에서의 조화를 나타낼 뿐만 아니라 주위
　환경과도 조화를 이루는 것을 암시한다. 그러므로 완전한 자유는 불완전한
　세계에서는 불가능하다. 영원자의 의식에 도달한 자들은 중생이 그 목표를
　향하여 나가는 여행 길에서 앞장서도록 세계 속에서 일한다. 진정한 의미에서
　이상적인 개체와 완전한 사회는 함께 일어난다.[18]

　중생의 정신의 수준, 즉 절대적인 가치에 대한 지식과 그 속에서 쾌락을
누리는 수준에 이르면 브라마로카(Brahmaloka) 혹은 신의 왕국이 지상에

16) 앞의 책, p.30.
17) 앞의 책, p.43.
18) 앞의 책, p.43.

도래할 것이다. 이것은 역사 순환의 종국이 될 것이다. "시작과 결말은 일치한다"[19]고 라다크리쉬난은 말한다. 역사의 과정은 신의 정신으로부터 와서 신의 정신으로 돌아가는 것이다. "한 사람이라도 빠짐 없이 자기를 완성하면 우주의 목적은 성취된다."[20] 그때에는 "진행 과정의 종국이 시작과 이어지며, 둘이 부합하면 우주적인 존재는 절대적인 존재로 넘어간다."[21] 오로빈도와 아우구스티누스의 견해와 마찬가지로 역사의 순환이란 신으로부터 신에 이르는 순환 속에서 절대자로부터의 소외와 절대자로의 복귀라고 하는 하나의 독특한 창조적인 과정이다.

라다크리쉬난은 세계 순환이 끝나야 한다고 확신한다. 그는 다음과 같이 주장한다.

> 시간의 의미는 시간의 한계를 초월한다. 시간엔 끝이 있기 때문에 의미를 갖는다. 만일 그것에 끝이 없다면, 그것은 무의미한 것이다. 시간의 과정은 그것이 향하는 목적에 비추어 볼 때만 이해될 수 있다. 즉 시간에 대한 승리, 이렇게 산산이 부숴지고 타락한 상태에 대한 승리, 객관에 의한 소외와 격리 그리고 예속에 대한 승리가 그것이다. 역사를 초월하는 단순히 역사적인 용어들로 역사에 대해서 언급한다는 것이 비논리적일지 모르나, 우리는 종말이 역사적인 시간 속에서 일어나는 것으로 상상한다. 시간의 용어를 빼놓고 시간의 종말을 생각한다는 것이 우리에게는 불가능할지 모르지만 그러나 종말은 시간 계열 속에 있는 기간은 아니다. 그것이 시간 자체의 종말을 나타내는 한 그것은 다른 질서의 존재에 속하는 것이다. 그것은 시간에 대한 승리이다. 그것은 영원한 생이다.[22]

영원 속에 시간을 병탄하는 데 대하여 제시된 더욱 근본적이며 기본적인 증거는 지성의 주관 객관이라고 하는 범주를 초월하는 지식의 한 양식인 '완전한 통찰력'으로부터 얻어진다. 오로빈도가 말하는 존재와 지식의 영지적인 차원에서와 마찬가지로 '완전한 통찰력'을 얻은 영혼은 "자성에 의한

19) 앞의 책, p.45.
20) 앞의 책, p.46.
21) 앞의 책.
22) 앞의 책.

지식"[23]을 가지며 그것은 물론 "주관과 객관의 구별을 초월한다."[24] 지식의 수준(합리적인 추리)은 "정신의 진리에 이르는 수단이지만, 정신의 진리에 대한 내부 인식은 모든 지성의 검증을 초월한다고 라다크리쉬난은 주장한다. 왜냐하면, 완전한 통찰력은 일체의 상상 가능한 중개성을 초월한 직접성에 존재하기 때문이다."[25] 완전한 통찰력을 통하여 달성된 "정신적인 체득"은 "근원적인 정신(primordial spirit)에 대한 직접적인 이해"[26]다. 그러한 이해는 거듭난 영혼, 즉 자기 개아의 욕망들(칼마)을 포기하고 아비디야(무지)를 극복한 영혼에 의해서만이 이를 수 있으며, 이런 까닭으로 그에게 영원자에 대한 직접적인 지식을 열어 주는 변화된 의식을 이루게 한다. 이러한 성질의 직접적인 지식은 시간이 영원 속에 병탄될 것이라고 하는 확실성을 주며, 완전한 통찰력을 체험하는 데서 이러한 영원한 상태를 이미 맛보게 되었다. 신에 대한 이러한 무아지경의 체험은 "인간의 완성인 것이다."[27] 우리가 다급한 삶을 사는 가운데 그러한 거룩한 순간은 흔치는 않겠지만 저들은 우리의 존재에 기쁨을 주며 우리의 삶을 거룩한 활동의 중심으로 바꾸는 것이다.

라다크리쉬난은 자기들의 삶을 영원한 정신에 집중시키고 유일한 무상자(無上者)를 거의 끊임없이 의식하고 사는 성자들을 겨누어 '도피주의'라 힐책하는 데 대하여 매우 단호하게 부인한다. 그는 정신의 수준에 달한 이들 해방된 존재들을 이와 같이 묘사한다.

> 그들이 이기적인 활동을 한다는 것은 있을 수 없는 일이다. 무지와 욕망은 그 위력을 상실하였다. 그들에게선 교만과 투기와 무정함을 느낄 수 없다. 그들이 사는 세계는 더 이상 그들에게 이질적인 것이 못 된다. 세계는 관대한 것이며, 거친 것이 아니다. 그것은 활기를 띠어 진동하며 인사를 보낸다. 인간의 사회는 영원자의 은총과 위엄으로 그득하게 된다. 이 자유의 정신들은 만물 가운데서 느낄 수 있는 따뜻한 온기를 향하여 저들의 손을 뻗친다. 저들은 세상에서 가장 희귀한 자질과 단순한 선을 가지고 있으며, 그것에 비하면 일체

---

23) 앞의 책, p.60.
24) 앞의 책, p.61.
25) 앞의 책.
26) 앞의 책.
27) 앞의 책, p.63.

의 지적(知的)인 은사(恩賜)는 약간 사소한 일로 보인다. 저들은 온유하며, 잘 참고 오래 견디어 낸다. 저들은 다른 사람들을 이해하는 체하지 않기 때문에 그들을 판단하지 않는다. 자기를 돌보지 않는 저들의 졸렬한 사랑은 상심한 자들의 마음을 위로할 수 있는 힘을 갖는다. 괴로움에 신음하는 자들에게 그들의 임재는 열에 떠서 머리가 아플 때 사랑하는 이의 시원스럽고 부드러운 손길과 같은 것이다. 제도된 개체들은 창조적인 삶을 누리는 여 술가들이다. 영원자를 앎으로써 저들은 세상 일에 참여한다. 무상자가 순수한 존재와 자유 활동의 양면을 가지게 될 때조차 거룩한 삶의 매개자인 이 해방된 영혼들은 관조적인 면과 활동적인 양면을 또한 갖는다.

……저들의 삶은 사회에 관심을 갖는다. 우리는 전체의 성원이며, 하나이신 브라만다(brahmanda, 宇宙卵)의 부분들로서 최종적인 목적이 달성될 때까지 끊임없이 변전(變轉)하는 것이다.……그들의 자세는 고고한 억지 겸손의 태도나 수렁에서 비천한 생물을 끌어내는 은인자연(恩人姿然)하는 동정의 태도도 아니다. 그러나 그것은 세계의 연대 의식인 로카 삼그라하(loka-samgraha)에 대한 확신과 귀천이 하나의 정신에 한데 얽혀 있다는 인식이다. 남을 대신하여 벌을 받는 것이 아니라 남을 대신하여 수난을 받는 것이 정신적인 삶의 법도이다. 자유의 정신들은 저들의 정신과 마음을 해방시키려고 노예의 수준으로까지 굽히는 것이다. 저들은 자기들 세대의 삶을 고무하고 재생케 하며 강하게 만든다.[28]

그러한 것은 창조적인 역사 과정이 지향하는 곳을 향하는 정신적인 차원의 존재를 기술한 것이다. 이같은 차원에 달한 자들은 적극적인 삶(관조적인 삶은 물론)을 영위하며, 또한 유일한 유기적인 전체에 속하는 다른 사람들을 해방한다. 다른 사람들은 아직도 타락한 상태에 있다. 인간의 타락에 대한 기독교의 교리는 선악에 대한 지식(윤리 의식의 여명)의 나무 열매를 인간이 맛본 것으로 설명이 될 때 가장 잘 이해되며, 그 행위가 인간은 홀로 타락한 상태에서 벗어날 필요가 있다고 하는 "불행한 의식"을 가져왔다고 라다크리쉬난은 생각한다. 타락한 상태에서 벗어나려고 인간은 주위 환경과 혼화된 그의 동물적인 상태로부터 물러난다. 이같이 물러난다는 것은 목적이 없는 것이 아니고 인간으로 하여금 "보다 높은 수준에서 궁극적으로 정신적인 수준에 수렴"[29]하도록 몰아 간다.

28) 앞의 책, p.65.

모든 사람이 정신의 차원에 이를 때 우주적인 과정은 그 목적과 목표에
달할 것이며, 역사와 시간은 끝날 것이다. 그때에 우주적인 존재는 "절대적
인 존재로"[30] 전환한다. 그러나 이것은 이 특수한 우주의 종말만을 의미하는
것이다. 신은 "무한한 가능성"이며 이 특수한 진화의 과정과 동일한 것이
될 수 없다고 라다크리쉬난은 주장한다. 신은 "이 세계의 과거, 현재 그리고
미래일 뿐 아니라 그들이 실현되었든지 그렇지 않든지 간에 이 세계와 가능
한 모든 세계의 초월적인 원리이다."[31] 이 밖에도 라다크리쉬난은, 만약 과학
적인 견해들을 따라 이 우주가 에너지의 저하를 보이고 있다면 우주는 벌써
태초에 한번 끝장이 났었을 것이고 에너지 최후의 상태를 보였을 것이다.
그렇다면, "만약 그것이 일단 끝장이 났던 것이고 이러한 유형의 구조를
요구하는 또 다른 가능성이 시작되어야 할 경우, 그것이 다시 끝장이 나게
되는 것을 그 무엇이 막을 수 있을 것인가?"[32]라고 부언한다. 여기서 라다크
리쉬난은 이 특수한 우주의 "명칭과 형상"의 유형이 순환적으로 반복할
가능성을 긍정한다. 그 견해는 산카라와 전통적인 인도철학과 조화를 이루지
만 그러한 반복은 전형적인 과정이 아니라 오히려 하나의 가능성이라는
매우 중요한 조건과 조화를 이루는 것이다.

라다크리쉬난과 기독교의 아우구스티누스와 헤겔의 일환적인 역사론의 유사성

기독교적인 역사철학에 대한 아우구스티누스의 변형에서와 마찬가지로
라다크리쉬난은 멍에와 정신의 자기 소외(타락으로 상징된)로부터 시작해서
정신(브라마로카 혹은 신의 왕국)에 복귀함으로 끝나는 철두철미 정신에 이끌
린 일환적인 과정을 가정한다. 헤겔의 역사철학 중에는 역사의 의미와 목적
에 관한 그와 유사한 이론이 있다. 헤겔에 있어서 또한 역사는 변증법적으로
정반대인 물질 속에서 정신의 자기 소외에서 시작하여(라다크리쉬난의 견해와
마찬가지로) 생명과 지성 그리고 정신의 단계(가장 높은 수준의 지성 혹은 이
성)를 통하여 변증법적으로 발전한다. 정신은 발전의 목표이며, 이러한 수준
에서 자유는 실현된다. 이런 자유는 절대자의 영원한 존재의 부분과 절대

---

29) 앞의 책, p.49.
30) 앞의 책, p.46.
31) 앞의 책.
32) 앞의 책, pp.46 이하.

필수적인 구체적인 현현으로서의 절대자와 개체의 동일성에 대한 자기 의식적인 실현이다. 정신과 구체적인 과정의 목표와 종말로부터 정신으로 복귀하는 순환은 라다크리쉬난과 헤겔의 역사철학에선 모두 똑같은 것이다. 브래들리(F.H. Bradley)는 그의 위대한 작품 「현상과 실재(*Appearance and Reality*)」에서 이성──용어들, 관계들, 주관-객관의 범주들에 있어서 이성의 사고 양식과 더불어 합리적인 추리──의 견지에서 헤겔의 정신에 대한 개념은 자체를 초월한 이성 자신의 논리(혹은 어떠한 논리학에 의하여) 주관 객관의 범주들, 용어들과 관계들이 하나의 직접적이고 영원한(무시간) 실재가 되는 절대자에게 인도된다는 것을 보여 준다.[33] 그러한 실재는 라다크리쉬난과 고전적인 인도의 유심론자들이 의미하는 정신이다. 서양철학과 종교와 관련하여 정신(특히 기독교와 기독교의 성육신 개념)에 대한 라다크리쉬난의 해석은 이들 체계의 불가분의 부분인 역사철학을 포함하여 총체적으로 동양철학과 서양철학(관념론자), 동양의 종교와 서양의 종교 사이에 놓인 심연을 메운다. 「타임스 리터러리 서플리멘트(*Times Literary Supplement*)」라는 저명한 잡지의 1934년 5월 3일자에서는 다음과 같은 일절로 라다크리쉬난의 심연에 대한 교량 역할을 증언한다.

  브래들리를 사로잡았던 문제──절대자와 종교적인 체험의 신 사이의 관계에 대한 문제──에 대담하게 맞서서 브래들리가 유한한 자아에 대한 궁극적인 실재를 부인하는 중에 암시하였을지 모르지만 결코 완전히 명백하게 말하지 못하였던 라다크리쉬난의 절대적 유심론의 형이상학은 하나의 종말론의 형식으로 그 문제에 대담하게 맞서서 답함으로써 동양과 서양의 참다운 융화를 보여 준다. 선존재(先存在, pre-existence)와 윤회설에 대한 가설들을 실증하며, 드디어 모든 정신이 온전하게 되고 칼마의 순환으로부터 해방되며 신의 목적이 성취되고 신 자신이 절대자로 환원되며, 이런 까닭으로 개체화에의 충동을 정지함으로써 창조는 회복됨과 동시에 무효로 되는 극치를 생각하는 인도의 유심론으로부터 본질적으로 파생된 문제의 해결책을 라다크리쉬난은 제시한다. 이 자리에선 오묘하고 고상한 철학 체계를 찬성한다든가 반대하는 문제를 논하자는 것이 아니다. 그러나 적어도 모든 문의자들 스스로가 이러한 종말론과 '개체의 가치와 운명'을 주장하는 것 사이에 놓인 심연이 궁극적으로

---

33) F.H. Bradley, *Appearance and Reality*(New York : Macmillan, 1908).

메워질 수 있는 것인가의 여부를 자문한다는 것은 당연한 것이다. 긍정적으로
답할 수 있다고 느끼는 자들은 라다크리쉬난을 고매한 정신철학의 탁월한
해설자(그가 확실히 그런 것처럼)로서뿐만 아니라 새로운 종합의 창시자로서
충분히 맞아들일 수 있을 것이다.[34]

마르크스의 견해와 비교된 라다크리쉬난의 일환론

라다크리쉬난은 마르크스의 변증법적인 유물론이 유형과 본질에서 창조적
인 활동과 지력 그리고 정신이라고 부를 만한 자질들을 이끌어 내는 변증법
적인 자기 운동을 가정한다는 것을 지적한다. 그러나 이들 발전은 정신보다
오히려 물질의 우월성을 강조하므로 정신은 단순히 물질의 산물 혹은 물질
에 대한 일종의 의식적인 추리 활동이 되고 만다. 마르크스주의자들은 "물질
이 움직이는 방식은 '객관적 변증법'이며 의식에서의 그 반영은 '주관적 변증
법'"[35]이라 확신한다고 라다크리쉬난은 말한다. 마르크스주의자들은 이 둘의
관계에 대하여 아무런 설명도 제시하지 않으며, 그들이 제시한 것이란 "해석
의 방법일 뿐 역사철학은 아니다"[36]라고 라다크리쉬난은 생각한다. 적극적인
면으로 생각해 볼 때 저들은 "통일의 근원을 포함하는" 자연과 우리들과의
유사성을 강조한다.[37] 그러나 인간과 자연 사이의 이원론은 "헤겔에서처럼
자연을 정신의 형식으로 만든다든지, 마르크스에서처럼 정신을 자연의 형식
으로 만들기 때문에 철폐시킬 수가 없다."[38] 자연과 인간 그리고 역사에 대한
헤겔과 마르크스의 변증법은 모두 절대 정신을 가정할 필요가 있으며, 그것
으로부터 전체의 구체적인 우주가 나왔다가 그에게로 다시 돌아가는 것이라
고 라다크리쉬난은 생각한다.

이 세계의 인간 사회는 유기적인 것이며, 그 사회의 격률은 신의 왕국(브
라마로카) 시대에 운위될 "개체를 위한 전체 그리고 전체를 위한 개체"가
될 것이라는 생각에서 마르크스와 라다크리쉬난의 관념론은 어떤 유사성이
있을 것으로 보인다. 양자의 견해에서 이 목표(자유)는 인간 역사의 종말이

---

34) 앞의 책, p.47. 라다크리쉬난에 의한 인용.
35) 앞의 책, p.33.
36) 앞의 책.
37) 앞의 책.
38) 앞의 책.

다. 아우구스티누스와 기독교의 역사 이론에서도 꼭 같은 목표를 역사의
종말로 본다. 일체의 정신(혹은 마르크스의 언어로 인간)의 유기적인 사회는
모든 고난, 즉 생존의 괴로움과 고통의 이유이며, 목표이다. 그러나 새로운
신의 왕국 시대는 라다크리쉬난과 기독교에서는 영원 속에 병탄될 것이지
만, 마르크스와 헤겔에서 그 왕국은 이 세상의 것이 될 것이며, 그것은 오로
빈도의 영지적인 존재들의 새로운 왕국에 대해서도 또한 진실이다. 이 점에
서 오로빈도는 라다크리쉬난보다는 마르크스주의와 유심론자의 사상간의
공백을 메우는 데 훨씬 유리하지만 라다크리쉬난은 종말에 관한 기독교의
사상에 훨씬 가깝다.

그러나 이 부분에서 논의된 근대적인 견해들——성 아우구스티누스가
고전적으로 체계를 수립한 기독교, 배화교, 헤겔, 마르크스 그리고 현대 인도
의 유심론자 오로빈도와 라다크리쉬난의 견해——은 인간 역사에 대한 일환
관을 공통으로 가진다. 인간 역사의 목표는 한 사람의 선이 전체의 선이며,
한 사람의 고난이 만인의 고난이 되기 때문에 괴로움이 거의 또는 전혀 없는
새로운 유기적인 사회에서의 인간의 해방이다. 이들 자유 정신 중에선 유기
적인 통일의 기반인 사랑이 지배할 것이므로 "거기서는 밤이 존재치 않을
것이다." 그때 시간은 영원 속에 병탄되고 일체는 용해되어 다시 절대적인
존재 속으로 들어가며 시간 과정의 목적과 목표는 이루어지게 될 것인가?
라다크리쉬난은 이것이 반드시 일어난다고 주장하면서 고대 인도의 유심론
자의 위치와 기독교를 옹호한다. 이 부분에서 논의하였던 다른 일환론적인
사상가들은 그같은 목적의 완성을 부인한다. 절대적인 확신을 가지고 무엇이
일어날 것인가를 말할 수 있는 사람은 하나도 없지만 라다크리쉬난은 고대
인도인의 견해[39]를 매우 그럴싸하게 만들어 보여 준다.

본서의 다음 마지막 부분에서는 순환관 자체를 인간 문화의 순환이라고
하는 매우 협소한 범위로 국한시킨 것들에 관심을 기울일 것이다. 20세기
이론들과 이들 이론의 위대한 두 선구자를 보게 될 것이다.

---

39) 고전적 인도 유심론자의 견해는, 말할 것도 없이 다순환의 역사철학이다. 그러나
   이 견해와 라다크리쉬난의 견해에서 이 세계 순환은 절대에의 재병탄으로 끝난다.
   두 견해는 이것을 공통으로 한다.

제Ⅲ부

문화 순환론

제1장
20세기 문화 순환론의 위대한 선구자
────이븐 할둔과 비코────

1. 이븐 할둔
────「무카디마」(1733년 완성)────

20세기의 문화 순환론자들 가운데 으뜸 가는 위대한 인물은 오스발트 슈펭글러(Oswald Spengler)이다. 슈펭글러는 역사를 소우주적인 인간 유기체의 생활 순환과 꼭 같은 유형을 가진 대우주, 즉 인간 문화 유기체의 흥망성쇠의 순환으로서 이해한다. 봄과 유년기, 여름과 청년기, 가을과 성숙기, 겨울과 노쇠기라고 하는 단계는 각기 전형적인 현상과 더불어 본서 제1부에서 기술한 대회년의 상징과 마찬가지로 일찍이 좀더 신화론적인 수준에서 예기되었다. 그러나 유기적인 대우주와 소우주의 상징이 적용되는 더욱 서구적인 객관철학과 사회학적 방법론은 다음에서 접하게 될 것과 마찬가지로 위대한 모슬렘의 사가(史家) 이븐 할둔(Ibn Khaldun)의 역사철학에서 예견되었다.

그의 역사학 「무카디마(*Muqaddimah*)」의 위대한 서론에서 비코(Vico)보다 거의 4세기나 앞서 이븐 할둔은 역사를 '하나의 과학'이며 '사회과학'이라고 분명히 부른다.[1] 그는 이 "독립적인 과학"[2]의 주제를 우리에게 알려 준다.

독립적인 과학은 그 자체가 세계 문명과 동일한 인간 사회의 조직에 관한 지식이다. 그것은 예를 들어서 야만성과 사회성, 집단 감정과 하나의 인간 집단이 다른 집단에 대해서 우위를 차지하는 서로 다른 생활 방식과 같은 문명

────────────────
1) 이븐 할둔, 「무카디마(*The Muqaddimah*)」역사에 대한 서론, Franz Rosenthal이 아랍어로 부터 번역, 3 Vols., Bollingen Series, XLIII(New York: Pantheon Books, 1958), Vol. I, p.77.
2) 앞의 책.

의 본성에 영향을 미치는 그러한 상황을 다룬다. 그것은 (이같은 방식으로)
황실의 권위와 왕조와 그 내부에 존재하는 다양한 계급을 다루는 것이다.
(그것은 더 나아가서) 갖가지 종류의 돈벌이에 급급한 직업과 생계를 얻는 방
식, 그들의 활동과 노력의 부분으로서 인간이 추구하는 과학과 기술, 그리고
바로 그 본성을 통한 문명에서 비롯된 그 이외의 모든 제도를 다루는 것이다.[3]

그는 지리적인 영향으로 고도한 문화가 발생할 수 있다고 하는 몽테스키
외와 버클리와 같은 후대의 서구 사상가들의 '실증주의적'인 이론에서부터
자기의 연구를 시작한다. 기후는 대단히 중요한 것이라고 그는 말한다. 온대
지역의 사람들은 "그들의 신체와 피부색과 성질, 그리고 (일반적인) 여건에
서 좀더 온화하다(균형이 잘 잡혀 있다)."[4] 실제로 그들은 모든 것——가옥,
의식, 기술——에서 온화하며 최선의 밑천을 갖는다. 그는 온대 지역으로서
마그리브(Maghrib), 시리아, 두 개의 이라크, 서인도, 중국, 스페인, 유럽의
기독교 국가들, 갈리키아를 꼽는다. 이집트의 남부 아프리카와 한대(寒帶)
의 북쪽과 노예의 본토와 같은 비온대 지역의 사람들은 "어리석은 동물"[5]
과 같다.

음식물 역시 사람으로 하여금 보다 고상한 차원의 행동을 유발하는 데
중요한 것이다. 예를 들면, 우유를 섭생하면 사람과 동물은 몸이 튼튼해지고
정신 감응이 예민해진다.

문화란 온대 지역과 건강한 사람들에게서만 가능하다는 사실을 입증하려
시도하고 나서 이븐 할둔은 문명의 발생과 경과 그리고 몰락을 대강 말한
다.[6] 실제로 그는 오직 하나의 왕조가 일어났다가 몰락하는 순환을 더듬어
가지만 그가 넌지시 행하는 일반화는 토인비, 슈펭글러, 소로킨(Sorokin)과
같은 최근의 역사철학자들이 사용하는 문명이라는 용어와 같은 전체 문명의
과정에 적용한다.

이븐 할둔은 아리스토텔레스를 따라서 인간은 사유할 수 있는 유일한
동물이라고 주장한다. 그리고 이븐 할둔은 다시 아리스토텔레스를 좇아서

3) 앞의 책, p.71.
4) 앞의 책, p.167.
5) 앞의 책, p.168.
6) 문명을 이븐 할둔은 인간 조직의 야만 상태를 넘어선 단계로 의미한다.

인간은 정치적인 동물이다——그의 지력은 집단내에서의 협동의 장점을 알고 있다고 말한다. 집단 생활은 가족과 더불어 시작하여 민족의 관계로 확장된다. 인간 문화의 유목 단계(유랑민)는 여기서부터 시작하며 이 단계로부터 더욱 높은 문명이 전개된다. 그러한 발전의 유형은 소우주, 즉 개체 인간의 생활 순환(life cycle)을 유추하여 더듬게 된다.

비록 "한 사람의 회교도의 생명이 60년에서 70년밖에 지속할 수 없다"고는 하지만 "의사와 점성가들의 의견으로는" 개체 인간은 120년의 "자연 수명"을 가지고 있다.[7] 왕조의 문명 순환 역시 꼭 같은 기간의 수명을 누린다. 그 기간이란 3세대이며, 한 세대는 40년이다.[8] 제4세대에 이르러 그 최후(겨울)에 달한다. 그같은 한 왕조(문명)의 생활 순환은 자연 만물의 생활 순환의 유형을 따르기도 하지만 특별히 인간의 생활 순환을 따른다. 이븐 할둔은 다음과 같이 말한다.

　　요소들의 세계와 그것이 포함하는 일체는 존재하다가 쇠퇴한다는 것을 알아야 한다. 이것은 세계의 실체와 세계의 상황에도 적용이 된다. 광물, 식물, 인간을 포함한 일체의 동물과 그 밖에 다른 피조물은 눈으로 볼 수 있듯이 존재하다가 쇠퇴한다. 피조물에 영향을 미치는 상황에도 꼭 같은 것이 적용된다. 학문도 성장하다가 없어진다. 기술과 유사한 것에도 꼭 같은 것이 적용된다.[9]

문명은 유랑민의 부족 생활에서부터 발생한다. 왕권(하나의 왕조)이 존재하면서부터 보통 4세대를 계속한다. 문명 발생의 제1단계인 제1세대에선 용기와 완고함, 침략성의 야성적인 자질들이 나타남으로써 "집단 감정의 힘은 꾸준히 보존된다."[10] 제2세대, 즉 문명의 제2단계에선 부가 축적되어 정주 문화(定住文化)가 존재한다. 이제는 한 사람(지배자)이 자신을 위해서 모든 영광을 요구하는 반면에 다른 사람들은 너무 게을러져서(영광을 바라고) 투쟁하지 않기 때문에 야성적인 힘의 자질은 사그러지기 시작하며, 교만한 우월감으로부터[11] 저들의 태도는 추종적으로 변한다. 이것은 집단 감정의

---

7) 앞의 책, p.343.
8) 앞의 책, p.344.
9) 앞의 책, p.278.
10) 앞의 책, p.344.
11) 앞의 책.

힘을 줄인다. 그럼에도 불구하고 이전의 몇 가지 전형적인 힘들은 여전히 제2세대의 사람들 가운데 남아 있다. 왜냐하면, 저들은 제1세대의 사람들과 직접적으로 개인적인 접촉을 가지기 때문이다.

제3세대는 야성적인 자질들을 완전히 잊어버린다. 정주 문화는 강창하여 정점에 달한다. "사치는 극에 달한다."[12] 통치자의 정체(政體)는 막강하며, 사람들은 의존적이며 추종적인 자세를 취한다. 그들은 "자기들 뒤에 있는 부녀자들보다 더 소심하게" 된다. 통치자는 병사들을 혈촌이나 친족 집단의 외부에 배치하여 왕조를 방어하여야 한다. "집단 감정은 완전히 사라진다."[13] 외부의 인사들은 단순히 녹(祿)을 먹는 노동자의 신분을 갖게 되며 녹을 먹는 노동자는 그 집단을 위해서 자기의 생명과 몸을 바치지 않을 것이다. 그러므로 이 외부의 식객들과 엄호 부대는 왕조를 보존한다는 것을 탐탁하게 생각하지 않는다. "집단 감정"이 존재하는 곳에서만 왕조를 위해서 생명을 걸 만한 자극이 충분히 존재한다. 집단 감정이 사라지면서 그 왕조는 "늙고 퇴색하는 것이다."[14] 제2세대의 목격자는 "(조상 때부터 전해 온) 위광"의 파멸을 떠들어대며 말한다. 이는 문명의 끝장인 것이다. 그렇게 되면 한 지방의 명문 집안이 왕권에 봉기하여 이전 왕가의 영토를 인수하거나 외국의 세력이 침략하게 된다. 그러나 새로운 왕권도 꼭 마찬가지로 그러한 왕조의 순환을 거듭한다.

이븐 할둔은 순환의 모든 단계, 특별히 제1의 단계와 제3의 단계 혹은 문명이 절정에 달하게 되는 정착 단계에 관해서 많이 언급한다.

제1단계에서 집단 감정은 왕권의 발생에 불가결한 근본 현상이다. 그러한 집단 감정은 유랑민의 특징이 되는데, 그들의 생활 양식은 정착 생활과 도시 생활을 전제로 하며, 언제나 그것을 향해 나아간다.[15] "집단 감정은 (혈연) 관계나 그와 일치하는 어떤 것으로부터 발생한다."[16] 이처럼 혈연 결속이 (존중되는 것은) 간혹 예외적인 경우도 있으나 사람들 사이에선 자연스러운 것이다."[17] 그것은 개체가 가까운 친족이나 심지어는 먼 친족을 위해서 생명

---

12) 앞의 책.
13) 앞의 책, p.345.
14) 앞의 책, p.345.
15) 앞의 책, pp.252~253.
16) 앞의 책, p.264.

과 육체의 위험을 무릅쓰도록 이끌어 가며 집단내에서 상호 협조와 도움을
위한 자연 자원이다.[18] 집단 감정은 또한 "적 때문에 느끼게 된 공포감을
증가시킨다."[19] 한 문중이 왕권이나 커다란 왕조의 세력에 봉기한다는 것은
집단과 집단 감정을 통해서만 가능한 것이다. "이는……공격력과 방어력이
(상호의) 애정과 서로를 위해서 기꺼이 싸우다 죽으려는 것을 의미하는 집단
감정을 통해서만이 얻어지기 때문이다."[20] 왕권을 배출한 귀족 사회와 문중
은 집단 감정을 나눈 자들에게서만 가능한 것이다. 한 문중은 집단 감정을
널리 퍼뜨린 그 일가 조상들 가운데 출중한 인물의 자질을 통하여 참신한
귀족 사회를 자기 것으로 얻게 되며 그러한 일가는 왕권에 대항하여 봉기할
수 있을 것이다. "집단 감정이 목표로 하는 것은 왕권의 획득이다."[21] 그
용어의 진정한 의미에서 볼 때에 족장권(chieftainship)이 먼저 생겼고,[22] 다음
에 왕권(royal authority)이 생겼다. 왕권(통치권의 몇 가지 양식이 가지는 의미에
서)은 "인류에게 자연스러운 것이다"라고 이븐 할둔은 생각한다. 그가 제시
하는 몇 가지 이유를 보면 마치 홉스(Hobbes)가 「리바이어던(*Leviathan*)」에서
제시한 것과 같다. 이븐 할둔은 다음과 같이 기록한다.

> 왕권은 인류에게 자연스러운 제도인 것이다. 우리는 앞에서 인간은 사회
> 조직을 통하여 식량과 (다른) 생활 필수품을 얻기 위하여 협동하지 않으면
> 살 수도 없고 존재할 수도 없다는 것을 설명하였다. 저들이 조직체를 구성하면
> 저들은 서로 거래하고 (이런 까닭으로 저들의) 요구를 충족시킨다는 것은 필연
> 적으로 요청되는 것이다. 동물의 본성에는 불의와 침략성이 있기 때문에 각
> 사람은 그가 필요로 하는 것이면 무엇이고 간에 손을 뻗쳐 취하려고 한다.
> 반대로 다른 사람들은 그가 빼앗으려는 것을 방지하려 할 것이며, (자신의 재산
> 이 위협을 받게 될 때에) 분노와 원한과 완강한 인간적인 반동에 의하여 자극을
> 받게 된다. 이로 말미암아 알력이 생긴다. 알력은 적의를 품게 하고 적대 감정
> 은 (인류를) 파멸로 몰아간다. 자,(인류라고 하는 것은) 창조자가 각별히 보존하

---

17) 앞의 책.
18) 앞의 책, p.263.
19) 앞의 책.
20) 앞의 책, p.313.
21) 앞의 책, p.284.
22) 앞의 책.

라는 (우리에게 이르신) 것 가운데 하나다.

　이런 까닭으로 사람들은 그들을 계속 떼어놓을 통치자가 없는 무정부적인
상태에선 존속할 수가 없다. 그러므로 저들은 저들을 억제할 사람을 필요로
한다. 그가 바로 저들의 통치자인 것이다.[23]

　가장 저급한 수준의 통치권인 족장직은 그 용어를 더욱 엄밀히 정의하면
왕권은 아니다. "실제로 왕권은 백성을 지배하고 세금을 징수하며 (군대를)
출정시키며, 변경을 지키고 그보다 강한 자들이 아무도 그곳을 넘지 못하게
하는 자에게만 속하는 것이다."[24] 그러한 왕권은 문명에 속하는 정치적인
형식이며——문명은 그러한 권력의 흥망성쇠의 순환에 속한다.

　통치자로서의 두목을 가진 종족은 수적으로 우세하거나, 다른 문중이 퇴폐
하거나, 아니면 또다른 이유로 궐기하여 다른 문중을 정복할 것이다. 그러나
"넓은 세력과 커다란 왕권을 가진 왕조는 예언이나 진실한 선전 조직에 입각
한 종교에 그 기원을 가진다."[25] 문명의 근거로서 종교에 중요성을 두는 것은
또 다른 현대적인 통찰력이다(우리는 다음 몇 장에서 문명의 문화 구조에서
이 제도의 의의를 이해하게 될 것이다). 이븐 할둔은 종교의 중요성은 다양한
집단 감정을 가진 다양한 부족들을 단합시키는 그 힘에 있다고 생각한다.
모슬렘 신앙하에 아랍 부족들이 보여 준 실례와 마찬가지로 이 부족들은
종교에 의하여 시기와 질투 그리고 오만을 극복하여 한 사회로 뭉친다. 공통
의 종교적인 열렬한 신앙으로 불이 붙은 그러한 커다란 통일 집단은——
모슬렘 아랍인들의 경우처럼——수적으로나 영토의 범위에서 훨씬 큰 적을
이길 수 있다. 종교는 집단 감정을 위한 더욱 광범위한 근거를 마련한다.
집단 감정은 그 사회로 하여금 우월감을 느끼게 하는데, 아랍의 종교는 저들
의 우월감에 훨씬 큰 근거를 마련해 주었다.[26] 그러한 우월감은 왕권을 낳는
다.[27] 부족의 집단 감정처럼 종교는 하나의 구심점을 마련하며 거기서 사람들
은 생명과 몸을 기꺼이 바치려고 들 것이다. 종교만이 오만하고 개인주의적

---

23) 앞의 책, pp.380~381.
24) 앞의 책.
25) 앞의 책, p.319.
26) 앞의 책.
27) 앞의 책.

인 아랍 부족들을 단합하는 강렬한 기반이었다고 이븐 할둔은 내다보았다. 그러나 종교 자체가 성공적으로 발전하기 위해선 집단 감정에 의존하게 된다고 그는 덧붙인다. 마호메트의 경우처럼 몇몇 가족 집단은 예언자를 보조하지 않으면 안 된다. 종교적인 전도는 집단 감정이 없으면 파급될 수가 없다. 왜냐하면, "필요에 의하여 서약을 하는 모든 모임(정치적인)은 집단 감정을 요구하기 때문이다."[28]

종교적인 기반으로 단합한 아랍 부족들은 곧 근동과 지중해 연안 제국과 스페인에 이르는 왕권을 수립할 수 있었다. 이 지역에 있던 대부분 국가의 민중은 집단 감정이 거의 없다——그들의 통치자는 퇴폐적인 단계에 있었다 (모든 문화의 쇠퇴기에 내부의 프롤레타리아와 외부의 프롤레타리아에 대해 다음에 기술한 토인비의 유사한 사상과 비교하라). 이같은 집단 감정의 결여로 말미암아 아랍인들은 이들 국가에서 왕조를 세우는 데 여간 쉽지 않았다.

한 왕조가 세워지면 위에 언급한 순환이 거듭되지만 각 단계에 대해서 보다 충분하게 설명을 해둘 필요가 있다. 이븐 할둔은 후에 「무카디마」에서 그 단계를 다섯으로 늘렸다.[29]

(1) 제1의 단계는 모든 반대를 성공적으로 물리치고 "이전 왕조로부터 왕권을 취하는"[30] 단계이다. 지배자는 이제 자기 민중의 전형적인 지도자가 된다. 그는 자기의 조세 정책이나 재산을 지키는 데 공정하며, 군대를 풀어 방위한다. "그는 (자기의 민중을) 저버리고 자신을 위해서 무엇이나 배타적으로 요구하지는 않는다. 왜냐하면 (그러한 자세는) 집단 감정에 의해서 얻어진 것이며, (그 왕조에) 우월성을 갖게 한 것은(집단 감정이었으며), (집단 감정은) 아직도 이전과 마찬가지로 계속 존재하기 때문이다."[31]

(2) 제2단계는 지배자가 자기의 국민을 완전히 지배하고 그들을 저버리며 오로지 자신만을 위하여 그 몫을 얻으려고 저들을 방해하는 단계이다. 자신과 자기 일족을 위해서 모든 것을 취하는 1인 통치자의 영광과 이기심은 게으르고 천박하며 비굴하게 된 다른 사람들의 야망을 억제한다.[32] 모든

---

28) 앞의 책, pp.322~324.
29) 앞의 책, p.353.
30) 앞의 책.
31) 앞의 책.
32) 앞의 책, pp.339~340.

권력을 사용화(私用化)함으로써 통치자와 그의 일족은 집단 감정을 깨뜨리기 시작한다.[33] 외부의 사람에게 행정부의 잔일이 맡겨진다. 그러나 친족들은 그런 일을 하지 않는다.

(3) 이것은 통치자가 완전하게 권세를 누리는 마지막 단계이다. 관할 영역에선 대체로 평온하기 때문에 통치자는 도시 건설과 큰 건물과 기념관을 짓는 데 많은 금액을 소비할 수 있는 절정의 단계이다. 그는 자기 병사들에게 아낌없이 돈을 지불하며 외국 사절에게 은급을 베풀며 대개 "자신의 국민들에게 하사품"[34]을 내려 준다. 그가 세금으로 모을 수 있었던 돈은 그로 하여금 국가를 운영하는 데 "고용된 도움"에 값을 지불할 수 있게 한다.

(4) 제4의 단계는 "노력을 중지하는" 단계이다. 이븐 할둔은 이 단계에서 "통치자는 그의 조상들이 지어 놓은 것으로 만족한다"고 말한다. 이전의 통치자들이 세워 놓은 전통적인 양식들을 조심스럽게 답습한다.

(5) 이것은 노쇠의 단계이다. 이븐 할둔은 다음과 같이 기술한다.

> 제5의 단계는 낭비와 탕진의 단계다. 이 단계에서 통치자는 자기 내부의 집단과 당파에 지나치게 관인대도(寬仁大度)함으로써 조상이 축적한 (재화를) 쾌락과 오락으로 낭비한다. 또한 그는 질이 나쁘고 저급한 부하들을 얻어 저들에게 (나라의) 가장 중요한 일들을 맡기나 저들은 그 일을 스스로 처리할 능력을 갖추지 못하여 어떤 일에 노력을 경주하고 어떤 일을 내버려 두어야 할지를 모른다. 이 밖에도 통치자는 전임자의 부하와 백성 중 훌륭한 평민 귀족들을 파면시키기로 한다. 이런 까닭으로 저들은 그를 미워하기에 이르고 그를 지지하지 않기로 모의한다. (더욱이) 병사들의 급여를 지불하는 대신에 쾌락에 낭비한다. 그리고 자신에 가까이 오지 못하게 담을 쌓고 그들을 (적절하게) 감시하지 않음으로써 많은 수의 병사를 잃는다. 이렇게 함으로서 그는 그의 선조가 이루어 놓았던 기초를 허물고 그들이 건설하였던 것을 무너뜨린다. 이 단계에서 그 왕조는 노쇠 현상과 만성 질병에 걸려 좀처럼 그 자체로부터 벗어날 수 없어 치료할 방도가 없게 되며 결국은 멸망당한다.[35]

이것이 바로 한 왕조가 걸어 나가는 길이다. 이븐 할둔은 때때로 3단계,

---

33) 앞의 책.
34) 앞의 책, p.354.
35) 앞의 책, p.355.

4단계, 혹은 5단계를 이야기한다. 그는 햇수에 대한 절대치를 제시하지는 않으나 위에서 120년이 그럴 듯한 숫자라는 것을 우리는 보았다. 그러나 그는 보다 장기간 치세하는 왕조에 대해서 언급한다. 일반적인 유형은 단계의 수나 왕조가 집권하는 햇수에 관계없이 똑같다. 그리고 쇠퇴의 단계는 모두가 꼭 같다. 통치자가 모든 영광을 자신과 자기의 직계 일가를 위해서 취할 때 정말로 붕괴되기 시작하는데 이는 집단 감정의 붕괴가 시작되기 때문이다.[36] 그러나 대체로 한 왕조의 세력이나 어느 문명을 쇠퇴하게 하는 결정적이며 불가피한 다른 요소가 있다. 이것은 정주 문화다. "정주 문화는 문명의 목표다."[37] 그러나 그것은 또한 "문명의 수명이 다했음과 문명의 타락을 의미한다."[38] 소우주, 즉 인간 개체는 40세에 성장 활동을 중지하며 자기 세력을 넓히는 것과 마찬가지로 하나의 문명도 정착하게 될 때에 성장하지 않는다. 그리고 "과도한 정주 문화"는 문화의 영락을 가져온다.

정주 문화는 위에서 열거한 3, 4, 5의 단계에서 지배적이다. 그것은 "여러 양식의 사치스런 생활 방식의 채택과 사치스런 생각에 수반되는 것들의 배양 그리고 요리, 재봉, 건축, 양탄자와 질기를 만드는 것과 일체의 다른 부분의 가정(경제)과 같은 온갖 다양한 종류의 (사치에) 품위를 주는 기술에 탐닉하는 것 등과 같은 것으로 정의된다."[39] 단순한 야성적인 생활은 이 가운데 아무것도 필요로 하지 않는다. 그러나 그와 같은 사치스런 생활을 맛보고 그것이 문화에 퍼지면 종교와 도덕은 뿌리로부터 침해를 받게 된다. 사치의 습관은 보통 사람을 타락시킨다. 정착하는 사람은 너무 약하여 몸소 자기의 필요를 돌볼 수 없으며, 그렇지 않은 경우에는 너무나 교만하다. "사람은 그가 자신을 위해서 필요한 것을 주선할 수 있고 해로운 것이 얼씬 못하게 하는 한에서만 사람이다."[40] 인간은 습관의 자식이라고 이븐 할둔은 현명하게 관찰했다. 사람은 자기 집단의 습관을 모방하며 만약 이들이 사치스럽고 쾌락을 좋아하면 개체도 이같은 유형을 따른다.

지나치게 사치스런 생활, 고율의 세금, 높은 가치와 전반적인 통화 팽창은

---

36) 앞의 책, pp.372~373.
37) 앞의 책, Vol., II, p.291.
38) 앞의 책, p.291.
39) 앞의 책, p.292.
40) 앞의 책, p.296.

습관적인 방식의 생활을 더 한층 불안스럽게 만든다. 도덕은 더 한층 타락하고 사람들은 사치 생활을 하기 위해서 혹은 그것을 지탱하기 위하여 속이고 거짓말하며, 도박과 기만, 협잡과 도둑질 그리고 고리대금업을 일삼는다. 도회지에는 곧 "지탄받아 마땅한 저급한 성격의 사람들로 들끓게 된다."[41] 고위층의 사람들과 심지어 왕조의 일가 요원들까지도 부패한다. "만약 이 (상황이) 마을 혹은 국가에 퍼지면 신은 그것이 파멸되거나 멸망당하게 하신다."[42] 왜냐하면, "한 사람의 힘과 성격이 그리고 종교가 타락하면 그의 인간성은 타락하며 실제로 그는 변하여 동물이 된다."[43] 그러므로 이븐 할둔은 "정주 문화의 단계란 문명과 왕조의 생명이 멎는 점인 것이 분명하다"[44]고 말한다.

이븐 할둔은 다음에 더 나아가서 정주 문화의 모든 면을 더욱 세밀히 조사한다. 경제학의 분야에서 그의 관찰은 현대적인 논조를 띤다. 그는 마르크스를 앞지르는 노동 가치설을 말한다.[45] 만약 노동자가 얻는 이윤이 그가 필요로 하는 것과 같으면 그들은 생활을 유지할 수 있다. 만약 이윤이 그가 필요로 하는 것을 초과하면 초과된 이윤은 자본의 축적이 된다. 농업과 기술 그리고 상업은 생계를 세우는 자연의 방식이며, 이 가운데서 농업은 으뜸가는 자리를 차지하는데 그것은 아담의 직업이었기 때문이다. 종이 된다는 것은 생계를 세우는 자연의 방식이 아니며 이븐 할둔은 그것을 경멸한다. 가능하다면 아무도 이같은 방식으로 자기의 생계를 세우지 않을 것이다.

전문적인 수준에 도달한 음악은 사치 혹은 정착 단계에서 보다 나은 삶의 쾌락 가운데 하나이다. 음악은 미의 한 형식이며, 미의 형식은 조화이다.

> 인간에게 가장 적합하며 그 중에서 십중팔구 완전한 조화를 감지하게 되는 대상은 인간의 형상이다. 이런 까닭으로 모든 사람은 자기 본성의 한 요구로서 시각과 청각의 대상에서 미를 열망한다. 청각의 대상에서 디란 화음이며, 불협화음은 없다.[46]

41) 앞의 책, p.293.
42) 앞의 책, p.294.
43) 앞의 책, p.297.
44) 앞의 책.
45) 앞의 책, p.311.
46) 앞의 책, p.398.

그가 정주 문화의 학문을 설명하고 비평한 것은 주목할 만한 가치가 있다. 모든 동물 가운데서 유독 인간만이 향유한 사유 능력은 과학과 지적인 활동을 낳는다. 그는 자기가 살던 당시의 문명이 지닌 학문을 다음과 같이 열거한다. 철학적인 학문(윤리학, 물리학, 형이상학, 수학——수학은 기하학, 산술, 천문학, 음악을 포함한다.), "인습적인 혹은 전통적인 학문의 대부분은 기성 종교의 율법의 권위에 의존한다." 이들 인습적인 혹은 전통적인 과학은 코란 해석, 코란 독경, 전승(hadith) 연구, 법률학, 언어학적인 학문(사전 편집법, 문법, 문학)과 사변 신학이다.

그는 코란 연구와 수나(Sunna) 전승을 열렬하게 찬성한다. 그는 시아파를 그릇된 것으로 묘사하고 그들의 몇몇 마디들(Maddis)을 사기꾼으로 묘사한다. 이븐 할둔은 그리스 철학에 의하여 다소 혼합된 모슬렘 종교의 인간관을 취한다. 인간의 세계는 "생존하는 것들의 세계" 가운데서 가장 빼어나고 고매한 것이라고 그는 말한다.[47] 인간 자신은 (1) 각성, (2) 몽상, (3) 예언, (4) 죽음(정화와 부활의 상태)과 같은 네 가지 존재의 단계들을 가진다. 각성의 단계는 외적 감각의 지각과 생계를 세우는 데로 향한 활동과 같은 육신의 세계에 관여된 것이다.[48] 몽상의 상태는 수면 곡두의 세계이다. 이것은 상상에 의하여 지각된다. 몽상에서 "인간의 지각은 외적 감각의 지각이 갖는 것과 꼭 같은 것이다."[49] 그러나 신체는 움직이지 않는다. 장소와 시간의 요소들은 몸이 자리를 잡고 있는 곳과는 다르다. "수면에서 그러한 지각 활동은 관능적인 지각 활동이 그 다음의 수준들에서 작용하고 있다는 사실에 대한 (우리가 가진) 가장 명료한 증거다."[50]

예언의 제3의 수준은 마호메트와 같은 극소수의 사람들이 달한다. 이러한 수준은 다음과 같이 묘사된다.

　　관능적인 지각 활동이 제3의 수준——예언적인 수준——에서 어떻게 일어나는지는 알 수 없으나 그들 자신은 직관을 통한 지각(의 지식) 이상의 것을 가진다. 예언자는 신과 천사를 본다. 그는 신 자신과 천사들로부터 신의 소리

---

47) 앞의 책, Vol., Ⅲ, p.69.
48) 앞의 책, Vol., Ⅲ, pp.70 이하.
49) 앞의 책, p.71~72.
50) 앞의 책, p.72.

를 듣는다. 그는 낙원과 지옥과 신의 권좌를 본다. 그는 승천할 때 칠천(七天)을 밀어 젖히고 나간다. 그는 알 브라그(al-Burag)를 타며 (일곱 하늘에서) 예언자들을 만나 그들과 더불어 기도를 올린다. 그는 온갖 관능적인 지각 활동을 인식하는데 마치 육신을 입고 수면 상태에서 그들을 인식하는 것과 같다. (그러나) 그는 신께서 그를 위해 창조하신 일종의 필연적인 지식을 통해서 인식하는 것이지 육체에 의한 일상적인 인간의 지각 활동을 통해서 인식하는 것은 아니다.[51]

제4의 단계(죽음)는 사자도 감각적인 지각 활동을 하기 때문에 영혼이 육신으로부터 자유롭게 되거나 혹은 영혼이 육신을 되찾게 되는 무덤에서 출발한다. 이를테면 사자는 "자기를 심문하는 두 천사를 크며" 또한 "그가 낙원이나 지옥에서 차지하게 될 자리"와 같은 것도 본다. 이것이 정화(浄化, barzakh)의 상태이며 전반적으로 부활하게 될 때까지 거기서 영혼은 자기의 악행에 대해 징벌을 받거나 자기의 선행에 대해 보상을 받는다. "부활의 날에 사자는 낙원의 행복과 지옥의 징벌에 대한 다양한 등급을 마치 그들이 생시에 (일들을) 보던 것과 꼭 같이 눈으로 보고 귀로 듣게 된다. 그들은 천사들을 만나며 그들의 주를 본다."[52]

이븐 할둔은 영적인 존재로서의 유일한 신에 대한 심오한 종교적인 신념을 가진 것 같다. 인간의 목표는 낙원과 알라가 임재하신 가운데 누리게 되는 영원한 삶이며, 이 목표를 위태롭게 하는 정주 문화에 의한 영혼의 타락은 매우 한심스러운 것이다. 지적인 학문 가운데 논리학과 물리학 그리고 수학과 같은 것은 대단히 중요하게 생각한다. 천문학과 연금술 그리고 철학(형이상학)과 같은 학술 부문은 비난을 받는다. 점성술은 그릇된 학문이며, 더욱이 종교를 해치기 때문에 나쁜 것이다. 점성가들은 그들의 예언이 이루어지는 경우, 그 사건을 알라가 아니라 별신들의 지휘 때문이라고 함으로써 종교를 타락시킨다. 연금술은 협잡과 사기다. 비금속(卑金屬)을 금으로 입혀 속이는 것이다. 이것 역시 타락이다. 철학은 인간에게 매우 위험천만한 학문이다. 아무도 무슬림 종교의 학문에 대한 지식이 없이는 그것에 전심할 수 없다. 그 지식이 없으면 철학이 가지는 유해한 면으로부터 무사할 수가

---

51) 앞의 책, pp.72~73.
52) 앞의 책, p.74.

없다"[53]고 이븐 할둔은 말한다. 이들 "유해한 면" 중에 어떤 것은 아비세나 (Avicena)와 같은 철학가들의 사후에 관한 신념들이며, 그것은 코란의 말씀에 모순이 된다.[54]

정주 문화는 일반적으로 인간의 진정한 용기와 진실, 효용과 집단 감정의 특질을 손상시키고, 이러한 특질들을 초자연적으로 뒷받침하는 종교를 손상시킴으로써 인간을 타락시킨다. 종교는 매우 폭넓은 근거에서 집단 감정의 초자연적 기초를 마련한다. 또한 종교는 예언자들에게 허락된 게시적인 수준의 지식을 통하여 사람들에게 이 짧은 생을 지나 맞게 될 영원한 축복(또는 불행)의 삶에 대해 일깨워 준다. 이븐 할둔은 또한 신이 태초의 창조자며 최후의 날에 이 순간적인 세상에 종말을 가져온다고 하는 일환적인 역사에 관한 코란의 게시를 받아들인다.[55] 정주 문화는 그 관능적인 사치와 쾌락 그리고 과도한 영명(英明)으로 인간을 비정신적으로 만든다. 그것은 이러한 단계에 있는 문명의 최후의 날에 현현된 극단적인 실례들과 함께 회의주의와 비평 그리고 공허의 시대인 것이다——그날에 인간의 "성격과 종교가 부패하며 그의 인간성도 타락한다. 요컨대 그는 변하여 동물이 된다."[56]

이븐 할둔이 말하는 문화의 흥망성쇠의 단계들은 비코(G. Vico)의 영웅들의 시대와 인간의 시대와 유사하다(비코가 말하는 신들의 시대는 이븐 할둔에게선 빠져 있다). 비코의 사상에서도 역시 인간의 시대는 쇠퇴와 사람들을 타락시키는 원인이 되는 회의주의와 물질주의가 일어나서 강창하게 된다. 슈펭글러와 소로킨 그리고 토인비의 사상에서도 회의주의와 물질주의는 문명을 와해시키는 풍기 문란을 야기한다. 그러므로 이븐 할둔의 역사철학은 놀라우리만치 현대적이다. 무카디마의 번역자——프란츠 로센탈(Franz Rosentahl)——는 말하기를, 실제로 19세기 초두에 이르러서야 비로소 유럽의 학자들은 이븐 할둔을 연구하게 되었다고 한다. 1668년에서 1744년 비코가 살다가 간 후에 비코는 보다 오래전에 역사를 사회과학의 일부분으로 정하고 문명의 흥망성쇠를 야기하는 문명의 내부 역학을 확인해 보려 시도한 그의 선구

---

53) 앞의 책, pp.257~258.
54) 신체 부활에 대한 아비세나의 비평은 제2부 "모슬렘 사상의 대일환론"이라는 장에서 논급하였다.
55) 「무카디마」 앞에서 인용한 책, Vol., I, p.387.
56) 앞의 책, Vol., Ⅱ, p.297.

자와 더불어 가까스로 알려질 수 있었다.[57] 유럽의 사조에서 비코는 유형상 20세기 문화 순환론자들의 것과 유사한 역사과학을 최초로 확립했다.

2. 지암바티스타 비코
——문화 순환의 과학——

비코(Giambattista Vico)의 저서 「신학문(*The New Science*)」은 표제가 암시하는 것과 마찬가지로 역사는 과학이라고 하는 명제를 옹호한다.[58] 이븐 할둔과 마찬가지로 그는 문명의 발전에 대하여 현대 사회학적인 접근 방법을 취하며 개체로서 그리고 한 집단의 일원으로서의 인간의 본성에 근거한 그와 같은 발전의 일정한 유형을 확립하려고 노력한다. 하나의 개체로서 인간은 유년기와 청년기 그리고 성숙의 단계를 밟아 발전한다. 한 민족 혹은 문화도 유사한 단계를 밟으며 전개된다. 최초에는 신들의 시대, 다음에는 영웅의 시대 그리고 끝으로 인간의 시대라는 것이 있다. 비코는 그가 말하듯이 이집트인들로부터 세 시대의 명칭을 차용했는데, 이집트인들의 전통적인 역사는 헤로도투스(Herodotus)에 따라 3기로 나뉘어졌다(이집트 신들의 시대에 대한 기술은 본서 제2부를 보라). 신들의 모든 시대는 인간 사회의 유년 시대라고 비코는 이론을 전개한다. 우리는 이 시대에 저들의 종교적인 신념과 자세 그리고 대체로 저들의 생활 방식을 상징으로 나타내는 신화와 우화를 연구함으로써 이 단계에 관해서 많은 것을 배울 수 있다. 그러한 신화의 상징을 연구하는 것은 대체로 문헌학에 속한다고 비코는 말한다. 문헌학자들을 "역사가와 문법학자 그리고 민족의 언어와 행동을 연구하는 감정가들"로 정의를 내린다.[59]

---

57) "이븐 할둔을 재발견한 위대한 시기는 일찍이 16세기에서 시작하여 17세기에는 그 기세를 얻었다"고 Franz Rosenthal은 말한다. 17세기 서북 아프리카의 한 학자 Maqqari는 「무카디마」를 많이 사용하였다. 그러나 오스만 터키인들은 이 작품에 대단한 열성을 나타냈으며, 학자와 정치인은 "앞다투어 관심을 가졌다." 이것은 16, 17, 18세기를 지나는 동안 있었던 일이다. 그러나 19세기에 이르러서야 비로소 유럽의 학자들은 이븐 할둔을 연구하였다고 프란츠 로센탈은 누언한다(역자—Franz Rosenthal—의 「무카디마」 서론, Vol., I, pp.lxvi-ixvii).

58) 비코의 연대 : 1668∼1744.

그리스의 문학과 다른 민족의 문학에서 거인들과 외눈박이 거인들에 관한 우화와 신화들은 인간의 역사가 그러한 존재들과 더불어 시작했다는 증거가 된다. "인간 역사의 여명기에 있었던 이 원래적인 제신의 시대는 성서의 대홍수가 있은 다음에 시작하였는데, 그때에 저들의 조상 노아(Noah)의 종교도 없이 또 그 종교가 있었다고 하더라도 부인하였던(그렇게 하는 것만이 자연 상태였으며, 그때엔 결혼을 함으로써 여러 일가들이 모여 이룬 사회에 저들을 붙잡아 둘 수 있었다) 함(Ham), 야벳(Japheth), 셈(Shem)의 자손들은 대지의 깊은 삼림 속 황야를 헤매며, 부끄러워하고 순종하지 않는 여자를 좇아서, 그리고 아득한 옛날 숲속에 무성하였던 야수들을 피해 달아나면서 서로를 잃게 되었다고 비코는 생각한다. 그들은 목초지와 물을 찾느라 더 멀리 흩어 졌으며 그 결과로 오랜 기간 끝에 모두들 금수의 상태로 몰락하였다."[60] 저들의 야만스런 생활로 인하여 저들의 키는 장대하였다. 이것이 바로 저들이 '거인들'로서 신화에 알려지게 된 까닭이다. 이들 금수와 같은 인간들은 육욕에 파묻혀 뒹굴었으며, 말을 하지 못하였다. 다만 몸짓만이 의사 소통에 사용되었다.

야수적인 수준으로부터 인간적인 차원으로의 각성은 격렬한 뇌우 벽력에 의하여 자극을 받아 느끼게 된 종교적인 공포와 두려움에서 시작하였다. 그들은 동굴에서 태풍이 몰아칠 때의 불길한 힘의 공포로부터 피난처를 찾았다. 성생활 역시 질서가 잡혔다. 금수와 같은 상태의 특징인 '모계 사회' 대신에 "신의 두려움을 감지하면서 종교적으로 정숙하게 육체를 결합하는 가운데, 사람들에 에워싸여 그들은 결혼식을 엄숙하게 거행하였으며 자타가 공인된 자녀를 은밀하게 낳아 가족이 이루어졌다."[61] 그들은 죽은 자를 매장하기 시작하였고 영혼의 불멸을 믿었다. 종교란 인간을 결합하는 데 근본적인 것이며, 문명 혹은 국가 발전의 기본적인 원리의 하나라고 비코는 선언한다. 신을 인식함으로써 얻게 된 또 다른 중요한 결과는 이 사람들이

---

59) 지암바티스타 비코, *The New Science of Giambattista Vico*, Thomas G. Bergin과 Max H. Fisch에 의하여 제3판(1744)으로부터 번역(Ithaca, N.Y.: Cornell University Press, 1948), p.56.
60) 앞의 책, p.8. 비코는 분명히 "자연사"를 다루면서 유태의 역사를 빼놓았다. 유태인은 이러한 야수같은 상태로부터 발전하지 않았으며 언제나 높은 수준의 인간들이었다.
61) 앞의 책, p.8.

자기 의식을 획득한 것이었다. 즉 그들은 도덕적이며, 책임있는 존재들이 되었다. 사회 조직의 최초 형식——가정 생활——과 종교적인 각성은 언어를 발전시켰다. 최초의 어휘는 단음절이었으며, 최초의 언어는 노래였다고 비코는 생각한다. 언어는 서서히 발전되었으며, 어휘들은 신화와 연관이 되었다는 주장은 캇시러(Cassirer)의 견해를 앞지르는 것이다.[62] 시는 산문보다 훨씬 오래 된 것이다. 왜냐하면, 위에서 말한 것과 마찬가지로 인류의 유년기는 개체의 유아기(슈펭글러를 참조하라)와 같이 상상적인 생물들로 가득 차 있기 때문이다. 이 단계에선 이성이 약한 반면에 상상력이 강하다. 이 신의 시대 혹은 신들의 시대는 대략 900년간 지속되었다. 점차적으로 그것은 새로운 시대인 영웅들의 시대로 접어든다. 그의 「편년사표(編年史表)」에서 그는 역사의 형태론을 도해로서 그린다. 비코는 '아브라함의 소명'과 이집트 신들의 시대와 그리스 신들의 시대(헤시오도스의 「작업과 나날」에서 그리스의 황금 시대)가 연대적으로 동시대라고 표시한다.

그 다음은 영웅들의 시대이다. 그것은 원시 부족의 가장들이 '금수 인간', 즉 아직도 야만스러운 상태의 '거인들'을 굴복시켰을 때에 시작하였다. 이 외부 사람들을 노예와 하인으로 만들었다. 이같은 방식으로 가장과 그의 노예와 하인으로 구성된 사회가 이루어졌다. 하인들의 수가 증가하자 가장들 혹은 지배 계급과 피지배자들(노예와 하인) 사이에 투쟁이 시작되었다. 점차적으로 후자 계급의 세력이 자라서 약간의 민주적인 권리를 얻게 되었다. 그러나 그들은 제신과 접촉할 수 없었기 때문에 실제적인 통치를 할 수가 없었다. 종속 계급은 조상을 가진 가족 집단의 외부로부터 들어왔기 때문에 신들을 갖지 못한 사람들이었다. 이 하인들은 자기들 자신의 가족을 이룰 수가 없었다고 비코는 말한다. 왜냐하면 신들을 가지지 못했으므로 그들은 신성한 결혼 제도에 접할 수가 없었기 때문이다(그는 이 생각을 입증하려고 로마의 역사를 들추어 낸다). 그러므로 정부란 신들과 직접 접촉하여 비호를 받는 소수의 '개화된' 사람들의 사업이었다.

이전의 시대(신들의 시대)에 정부란 1인, 즉 자기의 가족에 대허 생살 여탈

---

62) Ernst Cassirer, *An Essay on Man*, Anchor Books 편.(Doubleday & Co., Garden City, N.Y., 1953). "언어와 신화는 근친이다. 인간 문화의 초기 단계에서 저들의 관계는 너무나 밀접하고 저들의 협조는 너무나 분명하기 때문에 저들을 분리한다는 것은 불가능하다"고 캇시러는 말한다(p.142).

권(興奪權)을 가진 가장 군주(家長君主)에 의한 것이었다 (다시 한번 비코는
이 단계를 증명하기 위하여 로마 역사에서 증거를 끌어낸다). 영웅들의 시대에는
소수(귀족 정치)에 의한 정부가 특징이다. 귀족 정치의 뜻을 확립하기 위하여
무력이 사용된다. 무력이란 그리스인 아킬레스(Achilles) 같은 위대한 영웅들
의 힘을 말하는 것이며 반대로 그들은 신을 숭배하였다. 최초 시대의 언어는
무성(無聲), 즉 몸짓을 통한 언어였으며, 쓸 때는 상형 문자를 썼다. 상형
문자는 인간의 몸짓을 그림으로 흉내내는 것이며, 종교적인 목적으로 기록되
었다고 비코는 주장한다. 그러므로 그것은 "신성한 글자"[63]의 언어이다. 영웅
들 시대의 언어란 호메로스의 시대에서처럼 상징적이며, 풍유적인, 곧 전형
적인 영웅 시대의 시인 것이다.

  영웅들의 시대에는 하인과 평민을 다스리고 복종시키기 위하여 도시가
귀족과 더불어 발단된다. 봉건주의는 영웅 시대의 전형적인 조직 양식이며,
제2의 영웅 시대인 중세 시대에 다시 나타난다. 무역과 상업이 시작되며,
전역(戰役)의 제도도 시작된다. 문화가 복잡해지는 이 단계에서 일국의 법률
은 "로마의 민법학자들이 이르는 바 공민 형평법과 우리가 말하는 국가 이성
을 기대하였다"[64](이전의 시대에 일체는 신탁으로부터 이끌어 내어졌다). 영웅들
은 자기들이 구어나 문어로 기록된 자연권을 가지고 있다고 생각한다.

> 그리고 이 공민 형평법의 결과로서 만약 그 법률이, 정해진 사례에서 거슬리
> 는 것은 아니지만 실제적으로 잔인한 것이라고 판명되었더라도 그들은 그것을
> 감당하였다. 왜냐하면, 그들은 자기들의 법이 자연적으로 그러한 것이라고
> 생각하였기 때문이다. 더욱이 저들은 자기들 자신의 최대의 관심을 가지고
> 그들의 법을 지켰으며, 그 법을 영웅들은 자기들 조국의 법과 동일한 것으로
> 간주하였고 그들은 그 조국의 유일한 시민이라고 생각한 것을 우리는 찾아보
> 게 된다.[65]

  대체로 이러한 영웅 시대에는 "무력의 자연법은 최상의 것으로 군림하였
으며" 민족들은 "서로를 영원한 적으로 간주하였고, 약탈과 해적 행위를

---

63) 앞의 책, p.31.
64) 앞의 책, p.20.
65) 앞의 책.

계속하였으니 이는 그들 사이에 전쟁이 그칠 날이 없었으므로 선전 포고를
내릴 필요가 없었기 때문이다."[66] 20세기 사회학자들이 강조하는 사회 조직
에 대한 도덕의 상대성은 또한 비코의 다음과 같은 설명에서도 나온다. 즉
"참으로 최초의 야만 시대엔 영웅들이 도둑으로 불리는 것을 명예의 칭호로
삼았던 것과 마찬가지로 다시 돌아온 야만 시대에는 강한 자가 해적으로
불리는 것을 즐거워하였다"[67](유럽에서 봉건주의 시대란 본질적으로 이집트,
그리스, 로마와 같은 최초 영웅 시대의 유형을 반복한다). 비코와 20세기 사상가
들이 그 특징을 묘사하는 바와 마찬가지로 현시대는 영웅 시대에 속하는
자질을 약간 가지고 있는 듯하다. 그러나 우리 시대는 더 한층 문명의 쇠퇴
기의 특징들이 나타난다.

영웅의 시대로부터 인간의 시대가 뒤따르게 됨은 불가피한 것이다. 그것은
로마에서보다는 일찍이 그리스에서 발단되었다. 왜냐하면, 로마인들은 뛰어
나게 영웅적인 사람들이었기 때문이다. 그리스에서 그것은 7현인들과 더불어
시작되었다. 로마에선 카르타고가 함락되고 나서야 비로소 시작되었다. 인간
의 시대란 이븐 할둔의 '정주 문화'의 단계와 슈펭글러의 '문명'의 기원과
부합하는 인본주의의 시대다. 이 시대에 모든 사람은 "인간의 본성이 평등하
다고 스스로 인정함으로써 최초의 민중 국가가 확립되었고 다음에 군주
정치가 확립되었다. 이들은 인간적인 정부의 형식이다."[68] 인간 시대의 언어
는 사람들이 일상 용어로 사용하자고 합의를 본 문자들로 이루어진 서간체
인 것이다. 일국의 법률과 법은 평등과 진리를 원칙으로 삼는다. 통례적으로
결투를 했으며, 그 결과를 신에게 의존하였던 영웅 시대와 신들 시대의
'신의 심판'과는 달리 재판이란 것이 "관례적인 것이 되었고 공소 사실의
시비곡직"에 따르게 되었다. 인간의 시대에 발견되는 권위의 특성은 저들이
가진 지혜로 인하여 명성을 얻은 박식한 사람들의 그것인 반면에 '평의원
회'의 통제는 영웅 시대의 권위였고, 신들의 시대에는 신들(속성은 선에 속하
였다)이 권위였다. 전체적으로 보아 세속주의와 자연주의는 인간의 시대에서
지배적인 것이었다. 이성과 철학은 자연법과 인간의 본성 그리고 인간 사회

---

66) 앞의 책, p.17.
67) 앞의 책, p.18.
68) 신들에 속한 초기 메소포타미아 제국의 인민이 그 땅에 노력을 기울였다고 학자의
    조사에 나타난다.

의 본성에 대한 자기 의식적인 지식을 발전시킨다. 이것이 바로 위대한 그리
스 철인들의 시대이며, 얼마 있다가 로마인들 가운데서 꼭 같은 시기가 뒤를
따르게 되었는데, 그때 저들은 인간의 시대로 돌입한 것이었다.

인간의 시대는 다음과 같은 두 시기를 가진다. (1) 그리스와 로마의 민주
주의와 같은 자유 민중 국가의 시기, (2) 전제 정치의 시기가 그것이다. "민
족들이 전제 정치하에서 쉽게 된다"고 하는 "영원한 자연적인 대법칙"은
불가피한`것이다.[69] 자유 민중의 국가에서 사람들은 점점 더 사치스런 재화
를 획득하려는 저들의 사사로운 관심에 끌리게 되며 그것은 습관적인 것이
되어 버린다. 이러한 이기적인 관심 때문에 시민들은 공무에 점점 흥미를
잃어 가며 심지어 시민들은 "국가의 멸망을 무릅쓰고 공공의 무기를 사용한
다"[70](이븐 할둔이 왕권의 필연성과 불가피성에 대해 비슷하게 주장한 것을 비교하
여 보라). 이븐 할둔과 마찬가지로 비코는 첫째, 인류를 보존하려는 관심에서
베푸는 신의 섭리[71]와 둘째, 사회 생활에 대한 인간적인 필요성과 효용성이라
고 하는 두 가지 원칙에서 민주 정치로부터 전제 정치가 발전한다는 이 "자
연적인 대법칙"을 찾아내었다. 후자(사회 생활에 대한 인간적인 필요성과 효용
성)를 그는 "국가 자연법의 끊임없는 두 가지 원천"[72]이라고 부른다.

사회 생활의 효용성은 시민의 대다수가 이기적으로 사리를 추구하는 데서
초래된 사회와 경제적인 혼돈 상태의 해결을 필요로 한다. 사회가 멸망하든
지 아니면 한 사람에게 권한을 넘겨 주어야만 할 것이다. 이븐 할둔과 비코
와 슈펭글러는 전제 정치와 왕권 혹은 슈펭글러가 이르는 바 독재 군주 정치
는 민주 사회로부터 발전한다는 사실에 의견을 모았으며, 비코가 그 과정을
예로서 묘사한 것은 대단히 많다. 이를테면 아우구스투스(Augustus)는 후기
공화국의 방종으로 혼란에 빠진 로마 제국 자체 보존을 위해 없어서는 안
될 전제 군주였다는 사실을 비코는 우리에게 말해 준다. 그러나 전제 정치
를 비코는 격찬한다. 그는 그것을 다음과 같이 말한다.

이제 자유 국가에서는 한 유력한 사람이 전제 군주가 되려면 사람들이 그의

---

69) 앞의 책, p.340.
70) 앞의 책.
71) 앞의 책, p.91.
72) 앞의 책, p.92.

편을 들어야 하므로 전제 군주국은 본래 평이하게 다스려진다. 우선 전제 군주
들이 그들의 백성을 모두 평등하게 만들려고 하는 법률을 통하여, 다음에 주권
자들이 강한 자들의 기세를 꺾어 대중을 안전하게 지키며 저들의 억압으로부
터 자유롭게 하는 전제 군주 국가들의 본질 속성에 의하여, 더욱이 생활 필수
품과 자연적인 자유의 향유에 관하여 다수가 계속하여 만족할 수 있는 또 다른
본질 속성에 의하여, 전체 계급에게 또는 예외적인 공을 세운 사람들에게 특별
한 공민의 명예를 포상함으로(이것들은 자연 형평법에 의하여 지정된 유례가 드문
법칙인 것이다) 특수한 사람들에게 수여된 특권(자유의 특권이라 한다)에 의하여
전제 군주국은 평이하게 다스려진다. 이런 까닭에 전제 국가는 이성이 완전히
발전되었을 때 인간의 본성에 가장 잘 적응된 정부의 형식이다.[73]

　순환은 이제 완성된다. "인류의 역사는 일가의 전제 군주국들(family
monarchies)과 공민의 전제 군주국들(civil monarchies) 사이에 모두 포함된
다"[74]고 비코는 기록한다. 오늘날 우리가 인간 집단 생활의 자연적인 역할이
라 이를 수 있는 바, 혹은 비코가 "전형적인 역사의 원리들"[75]이라 이르는
바 모든 민족은 다음과 같은 유형으로 발전해야 한다. "(1) 신들의 시대에는
일가의 군주들이 일어난다. (2) 영웅들의 시대에는 고귀한 가장들의 귀족
정치에 의한 정부가 발생한다. (3) 인간의 시대에는 자유 민중의 국가——
민주주의——가 존재하며 그것은 불가불 공민의 전제 국가로 나아간다."[76]
　비코는 또한 추상적인 형식의 수를 자기의 역사 순환에 적용시킨다.[77]
역사는 일가의 군주국에서 하나의 지배로 시작하며, 다음에 영웅의 귀족
정치에선 소수가 지배하며, 민중의 국가에선 여럿과 모두가 지배한다. 최종
적으로 공민의 전제 군주국에선 다시 하나에게로 돌아가지만 좀더 높은
수준에서 한 사람에게로 돌아간다는 것이다. 이것은 사회 기구에 있어서
역사 발전의 목표로서의 전제 군주국에 대한 헤겔의 철학을 생각케 한다.
　하나의 문명 혹은 국가의 쇠퇴와 몰락은 그가 이르는 "전형적인 영원한
역사의 원리들"이라는 공리에서 최종 단계인 와해라는 사실을 비코는 암시

73) 앞의 책, pp.340 이하.
74) 앞의 책, p.347.
75) 앞의 책, p.338.
76) 앞의 책, pp.338~339.
77) 앞의 책, p.347.

한다."[78] 이들 공리란 다음과 같다.

241. 인간은 제일 먼저 필요성을 느끼고 다음에 효용성을 찾으며, 그 다음 안녕에 유의하며, 훨씬 나중에 쾌락을 즐기며, 그때부터 사치 생활을 통하여 붕괴되기 시작하여 종국에 이르러선 무모해져서 저들의 부를 탕진한다.

242. 민족의 본성은 처음엔 거칠며, 다음엔 엄격하고 그 다음엔 온화하며 그리곤 섬세하며 최후로 방종하게 된다.

243. 인류에 있어서는 제일 먼저 외눈 거인과 같은 거대하고 기괴한 자가 나타나며, 다음엔 아킬레스처럼 자랑스럽고 고결한 자가 나타나며, 다음엔 아리스티데스(Aristides)와 스키피오 아프리카누스(Scipio Africanus) 같은 용감하고 올바른 자가 나타나며, 보다 가까이에 알렉산드로스와와 케사르와 같이 서민들 가운데서 참된 영광의 명성을 얻고 위대한 악덕이 수반된 위대한 모양의 덕을 지닌 당당한 인물들이 나타나며, 훨씬 후대에 티베리우스(Tiberius)와 같은 침울하며 반성적인 자가, 끝으로 칼리굴라와 네로와 도미티안과 같은 방종하고 파렴치한 광인들이 나타난다.

244. 제일의 부류는 가족 국가에선 한 사람이 다른 사람을 복종케 하고 그로 하여금 다가오는 도시 국가에서 법을 지키도록 하는 데 필요한 것이었으며, 나면서부터 저들의 귀족에게 굴하지 아니하였던 제2의 부류는 가족을 기초로 한 귀족 정치의 국가를 확립하는 데 필요하였으며, 제3의 부류는 서민의 자유를 위한 길을 트는 데, 제4는 군주 국가들을 가져오는 데, 제5는 군주 국가를 세우는 데, 여섯째는 군주 국가들을 전복시키는 데 필요한 것이었다는 것을 이 공리는 보여 준다.

245. 이것은 이전의 공리들 LXV-LYVII[79]항과 함께 모든 국가가 시간적으로 발생, 발전, 성숙, 쇠퇴, 몰락하며 지나 온 전형적인 영원한 역사의 원리 가운데 한 부분을 알려 준다.[80]

비코가 그의 괄목할 만한 전임자 이븐 할둔과, 정주 문화는 안락한 생활과

---

78) 앞의 책, p.338. 여기서 그는 공리 241~245(pp.70~71)를 이상적인 영원한 역사의 공리적인 원리로서 말한다.

79) 공리 LXV-LXVII는 239~242라는 수이다. 239와 240을 제외하고 나머지를 인용하였다. 239번은 "처음엔 삼림이, 그 후에는 초막들이, 거기서 마을들이, 다음에는 도시들이 끝으로 아카데미들이라고 하는 인간적인 사물들의 순서"를 유래를 따라 밟아 간다. 240번은 단어들의 어원을 역사적인 단계의 순환에 관련시킨다(p.70을 보라).

80) 앞의 책, pp.70~71.

쾌락으로 사치 생활을, 다음에 방종한 생활을 강조하므로 인간을 약화시킨다
는 사실에 의견을 모으고 있음이 분명하다. 지적인 면에서 철학 역시 부패하
고 회의주의로 떨어진다.[81] "박식한 바보들"이 타락하여 "진리를 비방한다"[82]
대체로 민족들은——"사치, 나약, 탐욕, 투기, 교만, 허영에 대한——저들
의 절제하지 못한 격정"[83]의 노예가 되며 타락하여 "가장 비천한 노예처럼
패덕자들이 된다(거짓말하는 자들, 위계하는 자들, 비방하는 자들, 도적들, 겁쟁이
들과 겉치레하는 자들이 되었다)."[84]

　　방금 인용한 쇠퇴 현상에 대한 기술에서 비코는 전제 국가가 존재하기
바로 전 인간의 시대를 묘사하며, 아우구스투스와 같은 한 사람이 일어남으
로써 군주 정치는 다시 한번 질서를 회복할 수 있다고 선언한다. 신의 뜻이
정하는 전제 군주 정치는, "전제 군주들의 무제한한 주권에도 불구하고 민족
들로 하여금 저들의 종교와 자연적인 자유, 이 두 가지로 계속 만족케 하는
자연 질서 속에서, 전제 군주들의 의지를 제한할 것이다. 왜냐하면 민족들의
이러한 보편적인 만족이 없으면 전제 군주국들은 계속되지도 못하고, 안전하
지도 못할 것이기 때문이다."[85] 그 공리들의 품은 뜻은 전제 군주국들이 영속
하거나 안전한 것이 아니며 잔존하기 위하여 군주 정치라는 치유책을 필요
로 했던 것보다는 훨씬 나쁜 퇴폐 상태로 끝난다는 것을 나타내 보여 주는
것 같다(공리 243~245를 보라). 그렇게 되면 어떤 다른 민족에 의하여 그
문화와 국가는 정복당하게 되어 점령 지구는 예속 지방으로 되어 버리거나
아니면 "극단적인 치유책"이 그 사회에 미치게 된다. 이 극단적인 치유책은
매우 현대적인 험악한 논조를 띤다.

　　　그러나 만약 민족들이 이 최후의 내환으로 부패하여 내부로부터 전제 군주
　　와 조화할 수 없고, 외부로부터 좀더 나은 국가에 의하여 정복되거나 보호받지
　　못한다면, 저들의 극단적인 질환에 대해 신의 섭리는 머지않아 극단적인 치유
　　책을 펴나갈 수밖에 없다. 왜냐하면, 그러한 민족들은 금수와 같아서 각 사람
　　은 자기 자신의 사사로운 이해만을 따지는 습관에 빠져 버리며 지나치게 예민

---

81) 앞의 책, p.380.
82) 앞의 책.
83) 앞의 책.
84) 앞의 책, p.381.
85) 앞의 책, p.380.

해지거나 아주 교만하여져서 야수처럼 별로 불쾌할 것도 없는 일에 골을 내고
지나친 짓을 하기 시작한다. 이런 까닭으로 저들이 축제 분위기에 젖어 흥청거
릴 때에 보면 육체적으론 떼를 지어 함께 모이지만 야수들과 마찬가지로 정신
과 의지의 면에서는 깊은 고독을 씹으면서 살고, 각자는 자신의 쾌락과 기분
내키는 대로 추구하므로 둘의 조화는 여간해서 이룰 수가 없는 것이다. 이
모든 이유로 해서 완미(頑迷)한 당파와 무모한 내란을 통하여 저들은 자기들의
도시들을 엎어 산지로 만들며, 산지를 도적의 소굴과 사람이 사는 들짐승의
굴로 만들도록 신의 섭리는 정한다. 이런 식으로 오랜 세기(世紀)를 깨지 못하
고 지나는 동안 짓궂은 지력(智力)이 부정하게 얻은 잔꾀엔 녹이 슬 것이며,
그로 인하여 저들은 최초의 사람들이 감각이 미개한 금수였던 것보다 반성의
미개로 말미암아 더 한층 잔인한 금수로 변한다. 왜냐하면, 전자는 너그러운
야만성을 드러내 보이므로 그것에 대해 사람은 자신을 방어하거나 도망하거나
자신을 방비할 수 있었지만, 후자는 비열한 야만성과 함께 부드러운 말로 포용
하며 친구와 지기(知己)들의 생명과 재산에 대하여 음모를 꾸미기 때문이다.
이런 까닭으로 미리 계획된 악의의 목적에 달한 민족들은 저들이 신의 섭리의
이 마지막 치유책에 닥치면 충격을 받아 야수와 같이 되며, 안락함과 우아함,
쾌락과 겉치레에는 더 이상 신경을 쓰지 못하고 다만 순수한 생활 필수품에만
신경을 쓴다. 그리고 소수의 생존자들은 삶에 필요한 것들이 풍부한 가운데
자연히 잘 처신하게 되고 민족들의 최초 세계의 원시적인 단순성으로 되돌아
감으로써 다시 종교적이며 믿음직하고 성실하게 된다.[86]

이것은 마치 3차 세계 대전을 구체화할 경우에 일어날 법한 것을 묘사한
것과 같다. 비코의 "극단적인 치유책", 즉 미개로 돌아간다는 것은 문화가
위에 기술한 동일한 순환을 통하여 다시 전개되어야 한다는 것을 의미한
다. 이것은 다음의 일절에 분명히 나타나 있다.

전제 군주들은 모든 방종의 악덕으로 저들의 백성을 그르침으로써 자신의
위치를 강화시키려 들며, 그들을 좌우하여 더욱 강한 민족들의 손아귀에서
노예의 처지를 감수하게 한다. 민족들은 저들 자신을 붕괴하려 꾀하며 저들
가운데서 남은 자들은 안전을 위하여 광야로 달아나 그곳에서부터 불사조처럼
다시 일어난다.[87]

---

86) 앞의 책, p.381.

이 극단적인 치유책, 즉 야만으로의 복귀는 이와 같은 까닭에 새로운 문화를 시작하지만 꼭 같은 순환의 유형을 통해 전개하여 나간다. 즉 인간의 본성이 언제나 꼭 같은 한에선 유일한 하나의 유형만이 있을 수 있다. 비코는 로마 제국이 쇠퇴하고 멸망한 이후 유럽 문화의 발생과 진로에 대한 실례와 함께 '되풀이'하는 유형에 대한 자기의 사상을 설명한다.[88] 야만족의 침입에 바로 뒤이어 신의 시대가 다시 나타난다. 미신적인 의식과 종교 전쟁은 이 시대의 정신 생활과 육체의 생활을 지배하였다. "무성(無聲)의 언어," 즉 몸짓으로 하는 언어로 다시 돌아갔다. 다만 극소수만이 글을 쓸 수 있었다. "교회권에 규정된 정죄(淨罪)"의 형식으로 신의 심판에 되돌아갔다.

그 다음으로 봉건주의에서 영웅의 시대가 되풀이되었다. 봉건 영주들은 호메로스 시대의 영웅들과 부합된다. 영웅적인 침략과 영웅적인 보복 그리고 결투란 것이 존재하였다. 이 재현된 영웅 시대는 상상력이 풍부한 그리스의 영웅 시대의 호메로스와 필적되는 단테를 가지고 있다. 단테의 「신곡(Divine Comedy)」은 유럽 영웅 시대에 종지부를 찍고 전제 군주 정치와 민주 정치로 특징을 이룬 현시기 인간의 시대를 개시하였다. 이 유럽의 문명도 마찬가지로 쇠퇴하며, 새로운 문명을 가져올 것이지만 순환은 유사한 것이라는 의미를 강하게 내포한다. 유럽은 물론 이집트와 그리스, 로마와 중국도 모두 똑같은 유형을 따른다고 비코는 지적한다.

영원히 꼭 같은 한 가지 유형의 불가피성에 대한 이유를 비코는 다음과 같은 일절에서 제시한다.

> 그러므로 우리의 과학은 모든 국가의 발생, 진보, 성숙, 쇠퇴, 멸망하는 역사에 의해 시간 속에서 지나온 전형적인 영원한 역사를 동시에 기술하기에 이른다. 참으로 누구든지 이 과학을 깊이 생각하는 사람은 '그것이 과거에 존재하였으며, 현재에 존재하고, 미래에 존재하게 될 것이라'는 증거를 가지고 잘 입증하는 한에서만 자신에게 이 전형적인 영원한 역사를 이야기할 수 있다는 것을 주장할 정도가 된다. 왜냐하면, 위에서 가정하였던 최초의 의심할 여지가 없는 원리는 다음과 같은 것이기 때문이다. 즉 민족들로 구성된 이 세계는 확실히 인간에 의하여 만들어졌으며, 따라서 그 양상은 인간 정신의 차이에서

---

87) 앞의 책, p.382.
88) 앞의 책, pp.358~361과 곳곳에.

찾아져야 한다. 그리고 역사는 사물을 창조한 자가 또한 그들을 기술할 때 가장 확실하다. 이런 까닭으로 우리의 과학은 기하학이 그러는 것처럼 정확하게 논증을 계속하여 나간다. 그것은 기하학이 자기의 원리로부터 작도를 하거나 양(量)의 세계를 고찰하는 동안 점도 선도 면도 꼴도 없는 인간사와 관계를 가지고 있는 질서들의 실재에 비례하여 훨씬 더 큰 하나의 실재를 가지고 스스로 전형적인 영원한 역사를 창조한다. 바로 이러한 사실은, 오, 독자들이여, 이들 증거들이야말로 신적인 것이며, 당신들에게 신적인 즐거움을 줄 것이라는 하나의 논거인 것이다. 왜냐하면, 신에게는 지식과 창조는 하나이며 꼭 같은 것이기 때문이다.[89]

비코는, 방법은 그의 자연과학에선 도달할 수 없는 엉터리 같은 지식을 만들어 낸다고 생각한다. 자연과학에서 인간의 정신은 자체에 대해 외적인 사물——자체 이외의 한 존재에 의하여 만들어진 사물——을 감지하려고 시도한다. 역사를 연구하는 데에서 인간은 불리하다는 것이 있을 수 없다. 왜냐 하면 인간은 자신이 역사를 창조하므로 역사 과정에 대해 직관적이며 직접적인 이해를 가질 수 있기 때문이다. 이론상으로 그것은 비코가 말하는 것처럼 사실이기는 하지만 현대의 역사가들이 지적하듯이 인간의 역사를 이루는 수많은 사건들은, 가능하다면, 저들이 지니는 의의 속에서 관련이 맺어져야 한다. 여기서 사료편찬학(historiography)은 곤경에 빠진다. 즉 사가들은 저들이 의의 있는 사건이라고 믿는 바를 선택하고 관련을 맺는 방법이 다르다. 이 문제는 본서 마지막 장에서 좀더 논의할 것이므로 이 시점에선 더 이상 논하지 않겠다. 비코의 위대함은 이븐 할둔과 마찬가지로 인간 역사에 대해 오늘날 지배적인 인본주의와 사회학과 심리학적으로 접근했다는 데에 있다.

그러나 비코는 (다시 이븐 할둔, 성 아우구스티누스 그리고 토인비와 마찬가지로) 섭리라는 측면에서 신을 그의 역사 이론에 끌어들인다. 비코는 신의 섭리를 의식적인 정신 혹은 지성, 즉 스토아 학파의 키케로가 말한 섭리를 의미하는 것으로 설명하지만 오히려 "훌륭한 플라톤"과 철학적인 기독교에서 말하는 섭리를 의미하는 것이다. 신의 섭리는 인간에게 기본 요구와 자극을 주었으며, 개체들에 의하여 이기적으로 사용됨으로써 인간이 자유스럽고

89) 앞의 책, p.93.

합리적인 존재가 될 때까지 사회가 점점 더 높은 수준에서 발전하도록 배려
하였다. 이 사상은 헤겔의 철학(제2부 헤겔에 관한 장을 보라)에서 반복되며,
거기선 그것을 "이성의 교지(狡智)"라고 부른다. 절대자(비코의 섭리)는 점점
보다 높은 형식의 사회 조직(국가)에 의하여 인간의 자기 의식과 자유를
추진시키려고 인간의 이기적인 동기——케사르나 알렉산드로스와 같은
사람의 개인적인 야망과 같은——를 이용한다는 비코의 사상을 헤겔이 반복
한다. 이 명제(헤겔보다 1세기 앞선)에 대한 비코의 진술은 다음의 일절에서
간결하게 요약된다.

> 인간 자신이 이러한 민족들의 세계를 만들었다는 것은 사실이며, (그리고
> 우리는 이것을 논의할 여지가 없는 최초의 과학의 원리로서 생각하지만) 분명히
> 이 세계는 종종 다양한 정신으로부터, 때로는 정반대의 정신으로부터 발원하
> 며, 그리고 언제나 인간이 자신에게 계획했던 특수한 목적보다 우월한 것이
> 다. 즉 보다 작은 목적들은 보다 큰 목적에 이바지하는 수단들로 만들어졌으며
> 그것은 언제나 이 지상에서 인류를 보존하는 데 이용되었다. 인간은 자기의
> 야수적인 욕망을 충족시키고 자기들 자손들을 제 할 대로 맡겨 두려 꾀하며
> 저들이 결혼의 정절을 지키기 시작하므로 거기서부터 가족들이 발생한다.
> 아비들은 자기의 식객에 대하여 부권을 마음껏 행사하려 하며 식객을 민권에
> 예속시키면서부터 도시가 발생한다. 지배 계급의 귀족은 평민들에 대하여
> 저들의 당당한 자유를 남용하려 꾀하지만 어쩔 수 없이 평민의 자유를 확립해
> 주는 법률에 복종하게 된다. 자유민은 저들이 만든 법률의 멍에를 떨쳐 버리려
> 꾀하며 군주에게 예속된다. 군주는 온갖 방종의 악덕으로 자기들 백성을 그르
> 침으로써 자신의 위치를 강화하려 들며 그들을 좌우하여 보다 강한 민족의
> 손아귀에서 노예의 처지를 감수하게 한다. 민족들은 저들 자신을 와해시키려
> 꾀하며 저들 가운데서 남은 자들은 안전을 위하여 광야로 달아나 그곳에서부
> 터 불사조처럼 저들은 다시 일어난다.[90]

  신의 섭리는 주로 종교를 통하여 인간을 지도하여 왔다고 비코는 기록한
다. 바로 여기에 또 다시 이븐 할둔과 성 아우구스티누스, 토인비 및 다음에
논의한 다른 20세기의 역사철학들과 통하는 점이 있다. 종교는 이븐 할둔이
이른바 집단 감정 혹은 사회에서 협동을 위한 광범위한 근거를 마련해 주지

---

90) 앞의 책, p.382.

만 주로 관능적인 낙원에서의 보상이나 지옥에서의 징벌을 신자들에게 약속
함으로써 그랬던 것이다. 여기서 이븐 할둔과 비코는 서로 합치한다. 인간
역사에서의 종교의 중요성을 피력하는 비코 자신의 말은 다음의 이 간략한
귀절에 나타나 있다.

> 왜냐하면, 본 작품에서 신의 섭리를 통하여 세계 최초의 정부들은 종교를
> 저들의 전체 형식으로서 삼았으며, 다만 그 위에 가족들의 국가가 그 근거했을
> 뿐이며, 그것을 지나 영웅 혹은 귀족 정치의 시민 정부로 나아가면서 종교는
> 굳건한 근거로서 저들의 원칙이 되어야만 하였다는 사실이 완전히 증명되었기
> 때문이다. 그리고 드디어 전제 군주의 정부에 안주하게 되면서 이 꼭 같은
> 종교는 군주들의 방패가 되어야만 하였다. 이런 까닭으로 만약 사람들이 종교
> 를 상실한다면 저들로 하여금 사회에서 살아갈 수 있도록 해 주는 것을 하나도
> 얻지 못하는 것이다. 즉 막아 줄 방패도 없고 협의할 수단도 없으며, 지원받을
> 근거도 없으며 심지어 형식마저 없으므로 그들은 세상에서 거의 생존하지
> 못할 것이다.[91]

요약

신의 섭리에 의하여 인도된 비코의 순환적인 유형은 "인간적인 시민사
(市民事)의 회귀"에 대한 "영원한 전형적인 유형"이다. "전형적인 영원한
법칙들을 따라 모든 국가 사정은 발전, 진보, 성숙 단계, 쇠퇴, 멸망을 통하여
진행되며, 비록 (확실한 경우는 아니지만) 영원한 시간을 통하여 때때로 탄생
하는 무한한 세계가 있다고 할지라도 그러할 것이다."[92] 아메리카의 인디언
들도 또한 "만약 그들이 유럽인들에게 발견되지 않았던들 인간사의 이러한
과정을 따르고 있었을 것이다"라고 비코는 주장한다.[93]

인간의 문화 순환은 아주 꼭 같은 유형 속에서 회귀하는데, 그것이 바로
비코가 자기의 저서를 과학, 즉 신학문——역사——이라고 부르는 까닭이
다. 그러나 특수한 구체적인 내용은 회귀하지 않는다. 예를 들면 순환의 법칙
은 "로마 혹은 그리스인들의 법률과 행위가 시간적으로 특수한 역사"를

---

91) 앞의 책, pp.382 이하.
92) 앞의 책, p.372.
93) 앞의 책.

만들어 내지는 않지만 다소 "표현 방식의 다양성 속에서 의미의 참다운 동일성"을 제시한다.[94] 모든 문화와 모든 국가는 그들이 발생하여 멸망하기까지 꼭 같은 유형을 좇는 것이다. 그러나 이것은 전체로서의 인류에 대한 모든 방면의 진보를 배제하지는 않는다. 비코의 이론은 전체 인간 역사에서 나선적인 진보의 유형과 비교될 수 있다.

다음에 연구할 슈펭글러의 역사철학은 비코와 공통점이 대단히 많지만 그의 문화 상대주의는 훨씬 극단적이다. 그의 문화 순환톤은 비코의 사상에서와 마찬가지로 나선적인 진보의 사상으로까지 확대될 수는 없다.

---

94) 앞의 책.

제2장
오스발트 슈펭글러의 문화 순환론
—— 대우주적인 유기체의 순환 ——

　슈펭글러는 인간 역사를 탐구하면서 우리 자신의 미래 혹은 그 다음에 올 문화의 진로를 미리 말해 줄 수 있는 일정한 역사의 유형을 찾아보고자 시도한다. 그의 위대한 기념비적인 저서 「서양의 몰락(*The Decline of the West*)」에서 그는 그러한 유형을 증명하려고 시도한다. 이 유형의 커다란 특징은 비코의 문화 순환론에서와 꼭 같은 것이며 그 주요 특징은 이븐 할둔이 이미 내다보았던 것이라는 사실을 우리는 알았다. 그러나 슈펭글러의 방법은 앞으로 보게 되겠지만 앞서 언급했던 역사철학가들의 방법처럼 객관적인 것은 아니다. 우리가 비코나 이븐 할둔의 순환과 유사하다고 말했던 대우주적인 문화 유기체 순환의 주요 유형은 다음과 같은 것이다. 먼저 대우주적인 유기체, 즉 인간 개체의 유년기와 일치하는 봄이란 것이 있다. 다음에 개체의 청년기와 일치하는 여름이 있으며, 그 뒤를 개체의 성숙기와 유사한 가을이 좇으며, 끝으로 겨울, 즉 최후의 양상은 문화의 종말을 지켜 보게 되는데 그것은 개체의 쇠퇴와 죽음에 부합된다.

　한 문화의 유년기 또는 봄은 비코의 신들의 시대와 흡사한 것이다. 그것은 '종교적인 의식', '신의 감정', '세계의 불안', '세계의 동경'을 각성하는 것으로 특징지어진다. 종교와 신화는 이 시대의 특징을 이루며(비코를 참고하라), 그것은 본질 대우주, 즉 개체의 유년기와 마찬가지로 시적인 어떤 것이다. 전형적인 건축, 이를테면 고전 문화의 도리아식 건축과 아라비아의 반구형

(半球刑)의 건물과 이집트의 피라미드 양식과 서양의 고딕식 건축과 같은 것이 시작된다. 족장 혹은 봉건적인 정치 경제 기구는 이 시대의 전형이다.

여름인 청년기엔 비판적인 정신의 각성이 있게 된다. 종교에선 종교 개혁이 있게 된다. 이를테면 인도의 문화에선 우파니샤드가 나타나며 서양에선 루터(Luther)와 칼빈(Calvin)이 나타나며, 고전 문화에선(아폴로적인 양식에 대한 반동으로서) 디오니소스적인 종교가 나타난다. 이 발생기적인 임계 시대의 형이상학은 "세계의 감정에 대한 순전히 철학적인 형식"을 나타낸다. 이것은 고전 문화에서 이오니아의 자연철학자들과 엘레아 학파가 나타나고, 서양에선 데카르트(Descartes)와 보에메(Beehme)와 라이프니츠(Leibniz)와 같은 사람들이 나타나던 때이다. 예술의 형식은 다음과 같이 발전하였다. 고전 문화에선 이오니아식이, 서양 문화에선 바로크식이, 아라비아에선 이슬람과 무어식이 전개된다. 정치 경제의 문화 영역에선 도시 생활이 시작된다.

가을엔 문화가 완전 성숙에 달한다. 이것은 계몽 시대이며, "엄격한 지적인 창의력이 절정"에 달하는 시대이다. 그것은 "이성의 전능성에 대한 신념"으로 특징지어진다. 종교는 합리적으로 다가간다. 인도에서 이것은 불교와 후기 우파니샤드와 산캬와 그 밖에 다른 철학들이 체계 있게 발전된 시기이다. 수학에선(특별히 Nirguna Brahman의 사상에 관련된——零에 대한 중대한 발견) 수확이 많은 시기였다. 고전 문화에서 이 시기는 소크라테스, 플라톤, 아리스토텔레스와 같은 원숙한 사상가들에 의하여 구별된다. 서양의 문화에서 가을의 시대는 철학 사조에서 18세기 영국의 합리주의자들과 프랑스의 백과전서학자들을 낳았으며, 수학에서 율러(Euler)와 라그랑제(Lagrange)를 낳았다. 그 다음 이 시기의 최종 부분에서 우리는 칸트와 낭만주의자 괴테, 쉘링, 헤겔, 피히테를 맞이한다. 아라비아의 문화에선 18세기 서양의 합리주의자들과 맞먹는 자들이라고 할 수 있는 사람들로서 슈펭글러는 무타잘리테스(Mutazalites), 나잠(Nazzam), 알킨디(Alkindi)와 수피들(Sufis)을 든다. 서양의 낭만주의자들과 형태론적 동시대인으로서 슈펭글러는 알파라비(Alfarabi)와 아비세나(Avicena)를 든다.

겨울은 대도시적인 문명의 여명을 지켜 본다. 이것은 거대한 규모의 문명이며 그때에 대도시들과 제국들은 일반적인 현상이 된다. 대도시의 사람은 무형의 집단과 대중이 된다. 거기에 인간 대 인간을 결속할 기반은 존재하지

않는다. 모든 사람은 자기의 일에만 주의를 기울이며 자기의 이웃에 대해서
조차 잘 알지 못한다. 종교적인 신념은 쇠퇴하여 실제로 소멸된다. 회의주의
가 철학 사조를 지배한다. 모든 곳에서 퍼져 나가는 정신적인 풍조는 환멸과
세계의 권태에 대한 것이다. 한 문화가 이처럼 쇠퇴할 때엔 언제나 "유물론
적인 세계 전망"이 존재한다. 그것은 "과학과 효용 그리고 번영"을 예찬하는
시대이다. 인도에서 그것은 단순히 상아탑에서 철학하는 보다 유신론적인
체계와 더불어 살아 있는 형식의 사조로서 산캬철학과 로카야타(Lokayata)
철학과 불교철학의 시대이다. 서양에선 노골적으로 유물론적인 사회주의가
패권을 잡은 철학으로서 생각된다. 고전 문화에선 스토아 학파가 널리 보급
된다. 대체로 말하면 이 시기에 창의적인 철학은 죽어 단지 직업적인 상아탑
의 정신적인 훈련이 되어 버린다. 이 시대의 지배적인 정치의 형식은 무엇보
다도 민주 정치이지만 이것은 곧 독재 군주 정치와 제국주의로 발전된다.
우리는 이것이 고전 문화(로마)와 서양과 이집트 그리고 중국 문화에서 발생
함을 찾아본다. 문화는 이제 자기 생활 순환의 종말에 이른 것이다.

　모든 문화는 (탄생하여 종식될 때까지) 대략 1000년의 생명 주기를 갖는다
고 슈펭글러는 주장한다. 위에 기술한 삶의 순환의 각 단계는 없어선 안될
요소들이며, 각각은 바로 개체, 즉 소우주가 누리는 삶의 순환과 마찬가지로
필연적 연대기적인 순서를 따른다. 각 문화는 유기적인 대우주로서 자신의
뚜렷한 개성 혹은 양식을 갖춘 "최상급의 인간적인 유기체"다.[1] 한 문화의
본능적인 목표는 대문화 유기체를 이루는 온갖 형식들 속에서 그의 혼이나
개성을 구체적으로 표현하는 것이다. 문화의 혼에 대한 이 내적 동기를 슈펭
글러는 운명-이념(Destiny-idea)이라고 부른다. 서양 문화와 고전 문화 그리
고 아라비아 문화의 혼들은 이 명제에 대한 실례로서 충분히 비교되고 기술
된다. 이들 세 가지 문화 하나하나에 대해서 중요한 명칭이 극적으로 주어진
다. 고전 문화는 (니체를 따라서) 아폴로적인 것이라고 하며, 아라비아 문화는
(동방 배화교의 현인들을 좇아서) 마기적(Magian)인 것으로 그리고 서양의
문화는 (괴테의 희곡 파우스트의 등장 인물을 따라서) 파우스트적(Faustian)이라
고 부른다. 각기 이 대우주적인 인물들은 공간과 시간의 형식에 대해 자기들

　1) 오스발트 슈펭글러, 「서양의 몰락(*The Decline of the West*)」, 2 vols., Charles Atkinson 역(New York: Alfred A. Knopf, 1932), Vol., 1, p.346.

의 특수한 표현 방식을 가진다. 즉 건축, 조각, 회화, 음악에 대해 자기 자신의 양식과 문학, 철학 그리고 정치학에서 자기의 독특한 양식을 가진다. 우리는 여기서 잠시 이 명제에 대한 슈펭글러의 풍부한 논술 중 가장 중요한 부분의 몇 가지를 간단히 약술코자 한다.

수와 문화의 형식

슈펭글러의 문화적 상대주의는 하나의 문화가 지니는 일체 다른 측면에서는 물론 여기에서도 나타난다. 수는 그 자체로서는 존재하지도 않으며, 존재할 수도 없는 것이다. "혼의 양식"은 그 수의 세계에서 나타난다. 수학은 하나의 예술이며(그것은 영감을 필요로 한다), 하나의 형이상학이며, 또한 논리학과 마찬가지로 하나의 과학이지만 보다 포괄적인 것이며, 각기 문화의 형식에서 인간적인 존재의 이념(즉 운명 이념)을 묘사한다. "고전 수학은 유한한 크기, 즉 구체적인 선과 평면들의 감각적인 요소들" 속에서 자기의 문화적인 유기체의 혼을 나타낸다. 본질적으로 고전 수학은 "입체 기하학"이며, 그 궁극적인 의의는 "측정 불가능한 것과는 대조적으로 측량하는"[2] 것이다. 그것은 분명히 "지각할 수 있는 크기"에 대한 과학이다. "고전 수학의 알파와 오메가는 작도법……, 즉 단 하나의 시각적으르 나타난 꼴의 연장이다."[3]

마기적인 문화의 혼은 알려지지 않는 것, 즉 주술적인 혹은 은밀한 속성을 다루는 대수에서 자체를 드러낸다.

인도의 문화는 인도인들의 전형적인 형이상학의 이념연 영(zero)을 창안하였다(아드바이타 베단타의 목표는 資無質의 브라만과 연합하는 것이며 불교도의 목표는 空의 열반과 합일하는 것이다).

파우스트적인 수학은 그것이 그리스의 구체적인 선(線)을 추상적인 공간의 요소인 점과 대치하는 데에서 그 문화 혼의 전형이라고 할 무한에 대한 동경을 나타낸다. 즉 유한한 크기를 강조하지 않고 무한소(無限小)의 계산법을 강조하였다. 무한한 힘에 대한 파우스트적인 사랑은 정적인 요소를 함수와 변수의 요소로 대치시키는 수의 세계에서 읽을 수 있다. "서양인의 지식

---

2) 앞의 책, p.65.
3) 앞의 책, p.85.

사는 이와 같이 고전 사상으로부터 점차 해방되어 가는 역사이지만 결코 원해서가 아니라 무의식적인 내면에서의 강요로 인한 해방인 것이다. 그러므로 새로운 수학의 발전은 크기의 개념에 대하여 오랫동안 은밀히 그리고 최종적으로 승리를 얻게 된 전투로 이루어져 있는 것이다."[4]

시간과 문화의 형식

아폴로적인 문화는 시간 의식이 전혀 없다. 정적인 영원한 플라톤의 이데아들과 아리스토텔레스의 형상들의 순수한 현재는 사고의 중심을 가지고 있었다. 이와는 반대로 파우스트적인 혼은 극단적으로 시간 의식적이다. 파우스트적인 관심(미래에 대한 열망)은 시간에 흥미를 보이고 있다. 예술의 형식에서 이것은 미래에 대한 관심을 상징하는 처녀와 아기 속에 현현된다.

시간은 비극적인 것이라고 슈펭글러는 말한다. "시간에 직관적으로 붙어 다니는 의미에 따라서 하나의 문화가 다른 문화로부터 분화된다. 그런고로 찬란한 질서가 가지는 '비극'은 가장 열렬히 시간을 긍정하는 문화와 가장 열렬히 시간을 부정하는 문화에서 전개될 따름이다."[5] 이 두 문화에서 비극을 다루는 것 사이에는 전형적인 차이가 있다. 아폴로적인 비극에선 비극적인 탈이 사용되며, 상황과 신체의 자세가 강조된다. 파우스트적인 비극은 성격 혹은 내면의 발전을 강조함과 더불어 전기적이다.

> 운명 이념의 고전적인 형식을 나는 감히 유클리드적인 것이라 칭하려 한다. 이런 까닭으로 운명에 의하여 쫓기고 버림받는 것은 외디푸스(Oedipus)라고 하는 감각적인 실제의 인격, 그의 경험적인 자아 아니, 차라리 그의 육체인 것이다.…… 그러나 리어(Lear)의 운명은——여기서 또한 대응하는 수의 세계에 의하여 암시된 용어를 사용하면——'해석적(解析的)'인 유형이며, 어두운 내면적인 관계에 있는 것이다.…… 리어는 결국 단순한 이름이며 속박받지 않은 어떤 것의 축(軸)이다. 이러한 운명의 개념은 무한소의 개념이다. 그것은 무한한 시간과 무한한 공간 속으로 뻗쳐 들어간다.[6]

---

4) 앞의 책, p.76.
5) 앞의 책, p.130.
6) 앞의 책, p.129.

결론적으로 말하면 시간이란 한 문화의 운명 이념의 지향적인 수행인 것이다.

공간과 문화의 형식

슈펭글러가 이르는 바 한 위대한 문화의 '근본 상징'은 그 공간 형식과 '공간적인 외연(外延)'이다. 이것이야말로 자연에 대한 그 문화의 해석을 나타내는 상징적인 형식들의 기초가 되는 것이다. 어느 인간 집단에서 '발견된' 자연의 지식은 단지 현상적이며 그 문화 유형의 기능이다. 그것에 관해선 객관적이나 가상적(可想的)인 것은 아무것도 존재하지 않는다. 그 문화가 지닌 자연의 이념에 바탕이 되는 것은 깊이(공간)에 대해 그것이 가지는 직관의 양식이며, 이것은 주관적인 체험이다. 아폴로적인 문화의 혼은 감각적으로 구체적인 유한으로서의 깊이를 체험한다. 이것은 그 전형적 예술 형식인 조각에 의해서 가장 잘 표현된다.

이집트의 혼은 공간과 시간을 사자의 심판자들 앞으로 나아가는 "하나의 불변하는 방향"으로서 느끼며 길은 그 상징이다. 파우스트적인 혼(어떤 의미에서 앞의 상반되는 것들의 종합)은 공간을 끝이 없거나 무한한 것으로서 직관한다. 즉 무한한 공간이 그 근본 상징이다. 그것은 구체적인 물질의 형식들로선 만족스럽게 표현될 수 없으나 음악에서만이 표현될 수 있다——대위법의 다음적(多音的)인 음악은 파우스트적인 인간의 최종적인 특징이며 가장 적절한 표현이다. 중국의 혼은 자기의 안내자로서의 자연과 더불어 "자기의 세계를 배회한다." 조원술(造園術)은 그들의 "찬란한 종교 예술"이며, 그저 우연한 흥미만은 아닌 것이다. 문화의 근본 상징은 문화의 모든 면의 양식을 지배한다. 그 양식은 근본적으로 이 상징을 표현한다. "문화의 혼이 각성하여 자기 자신의 토양에 대하여 자기를 의식하게 되는 찰나——어떤 자가 세계사를 통찰할 수 있으며, 이렇게 해서 파멸적인 어떤 것을 포함하는 찰나——에서의 근본 상징의 선택은 일체를 결정짓는다."[7] 근본 상징의 구심력은 그 문화의 예술 형식에서 가장 뚜렷하게 나타난다.

문화 양식의 표현으로서의 예술

예술의 표현은 모방이나 장식으로서 분류할 수 있다고 슈펭글러는 생각한

---

7) 앞의 책, p.180.

다. 모방은 시간과 방향 그리고 살아 있는 것에 속한다. 그것은 시, 무용, 음악과 마찬가지로 자발적인 예술 표현이며, 건축에서 그것은 문화의 최초 예술 형식인 것이다. 예를 들면, 가옥과 성(城)은 자발적인 것이며 계획된 것이 아니다. 장중체(grand style)에서 자기 의식적인 예술의 형식은 이러한 자발적인 토대로부터 발생한다. 장식이란 것은 일반화된 감정 이념(feeling -idea)의 한층 자기 의식적이며, 객관적인 상징이다. 그것은 지식과 숙달을 필요로 한다. 아폴로적인 문화에서 도리아식의 기둥과 파우스트적인 문화에서 대성당은 그 실례인 것이다.

한 문화의 예술에서 장중체의 순환

여기서 가장 중요한 점은 한 문화의 역사에서 "하나의 양식, 즉 문화의 양식만이 존재할 수 있다"[8]는 사실이다. "태초에는 새로이 각성된 혼에 대한 하나의 소심하고 낙심한 그리고 적나라한 표현이 있었다. 그 혼은, 비록 알맞게 창조된 것이었으나 성질이 다르고 적의를 펴고 있는 것으로 나타난 세계와 자체 사이의 관계를 여전히 찾으려고 한다. 어린이의 공포 같은 것이 존재한다."[9]

예를 들면, 다음과 같은 것들이다. (1) 파우스트적인 문화에서 로마네스크의 건축과 조각이 그것이다. 여기에서조차 건축은 음악이라고 슈펭글러는 논평한다. (2) 마기적인 문화에선 초대 기독교의 지하묘의 회화가 그것이었다. (3) 이집트의 문화에선 제4왕조의 열주대청들이 그것이었다.

순환의 청년기에 "존재는 이해되며, 거룩한 형태 언어(Sacred form-langu-age)가 완전하게 숙달된다."[10] 이것은 서양의 혼 유기체에서 높다란 고딕 양식, 마기적인 문화에서 콘스탄틴 황제 시대의 열주 장방형의 회당(basilica)들과 이집트의 사원에서 양각 장식이 행해지던 시대이다.

대우주적인 유기체의 성년기에는 이 시대에 발전되는 대도시들에 특유한

---

8) 앞의 책, p.205. 이러한 견해와 일치하는 대인류학자들과 사회학자들이 있다. 이를테면 크뢰버, 소로킨이 그러하다. 또 A.L. Kroeber 편, *Anthropology Today*에서 Meyer Schapiro의 "Style"이라고 하는 논문을 보라(Chicago: University of Chicago Press, 1953), pp.287~311.
9) 앞의 책, p.206.
10) 앞의 책.

지성적인 변화가 있다. 예술의 양식 역시 이지적으로 된다. "예술가는 이전의 토양에서 자란 것을 나타내며 '계획'을 꾸민다."[11] 파우스트적인 문화에서 미켈란젤로는 "자기 예술의 한계에 몹시 불만을 느끼고 그 반동으로" 바로크 양식을 시작한다.[12] 마기적인 문화에서 이것은 유스티니아누스 황제의 시대이며, 그때에 하기아 소피아(Hagia Sophia)와 라벤나(Ravenna)의 모자이크 장식의 바실리카들은 대표적이다. 아폴로적인 문화에서 이 시대는 기원전 600년경의 고대의 기원이다. 이집트에서 이것은 필론 사원(Pylon-temple)과 미로(Labyrinth)와 인물 조상(彫像)과 역사적인 유물들을 간직한 제12왕조의 시대(기원전 2000년~1788년)이다.

그랜드 양식의 가을이 뒤를 따른다. 문화는 원숙한 성숙기에 달한다. 운명 이념의 의식적인 자기 성취라는 것이 있지만 종말에 대한 불길한 예감도 더불어 있다. "완전히 명백한 지성, 즐거운 도회 생활, 이별의 슬픔이"[13] 이들 마지막 몇 수십 년의 특징을 이룬다. 아폴로적인 유기체는 자체를 아크로폴리스의 영조물과 조각품에 나타내는데, 그 중에서도 파르테논 신전은 가장 찬란한 것이다. 마기적인 것에서 이것은 옴마이야트(Ommaiyad) 회교 국왕(칼리페이트)의 시대이며, 정교한 대리석 세공과 나약한 두어 족의 아치들의 전형적인 선경(仙境)의 예술 형식이 존재한다. 파우스트적인 것에서 루소(Rousseau)는 자연으로 돌아가라는 사상으로, 음악에선 하이든과 모짜르트에 의해서, 회화에선 바토우(Watteau)와 구아르디(Guardi), 건축에선 비엔나 양식에 의하여 표현된 종말에 대한 불길한 예감을 알려 준다.

최종적으로 문화의 겨울이 도래한다. 슈펭글러의 음률을 띤 언어는 그것을 웅변적으로 묘사한다.

그때에 그 양식은 사라져 없어진다. 지성과 함께 악용되고 천착하며, 자기 파멸할 듯한 에렉티움(Erechtheum)과 드레스덴 쯔빙거(Dresden Zwinger)의 형태 언어에 뒤이어 감각이 둔하고 노쇠한 고전주의(Classicism)가 따른다. 그것을 우리는 헬레니즘의 대도시와 900년대의 비잔티움과 북방의 '제국'(帝國) 형식에서 찾아볼 수 있다. 종말이란 선각자나 절충주의자에 의하여 잠시 동안

11) 앞의 책.
12) 앞의 책.
13) 앞의 책, p.207.

재생된 형식으로 반영된 저녁놀이다——반(半) 열성과 회의적인 순수함이 예술의 세계를 지배한다. 오늘날 우리는 이러한 상황에 있다——죽은 형식과 진부한 놀이를 벌이는 것은 생생한 예술의 망상을 유지하기 위해서다.[14]

한 문화 양식의 순환을 이같이 개론한 다음 슈펭글러는 계속해서 모든 형식 예술의 유기적인 통일과 상호 관계를 보여 준다. 그는 "음악과 조형 미술"로써 시작한다. 그는 "하나의 예술은 하나의 유기체(Organism)이지 통일된 체계(System)는 아니다"[15]라고 하는 사상을 되풀이한다. 박식한 현학 자는 음악, 회화, 희곡, 조각을 분리한 다음 이들을 특수한 예술로서 한계를 긋거나 정의를 내린다고 그는 말한다.

> 그러나 실제로 전문적인 형태 언어는 현실적인 작품의 가면에 지나지 않는 다. 양식이란 천박한 젬퍼(Semper)——다윈과 유물론의 훌륭한 동시대인— —가 가정하는 바 물질과 기술 그리고 목적의 산물은 아니다. 이와는 정반대로 양식이란 예술의 이치에 미치기 어려운 무엇으로서 하나의 신비스런 '필연' 이며, 하나의 운명이다. 그것은 다양한 예술의 물질적인 영역들과는 전혀 관계 를 가지고 있지 않은 것이다.[16]

예술 계통(art-genus)의 선택은 우리가 이미 말했듯이 문화의 혼에 대한 가장 심오한 표현이다(예를 들면, 아폴로적인 조각, 파우스트적인 음악이 그것이 다). 그러므로 예술을 감각 인상의 특성에 따라 분류하려는 것은 우스꽝스러 운 짓이라고 슈펭글러는 기록한다. 예를 들면 명암과 색조를 특징으로 하는 티티안(Titian)의 회화에 지극히 실망을 느껴 라파엘(Raphael)은 윤곽 뎃상을 하였다. 전자가 음악에 호소하는 데 반하여 후자는 눈(眼)에 호소하고 있 다. 환언하면, 파우스트적인 음악가는 자기의 음악을 감각 기관으로서의 자기 귀로 들을 필요가 없는 것이다. 다음과 같은 사실은 매우 의의 있는 일이다.

> 베토벤은 그의 만년의 작품들을 그의 귀가 먹었을 때 작곡하였다——귀가

---

14) 앞의 책, p.207.
15) 앞의 책, p.221.
16) 앞의 책.

먹었다는 것은 그를 마지막 족쇄로부터 해방시켰던 것에 불과하였다. 이 음악
에 대해서 시각과 청각은 다같이 영혼에 이르는 교량이며, 그 이상 아무것도
아니다. 그리스인에게 이러한 시각적인 성질의 예술 감상은 전혀 낯선 것이었
다. 그는 자기의 눈으로 대리석을 느꼈으며, 아울로스(Aulos)의 굵은 가락은
그를 거의 육체적으로 감동시켰다. 그에게 눈과 귀는 그가 받아들이기를 원하
는 전체 인상의 촉각들이었다. 그러나 우리에게 이것은 고딕식의 단계에서조
차 실현되지 못하였다.[17]

고딕적인 시대의 음악(무한에 대한 가장 적절한 표현)은 "구조적이고 성악
적인" 것이며, 초인격적인 형식을 나타낸다. 1500년에서 1800년(650년~350
년의 고전 시대에 부합하는) 사이에 "그것은 기악으로서 파우스트적인 세계
를 지배하는 예술로 발전한다." 이 시대에 대위법이 발전되며, "대위법의
상징이 확장에 속하며, 다음(多音) 합성을 통하여 무한의 공간을 상징하기
때문에"[18] 파우스트적인 혼의 당연한 귀결인 것이다. "가락의 실체를 무한으
로 확장하는 것 혹은 오히려 그것을 무한한 가락의 공간으로 용해시키는
것은 파우스트적인 혼의 위대한 과업이었다.……이런 까닭으로 위대하며
무한하게 역동적인 형식에 이르게 되었으며, 그 속에서 듣악——이제 완전
히 형체가 없는——은 코렐리(Corelli)와 헨델과 바하에 의하여 힘을 얻어
서양의 지배적인 예술이 되었다. 1670년경 뉴톤과 라이프니츠가 미적분학을
발견하였을 때 둔주곡의 양식(fugal style)이 완성되었다."[19]

서양의 음악은 현악 특별히 바이올린 음악에서 그 고매함의 절정에 이른
다고 슈펭글러는 기술한다. 바이올린은 "파우스트적인 혼이 자기 최후의
비밀을 표현하기 위하여 고안하고 다듬은 모든 악기 가운데서 가장 고상한
것이며, 또한 현악 4중주와 바이올린 소나타에서 그것은 가장 초월적이며
거룩하고 찬란하게 빛나는 순간을 체험한다는 사실은 의심할 나위도 없는
것이다. 여기 실내악에서 전체로서의 서양 예술은 그 절정에 달한다. 여기서
끝없는 공간에 대한 우리의 근본 상징은 폴리클레이터스(Polycleitus)의 창병
(槍兵)이 강렬한 육체의 그것을 나타내듯이 완전하게 표현된다."[20]

---

17) 앞의 책, p.220.
18) 앞의 책, p.229.
19) 앞의 책, pp.230 이하.
20) 앞의 책, p.231.

서양에서 회화는 음악적인 감정에 지배를 받는다. 렘브란트의 양식은 북스테후데(Buxtehude)와 파헬벨(Pachelberl) 그리고 바하의 올겐 작품과 일치한다. 푸생(Poussin)의 기교는 현대의 실내 칸타타의 그것과 마찬가지로 꼭 같은 상징을 나타낸다.[21] 18세기 바토우(Watteau)와 프라고나르(Fragonard)의 회화는 음악이다.

바로크 시대에는 건축 또한 음악적이다. 음악은 "베르니니(Bernini)의 바로크식 건축을 음악의 정신에 맞추어 변형시켰다"고 슈펭글러는 기록한다——천장과 벽과 장식들은 합성곡과 화성곡이 된다——드레스덴과 비엔나의 선경(仙境)은 "곡선적인 가구와 거울이 붙은 홀의 가시적인 실내악이며, 운문과 청자 속에 새긴 양치는 아낙들이다. 그것은 최후의 찬란한 가을이며, 그와 더불어 서양의 혼은 자신의 고매한 양식의 표현을 완성한다. 그리고 의회(議會) 시대를 맞은 비엔나에서 그것은 사라져 없어진다."[22]

한층 더 전통적으로 교육을 받은 독자(그들의 역사는 고대, 중세, 현대로 도식화되어 있다)는 어떻게 슈펭글러가 파우스트적인 영혼의 초상화에다가, 르네상스 시대를 지나는 동안 고전 문화의 이상에 대해 서양인이 보인 명백한 사랑을 짜맞추어 넣었는가를 보고 경탄해 마지않을 것이다. 서양인이 이 시대를 지나는 동안 자기의 파우스트적인 혼을 마음에 새겨 둔 사실을 슈펭글러는 다소 찬란한 필치로 보여 준다. 문예 부흥(Renaissance)은 "그 당시 서양 문화의 순수한 형태 언어를 예속화하려고 준비를 하던 대위법을 자랑하는 파우스트적인 산림 음악(forest-music)의 정신에 대한 반항", 즉 반(反) 고딕적인 운동으로 이해되어야만 할 것이라고 그는 주장한다."[23] 친근감과 안정감을 풍기는 고전적인 양식의 기도된 부활은 "고딕식과 바로크식의 격정적인 움직임으로부터 벗어난" 행복한 중간의 안정기였다. 고전적인 양식이 지닌 혼의 형식을 되풀이하려던 시도는 실패로 돌아갔다. 그것은 원래 "고전적인 존재의 몽상, 즉 파우스트적인 혼의 유일한 몽상이었으며, 꿈을 꿀 때 그것은 자체를 망각할 수 있었다."[24]

회화에서 일찍이 "프레스코(fresco) 화법을 창조하는 데 지오토(Giotto)와

21) 앞의 책, p.220.
22) 앞의 책, p.232.
23) 앞의 책.
24) 앞의 책, p.238.

마사치오(Masaccio)가 세운 업적은 분명히 아폴로적인 방식의 감정을 부활시킨 것에 불과한 것 같지만 그 밑에 깔려 있는 깊이의 체험과 확장의 이념은 아폴로적인 비-공간의 완전한 실체가 아니고 다만 고드적인 바탕이다."[25] 르네상스 시대의 인간은 제3차원적인 공간(깊이)에 대한 관심에서 여전히 파우스트적이었으며, 마사치오의 시대로부터의 회화에서 너무나 중요한 것이었다. 다른 어떤 인물보다도 훨씬 르네상스 시대의 인간을 축소하여 나타낸 듯한 레오나르도 다빈치는 그의 묵화 양식의 회화에서 파우스트적인 혼을 보여 준다. 그것은 채색된 작품에다 물체의 윤곽을 뚜렷하게 그리는 것을 부정하므로 실로 음악적이다. 레오나르도는 자연 지식에 대한 그의 태도에서 파우스트적인 정신을 현현한다. 그는(고전적인) 부분들의 형식과 위치에 대한 관심과는 대조적으로 기능에 대한 파우스트적인 관심을 보여 주는 내적인 혈액 순환의 비밀을 발견하였다. 그는 날틀(飛機)을 짜맞추었다. 공간 정복에 대한 전형적인 파우스트적 관심은 여기서 분명히 드러나 보인다.

미켈란젤로 역시 고전적이라기보다는 오히려 파우스트적인 것이 분명하다. 가장 위대한 고전적인 조각가 피디아스(Phidias)에게 "대리석은 형식을 갈구하는 우주의 질료이다." 미켈란젤로에게 "대리석은 정복해야 할 적이었다."[26] 돌이란 그가 사용하는 죽음의 상징이었다. "그 속에는 적의의 원리가 깃들어 있으며 그것이 가진 악마적인 본성은 언제나 이기려고 노력한다."[27] 그가 위대한 조각에 기울인 거인적인 정열과 역학의 강조 그리고 쉴새없는 투쟁은 그가 고전적인 정신으로부터 멀리 떨어져 있는 파우스트적인 거인임을 입증한다. 미켈란젤로가 만년에 건축에 전향하여 "르네상스 건축의 기준을 파괴하고 로만 바로크를 창조한 사실은 힘과 질량의 투쟁을 보여 준 것이었다."[28]

그는 원주들을 다발로 배열하거나 구석으로 밀어 넣었다. 그는 몇 개의 층을 헐고 밖으로 돌출한 거대한 벽기둥을 세웠으며, 건물 정면으로 하여금 굽이치

25) 앞의 책, p.237.
26) 앞의 책, p.276.
27) 앞의 책.
28) 앞의 책, p.277.

며, 미는 듯한 성질을 띠게 하였다.……척도는 선율에 자리를 양보하였으며, 정적인 것은 역동적인 것에…….

미켈란젤로와 더불어 서양의 조각사는 끝을 맺는다. 그 다음에 남은 것은 오해와 회상뿐이었다. 그의 참된 후예는 팔레스트리나(Palestrina)였다.[29]

르네상스를 계승하였던 바로크의 예술과 문화는 고전적인 것을 유예시켜 보려는 기도가 유산되고 나서 솔직하게 파우스트적인 양식으로 돌아간 것이었다. 근본 상징, 즉 끝없는 공간은 여러 가지 방식으로 현현된다. 공원(公園)과 정원은 원경(遠景)의 효과를 나타내기 위하여 설계된다. "끝없는 공간과 더불어 홀로 되어" 높은 산에 오르려고 하는 파우스트적인 갈망이 존재하는 것이다. 우리가 이미 언급한 바와 마찬가지로 팔레스트리나, 바하, 헨델, 모짜르트, 베토벤은 가장 적절한 파우스트적인 형식—음악—에서 동경(憧憬), 즉 파우스트적인 인간의 마음을 애태우는 무한에 대한 동경을 나타낸다. 유화는 무한한 공간의 효과에서뿐만 아니라 색채를 사용하는 데서도 묵화와 꼭 같은 편견을 보여 준다. 색채들 역시 혼의 형식을 나타낸다. 고전적인 색채는 전형적으로 적색, 흑색, 백색이다. 청색과 청록색은 원경의 색채이기 때문에 피하였다고 슈펭글러는 주장한다. 즉 그들은 "차갑고, 분산시키며, 확장과 원경 그리고 가없음의 인상을 불러일으킨다."[30] 그들은 초월적이며 정신적이고 비감각적이다. 황색과 적색은 "대중과 어린이들과 아낙네와 야만인들의 색채이지만 청색과 녹색, 즉 파우스트적 일신론적인 색채들은 고독과 시름, 과거와 미래에 관계된 현재와 운명의 색채이다."[31] 그러나 파우스트적인 혼을 가장 적절히 표현하는 색채는 갈색이다. 갈색은 "존재하는 색채 가운데서 가장 비현실적인 색채이다. 그것은 무지개색 가운데는 존재하지 않는 하나의 중요한 색채이다." 기오르기오네(Giorgione)로부터 네덜란드의 화가들에 이르기까지 화가들에 의해서 사용된 은색, 눅눅한 갈색, 녹갈색, 짙은 금색의 색조는 "거의 종교적인 신앙 고백"을 표시한다. 이러한 갈색은 "레오나르도와 쉔가우어 그리고 그뤼네발트의 그림의 배경이 가지는 녹색보다는 사물에 대하여 훨씬 강한 힘을 소유하며, 질료에 대한 공간의

---

29) 앞의 책, p.277.
30) 앞의 책, p.245.
31) 앞의 책, p.246.

싸움을 결판낸다."[32] 갈색은 "이제 더 이상 육체——겉모습으로서의 인간
——를 감싸며 묘사하는 것이 아니라 유폐되지 않는 영혼을 감싸며 묘사하
는 가장 순수한 공간성의 한 분위기를 표시한다. 이런 까닭으로 해서 렘브란
트와 베토벤의 가장 심오한 작품에 담긴 최후의 비밀 자체를 열어 보여 줄
수 있는 내면성에 이르게 되었다——아폴로적인 인간은 자신의 엄격한 육체
적인 예술로서 바로 이 내면성에 다가가지 못했다."[33]

바로크가 끝나면서 서양은 더 이상 자기 혼의 감정과 근본 상징을 창조적
으로 혹은 심오하게 나타내지 못하게 된다. 이것은 낭만적인 시대의 콘스터
블(Constable)의 그림에 사용된 갈색에 나타난다. 그의 갈색은 운명과 신과
같은 의미를 나타내는 것이 아니고 감상과 낭만과 같은 영원히 사라진 과거
에 대한 동경을 나타낸다.

한 문화가 지닌 근본 상징을 나타내는 다른 중요한 예술의 형식은 희곡이
다. 서양의 비극은 역사적인 자료와 과거의 비극[34]과 미래의 비극을 애호한
다. 셰익스피어의 사극은 과거에 대한 관심을 나타내며, 버나드 쇼의 「범인
과 초인(Man and Superman)」은 미래에 대한 관심을 나타낸다. 괴테의 파우스
트는 미래에 대해 관심을 보인 또 다른 전형적인 실례이다. 그것은 인간이
"아직 더 태어나야 한다"는 것을 나타낸다. 서양의 비극은 또한 무한한 공간
에 관한 자신의 세계 감정을 보여 준다——이를테면, 셰익스피어의 비극은
장소나 시간이 전혀 일치하지 않는다. 한편 그리스의 비극은 시간과 공간
그리고 행동의 엄격한 한계에 대한 자신의 사랑에서 자신의 혼의 형식을
의식하고 있음을 보여 준다. 그리스인의 접근 방법은 육체에 속하며 그 신화
의 줄거리는 현재에 속한다. 서양의 희곡은 상황극이다. 아폴로적인 희곡에
서 인간은 운명에 맞서서 늠름한 동작(영원한 현재의 정在인 조각과 같은 태
도)을 보여 주는 반면에 파우스트적인 희곡은 행동——무한을 향한 역동적
이고 쉬지 않으며 결코 그치지 않는 움직임——의 고상함을 강조한다.

---

32) 앞의 책, p.250.
33) 앞의 책, p.250.
34) 이것과 관련해서 과거에 대한 사랑은 낡은 폐허를 그리는 파우스트적인 예술가들의
　　사랑이다. 예를 들어 Claude Lorrain의 풍경화가 그것이다. 서양의 혼들은 과거로부
　　터 남아 있는 위대한 조각과 건축을 존경하였다. 왜냐하면 저들은 무한한 공간과
　　무한한 진보적인 활동은 물론 무한한 시간을 사랑하였기 때문이다.

아폴로적인 예술은 바이로이트(Beyreutt, 바그너의 악극)의 대응부인 페르가
뭄(Pergamum)에서 끝났다. 그 둘은 신화를 믿지 않았으며, "그 둘은 무자비
하게 신경에 충격을 가했으며, 또한(내적인 힘의 부족을 전혀 감출 수가 없었다
고 할지라도) 그 둘은 완전히 자기 의식적인 힘과 크고 높은 고매함을 지녔
다."[35] 문화의 마지막 원숙한 단계에선 크기(Size)가 모든 예술에서 문제된다
(바그너식의 악극, 서양에서 미국인의 마천루, 아폴로적인 문화에서 로데스의 콜로
수스, 로마의 건축물들). 그 모든 예술에는 인위성이 있다. 즉 그 문화의 창조
적인 시대에서처럼 내적인 필연성으로부터 우러난 창조란 존재하지 않는
다. 겨울, 즉 문화극의 '종장'에서 예술가란 단지 모방자와 장인에 불과하다.
예를 들어서 로마의 프리마 포르타(Prima Porta)의 아우구스투스의 조상은
폴리클레이투스(Polycleitus)의 창병(槍兵)을 모방한 것에 불과하다. 중국 회화
의 형식은 수세기 동안 진부했으며, 페르시아와 아라비아 그리고 인도의
예술도 마찬가지였다.

파우스트적인 세계에서 오늘날의 예술은

> 대량의 악기들이 만들어 내는 인위적인 잡음으로 가득한 날조된 음악과
> 건강하지 못하고 이국적이며, 선전 삐라의 효과를 노리는 것으로 가득한 날조
> 된 회화로서 수천 년간 매 십 년마다 쌓아 올린 형식의 재화로부터 어떤 새로
> 운 '양식(樣式)'을 지어 내지만 모든 사람은 마음이 내키는 대로 하므로 실제로
> 는 양식이라고 할 수는 없다. 즉 앗시리아, 이집트, 멕시코로부터 분별없이
> 훔쳐 온 거짓 조형 미술이다.……현대는 변화를 발전으로서 생각하며, 옛 양식
> 들의 부활과 융합을 진정한 생성의 위치에 둔다. 알렉산드리아 역시 자기들
> 류의 화병들과 의자들, 그림들 및 이론들을 가진 라파엘파 이전 희극 배우들과
> 상징주의자, 자연주의자와 표현주의자들을 가지고 있었다. 로마에서의 유행은
> 지금의 그리스-아시아적, 그리스-이집트적 (프락시텔레스를 좋은) 신 아티카적
> 인 것이었다.[36]

요약해서 말하면 이국 정서, 절충주의, 크기에 대한 강조는 모든 위대한
문화에서의 만년의 특징이다. 오늘날 서양의 우리는 바로 이 단계에서 사는
것이다.

---

35) 앞의 책, p.291.
36) 앞의 책, p.294.

한 문화의 정치 경제적인 기구에 적용된 순환

한 문화의 유년기에서 족장 혹은 봉건적인 기구는 전형적인 것이다. "순전하게 농업적인 가치"는 경제 질서의 특징을 나타내며, 따라서 두 개의 근본 계급은 귀족과 성직이다. 농민은 제3의 집단이지만 무형이다. 역사는 유산 계급(the classes) 혹은 정치적인 계급(estates, 귀족과 성직)에 소속되는 것이다. 슈펭글러의 말 중에 다음과 같은 것이 있다.

> 그러므로 모든 고등 문화 가운데에는 특성있는 혈통과 종족, 광의로는(이런 까닭으로 어느 정도까지는 자연 자체인) 농민과 단정적으로 그리고 단연 형식 속에, 존재하는 하나의 사회가 있다. 그 사회는 일군의 우산 계급(the classes) 혹은 정치적 계급(estates)으로 그것은 인위적이고 일시적인 것이 분명하다. 그러나 이들 유산 계급과 정치적 계급의 역사는 최고로 막강한 세계사이다. 그것에 대하여서만이 농민은 역사가 없는(history-less) 것처럼 보인다.……하나의 문화란 감지할 수 있는 형식들 속에서 자기 표현에 도달한 영혼이지만 이 형식들은 살아 있으며, 진전하는 것이다. 저들의 특성(Matrix)은 개체들 혹은 집단들의 강화된 존재 속에——즉 내가 방금 '형식 속에' 있는 존재라고 하였던 것 속에 들어 있다. 그리고 이 존재가 충분히 높은 진리를 형성할 수 있게 될 때에야 비로소 그것은 전형적인 문화의 표본이 된다.
>
> 이 문화는 위대할 뿐만이 아니라 유기적인 세계의 다른 어떤 것과도 비교할 수 없다. 문화란 인간이 자연의 영향력을 극복하고 스스로 하나의 창조자가 되는 점이다. 종족과 특성 있는 혈통에 관해서조차 인간은 자연의 피조물이다——그는 양육된다. 그러나 고귀한 신분답게 인간은 자신의 주변에 귀중한 동식물을 기르듯이 자신을 양육한다——그리고 그 과정도 역시 가장 깊고 최종적인 의미에서 생각해 볼 때에 '문화'인 것이다. 문화와 계급은 서로 바꿀 수 있는 표현들이다. 저들은 함께 발생하여 함께 사라진다.[37]

귀족은 "좀더 높은 농민"이다. 왜냐하면, 귀족도 역시 "특성있는 혈통과 종족의 합"이기 때문이다. 귀족 사회에 대한 건축상의 표현인 성은 "프랑크 시대의 시골 귀족의 저택으로서 농민의 거처로부터 발전된 것이었다."[38]

---

37) 앞의 책, Vol., Ⅱ, p.331.
38) 앞의 책, p.336.

귀족은 무의식적으로 문화의 운명을 좇는다. "귀족이란 역사로서의 인간
(man as history)이다."[39] 직관적인 민첩함, 행동, 성, 감정, 가족 생활, "혈통
사, 전사(戰史), 외교사"[40]는 그에게 속한다. 정치는 그의 활동 영역이다.
왜냐하면, "정치란 최고의 의미로 생각할 때에 삶이며 삶은 정치이기 때문이
다."[41]

 귀족의 직관적인 생활에 대하여 성직은 지성으로서 특징을 이룬 계급이
다. 성직은 영원한 진리에 관심을 갖는 사색가들의 신분(estate)이다. 진실한
사제는 생과 성 그리고 가족을 외면한다. 그는 창조적인 시간(운명)보다는
오히려 인과율(공간)에 관심을 둔 방관자이다.

> 사람――그 사람의 신분이 고귀하든지 혹은 그렇지 않든 간에――에 있어
> 서 사제는 세상에서의 신성한 인과율의 초점을 나타낸다. 성직의 권한은 보다
> 높은 원인들에 의하여 발생된 형성하는 힘(causal nature)의 자체이며 그 다음으
> 로 그 자체는 운동인(efficient cause)이다. 사제는 깨어 있는 의식과 궁극의 비밀
> 사이에 팽팽하게 펼쳐 늘어뜨린 영겁 속에 있는 중개자이다. 따라서 각 문화에
> 서 성직자의 신분은 그 문화가 지닌 근본 상징으로서 결정된다. 고전적인 혼은
> 공간을 부정하며 따라서 공간을 다루기 위한 중개자를 필요로 하지 않는다.
> 그러므로 고전적인 성직은 그 문화의 시초에 사라진다. 파우스트적인 인간은
> 무한과 대립하며 선험적인 어느 것 하나 이러한 측면의 밀고 들어오는 힘으로
> 부터 그를 차단하지 않는다. 그리하여 고딕적인 성직은 자체를 교황 이념의
> 높은 지위에까지 높였다.[42]

 학자들의 생활은 그가 철학자이든 과학자이든지 간에 학문과 신앙에 있어
서 교회의 생활과 같다. 지식 혹은 학파에 바치는 자기 희생이라는 의미로
가난과 정숙 그리고 복종의 미덕을 준수한다.
 귀족 사회와 성직, 이들 두 계급은 서양에선 고딕 시대(900년~1500년)의
동안에 사회 생활을 지배한다. 고전적인 세계에선 도리아 시대(기원전 1100
년~650년)가, 이집트에선 고왕국(기원전 2900년~2400년)이 그리고 중국

---

39) 앞의 책, p.338.
40) 앞의 책, p.339.
41) 앞의 책.
42) 앞의 책, p.341.

선 초기 주(周) 나라 시대(기원전 1300년~800년)가 그러했었다.

문화의 후기에는 도읍들이 발생하고 원숙한 국가 관념이 현실화된다. 도시 생활을 향하는 추세와 토지로부터의 분리 때문에 제3신분인 부르주아가 발생한다. 부르주아는 "소유지에 대한 금전의 승리"[43]를 나타낸다. 서양에서 이것은 바로크 시기(1500년~1800년)이며, 이집트에선 중왕국, 고전적인 문화에선 이오니아의 시기, 중국 문화에선 후주(後周)가 거기에 속한다.

부르주아, 즉 제3의 신분은 서양 문화에서 정치적인 신분에 대한 반항과 민주주의 전위로서 나타난다.

> 제3의 신분은 이성에 의하여 정당화되지 못하였거나 실제적으로 유용하지 못한 일체의 차이들을 받아들이지 않는다. 그러나 그것은 어떤 것 자체를 의미하는데 그것도 매우 분명하게 의미한다──도시 생활을 시골의 생활과 대조 차별한 신분으로, 자유를 구속에 대조되는 조건으로 의미한다. 그러나 그 자신의 활동 범위내에서 눈여겨 볼 때 제3의 신분은 그것이 결코 최초 정치적인 계급의 눈에 비친 분류되지 않은 나머지는 아니다. 부르주아는 일정한 한계를 가진다. 부르주아는 그 문화에 귀속한다. 부르주아는 최선의 의미로 생각해 볼 때 부르주아에 동의하는 일체를 포용한다. 그리고 인민, 대중, 민중의 이름으로 귀족과 성직, 금전과 정신, 장인과 임금 노동자를 자체의 구성 분자들로 규합시킨다.[44]

그 시대는 혁명과 나폴레오니즘과 함께 끝나며 필연적으로 겨울, 즉 그 문화의 문명 시대를 가져온다. 이것은 고전 문화에서 알렉산드로스 대제로부터 로마 제국의 종말에 이르는 기간이며, 이집트에선 힉소스로부터 람세스 Ⅱ세에 이르는 기간이며, 파우스트적인 문화에선 1800년에서 2000년에 해당하는 기간이다.

이 시기는 제4의 신분, 즉 '대중'이라는 개념과 비유기적이며, 대도시의 세계 시민적인 현상으로 특징지워진다. 제4의 신분, 즉 대중은,

> ……모든 종류의 형식, 계급의 모든 구별, 소유의 질서 정연함, 지식의 질서

---

43) 앞의 책, Vol., Ⅰ의 끝의. "Contemporary" Political Epochs의 표.
44) 앞의 책, Vol., Ⅱ, p.358.

정연함을 증오하여 성가시게 괴롭히는 무형의 절대자이다. 국제 도시(cos-mopolis)의 새로운 유목 생활은 과거를 인정하지 않고, 미래도 소유하지 못하며, 국제 도시의 새로운 유목 생활을 위해서 고전 세계에선 노예들과 야만인들을, 인도에선 수트라 계급을 그리고 그저 인간적인 것에 불과한 어떤 것과 모든 것은 그것이 태어나는 순간을 분리하는 무차별한 유동적인 어떤 것을 제공한다. 이런 까닭으로 제4 신분은 역사가 무역사(無歷史)로 추이함을 나타내게 된다. 대중은 종말, 즉 근본적인 무(無, nullity)이다.[45]

  서양에서 이 시대의 전형인 유물론적인 회의철학은 사회주의이다(스토아주의는 고전 문화에서, 그리고 불교는 인도의 문화에서 그와 비교될 만한 것이다). 사회주의는 진정 파우스트적인 형식의 회의주의이며, 이는 사회주의가 행위의 윤리, 행동의 윤리 혹은 의지의 윤리를 강조하기 때문이다. 그것은 회의적인 시대가 지니는 "과학적인" 또 다른 자질인 것이다──그 시대에는 "두뇌가 지배하며, 혼은 자리에서 물러난다." 유물론과 다윈의 이론 그리고 사회주의는 상호 관련을 가지며, "단지 표면적으로만 분리할 수 있다." 이들 사고의 형식 가운데 표현된 세계의 환멸, 즉 회의주의는 비코도 말했던 것처럼 문화의 종말을 암시하며, 각 문화는 "자신의 양식을 따라 정신적으로 소멸"한다. 파우스트적인 인간은 자기가 이상으로 생각하던 것들을 분쇄한다. 아폴로적인 인간은 "목전에서 이상으로 생각하던 것들이 부숴지는 것을 지켜 보게 되나," 반면 인도인들은 "이상으로 생각하던 것들로부터 떨어져서 자신에게로 물러난다."[46]
  파우스트적인 인간은 지금 금전의 절대 권위와 그것이 지니는 "정치적 무기인 민주주의"로부터 문화를 종결짓는 독재 군주 정치(caesarism)로 추이하는 시대에 존재한다. 파우스트적인 인간은 자연의 주인이 되고자 하는 결심에서──그의 운명-이념의 필연적인 표현── 오늘의 기계적인 세계를 창조하였다. 기계는 그것이 신의 폐위와 문화가 지닌 기본 종교적인 혼의 형식을 해체하였음을 의미하기 때문에 악마적인 것이라고 슈펭글러는 말한다. 기계는 기업가와 기술자 그리고 기술자와 더불어 결정적인 인물로서 노동자를 길렀다. 지금은 기계와 금전이 전투하는 시대이다. 생산 경제 대

---

45) 앞의 책.
46) 앞의 책, Vol., I, p.357.

취득 경제가 바로 그것이다. 그러나 금전과 혈족 사이에 최종적인 갈등이 벌어진다. 승리는 혈족에 귀속한다. 슈펭글러는 예언이나 하듯이 다음과 같이 기록한다.

> 독재 군주 정치의 도래는 금전의 독재와 그 정치적 무기인 민주주의를 파괴시킬 것이다.…… 검(劍)은 금전에 대해 승리를 거두며 지배자의 의지는 약탈자의 의지를 다시 진압한다. 만약 이들 금전의 세력을 자본주의라고 한다면, 모든 계급의 이해를 초월하는 강력한 정치 경제적인 질서에 생기를 불어넣으려는 의지를 사회주의라 명명할 수 있을 것이다.…… 하나의 권력은 또 다른 권력에 의하여서만이 전복될 수 있는 것이지, 원칙에 으해서 전복될 수 있는 것은 아니다. 그리고 금전에 대결할 수 있는 권력은 하나도 없으나 이것만은 다르다. 금전은 혈족에 의해서만이 전복되고 철폐될 수 있다. 생명은 알파와 오메가이며 소우주적인 형식으로 흘러 내리는 우주적인 도도한 흐름이다. 그것은 역사로서의 세계내의 사실 중의 사실이다.…… 세계사는 세계의 법정이며, 그리고 그것은 이제껏 더욱 강한 삶, 더욱 충만한 삶, 그리고 더욱 자신에 찬 삶에 호감을 가지고 판정을 내려 왔다.…… 언제나 그것은 진리와 정의를 희생하여 힘과 민족들에게 바쳤으며, 행위보다는 진리가 더 강하고 힘보다는 정의가 더 강했던 사람과 민중에게 사형을 언도하였다. 그리하여 높은 문화가 엮어 가는 각본은──신들, 예술, 사상, 전투, 도시의 경이스러운 세계──오랜 옛날의 혈족에 대한 사실들로 영원히 돌아감으로 끝을 댓으며, 그것은 언제나 돌고 있는 우주적인 흐름과 꼭 같은 것이다. 교교한 상상력이 풍부하게 깨어 있는 존재는 중국과 로마 제국이 말해 주듯이 자체를 낮추어 조용히 존재에 이바지한다. 시간은 공간에 대하여 승리를 얻는다.……
>
> 그러나 운명에 의해서 이 문화 속에서 그리고 그 문화가 발전해 가는 과정에서 바로 이 순간──금전이 자기의 최후의 승리를 축하하며, 뒤를 이을 독재 군주 정치가 조용하고 착실히 걸어 다가오는 순간──에 놓인 우리로 말할 것 같으면 우리들이 의도하였으며 동시에 의무이기도 한 우리의 나아가야 할 방향은 우리를 좁은 한계 속에 고정시키게 되므로, 다른 어떤 조건으로는 생은 살만한 가치가 없는 것이다. 우리는 이것 또는 저것에 이를 만한 자유가 없다. 그러나 필요한 것을 행하거나 무위도식할 자유는 있는 것이다. 그리고 역사적인 필연성이 설정한 과업은 개체와 더불어 또는 그에 반대하여 성취될 것이다.[47]

---

47) 앞의 책, Vol., Ⅱ, p.507, 슈펭글러, 대작의 끝.

"민족과 조국(blood and soil)"의 나치 국가사회주의적인 독재 군주 정치는 슈펭글러가 말하는 역사적인 필연성의 이념을 이행하려 하였으나 결실을 맺지 못한 것처럼 보인다. 그러나 2000년이라는 해는 아직 이르지 않았다. 아마도 세계 국가의 독재 군주 정치가 나타날 것이다.

문화의 형식에 대한 과학과 논리학 그리고 수학의 상대성

모든 문화적인 유기체는 나서 죽기까지 대략 1000년이라고 하는 생명의 주기를 가진다. 그 순환의 각 단계는 일정한 연대기적인 질서 속에 필연적으로 전개되는 것이다. 각 단계의 내용은 그 문화가 지니는 근본 상징의 본질적인 표현이다. 이것은 철학과 예술 그리고 사회적인 형식과 마찬가지로 과학, 논리학 그리고 수학에서도 사실이라고 슈펭글러는 주장한다. 이런 까닭으로 그는 완전히 상대주의자가 된다. 전체로서의 인간성을 위한 진보란 존재하지 않으며, 과학에서조차도 진보란 존재하지 않는다. 대신에 개별적으로 뚜렷이 구별되는 커다란 문화의 유기체들 혹은 동등한 이해 관계와 신분에 대한 대우주적인 인격들이 존재한다. '과학'으로서의 역사 혹은 역사철학은 그와 같은 문화라는 유기체가 지니는 생활 순환의 유형을 이해하는 것이다.

이것은 역사의 논리와 역사의 이해 방식을 과학의 논리와 전혀 다른 것으로 만든다. 양자의 논리는 형태론(morphology)이다. 즉 둘이 모두가 일반적인 유형을 다룬다. 과학은 인과율과 관계의 구명을 일삼으며 기계적인 것, 연장된 것, 되어진 것(the become), 죽은 것에 관계한다.[48] 이러한 유형의 형태론을 슈펭글러는 체계적(systematic)이라고 부른다. 유기적인 역사의 논리는 방향, 운명, 생성, 살아 있는 것과 관계한다. 이러한 유형의 형태론을 슈펭글러는 인상학적(人相學的, physiognomic)이라고 부른다.[49] 인과 관계의 형태론적인 요소가 하나의 원리인 반면에,

　　　운명의 형태론적인 요소는 하나의 이념이며, 그것은 '인식' 되거나, 묘사되거

---

48) '죽은' 물질을 다루는 과학과 지성 대 '산' 것을 다루는 직관 사이의 이러한 구별은 또한 베르그송의 방법론의 중심이다.
49) 슈펭글러, 앞에서 인용한 책, I, p.100.

나, 규제될 수 없고 오로지 느껴지며, 본질적으로 살아야만 하는 하나의 이념인 것이다. 이러한 이념은 전적으로 모르거나 아니면——봄철의 인간과 그 뒤의 계절들 가운데서 참으로 중요한 인간, 신자, 연인, 예술가, 시인처럼——전적으로 확실한 어떤 것이다.[50]

어떠한 사람도 체계적인 것을 납득하도록 교육을 받을 수는 있지만 "역사(人相學的인)를 아는 사람은 따로 태어난다"[51]고 꼭 같은 투로 슈펭글러는 주장한다. 체계적인 정신이란 "인생의 한창 때를 지나서야 얻어지는 것이며, 어느 문화의 가장 원숙한 상태에 속하는 덧없이 지나가는 현상이다. 그것은 도시와 더불어 나타났다가 사라진다."[52] 다른 한편 인상학적 포착인 예술은 그 문화와 같은 정도로 오래 존재한다.

과학과 과학적인 방법이 죽은 것과 사물의 기계적인 면을 취급하기는 하지만 보편 타당성을 갖지 못한다. 보편적으로 타당한 과학적인 법칙들 혹은 보편적으로 타당한 수학의 체계는 존재하지 않으며 심지어 어떤 보편적으로 타당한 논리의 체계도 존재하지 않는다. "수학적인 사고방식과 일반적으로 과학적인 사고방식은 그것이 그에 적합한 생명감을 완전하게 나타낼 때는 정당하며, 확신을 주는 '사고의 필연성'이라고"[53] 슈펭글러는 기록한다. 자연과 과학의 세계는 문화라는 유기체의 피조물이다

조금이라도 가능한 모든 이념은 그것을 지은 존재의 거울이다. 모든 역사적인 종교에 타당한 '인간은 자기 자신의 형상으로 신을 창조하였다'는 판단은 아무리 그 사실의 근거가 견고하다고 할지라도 자연과학적인 이론에 대해선 상당히 타당한 것이다.[54]

파우스트적인 수학은 해석기하학적인 형식들, 즉 미적분학, 다차원적인 수학 체계들을 취한다. 물리학에서 열량(물질적인 분자가 아니다)은 우주의

---

50) 앞의 책, p.121.
51) 앞의 책, p.102.
52) 앞의 책.
53) 앞의 책, p.67.
54) 앞의 책, p.381.

궁극적인 구성 요소들이다. 과학과 수학의 제반 이념은 파우스트적인 인간의
근본 상징——무한한 공간——을 나타내는 상징들(신화들)이다. 역학과
생성, 권력과 의지에서 무한은 "객관적인" 과학적 상징의 형식으로 신화화된
다(칸시러도 「상징적인 형식들의 철학(*Philosophy of Symbolic Forms*)」에서 이와 꼭
같은 견해에 접근하였음을 주목해 보는 것도 이러한 문맥상 재미있는 일이다).

고전적인 혼은 그의 논리와 과학 그리고 수학에서 유한한 것, 정적인 것,
영원히 현존하는 것, 비시간적인 것을 강조하였다. 유클리드의 수학은 서양
의 역동적인 라이프니츠의 무제한의 함수적인 공식들에 대해서 정적인 공간
과 폐쇄된 체계이다. 고전적인 물리학에서 원자는 하나의 꼴 혹은 제한된
형식이며, 서양의 비물질화된 양자 에너지는 아니다. 슈펭글러는 논평하기를
"그러므로 모든 원자론은 하나의 신화이지 체험은 아니며," 그 속에서 "문화
는 그 문화가 보유하는 대물리학자들의 명상과 창조적인 힘을 통해 그 문화
의 가장 깊은 곳의 본질과 바로 그 자체를 계시한다"[55]고 말한다.

마기적인 수학과 과학도 역시 문화의 표현들로서 묘사된다.[56] 마기적인
대우주의 근본 상징은 동굴(둥근 지붕, dome은 마기적인 이념의 건축적인 표현
이다)이다. 그것은 정적인 것을 나타내지만 동화와 같은 "은밀한 힘들"의
세계를 나타낸다. 그러므로 이 문화는 수학에서 대수를, 과학에선 화학을
발전시켰다.

슈펭글러는 자기가, 수학이나 과학에는 보편적인 진리가 존재하지 않으
며,[57] 이들 가장 객관적인 측면의 지식은 그저 특수한 문화의 혼이 지닌 여러
기능이므로 선과 아름다움에 대한 인간의 이념들이 그 얼마나 상대적인가
하는 사실을 증명하였다고 생각한다. 하나의 문화에서 구체적인 형식의 표현
을 부여받은 윤리적인 가치와 미학적인 가치 그리고 진리의 가치(과학을
포함해서)는 대우주적인 유기체의 "근본 상징" 속에 재현된 감정의 응어리

---

55) 앞의 책, p.387.
56) 마기적인 문화는 근동 민족, 즉 1세기로부터 1000년에 이르는 유태인, 초대 기독교
인, 아랍인, 페르시아인, 아르메니아인들을 포함한다.
57) 하나의 관점에서 볼 때 이것은 진실이지만 다른 관점에서 볼 때 거짓이다. 그리스
시대로부터 우리의 시대에 이르기까지 과학에서 더욱 적절하고 내포적인 이론들이
얻은 것에는 진보가 있었다. 그러나 과학적인 진리는 절대적인 진리가 아니다. 이런
정도로 슈펭글러의 상대주의는 정당화된다.

(feeling-core)와 관련해서 이해되어야 한다. 이것이야말로 저들의 진정한 의의이다. "모든 것은 무엇이 되었든지 간에 하나의 상징이며 혼의 표현이 다"라고 슈펭글러는 말한다. 모든 사람들은 과거의 의미를 추구하며 "최종적 인 또는 최상급의 진리에 도달한다——일체의 덧없는 것은 오직 영상에 지나지 않는다."[58]

슈펭글러의 역사 이론에 대한 약술

역사란 문화-유기체의 형태론을 연구하는 것이다. "문화는 유기체이며 세계사는 저들의 집단적인 전기(傳記)이다."[59] 인간과 동물 그리고 식물과 마찬가지로 문화도 "언제나 그리고 어디서나 자신들을 되풀이하는 내향적인 형식이며,"[60] 그리고 이러한 반복은 역사의 형태론에 대한 과학을 가능하게 하는 순환적인 회귀인 것이다. 하나의 문화가 지닌 대우즈적인 정신-생물학 적 순환은 인간의 개체, 즉 소우주의 그것과 마찬가지이며, 꼭 같은 성질의 내향적인 필연성에 지배된다. 이와 같이 동양 사상의 전형인 유기적인 대우 주와 소우주 철학을 응용하기는 하지만 훨씬 협소한 응용과 협소한 범위 에 지나지 않는다. 동양 사람들은 문화-혼의 미학적인 견속체(the Aesthetic Continuum)를 전 우주의 실재에 대한 대우주적인 혼에까지 연장시키며, 이와 같이 인간은 덧없는 자기의 소업(所業)과 지식 일체의 상대성을 극복한다. 슈펭글러가 말하는 상대성이란 만일 그가 체계적인 형이상학을 발전시켰다 고 하면 아마도 비슷한 방식으로 해소시킬 수도 있었을 것이다. 그러나 그러 한 보편적인 형이상학은 인간 정신의 일체 형이상학과 일체의 창조적인 소업의 상대성을 말하는 그의 이론이 문화의 유기체들에 대해서 단순히 본질적인 측면들에 지나지 않음을 반증하였을 것이다.

---

58) 괴테의 「파우스트」로부터 역자는 다음과 같이 번역했다.
   "All We see before us passing sign and symbol is alone." Vol. I , p.102.
59) 앞의 책, p.104.
60) 앞의 책.

제3장
소로킨의 문화역학의 순환적인 유형

소로킨은 그의 4권으로 된 저서 「사회와 문화의 역학(*Social and Cultural Dynamics*, 1937)」에서 피력하였던 견해를 「우리 시대의 위기(*The Crisis of Our Age*, 1941)」라고 하는 한 권의 책에 압축시켰다. 거기서 그는 비코와 슈펭글러처럼 모든 대문화의 역학(혹은 의미심장한 움직임) 속에서의 일정 동일한 인간 관계의 순환적인 유형을 증명하기 위하여 많은 증거를 제시한다. 순환의 유형은 세 가지 움직임을 가지는데, 그 하나하나는 필연적으로 이전 것의 뒤를 좇는다. 세 가지 움직임은 다음과 같다. 즉 (1) 이념적인 것, (2) 이상주의적인 것, (3) 감각적인 것이 그것이다. 슈펭글러의 작품과 마찬가지로 대문화를 형태론적으로 고찰하려는 목적은 서양 문화의 시간 척도에서 현재의 단계를 증명하고 미래를 예측하기 위한 것이다. 그는 슈펭글러가 그랬던 것처럼 자기의 형태론을 적용함으로써 우리가 문화 순환의 노쇠한 최종 단계에 있다는 사실을 알아낸다.

모든 문화[1]는 이념적(Ideational)인 단계에서 비롯한다고 소로킨은 말한

---

1) 우리가 연구한 모든 이전의 사상가들과 마찬가지로 소로킨은 문화를 하나의 총합된 것(an integrated thing)으로서 생각한다. 소로킨은 "어느 위대한 문화는 서로 나란히 관계를 갖지 않고 존재하는 다수의 잡다한 문화 현상에 대한 하나의 단순한 집적소가 되는 대신에 그 부분들이 꼭 같은 근본 원리들에 의하여 삼투되고 꼭 같은 기본 가치를 강조하는 통일성 또는 개체성을 표상한다"고 말한다. 피티림 A. 소로킨, 「우

다. 서구 사회의 이념적인 단계는 중세 시대였다. 이 시대는

> 진실한 실재와 가치에 대한 동일한 최상의 원리, 즉 두한하며 초감각적이며, 초합리적인 신이며, 어디에나 존재하며, 전지전능하며 절대적으로 의롭고, 선하고 아름다운, 세상과 인간의 창조자를 중심으로 총화를 이룬 통일된 시대였다. 유일의 진실한 실재와 가치로서의 초감각적이며, 초합리적인 신의 원리에 입각한 그와 같이 통일된 문화의 체계를 가히 이념적이라그 할 수 있을 것이다.[2]

그리스의 문화에서 꼭 같은 종교적인 전제가 기원전 8서기로부터 6세기에 이르는 문화의 기초를 마련한다. 브라만교의 인도 문화와 불교 문화 그리고 도교 문화도 초기엔 꼭 같은 합일 사상을 보인다.[3]

이념적인 단계의 쇠퇴는 새로운 사상, "즉 진실한 실재와 가치는 감각적인 것이라"[4]는 사상의 출현으로 야기된다. 이것은 실재에 대한 과학적, 유물론적인 접근 태도이다──그것은 현실적인 것만이 시(視), 청(聽), 촉(觸), 후(嗅), 미각(味覺)의 감각 기관에 의해 감지된다는 사실을 긍정한다. 새로운 감각적 혹은 경험적인 태도는 이념적인 것과는 정반대이지만 문화는 동시에 이쪽에서 저쪽으로 방향을 바꾸지 않는다. 대신에 그것은 감각적인 것 혹은 경험적인 것을 초감각적, 초합리적, 이념적인 형식과 결합시킨다. 이렇게 결합한 것을 소로킨은 문화 순환의 이상주의적인 국면이라고 부른다. 서양 문화에서 이상주의적인 국면은 13세기와 14세기에 발생하였다. 예를 들면, 성 토마스 아퀴나스(St. Thomas Aquinas)는 초자연적(이념적)인 성서의 실재관을 아리스토텔레스 철학의 경험론과 결합시켰다. 그리스의 문화에서 이러한 이념적인 종합은 기원전 5세기에서 4세기에 완성되었다. 그것은 모든 문화의 분야에서 위대하고 분명한 체계 확립의 시대인 것이다.

그런 다음에 문화의 역학은 이념적인 요소들(근본적으로 합일시키는 종교적인 사상)이 점점 더 쇠퇴하는 쪽으로 매우 분명하게 나아가며 마침내 감각적

리 시대의 위기(*The Crisis of Our Age*)」(New York : E.P.Dutton, 1941), p.17.
2) 피티림 A. 소로킨, 「우리 시대의 위기」(New York : E.P.Dutton, 1941), p.19.
3) 위의 책.
4) 위의 책.

인 것이 지배하게 될 때까지 감각적인 요소들은 점점 더 증가하게 되는 것이다. 이 감각적인 시대는 사회의 모든 분야에서 경험적인 감각의 세속적인 요소들이 우위를 차지하는 것으로 특징을 이룬다. 이 시대는 서양에서 대략 16세기경에 시작하였으며, 고전 세계에선 헬레니즘과 더불어 시작하였다.

요약해서 말하면 다음과 같다. 즉

> 이와 같이 중세 문화의 주요 원리는 각별히 초세속적이며 종교적으로 되어 초감각적인 데로 기울어졌으며, 이러한 가치가 널리 퍼졌다. 이상주의적인 문화의 주요 원리는 부분적으로 초감각적이며 종교적이었으나 부분적으로는 현세적이고 세속적인 것이었다. 끝으로 현대의 감각적인 문화의 주요 원리는 유달리 현세적이고 세속적이며 공리주의적이다. 이 모든 양상──이념적, 이상주의적, 감각적──은 이집트, 바빌로니아, 그리스, 로마, 힌두, 중국 및 다른 위대한 문화의 역사에서 그 실례를 찾을 수 있다.[5]

소로킨은 위대한 문화의 모든 국면, 즉 순수 예술, 과학, 철학과 종교, 윤리와 법률, 사회 조직과 관례들을 검토해 봄으로써 자기가 주장하는 것이 근거 있는 것이라고 말한다.

순수 예술에서의 순환

서양의 이념적인 예술은 "초감각적인 신국"을 나타내려고 의도한다. 거기서 "'영웅들'이라 함은 신과 그 밖의 다른 신, 천사, 성자와 죄인을 가리키며 창조, 성육신(成肉身), 구속(救贖), 십자가, 구원 및 다른 초월적인 사건의 신비도 마찬가지이다. 그것은 철저하게 종교적인 것이다."[6] 이 예술이 지닌 정서적인 경향은 "경건하고 영묘하며, 금욕적"[7]이고, 그 "양식은 상징적이며 또 반드시 상징적인 것이라야만 한다."[8] 예술 작품은 어떤 감각적인 형식으로는 그 본질적인 성격을 드러낼 수 없는 정신적인 세계를 상징하는 것이다. 감각적인 형식은 그저 초월적인 영역의 기호이며 상징이다. 기독교의

---

5) 위의 책, p.21.
6) 위의 책, p.31.
7) 위의 책.
8) 위의 책.

예술에서 비둘기, 무화과 나뭇가지, 생선, 덩굴, 가지와 같은 것은 그 감각적
인 대응부를 상징하지 않고 다만 "불가시적인 신의 왕국의 가치를 나타내는
것이다."[9] 이러한 초기의 예술은 고색창연한 것으로 외양이 거칠기 짝이 없
다. 그것은 미학적인 향락을 생각하는 전문가들에 의하여 수행된 것이 아니
며, 다만 신자들로 하여금 정신 세계 혹은 신의 세계와 교통할 수 있도록
도움을 주려는 목적에서 익명으로 행해진 것이었다. 이념적, 상징적인 방식
이 새로운 문화의 여명기의 특징이라고 하는 소로킨의 명제를 옹호하여
우리는 불교와 같은 동양의 문화에서 그러한 몇 가지 실례를 찾아볼 수 있
다. 초기의 불교 예술에선 불타 자신을 표상하는 것이 따로 존재하지 않았
다. 반면에 하나의 상징인 보리수라는 것이 있어서 깨달음에 대한 정신적인
이념을 상징한다.

　순환의 그 다음 국면, 즉 이상주의적인 예술은 감각적인 이념들이 출현함
으로써 시작한다. 그러므로 소로킨은 그 다음에 감각적인 예술의 윤곽을
그려 준다. 현실주의가 그 요점이다. 주제는 일상의 감각 세계이다.

　　경험적인 산수화, 경험적인 인간, 경험적인 사건과 모험, 경험적인 묘사,
　그러한 것들이 그 주제다. 농부, 노동자, 주부, 계집아이, 속기사, 교사 그리고
　그 외의 다른 인간들이 그 등장 인물이다. 그것이 무르익은 단계에선 매춘부,
　범죄자, 노상의 아이, 정신이상자, 위선자, 사기꾼과 그 밖의 하층 사회의 유형
　들이 감각적인 예술의 인기 있는 '영웅'이다. 그 목적은 세련된 감각적인 향
　락, 즉 피로한 신경의 휴식과 흥분, 오락, 쾌락, 흥행과 같은 것을 만들어 내려
　는 것이다. 이러한 이유로 그것은 반드시 선정적이고 격정적이며, 비애에 찬
　것이라야 하고, 관능적이며, 끊임없이 새로운 것이 되어야만 한다. 그것은 주지
　육림의 나체와 색욕으로 특색을 이룬다. 그것은 종교와 도덕과 가치와 결별하
　여 자체를 '예술을 위한 예술'로 양식을 바꾸어 버린다. 그것은 즐기고 흥청거
　려야만 하므로 만화, 풍자, 희극, 익살, 폭로, 조롱 및 유사한 수단을 광범위하
　게 이용한다.
　　그것의 양식은 자연주의적이며 가시적이고 심지어는 망상적인 것이며, 어떤
　초감각적인 상징으로부터 완전히 떠난 것이다.[10]

---

9) 위의 책, pp.31 이하.
10) 위의 책, p.32.

이상주의적인 예술, 즉 예술의 형식에서 현현된 바와 마찬가지로 하나의 문화 역학에서 제2의 움직임은 감각적인 요소와 이념적인 요소를 종합한다. 감각적인 요소는 저들의 "가장 승화되고 고상한 측면"[11]에서만이 사용될 따름이다. 그 주제가 되는 영웅은 "부분적으로는 반신(半神)이나 다른 초월적인 생물이지만, 부분적으로는 가장 고상한 측면에서 본 경험적인 인간이다."[12] 그것은 추한 것과 품위를 상하게 하는 것과 통속적인 것을 예술에알맞는 주제인 것처럼 다루기를 의식적으로 거부한다. 그것의 정서적인 분위기는 부드러운 것이다(여기서 소로킨은 부드러움을 고전적인 예술에만 적용하는 슈펭글러와 다르다). 그 양식은 "부분적으로는 상대적이며 풍유적이지만 부분적으로는 현실주의적이며, 자연주의적이다."[13] 이것은 대 고딕식의 성당 예술, 특히 13세기의 성당 예술과 그리스 예술의 황금 시대인 기원전 5세기의 그리스 예술에 대해 진실인 것이다.

네번째 종류의 예술은 절충적인 예술이다. 이것은 현실적인 양식은 전혀 없지만 "어느 것과 모든 것의 덩어리이다. 그것은 한 문화의 붕괴 단계인 감각적인 것의 최후 단계의 현상이다."

소로킨은 세계의 문화로부터 끌어낸 많은 실례와 더불어 자기가 주장하는 순환의 유형을 설명한다. 여기선 간단하게 서양 세계에 적용된 것으로서의 순환을 집중적으로 다루고자 한다. 먼저 그리스와 로마의 문화를 다루고 다음에 중세와 더불어 시작된 근세 서양의 문화를 다루도록 하겠다.

그리스 문화에서 기원전 8세기에서 6세기의 구시대는 이념적인 시대이다. 이 시대의 사물은 현실적으로 표상되지는 않지만 기하학적인 형식과 유사한 상징이 종교적인 가치의 정신 세계를 나타내기 위하여 이용된다. 그 다음에 이상주의적인 국면이 황금 시대(기원전 5세기)에 절정을 이루며 나타난다. 이 시대에 피디아스(Phidias), 아이스킬로스(Aeschylos), 소포클레스(Sophocles), 핀다르(Pindar)는 위대한 창작자들이다. 이상화된 자연주의가 기조를 이루며, 반은 종교적이며, 반은 경험적인 유형이다. 고귀함과 부드러움, 그리고 고매한 이상주의란 것이 이 시대의 파르테논 신전과 피디아스,

---

11) 위의 책, p.33.
12) 위의 책.
13) 위의 책, p.34.

폴리클레이터스, 미론이 새긴 조각품들과 위대한 비극과 의대한 시에 나타난 감정의 일반적인 경향이다. 그것은 어느 문화를 막론하고 이상주의적인 국면에 대한 최선의 실례라고 소로킨은 정확하게 말한다. 감각적인 국면은 거의 기원전 3세기경에 헬레니즘의 시대와 더불어 시작하여 기원후 4세기까지 계속하는데 그 때에 뒤이은 문화의 이념적인 국면이 시작한다. 감각적인 시대는 형식(genre) 예술과 환상적인 양각의 조각과 둥글그 원숙한 관능적인 장식을 한 조각에서 볼 수 있는 문화 그대로의 현실주의와 절충주의 그리고 감상주의를 특색으로 삼는다.

기독교의 문화가 죽어 버린 고전 문화의 계승자로서 자기의 이념적인 국면을 나타내기 시작한다. 중세의 조각과 모자이크의 장식과 건축은 모두 신에게 바쳐진 것이다. 교회와 후대의 대성당들은 석조(石造) 바이블인 것이다. 회화 역시 상징적이며 저세상적인 것이다. 문학에서 강조하는 것은 종교적인 것——성서적——이다. 12세기에 이르러서야 비로스 세속적인 문학이 진정으로 나타나는 것이다.[14] 희곡은 교회의 예배와 종교적인 절차와 기적과 신비스러운 유희로 이루어진다. 음악이란 미사, 즉 교회의 의식을 노래할 목적으로 교황 그레고리 1세가 제정한 찬미(Gregorian Chant)인 것이다. 직업적인 예술가란 존재하지도 않는다. 채색된 원고의 창작자들과 교회나 성당에서 일하는 자 가운데서 볼 수 있는 것과 마찬가지로 신께 바치는 하나의 형식이 예술이다.

13세기가 시작됨과 더불어 이상주의적인 국면이 밝아 오기 시작한다. 그리스의 이상주의적인 시대에서처럼 경험적인 감각 세계의 고귀한 측면에 대한 관심이 나타난다. 다시 그리스의 세계에서와 마찬가지로 예술가는 실재를 모사하지는 않지만 이상적으로 생각된 양식과 위대한 사건들을 나타낸다. 그 의식은 "부드럽고 조용하다. 경박함과 희극 또는 해학, 격렬한 열정과 감정, 무엇이나 비천하게 만드는 것과 비애에 찬 것 또는 소름이 끼치는 것으로부터 벗어나 있다. 그것은 처음으로 경험적인 세기의 아름다움—— 봄날 아침, 꽃들과 나무, 이슬 방울, 빛나는 태양, 애무하는 바람과 푸른 하늘을 응시해 보는 순수한 수녀의 예술이다."[15] 아씨시의 성 프란체스코의 「태

---

14) 위의 책, p.40.
15) 위의 책, p.42.

양에 보내는 찬미」는 이 시대의 혼을 가장 웅변적으로 표현하는 것 가운데
하나다. 왜냐하면 성 프란체스코는 경험적인 세계의 아름다움을 주시하는
순수한 성자의 혼을 정신적으로 구현하기 때문이다. 음악에서 이상주의적인
국면은 한 세기가 지나서 나타나기 시작한다.

최종적으로 15세기가 끝날 무렵에 감각적인 경향이 늘어난다. 그것은 "종
교와 도덕 그리고 시민적인 가치로부터 결별된" 세속적인 것을 강조하는
시대다. 그것은 "19세기에 절정에 달하고 나서 있을 법한 한계"[16]에 달한다.
위에서 말한 바와 마찬가지로 감각적인 예술은 일상적인 개체를 주제로
삼으며, 타락하여 하층 사회와 육감적이고 병리적인 성격들을 묘사하는 것이
다. 문학과 희곡에서도 마찬가지로 선정적인 문체, 만화, 풍자, 희극, 통속적
인 희극, 오페레타 같은 것을 찾아볼 수 있는데 이는 모두가 힐리웃의 양식
에 들어 있는 것이다. 직업적인 예술인들은 대부분 예술의 가치를 모르는
대중에게 그들이 바라는 것을 마련하여 준다. 예술 작품들은 "어떤 다른
상품으로서 시장에 내다 팔기 위하여 만들어진다."[17] 음악에선 보다 복잡한
것과 장식적인 것이 붙어난다. 약 30개의 악기만을 사용하던 몬테베르디
(Monteverdi, 1600년경)의 시대부터 60개의 악기를 쓰던 18세기와 100개 또는
그 이상의 악기를 가진 19세기와 20세기의 오케스트라처럼 규모가 현저하게
증가한 사실은 의의가 큰 것이다.

비록 소로킨이 토마스의 이상주의적인 문화가 지배하였던 13세기를 서양
문화의 정점으로 생각하고, 감각적인 시대를 이같이 찬란한 정점으로부터
쇠퇴해 가는 것으로 생각하는 것처럼 보일지는 몰라도 그는 이 시대의 몇몇
위대한 창조적인 산물을 격찬해 마지않는다. 그는 다음과 같이 기록한다.

최종적으로 가장 중요한 창조의 내적인 가치에 대하여 서양의 감각적인
예술은 변명 같은 것을 필요로 하지 않는다. 바하, 모짜르트, 베토벤, 바그너,
브람스, 차이콥스키는 이전의 어떤 시대의 작곡가에게도 변명을 늘어놓을
필요가 없다. 셰익스피어, 괴테, 쉴러, 샤토브리앙, 유고, 발자크, 디킨스, 톨스
토이, 도스토에프스키와 장대한 마천루를 건축한 사람들과 가장 탁월한 배우
와 르네상스로부터 현시대에 이르기까지 뛰어난 화가와 조각가 대부분에 대해

---

16) 위의 책, p.43.
17) 위의 책.

서도 비슷하게 일반화하여 적용시킬 수 있다. 우리의 감각적인 예술의 대가라
도 그 옛날 문화의 대가와 마찬가지로 그 자신의 분야에선 충분한 자격을 갖춘
것이다.[18]

20세기에 들어와서 대부분의 예술은 퇴폐적이라는 것을 소로킨은 알아낸
다. 다만 건축만이 새로운 총화의 희망을 보여 줄 따름이다.[19] 슈펭글러와
토인비 역시 이 시대는 모든 문화의 영역이 퇴폐적이라고 확신한다. 우리는
새로운 이념적인 시대를 위해 무르익은 것이다.

진리의 체계인 과학, 철학, 종교에서의 순환

이념적인 시대의 진리란 초자연적으로 계시된 것이며, 아마도 "신앙에
대한 진리라고 할 수 있을 것이다. 그것은 절대 무오(無誤)하며 진실한 실존
의 가치에 관한 적합한 지식을 만들어 내는 것으로서 간주된다."[20] 감각적인
진리는 "우리들의 감각 기관을 통해 얻어진 감각의 진리"[21]인 것이다. 이상
주의적인 진리는 "우리의 이성에 의해서 만들어진"[22] 이념적인 것과 감각적
인 것의 종합이다. 이를테면 진리에 대한 토미즘의 태도가 그것이다. 이념적
인 진리와 감각적인 진리 사이에는 근본적으로 충돌되는 것이 있다. 예를
들면 소로킨은 기독교(초기 또는 이념적인 단계에 있을 당시에는)가 고전 문화
의 감각적인 단계에서 살던 로마의 지성인들——타키투스, 플리니, 수에터니
우스, 마르쿠스 아우렐리우스와 같은 사람들에 의하여 혐오할 만한 미신이라
고 불렸던 사실을 언급한다. 한편 사도 바울과 같은 기독교인들은 이 세상의
감각적인 또는 경험적인 지혜는 하느님에게는 어리석은 것이라고 하였다.
터툴리안(Tertullian)은 소로킨이 인용한 유명한 일문(一文)에서 매우 분명하
게 이념적인 진리의 비감각적이며 비합리적인 성격을 진술한다.

　　　하느님의 아들은 십자가에 달린다. 그것은 (감각적인 관점에서 보면) 부끄러

---

18) 위의 책, p.55.
19) 위의 책, p.50.
20) 위의 책, p.81.
21) 위의 책.
22) 위의 책.

운 것이기 때문에 부끄러운 것이 아니다. 그리고 하느님의 아들은 돌아가셨다. 그것은 부조리한 것이므로 믿을 만한 것이다. 그리고 그는 죽음으로부터 다시 일어나셨다. 그것은 불가능하기 때문에 아주 확실한 것이다.[23]

"감각적인 관점에서 볼 때 불가능하거나 진실이 아닌 것은 기독교적인 신앙의 진리의 관점에서 볼 때 가능하고 아주 진실한 것이 되며, 역으로 말해도 마찬가지라고"[24] 소로킨은 논평한다. 기독교의 이념적인 진리는 아우구스티누스가 그랬던 것과 마찬가지로 신과 영혼이라고 하는 두 가지 관심만을 가지고 있었다.

감각적인 진리는 "감각의 세계와 더불어 그 물리, 화학 및 생물학적인 속성과의 관계를 연구하는 것"[25]을 바란다. 그러므로 "자연과학은 종교와 신학 심지어는 사변철학마저 몰아낸다."[26] 르네상스를 지내는 동안 기세를 얻기 시작한 감각적인 경향은 18세기엔 지배적인 것이었으며 19, 20세기에 이르러선 극에 달하였다. 감각적인 진리의 체계는 어떤 초감각적인 실존과 가치, 특히 종교의 세계에 대해선 회의적이다. 철학의 경험적, 실용주의적, 공리주의적인 체계는 이념적인 또는 이상주의적인 진리에 입각한 체계들에 비하여 한층 더 각광을 받는다. 스스로 비정신화되고 조건반사와 정신분석학적인 콤플렉스, 사회 경제적인 결정 인자 등과 같은 인과율의 관계로 다루어지는 인간과 더불어 유물론은 지배적인 세계관이 되었다. 모든 지식 심지어 감각적인 경험의 과학적인 지식까지도 상대적이다. 절대적인 진리나 가치는 존재하지 않는다. 상대성이란 "결국 회의주의와 냉소주의 그리고 허무주의를 낳는다"고 소로킨은 논평한다. "진실과 거짓, 의와 불의 사이의 바로 그 경계선은 사라지며 사회는 자신이 진정 정신과 도덕 그리고 문화적인 무정부 상태에 있음을 알게 된다."[27]

하나의 체계로서 이념적인 진리는 감각적인 것의 변증법적인 대당(對當)이다. 이 체계의 진리는 "계시와 신의 영혼과 신비주의적인 체험에 근거한

---

23) 위의 책, p.84 이하.
24) 위의 책, p.85.
25) 위의 책, p.87.
26) 위의 책.
27) 위의 책, p.98.

직관적"[28]인 것이다. 계시된 종교와 신학은 순수한 지혜와 과학과 경험적인 지식이 단지 시녀가 되어 섬기는 여왕이 되었다."[29] 이념적인 진리는 "일시적인 감각과는 정반대로 영원한 실재를 강조한다.……그것은 절대주의적이며, 비공리주의적이며 비실용주의적인 것이다."[30]

이상주의적인 진리의 체계는 서로 정반대가 되는 두 가지의 체계를 종합한다. 그것은 "감각적, 종교적 그리고 합리주의적인 진리의 세 가지 뚜렷이 다른 요소들을 결합한다. 플라톤과 아리스토텔레스, 알베르투스 마그누스와 성 토마스 아퀴나스의 체계들은 감각적인 진리와 변증법적인 진리는 물론 신적인 진리도 하나의 유기적인 전체 속에 포괄하려고 시도하는 최상의 실례들이다."[31]

진리에 대한 이 세 가지 접근 방법으로 미루어 하나의 절대적인 체계란 존재하지 않는다고 소로킨은 결론을 내린다. 모든 문화에서 율동적인 진리의 순환은 이념적인 것과 이상주의적인 것 그리고 감각적인 것이다. 그리고 옛 것으로부터 새로운 문화가 자꾸 반복하는 것이다. 이러한 리듬은 "오직 하나의 뚜렷한 근거가 있는 진리 체계"[32]란 존재할 수 없다고 하는 사실을 입증하는 것이다. 과학적인 진리(소로킨은 이것을 대체로 감각적인 것으로 생각한다)는 유일의 타당한 성질의 진리는 아닌 것이다. 즉 현대 문화의 이러한 진리 체계에서 '위기'란 이와 같이 생각하는 데에 있는 것이다. 이런 종류의 진리가 막연하게나마 진보하도록 결정되었다고 믿는 것은 잘못이다. 역사에서 진리의 율동적인 순환은 이러한 직선적인 진보의 개념이 그릇되었다는 것을 증명한다. 둘째로 순수한 진리, 심지어 위대한 과학적인 진리조차도 실제로는 이념적인 범주에 속하는 것이다. 과학에서 갈릴레이와 뉴턴 그리고 아인슈타인과 같은 선구적인 이론가도 가설을 창안할 때에는 감관(感官) 이상의 직관과 연역적인 추리를 이용하였다. 감관이 행하는 검증은 이론적으로 연역된 관찰의 영역으로부터 확인되어야만 비로소 심상을 허용하는 것이다. 그러한 감각 기관이 행하는 검증은——세밀한 수학적인 작도법(作圖法)

28) 위의 책, p.102.
29) 위의 책.
30) 위의 책.
31) 위의 책.
32) 위의 책, p.103.

의 관점으로부터 벗어나선 알 수 없는——영상막 위의 반짝이는 불빛에 불과하다. 결론적으로 말하면, 감관이 행하는 관찰은 가장 위대하고 가장 열매를 많이 맺은 과학 이론의 발전에 거의 기여하지 못했다는 것이다.[33]

모든 분야의 진리에 대한 올바른 접근 태도는 "신앙(직관)과 이성" 그리고 감각이라고 하는 세 가지 측면이 결합된 "3차원적인" 혹은 "완전한 것"이라고 소로킨은 결론을 내린다.[34] 문화에 있어서 시대들은 각기 어느 것을 과장하며, 이것이 순환적인 율동의 역학적인 원인이다.

오늘날 서양의 문화는 철학과 과학 그리고 종교(정신적인 진리에 대하여 사회 복음이 강조된다)의 감각적인 국면을 과장하며, 이것은 순수 예술의 감각적인 정황과 유사하다. 이것을 과장함으로써 "퇴폐적인 상태——과도기적인 양상——로 접어들게 된다."[35]

> 문화의 또 다른 형식이 이제 막 수평선 위에 떠올라 자신의 독특한 방식으로 창조적인 진화의 과업을 수행하도록 결정되어 있다. 반대로 이 형식들의 내적인 생동력이 고갈될 때에 새로운 감각적인 문화가 다시 나타나게 될 것이 분명하다. 이런 까닭으로 창조적인 '영원한 순환'은 인간의 역사가 지속되는 한 존속할 것이다.[36]

윤리와 법에서의 순환

이념적인 윤리는 초자연적인 영역과 관계된다. "그러한 윤리의 규범은 절대자에 의해서 계시되거나 절대자로부터 유출되는 것으로 간주된다. 그러므로 절대적이고 무조건적이며 불변적이고 영원한 것이다."[37] 감각의 쾌락은 윤리에 대한 이같은 태도에 타당하지 못하다. 사실 감각의 세계는 그릇되고 망상적인 영역이며 정신적인 성취에 장애가 되는 것으로 간주된다.

감각적인 윤리는 정반대의 관점을 취한다. 그것은 철저하게 쾌락주의적이며 "세련되거나 세련되지 못한 형식으로 감각의 행복, 쾌락, 효용, 안락을

---

33) 위의 책, pp.106~109.
34) 위의 책, p.112.
35) 위의 책, p.132.
36) 위의 책, p.132.
37) 위의 책, p.135.

무상의 가치로서"[38] 간주한다.

이상주의적인 윤리는 "이념적인 가치와 감각적인 가치의 중간적인 종합이다."[39] 이 체계는 신, 즉 "초감각적인 절대자를 으뜸 가는 가치로서 인정은 하지만 가장 고상하며 절대자를 방해하지 않는 감각적인 가치를 인정하는 점에서 이념적인 견해와는 다른 것이다."[40] 서양 문화의 이념적인 윤리(기독교적인)는 4세기 이후에 지배적인 것이 되기 시작하여 13세기에 이를 때까지 지상적인 것으로서 군림하였다. 중심 원리는 "모든 것을 포괄하며, 모든 것을 사(賜)하며, 모든 것을 용서하는, 인간에 대한 신의 사랑과, 신에 대한 인간의 사랑과, 인간에 대한 인간의 사랑이다."[41] 기독교의 이념적인 윤리는 "인간으로 하여금 가장 높은 성화(聖化)의 수준에 오르게 하며, 그가 목적에 대한 수단으로 이용되지 않도록 무조건으로 보호한다."[42]

이상주의적인 윤리는 13세기와 15세기를 지배하였다. 그러나 감각적인 윤리는 14세기와 15세기에 힘을 얻어 16세기 종교 개혁과 르네상스의 시대에 지배적인 것이 된다. "르네상스 윤리의 쾌락설과 관능주의와 이교 사상은 잘 알려진 것이다."[43] "신교 운동은 대체로 공리주의적이고 감각적인 것이었으며……돈을 버는 것은 신의 은총의 표시로 선언되었다"[44] 공리주의, 자본주의, 이교(異敎) 사상, 프로테스탄티즘은 병행하여 성장된 윤리이며, 그 체계는 지난 4세기 동안 우리의 문화를 지배했다.

법철학에서의 순환은 윤리에서 보아 알게 된 순환과 꼭 같은 것이었다. 이념적인 법은 모든 문화에서 절대적인 것이다. 그것은 신의 세력, 혹은 권력에 의하여 주어진 법이다. 서양 문화에서 이것은 성서의 율법이며, 십계명과 산상수훈은 그 실례인 것이다. 율법을 어긴 데 대한 벌은 감각의 세계에서뿐만 아니라 초감각적인 세계에서도 있는 것이다. 왜냐하면 율법의 위반은 인간에게만이 아니라 신에 대한 죄라고 여겨지기 때문이다. "거의 모든 율법

---

38) 위의 책.
39) 위의 책, p.137.
40) 위의 책.
41) 위의 책, p.139.
42) 위의 책.
43) 위의 책, p.140.
44) 위의 책.

의 행위는…… 어떤 신성한 공식을 선포함으로써, 신성시되는 일정한 행위를 통해서 최후의 세칙까지 규칙으로서 정해져 있다."[45] 율법의 위반을 심판하는 자들은 직접 혹은 간접적으로 "신탁, 예언자, 선지자, 성자 등의 도움을 받는 사제 계급이다."[46]

감각적인 법의 체계는 그 정반대다. 법은 사회의 일정한 계급 혹은 민주적인 국가에서 (이론적으로 말해서) 만인의 생명과 안정 그리고 행복을 보호한다고 하는 공리주의적인 목적으로, 완전히 인간이 만든 것으로서 생각된다. 형벌은 감각적인 것이며, 앙갚음이나 본때를 보여 주기 위해서나 범법자를 재교육시키거나 사회의 안정이라고 하는 실용주의적인 목적을 위한 것이다. 재판관은 세속적인 사람이다. "그러한 법전을 제정하고 강요하는 정부는 군대와 물리적인 힘에 입각하였거나 또는 부와 능력이 아니면 선거 단체의 위임 통치에 입각한——신정(神政) 정치가 아닌——세속적인 정부이다." [47]

이상주의적인 법은 이념적인 법과 감각적인 법 사이의 중간에 위치한 것이다. 그것은 13세기의 토미즘에서 지배적인 것이었다. 서양 문화는 이제 문화의 다른 측면에서와 마찬가지로 감각적인 윤리와 율법의 와해 단계에 있다. 윤리적인 가치와 법의 이념은 극도로 타락하고 너무 상대적이기 때문에 무의미하므로 "힘이 곧 정의다"라는 사상에 그 문호는 활짝 열려졌다. 하층 세계 갱들의 거대한 세력, 점증하는 청소년의 범죄는 윤리적인 가치의 평가 절하와 법에 대한 공리주의적인 태도에서 초래된 것이다. 그것은 인간을 종교적인 미신으로부터 해방시키는 대신에 인간을 "존엄성과 궁극적인 가치를 결여한 단지 하나의 전자와 중성자의 결합체나 반사 기계로 만들었다.……만약 그가 이것에나 저것에 쓸모가 있다면, 마치 우리가 쓸모 있는 동물을 다루듯이 상당한 대우를 받을 것이다. 만약 그가 해로운 존재라면, 마치 우리가 해로운 뱀을 근절하듯이 숙청당할 것이다."[48]

인간을 다시 총합하기 위하여 또 다른 이념적인 형식의 윤리와 법에 돌아가지 않는다면 감각적인 윤리와 법은 인간을 파멸시킬 것이라고 소로킨은

---

45) 위의 책, p.149.
46) 위의 책, p.150.
47) 위의 책, p.154.
48) 위의 책, p.164.

말한다(그것은 이미 두번에 걸친 세계 대전을 유발시켰다).

사회적인 관계의 유형에서의 순환

인간 대 인간, 집단 대 집단의 사회적인 관계에는 오로지 세 가지 기본 유형만이 존재한다고 소로킨은 생각한다. 이들은 다음과 같다. 즉 상호간의 애정을 기반으로 하는 가족 중심의 관계와, 사랑이나 증오심 같은 것이 아니라 계약하는 당파의 상호 이익을 위하여 맺은 협정이나 계약을 기반으로 하는 자유 계약의 관계와, "저들의 원망(願望)과 이해에는 아랑곳없이 한 당파가 다른 당파에게 부과한"[49] 강압적인 관계가 그것이다.

한 문화의 이념적인 시대에서 가족 중심적인 관계는 서양 문명의 봉건 시대(8세기~12세기)에서처럼 널리 퍼져 있다.

계약적인 관계는 도시가——13세기와 16세기 사이의 서양 문화에서——발생함에 따라 증대된다. 16세기로부터 18세기까지는 강압적인 관계가 증가하였다. 그러나 19세기와 20세기, 즉 자본주의 시대는 계약설의 황금 시대다. 계약설은 모든 사업 분야에서 제1의 각서이며 많은 정부의 특징이다. 종교에서 교회의 성원은 계약적이다. 개신교의 교회에서 한 사람은 자유로이 성원이 될 수 있고 되지 않을 수도 있다. 결혼의 기반이 되는 것은 더욱더 계약적으로 되어 가는 경향이 나타나며, 서민의 결혼 동의서는 결혼의 의무를 지울 수 있다. 결혼이 가지는 계약적인 성질로 인하여 이혼 역시 계약적인 것이 된다. 계약설은 직접 간접으로 자기에 유리하게 많은 종류의 계약을 맺을 수 있는 개체의 자유를 강조한다. 그러므로 그 논거는, 위대한 종교의 언어를 빌릴 것 같으면 이기주의적인 원죄에 있는 것이다. 현대 서양인의 의미에서 볼 것 같으면 개인주의(자기 본위적인 이기주의로 타락한)는 자본주의가 수반하는 것이다. 그것은 이념적인 자유에 대해서 감각적인 자유를 의미한다고 소로킨은 말한다. 감각적인 자유란 자기의 원망(願望)을 충족시키는 자유를 의미한다. 이런 까닭으로 만약 자기의 원망을 충족시키는 수단이 불충분하면 그는 부자유스럽지만 만약 자기의 원망을 충족시키기에 충분하거나 그 이상인 경우에 그는 자유스럽다. 이념적인 시대의 인간은 자기의 감각적인 원망을 제한하고 내면적인 자유에 정신을 집중하였으나

---

49) 위의 책, p.167.

이와는 달리 현대 감각적인 인간의 유물론적이며 감각적인 원망은 끊임없이 그것들을 충족시켜 줄 수단을 앞질러 나간다. 이상주의적인 인간은 알맞게 절제하여 물질적인 만족을 누리며 내면적인 영성(靈性)과 자유를 배양할 여유를 모두 얻는다. 그러나 오늘날 서양 문화는 감각적인 자유를 선택하였으며, 이것은 사회적인 관계에서 지배적 형식인 계약적인 관계의 위기를 조성하는 데 이바지하였다. 20세기의 정부들 가운데 위기의 기운이 여실하다. 즉 나치즘과 파시즘 그리고 강압적인 것을 택하여 계약적인 관계를 저버린 전체주의적인 체제로서의 공산주의가 그것이다. 민주적인 국가에서조차 정부가 통제하는 사회적인(강압적인) 관계가 급격하게 늘어나고 있다.

이것은 특히 경제적인 분야에서 두드러지게 나타난다. 예를 들면 많은 분야에서 정부가 사용하는 경비를 충당하기 위해서 사사로운 개인들로부터 많은 조세가 징수된다. 이것은 계약 체계의 부분이 되어 온 "사유 재산 제도를 약화, 붕괴 그리고 파괴하는"[50] 요소이다. 법인(法人)과 트러스트는 사유 재산과 관련된 개인주의에 대한 침해의 또다른 일면이다. "법인 경제는 분권화된 전체주의인 반면에 공산주의와 파시즘 혹은 나치형의 전체주의는 중앙 집권화된 법인의 경제이다"[51]라고 소로킨은 주장한다.

계약적인 체계는 가족 안에서 붕괴된다. 즉 너무나 많은 가정이 다방면의 다른 장소에서 양친과 어린아이들이 밤새 잠을 자기 위한 단순한 장소에 불과하다. 계약적인 체계는 국제적인 관계에서도 상당한 정도 붕괴되었다. 즉 군사적인 위협과 협정이 성립되지 않는다는 것이 중대한 요인이다. 유일한 치유책은 다음과 같은 것이라고 소로킨은 믿는다.

> "악법도 법이다"라는 격률처럼 만인에 대하여 의무적이며, 보편적으로 책임을 지워 속박하여 상대적, 방편적인 의사(擬似) 가치를 위하여 간단히 처리되지 않는 절대적인 도덕적 가치와 규범들의 예비적인 재건……그것은 이념적인 혹은 이상주의적인 세계관에 의한 감각적인 정신력의 대치를 의미한다.[52]

그리스와 로마의 문화와 같은 다른 문화의 율동적인 유형과 그 순환은

---

50) 위의 책, p.184.
51) 위의 책, p.186.
52) 위의 책, p.203.

상호간의 애정에 근거한 이념적인 가족 관계로의 복귀를 감시한다(기독교의 윤리는 그리스 로마의 것을 뒤따른 것이었다). 자유는 그것의 이념적인 형식으로 다시 이해되어야만 한다. 즉 내면적인 정신의 자유로부터 모든 진실한 자유가 뒤따르는 것이다. 정신은 다시 육체를 정복하고 인류를 다시 소생시켜야 한다. 만인이 정신적인 수준에서 통일을 인식하며 삶을 살아야만 한다. 우리는 본서 제1부와 제2부에서 이것을 연구하면서 정신적인 자유와 행복, 즉 순수한 자유와 행복을 인류가 달성해야 한다고 할 경우 이것은 필연적인 목표라는 것에 대해 보편적으로 일치하고 있음을 주목해 보았다. 소로킨은 특별히 그의 최근의 저서에서 이 목표가 바야흐로 밝아 오는 새로운 이념적인 혹은 이상주의적인 시대——창조적인 이타주의의 이념을 중심으로 총화를 이루게 될 시대——를 위해 초석이 되어야 한다는 사실을 보여준다.

   신문화 시대의 여명—— 인간 생활의 창조적인 이타주의와 초의식적인 수준의 시대

   바야흐로 죽어 가는 감각적인 시대를 대신하는 새로운 시대는 우리가 위에서 말한 바와 마찬가지로 새롭고 강렬한 영성의 시대가 될 것이다. 스리 오로빈도와 마찬가지로 소로킨은 세계적인 정치 경제와 일반적인 문화의 상황이 그러하기 때문에 인간은 억지로라도 그의 전체 본성을 혁신하지 않으면 멸망할 것이라고 믿는다. 「인간성의 재건(Reconstruction of Humanity)」에서 소로킨은 그가 냉소적으로 이르는 바 "전쟁에 대한 돌팔이 의사의 치유책과 평화에 대한 무능한 계획"[53]을 검토하는데, "정치적인 치유책"으로는 민주주의와 국제 연합과 세계 정부가 있고, "경제적인 치유책과 계획"으로는 자본주의, 공산주의, 파시즘 및 사회주의 경제 같은 것이 있지만 종교적인 치유책을 포함하여 모두들 유감스럽게도 치유할 수 있는 힘이 없다. 그 까닭을 소로킨은 다음과 같이 지적한다. 즉 세계의 종교적인 체제는

   저들이 설파한 것을 실행하지 않았기 때문에 전쟁과 다른 형식의 갈등을 경감시키는 데 실패하였다. 개종을 시키는 데 있어서 저들은 파괴와 타락의

---

53) 소로킨, *The Reconstruction of Humanity*(Boston: The Beacon Press, 1948), part Ⅰ pp.7~57.

검을 가리려고 사랑의 복음을 이용하는 경향이 있다.……설교와 행동 사이의 괴리가 메워지지 않는 한 현시대와 미래의 종교가 전쟁을 없애고 항구적인 평화를 확보할 수 있으리라고 믿을 이유는 하나도 없다.[54]

인류를 위하여 새로운 문화의 시대를 창조하게 될 유일한 치유책——우리가 그 치유책을 적용하지 않으면 멸망한다——은 창조적인 이타주의다. 인간은 이 사상을 중심으로 자신과 밝아 오는 새로운 문화의 순환을 총합시키지 않으면 안 된다. 소로킨이 초의식적인 수준, 즉 모든 요가철학과 신비적인 철학에서 인간의 목표로서 강조한 사회, 자연의 우주 그리고 절대자와 더불어 이루 말로 형언할 수 없는 유기적인 합일의 경지, 무아의 상태라고 이르는 바 새로운 이타주의적인 의식의 수준으로 변형되어야 한다(앞의 제1부의 요가철학과 신비적인 철학에 관한 장과 본장의 적절한 몇 절과 제2부의 오로빈도와 라다크리쉬난에 관한 장을 보라). 인간의 필연적이며 직접적인 운명과 목표로서 이러한 초의식적인 수준은 스리 오로빈도가 말하는 초지성(Supermind)의 진화 목표와 유사한 것이다. 소로킨은 대체로 스리 오로빈도와 힌두교의 요가 철학은 물론 유사한 도교, 불교, 회교 및 기독교의 신비적인 철학들에 대해서 감탄과 동의의 뜻을 나타내는데 그들 모두가 창조적인 이타주의의 초의식적인 수준을 강조하고 있다. 이것이야말로 새로운 활력이 넘치는 정신 생활의 기초가 되어야만 하며 또 한편으로 그들은 새로운 세계의 질서를 창조해 낼 것이다.

「사랑의 길과 힘——도덕적 변형의 양식과 요소 그리고 기술」에서 소로킨은 인간의 본성이 창조적인 이타주의의 수준, 즉 초의식적인 정신 상태에 달할 수 있다는 사실을 보여 주려고 많은 증거를 제시한다. 일찍이 그 책에서 그는 정신 상태라는 말이 뜻하는 바와 그것이 저급한 무의식(Unconscious), 생의식(Bioconscious) 그리고 사회 의식적(Socioconscious)인 수준과 어떻게 구별되는가를 기술한다. 이 나중 세 가지 것에 초의식적(Supraconscious)인 것이 합하여 인간의 "4중의 정신 구조와 에너지"를 구성한다. 무의식적인 것이란 "분화되지 않은 전체 생명 에너지의 수준"[55]인 것이다. 그것은 "인간

---

54) 위의 책, p.44.
55) 소로킨, *The Ways and Power of Love*(Boston : The Beacon Press, 1954), p.85.

적인 유기체가 동물적인 생명과 성장 그리고 생존을 위하여 필요한 반사론적, 본능적 그리고 무의식적인 홍분, 억제, 욕망 및 활동[56]을 포함한다. 사람에 있어서 생의식적인 것은 생물학적인 긴장이 의식적으로 될 대에 나타난다. 이를테면 만일 누가 굶주리게 되면 그의 "섭생의 자아"는 그의 의식적인 주의력을 차지한다. 만약 성적인 긴장을 의식하게 되면 "성적인 자아"는 의식의 선두에 나서는 것이다. 이런 종류의 생물학적인 가아 의식에 덧붙여 소로킨은 생물학적인 "개아의 연령별 자아들(age egos)"을 말한다. 이들은 "유아기, 청년기, 성년기, 노년기의 자아들"인 것이다.[57] 오로빈도가 말하는 유사한 유형의 수준들을 참고하라).

인간의 사회 의식은 "의식적인 사회 문화적 에너지들, 활동, 자아들, 역할들[58]로 이루어져 있다. "각 사람은 자의든 타의든 간에 그와 관련을 맺고 있는 사회 문화적인 집단이 존재하는 만큼 많은 사회 문화적인 자아들과 역할들 그리고 활동들을 소유한다."[59] 대부분의 개체는 가족의 자아, 국가 시민의 자아, 민족 자아, 종교 입회의 자아, 직업의 자아 및 단체의 성원과 같은 보다 덜한 자아의 역할을 한다. 꼭 같은 사람이 가진 이 다양한 자아는 대부분 아주 다른 것이다. 예를 들면, 종교적으로 교회에 출석하는 자아는 보통 우리의 문화에 있어서 직업의 자아와는 그 가치 체계와 자세가 매우 다르다. "우리의 의식적인 정신 활동의 거의 모든 분야를" 차지하는 것은 "이들 자아의 총체성"[60]이라고 소로킨은 설명한다.

이들 자아의 건설적인 재수렴이 절실히 요구되고 있다. 현재 인간의 무질서한 정신분열증적인 상황은 다만 불행만을 초래할 뿐이다. 초의식적인 창조적 이타주의의 수준을 중심으로 한 인간의 그러한 건설적인 재수렴의 시대가 바야흐로 밝아 오고 있지만 만약 인류가 스스로 자멸하는 경우에는 무위로 돌아가고 말 것이다. 인간의 초의식적인 것이란 가장 높은 인격의 수준으로서 가끔 신이라고들 부른다. 그것은 "과학, 종교, 철학, 공학, 윤리, 법, 순수 예술, 경제학, 정치학과 같은 인간의 창조적인 활동의 모든 분야에서의 위대

---

56) 위의 책, p.84.
57) 위의 책, p.89.
58) 위의 책, p.89.
59) 위의 책, p.89.
60) 위의 책, p.91.

한 업적과 발견의 원천이다."[61] 그것은 합리적인 추리나 다른 의식적인 절차를 통해서가 아니라 "초의식적인 직관을 통하여 창조하고 발견해 낸다."[62] 그것은 하부 의식적(infra-conscious)인 무의식과는 전혀 다른 것이다(오로빈도 참조). "초의식적인 것은 무아적인 것이다. 즉 그것은 자아를 완전히 그리고 무조건적으로 초월한다"[63] 고 소로킨은 강조하여 설명한다(이것은 우리가 동양의 요가철학을 연구할 때 밝혔던 것이다). "어느 자아의 영역 혹은 그 집단은 인격의 생의식적인 수준과 사회 문화적인 의식의 수준에 완전히 국한된다."[64] 초의식적인 것이란 아트만-브라만 혹은 우파니샤드와 바가바드 기타(Bhagavad Gita)의 푸루사 또는 파탄잘리의 요가라고 소로킨은 설명한다. 즉 그것은 선(禪)과 불교의 다른 형식들에 대한 깨달음의 체험(覺, 사토리)이다. 그것은 도교에서의 도의 체험이며, 서양 종교의 신비가들이 신을 체험하는 것과 마찬가지로 신의 체험이다.

소로킨은 다음으로 "이타주의적으로 성장하는 길"과 "개인과 집단을 이타주의로 변화시키는 수법"을 연구한다. 그는 그의 책 후편에서 인간 본성의 초의식적인 차원으로의 이같은 변화가 한 집단내에서 사람의 태도에 의하여, 즉 사람의 자아와 가치 그리고 행동 규범의 내적인 수렴 혹은 재수렴에 의하여, 고백과 정화 그리고 개혁을 통하여 파탄잘리의 요가(위에서 언급한) 혹은 오로빈도의 "완전한 요가"와 같은 요가의 방법과 기술에 의하여, 수도사와 같은 "초의식적인 명상과 창의력"의 방법과 "겸양을 다루는" 수도사와 같은 방법 그리고 보편적인 사랑에 의하여 이같은 변화가 이미 소규모적으로나마 발생하고 있었다는 사실을 보여 준다.

대략 소로킨은 이 혹성 위에서 인간의 생명을 계속하는 데 필수적인 초의식적 수준에 달한다는 것이 인간들이나 아니면 적어도 그 지도자들에게 가능하다는 사실을 보여 주기에 충분한 증거를 제시했다고 생각한다.

「사랑의 길과 힘」의 마지막 장은 "부족적인 이기주의로부터 보편적인 이타주의로"라고 표제가 붙여졌다. 이것은 세계의 모든 문화, 모든 시대의 성자들이 말한 심오한 지혜로 가득 찬 깊은 인상을 주는 장이다. 그것은

---

61) 위의 책, p.98.
62) 위의 책, p.99.
63) 위의 책, p.99.
64) 위의 책.

현재 세계 역사의 위기 속에서 사소한 자기 이익에만 몰두하는 이기주의적 태도가 절대로 불가능한 것은 아니라고 할지라도 얼마나 비실용적인가 하는 사실을 평이하게 보여 준다. 우리 집단(in-group)——가족, 종교적인 집단, 정치 경제적인 집단(자본주의, 사회주의, 공산주의), 애국적인 집단——내에서 사소하게 지방색으로 한정된 이기주의는 우리 집단과 외부 사람들 사이에 긴장과 증오심과 전쟁을 만들어 낸다. 이러한 "부족적인 이기주의"는 원자폭탄과 국제간의 경제와 문화적으로 상호 의존하는 시대에 더 이상 쓸모가 없는 것이다. 불행하게도 우리의 감각적인 문화는 과학이라는 미명으로 사람이 스스로를 동물과 동일한 것으로 간주하도록 몰아갔다. 이것은 우리의 죽어 가는 감각적인 문화의 야수성과 전쟁 그리고 도덕적인 타락의 커다란 요인이 되어 왔다. "만약 인간의 이 비극적인 자기 타락과 그 가공할 결과들을 종식시키려면, 인간의 모든 동물주의적인 자기 동일시가 무의식적, 의식적 그리고 특히 초의식적인 존재로서의 전체 인간이라는 개념으로 대치하지 않으면 안 된다."[65]

이같이 가장 높은 수준——성자의 초의식적인 수준——에서 살려고 시도하는 개체는 자기의 사회적인 관계를 재정리하지 않으면 안 된다. 그는 실행되고 있는 보편적인 사랑의 이상을 강조하며, 그것과 조화를 이루는 활동을 벌이는 집단에만 소속하여야 한다. 새로운 이념적인 시대를 지휘하는 인류의 가장 위대한 지도자들은 "가장 승화된 사랑의 가장 위대한 영웅들"[66]이다. 이들은 많은 사람들로 하여금 자기들이 보여 준 찬란한 모범을 본받도록 고취하며(다음에서 토인비의 '모방'의 개념을 참조하라), "인간성을 도덕적으로 고상하게 만들기 위해서 성 프란체스코나 간디와 같은 사랑의 영웅 한 사람이 출현하는 것이 수천의 공리주의와 행복론과 윤리학에 관한 '합리적'인 서적들을 발행하는 것보다 훨씬 중요한 것이다."[67]

이타주의적인 사랑은 초의식적인 차원의 중심적인 가치다. 그것은 "보편적이며 항구적이며 무한히 창조적이며, 모든 인간을 위해서 받아들일 만한 것이다."[68] 그것은 "다수의 서로 다른 개체와 집단의 다양한 도덕적 가치를

---

65) 위의 책, p.481.
66) 위의 책, p.484.
67) 위의 책.
68) 위의 책, p.485.

하나의 통일된 체계로 수렴시킬 수 있고, 각각의 가치를 그 방대한 체계 속에서 그 고유한 자리와 순서를 찾아 놓아 줄 수 있는"[69] 유일한 가치인 것이다. 그러한 체계는 모든 인류를 위해 타당한 것이다.

이기주의란 작게 말해서 자기 중심적인 데서부터 크게는 부족적(部族的)인 이기주의에 이르기까지 숭고한 이타적인 사랑의 적이다. 이기주의는 우월감과 패권을 얻기 위하여 증오하며 다투면서 사회 구조 속에서 위험스럽게 자신의 모습을 드러낸다. 이 증오심과 경쟁심은 "인간 속에 깊이 배어 들어 있다"고 소로킨은 말한다. 그럼에도 불구하고 이들 추악한 악덕은 승화될 수 있다. 증오심은 가난과 질병과 전쟁과 같은 인간의 적에게로 향할 수 있으며, 경쟁심은 인간의 이익을 위한 창조적인 사업을 하려 다투는 데에서 건설적인 것이 될 수 있고, 세력을 쥐려는 대신에 겸양과 보편적인 사랑을 다투는 데서 건설적인 것이 될 수 있다.

소로킨은 인류를 위해서 보다 나은 문화의 시대로 새롭게 안내할 새로운 이념적인 시대가 시작될 때가 무르익었다고 믿는다. 그는 "현존하는 인간의 무의식적인, 의식적인 그리고 초의식적인 힘이 인간 자신과 그 문화와 사회적인 세계와 찬란한 르네상스를 위해서는 물론 대부분 인간 사이의 전쟁을 배제하기에 충분한 것이라고"[70] 생각한다. 사실 역사는 우리로 하여금 "개체와 종족의 자리(自利)를 위하여 약탈을 일삼는 정책을 택하여 불가피한 운명으로……빠져들어가거나 아니면 인류로 하여금 지상의 하늘", 즉 우리가 앞의 여러 장에서 누누이 기술한 세계의 많은 민족이 역사의 목표로서 동경해 온 황금 시대를 사모하도록 하는 보편적인 연대 책임의 정책을 시작할 수밖에 없도록 하는 것이다.[71]

소로킨의 문화 순환적인 역사 유형의 요지

소로킨은 자기가 말하는 인간 역사의 율동적인 유형을 "인간 역사가 지속되는 한 존속될 창조적인 '영원한 순환'"[72]이라고 부른다. 그것은 인간 문화의 수준에서의 창조적인 진화의 유형이다. 그 유형의 각 국면은 이념적, 이상주

---

69) 위의 책, p.485.
70) 위의 책, p.488.
71) 소로킨, 위의 책, p.489.
72) 소로킨, 「우리 시대의 위기」 앞에서 인용한 책, p.132.

의적 그리고 감각적인 양상의 위대한 작품들을 창조한다. '조감적(鳥瞰的)인 눈'을 가진 사람은 모든 세 가지 양식을 식별할 수 있으나 반면에 근시안적인 사람은 그가 속해 있는 한 국면만을 이해하고 식별하는 것이다. 이념적——이상주의적——감각적인 형식의 유형은 관측자로 하여금 한 문화의 '시대'를 식별하여 결정할 수 있게 하는 영원한 순환적인 유형이다. 비코와 이븐 할둔 그리고 슈펭글러와 마찬가지로 소로킨은 문화들의 역사 가운데는 한 가지 유형이 있어서, 비코가 그의 저서 「신학문(The New Science)」에서 주장하는 것처럼, 역사학을 사회학적인 학문으로 만들 수 있다고 생각한다. 비록 소로킨은 하나의 문화를 종합된 실재로서 정의하지만 그는 자기가 내린 정의에선 '유기체'란 말을 사용하지 않는다. 여기서 그는 비코에 더 가깝다고 하겠다. 네 사람 모두——비코, 이븐 할둔, 슈펭글러, 소로킨——하나의 문화가 종교적인 세계관으로 시작하여 도시 생활이 출현하면서 점점 세속적으로 되고 끝으로 회의주의와 냉소주의로 타락하며, 심지어는 허무주의로까지 타락하다가 그 문화는 완전히 붕괴하는 것이라는 사실에 의견의 일치를 보인다. 슈펭글러는 극단적인 상대주의적 입장을 취하고 있다는 점에서 특히 소로킨과 다르다. 슈펭글러는 각 문화가 하나의 위대하고 독특한 인격으로서 평가되어야 한다고 주장한다. 이전 것의 지식을 바탕으로 하여 이룩된 문화의 경우 보편적 나선적인 진보랄 것이 존재하지 않는다. 소로킨 (그리고 아마도 비코)은 나선적인 진보를 인정한다——기독교와 같은 하나의 문화는 비록 모든 것이 새로운 양식으로 이루어진다고 할지라도 특별히 그 문화의 이상주의적인 단계와 감각적인 단계에선 다른 것 위에 세워진다. 우리의 밝아 오는 새로운 문화의 순환에 적합한 새로운 양식은 "창조적인 이타주의"를 자기의 총합 이념으로 삼아야 한다. 소로킨은 이러한 위대한 이념을 중심으로 인간이 정신적으로 재수렴해야 할 것을 강조하는 데서, 오로빈도와 라다크리쉬난과 같은 거인들에 의하여 20세기에 재현된 과거 동양의 사상가들과 많은 공통점을 갖는다. 토인비의 역사-철학은 다음 장과 마지막 장의 주제인데 토인비는 역사의 목표는 거의 꼭 같다고 믿는다. 세계의 대문명들의 문화 순환을 분석한 다음에 그도 역시 인간의 변형——혹은 적어도 인간의 지도자들의 변형——은 인간의 문명을 이 땅 위에 영속시켜 나가려 할 경우 필수적인 것이라고 생각한다.

제4장
토인비의 역사 사상의 순환적인 유형
──대문명의 흥망성쇠에서의 순환적인 유형──

토인비의 역사철학은 전체 인간 역사의 관점에서 생각해 볼 때 순환적인 것은 아니다. 하지만 인류 대문화들의 흥망성쇠에는 토인비가 묘사한 일정한 순환의 유형이 있다. 그럼에도 불구하고 하나의 문화는 종교적인 목표를 향한 인류의 포괄적인 진보를 이루고 끝나는 다른 문화의 어버이인 것이다. 인간 역사의 전체 유형은 그러므로 나선적이다. 그러나 우리의 주제에 대해서 가장 흥미로운 것은 토인비가 세계의 모든 중요한 문명에 적용하는 순환적인 유형이다.

모든 대문화의 순환적인 유형
자연 환경으로부터나 사회적인 여건으로부터 받는 중대한 도전에 응전하는 데서 하나의 문화는 시작한다. "자기 결정"해야 할 문화의 차후 창조적인 성장은 창조적인 개체들 혹은 소수의 집단들에 달린 것이다. 문명의 해체는 창조적인 스스로의 편에서 창조력을 상실함으로써 "자기 결정을 실패한 데서 기인된다." 해체기가 오면 일정한 사회의 집단들은 문화의 쇠퇴를 나타낸다. 즉 창조적인 소수는 지배적인 소수가 되며 내부의 프롤레타리아와 외부의 프롤레타리아가 존재한다. 예술은 천박성과 야만성을 나타낸다. 문화의 해체는 어떤 방식의 구원을 필요로 한다. 무수한 대중에게 호소할 수 있는 유일한 방식은 종교적인 방식이다. 구원하는 하나의 종교가 탄생된다.

많은 다른 계층이 그러하듯 내부의 프롤레타리아가 종교를 중심으로 집결한다. 그때 이 총합하는 종교적인 이념을 중심으로 하여 하나의 새로운 문화가일어난다. 그것은 자연 환경과 사회 여건으로부터 오는 새로운 도전을 경험해야 하고 다시 창조적인 소수자에게 성장을 의뢰하며, 결국은 메말라 붕괴된다. 이것이 바로 과거의 모든 대문화가 따르던 순환의 유형이라고 토인비는 믿는다. 그는 인간 역사의 모든 대문화를 검토함으로써 경험적으로 이명제를 증명하고자 한다. 토인비의 풍부한 자료로부터 순환의 각 단계 대한한두 개의 실례를 뽑아 각 단계의 의의를 밝히도록 하겠다.

순환의 제1단계——도전과 응전

토인비는 원래 종교적인 사상가이다. 그는 문명 발생의 이유에 대한 자기사상의 의의를 종교적인 상징으로 표현한다. 그 상징이란 「욥기」와 괴테의「파우스트」에서 설명한 유명한 신화이다. 괴테의 「파우스트」는 그 상징을가장 적절하게 잘 나타낸다고 토인비는 말한다. 메피스토펠레스는 파우스트가 악마의 세력에 굴복하고 자기의 영혼을 잃게 될 수도 있다는 사실을 두고주(主)와 내기를 건다. 주는 파우스트가 그의 도전에 자극을 받아 창조적인 활동을 하도록 하기 위하여, 메피스토펠레스에게 파우스트를 꾀라고허락하였다. 신은 완전하시지만 더 많은 창조를 이루기 위하여 인간으로하여금 도전을 받게 허락하신다고 토인비는 믿는다. 완전한 존재는 무엇이거나 더 이상 창조할 수 없는 것이므로 논리 모순이 되지만 신화와 시에선그 사상이 긍정될 수 있을 것이다. 그리고 인간이 창조하는 것처럼 보이기때문에 신화가 논리보다는 더 적합할 것으로 생각된다(이 같이 토인비의 난점은 우리가 제1부와 제2부에서 본 것처럼 정신 혹은 초의식적인 지력이나 초지성은지식이나 논리의 수준을 초월한다는 동양의 사상에서 극복된다). 그러므로 괴테의파우스트가 지니는 상징에서 신은 해로운 환경(사탄으로 상징되었다)으로하여금 인간에게 도전하도록 허락하여 타성적인 음의 상태(토인비는 중국철학에서 陰이라는 용어를 빌려 온다)에서 벗어나 창조적인 활동(陽)을 하게한다. 역동적 창조적인 움직임이 꽃을 피우기 시작하여 위대한 문명을 이루는 것이다.

수메리아, 이집트, 미노아, 중국, 마야, 안데스 문명과 같은 오직 여섯 개의문명만이 원시 생활로부터 직접 나타났다고 토인비는 생각한다. 수메리아와 이집트인은 물리적인 환경, 즉 아아(阿亞)주의 건조화의 도전 때문에 최초로 자극을 받아 창의력을 가지게 되었다. 중국도 비슷하게 황하에서의 어려운 생활 조건으로부터 오는 도전에 부딪쳤다. 마야의 문명은 열대 삼림의 도전과 더불어 시작하였으며, 미노아 문명은 해양의 도전을 받으면서 시작하였다.

다른 문명은 이전 문화의 폐허로부터 나타났다. 이들은 이전의 문명들에 의하여 나타난 양자(養子) 문명이라고 한다. 이들 양자 문명은 퇴폐적인 문화로부터 프롤레타리아의 역동적인 탈퇴 행위에서 처음 나타났다. 이것에 관하여 아래에서 좀더 이야기해야겠다.

프롤레타리아가 새로운 한 종교 이념을 중심으로 모여들며 그래서 새로운 한 문명이 탄생된다. 문명은 성장하는 동안에 물리적인 여건과 사회적인 환경으로부터 더 많은 도전을 받고 창조적으로 맞선다. 발생기와 성장기에 있는 문명은 도전의 자극을 마련하는 "새로운 터전"으로 옮겨 갈 것이다. 예를 들면 스코틀랜드, 잉글랜드, 뉴잉글랜드는 서양 문화가 더욱 성장하도록 자극을 주었던 어려운 물리적인 여건의 도전을 마련하였다. "타격"이라고 부르는 자극의 양식이 있다. 예를 들어 페르시아가 아테네에 준 타격으로 아테네는 대단한 업적을 이루도록 자극을 받았다. 즉 그로 말미암아 아테네는 페르시아를 물리칠 수 있었을 뿐만 아니라 기원전 5세기에서 4세기의 지극히 귀중한 문화 속에서 자신의 위력을 발휘하여 양자가 된 서양의 기독교 문화에 넘겨졌다.

다음엔 "억압"이라고 하는 자극이 있다. 런던은 "당시의 고뇌와 짐을 지고" 알프렛 대제가 영도하던 영국을 억압한 댄인에 대항하여 895년 결정적인 전투에서 승리를 거두었기 때문에 잉글랜드의 수도가 되었던 것이다. 또한 영국 해협을 지나 유럽 본토에서 느낄 수 있었던 스칸디나비아인들의 압력은 "영국과 프랑스의 새로운 왕국들을 탄생시켰다."[1]

'형벌'이란 것도 문명의 창조적인 활동을 자극하는 또 다른 수단이다. 많은 민족들이 지닌 전승들 가운데는 "절름발이 야장(冶匠)"과 "눈먼 시인"들의 이야기가 나온다. 유태인(저들의 종교로 인하여 형벌을 받았다)의 창조력은

---

1) 토인비, 「역사의 연구」 D.C. Somervell의 Vols. Ⅰ∼Ⅳ초본.(New York and London : Oxford University Press, 1947), p.123.

뛰어난 것이었다. 중세기와 르네상스 시대에는 다른 직업에 종사하는 것을 금지당함으로써 그들은 왕왕 경제 활동에서 뛰어났었다. 그들은 또한 전문 분야의 지력을 배양하였다(위대한 음악가와 과학자 그리고 철학자들이 유태인이 었다). 영국에서 형벌을 받은 청교도와 같은 종교적인 소수자 집단들은 서양 문명의 한 지류로서 다른 국가를 창조하는 데 힘이 되었다.

요컨대 악조건하에 있는 나라들(황하 계곡과 같은)이 받은 도전, 새로운 터전, 형벌들은 하나의 문명이 창조적인 성장을 계속하는 역학을 마련한다. 그러나 이들 도전은 "충분해야지 과도"해서는 안 된다. 개체에서 볼 수 있는 것과 마찬가지로 도전이 아주 심각하면 파멸을 가져오고 도전이 너무 안이 하면 그가 할 수 있는 창조적인 가능성을 기대할 수 없다. "충분하면서 과도 하지 않다"고 하는 중용은 개체와 문명에 있어서 가장 위대한 창조적인 응전 을 야기하는 가장 효과적인 도전의 방식인 것이다.

순환의 제2단계──문명의 성장

지리적 확장을 가능케 한 군국주의는 동족 살상의 갈등을 낳았으며, 한 문화에 대한 쇠퇴의 효시이기 때문에 성장이란 지리적 확장과 동일한 것은 아니라고 토인비는 최초로 명백하게 이야기한다. 그러나 서양의 역사에서 십자군의 시대는 예외이다. 현대와 같은 세계에서 그러한 확장은 퇴폐의 전조이다. 기술의 진보는 가끔 성장과 동일시된 또 다른 현상이지만 이것도 성장의 표시는 아니라고 토인비는 잘라 말한다. 성장이란 활동의 영역이 외부의 환경으로부터 문명의 내부로 언제나 이행해 가는 것을 의미한다. 예를 들면, 봉건 제도가 지닌 사회와 경제적인 문제들은 내부의 도전으로서 자본주의의 응전을 맞게 되었다. 현대 사회에서 산업주의와 민주주의가 베푸 는 도전은 창조적인 응전을 받지 못하고 있으며, 이것은 퇴폐의 징조이다. 토인비는 성장에 대한 자기의 견해를 다음과 같이 약술한다.

잇따라 마주쳐 오는 도전에 대해 성공을 거둔 일련의 응전들은 그것이 계속 진행되어 나갈 때 보여 준 활동이 물리적이거나 인간적이거나 간에 외부 환경 의 영역으로부터 성장하고 있는 인격 혹은 문명의 내부로 이행해 가는 데 이바 지하는 경우 성장의 징후로서 해석되어야 한다고 우리는 결론을 내린다. 인격 혹은 문명이 성장하며 또 계속 성장하는 한에서 외부의 세력으로부터 가해지고 외부의 전쟁터에서 응전할 것을 요구하는 도전에 대해서는 그리 심각하게 생각할 필요는 없으나 내부의 투기장에서 자신에게 스스로 제기한 도전에 대해선 점차 많은 생각을 하지 않으면 안 된다. 성장이란 성장하는 인격과 문명이 자신의 환경과 자신의 도전자 그리고 자신의 활동 영역에 맞추어 가는 것을 의미한다. 바꾸어 말하면 성장의 기준은 자기 결정을 향한 진보이며, 자기 결정을 향한 진보란 생명이 생명의 왕국으로 들어가는 신비를 묘사하는 산문적인 공식이다.[2]

이 성장의 개념은 헤겔과 마르크스의 성장 개념과 유사하다. 헤겔과 마르크스는 모두 사회의 목표를 자유로 생각하며, 그 단계에 이르면 인간에 대한 외적인 결정 요인은 존재하지 않는다는 것이다. 즉 그것은 인간 스스로가 자기 자신의 본성 가운데 (헤겔의 견해에 의하면 절대자가 인간 속에서 활동한다——마르크스에선 자연주의적으로 진화하는 인간) 존재하는 힘으로부터 자기 의식적으로 자기의 세계를 결정하는 단계이다. 슈펭글러는 모든 고등 문화의 성장에 대한 자기 결정을 더 한층 강조한다.

다음으로 토인비는 방향을 바꾸어 성장을 분석한다. 성장이란 창조적인 개체의 전체들 혹은 많아야 창조적인 소수자들의 작업이라고 그는 생각한다. 이것은 지금까지 종교(예를 들면, 모세와 유태 예언자들, 예수, 불타, 마호메트, 조로아스터, 노자), 정치 이념의 성장(예컨대 민주주의), 산업주의, 자본주의, 과학, 예술, 철학에 있어서 사실이었다. 종교, 교육, 정치 문제, 경제 활동과 같은 사회 분야에서 창조적인 소수자는 미메시스(mimesis)나 기계적인 모방에 의하여 사회 대다수의 추종을 받는다. 인류의 다수는 위대한 천재들의 통찰력을 인식할 수 없으며, 다만 기계적인 방식으로 이 위대한 사람들의 사상을 추종하는 행위를 하지 않으면 안 된다는 사실은 불행한 일일지 모르나 진실이라고 토인비는 논평한다. 이것은 종교에 있어서도 사실이다. 이는 "만약 우리가 오늘날 세계에 존재하는 기독교, 이슬람교, 힌두교와 같은 위대한 종교 단체를 바라보면 저들의 명목상의 추종자들 대부분이 입술로만 믿으며 공언하는 신조가 제아무리 고상한 것이라고 할지라도 저들은 여전히 종교에 관한 한 단순한 이교주의와 그리 멀지 않은 정신적인 분위기에서 살고 있다는 사실을 발견할 수 있기 때문이다."[3]

---

2) 위의 책, p.208.

이들 창조적인 개체 혹은 소수자는 전형적인 "인퇴(引退)와 복귀"의 유형을 따른다. 토인비는 많은 예증을 제시한다. 모세는 홀로 시나이 산 꼭대기로 물러났다가 유태인의 윤리와 사회 생활의 기초를 마련하는 율법을 가지고 돌아왔다. 플라톤의 동굴의 신화에서 철학자는 물러나 선의 이데아에 대한 환상을 바라보고 돌아와선 다른 사람들을 그 목표로 인도하고 인간의 사회를 그 환상에 가깝도록 재조직한다. 예수도 유혹의 설화에선 물러났다가 신의 왕국을 건설하기 위하여 돌아오며, 끝으로 예수는 승천할 때 하늘로 물러났다가 재림의 메시아로서 돌아오는 것이다. 불타는 생과 우주의 비밀을 찾기 위하여 물러나며 모든 인류를 깨닫게 하기 위하여 들어온다. 현실 정치가인 마키아벨리는 추방을 당해 그의 생의 말년을 플로렌쓰의 벽지 어느 농장에서 언제까지고 지내도록 강요를 받았으나 그가 서양 문화에 남겨준 위대한 논문에서 그는 보다 영묘한 차원으로 돌아왔다. 단테 역시 플로렌쓰로부터 추방을 당했으나 그의 위대한 문학과 철학적인 작품 「신곡」으로 영묘한 차원에서 돌아왔다. 내면적인(영묘한) 성질의 창조적인 성장은 이같은 방식으로 위대한 문화를 낳는다.

창조적인 소수자들도 역시 그 유형을 실증한다. 고전 문화에서 아테네는 기원전 8, 7, 6세기 그리스의 문제로부터 물러나 있었으나 기원전 5세기에 돌아와 페르시아에 도전하여 "헬라스(Hellas)의 교훈이 되었다." 13, 14, 15세기에 이탈리아도 유럽의 분규를 지켜 보고만 있으나 영묘한 차원에서 돌아와 예술의 위대한 창작물을 가지고 서양 문화에 공헌하였다. 영국은 엘리자베드의 시대와 "명예로운 고립 정책"을 펴 나가던 17세기에 서양 세계에 바친 선물로서 의회 정체(議會政體, 민주주의)와 산업주의를 발전시켰다. 러시아는 유럽의 문제로부터 물러나 자신을 서양으로부터 고립시켰다. 토인비는 한때 러시아가 서양 문화의 해결되지 않은 문제──산업주의와 민주주의──에 대한 해결책을 가지고 "돌아올" 것이라고 믿었으나 그 이후 그의 마음은 달라졌다.

한 문화의 특성(physiognomy)에 있어서 성장의 의의

창조적인 개체들, 창조적인 소수자들 혹은 그들 모두에 의해 야기된 성장

---

3) 위의 책, p.214.

은 문명에 대하여 일정한 문화의 유형을 낳는다. 그리스는 미학적인 문화를 발전시켰다——미(美)가 중심 가치였다. 선(善)이란 영혼과 국가에 있어서 균형과 조화였다. 진리란 자연에서 균형과 조화를 이룬 형식(법칙의 유형과 같은)을 발견하는 것이었다. 예를 들면 천체의 운동이 완전한 균형과 대칭을 이루기 때문에 천체는 가장 멋들어진 음악을 만들어야 한다는 생각이 그것이다. 인도의 사상 가운데 순환적인 우주관에 관한 장에서 살펴본 것과 마찬가지로 인도는 종교를 중심으로 하는 문화를 발전시켰다. 산업주의와 민주주의는 서양 문화의 전형적인 막바지의 발전인 것이다.

순환의 제3단계——문명의 해체

토인비는 문명 해체의 문제에 대해 그가 이르는 바(제1부에서 기술한) 동양과 그리스의 "결정론적인 해결책"을 거부한다. 이들 이론은 경험적으로 전혀 뒷받침될 수 없다고 그는 주장한다. 이들 이론에 대해서 그가 반대하는 까닭은 저들이 최초의 문명들이 발생한 이래 인류가 포괄적으로 발전하면서 보여 준 '경험적인' 사실들을 소홀히 하기 때문이다. 이 점은 우리가 다음에서 보게 될 것과 마찬가지로 특별히 종교에서 심하다. 그는 "어쨌든 지금 현존하는 어떤 문명에 관한 한 이 이론의 효력을 잃게" 한 과학에 호소한다. 그는 인간 역사에 대한 순환론적인 견해를 논박하는 데에서 위대한 천체물리학자 제임스 진스 경(Sir James Jeans)을 인용한다.

　　매우 음울하기 짝이 없는 인류의 미래관을 받아들이면서 앞으로 우리는 지금까지 지내온 지구의 나이와 거의 맞먹는 1천만 년이라고 하는 기간밖에는 더 생존할 수 없다고 가정해 보자. 그러면 인류를 70년간 살도록 운명지워진 하나의 존재로서 간주할 때, 비록 그가 태어난 집이 70년밖에 되지 않았다고 할지라도 인류 그 자체는 사흘간 산 것에 불과하다.……전혀 경험이 없는 존재들로서 우리는 문명의 여명에 도취하여 멈춰 서 있는 것이다.……때가 이르면 아침의 찬란한 영광은 대낮의 빛 속으로 사라져야만 하며, 어느 먼 훗날이 영광은 최후의 영원한 밤을 예시하는 저녁 황혼에 자리를 양보해야 할 것이다. 그러나 여명의 우리 어린 것들은 아득한 석양에 대해 그다지 염려할 필요는 없는 것이다.[4]

---

4) 위의 책, pp.247 이하. 토인비는 이것을 Jeans의 *Eos: or the Wider Aspects of Astronomy*(발행일자 미상)로부터 인용한다. pp.12～13, 83～84.

그러나 본서 제1부에서 우리는 동양의 우주적 순환에 대한 시간의 짬 (time-span)이 광대하다는 것을 주목하였는데, 그 사실을 토인비는 무시하는 것처럼 보인다. 그럼에도 불구하고 (진보 이념에 대하여) 우주와 인간 문화의 순환들에 대한 상고주의적(尙古主義的)[5] 접근 방법이 일반적으로 받아들여진 다는 것은 사실이며, 아마도 여기서 토인비는 고대인들의 상고주의에 반대하여 자신의 견해를 경험적으로 뒷받침해 줄 만한 사실을 확인하는 데 있어 정당하다고 할 수 있을 것이다.

슈펭글러의 현대적이며 유기적인 순환관에 대한 토인비의 비평은 (1) 사회나 문화는 유기체가 아니라는 것이다. 인간적인 유기체들은 사회와 문화를 구성하는 분자이지만 사회는 "역사 연구의 명백한 분야"이며, "많은 개체 인간이 활동하는 각 분야간의 공통 기반이며, 저들 자신은 살아 있는 유기체들로서……자신들의 그림자가 교차하는 데서부터 나온 자신들의 모습으로는 거대한 상(像)을 추출해 낼 수 없으며, 이러한 비실체적인 거대한 상의 몸에 자신들의 생명의 숨길을 불어넣을 수는 없는 것이다."[6] 그러므로 (2) ──이것은 (1)로부터 귀결되는 반대이다. 문명은 한 삶(life spar.)의 유형을 따르도록 생물학적으로 예정된 것은 결코 아니라고 토인비는 주장한다. 하나의 문화가 해체되는 것은 대우주적인 사회 조직의 생물학적인 연령에 기인되는 것은 아니다.

과학과 역사의 경험적인 증거는 인간 역사에 대한 비결정적이며 나선적 순환론의 철학에 호의를 가진다고 토인비는 결론을 내린다. 이러한 이론은 진보와 순환적인 유형과 화해시킨다. 수레바퀴의 유추는 나선적인 순환론의 가장 적합한 상징이라고 토인비는 말한다.

> 수레바퀴의 운동은 수레바퀴 자체의 굴대와의 관계에서 보면 분명히 반복적인 것이기는 하지만, 수레바퀴를 하나의 부분으로 가진 차량을 움직이도록 하기 위해서 수레바퀴는 만들어졌고 굴대에 수레가 부착된다. 수레바퀴의 존재 이유인 차량은 굴대 주위를 회전하는 수레바퀴의 원주 운동으로 인하여

---

5) 세계와 인간 역사의 황금 시대는 최초의 시대, 즉 과거 최초의 시대라는 것을 "상고주의적인" 접근 방법은 긍정한다. 제1부 동양과 그리스인들의 견해와 제2부 기독교, 모슬렘교, 배화교, 마르크스주의의 일환관에서 이것을 논하였으니 참고하라.
6) 토인비, 앞에서 인용한 책, p.248.

움직일 수 있을 따름이라고 하는 사실로 차량은 무조건 원주 궤도를 따라 회전 목마와 같이 돌도록 되지는 않는다.

이 두 가지 다른 운동의 조화——조그마한 반복 운동을 하는 양편의 테에서 일어나는, 뒤로 돌이킬 수 없는 커다란 움직임——는 우리가 리듬이라고 하는 것의 본질이다. 그리고 우리는 이 힘의 작용을 수레의 견인 작용과 현대의 기계 구조에서뿐만 아니라 생명의 유기적인 리듬 속에서도 식별할 수 있다. 해마다 식물의 인퇴와 복귀를 수반하는 반복되는 계절의 진행은 식물계의 영속적인 회전을 가능하게 한다. 출생, 재생, 죽음의 음산한 순환은 인간에게까지 이르는 모든 고등 동물의 진화를 가능하게 하였다.……

이런 까닭으로 우리가 문명의 진행 과정을 분석하여 주기적으로 반복하는 운동을 찾을 수 있었다고 해서 이 진행 과정 자체가 저들처럼 꼭 같은 주기적인 질서를 갖는다고 말할 수는 없다. 그와는 반대로 이들 작은 운동이 보여주는 주기적인 성격으로부터 어떤 결론을 합당하게 끌어낼 수 있다고 한다면 그들이 수반하는 커다란 운동은 회귀적인 것이 아니고 진보적인 것이라고 결론을 짓는 것이 나을 것이다.……

사멸된 문명들은 운동이나 자연의 피치 못할 과정을 좇아 사멸된 것은 아니다. 따라서 살아 있는 우리의 문명도 그 나름대로의 대다수가 지나온 길을 걷도록 미리 가차없이 정해진 것은 아니다. 이미 16개의 문명이 우리의 기억에서 사라졌으며, 다른 9개의 문명은 죽을 지경에 이르렀다고 할지라도 26번째의 우리 서양 문명은 우리 운명의 수수께끼를 통계학의 몽매한 판정에 부득이 맡겨야 할 까닭이 없는 것이다. 창조적인 힘의 거룩한 섬광이 아직 우리들 속에서 사라지지 아니하였으며, 만약 우리가 그것에 불을 붙여 타오르게 할 수 있는 은총을 얻을 수 있다면 자기의 궤도에서 움직이는 별들이라 할지라도 목표에 도달하려 안간힘을 다하는 우리 인간의 노력을 좌절시킬 수는 없다.[7]

문명들이 해체되는 것은 인간이 지배할 수 없는 우주적인 원인들에 기인되는 것이 아니므로 진정한 원인은 다른 데 있는 것이라고 토인비는 결론을 내린다. 먼저 그는 하나의 원인으로서 "환경에 대한 지배력의 상실"이란 것을 생각해 본다. 이것은 실제에 있어서 문화 해체의 결과이지 원인은 아니라고 결론을 짓는다. 그는 우선 기술의 쇠퇴와 맞먹는 물리적인 환경에 대한 지배력의 상실을 생각해 보지만 그는 "문명의 성장"이라는 제목하에서 이미

---

7) 위의 책, pp.253~254.

기술의 성장 혹은 쇠퇴 사이에는 그럴 만한 어떤 상관 관계를 조금도 찾아볼 수 없다는 사실을 증명하였다. 예를 들면 실론(Ceylon)에서 인도의 문화가 전성하던 시절에 이용되었던 관개 기술(灌漑技術)을 포기한 것은 문화의 쇠퇴에서 기인된 것이 아니고 전쟁의 결과였다. 관개 시설이 침략자들에 의하여 자주 파괴되었기 때문에 그것을 재건하려는 시도는 엄두도 내지 못하였던 것이다. 사회체(body-social)에서 해체로 인한 전쟁은 기술을 포기하는 사례를 빚었다. 그리스에서 펠로폰네소스 전쟁은 유사한 현상의 유사한 징후인 것이다. 그리스는 후대의 이탈리아처럼 공학 기술의 실패에 의해서가 아니라 근본적으로 정신적인 해체로 야기된 전쟁에 의하여 인구가 감소되었다. 이것은 오늘날 예술 방면의 기술에 관해서도 사실이라고 토인비는 주장한다. 예를 들면 서양 문화의 조각, 회화, 문학에서의 기술의 상실은 없었다. 전통적 기술을 포기하는 것은 전통적인 정신적 유산을 포기하는 데서 야기되며 이것이 바로 우리 문화의 정신적 해체의 증상인 것이다. 그렇다면 기술의 상실 혹은 포기란 문화 해체의 원인이 아니며 결과가 될 것이다.

　인간 환경에 대한 지배력의 상실은 해체의 원인인가? 이러한 이론에 대하여 고전적으로 옹호하고 있는 것을 기본(Edward Gibbon)의 「로마 제국 쇠망사(*The History of the Decline and Fall of the Roman Empire*)」에서 찾아볼 수 있다고 토인비는 상기시켜 준다. 로마 제국은 인간 환경에 대한 그 지배력이 "야만과 종교의 승리"를 막기에 불충분하였기 때문에 멸망하였다는 것이 기본의 명제이다. 기본의 오류는 "'야만과 종교의 승리'가 단편적인 줄거리가 아니고 그 줄거리의 종곡(終曲)일 뿐이었으며, 결국 해체의 원인이 아니라 해체의 오랜 과정이 끝나는 와해 과정에 수반되는 불가피한 일이었다 "[8]고 하는 사실에 있었다고 토인비는 논평한다. 실제로 하나의 보편 국가로서의 로마 제국은 한 문명의 마지막 국면을 나타낸다는 점, "야만과 종교의 승리"는 그 사회체가 너무나 치명적으로 와해당하였기 때문에 그 사회체는 대다수의 사람을 소외시켰으며, 그들의 탈퇴로 말미암아 이 고전적인 문화가 멸절되었음을 의미할 뿐이라는 것을 토인비는 지적하고 있으며, 바로 여기서 그는 슈펭글러와 일치한다.

　물리적인 환경과 혹은 인간 환경에 대한 지배력의 상실이 해체에 대한

---

8) 위의 책, p.261.

충족 이유율이 될 수 없다는 사실을 보여 주려고, 석학 토인비는 인간 역사로부터 많은 실례를 제시한다. 하나의 문화에서 성장이 내면의 정신적 발전인 것과 마찬가지로 해체도 역시 내면의 정신적인 근거와 원인을 가지고 있다. 해체란 "자기 결정의 실패"에서 야기된다.

그런고로 자기 결정의 실패는 해체의 원인이다. 여기 이 자기 결정의 실패는 사회체의 균열과 멸망으로 끝난다는 것이 토인비의 중심 사상이다. 창조적인 소수는 지배적인 소수자가 된다. 프롤레타리아는 탈퇴한다. 전체적인 결과는 사회의 각 분야들 사이에 조화가 깨지고 이와 함께 자기 결정의 실패가 따른다.

토인비는 자기가 믿는 바 자기 결정의 실패에 버금 가는 불화의 중요한 몇 가지 이유를 제시한다. 제1의 부류는 "사회적인 사악들"의 범주에 속하는 것이다. 이것은 「잠언」에서 이른 것과 마찬가지로 "낡은 부대에 새 술"을 억지로 부어 넣으려는 시도를 의미한다. 그것을 사회에다 적용하면 그것은 "기존의 제도가 본래 부담하기로 되어 있지 않은 새로운 사회적인 힘——능력이나 감정 혹은 이념——의 도입을 의미한다."[9] 이러한 일이 발생할 경우 다음과 같은 사실이 나타나게 된다. (a) 적응 : 새로운 제도가 창조되거나 낡은 제도가 알맞게 재조직된다. 아니면 (b) 혁명 : 이들이 "폭력적으로 보이는 까닭은 고집불통인 낡은 제도에 대한 강력한 사회적인 힘의 승리가 훼방을 받았기 때문이다."[10] (이러한 일이 발생할 경우 사회의 성장에는 위험천만한 것이다). 또는 (c) 사회적인 사악들 : 이러한 일이 발생할 때 해체는 병리이다. 이 사악들은 "낡은 제도를 새로운 사회적인 힘과 더불어 조화를 이루어야 할 모방(模倣)의 행위가 단순히 지체될 뿐만이 아니라 완전히 좌절당하게 될 때 사회가 지불해야 하는 형벌이다."[11]

그러나 모방은 그 자체로 해체의 한 원인이다. 모방이란 한 사회의 성장에서 필연적인 것이며, 사회적인 억압이나 실제적인 힘의 기계적인 수단들에 의하여 성취되는 것이므로 이 기계적인 수단들은 사회체의 분열을 초래할 위험성을 언제나 가지고 있다. 모든 사람들이 희미하게나마 위대한 사람들을 밝히 비추어 주던 신비적인 성자다운 면모를 실제로 갖출 수 있을 때까지

---

9) 위의 책, p.279.
10) 위의 책, p.281.
11) 위의 책.

"모방의 기계성"에 입각한 사회의 내면적인 역학은 거의 필연적으로 와해되어야 한다.

우리 시대의 커다란 사회적인 사악은 민주주의와 산업주의의 새 포도주를 민족 국가의 낡은 부대에 억지로 집어넣으려는 유산적(流産的)인 시도를 하고 있는 점이다. 민주주의 정신과 모든 민족의 경제적인 상호 의존이란 것은 민족 국가의 지방 근성(地方根性)이 배제된 전세계적인 형제의 우애와 협동을 요구한다. 오늘날 전쟁은 "민족주의자의 광신적인" 흥기이며, 심지어는 교회조차도 너무 자주 편협한 민족주의자의 이익을 위한 도구가 되었다. 산업화된 나라들 내부에서 민주 정치란 국가로 하여금 "그러한 제반 산업의 사유권에 의하여 다른 사람들의 생활에 미칠 수도 있게 된 과도한 힘을 억제하기 위해서"¹²⁾ 제반 기간 산업을 통제할 필요성을 의미한다. 그리고 국가는 "부에 대해 고율의 세금을 부과함으로써 확보한 재정을 바탕으로 하여 사회 봉사를 펴 가난이 미치는 악영향을 경감시킬 수 있다. 이 방법은 국가로 하여금, 과거에는 전쟁을 일으키는 것이 국가의 가장 뚜렷한 기능이었을지는 몰라도, 이제는 사회 복지를 위한 매개체로 변형시키는 데 이바지하는 임시적인 사회적 장점을 가지게 한다."¹³⁾ 우리의 문화는 개체에 적용된 것뿐만이 아니라 민족들에 대해서도 적용된 자신의 "조잡한 거인주의"를 버리지 않으면 안 된다고 토인비는 믿는다. 오직 전세계적으로 협동하는 사회——문화와 경제적인 근거에서 협동하는 사회만이 오늘날 인류로 하여금 조화를 이루게 할 수 있다. 그 밖에 달리 취할 수 있는 길이란 (적어도 서양 문명에 대한) 파괴뿐인 것이다.

문명의 와해에 대한 제2부류의 원인은 "창조성의 앙갚음(nemesis of creativity)"이라고 하는 일반적인 범주로 분류된다. 이것은 (1) 일시적인 자아의 우상화, (2) 일시적인 제도의 우상화, (3) 일시적인 기술의 우상화로서 자체를 현현한다. 첫째 일시적인 자아의 우상화는 고전적인 사회(토인비는 헬라 사회라고 부른다)로부터 이끌어 낸 실례로 잘 설명이 된다. 이 문화의 최대의 도시 국가인 아테네, 즉 "헬라스의 교훈"은 자신의 정신적인 우수성을 대단히 뽐냈으나 아테네는 그리스의 정치적인 통일을 위한 계획을 짜낼 수 없었

---

12) 위의 책, p.291.
13) 위의 책, p.291.

다. 이것은 아테네의 정신적인 역량을 훨씬 넘어서는 것이었다. 펠로폰네소스 전쟁은 그 비극적인 결과였다. 이 전쟁은 헬라 문화의 해체를 직접적으로 초래한 사건이었다.

"창조성의 앙갚음"이라는 범주 아래에서 제2의 주요 원인인 일시적인 제도의 우상화는 헬라 문화의 명백한 해체 원인이었다. 도시 국가의 제도는 우상화되었다. 이것이 펠로폰네소스 전쟁의 정신적인 원인이었으며, 펠레폰네소스 전쟁은 헬라 문화를 급격히 몰락하게 하였다. 오늘날 우리의 세계에서도 민족주의 국가의 우상화에서 유사한 점들이 발견된다. 국가는 무상(無上)의 주권을 가지고 하루살이 같은 민족 국가의 제도를 숭배하는 따위를 걷어치워야 하며 그렇게 하지 않으면 우리의 문명은 멸망당할 것이다. 지역 대표제에 입각한 의회도 대부분 우상화 제도로서 구식이 되었고 사회 질서에 불화를 일으키는 원인이다.

일시적인 기술의 우상화는 "창조성의 앙갚음"이라는 분류 항목 밑에선 제3의 원인이다. 이것 역시 "타락하기에 앞서 교만이 들어왔다"라고 하는 진리를 잘 설명하는 것이다. 생존의 기술이 빼어났던 공룡과 다른 거대한 파충류는 조건이 변하였을 때 새로운 기술을 전개시킬 만큼 충분히 가소적(可塑的)이질 못하였다. 더욱 잘 적응할 수 있는 생명의 형식들이 그들을 대신하였다. 이것은 또한 전쟁 행위에서도 진실이다. 예를 들면 스파르타인들의 방진(方陣)은 전쟁의 수행에서 많은 성공을 거둔 기술이었으나 그것은 "노를 잡고 쉬는" 상태에 있었다. 그리고 기원전 4세기의 "방진 전술은 먼저 창과 방패를 든 아테네의 군사에 의하여——방진을 이룬 스파르타의 골리앗들은 일군의 다윗들을 대처할 수 없음을 알게 되었다——다음엔 테베의 새로운 종대(縱隊) 전술에 의하여 그 자체 꼴사납게 굴복당했다는 것을 알았다."[14] 그리고 나서 아테네와 테베의 전술은 마케도니아의 대형으로 대치되었다.

"창조성의 앙갚음에 굴복하는" 이상의 모든 형식은 수동적이며, 자기 자신이 이루어 놓은 것을 자만하기 때문에 "노를 잡고 쉬게" 된다.[15] "타락하기 이전에 교만이 들어왔다." 창조성의 앙갚음에 굴복하는 적극적인 형식은

---

14) 위의 책, p.332.
15) 위의 책, p.336.

그리스어의 공식, 즉 코로스(κορος, koros), 휘브리스(υβρις, hybris), 아테(ατη, ate)에 표명된 유형을 취한다. 이들 그리스어의 객관적인 의미는 각기 포식, 거만한 행동, 재액을 나타낸다. 그 말의 주관적인 의미는 다음과 같다. 즉 '코로스'는 성공을 함으로써 정신적으로 망쳐지는 상태를 의미하며, '휘브리스'는 그 결과로 정신과 도덕적인 균형을 상실함을 의미하며, '아테'는 균형을 잃은 사람의 마음을 뒤흔들어 불가능한 것을 시도하게 하는 갱목적이며, 고집 불통의 제어할 수 없는 충동을 의미한다."[16] 이러한 유형은 다윗과 골리앗이라고 하는 성서의 이야기에서 매우 분명하게 설명된다. 골리앗은 다윗의 새로운 전술에 익숙치는 못하였으나 그가 거둔 많은 전과로 인하여 방자해졌기 때문에 먼저 선수를 쳐 다윗에게 도전하여 전쟁을 건다. 이것은 재액——그에게는 죽음——으로 끝났다. 이러한 유형은 모든 군사력의 막강함을 믿는다. 저들은 승리를 얻는다. 그러나 궁극적으로는 반대편의 군국주의자들이 저들을 누르고 승리를 거둘 것이다. "검을 가진 자는 검으로 망할 것이다"라는 말은 "군국주의의 자살 행위"라는 진리를 간결하게 요약한 말이다. 토인비는 군국주의적인 세력의 불행스런 몰락이 다른 정복자들에게 이르렀던 많은 역사적인 실례를 제시한다.

  "창조적인 앙갚음에 굴복하는" 또 다른 적극적인 형식은 "승리에 도취" 함으로써 야기된 파멸이란 것이다. 예를 들면, 교황 그레고리 7세(힐데브란트)는 정신적으로 교황권을 강화하고 교황권을 세속적인 간섭과 이해 관계로부터 지키기 위하여 무력을 사용하였다. 그러나 이 방법은 자신에게 해가 돌아오는 결과가 되었으며 무력의 힘은 반대로 교황권에 대항하는 데 이용되었다. 전쟁은 금전을 소모시키며 이것을 메우기 위하여 금전을 긁어 모으는 의심스런 방법을 고안하기에 이르렀다. 신성 로마 제국과 교황권은 모두 스스로를 약하게 만들었다. 프랑스가 강해지자 교황을 유폐(1305년~1378년)시켰으며, 분열(1379년~1415년)이 뒤따르게 되었다. 토인비는 그때 상황을 이렇게 약술한다.

  저들은 신성 로마 제국과 투쟁하던 초기 단계에서 모험적인 작전을 전개하여 거둔 성공에 도취되어 그레고리 7세(힐데브란트)와 그의 후계자들은 이러한

---

16) 위의 책, pp.336~337.

비정신적인 층면에 대한 승리가 그 자체로서 끝맺게 될 때까지 무력의 사용을 고집하였다. 이와 같이 하여 그레고리 7세가 교회를 개혁하는 데 황제라는 장애물을 제거할 목적으로 제국(帝國)과 싸웠음에 반하여 이노센트 4세는 제국 자체의 세속적인 권위를 파괴하기 위하여 제국과 싸웠다.[17]

몰락의 원인은 근본적으로 정신적인 것이며, 무엇보다도 새로운 도전들에 대하여 응전하기보다는 오히려 노를 거두고 쉽게 만드는 휘브리스(교만)인 것이다. 즉 제도와 기술 그리고 하나의 인격 혹은 하나의 문화로서의 자기 자신에 대한 자만, 정신적인 면이나 군사적인 면에서의 "승리의 도취", 타락하기 이전에 들어온 능동적인 형식의 교만이 몰락을 가져온다. 토인비는 성서(성 아우구스티누스가 해석한)와 그리스의 비극이 말해 주는 바를 간결하게 요약해 준다. 즉 교만한 사람은 말을 타고 멸망을 향한다. 교만과 게으름은 성장 단계에 있는 전체로서의 문화를 지켜 나가는 데 필수적인 창조성을 부족하게 한다. 그때 사회적인 사악이 문화의 몰락에 대한 전조를 가져온다.

순환의 제4 단계──문명들의 해체

해체의 유형은 모든 문명에 있어서 표준적인 것이라고 토인비는 기록한다. 이것의 유형은 다음과 같다. (1) 분쟁의 시대, (2) 보편 국가, (3) 공위(空位) 시대(이 유형은 비코, 이븐 할둔, 슈펭글러의 유형과 유사하다). 그러나 (3)의 단계 대신에 (2)의 단계에서 석화(石化)될 수도 있다. 이집트의 문명은 힉소스 조(朝)가 침범하였을 때(기원전 16세기) 공위 시대로 접어들어 끝나게 됨으로써 해체되는 대신에 그와 같은 석화를 보여 주었으며, 2000년 동안 정적인(석화된) 문화의 상태로 남아 있었다. 중국 문명은 몽고인들에 의하여 세워진 보편 국가에 대항하여 명 왕조의 시조가 일으킨 반란이 있은 다음에 석화를 보여 주었다. 이외에도 대문화들, 예를 들어 인도와 시리아 문화의 석화된 단편들이 존재한다.[18]

---

17) 위의 책, p.355.
18) 위의 책, p.361. 지적된 그 석화된 단편들은 인도의 자이나교도, 실론, 버마, 샴, 캄보디아, 티베트, 몽고의 불교도 그리고 시리아 문화의 유태인, 배화교도, 네스토리아파인들과 Monophysites로서 이름이 올라 있다.

석화되었거나 와해되었거나 간에 분쟁의 시대와 보편 국가라고 하는 것은 해체 단계의 특징이다. 분쟁의 시대에 사회체(body social)는 변함없이 지배적인 소수자와 내부 프롤레타리아 그리고 외부 프롤레타리아라고 하는 세 가지 계급으로 갈라진다. 이들 각 계급은 자기들의 전형적인 제도를 창조한다. 지배적인 소수자는 보편 국가를 창조하며, 내부의 프롤레타리아는 보편 교회를 창조하고 외부의 프롤타리아는 야만적인 전투단을 창조한다. 토인비는 원래 헬라 문명의 몰락을 조심스레 연구한 데서 이같은 분석에 이른 것이다. 예를 들면 이 사회의 창조적인 소수자(아테네 문화의 지도자들로 가장 잘 나타난)는 그리스 도시 국가의 정치적인 통일이라는 도전에 부딪혀 보았으나 번번이 실패하였다. 마케도니아와 아우구스투스의 소영주국(小領主國)과 그 후의 제국(帝國) 시절의 로마도 역시 실패했다. 펠로폰네소스 전쟁으로부터 소영주국과 제국을 통하여 분쟁의 시대를 지나는 동안 사회는 언급했던 세 가지 계급으로 갈라졌다. 지배적인 소수는 로마 제국에서 찬란한 형식의 보편 국가(Universal State)를 발전시켰다. 내부의 프롤레타리아는 기독교를 보편 교회로 발전시켰으며, 제국의 초기 로마 문화를 존경하던 고올과 다른 변방의 '야만인들'은 로마의 후기에 호전적인 적과 "야만인 전투군"이 되었다. 이들 각 계급에 대해서는 좀더 설명할 필요가 있다. 창조적인 소수가 지배적인 소수로 타락한다는 것은 거의 불가피한 것이다. 작은 창조적인 집단은 저들(창조적인 소수자)이 원래 받았던 꼭 같은 종류의 감동적인 계시를 대중에게 전달함으로써 사회를 변화시키기보다는 오히려 모방과 기계적인 방법과 "사회적인 훈련"의 방법을 통해서 사회를 이끌어 간다. 일반 민중은 창조적인 소수가 창조적인 동안에는 존경을 보내며 그들의 영도력을 기꺼이 받아들이며 따르려 한다. 이 영도력이 더 이상 창조력을 발휘하지 못할 때는 전쟁과 다른 무질서한 형식이 초래되며, 창조적인 소수는 일반 민중에게 자기들의 영도력에 따를 것을 강요하며, 지배적인 독재 소수가 된다. 이 "독재 군주 정치(Caesarism, 이러한 현상에 대해서 슈펭글러가 붙인 이름)"를 서민 대중은 무질서에 대한 대안으로서 받아들인다. 서민 대중들은 사회의 초창기로부터 기계적으로 "영도자를 추종하는" 사회적인 훈련의 유형(미메시스)에 익숙하기 때문에 지금은 지배하는 집단이 된 영도자 집단의 명령을 받아들이는 데에 새로울 것이란 하나도 없는 것이다.

이제 대부분 자신의 이기적인 이해 관계에서 지배하는 참주적인 집단으로

서, 시민 대중으로부터 전쟁과 사치스런 취미를 만족시키기 위하여 가능한
모든 세금을 갹출해 내는 지배적인 소수당은 자신의 민중과 자기의 이웃
야만 민족을 소외시킨다. 이들은 무산자(proletariat)의 집단이 된다. 토인비는
무산자의 계급을, 사회 속에 있으면서 사회의 것이 아닌 자들이라고 정의한
다. 저들은 사회의 내부에서 "상속권을 박탈당한 계급들"이며, 지배적인
소수자의 이기적인 이익을 위해서 가능한 한 어디서나 착취를 당한 사회
외부의 변경 야만인들이다(이러한 묘사는 이븐 할둔과 비코가 쇠퇴하여 가는
문명을 묘사한 것과 꼭 들어맞는다).

사회체의 이러한 분열(앞서 언급했던 3개의 집단으로 갈라짐)은 반대되는
세력들의 갈등이며 그것은 보편 국가(이러한 상황의 치유책으로서 비코가 이야
기한 "군주 정치")와 보편 교회 그리고 야만인 전투단을 새로 창조함으로써
끝나는 것이다. 프롤레타리아 집단들이 탈퇴하는 것으로서의 분열이란 위에
서 설명한 인퇴(引退)의 유형을 나타낸다. 새로운 창조란 복귀를 나타낸다.
인퇴와 복귀, 분열과 신생이란 말은 토인비가 모든 문화의 표준인 이들 해체
현상의 특성을 규정하기 위해서 사용한 관용어이다.

해체기를 지나는 동안 일어난 가장 중요한 창조는 내부의 프롤레타리아,
즉 보편 교회의 창조이다. 토인비는 그의 저서 후편에서 인류의 진보는 더욱
고등한 종교의 발전에 있다는 명제를 제시한다. 문명은 종교의 발전에 수반
되는 것에 지나지 않는다. 문명의 해체는 종교에 있어서 더욱 큰 창조성에
도전하는 기능을 수행한다. 이 창조성이란 내부의 프롤레타리아로부터 나오
는 것이지 총괄적으로 말하는 집단으로부터 나오는 것이 아니다. 그러한
창조성은 위대한 천재들의 소업(所業)이다. 예를 들어 "모세의 출현은 이집
트에서 '신제국'의 퇴폐와 동시에 일어났으며, 수메리아의 보편 국가는 함무
라비에 의하여 단명하기는 했으나, 재건이 있은 다음 수메리아 보편 국가의
만년(晚年)에 아브라함이 출현하였으며,"[19] 앗시리아의 멸망과 함께 8세기의
예언자들이 출현했고, 바빌론의 멸망과 함께 포로기의 예언자들(에즈키엘,
제2 이사야, 예레미야)이 출현했으며, 최종적으로 헬라의 멸망과 함께 예수가
나타났다.

현대 서양 세계의 내부 프롤레타리아는 몇 가지 기원을 가지고 있는데

---

19) 위의 책, p.386.

그 중 하나는 인텔리겐챠에서 나왔다. 그들은 외부에서 침입한 문명과의 거래 비결을 터득한 연락 장교 계급[20]들로서, 그들 자신의 사회가 그때까지의 전통에 따라 살지 않고 그들을 지배하게 된 외래 문명이 부과한 양식대로 살아가게 하는 데 한몫 거드는 자들이다. 인텔리겐챠인 그들은 자신들을 고용한 외국 문화로부터 사회적으로 버림받은 계급이며, 또한 자신의 동포에게도 버림받은 계급이다. 설상가상으로 결국 채워야 할 자리에 대해서도 후보자가 너무 많아 이 교육을 받은 집단내의 많은 사람이 실직을 당해 고통을 받는다(이런 일은 대영제국하의 인도 왕국 Raj에서 힌두 인텔리겐챠에게도 일어났다). 프롤레타리아의 또 다른 원천은 중등 교육이나 심지어 대학 교육을 받고서 적당한 자리를 얻지 못한 중하 계급 집단의 계층으로부터 비롯된다. 이 집단은 이탈리아에서 파시스트 당과 독일에서 민족 사회당의 지주였다는 것을 토인비는 알고 있다. 농민과 노동 계급 중에서 가난하고 실직을 당한 집단도 여전히 프롤레타리아의 또 다른 원천이다.

프롤레타리아 집단은 저들이 받는 억압에 대해서 유순하거나 폭력적인 반응을 나타낼 수도 있다. 로마 제국 시대(헬라 사회의 해체 단계)에서 유순한 프롤레타리아는 기독교를 받아들이는 것으로 응전하였다. 중국의 내부 프롤레타리아는 "이전의 불교철학으로부터 전혀 알아볼 수 없으리만치 변화한 대승 불교(Mahayana)를 일으켰다."[21] 비슷하게 "마르크스의 공산주의에서 우리는 한평생도 마감하지 않은 짧은 기간에 폭력의 길을 택하여 러시아의 평원에서 검을 가지고 자기의 새 예루살렘을 개척함으로써 전혀 알아볼 수 없으리만치 프롤레타리아의 종교로 변화해 버린 현대 서양철학에서 악명 높은 실례를 가지고 있다"[22]고 토인비는 부언한다. 러시아에서 "프롤레타리아의 종교"는 이미 전통적인 서양식의 민족주의로 전락하였으며, 반면에 서양의 제국 여러 나라는 더욱 마르크스주의화되었다고 토인비는 생각한다. 즉 저들은 사회주의화하고 있다(수익세, 사회화된 의료 시설, 교통 시설의 정부 소유). 게다가 마르크스는 건설적인 것, 착취당한 계급에 대한 관심, 계급이 없는 협동 사회의 이상, 그 모두를 헤겔의 변증법의 논리로부터가 아니라 그의 유태 기독교적인 배경으로부터 끌어낸 것이다.[23] 마르크스는

---

20) 위의 책, p.394.
21) 위의 책, p.399.
22) 위의 책.

기독교로 하여금 기독교가 가진 세속적인 가치를 재인식시켜 주는 기능을
수행하였다. 왜냐하면 산업주의와 민주주의의 부당한 도전에 대한 유일한
건설적인 응전은 전세계적인 근거에서 이루어지는 협동 사회이기 때문이
다. 토인비는 기독교 사회가 여전히 부당한 도전에 대하여 가장 적절한 해답
을 가지고 있다고 믿는다. 그러나 교회의 영적인 재생이 필수 불가결하다.
교회는 적어도 중요한 지도적 위치에 있는 창조적인 소수의 집단 가운데서
교회가 지닌 심오한 영(靈)의 철학을 소생시킬 필요가 있으며, 그렇지 않으
면, 어떤 다른 종교가 프롤레타리아 집단의 영도력을 차지하고 말 것이다.

하나의 계급으로서 외부의 프롤레타리아는 유력한 창조적인 사회가 경
제, 정치, 문화적으로 성장하는 동안에는 "매력을 끌지만" 맘몬(Mammon)
과 마르스(Mars)와 몰록(Moloch)이 지배하기 시작하면 그 사회의 도움을
얻지 못한다.

그때에 문명과 야만들 사이의 라이멘(limen) 혹은 완충 지대는 라이메스
(limes) 또는 군사적인 국경으로 바뀌며, 야만 전투단이나 외부의 프롤레타리
아가 나타난다. 서양 세계에서 이러한 현상에 대한 가장 최근의 실례는 근동
에서 있었다. 낫세르(Nasser)는 근동에서 "이해 관계"를 가진 서양 여러 나라
에 대항하여 전쟁을 하는 아랍 민족(그들의 내부 프롤레타리아는 여러 면에서
"야만"의 수준에 있다)을 영도하려고 시도한다. 이러한 것들은 우리의 "야만
전투단"에도 있다. 토인비는 다른 훨씬 더 음흉스러운 야만 집단—— 현실적
인 야만에 대해서 언급한다. 그는 미국과 그 밖의 서양 제국들이 대도시에
존재하는 갱단과 같은 우리 자신의 야만을 길렀던 사실에 주목한다. 즉 나치
스는 독일에서, 파시스트는 이탈리아에서 동종 번식된 조직화된 야만 전투단
이었다. "우리는 우리들 속에 있는 거짓된 것에 의하여 배신을 당한다"[24]고
토인비는 결론을 내린다.

토인비는 외래 문화의 '오점'을 지닌 이들 세 집단의 의의를 다소 중요시하
여 몇 가지로 논평함과 아울러 해체 단계의 사회체가 갈라져 나가는 세 가지
집단에 대한 논의를 끝맺는다. 예를 들면 인도 문화를 대신해서 제2의 보편
국가를 마련했던 지배적인 소수자는 영국인이었다. 이 영국인의 지배는 인도

---

23) 위의 책.
24) 위의 책, p.419.

의 힌두 문화에게 크게 원망을 샀다. 다른 한편 고유의 지배적인 소수자, 즉 로마인들도 헬라의 문화를 대신해서 보편 국가를 마련하였으나 로마는 용납받았으며 말년에 로마의 힘이 쇠퇴할 때는 찬양까지 받았다. 외래 문화의 영감은 또한 외부의 프롤레타리아에게도 불리한 조건인 것이다. 예를 들면 프롤레타리아의 몽고인들은 네스토리우스파 기독교(景敎)의 개척자들로부터 연원된 시리아 문화의 영향을 받아 그들의 야만성이 완화되었기 때문에(그 정도가 극히 경미하였음에도 불구하고) 중국인들에게 미움을 받았다. 그러나 만주는 외래 문화에 의하여 감염되지 않았기 때문에 용납되었다. 힉소스인들은 저들이 가진 외래 문화로 인하여 이집트인들로부터 심히 미움을 받은 반면에 완전한 야만인이었던 리비아 사람들은 침략을 하였을 때에도 원한을 사지는 않았다.

한편 외래의 영감은 하나의 종교가 내부 프롤레타리아의 충성을 얻는 데에 커다란 자산이 되며 보편 교회의 창조란 바로 이러한 계급의 소업(所業)이다. 그 이유는 간단하다. 내부의 프롤레타리아는 "몰락한 사회로부터 소외되며 몰락한 사회로부터 분리하는 과정에서 새로운 계시를 추구하는데, 바로 이것을 외래의 섬광이 제공해 준다. 그것이 매력을 끄는 것은 새롭기 때문이다."[25] 새로운 계시는 그것이 제시된 사회에 적용되어야 한다고 토인비는 부언한다. 비헬레니즘의 영감을 가진 기독교는 자기의 교회 제도를 로마의 관제(官制)로부터 차용하였으며 자기의 철학을 헬라의 문화로부터, 의식은 신비 종교로부터 빌렸으며 많은 이교의 축제를 기독교의 축제로 바꾸었고, 영웅들에 드리던 예배를 성자들에 드리는 예배로 대치시켰다.

그러나 대부분의 종교가 외래의 기원을 가지고 있음은 매우 중요하다고 토인비는 강조한다. 토착적인 이슬람교와 힌두교는 예외다. 대부분이 이같은 외래의 기원을 가지고 있기 때문에 단일한 문명은 뚜렷한 연구의 단위가 될 수 없다. 그러나 토인비는 단일한 문명을 그 자체 하나의 단위로 하여 그의 저작을 시작하였으며, 저서 초반에서는 그렇게 계속했다. 그는 종교를 역사의 관건으로 생각하기 때문에 그의 저서 마지막 권에서는 이러한 방법을 포기한다. 문명들은 종교가 성장하여 영광에 이르도록 하는 데 이바지하

---

25) 위의 책, p.426.

는 시녀들에 불과한 것이다.

다음으로 토인비는 사회 내부의 정신과 사회의 혼이라고 하는 관점으로부터 사회의 해체 현상을 논하며, 모든 문화가 이 단계에서 일으키는 "혼의 분열"을 묘사한다. 영혼의 분열이란 것은 근본적으로 심각한 것이다. 사회체의 분열이란 "내부와 정신적인 결함이 밖으로 드러난 가시적인 징후"[26]에 지나지 않는다. 이러한 정신적인 결함은 성원들의 행동과 감정 그리고 생활에서 여러 모로 자체를 드러낸다. 토인비는 더 이상 창조적일 수 없는 응전들을 소극적인 것과 능동적인 것이라고 하는 두 가지 일반적인 형태로 분류한다. 개인적인 행동과 사회적인 행동의 응전에는 소극적인 것과 능동적인 것이 있으며, 감정의 응전이나, "생활의 면"에 대해서도 소극적인 것과 능동적인 응전이란 것이 있다.[27]

개인적인 행동의 면에 있어서 소극적인 응전은 방종이다. 영혼은 "될 대로 되라"식이며, 자연에 따라서 마음대로 행동하고 살며 자연으로부터 다시 창조성의 은사를 받으려 한다. 능동적인 응전은 자제이다. 여기서 자연에 따라서 산다고 하는 생각은 창조성을 해치는 것이며, 따라서 "자연적인 정열들"은 창조성을 다시 자극시키려 할 경우 훈련받지 않으면 안 된다. 토인비는 해체 단계의 많은 문화에서 볼 수 있었던 두 가지 응전의 실례를 제시한다. 헬라의 "분쟁의 시대"로부터 뽑아 낸 실례가 서양의 독자들에겐 아주 익숙할 것이다. 플라톤의 「향연(Symposium)」에는 알키비아데스가 설명한 방종의 응전과 소크라테스가 설명한 자제의 응전에 대한 이야기가 있다. 후에 헬라 문화에서 "자연에 순응하는 삶"을 창도하고자 외치던 학파들은 이들 두 가지 응전을 "자연적인 것으로서" 주장하였다. 냉소주의자 디오게네스와 그의 학파는 자제하는 태도의 실례이며, 에피쿠로스 학파(에피쿠로스의 이름을 쓸데없이 들먹이는 것을 루크레티우스가 비난하기는 했지만)는 방종하는 태도를 대표한다.

사회적인 행위의 면에서 도피와 순교는 각기 소극적인 응전과 적극적인 응전의 현상이다. 도피하는 자는 소극적인 응전을 한다. 그는 사회 질서가 그 힘을 잃었기 때문에 더 이상 사회 질서에 의무를 질 필요가 없다고 믿는

---

26) 위의 책, p.429.
27) 위의 책, p.431.

사람이다. 자기의 이해에 따라서 동기를 결정하면 그는 낡오하고 만다. 우리의 서양 사회에서 전형적인 사례는 '식자의 배신(trahison des clercs)', 즉 기독교적인 이상에 대한 우리 지식인들의 비극적인 도피라고 토인비는 말한다. 이러한 도피 행각은 "'성직자'들이 서양 기독교 문명의 유력한 지식 체계를 종교적인 바탕으로부터 세속적인 바탕으로 옮기려 함으로써 자기들이 성직자 출신임을 부인했을 때"[28] 시작하였다. 영국에서 으뜸이 될 만한 실례로서는 토마스 윌시(Thomas Wolsey)를 들 수 있는데 그는, 기독교 이상의 전형적인 인물들로서 동시대에 살던 토마스 모어(Thomas More)와 죤 피셔(John Fisher)가 순교하는 원인이 되었다.

적극적인 응전으로서의 순교는 "로마의 복고주의자가 초탈의 철학(스토아적인 관점)에 개종한 것으로써" 로마 세계에서 설명이 된다. 마르쿠스 아우렐리우스는 전형적인 "군주로서 그가 얻은 순교자라는 영예의 칭호는 죽음이 순교자가 당하는 혹독한 시련을 단 일격으로 끝나게 할 것을 거부했다고 해서 무효가 되는 것이 아니라 더욱더 공고해졌다."[29] 토인비의 생각에 보다 건설적인 성격의 순교란 초대 기독교인들의 순교였으며, 저들의 굽힐 줄 모르는 정신이 핵심이 되어 다가오는 새로운 문명을 발전시킬 수 있었다는 것이다. 초대 기독교인들도 역시 도피 행각을 보여 주었다. 많은 배교자들이 박해를 받을 때 약해져서 저들의 기독교 신앙을 부인하였다.

감정의 면에서 소극적인 응전은 "방임 의식"이다. 적극적인 응전은 "죄의식"이다. 방임 의식은 대문명들이 해체 단계를 지나는 동안 우주적 및 인간적인 매사의 진행 과정에서 지배적인 것으로서 우연(偶然) 사상의 통속성에 나타나 있다. 플라톤은 그의 정치편에서 (본서 제1부 8장에서 본 것처럼)[30] 신화적인 형식으로 해체되는 국가를 묘사한다. 신이 우주 질서라고 하는 배의 조타기에서 손을 떼면 우연이 그 일을 맡아 정말로 혼돈이 초래된다고 플라톤은 말한다. 행운이란 것은 로마 제국 시대의 위대하고 인기가 좋은 여신이었다. 토인비는 우리의 문화에 있어서 19세기 내내 그리고 20세기에 이르러서도 특별히 경제 이론과 관련해서 우연 사상이 인기를 누렸던 사실

---

28) 위의 책, p.443~444.
29) 위의 책, p.442.
30) 토인비는 *Politicus*, 272, D6~273, E4를 언급한다.

에 주의를 환기한다. 이러한 우연의 사상은 경제학에서 자기 이익에 대한 놀라운 깨달음의 신앙에 근거한 "실제 생활철학인 자유 방임(laissez-faire)의 개념에 나타난다. 일시적이나마 만족을 누렸던 체험에 비추어서 우리의 19세기의 조부들은 운명의 여신을 '사랑하는 자들에게는 모든 것이 합동하여 유익하게 됨을 알라"[31]고 역설하였다. 기원전 2세기 중국 사회에서 이러한 개념은 도교의 형식으로 통속적인 것이었다. 토인비는 「도덕경」 제34장으로부터 여기에 알맞는 일절을 인용한다(아서 월리의 번역본은 「길과 그 힘(*The Way and Its Power*)」이라고 했다).

> 위대한 도(道)는 표류하는 배와 같다. 그것은 이 길로 갈 수도 있으며, 저 길로 갈 수도 있다.*

그러나 우연의 변증법은 어떤 것을 정반대의 필연으로 몰아간다. 예를 들면 배는 물리적인 성질의 결정론이랄까 바람과 물결의 일정한 "필연적인" 움직임으로 해서 표류하는 것이다. 데모크리투스(Democritus)는 이런 종류의 결정론을 강조하지만 스토아주의의 창시자 제논의 운명론에 영향을 주었던 것은 데모크리투스의 유물론이 아니고 오히려 갈데아인의 점성술적인 결정론이었다고 토인비는 생각한다. 갈데아인의 점성술을 논하는 데서(제1부의 2장) 우리는 노이게바우어가 이런 견해에 반대하여 하나의 '과학'으로서의 점성술은 그리스인들에 의하여 발전되었다고 생각한다는 사실을 지적하였다. 그것이 어떻게 기원하였는가 하는 것은 차치하고라도 토인비가 말하는 바와 같이 그러한 숙명론적인 개념이 그리스 로마 세계가 몰락하던 시절에 인기가 있었던 것은 사실이다.

토인비는 서양 문명에서 우연의 자유 방임 사상으로부터 발전한 필연 사상의 가장 중요한 실례로서 마르크스주의를 꼽는다. 우리는 마르크스주의에 관한 장에서 경제 발전의 부르주아적인 자유 방임의 단계에 나타난 마르크스의 역사적인 필연 사상을 고찰하였다. 심리학의 분야에서 결정론은 정신분석학의 지배적인 개념이다. 서양의 기독교에서 죄란 인류의 성원이 물려받

---

31) 토인비, 앞에서 인용한 책, p.445.
*大道氾兮其可左右…….

은 아담의 '원죄'에 결정론적인 기원을 갖는다. 힌두교와 불교에서 칼마(業報)의 법칙은 개체 영혼의 외부와 내부의 지위를 결정한다. 그럼에도 불구하고 이들 종교의 개체는 향상될 수 있으며, 심지어는 자기의 원죄 또는 칼마의 성향과 오점을 극복할 수 있기 때문에 필연의 사상은 전혀 절대적이지 않다. 절대적인 결정론은 기독교 특히 칼빈의 사상에서 발견되며 모슬렘교도에게서 저들이 말하는 퀴스메트(Qismet, 숙명)의 사상에서 찾아볼 수 있다(우리는 제2부에서 알 가잘리의 극단적인 결정론을 논했다). 토인비는 토니(Tawney)의 「종교와 자본주의의 발생(*Religion and the Rise of Capitalism*)」으로부터 세계는 선택된 자에게 속한다고 하는 칼빈주의의 생각과 미래의 세계는 프롤레타리아에게 속한다고 하는 마르크스의 사상간의 유사성을 보여 주려고 인용한다. 그러한 역사적인 필연에 대한 확신은 사기에는 도움이 될지 몰라도 추구하고 믿었던 승리를 얻는 데는 진정으로 도움이 되지 않는다. "승리의 확신은 휘브리스의 행위이며——더할 수 없이 교만한 행위——사건 진행의 준엄한 논리에 의하여 앞으로 반박을 받게 된다."[32] 예를 들면, 다윗에 대하여 자기가 필연코 승리할 것이라고 확신하였던 골리앗은 패망하고 말았다. 모슬렘 교도는 정복에서는 성공을 하였지만 불운한 시대를 맞이하게 되었다——세계는 그들에게 주어지지 않았다. 칼빈주의자들과 마르크스주의자들은 아직도 유사한 환멸을 느껴 보지는 않았으나 앞으로 다가올 것이라고 토인비는 생각한다. 이들 사상은 모두가 "방임 의식"과 소극적인 감정의 형식들이다. 왜냐하면 자연과 정신 그리고 사회적인 힘들은 개체 인간, 즉 피조물이 지배할 수 없는 수준에서 작용하기 때문이다.

감정의 면에서 능동적인 응전이라 함은 "죄의식"을 말한다. 이를테면 시리아 사회에서 앗시리아의 야만적인 세력이 위협이 되고 있고 있던 "분쟁의 시대"에 이스라엘과 유다의 8세기 대예언자들은 유태인들이 하느님의 율법에 따라서 죄를 회개하지 않고 퇴폐적인 사회를 재조직하지 않으면 멀지 않아 앗시리아에 의해 파괴된다는 것을 설파하였다. 헬라의 사회에서 기원전 431년의 몰락(펠로폰네소스 전쟁)이 있은 다음 오르페우스교의 운동은 이 문화의 몇몇 성원들이 "죄의식"을 가지고 있었음을 나타낸다. 우리 서양 세계에서 르네상스 시대에 헬레니즘이 부흥된 이래 우리는 죄라는 것을

---

32) 위의 책, p.450.

신과 우리의 영혼에 대항하는 비행이라기보다는 오히려 단순한 잘못 혹은
실수라고 취급함으로써 기독교를 부인하려고 하였다. "아주 최근의 개신교
의 여러 교파들은 천국의 개념을 굳게 간직하고 있으면서도 지옥의 개념을
아주 내버렸으며, 악마의 개념을 풍자가나 희극 배우들에게 넘겨 준 것은
우연한 일이 아니라고"[33] 토인비는 논평한다. 헬레니즘의 예찬자를 계승한
과학의 예찬자는 죄라는 것 대신에 정신의 "콤플렉스" 혹은 노이로제를
이야기하거나 인간의 육체적인 여건과 사회적인 환경의 결정을 그의 행동의
원인으로서 말한다. 토인비는 사뮤엘 버틀러(Samuel Butler)의 「에레휜(Ere-
hwon)」*으로부터의 한 사건을 현대의 죄악관을 나타내기 위해 해학적으로
인용한다. 등장 인물들 가운데 한 사람인 노스니버 씨(Mr. Nosnibor)*는 단골
의사 '바로잡는 사람(Straightener)'을 부르러 사람을 보내야만 한다. 왜냐하면
그는 '횡령'[34]이라는 병에 걸렸기 때문이다. 토인비는 우리 서양인들은 교만
(hybris)이 서양인들을 곧장 재난(ate)으로 이끌어 가기 전에 죄의식을 회복시
켜야 한다고 믿었다.

감정의 면에서 내다본 사회적인 수준에서의 소극적인 응전은 "혼란 의
식"이다. 이것은 문명에 있어서 양식 의식(the sense of style)을 상실함으로써
초래된다. 다양하고 잡다한 양식이 여러 시대에 받아들여지거나 양식들이
무질서하게 결합된다. 혼합주의와 혼란이 위세를 떨칠 날이 있다. 이것은
생활 양식과 관습, 예술, 언어, 종교에서 자체를 나타낸다.

생활 양식과 관습의 야비함과 야만성이 나타나 혼란 의식을 보여 준다.
지배적인 소수는 의상의 양식을 "민주적인" 방식으로 받아들이며, 외부와
내부의 프롤레타리아는 많은 관습을 채택한다. 비록 이것이 문화에서 양식을
상실한 결과이기는 하지만 그것은 사회적인 계급간의 단절을 연결해 주는
이점이 있다. 지배적인 소수는 자기들이 지배적인 소수가 되었을 때 분쟁의
시대를 맞이하여 자기 자신을 대사회로부터 떼어놓았다기 계급이라고 하는
관점에서 이제 다시 대사회로 몰입하여 들어간다. 현재 서양 세계는 "분쟁의
시대"를 맞이하면서 지배적인 소수 가운데서 생활 방식의 야비함과 야만성

---

33) 위의 책, p.454.
*Erehwon은 nowhere의 철자를 역으로 쓴 것이며, Nosnibor는 Robinson의 철자를 역으
로 쓴 것이다.
34) 위의 책, p.455.

이 눈에 띄게 나타난다. 토인비는, 대중(프롤레타리아)을 만족케 하려는 듯 모든 계급을 위해 여흥을 베푸는 활동 사진의 천박한 수준에 대해서 언급한다. 라디오와 텔레비전도 꼭 같이 유흥을 본위로 한다. 공립 학교는 더욱더 한층 더 높은 수준에서 자신들을 "대중 인간"에게 적응시킨다. 민주주의와 프롤레타리아의 생활 양식, 의복, 행동이 사회의 모든 분야를 지배한다. "자유 분방한 티를 느끼게 하는 아파쉬(apache, 파리의 부랑자들)의 스카프는 과연 지배적인 소수의 '귀족' 가운데서 부담을 주는 백색 칼라를 가리기 위하여 세심하게 마련되었던 것"이라는 사실은 매우 의의가 있는 것이며, "프롤레타리아의 양식이 유행(la mode)이었음을 확실히 입증하는 것이다."[35] 헬라 사회의 말년에 외부의 프롤레타리아와 "야만"들은 선망의 대상이 되었다. 반면에 4세기의 야만인들은 로마인들의 이름을 택하여 썼으나 5세기에 이르러 고울(Gaul)에서 몇몇 로마인들은 게르만의 칭호를 받아들이기 시작하였다. 4세기 말엽 황제 그라티안은 야만인의 의상 양식과 야만인의 운동 경기를 받아들였다. 서양 문화의 지배적인 소수는 아메리카 인디언들로부터 담배를 피우는 습관, 체로키와 이로구와라고 하는 통나무집, 옥수수 재배, 자작나무의 카누와 같은 야만스런 풍습을 받아들였다.

예술의 혼란은 예술의 통속화와 야만성에 나타난다. 헬라 문화의 붕괴 단계에서 통속화는 로마 시대에 인기가 있던 사치스런 장식술의 대중화에서 볼 수 있다. 서양 문화에 있어선 그러한 통속화를 빅토리아조의 상업 예술이 보여 주는 "초콜릿 상자" 양식에서 그 극에 달한 로코코와 바로크의 퇴폐적이며 농익은 장식술에서 볼 수 있는데, "상인의 상품을 시각적으로 광고하는 서양의 기교에 독특하게 부응하여 전 세계를 정복하려고 한다."[36] 예술을 이와 같이 우스꽝스럽게 흉내내려 하는 데 대한 반동은 급진적이었으며, 두 가지 기본적인 방향을 취하였다. 라파엘 이전의 비잔틴주의가 하나의 집단에 감동을 주어 사로잡았다. 또 다른 집단은 아프리카 조각의 야만성에서 영감을 찾아낸다. 이것은 음악(재즈)에서 최근에 찾아볼 수 있는 영감이며, 무용에서도 마찬가지다. 이들은 모두 해체기 문화의 전형적인 예술의 비창조성에 대한 혼란스러운 반동이라고 토인비는 믿고 있으며, 여기서 슈펭

---

35) 위의 책, p.460.
36) 위의 책, p.466.

글러와 의견을 같이 한다.

언어의 통속화는 문명이 쇠퇴할 때 혼란 의식이 취하는 또 다른 형식이다. 코이네(Koine)는 헬라 문화의 분쟁 시대에 발전하였던 그리스어의 통속화, 즉 혼합어(lingua franca)로 잘 알려진 실례다. 신약성서와 그리스 로마세계의 여러 다양한 집단들이 사용한 코이네는 문체나 정묘함에서 소포클레스와 플라톤이 사용한 아틱(attic) 그리스어와는 같지 못한 것이다. 서양 문명의 비슷한 혼합어는 18세기까지 서양 기독교 국가들 간의 국제적 공용어였던 "변칙 라틴어(Dog Latin)"이다. 이것은 키케로와 베르길리우스의 고전 라틴어가 통속화한 것이었다. 서양의 국가가 자신의 언어를 개발했을 때 이탈리아어, 프랑스어, 영어가 다른 언어를 사용하던 민족들에 의하여 채택되었다. 이탈리아어(투스카니어)는 통속화된 혼합어로 여러 시대에 걸쳐 때때로 지중해 지방의 언어가 되었다. 혼합어 형식의 불어는 대부분의 유럽과 라틴 아메리카, 시리아, 이집트, 북아프리카의 언어가 되었다. 혼합어 형식의 영어는 인도의 언어이며, 중국, 일본은 물론 대부분의 유럽에서 널리 통용된다. 아랍의 혼합어는 아프리카에서 널리 통용된다.

종교에서의 혼란은 해체되는 사회에서 혼합주의로 나타난다. 토인비는 이에 대한 실례를 기원전 2세기의 한 제국(漢帝國)과 도교의 절충주의 그리고 도교를 계승한 절충주의인 유교에서 살핀다. 시리아 사회의 혼합주의적인 경향은 솔로몬의 사후에 시작되었다고 토인비는 주장한다. 그러나 위대한 예언자들은 혼합주의와 맞서 투쟁하여 성공을 거두었다. 그럼에도 불구하고 포로기 이후의 유태교는 특별히 천사론과 악마론 그리고 종말론의 분야에서 배화교의 사상을 차용하였다. 종교와 철학의 절충주의는 기원전 2세기로부터 헬라의 문화에서 두드러진 것이었다. 기독교 자체는 유태인 종교와 그리스 철학의 종합이었으며, 그리스어 코이네의 세련된 철학적인 언어로 기록된 신약성서는 아랍어 코이네로 기록된 것을 훨씬 압도한다. 그리스 로마 세계의 많은 기독교 경쟁 상대 가운데 아무도 헬라화하는 과정에서 기독교가 이룬 것만큼 도달하지 못하였다고 토인비는 지적한다. 기독교는 "외적으로는 물론 내적으로도 명실공히 자체를 헬라화하였다고 그는 말한다. 그리스 철학의 언어로 자신의 신조를 표현할 수 있을 정도가 되었던 종교는 기독교뿐이었다."[37]

종교에서와 마찬가지로 철학에서의 혼란은 혼합주의에서 나타난다. 이를테면 헬라 사회의 신플라톤주의는 동양의 종교철학과 피타고라스주의 그리고 아리스토텔레스로부터 구성 요소들을 차용하였다.

감정의 면에서 능동적인 응전이란 "통일 의식(sense of unity)"이다. 해체 단계에서 불가피하게 발전하는 보편 국가는 사람들로 하여금 정치적인 수준에서 이러한 통일을 우주적인 수준에서의 통일로 투사케 하며, 최종적으로 신의 통일을 생각케 한다. 이러한 발전은 우리가 말한 바와 마찬가지로 세계가 정치적으로 단일화되어 보편 국가로 넘어가면서 시작한다. 로마 제국(커다란 실례로서)에서 이 국가는 비인격적인 법과 인격적인 전제 군주에 의해 통일된다. 비인격적인 법의 통일은 교육을 받은 지배적인 소수에게 깊은 인상을 주었다. 이들은 스토아의 범신론적인 철학을 받아들였으며, 거기서 신은 실제적으로 통일된 합리적인 체계, 즉 로고스(Logos)이며, 이것이 바로 자연이다. 인격적인 전제 군주의 이념은 특별히 기독교적인 형식으로 프롤레타리아를 매혹하였다. 전체 우주의 군주 혹은 인격적인 신은 법을 능가하여 그의 성육신(化肉)에서 계시한 것과 마찬가지로 그는 모든 율법주의를 초월한 사람이다. 사람이며 예수로 화신(化身)하고 인간에게는 성령으로 임재하는 인격적인 신을 중심으로 한 우주의 이러한 정신적인 단일화란 것은 프롤레타리아를 위하여 육체와 정신적인 통일을 마련한 종교이다. 원래 합리적인 법칙으로서의 신이라고 하는 스토아의 신 개념은 프롤레타리아를 냉담하게 만들고 납득시키지 못한 채 방치하여 두었다. 그러나 저들의 단순한 지력과 마음은 즉각 기독교적인 사랑의 신을 중심으로 모여들었다. 유태인과 기독교인 그리고 모슬렘교인들의 "한 분 진실하신 신"이 "인간에 대한 신의 계시를 그 줄거리로 하는 신비극"에서 "최상의 역할"을 얻게 된 두 가지 주요한 이유는 (1) 그가 인격적인 신이기 때문이며, (2) 그는 경쟁자를 용납하지 않는 질투하는 신이기 때문이며, 이런 까닭으로 해서 겨루던 신들을 완전히 제거하게 되었다고 토인비는 결론을 내린다. 동양의 문화에서도 역시 "분쟁의 시대"에는 통일 의식의 능동적인 응전이 있었으며, 이는 인간의 문제와 해답이 동일하기 때문이라는 것을 토인비는 보여 준다. 즉 사회 질서의 혼돈이라는 문제와 보편 국가라는 해결책이 그것이다. 중국의 도교와 유교의 철학은 한(漢) 왕조를 지나는 동안 우주의 유기적인 통일을 강조하였

---

37) 위의 책, p.476.

다. 우리는 본서 제1부 중국의 순환적인 역사관에 관한 장에서 중국 사상의 특징을 이룬 이들의 견해를 보여 주었다. 동양과 서양을 막론하고 철학과 종교에서 주목해야 할 중요한 사실은, 그 자체로선 다소 망상적이라 할 현상 세계의 기저부에 근본적인 통일이 존재한다는 신념이다.

행동과 감정의 면에서 소극적인 응전과 적극적인 응전을 지금까지 고찰하였다. 생활면에서의 응전하는 태도에 대해선 설명할 여지가 남아 있다. 생활면에서의 소극적인 응전은 "회고주의"이며 능동적인 응전은 "미래주의"이다.

회고주의란 "생의 흐름에 역행하려는 의식적인 시도", 즉 일찍이 있었다고 하는 과거의 행복한 시대로 돌아가려는 시도를 말한다. 본서 제1부에서 대부분의 고대 문화가 과거의 황금 시대를 믿었으며, 황금 시대로부터 그 다음의 시대는 점차적인 퇴보를 나타낸다고 믿었던 것을 알게 되었다. 이것이 바로 회고주의의 심리인 것이다. 서양 문화에서 루소의 "자연으로 돌아가라"고 하는 철학은 이러한 회고주의적인 이념을 나타낸다. 파시스트의 "자치 국가"도 또다른 실례로서, 자치 국가란 중세 이탈리아 제국의 정치와 경제적인 체제를 재흥하려는 것을 의미한다. 나치스도 저들이 "원시 튜튼인들이 가진 상상적인 강용성의 숭배, 즉 야만으로 환원하려고 시도하였기 때문에 꼭 같은 관점"을 나타내는 것이다. 예술, 언어, 문학, 종교에서의 회고주의란 많은 대문화의 해체 단계에서 두드러진다. 예를 들면, 헬레니즘 세계의 하드리안은 과거의 이상으로 돌아가려는 생각에서 자기의 별궁을 기원전 7세기에서 6세기의 고대 헬라의 조각품으로 채워 놓았다. 19세기의 서양 문화에서 고딕식의 재흥은 잃어버린 과거에 대한 유사한 향수와 그것을 부활시키려는 기도를 나타낸다. 언어와 문학에서의 회고주의는 아일랜드인들이 고대 게일어(Gaelic)를 재흥하려는 기도와 터키인들이 오쓰만 터키어로부터 페르시아어와 아라비아어의 어휘들을 제거하려는 기도에서 그리고 히브리어 (23세기 동안 死語였던)를 팔레스타인 국가의 토속어로 재흥시키려는 시온주자들의 열성에서, 그리스에서 고전 그리스어를 현대의 구어와 문어로서 재흥시려는 시도에서 현저하게 눈에 띄인다.

종교에 있어서 영국의 앵글로 카톨릭 운동은 약 400년 전 종교 개혁의 시대에 방기되고 "철폐되었던 중세의 사상과 의식"을 재흥시켰다. 헬라의 역사에서 아우구스투스는 세력을 얻자 고대 로마의 종교를 재흥시키려 하였다. 일본에서 신도(神道)는 나치가 튜톤인의 이교(異敎)주의를 재흥하려 시도하는 것과 마찬가지로 꼭 같은 목적과 이유 때문에 국가의 종교로서 재흥되었다. 둘은 모두 영감을 받은 "혈과 토(blood and soil)"였으며 자기들 중에서 널리 퍼진 종교(독일에서는 기독교, 일본에서는 대승불교)들을 외래의 영감을 가진 외국 수입품으로서 생각하였다.

하나의 생활 방식으로서의 회고주의는 정죄(定罪)를 받아 실패하게 된다고 토인비는 내다본다. 회고주의는 미래를 향한 현재의 추세를 고려하지 않고 과거와 현재를 화해시키려 든다. 회고주의는 인위적으로 "시대 착오를 영속화하려고" 시도함으로써 실제로 실패를 당하고 그렇게 하여 정반대의 미래주의로 들어가는 문을 여는 것이다.

미래주의란 생활의 면에서 능동적인 응전이다. 회고주의와 마찬가지로 미래주의도 해체되는 현재의 사회 질서로부터의 도피 형식이기는 하지만 과거로 도피하는 대신에 미지의 미래로 향한 도피인 것이다. 회고주의자의 치유책에 실망을 느낀 사람들에게 미래주의는 상당한 호소력을 갖는다고 토인비는 말한다. 이 사람들은 정반대의 극단으로 방향을 바꾸어 아직 경험이 없는 길을 개척하려고 한다. 미래주의자들에게도 역시 절강이란 것이 기다리고 있기는 하지만 미래주의는 "뜻밖의 소산을 토상으로 받는 때도 가끔 있다. 미래주의는 때때로 자신을 초월하여 변형에 오를 수가 있다."[38] 토인비는 나아가 미래주의적인 새로운 생활 방식의 시도에 대한 실례를 제시한다. 의상과 생활 양식에서 피터 대제에 의한 러시아의 서구화란 것이 무스코비(Muscovy)에선 수염을 깎는 것과 카프탄(Kaftan)을 금하는 것을 포함하였던 것을 토인비는 주목한다. 동양의 많은 국가가 서양의 양식과 관습에 호감을 가지고 관습적인 생활 양식과 의상을 포기했었다. 그러나 셀루시드 제국의 헬라화한 지배적 소수들이 쓰던 모자를 유태인 제사장들로 하여금 착용하도록 했을 때 마카비스(Maccabees) 일파의 반란을 일으키게 하였다. "미래주의가 가지는 에토스(ethos)는 본질적으로 전체주의적인 것이다.……페타서스(petasus, 챙이 넓은 모자)를 쓴 유태인은 멀지 않아 그리스인의 팔레스트라(Palaestra, 씨름장)에 자주 드나들 수 있을 것이며, 자기가 속한 종교의 규칙을 준수한다는 것을 경멸할 만큼 낡고 몽매한 짓으로 간주하게

---

38) 위의 책, p.516.

될 것이다 "[39]라고 토인비는 논증한다.

정치 문제에서 미래주의는 지리적인 경계를 억지로 제거하거나 혹은 단체, 당, 또는 분파, 아니면 사회의 전 계급을 청산하는 데서 표현되었다. 이를테면 지리적인 경계는 프랑스 혁명을 이행한 자들이 프랑스를 통일한 데서 철폐되었다. 봉건적인 영지와 함께 관세 장벽이 무너지고 국가 재정상 단일한 영역으로 만들어진 프랑스는 38개의 행정 구획으로 나누어졌다. 스탈린은 다양한 문화와 언어를 가진 러시아 연방을 통일시켰지만 현명하게 각 연방 국가들로 하여금 자신들의 문화와 언어를 고수하도록 허락하였다. 그러나 부르주아와 귀족 계급의 숙청은 극적으로 수행되었다.

세계의 모든 문화에서 미래주의에 대한 가장 분명한 사례는 중국의 황제가 수행한 분서(焚書) 사건이다. 이러한 종류의 행위는 근본적으로 새로운 하나의 사회 질서를 꾸미기 위한 계획들에 방해가 될 것으로 생각되는 어떤 사상을 완전히 제거하려는 시도를 상징으로 나타내는 것이다. 시황제는 전체주의적인 군국주의 정치를 확립하기를 열망하였으며, 이러한 종류의 정부를 반대하는 서적을 불태움으로써 (역경을 제외한 고전들) 고분고분하지 않은 비평을 그 자신이 떨쳐 버릴 수 있을 것이라고 상상하였다. 그는 성공하지 못하였다. 그가 죽자마자 한(漢) 나라(기원전 3세기)를 창건한 농민 고조(高祖)의 반란이 일어났다. 한(漢) 시대를 지나는 동안 한 무제(武帝)는 고전을 정부 관리들을 위한 교육의 근거로 삼았다.

케말 아타투르크(Kemal Ataturk)는 터키의 민족이 전통적인 문화로부터 서양의 양식으로 전환하도록 하기 위하여 유사한 계략을 이용하였다. 그는 전통적인 문헌을 불사르지는 않았으나 알파벳을 바꾸어 놓았다. 그는 1929년부터 모든 서적, 신문, 법적인 문서를 라틴 알파벳으로 인쇄하도록 신경을 썼다. 이 라틴 알파벳으로 교육을 받은 자라나는 청년층은 페르시아와 아라비아 또는 터키의 문학을 읽을 수 없게 될 것이며, 그것을 읽으려면 이들 언어의 관건이 되는 다른 알파벳에 대한 지식을 필요로 할 것이다.

가시적인 예술에 "미래주의"로 통하는 회화의 양식이 있지만 최선의 실례는 종교 예술에 속하는 미래주의다. 세속적인 양식의 미래주의 예술가와 마찬가지로 우상 파괴주의자는 전통적인 예술 양식들을 포기하려고 한다.

---

39) 위의 책, p.517.

그러나 우상 파괴주의자들이 내세운 명분은 신학적인 것이 지, 미학적인 것이 아니다. 예를 들면 정통 기독교회는 3차원적인 표상들은 포기하였지만 2차원적인 성상(聖像)을 허용하였다.

사회가 몰락해 가는 시대에 있어서 미래주의란 근본적으로 사회의 정신적인 질환에 대한 치유책이 아니라는 사실이 곧 밝혀진다. 토인비는 잘 알려진 예로서 유태인들의 포로기 이후의 역사에서 "미래주의의 파산"이 불가피했었다는 것을 보여 준다. 미래주의는 메시아적인 기대의 형식을 취하였다. 메시아, 즉 "주의 기름부음을 받은 자"는 "땅에 기뻐하심을 입은 사람들 중에 평화"⁴⁰⁾의 새로운 시대를 앞장서서 인도하도록 되어 있었다. 마카비스 하의 짧은 기간에만 작은 유태 왕국은 자치권을 성취하였다. 그때마저도 구세주하의 지상의 보편적인 왕국이라는 개념은 현세적인 관점으로부터 생각해 볼 때 우스꽝스러운 것이었다. 유태인의 국가는 너무나 작은 것이었다. 얼마 안 있어 로마는 유태인의 독립에 종지부를 찍었다. 그럼에도 미래주의는 지속하였으며, 열심당원들은 혁명을 이끌었다. 기원후 70년에 예루살렘과 성전은 파괴당하였지만 그러한 때에도 미래주의적인 열심당원들은 기원후 135년 바르 코카바(Bar Kokaba)가 이끌었던 반란에서 유태인들이 완전히 절멸될 때까지 혁명적인 활동을 계속하였다. 그러나 이보다 훨씬 앞서서 특별히 기원전 1세기 로마가 지배하던 시대로부터 유태인들은 신의 왕국이 이 세상의 것이 아닌 영적인 영역이며, 메시아도 또한 이 세상의 것이 아니라는 것——메시아는 구세주로서 신 자신이었다——을 터득하고 있었다. 이것이 바로 미래주의의 자기 초월이라는 것이다. 토인비는 선험적인 활동 영역에의 이같은 비상이 "도피주의"라는 설을 부인한다. 여기서 사람들은 "사람의 뜻이 아닌 하느님의 뜻에 저들의 귀중한 보화를 간직해 두기 때문에 그러한 일은 신이 하나의 동맹자가 아니라 활동의 지휘자가 되는 정신적인 영역에서만이 추구될 수 있는 것이므로"⁴¹⁾ 이것은 도피주의가 아니라고 그는 주장한다.

정신적인 단계에서, 이같은 전이는 우리 현세의 생활을 변형시킬 수 있기 때문에 도피주의의 역인 셈이라고 토인비는 말한다. "전혀 시간 속에 존재하

---

40) 앞의 본서 제2부 제2장을 보라.
41) 토인비, 앞에서 인용한 책. p.524.

지 않지만 다른 정신적인 차원 속에 존재하며, 바로 이같이 차원이 다르기 때문에 우리의 현세적인 생활을 투시하며, 또 우리의 현세적인 생활을 변형 시킬 수 있는 이른바 지상으로부터 신의 왕국"[42]이라는 이념에의 전이라고 하는 것은 유아기적인 도피주의와는 아무런 공통점도 지니고 있지 않다. 그와는 반대로 이것은 정신적인 성숙과 고매한 환상을 보여 준다.

세속적인 생활의 변형은 "인퇴와 복귀"라고 부르는 정신적인 움직임에 의하여 일어난다. 홀로 물러난다는 것은 완전히 초연하는 것이다. 초연이란 지적인 것이며, 대체로 철학, 특히 스토아 철학에 의하여 대표된다. 철학은 머리에 호소하는 것이지 마음에 호소하는 것이 아니다——지성인일지라도 철학이 호소하는 바를 삶의 전체 의미에 대한 해답으로서 만족하게 생각하 지는 않는다——하물며 철학자의 추상 관념이 대중들에게 호소력을 갖거나 이해될 수 있겠는가? 고답적인 철학자의 초연한 태도를 "변형의 신비가 대신"하지 않으면 안 된다. 단지 지성인인 체하는 사람과 경제적인 유물론자 만이 이것을 부정하며 "아무리 옳다 하더라도 어쨌든 저들은 그릇된"[43] 것이 다. 철학자의 목표는 생활과 우주로부터 객관적으로 초연하는 것이므로 철학 자는 신이 돌아오기 위하여 물러난다는 것을 이해할 수 없다. 토인비는 여기 서, 돌아오기 위하여 그리스도가 십자가에 달렸다(신의 인퇴)고 하는 기독교 의 사상을 언급한다. 토인비는, 사도 바울이 십자가에 달린 그리스도의 사상 이 그리스인들에게는 어리석은 것이었다고 말한 것을 상기시킨다. 왕국은 이 세상의 것이 아니므로 그것은 또한 미래주의자들에게도 어리석은 것이 다. 신의 왕국은 현재를 접합하는 정신적인 실재(제1부 만다라의 상징과 변형 을 비교하라)이며, 이것이 바로 변형(transfiguration)의 사상인 것이다.

"인퇴와 복귀라고 하는 운동은 변형이며, (회고주의와 미래주의에 대해서) 대우주로부터 자체를 정신적인 '영성화'의 현상 속에 현현하는 소우주로 '활동 분야의 전이'"[44]를 설명하는 것이므로 이것은 성장 현상이다. 그러나 이러한 성장은 해체하는 문화에서 발생한다. 이러한 성질의 성장은 문명에 속하는 것이 아니고 오히려 어떤 다른 종류에 속한다고 토인비는 판정을 한다. 이러한 성질의 성장은 문명의 영고성쇠에 이바지하는 정신적인 신의

---

42) 위의 책, p.525.
43) 위의 책, p.528.
44) 위의 책, p.530.

왕국의 진행에 속한다. 해체기의 종국에서 창조적인 변형 운동은 정신적인 재생, 즉 신생(新生)이다.

> 리듬의 첫 박자에서 파괴적인 양(陽)의 운동(해체)은 음의 상태(초연), 즉 고갈 상태에서 오는 평화의 상태로 이어진다. 그러나 거기서 리듬은 정지하지 않고 창조적인 양의 운동(변형)으로 이어진다. 두 박자의 음과 양의 운동은 일반적인 인퇴와 복귀 운동의 특수한 형식인데 일반적인 인퇴와 복귀 운동에 대해서는 앞에서 우리가 해체의 문제를 연구하기 시작할 즈음에 다루어 보았던 것으로, 거기서 우리는 그것을 분열과 재생이라고 불렀다.[45]

재생이라 함은 유사한 종류의 문명이 다시 나타난다는 것이나 열반으로의 도피를 의미하는 것도 아니라고 토인비는 논평한다. 재생이라 함은 예수가 니고데모(Nicodemus)에게 말씀하신 "또 다른 초현세적인 상태에 이르는 것을 의미한다. 이 다른 상태는 이승의 삶보다 더 높은 정신적인 차원의 경지를 뜻하기는 하지만 적극적인 삶의 상태이기 때문에 초현세적인 상태에 달하는 것을 탄생으로 상징할 수 있다."[46] 역사에서 이러한 재생을 상징하는 것은 "신국의 왕이 육신을 입고 탄생"[47]한다는 것이었다.

토인비는 나아가서 구세주 재림의 근본 의식을 명백히 나타내 보여 준다. 먼저 그는 몇 가지 다른 형태의 구세주를 논구한다. (1) "검을 가진 구세주", 이 구세주는 베드로처럼 단숨에 천국을 차지하려고 했던 열광자의 전형이다. 그러나 이러한 구세주에 대한 해답은 아주 유명하다. 즉 "검을 쓰는 자는 검으로 망하리라." 갖은 핍박으로도 로마 세계에서 기독교 운동을 말살시키지 못하였다는 사실을 역사는 이야기해 준다. (2) 제2형의 구세주는 "타임머신(time machine)을 가진 구세주"이다. 그는 회고주의자이거나 미래주의자이다. 우리는 이미 퇴폐적인 사회를 쇄신하는 데 이들의 방법이 모두 부질없다는 것을 보았다. (3) 토인비가 언급하는 제3의 구세주는 철인왕이다. 이러한 유형의 사람은 통치자가 되는 경우 사회의 총화를 이루는 데 그리 강력한 수단이 되지 못하는 미메시스(모방)의 힘으로 통치하려 할 것이

45) 위의 책, p.531.
46) 위의 책, p.532.
47) 위의 책, p.532.

다. 더구나 플라톤의 이상 국가에서조차 유사시 무력의 사용을 암시한다고 토인비는 말한다. 그러므로 "타임머신을 가진 구세주처럼 철인왕도 그의 순수한 형식에서는 마찬가지로 정치적인 이상주의자이며, 무기를 빼어 듦으로써 자기 자신의 실패를 선언하게 되며 그 무기야말로 그도 역시 탈을 쓴 '검을 가진 구세주'라는 것을 뼈저리게 느끼게 한다."[48] (4) 제4의 형만이 적절한 유형이다. 이것은 "사람으로 화육한 신"이다. 예수는 무인(武人)으로 판명된 다른 몇 가지 유형의 구세주와는 달리 자신이 하느님의 아들로 믿었다. 인간의 역사와 많은 문화에서 다른 구세주들도 역시 신 혹은 신의 아들임을 주장하였다. 죽어 가는 신과 발흥하는 신의 숭배는 모든 고대의 문명에서 지배적인 것이었다(오시리스, 탐무쓰, 앗티스, 페르세폰 등등). 그렇다면 "여러 가지 신의 모습으로 현현을 하지만 유일하게 수난을 겪는 한 분의 신만이 존재한다고 토인비는 말한다." 다른 신들은 원치는 않았지만 절망하다 죽었으며, 반면에 그리스도는 인간에 대한 사랑에서 죽었다. 그리고 나서 토인비는 「요한 복음」에서 "하느님이 세상을 이처럼 사랑하사 자기의 독생자를 주셨으니, 누구든지 저를 믿으면 멸망하지 않고 영생을 얻을 것이다."[49] 라고 하는 구절을 인용한다. "사람으로 화육하신 오직 진실하신 신"인 한 분 구세주 예수 그리스도만이 존재한다고 토인비는 결론을 내린다.

성 아우구스티누스와 마찬가지로 토인비에게도 인간 역사의 절정과 목표는 십자가상에서 죽음으로 인류를 구원하려고 하는 예수처럼 세상에 하느님이 나타나는 것이다.

해체의 율동적인 유형

한 문명이 성장해 가는 단계들에는 도전과 응전의 율동적인 유형이 있다. 하나의 도전이 사회에 가해지고 사회는 응전하여 훌륭하게 맞서게 된다. 이 응전은 다른 도전을 일으키며 그 새로운 도전은 성공적인 응전으로 맞서게 된다. 어찌하여 이것이 막연하게 계속될 수 없는가 하는 절대적인 이유는 존재하지 않는다. 그러나 과거의 문명들은 창조적으로 도전에 맞서지 못하였기 때문에 몰락하여 해체되었다. 이렇게 될 때에 몰락과 해체가 뒤를

---

48) 위의 책, p.543.
49) 위의 책, p.547.

따른다. 한 문명의 몰락을 따르는 주기를 묘사하는 율동적인 유형은 대부분
의 사례에서 보면 다음과 같다. '패주—회복—패주—회복—패주—회복—
패주' 혹은 3박자 반의 리듬이 그것이다. 이 리듬이 헬라의 문명에 적용된다
고 토인비는 생각한다. 기원전 431년(펠로폰네소스 전쟁)은 첫번째 패주이
다. "호모노이아(Homonoia) 혹은 일치의 사회 복음을 시라쿠스의 티모레온
(Timoleon)은 전파하였으며, 알렉산드로스 대제에 의하여 훨씬 광범위한
영역에서"[50] 기원전 1세기에 최초의 회복(도시 국가 통일의 도전에 응답하려는
시도——한술 더 뜬 시도는 스토아주의의 세계 국가 사상이었다)이 있었다. 기원
전 218년 한니발 전쟁이 발발함과 함께 다시 패주가 따른다. 기원전 31년에
아우구스투스가 창건한 보편 국가와 함께 또 다른 회복이 뒤따른다. 그러나
기원후 180년에 마르쿠스 아우렐리우스의 죽음으로 또 다른 패주가 있다.
그런 다음에 디오클레티안 치하에서 기원후 284년에 마지막 회복이 따른
따른다. 최종적으로 보편 국가의 해산에 따르는 공위 시대(空位時代)와 함께
마지막 패주가 있다.

　토인비는 중국 사회와 수메리아 그리고 정통 기독교 세계에서 이러한
3박자 반의 해체 리듬을 찾는다. 힌두 문명에선 이제까지 3박자만이 있었
다. 대영제국의 라즈(Raj)가 마련한 보편 국가의 마지막 반 박자는 1940년대
중엽에는 아직 완료되지 않았다고 토인비는 기록한다. 그러나 이 반 박자는
이제 완성되었으며, 인도는 아마도 새로운 사회를 탄생하는 진통을 겪으면서
공위 시대에 접어든 것 같다.

　우리 자신의 문명에서도 토인비는 그와 꼭 같은 심상치 않은 리듬을 발견
한다. 그는 "종교 전쟁"과 더불어 16세기에 최초의 패주가 있었던 것으로
연대를 잡는다. 교회와 신흥 민족 국가는 제반 문제에 창조적으로 맞서지
못하였다. 종교 전쟁으로 보낸 세기는 그 결과였다. 18세기에는 회복이랄
것이 있었지만 이것은, 이 시대의 평화가 기독교의 믿음과 소망과 사랑 위에
세워지지 않고 "환멸과 불안 그리고 냉소주의의 메피스토펠레스적인 병폐
위에"[51] 세워져 있었으므로 일시적인 유예였던 것이다. 그러므로 이러한 회복
은 이어서 곧 또 다른 패주 즉 프랑스 혁명으로 이끌어 갔으며 우리 시대의

---

50) 위의 책, p.549.
51) 위의 책, p.553.

주요 도전인 산업주의와 민주주의에 응답하려는 우리의 노력이 수포로 돌아감으로써 수차례의 전쟁이 초래되었다. 국민 주권의 이념은 산업주의나 민주주의와 양립할 수 없다. 다음 차례의 회복은 보편 국가로서 도전에 대한 유일하고 적절한 응답이 될 것이라고 토인비는 생각한다. 나치스는 무력에 의하여 그러한 국가를 우리에게 제시하려고 하였으나 검은 이미 제시된 여러 가지 이유 때문에 우리의 문화와 세계를 구원할 수 없다. 필요한 것은 화목하게 협동하며, 함께 거하는 자유 국가들의 일가족이다. 확률은 높을지 몰라도 우리의 문화가 심판을 받아 과거의 사회와 마찬가지로 우리의 사회도 "해체의 리듬"에 순응하며 파괴와 공위 시대의 뒤를 따르는 보편 국가로 끝맺을 것이라고 우리로 하여금 억지로 믿게 하는 역사적 결정론의 절대 법칙은 존재하지 않는다고 토인비는 생각한다.

토인비는 "해체를 통한 표준화"에 대해서 좀더 논평을 하면서 그의 방대한 저서의 첫째 시리즈를 끝맺는다. 모든 문화의 해체기에는 꼭 같이 "표준이 되는" 세 가지 계급이 존재한다. 즉 보편 국가를 확립한 지배적인 소수와 구원하는 종교──보편 교회──를 중심으로 집결하는 내부의 프롤레타리아와 그 뒤를 이은 문명이 앞으로 맞게 될 영웅 시대를 낳은 외부의 프롤레타리아가 그것이다. 토인비는 자기 저서의 둘째 시리즈에서 세속적인 문명과 전체 역사 과정의 흥망성쇠의 가장 중요하고 현실적인 목적은 바로 구원하는 종교라고 결론을 내린다.

역사철학에서 종교의 의의──교회, 하나의 더 높은 종류의 사회

지금까지 "명백한 단위로서 생각한 역사 연구의 단위, 즉 특수한 문명 연구의 단위는 제한된 의미에서만이 명백한 단위가 되는 것으로 판명되었다"고 토인비는 둘째 시리즈에서 결론을 내린다. 이는 토인비가 자기의 저서 후반부에서 종교의 진보는 역사의 진보를 가늠하는 척도라고 분명하게 결정지었기 때문이다. 그는 일찍이 「시련에 선 문명(*Civilization on Trial*, 1948)」이라는 책에서 문명의 기능은 "종교의 계속적인 상승 운동"이라고 표명했던 사상을 강조한다.[52] 문명과 종교의 진보 사이의 관계는 주로 세 가지가 있다. (1) 바로 세속 문명의 실패는 사람으로 하여금 조금이라도 더 높은

---

52) 토인비, *Civilization on Trial*(New York: Oxford University Press, 1948), p.236.

정신적인 단계에 오르도록 한다. 이를테면 기독교란 헬라 문명의 실패에
대한 응전이었다. 이것은 "고난을 통한 계시"이다.[53] 구원이란 이 세상의
것이 아니고 절정에 달한 문명이 강조한 세속적인 생활에 대해서 "교회"
(고등 종교)로 상징된 정신적인 단계에 있다는 사실을 사람들에게 보여 주는
기능을 문명은 수행한다. 문명 자체는 교만을 조장하여 불가불 재난으로
이끌어 간다. 인간 역사의 거의 모든 대문명들의 실패와 몰락 그리고 해체로
말미암아 야기된 고통과 재난은 정신적인 진보――고통을 통한 진보――
에 말할 수 없이 많은 공헌을 한다. "만약 종교를 하나의 수레라고 한다면
문명은 수레가 하늘을 향해 오르게 하는 바퀴들과 마찬가지로서 그 바퀴들
은 지상 문명의 주기적인 몰락이 될 것이다."[54] (2) 같은 시대의 문명들은
고등 종교들의 발전을 위한 자극을 제공한다. 위대한 창조적인 종교가 세계
의 교차로였던 곳에서 발생했다는 사실은 매우 중요한 것이다. 이를테면
팔레스타인이 그러한 곳이었다. 그 나라 자체의 위치로 말미암아 사상의
상호 교환이 가져다 준 자극과 "바빌론의 포로"――팔레스타인이 세계의
교차로서 갖는 정치적인 중요성으로 인한 결과――와 같은 실제적인 재난
은 물론 국난의 빈번한 위협(그 나라의 지리학적인 위치로 말미암아)과 같은
일체의 이러한 자극은(추방을 겪는 응징으로 자극을 받은 아모스, 호세아,
제1, 제2 이사야와 같은 위대한 예언자들의 편에서 정신적인 창조성을 발전
시키는 데 도움이 되었다. 이슬람교는 또 다른 교차로인 메카――아랍 세계
의 다른 교차로――에서 발전하였다. 대승불교도 교차로에서 발전하였다.
대체로 위대한 종교는 "문명의 접합 장소"에서 탄생한다고 토인비는 생각한
다.[55]

(3) 문명과 종교의 진보 사이의 제3의 중요한 관계는 동시대의 문명 간의
접촉을 보여 주는 또 다른 실례이다. 해체되는 문명의 내부 프롤레타리아는
자신의 토착적인 종교와 문화가 실패하였음이 증명되었기 때문에 보통 "외
래의" 종교를 채택한다. 물론 이 외래의 종교는 하나의 동시대의 사회가
발전시킨 것이다. 붕괴하는 헬라 세계의 프롤레타리아는 동시대의 시리아

---

53) 토인비, 「역사의 연구」, 12 Vols(London : Oxford University Press, 1934-61), Vol.,
Ⅶ, p.420.
54) 토인비, 앞에서 인용한 책, 「역사의 연구」, vol., Ⅶ, p.235.
55) 토인비, 앞에서 인용한 책, 「역사의 연구」, Vol., Ⅷ, pp.90 이하.

(또는 팔레스타인) 문화의 종교, 즉 기독교를 채택하였다.

문명은 종교, 즉 인류의 "보편 교회"를 향상시키는 기능을 수행한다. 종교가 진보하게 되면 인간 정신의 편에 최상의 진보가 있게 된다고 토인비는 생각한다. 이것은 종교가 마음과 머리의 진리를 결합하여 하나의 온전한 것으로 만들기 때문이다. 마음의 진리란 직관과 잠재 의식의 영역에 속하며 머리의 진리란 지성에 속한다. 직관과 잠재 의식은 우리에게 음악과 시와 가시적인 예술을 낳게 한다. 지성은 과학을 낳게 한다. 이성(또는 지성)은 고지식한 신앙을 비판한다. "반대로 잠재 의식이라는 견지에서 생각할 때에 이성이란 무자비한 현학자로서 경이스럽기는 하나 쓸데없이 영혼이 지닌 근본적인 신의 환상을 일상적인 빛 속으로 지워 버림으로써 사악하게 영혼을 배반하면서 자연을 지배하려고 하였다."[56] 머리와 마음이 각기 자기 자신의 특유한 언어로 "실재가 지닌 다른 측면들과 단면들 그리고 차원들"[57]을 나타내고 있다는 사실을 이해할 때 화해하거나 조화를 이룰 수 있다.

종교가 지닌 신화는, 그들을 지성과 과학의 축자적(逐字的)인 진리의 단계에 귀속시키려고 시도하는 신학에 의해 심히 오용되어 왔다. 처녀 잉태설과 같은 종교적인 신화는 사람들이 한 사람과 조우하였으며 그 한 "사람의 인격을 통하여 신의 빛이 흐릿하게 유리를 통한 것 같지 않고 교교히 열린 창문을 통한 것처럼 그와 성정이 같은 사람들의 영혼 속으로 흐르듯이 들어갔다"[58]고 하는 직관과 마음의 진리를 상징적으로 나타내는 것이다. 또는 성찬식을 거행할 때 그리스도가 임재하신다고 하는 교리를 생각해 보자.

> 빵과 포도주에 관해서 어느 것이 더욱 중요한 진리인가? 성찬식을 행할 때 영혼으로 하여금 하느님과 교통하게 하는 정신적인 진리인가? 아니면 여사여사하게 피부 조직을 회복하고, 여사여사하게 에너지를 공급하는 요소들에 의하여 물리적인 유기체로 하여금 계속 활기를 띠게 한다고 하는 과학적인 진리인가? 하나의 새로운 사람이 세상으로 탄생하여 들어간다고 하는 것에 관해선 어느 것이 더욱 중요한 진리인가? 우리 하느님의 인자하신 자비를 통하여 높은 곳으로부터 먼동이 틀 무렵 우리를 찾아왔다는 정신적인 진리인

---

56) 위의 책, Vol., Ⅵ, p.501.
57) 위의 책, p.512.
58) 위의 책, p.503.

가? 그렇지 않으면 성적인 결합으로 여사여사하게 태아가 임신이 되어 출산할 때까지 이만저만하게 육체적으로 변형되었다고 하는 과학적인 진리인가? 정신적인 가치의 영역에서 빵과 포도주는 성찬식을 위하여 존재하는 것이지 음식을 공급하기 위한 것은 아니며, 임신과 출산은 성육신을 위하여 일어나는 것이지 인간의 권력을 위하여 일어나는 것은 아니다. 그리고 만약 과학이 꼭 같은 말을 과학의 다른 의미로 사용하면서, 빵과 포도주가 지닌 정신적인 의미를 축자적으로 생각할 경우에는 진실한 것이 아니며, 상징적으로 받아들일 경우에는 비과학적이라고 선언한다면 종교는 자신을 위해서 과학적인 의미란 시시한 것이며, 부적합한 것이라고 일소(一笑)에 부치면서 다시 대꾸도 못하게 할 수 있다. 종교는 자기의 진리가 정신적인 의미에서뿐만 아니라 과학적인 의미에서도 진실하다고 그릇되이 신학적으로 주장하기를 그만두지 않으면 어떤 파격적인 과학의 공격에 대해서 자기의 정신적인 진리의 신화론적인 표상을 드러내지 못한다.[59]

그러나 성 아우구스티누스와 성 토마스와 마찬가지로 토인비도 진리는 궁극적으로 하나라고 믿는다. 그는 다음과 같이 말한다.

> 합리적인 진리가 근거한 암석이 묻힌 끝 부분은 표면으로부터 그다지 깊지 않은 곳에 자리잡고 있을 것이다. 반면에 정신적인 진리는 깊은 곳 암반에 기초를 두고 있을 것이다. 그러나 아무리 그 수준의 차가 크다고 할지라도 두 종류의 진리가 입각하고 있는 자기의 거인과 같은 어깨로 무거운 짐을 지고 살아 있으나 눈으로 볼 수 없는 꼭 같은 암석인 것이다.[60]

이러한 직관과 지성, 마음과 머리 모두가 지닌 진리의 원천은 고등 종교들에 의해 발견된 유일의 참된 신이며, 그리고 바로 이것이 어찌하여 종교가 인류의 첫째 가는 업무인가 하는 문제와 종교적인 진보가 대체로 인간적인 진보의 기준이라고 하는 문제의 이유이다. 신이 유태인과 기독교인 그리고 모슬렘인들이 '당신'이라고 주장하는 것처럼 생각되든지 아니면 대승불교도와 힌두교인들이 '당신'이라고 주장하는 것처럼 상상되든지 간에 "유일의 진실한 신"을 하나의 요원으로서 가지느냐에 따라 고등 종교인지 아닌지가

---

59) 위의 책.
60) 위의 책, p.505.

판별된다.

특별히 아바타르(힌두교)와 보디사트바(대승불교) 또는 예수(기독교의 유일한 아바타르)로서의 유일의 진실한 신의 숭배, 다시 말하면, 사랑으로서의 신에 대한 숭배는 하나의 보다 높은 종류의 사회로서 교회가 지니는 보편적인 의의이며 사업이다. 이와 같이 생각된 교회들은 다음과 같은 기능을 가지고 있었다. (1) 저들은 "인간 사회의 고질적인 죄악 가운데 하나인 불화를 극복하는 힘"[61]을 주었다. (2) 저들은 "역사의 의미 문제에 대해 해결책을 제시"[62]하였다. (3) 저들은 "이 세상에서 인간의 삶을 가능하게 만드는 초인간적인 노력에 대한 효과적이며 강력한 정신적인 자극이 될 수 있었던 행위의 이상을 고취하였다."[63] (4) 저들은 모방을 하는 데 있어서 유일의 진실한 신 대신에 "인간의 동료 중 몇 사람을 향하여 기울였던 이른바 미메시스에 고유한"[64] 우상 숭배를 방지하였다. 토인비는 문명들이 조잡한 물질주의로 타락을 하였음에 반하여 교회는 정신적인 삶을 보존하였던 사실을 보여주려고 이들 네 가지 기능에 대하여 자세하게 설명한다. 그러므로 진보란 문명 자체에 속한다기보다는 오히려 교회에 속하는 것이다.

앞으로 인류의 진보는 교회의 손에 달려 있으며 특별히 인류의 대다수가 속한 교회, 즉 기독교, 이슬람교, 대승불교, 힌두교와 같은 교회의 손에 달려 있다. "이후 보편적인 인간의 역사를 다루는 그 다음 장에서 제2대 문명들의 폐허로부터 생겨난 네 개의 고등 종교는"[65] 서로 밀접한 접촉을 가지게 될 것이라고 토인비는 기록한다. 그 결과 "분명히 이 지상에선 인간의 법에 있어서 신기원이 시작될 것이다."[66] 그러나 당장의 문제는 공산주의 세계와 비공산주의 세계 사이의 갈등이다. 미국과 서양은 세계 인구의 3/4에 해당하는 피압박 세계민의 존경과 지지를 얻도록 기독교의 진실한 사회 복음을 효과적으로 그리고 혁명적인 방식으로 실행하지 않으면 안 된다.[67] 만약 서양이 이것을 행할 수 있다면 서양의 문명은 다시 젊어지고 무한하게 연장

61) 위의 책, p.507.
62) 위의 책.
63) 위의 책.
64) 위의 책.
65) 위의 책, Vol., Ⅶ, p.628.
66) 위의 책.
67) 위의 책, pp.147~149.

될 것이다. 토인비는 다음과 같은 사실을 이야기한다.

> 만약 신의 은총이, 단순히 사리를 따진 경각심에서가 아니라, 무두질하듯이 두들겨 대는 공산주의자의 도전 때문에 순수하게 통회에 젖은 이전에 기독교를 믿던 서양인의 마음 속에서 이러한 기적을 일으킬 수 있었다면 만기(滿期)된 러시아 보편 국가의 수명을 늘림으로써 러시아의 역사 과정을 이미 변화시킨 현대 서양 세계와 러시아의 만남은 비슷한 해체 증상을 이미 나타낸 사회체를 다시 젊어지게 함으로써 현대 서양 역사의 과정도 또한 변화시켰을 것이다. 만약 이러한 조우가 이같은 결과를 얻을 수 있다면 이것은 인류 역사에 있어서 전적으로 새로운 장을 열게 될 것임을 입증할 것이다.[68]

서양인은 자기가 원하기만 하면 바로 이것을 행할 수 있는 자유를 지니고 있다. 제9권 '역사의 법칙과 자유'라고 제목을 붙인 부문에서 토인비는 "자연의 법칙"과 "신의 법칙"이 모순되지 않는다고 주장한다. 이를테면, 심리학에서 잠재 의식에 대한 탐구는 논리의 법칙이 아니라 시와 신화의 "법칙들"을 나타낸다. 그러나 모든 "법칙들"은 "자연적인"법칙들이며, 따라서 신의 법칙이라는 것이 진실이다. 사람은 "자연적인"법칙들 가운데 얼마간을 자유로이 능가할 수 있는가 혹은(본서 제2부 5장에서 논했던) 마르크스 레닌주의의 역사 철학가들이 확언한 것처럼 인간은 역사 발전의 자연–사회학적인 법칙에 종속되는가? 인간의 자유에 대한 이러한 문제를 토인비는 긍정적으로 답한다. 인간은 사랑이신 신의 최상의 법칙을 따를 정도로 자유로운 것이다. 이것은 우리의 문명이 심판을 받도록 된 높은 확률을 보여 주는 다른 사회–역사적 "법칙"을 무효화하는 바로 그 법칙이라고 토인비는 믿는다. 서양인은 지방적인 근성을 버리지 못하는 국가들과 치명타를 받고 확립되는 보편 국가간의 형제를 살상하는 갈등 사이에서 태형을 받으며 달리고 있다고 토인비는 대부분의 예리한 관측자들과 이구동성으로 말한다. 전체주의와 유물론자의 보편 국가는 퇴폐적인 서양의 유물론으로 인해 이미 타락한 지배적인 소수에 의한 계속적인 지배를 꾀할 것이라고 토인비는 생각한다(토인비는 유물론자의 철학이 어느 문화의 쇠퇴기의 특징이라고 하는 이븐 할둔, 비코, 슈펭글러, 소로킨과 일치한다). 공산주의자가 성공할 수 있다면 그것은

---

68) 위의 책, p.149.

"하나의 사해(死海)의 결실임에 틀림없을 것이다. 왜냐하면, 인간의 마음은 하나의 종교가 군림할 수 있는 지상의 유일한 영역이며, 정치적인 탄압의 곤봉으로 의지를 꺾어 억지로 마음에 들게 하려는 것처럼 마음을 불편케 하는 일은 없기 때문이다."[69] 미래주의자형의 검을 쥔 구세주는 우리 문명의 재수렴과 창조적인 진보에 대한 응답이 아니다.

러시아와 반목하고 있는 지도자로서 미국은 특별히 경제 분야에서 형편 없이 회고주의로 돌아서고 있다. 이것은 마르크스의 예언을 입증하며, 사회 학적인 영역에서 작용하고 있는 '법칙'을 나타낸다. 미국인들은 과거 개방적 인 개척자의 경제에서 성공을 본 자유 방임의 경제——소위 "자유 기업" ——가 전세계의 모든 경제와 계급 투쟁에 대한 해결책이라고 생각한다. 그와 대립하고 있는 러시아의 해결책은 보통 수준 이하의 특권을 가진 인간 (미국 대부분의 흑인을 포함한)에 속하는 세계 3/4의 사람들을 훨씬 더 매료 시킨다. 러시아는 저들을 위해서 지금은 훌륭하게 다듬어진 가난한 농업 국가를 모범으로 세웠다. 그럼에도 불구하고 러시아의 해결책이 보편적으로 적용되었다면 그 유물론적인 철학과 강압적인 방법으로 인하여 실패로 돌아 가고 말았을 것이다. 스칸디나비아 제국의 중립 노선은 최선의 것이라고 토인비는 결론을 내린다. 여기서 경제와 계급 그리고 국제간의 문제는 건설 적으로 활기 있게 도입되어 해결되며, 강압적인 방법을 쓰지 않는다. 이러한 중립 노선은 공산주의와 "자유 기업" 세계의 접합점을 나타낸다. 아마도 보편적인 제국 연방은 이러한 사상을 중심으로 형성되거나 현재 동서가 분열되어 거부권 행사에 시달리는 국제 연합으로부터 발전될 수도 있을 것이다. 만약 서양이 자신의 유물론을 극복하고 신의 법칙, 즉 사랑에 귀의함 으로써 자체를 변형시킬 수 있었다면 서양은 세계를 극복할 수 있었을 것이 다. 인류의 대다수는 억눌린 사람들이며 저들이 자신을 회복하고 자신을 살필 수 있을 때까지 그것을 본으로 삼을 수 있을 것이다. 만약 그와 같은 사람들의 보편적인 사회가 존재할 수 있다면 사상과 예술의 창조성은 가없 는 것이 될 것이다. 토인비의 솔직한 의견으로는 오직 소수만이 이같은 성격 의 활동에 관심을 나타낼 것이라는 것이다. 대다수는 십중팔구 창의력을 발휘할 수 없거나 심지어 그러한 영역에 관심도 없을 것이다. 그럼에도 불구

---

69) 위의 책, p.Vol., Ⅶ, p.416.

하고 이들 대다수 인간이 기계를 통하여 자연을 인본주의적으로 지배할 수 있음으로 해서 저들에게 많은 여가가 주어질 때 돼지들이 사는 도시의 생활을 영위하도록 내버려 두어서는 안된다. 종교는 토인비가 이 문제에 제공한 응답이다. 종교란 대다수 사람들이 여가 시간의 남용을 막는 데 헌신할 수 있는 "고매한 소명"이 되지 않으면 안 된다. 그 일이라면 종교는 일체의 사람들, 즉 대중 혹은 예술과 학문의 위대한 창조자들을 위한 가장 중요한 정신의 영역이다. 왜냐하면 "인간의 진실한 목적"은 성 아우구스티누스와 성 토마스가 강조한 것처럼 "신을 영화롭게 하며 그를 기쁘게 하는 것이기 때문이다."[70]

오늘날 인간 세계에 펼쳐진 "앞의 좁은 길"은 매우 험난한 것이다. 낡은 전통주의자의 죽은 세계를 지지하는 기독교 교리를 씰라(Scylla)[71]와 "빵 대신에 돌을 주는"[72] 공산주의의 소용돌이[73] 사이의 길을 빠져 나가도록 키를 조정해야 한다. 공산주의는 리바이어던과 전통주의자들, 즉 민족 국가의 난쟁이들(Homunculus)을 숭상한다.[74] 서양은 사회 복음을 내포하는 진실한 기독교를 따르지 않으면 멸망할 것이다. 그러나 부자와 부유한 국가들이 신의 왕국에 들어가기는 어렵다. 오직 신의 법칙, 즉 사랑만이 그 과업을 위해 필요한 사람들을 변형시킬 수 있다.

이러한 과업에서 우리를 인도할 수 있는 보살(Bodhisattva)은 아씨시의 성 프란체스코이며, "그는 이제까지 유례를 찾아 볼 수 없던 서양 세계에 탄생한 가장 신적인 인간이다."[75] "그리스도의 성흔을 받은 성 프란체스코의 은사에 참여하려고 아주 성실하게 그의 발걸음을 좇는 제자는 고난을 겪고 나서 얻게 되는 깨달음으로 이러한 희생을 주께서 받아 주셨다"[76]는 것을 알게 될 것이라고 토인비는 부언한다.

---

70) 위의 책, Vol., Ⅸ, p.640.
71) 위의 책, p.643.
72) 위의 책.
73) 위의 책.
74) 위의 책, p.621.
75) 위의 책, p.644.
76) 위의 책.

토인비의 나선적인 순환관의 요지

    토인비는 인간 역사에 대해서 방대하고 고심에 찬 연구를 행한 끝에 모든 문명은 창조적인 소수가 자만이나 교만의 상태에 이를 때까지 더욱 많은 도전을 야기하는 도전들에 창조적으로 응전함으로써 발전과 성장 주기의 유형을 따르는 것 같다는 결론을 내린다. 이러한 창조적인 소수는 바로 이 점에서 중요한 도전 또는 제시된 도전들에 창조적으로 응전하는 데 실패하여 붕괴하게 된다. 혼란의 시대가 뒤를 따르며 해체기에 접어든다. 이것은 사회체에 있어서 하나의 표준적인 유형의 분열로서 특징지워진다. 지금까지의 창조적인 소수는 지배적인 소수가 되며 이제까지 그들의 창의력을 존경하여 자기들의 지도자를 따르던 사람들의 대다수를 소원케 한다. 소외된 대중은 억눌린 계급뿐만이 아니라 사회내에 존재하지만 사회에 속하지 않는다고 느끼는 많은 다른 사람들도 포함하는데 이러한 집단을 토인비는 내부의 프롤레타리아라고 한다. 외부의 프롤레타리아와 야만적인 전투단도 존재하는데, 그들은 그 사회가 창조적이었을 때 선망하고 그 사회를 존경하였다. 영혼의 분열은 위에 기술하였던 행위와 감정 그리고 생활과 같은 다양한 방법으로 자체를 나타낸다. 해체할 때의 율동적인 유형은 3박자 반, 즉 '패주—회복, 패주—회복, 패주—회복, 패주' 속에서 찾을 수 있다. 혼란의 시대를 지나는 패주 다음에 한번의 회복이 뒤를 따르며, 보편 국가의 시기에 한번의 회복이 있은 다음에 한번의 패주가 따르다가 최종적으로 패주가 찾아와 문명은 끝을 맺는다. "문명은 순환적이거나 회귀적일 수 있는데 반하여 종교의 움직임은 탄생, 죽음, 탄생의 순환을 도는 문명의 순환적인 움직임에 의하여 응대도 받고 촉진도 될 수 있을 것이라고"[77] 토인비는 말한다.

    토인비는 그의 책 제2권에서 교회란 계속적으로 진보하는 보다 높은 종류의 사회이며, 세속적인 문명의 실패에 힘입어 진보하게 되며——실제로 이들 실패에 의하여 진보라는 것이 야기되었다고 말한다. 토인비에게 역사의 목표란 성 아우구스티누스의 것과 마찬가지로 어떤 종류의 전반적 세속적인 진보라기보다는 오히려 신의 왕국을 향한 인간 영혼의 구원이다. 토인비는 다음과 같이 말한다.

---

77) 토인비, *Civilization on Trial*, 앞에서 인용한 책., p.236.

문명 시대의 진보란 인간 정신이 이 이념을 조금이라도 즐겁게 받아들이는 한 어느 종족, 도시 국가, 제국, 교회, 지식의 체계 또는 지식, 예술의 학파, 도덕의 법전과 같은 어떤 현세적인 제도의 진보적인 개선과 자주 동일시되었다. 만약 진보의 의미에 대한 이러한 개념이 신국의 지상에서 순례하는 시민들이 믿어야 할 것이었다면, 저들은 참으로 모든 사람들 중에서 가장 불행한 사람들일 것이다. 왜냐하면, 저들은 원죄로 오염된 지상에서의 삶에서 영혼은 물론 제도라는 것도 완성을 향한 진보를 이룰 수 없다는 것을 알고 있으며, 또한 영혼의 궁극적인 운명이 무엇이 되었든지 간에 제도란 불완전한 세계에서 인간의 세속적인 피조물이며 그 제도가 정하고 있는 한계를 저들이 결코 초월할 수 없다는 것을 알고 있다.……하나의 제도가 지닌 가치의 시금석은 인간으로 하여금 자기를 만드신 조물주에게 귀의할 길을 찾는 데 도움이 되느냐 혹은 방해가 되느냐에 달려 있으며, 하나의 제도는 만약 그것이 진정 있는 모습 그대로 단지 수단으로서 사용되는 대신에 그 자체를 목적으로 생각할 경우 영원히 신을 영화롭게 하고 그를 기쁘게 하는 인간의 참 목적에 장애가 될 것이다.[78]

토인비의 「역사 연구」 제7권의 부록에서 한 사람의 '기독교 역사가'로서 마르틴 와이트(Martin Wight)는 토인비의 역사적인 목표는 진정한 기독교를 중심으로 세계를 회복하는 일인 것 같다고 지적한다. 와이트는 그것이 기독교의 역사가에게는 다음과 같이 나타날 것이라고 기록한다.

즉 당신이 일체의 문명들은 철학적으로 동등하다고 하는 당신 본래의 판단을 포기하고 문명들이…… 우리에게 연구의 명백한 분야를 마련하지 못하였으며 저들이 종교의 진보에 이바지하는 것만을 제외하고는 저들의 역사적인 의의를 상실했다는 것을 발견한 것과 꼭 마찬가지로(당신이 증언한 것의 비중보다는 오히려) 당신이 주장하는 것의 억압된 논리는 일체의 종교들이 정신적으로 동등하다고 하는 당신의 가정을 내버리도록 몰아가며 그 다음으로 고등 종교들은 더 이상 연구의 명백한 분야가 되지 못하고 저들이 기독교와 관련을 맺고 있는 것만을 제외하고는 저들의 역사적인 의의를 상실한다그 하는 결론에 이르게 한다.[79]

---

78) 토인비, 「역사의 연구」, 12 Vols., 앞에서 인용한 책, Vol., Ⅶ, p.561.
79) 위의 책, p.748.

인간의 목표는 정신적인 단계, 즉 이 세계를 넘어선 다른 세계의 초자연적인 것이며, 인간이 신앙과 직관에 의하여 받아들이는 목표이다.

위에서 연구하였던 고전적인 세기와 20세기의 동양철학자들은 인간의 목표로서 정신적인 단계에 관하여 더 한층 강조한다. 저들은 또한 정신의 단계가 지성(buddhi)의 단계보다도 더욱 고매한 것이라는 사실에 일치한다. 이러한 사상은 동양의 철학에서 중심적인 것이었기 때문에 저들은 기독교 세계에서 흔히 발견되는 것보다도 그 사상에 대해서 훨씬 원숙한 발전을 보여 준다. (정신분열증적인 유한하고 비현실적인 개아에 대하여) 유기적 정신적인 실체에 인간을 재수렴하게 하는 것이 저들의 목표이다. 20세기의 위대한 힌두철학자 오로빈도와 라다크리쉬난은 또한 자기들의 역사철학을(오로빈도의 진화 발전에서 초지성 혹은 초인적인 수준이라 부른) 정신의 수준에 대한 인간의 궁극적인 성취에 집중하고 있다. 소로킨은 동양의 사상가들에게서 우리가 힘입은 바를 인정하며, 새로운 문화 순환의 본질적인 근거로서 창조적인 이타주의의 사랑에 대한 초의식적인 수준이라는 자기의 생각을 가지고 역사적인 목표에 대해 꼭 같은 개념을 이용한다.

영원히 절멸된 이기주의와 함께 하나의 영원한 정신적인 의식 속에서의 조화와 통일이라고 하는 이 목표는——동양의 철학에선 역사가 오래며 친숙한 목표이다——서양의 대다수 지적인 지도자들에게는 낯선 것이다. 사람들이 서양 문화의 소로킨과 토인비와 같은 풍부한 배경을 가지고 위대한 동양의 철학들과 더불어 인간의 역사적인 목표는 정신의 단계, 즉 이타적인 사랑의 단계에 이르는 것이라고 결론을 내릴 때 그것은 동양과 서양의 보다 밀접한 만남에 대한 낙관적인 징조라고 노드롭 교수는 예언하였다. 이 목표에 이르기 위하여 토인비는 일정한 행동을 취할 것을 바란다. 즉 인간은 가능한 한 세계를 유토피아로 만들어야 한다. 여기서 다시 라다크리쉬난과 오로빈도는 일치한다. 이 세계를 한층 더 이상향에 가깝게 만들려면 공학과 과학은 인간으로 하여금 정신의 삶——시각 예술, 음악, 문학, 철학 그리고 온갖 이론적인 지식이 창조성을 발휘하는 삶——을 누릴 수 있도록 최대로 이용되어야만 한다고 토인비는 말한다. 그러나 마음이 의롭지 못하고 사랑이 지배하지 않으면 인간 정신의 이 모든 영광은 무위로 끝나고 말 것이다. 파멸이 뒤따를 것이다. 진보란 무엇보다도 먼저 지적으로 감지된 종교의 영역에 존재하는 것이다. 너희는 먼저 신의 나라, 즉 이타주의적인 사랑의 초의식적인 수준——정신의 수준——을 찾으라, 그리하면 만사가 너희에게 더해질 것이다. 토인비는 위대한 문명의 흥망성쇠의 순환적인 유형을 통하여 역사는 인류의 위대한 종교의 발전과 진보에 있어서 위로 향한 방향을 갖고 있다고 결론을 내린다. 토인비가 암시하는 바로, 특히 기독교는 가장 위대하고 강력한 것으로서 우리를 앞으로 이끌어 계속하여 나선적인 진보를 이루게 한다고 토인비는 결론을 내린다[80](위대한 동양의 사상가들은 토인비가 자기의 종교에 호의를 갖는 정도의 편견을 너그럽게 보아줄 것이다).

동일한 형식으로 결코 그치지 않는 순환의 반복으로서의 인간 역사와 우주적인 역사에 대한 전형적인 동양의 견해를 토인비가 부언하는 것은 사실이다. 그럼에도 불구하고 그 자신의 생각도 그것과 전혀 다른 것이 아님이 판명된다. 동양의 철학적인 종교에서 물질적인 단계의 세속적인 역사와 우주 역사는 순환적인 변천의 이러한 세계를 초월한 궁극적인 존재와 더불어 연합하는 정신적인 단계에의 적응을 자기의 궁극적인 운명으로 생각하는 영혼들의 수업장으로서 중요하다는 점을 우리는 이미 다른 장에서 살펴보았다. 토인비는 꼭 같은 것을 많이 이야기한다. 그러나 하나의 파우스트적인 인간, 즉 서양 문화의 전통을 이은 자식으로서 그는 동양(최근에 이르기까지 ——이를테면 오로빈도와 라다크리쉬난의 철학)보다는 훨씬 더 행동을 강조한다. 토인비는 만인을 자유롭게 할 행동을 열망한다. 만인은 신의 아들로서 신분이 동등해야 하며 아울러 물질적인 욕구가 잘 충족되어야 정신적인 삶은 힘을 얻어 개화 만발하게 될 것이다.

---

80) Vol.,. XII (본인이 사용하기에는 너무 늦게 출판되었다)에서 토인비는 어떠한 종교도 영적인 진리를 독점하지 않는다고 주장한다.

결론
본 연구의 의의

1. 역사를 순환적으로 유형짓는 것이 옹호될 수 있는가?

순환적이거나 비순환적이거나 간에 인간 역사의 중요한 몇 가지 측면들이 부합되는 절대적인 유형을 제시해 준 사람은 아무도 없었다고 하는 것이 대부분의 현대 역사가와 사료 편찬가들의 견해인 것 같다. 물리적인 세계의 사건과는 달리 역사적인 사건은 연구실에서 실험을 통해 반복될 수 있는 것이 아니므로 유형론이거나 비유형론이거나 긍정하거나 반박할 수도 없다는 것은 잘 알려진 사실이다.[1] 역사적인 과거란 엄청나게 착종된 사건들의 연쇄이므로 우리는 역사가들에 의해서 주목할 가치가 있는 것으로 선택된 사건들이 과연 중요한 것인지 확인해 볼 도리가 없는 것이다. 역사를 하나의 과학으로서 접근하려는 차제에 사태가 이 지경에 이르렀기 때문에 대부분의 역사가들은 고트샬크(Gottschalk) 교수가 표명한 "일반적으로 받아들일 수 있는 원리로 '실제의' 역사적인 인간 세계를 설명한다는 것이"[2] 어려운 일이라고 하는 견해를 지지한다. 그러므로 대부분의 역사가는 역사에 작용하는 원인을 이해하기 위해서 "다원론적"인 방법을 택하며,[3] 사회, 문화, 정치,

---

1) Morris R. Cohen, *The Meaning of Human History*(La Salle, Illinois: Open Court Publishing Company, 1947), 제2장, "형이학상과 역사", pp.35~76.
2) Louis R. Gottschalk, *Understanding History: A Primer of Historical Method* (New York: Knopf, 1950), p.212.
3) 위의 책, p.222.

경제적인 "원인들"과 발전을 중심으로 사건들을 엮어 나간다. 여기에서조차 "역사가들이 하나의 사상에 맞추어 사실들을 나열하는 방법은 부분적으로는 적어도 자신의 마음 속으로 구상해야 하는 것이다."[4] 어느 한 해, 십 년, 한 세기, 한 시대 동안에 발생한 사건들의 "무한한 복잡성"으로 말미암아 중요한 사건들을 선택한다는 것이 불가피하며 역사가들이 무엇을 선택하는가 그리고 그가 선택한 사건들을 어떻게 배열하는가 하는 것은 어느 정도 상상에 맡길 수밖에 없는 것이다. 그가 역사의 사건들을 엮어 나가는 유형을 후대의 역사가들은 정말 중요한 사건을 경시한 것이라 하여 전적으로 받아들이지 않을 수도 있다. 왜냐하면 그때에 가서 역사적인 세계의 배경은 다른 사건들이 참으로 의의 있는 사건이라고 증명을 할 수 있기 때문이다. 이러한 일은 이 지상에서 인간의 역사가 진행되는 동안 계속해서 무한히 일어날 수도 있을 것이다.

이러한 다소 "상대주의적"인 견해는 칼 벡커(Carl Becker)에 의해서 가장 명확히 표명되었다. 벡커는 개별 역사가의 개인적인 배경과 그가 살던 시대 그리고 그가 속한 문화 환경 아래서 그가 받은 "세론(世論)의 분위기"는 대체로 역사가의 역사를 기술하는 태도를 결정한다고 확언한다. 벡커는 상대주의를 논박하려는 역사철학가들(만델바움과 같은)의 공격에 대항해서 상대주의를 옹호한다. 그러나 만델바움(Mandelbaum)은 역사를 수정할 필요가 있다는 것을 인정한다. 예를 들면 칼 마르크스는 지금까지 역사가들에게 외면당했던 경제적인 원인의 중요성에 관심을 모았다.[5] 그럼에도 불구하고, 다만 이전에 외면당했던 많은 새로운 사실이 드러났다고 객관적으로 인정되기 때문에 그와 같이 역사를 수정한다는 것을 받아들일 수 있다고 만델바움은 덧붙인다. 아직까지 완전한 진리라고 할 것을 어느 단일 세대에서도 이루어 본 일이 없기 때문에 물리과학과 그 밖의 지식의 분야에서와 마찬가지로 역사에서도 이처럼 새로운 사실들이 아마도 계속적으로 드러날 것이다.

전문적인 역사가가 처하는 궁지에 대한 그러한 전형적인 비판은 다음과

---

4) Pieter Geyl "Prophets of Woe" *Virginia Quarterly* (October, 1950) pp. 587~602.
5) Maurice Mandelbaum, *The Problem of Historical Knowledge*(New York: Liveright Publishing Corporation, 1938), pp.298~300. 또 Charlotte Watkins Smith, Carl Becker: *On History and the Climate of Opinion*(Ithaca: Cornel University Press, 1956), pp. 90~100.

442

같은 두 가지 사실에 대해서 베풀어져야 할 것이다. (1) 그것은 우리들로 하여금 절대적인 것이라고 자부하는 어떤 특수한 역사철학을 회의하도록 해야 할 것이다. (2) 그러나 그것은 우리로 하여금 과거의 문화와 현재 동서양의 문화들이 시도하는 것을 감식하고 개방적인 마음을 갖게 하여 인간 역사의 의미에 대한 문제를 해결하도록 해야 한다. 위에 기술한 다양한 형식에 맞추어 역사를 순환적으로 유형지으려는 것은 지금까지 그리고 여전히 역사를 사회과학, 즉 비코의 말을 빌리면 '신과학'으로 만들려는 인간의 가장 용감한 노력으로 남아 있다.

우리는 어떻게 이같이 유형짓는 것이 고대 사상가들 가운데 공통적인 신화적인 단계의 파르스 프로 토토 방법론적인 접근과 함께 인간의 사상사에서 아주 일찍이 시작되었는지를 보아 왔다. '부분', 즉 밤과 낮의 태양 주기, 계절들의 연례적인 순환, 달의 주기, 출생, 성숙, 죽음이라고 하는 생물학적인 순환이 '전체'에 적용되었으며, 우주적인 대회년의 순환 사상이 발전되었다. 노드롭 교수는 동양이 시간과 인과율에 대하여 이러한 미학적인 방법과 구체적 심리적인 방법을 보유하고 있었다는 사실을 밝혀 준다. 그것은 우주의 일체 현상을 영속적으로 태어나고 멸망하는 특수자의 순환적인 계기로서 보는 "칼마(Karma, 업보)의 법칙"이 되었다. 그리고 "이것이 바로 비공업 기술 사회에서의 인과율의 개념이다. 대회년이라고 하는 순환적인 시간 사상은 인도인의 사상(힌두교, 불교, 자이나교)에서 정점에 달하였다. 인도인의 사상에서 우주의 대회년은 그 부속 순환들과 함께 한없이 반복하는 매우 정확한 유형을 가지고 있다. 그 과정의 기능과 의미 그리고 의의는 그 가운데 내포된 영혼들의 정신적인 진보이다. 그러한 진보는 속박된 영혼들을 그 과정으로부터 영원히 도피시킬 수 있을 것이다. 그러한 견해는 동양 사상의 보다 깊은 의미를 잘 모르는 서양의 지성들에 의하여 '신화적인' 것으로서 비방을 받는 경향이 있다. 우리는 동양의 순환 사상에 내포된 심오한 상징을 보여 주려고 노력하였으며 서양 사상 가운데서도 역시 그 대응부를 가지고 있다.

2. 동서양 순환철학의 비교
—— 역사의 목표와 의미의 유사성——

　어떤 동양 역사철학의 신화적인 단계의 공식은 축자적인 진리로서 계획된 것은 아니다. 힌두교, 불교, 자이나교의 최초 사상가들은 그러한 우주의 순환적인 신화들을 자기들이 나타내고자 하는 의미 속의 상징들로서 사용한다. 축자적인 진리는 상징적 영적인 의미에 종속된다. 물질적인 우주의 반복적인 순환은 덧없이 지나감, 즉 이기주의적인 세속주의와 유물론적인 세계, 말하자면 물질 세계의 궁극적인 무의미성을 상징으로 나타낸다. 개체는 그러한 거품과 같은 세계, 하루살이 같은 세계의 근거가 되는 물리적인 육체의 멍에로부터 벗어나 영원한 실존의 정신적인 세계로 들어가야 한다. 순환적인 우주관에 근거한 요가의 방법과 목표를 탐구할 때 보았던 것처럼 그는 자기의 정신을 중심, 즉 유일의 무한한 정신적인 존재에 연결시킨다.

　힌두교, 불교, 자이나교 혹은 중국 도교의 요가 체계와 같은 모든 동양 순환 철학의 목표는 정신적인 자유이다. 이것은 개아 의식에 집착한 욕망의 물질 세계 ——분열과 해체의 세계—— 의 멍에로부터 벗어나 일자(一者)인 동시에 일체(一切)인 중심과 더불어 정신적인 통일과 총화를 이룬 세계로 들어감을 의미한다. 이러한 하나의 정신적인 실재이자 또한 육체적인 것들의 마야 세계의 근원과 재수렴한다는 것은 자유——즉 삼사라 세계의 생사의 순환에 이르는 멍에의 모든 한계로부터 자유——인 것이다. 인류와 다른 우주의 생물들에 대한 그러한 초역사적인 목표(역시 동양 사상에 내포된)는 역사에 대하여 영혼의 해방이라고 하는 목적을 부여한다.

　그와 같은 다른 세계를 지향하는 목표는 이 세상에서 사회적인 주위의 상황에 관한 태만한 정책을 뜻하는 것은 아니다. 그와는 반대로 분리된 개아는 비현실적이라고 하는 형이상학적인 지식에 근거했을 때 모든 사람은 자신의 여러 부분이 된다. 최근에 힌두교의 라마크리쉬나와 같이 직접적인 인식을 통하여 그와 같은 지식에 도달한 행자는 대승 불교도들이 이르는 바 보디사트바(보살)의 의식을 지닌다. 에반스 벤츠(Evans-Wentz)가 말하듯이 대승불교의 상징적인 신화는 보디사트바의 혜력(慧力)이 "계발되지 아니한 자연의 거칠음을 완화하며" 저들의 일체를 포용하는 사랑의 퍼져 나가는 힘을 통하여 인류는 "지상에서 완전하게 된 사회 질서에 가까이" 인도된다

444

는 사실을 설명한다.[6] 우리가 이미 중심을 찾는 만다라의 사상──우주 속에
서 만인과 만물의 정신적인 통일──을 강조하는 하나의 철학으로서, 다시
인간의 통일과 상호 협조를 위한 형이상학적인 근거로서 오늘날 동양과
서양에서 모두 인기를 얻고 있는 선 불교를 보기로 들었다. 그러므로 동양의
정신 철학은 편협한 저세상적인 것으로 끝나지는 않는다. 정신적인 자유와
성숙이야말로 분리된 개아가 정말로 신화라는 것과 인간의 목표는 중심이며
일체이신 무한한 일자와 합일하는 것임을 체득하는 것임을 강조한다.

　우주와 인간 역사에 대한 모슬렘과 기독교의 묵시적인 일환 사상의 목표
는 여러 모로 동양의 견해와 유사하다. 역사와 우주 그리고 인간은 동양인의
생각하는 것보다 훨씬 짧은 것이다──절대적인 시원과 종말을 가진 대일환
(大一環) 속으로 압축되었다. 그럼에도 불구하고 목표로 하는 것은 거의 흡사
하다. 중심의 세계, 즉 신의 정신 세계에 들어감으로써 생사의 물질 세계로부
터 자유롭게 된다는 것이 그것이다(궁극적인 실재와의 재수렴이라고 하는 만다
라의 주제가 반복된다). 신의 낙원에서 인간은 영원한 천사와 같은 성원이
된다. 영혼이 자체를 구원할 수 있는 기회도 또한 일생의 덧없는 기간으로
압축되며, 종말에 이르러서 영혼은 영원히 구원을 받거나 나락에 떨어진다.

　우리가 검토하였던 인도의 일환관──라다크리쉬난과 스리 오로빈도의
일환관──은 훨씬 더 포용력이 있으며 자유주의적이다. 저들은 대체로
동양 사상에 공통적인 윤회론을 받아들임으로써 영혼의 구원을 위해서 수없
이 많은 기회가 제공된다고 믿는다. 동시에 인간으로서 태어난다는 것이
흔치 않은 기회이며, 따라서 구원의 여정에 관하여 진지하게 책임을 져야
한다고 믿는다. 대체로 인간의 생명과 역사는 인도의 일환관이나 다순환관에
서 매우 중요한 것이다. 기독교와 모슬렘의 묵시적인 일환적인 체계에서처럼
이들 체계에서도 목표는 중심, 즉 일자와 결합된 영원한 정신적인 생활이
다. 여기서 영혼은 가장 높은 자유와 지식 그리고 행복을 누린다.

　토인비는 문화 순환들의 연구에서 인간 역사의 목표와 의미에 대해 꼭
같은 결론에 이른다. 문명의 흥망성쇠의 순환들은 신의 왕국을 목표로 삼지

───

6) W.Y.Evans-Wentz, *Tibetan Yoga and Secret Doctrines*, Evans-Wentz에 의한 서론과
　주해가 붙은 고 Lama Kazi Dawa-Samdup의 영문 번역에 따름(London, New York:
　Oxford University Press, 1958), p.149, n.1.

만 원죄(동양의 개아 의식과 비교하라)로 인하여 지상에서 완전하게 실현될 수 없는 것이다. "나의 왕국은 이 세상의 것이 아니라"는 사상을 토인비는 몇 차례나 강조한다. 인간의 궁극 목표는 동양철학에서처럼 다른 단계, 즉 순전히 정신적인 하늘 왕국, 신 자신의 정신적인 영역에 있는 것이다. 이것은 다시 또 인간의 초역사적인 최종 목표로서의 중심과의 연합이며, 그것은 바로 동양철학의 목표이다. 모든 세속 역사는 위대한 종교들에서의 인류의 정신적인 삶의 발전을 위한 것이라고 토인비는 주장한다. 세속 역사는 원죄, 즉 위대한 문화들의 순환에서 쇠퇴와 몰락의 원인이라고 하는 약점을 나타내 보임으로써 인간을 저세상인 영원한 정신의 세계로 몰아간다. 이같은 방식으로 종교는 점점 더 높은 수준을 향하여 전개되어 왔다. 동양의 사상 가들, 마찬가지로 토인비에게도 정신적인 발전이란 신 안에서 영원한 삶을 가능하게 하는 정신적인 단계에서의 정신적인 발전의 극치와 목표가 완전히 실현되고 성숙하는 것과 함께 역사의 의미와 목표이기도 한 것이다. 공학과 사회 활동을 강조하는 서양의 전통에 성실한 토인비는 이 세상을 가장 높은 정신적인 창조성의 무대로 만들기 위해서 열심히 일할 것을 사람들에게 촉구한다. 그럼에도 불구하고 최종 목표는 진실한 자유가 달성되는 유일한 영역 즉 하늘이다. 개아성으로부터의 자유는 이기성과 교만(근본적인 원죄)의 죄악으로부터의 자유를 결국 가능하게 한다.

헤겔의 사상에서 역사의 의미와 목표는 개체 인간의 인격의 목표가 관여하는 한에서 동양의 학파의 그것과 거의 같다. 유한한 개체로서의 인간의 목표는 절대자, 즉 무한자와 자기의 동일성을 실현하는 것이다. 이것은 또다시 행자(行者)가 중심에 복귀하는 것과 같은 것이다. 그러나 헤겔의 형이상학은 자연의 세계와 역사의 세계의 개체적이거나 유한한 측면들이 절대정신의 필연적 구체적인 현현이며, 이들 구체적인 현현들이 없으면 절대정신은 무(無) 즉 비실재가 되고 말 것이라는 사실을 긍정하는 데에서 중요한 동양의 학파와 다른 것이다. 반면에 대부분 동양철학의 무한자는 자기의 어느 구체적인 모습으로부터 떠나 현실적인 것으로서 완전히 존재한다. 이것은 또한 배화교와 유태 기독교와 모슬렘 사상에서도 사실이다. 그러므로 헤겔의 사상에서 우주와 인간의 역사는 생동적인 의의를 지닌다. 왜냐하면 우주와 인간의 역사란 신이라고 하는 존재의 필연적인 표현이기 때문이다. 이것은 인간의 문화사에서 본질적인 발전과 진보(헤겔의 변증법적인 순환에 따라)를 이루는 것이다. 왜냐하면 전체의 본질을 향한 좀더 큰 접근은 추진하여 몰아가는 힘이기 때문이다.

소로킨의 문화 순환론 역시 정신의 삶을 가장 중요시하는 역사철학에 속한다. 이븐 할둔과 비코 그리고 슈펭글러를 좇아 토인비와 마찬가지로 소로킨은 종교적인 신앙을 큰 문명의 총합과 그 문명의 창조적인 성장을 자극하는 데 가장 강력한 요소라고 생각한다. 초감각적인 혹은 초의식적인 것으로서의 종교적인 것이 경험적–감각적인 것 그리고 합리적인 것과 더불어 총합될 때 우리는 페리클레스 시대의 아테네나 서양의 문화에서 13세기와 같은 한 문화의 황금 시대를 갖게 된다. '이상주의적' 또는 '완전한'이라는 명칭은 그와 같은 시기에 의미심장하게 적용된다. 우리 문화의 현재 감각적인 시대는 차차 소멸해 가고 있으며, 새로 완전한 문화의 시기가 밝아 오고 있음을 믿을 만한 증거가 있다고 소로킨은 보여 준다. 예를 들면 과학의 기계-물질주의적인 접근 방법들은 근거를 잃어 가고 있다. 이것은 물리학, 생물학, 심리학 그리고 사회과학에서 사실이다. 소로킨은 다음과 같이 기록한다. 즉 오늘날 전체적인 실재란

> 정신적인 것과 물질적인 것, 일시적인 것과 영원한 것, 항시 변하는 것과 변할 수 없는 것, 개인적인 것, 공간적인 것과 무공간적인 것, 하나와 여럿과 같은 무수한 질과 양의 무한한 X로서 생각된다. 이러한 의미에서 그것은 정말 정반대의 일치에 의한 강렬하고 매력적인 신비로서 상상된다.[7]

무아(無我)의 초의식적인 것이 그 빛나는 사상들, 즉 종교, 철학, 과학, 미학적인 사상들과 더불어 창조적인 개체들에 갑자기 나타난다. 다음으로 이성과 경험적-감각적인 양식의 지식들은 이들 빛나는 사상(음악과 다른 예술의 형식을 제외한)을 시험해 보지 않으면 안 된다. 이제 밝아 오는 완전한 시대는 진리와 미 그리고 선을 밝히 통찰하는 초의식적인 것에 의하여 지배받게 될 것이지만 이성과 경험적-감각적인 것은 최대의 효과를 나타낼 것이며, 완전한 이념을 중심으로 하여 집중된 새로운 세계적인 문화의 시대를 구체적인 현실이 되게 할 것이다.

---

7) Pitirim A. Sorokin, "Three Basic Trends of our Times", *Main Currents in Modern Thought*(January, 1960), Vol, 16, No, 3, pp.58~64.

소로킨의 사상에서 초의식적인(무아적인) 것의 중요성은 (동양적인) 관점들, 특히 스리 오로빈도와 라다크리쉬난의 역사철학과 지극히 유사함을 보여 준다. 이들 두 사람은 밝아 오는 새 역사의 시대는 정신이 지성을 지배하게 되는 시대가 될 것이라고 생각한다. 바꿔 말하면 그것은 소로킨이 말하는 창조적 이타주의적인 사랑의 시대가 될 것이다. 소로킨과 마찬가지로 오로빈도 역시 미래의 완전한 시대를 이야기한다. 그 시대에 이르면 물질, 생명, 지력, 정신은 영에 의하여 조화를 이루어 총합될 것이며, 바야흐로 초의식적인 진화의 수준이 나타나 현재 지성의 수준을 대신하려고 한다. 소로킨은 합리적인 것과 경험적-감각적인 것을 인간의 창조성에 있어서 동등한 반려자로서 강조하는 점이 다소 다르다. 그럼에도 불구하고 새로운 공통의 세계적인 세계관을 찾으려는 두 접근 방법 사이에는 어지간한 공명과 일치 이상의 것이 존재한다. 노드롭이 말한 것처럼 인류를 위한 새로운 시대를 수립하기 위하여 우리는 서양의 과학적인 지식과 공학(이론적인 요소)과 함께 결합된 동양의 강렬한 초의식적인 영성을 필요로 한다.

동서양 모두에 상당히 동일한 이들 정신철학을 인간의 삶과 역사의 의미에 관한 마르크스주의의 변증법적인 사상과 화해시키는 것이 가능한가? 마르크스주의의 변증법적인 유물론은 공언하듯이 무신론적이며, 이 세상에서의 생의 물질적인 향락에 집중하였다. 사회의 물질적인 생산력은 직접적으로든지 또는 간접적으로든지 간에 인간의 문화적인 체계를 "창조하는" 신들이다. 인간의 목표는 그에게 주어진 단 하나의 유일한 삶을 사는 동안 이 세상에서 이들 생산력의 산물을 향유하는 것이다. 역사의 목표는 대다수의 민중이 마침내 집단적으로 생산의 수단을 소유하게 될 때에 달성될 것이다. 그때엔 가난이라고 하는 것이 자취를 감추어 버리고 만인은 진정 자유롭고 안락한 삶을 영위할 수 있을 것이다. 이 목표는 원시 공산주의로부터 가장 높은 수준에 달한 공산주의(거기서 생산의 수단은 충분히 인류의 각 성원들에게 훌륭한 삶을 마련할 수 있을 것이다)에 이르기까지 인간 역사의 묵시적인 대일환 속에서 달성된다. 이 목표의 성취는 전 인류의 자유인 것이다. 이제 더 이상 아무도 존재의 불안에 사로잡히지 않을 것이다. 각 사람은 만인의 이익을 위하여 자유로이 자기의 가능성을 발전시킬 수 있을 것이고 만인은 서로의 복지를 위하여 관심을 가질 것이다. 이러한 수준에서 중심적인 윤리 원칙은 "자기의 능력에 따라 각 사람으로부터, 자기의 필요에 따라

448

각 사람에게"라는 것이다. 그와 같은 원리는 단지 인간적인 수준에서이기는
하지만 개체 또는 개아의 의식을 버린 인간의 집단적인 혹은 공통적인 의식
의 중심으로의 복귀(복귀 만다라)를 전제로 한다. 이러한 점에서 마르크스주
의의 역사적인 목표와 방금 기술한 동서양의 철학을 연결하는 근본적인
기반이 존재한다. 양측의 관점을 형이상학적으로 종합하기 위한 근거가 여기
에 있다. 마르크스주의자들은 개체가 좀더 큰 전체의 인간성과 자신을 동일
시하는 무아의 상태야말로 실제로 정신적인 상태라는 견해에 도달하게 되
며, 또한 적어도 사회내에서 그러한 견해를 허용하게 될 것이다. 화이트헤
드, 산타야나(Santayana), 샨카라, 오로빈도, 도가, 아비세나, 수피들, 스피노
자, 서양의 신비주의, 라다크리쉬난과 그 밖의 많은 다른 사상가와 학파가
보여 준 것처럼 정신의 영역은 유령과 악마 혹은 "앞날의 보상" 따위를 믿는
미신적인 어떤 신앙이 아니다. 그러나 정신의 영역은 개체적인 인간의 영혼
이, 행자들에 의해서 '집중' 혹은 서양의 심리학자 융에 의해서 '개체화'로
알려진 과정에서 자체를 유기적인 요원으로서 총합하는 대우주인 것이다.
가장 높은 수준에 달한 종교적인 역사철학들은 영원한 대우주에서 인간이
이같이 성원이 됨을 강조하므로 중요한 것이다. 마르크스주의자들이 이러한
사상을 금지해야 할 이유가 하나도 없다. 왜냐하면, 저들은 과학을 찬양하
며, 또 과학은 인간을 전체 우주의 불가분의 부분으로서 보기 때문이다. 떼이
야르 드 샤르뎅(Teilhard de Chardin, 아래를 보라)은 이러한 견해에 대하여
수긍이 갈 만한 과학적인 주장을 한다.

3. 우주 순환과 현대과학

이미 위에서 논의한 '과학적인' 학파의 사상가들은[8] 이 우주, 즉 대우주의
순환적인 리듬을 확인하기 위하여 과감하게 몇 가지 시도를 했었다. 스토아
학파에 의해서 완성된 헤라클레이토스의 범신론적 자연주의 우주론은 아름
다운 조화와 균형을 이룬 순환적인 체계였다. 현대의 우주론들 역시 우주

---

8) 이 책, 제1부 10장

순환의 율동적인 균형이 아직 검증되지는 않았지만 근본적으로 다르지 않다. 현재 가장 호의를 많이 얻고 있는 두 가지 우주론적인 이론인 '계속적인 창조설'과 '폭발설'(혹은 유사한 가설들)은 계속적으로 반복하는 성질의 대우주적인 순환을 가정하지는 않는다. 우주의 팽창을 대부분의 천체물리학자들은 돌이킬 수 없는 과정이라고 생각한다. 레마트르(Lemaitre)와 가모프(Gamow)와 같은 사람들이 주도하는 폭발설을 주장하는 학파는 최초의 원자(Primeval Atom, 레마트르) 혹은 일렘(Ylem, 가모프)의 폭발로부터의 발단을 가정한다. 대우주는 처음부터 끝까지 오로지 하나의 순환을 거쳐간다. 이것은 소우주적인 규모에서 우리가 논의하였던 인간 역사의 일환적인 묵시론들과 일치한다.

호일레, 본디, 골드, 시아마와 그 밖에 다른 사람들의 계속적인 창조론은 이론적인 관점에서 볼 때 아름답게 "엮어진다." 이론적인 점에서의 유일한 난점은 수소 원자의 무(無)로부터(ex nihilo)의 창조라고 하는 사상이지만 가모프의 이론도 역시 기원들에 관해서, 즉 일렘이 나타나기 이전 세계의 본성에 관해선 아무것도 말하지 않는다.[9] 계속적인 창조론은 정신적으로 힌두교와 불교 그리고 헤겔과 스피노자와 같은 서양의 범신론적인 사상가의 우주론적인 사변에 가깝다. 이것은 계속적인 창조관이 무한한 정상(定狀, steady-state)의 우주를 긍정하기 때문이다. 순환적인 진화는 모든 항성과 모든 은하계의 항성에서 발생한다. 즉 여기서 엔트로피(entropy)의 법칙은 사실이다. 확장하는 우주설(說)은 용인된다. 모든 은하계는 결국 우리가 저들의 빛을 받을 가능성이 있는 은하계를 넘어 멀리 물러갈 것이며 따라서 우리에겐 존재하지 않는 것이 될 것이다. 그러나 수소 원자들은 공간에 나타나 새로운 성운을 형성하며, 새로운 은하계를 전개할 것이다. 그러므로 '무한한' 공간 세계의 어느 한 부분의 횡단면은 언제나 꼭 같은 것으로 보일 것이다. 우주의 질료와 형상은 언제나 같은 것이었으며, 또 언제나 같은 것이 될 것이다. 우리가 지금 보고 있는 우주의 횡단면은 일치의 무궁한 시간의 상징이다.[10] 본 이론의 최초 제안자 가운데 한 사람인 호일레는 다음과 같이 말한다.

---

9) Gamow는 확장에 앞서서 응축 과정을 전제하지만 그러나 후자는 죽은 우주로 끝나며, 하나의 순환적인 리듬에서 또 다른 응축 상태로의 순환은 아니다.

10) 위의 책(이 책 제1부 10장).

우리는, 개체들——은하계의 성운들——이 시간과 더불어 변하고 전개되지만 그 자체는 변하지 않은 한 우주에 이른다. 우주엔 시작이 없으며, 끝이 없을 것이기 때문에 우주의 시작과 종말에 관한 의문부들은——우주엔 시작이 없으며, 끝이 없을 것이라고 하는 이유로 해서 저들 의문부들은 무의미하다고 하는——놀라운 방식으로 다루어진다. 은하계의 모든 성운, 모든 항성, 모든 원자는 시작이 있었지만 우주 자체는 그렇지가 않다. 우주는 자기가 가진 부분들 이상의 어떤 것이며, 아마도 결론을 예측할 수 없을 것이다.[11]

호일레는 무한한 우주와 시간과 공간에서의 무한을 가정한다. 스피노자의 범신론적인 철학에서처럼 대우주적인 윤곽——전체 우주의 면모——은 영원히 같은 것이다.

서양의 대일환론은 그러한 견해와 일치하지는 않으나 힌두교, 자이나교, 불교 및 중국의 역사철학(우주와 인간)은 그것과 완전히 일치한다. 하나의 세계 질서에 뒤이은 또 하나의 세계 질서는 각기 동일한 근본적인 유형으로서 공허한 데서 나타나서 결국 사라진다. 호일레는 거의 꼭 같은 것을 긍정한다. 각 은하계는 꼭 같은 양식으로 전개되며 가없는 공간 속으로 사라진다. 오직 전체의 무한한 우주만이 동일한 것으로 남는다. 이러한 스피노자와 비슷한 견해에 있어서 인간의 목표는 스피노자의 목표, 즉 사람이 가진 육체의 원자들과 사람의 합리적인 본성(영혼 또는 마음)이 전체 우주, 즉 궁극적으로 현실적이며 영원한 유기체의 목표와 융화를 실현하는 것이 될 것이며, 궁극적으로 현실적이며, 영원한 유기체의 윤곽을 우리는 그 물질적인 면(은하계)의 상세한 횡단면과 그 사상적인 면(물리적인 법칙)에서 감지한다.[12]

삼라만상과 우주 그리고 인간 역사에 대한 그러한 유기적인 견해가 중국 사상에선 아주 시적으로 출발하였다. 철학적으로 대우주와 인간이 하나라는 신비적인 도교의 직관적인 깨달음에 근거한 중국의 순환관은 우주의 본성과 그 속에서의 인간의 위치에 대하여 상당한 정도의 통찰에 달하였다. 찬(禪) 불교는 자기들의 근본 사상, 즉 인간과 자연 속의 만물은 하나의 정신적인

---

11) Fred Hoyle, *Frontiers of Astronomy*(New York: Harper & Brothers, 1955), p.321.
12) 스피노자, *The Chief Works of Spinoza*, R.H.M. Elwes(New York: Dover Publications, 1951), Ethics, Part II, 명제 XIII, Lemma VI, p.96에 대한 노트.

실재, 즉 도의 불가분의 부분이라는 사상을 차용하였다. 만물은 도로부터 나오며, 만물은 그 속에 잠겨 있고, 일체는 현상적인 존재의 영원한 순환 속에서 도에 복귀한다. 이것이 위에서 논의한 「금화종지」이며,[13] 이러한 유기적인 우주철학의 독특한 상징적 표현인 중국과 일본인의 산수화를 감상하는 관건이다.

최근 서양의 역사철학에 있어서 슈펭글러는 유기체의 철학을 인간 역사의 문화 순환에 적용한 위대한 사상가이다. 문화 순환의 역사——아폴로적, 마기적, 파우스트적, 이집트적, 중국 또는 그 밖에 다른——는 출생기, 청춘기, 장년기, 노년기라고 하는 생명의 주기를 통해 존속되는 대우주적인 유기체의 역사다. 오늘날의 천문학자는 이 유기적인 사상을 우주적인 단계에까지 용케 끌고 나간다. 우리의 은하계와 일체의 다른 것들은 성장과 쇠퇴의 주기를 갖는다. 오로지 호일레-본디-골드 학파의 천문학자들만이 "전 우주의 면모", 즉 대우주적인 산 유기체에 무한한 생명을 부여한다. 그 밖에 어디서나 순환 사상은 어떻게 해서든지 적용된다. 그러므로, 관찰자가 대우주적인 관점을 취하는 경우, 그리고 오늘날 천문학자들은 광대한 우주에서 생명의 발전에 적합한 거대한 유성들이(적어도 1억 개)[14] 존재하며, 틀림없이 단세포의 형식들로부터 정신의 형식들——그 너머에는 무엇이 가로놓여 있든지 간에——에 이르는 생명의 역사는 반복되어 왔다는 사실을 지극히 가능한 것으로 생각하기 때문에 순환적인 역사철학들은 우주 역사에 적용되거나 인간 역사에 적용되었거나 간에 뚜렷한 근거를 가진 것처럼 보인다. 이것은 가능하며 특별히 호일레의 관점을 받아들일 경우 가능하다. 동양의 순환관들은 현상적인 우주의 궁극적인 본성에 관한 참된 생각을 직관을 통하여 적중시킨 것 같다. 또 다른 동양의 사상, 즉 업보의 사상은 원시 문화에서 발생하였으며, 비록 원시 문화의 신화적인 언어 속에 도사리고 있지만 과학적인 진리를 담고 있다. 동양의 과학은 "원형질의 연속성"이라고 하는 사상을 받아들인다. 개체는 자기의 원형질이 아득한 옛날 단세포 유기체가 오랜 세월을 살았던 것과 마찬가지로 오랜 세월을 살았으며, 그의 장래란 것도

---

13) 제1부 7장을 보라.

14) Harlow Shapely, "Coming to Terms with the Cosmos: Man Must Grow to Reach the Stars", *Saturday Review*, 1958년 9월 6일, Shapely는 이 숫자가 어림잡은 것이라고 말한다. 그는 그것을 일백 만으로 곱하곤 하였다.

초인간적인 존재가 인류의 미래에서 그의 혈통의 계승자가 될지는 몰라도 하여튼 그만큼이나 오랜 것이다. 이것이야말로 정말 생물학적인 칼마(업보)인 것이다. 심리학적인 측면에서 심리학자 융은 "집단 무의식"이라고 하는 그의 이론으로 유명하다. 이것은 단세포 유기체의 시대 혹은 비유기적인 원자들의 시대를 회상케 할 것이며, 앞으로 우리 인간이 진화해 나아갈 어떠한 승화(우리가 바라는 바이지만)의 상태로까지 나아가게 할 것이다.

4. 예지(豫知)
——역사에서의 다음 시대——

만약 우리가 탐구하였던 과학과 종교철학적인 체계 모두가 옹호한 인류의 혈연적인 통일의 사상이 결국 필연적인 것처럼 받아들여진다면 인간 역사의 다음 시대는 서로 상호 작용하는 두 단계에서 전개되어야 할 것이다. 세속적이며 이 세상적인 하나의 단계는 지상에서 이러한 삶을 누리면서 일체의 인간 형제를 위하여 마르크스, 소로킨, 라다크리쉬난, 토인비, 오로빈도와 같은 사람들이 믿는 바와 같이 좀더 신적인 존재를 창조하려고 노력할 것이다. 그러나 (마르크스를 제외한) 이 사상가들은 사람들이 이러한 물질적인 세계를 넘어서서 저들의 궁극적인 목표와 '본향'으로서의 정신적인 단계를 바라보지 않으면 인간의 통일은 영속적인 근거 위에서 도달할 수 없다고 주장한다. 위대한 동양의 사상가들——힌두교, 불교, 자이나교, 모슬렘교——과 서양의 일환적인 사상가들은 물질적인 존재의 순환적인 현상의 세계, 즉 가상과 상대성의 영역의 멍에로부터 아주 도피하는 것을 노린다. 영혼은 영원한 것, 즉 이러한 마야 세계의 가상의 배후에 있는 실재와 연합함으로써 자기를 도피시키지 않으면 안 된다. 동양과 서양의 위대한 신비주의자들(예를 들면 서양의 마이스터 에크하르트와 십자가의 성 요한이 체험한 것은 동양의 행자들이 체험한 것과 비교된다)은 이미 이 영원한 실재의 이러한 상태를 체험하였다. 저들은 계속하여 이 세상에서 살았지만 개아 의식의 원죄를 걸머지지 않고 산 것이다. 아마도 저들은 소로킨, 오로빈도, 라다크리쉬난과 같은 위대한 예언자적인 사상가들이 믿는 바와 같이 인간이 진화에서 정신적인 발전의 다음 단계를 미리 마음 속에 그린 것 같다. 그와 같은 미래의 신적인 인간은 스리 오로빈도가 예언한 것처럼 이상적으로 두 세계에서 동시에 삶을 누렸을 것이다. 왜냐하면 이러한 신적인 인간은 자신을 영원한 것에 대한 "의식의 많은 중심들" 가운데 어느 한 중심으로 이해할 것이기 때문이다. 그러한 사람의 행동은 전적으로 무아적인 것이 될 것이다. 이는 저들이 이러한 지식을 드러내려 하였을 것이기 때문이다. 그러한 신적인 인간의 사회가 무엇과 같을 것인가 하는 것은 거의 상상하기 어렵다. 인간성이 지닌 일체의 악몽과 같은 질병들, 즉 탐욕, 욕망, 전쟁, 가난, 범죄, 증오는 영원히 사라질 것이다. 이것은 분명한 것이다. 그런 연후에 정신, 즉 우주적인 지식과 예술 형식의 창조성을 발휘할 수 있는 영역에서 삶을 누리며 행하는 모험은 새롭고 숭고한 절정에 달할 것이다. 우리는 그와 같은 미래에 관해선 오로지 엉뚱한 추측을 자아낼 수 있을 뿐이다. 한 사람의 행자와 한 사람의 쥴 베르느(a Jules Verne)의 상상력을 넘어선 그와 같은 엉뚱한 추측을 서양의 물리학 교수 러쉬(J.H.Rush)가 했다. 그는 다음과 같이 예언한다.

> 앞으로 백만 년 정도가 지나면 지혜인(Homo Sapiens)을 신격화하는 시대가 도래할 것이다. 그때에 가서 인간은 온갖 자극적인 화학 물질과 심리적 충격들의 연약한 시험대인 육체로부터 자신의 영혼을 해방시킨다. 그러면 육체에 얽매이지 않은 영혼은 별들로부터 에너지를 끌어 내며 서로운 영역, 새로운 도전, 새로운 비밀들을 향하여 출발할 것이다. 그러면 비실체적인 정신은 항성들로부터 에너지를 끌어내며 그는 새로운 영역과 새로운 도전 그리고 새로운 비밀들을 향하여 출범할 것이다.[15]

만약 이러한 일이 일어날 수 있다면 사람은 실로 소우주와 대우주적인 수준에서 공히 생사의 순환으로부터 자신을 자유롭게 할 것이다. 역사는 동양과 서양의 철학이 제시한 영원인 극치를 이루게 될 것이다.

또 다른 극적이며 깊은 영감적인 견해는 지질학자이며, 인류학자인 떼이야르 드 샤르뎅의 저서 「인간의 현상(The Phenomenon of Man)」[16]에서 제시된다.

---

15) J.H. 러쉬, 1958년 1월 25일의 *The Saturday Review*에서 Rush에 의하여 앞으로 나올 *The Dawn of Life*로부터 개작된 논문 "The Next 10000years". 이 책은 지금 간행되었다.(New York: Doubleday, & Co., 1958).

16) 떼이야르 드 샤르뎅, *The Phenomenon of Man*, Bernard Wall 역, 쥴리앙 헉슬리의 서론 (New York: Harper & Brothers, 1959).

샤르뎅의 사상은 물질로부터 생명(生命圈, biosphere) 그리고 생명으로부터 정신(精神圈, noosphere)의 진화에 있어서 직접적인 변화들에 대한 과학적인 증거에 의하여 교묘하게 뒷받침되고 있다고 줄리앙 헉슬리(Julian Huxley)는 말한다. 좀더 큰 구심성(求心性)이 언제나 본질적인 측면이었던 복잡화를 향하여 생명이 지향적인 추세를 보여 준 이래 (예를 들면 유기체들은 복잡화의 현상이 나타나면 머리를 발전시킨다) 인간의 더 이상의 진화는 하나의 좀더 큰 구심성을 보여 줄 것이라고 샤르뎅은 주장한다. 과학과 공학은 이것을 어느 정도 실제의 사실로 만들었으며, 세계 문화의 추세는 그것(세계 문화) 이 유기적인 전체가 될 때까지 그런대로 계속할 것이다. 사람은 이미 생명층 혹은 생명권을 넘어 지구라고 하는 유성의 둘레에 하나의 새로운 '층'을 전개하였다. 이것이 바로 정신권 또는 정신 사회의 층(psychosocial layer)으로서 이것은 밖으로는 지구라는 유성의 면모를 바꾸어 놓았으며, 안으로 정신권은 우리의 전체 정신적인 문화의 유산——또는 정신적인 분위기이며, 그 속에서 우리는 우리의 존재 가지고 있는 것이다. 진화라고 하는 것은 이제 우리를 정신권(정신권의 가장 높은 목표는 유기적인 민주주의적 세계 문화의 중앙집권주의이다)을 넘어 오메가를 향하여 몰아간다(오메가는 알파 혹은 물리적인 분자들의 가장 저급한 진화 수준에 상반되는 것이다). 하나의 새로운 진화의 수준으로서의 오메가는 알 수 없는 것이라야 한다. 그럼에도 불구하고 샤르뎅은 진화 발전의 이전의 경향들이 보여 준 지식을 바탕으로 하여 우리는 오메가가 인격화로 특징지워진 영원히 돌이킬 수 없는 상태(위에 인용한 J.H. 러쉬를 참고하라)가 될 것이라고 믿는다. 이것은 각 사람이 하나의 순전히 정신적 유기적인 전체 속에서 초의식의 한 중심이 될 것을 의미한다. 기독교적인 어법으로 신은 "누구에게나 계신 전부"가 될 것이다.[17] 이것은 스리 오로빈도가 진화의 다음 단계를 예언한 것과 일치한다.

이러한 유기적인 정신 사회는 머지않은 장래에 존재하게 될 것이다. 왜냐하면, 인간은 이미 정신권의 수준에서 자기 자신의 생리와 정신 그리고 사회적인 존재의 껍질들에 대한 급격하게 증가하는 지식을 통하여 진화 과정에 상당히 박차를 가할 수 있기 때문이다. 인간은 "사회에 적용된 유전학"을 통하여 그리고 그가 자연의 비밀들을 더욱 많이 배울 수 있는 이론적인 학문

---

17) 위의 책, p.308.

들의 연구를 통하여 땅의 면모와 인간의 사회적인 조직과 제도적인 생활의 면모를 바꿀 수 있다. 이성과 과학은 이러한 일을 할 수 있다. 그러나 종교도, 우리가 자연의 비밀을 캐낼 수 있다는 믿음과 인류를 위한 삶의 모든 측면에서 진보가 있을 것이라는 믿음 그리고 사랑, 즉 "우리의 삶을 축소시키거나 왜곡하지 않고 우리의 삶을 함께 생기 발랄하게 묶어 줄 특별한 접착제 또는 굴레"[18)에 대한 믿음의 대부분을 제시하는 데 역시 필연적이다. 만약 이러한 정신 사회학적인 구심성이 야만적인 힘에 의해 시도되고 과학이 인간의 노예화나 기계화에 이용된다면 오메가는 결코 도달할 수 없을 것이다. 기계화가 절정에 달한 후에도 진화는 정적인 것으로 남을 것이다(벌과 개미들과 같이 사회 생활을 기계화시킨 곤충의 상태는 이것을 증명한다). 샤르뎅은 "사랑만이 이와 같이 살아 있는 존재들을 단합하여 완전케 하며 그것들을 이행할 수 있게 한다고 생각한다. 왜냐하면 그것만이 그들 자신에게 가장 중요한 것으로 그들 자신을 맞아들이고 결합하기 때문이다."[19) 사랑은 "존재와 존재의 유연(類緣)"[20)으로서 우주적인 현상이며, 그것은 "우주가 자체에 정신적인 수렴을 하면서 원소의 중심에 특색을 부여해 놓은 다소 직접적인 흔적이다."[21) 위대한 신비가들은 "만인에게 공명이 되는――순수한 시와 순수한 종교의 기조――사랑으로 충만되어 왔다"[22)는 사실을 샤르뎅은 상기시킨다. 더욱이 사랑과 사상은 함께 자란다. 그리고 사랑은 "서로를 추구하는 두 실재들 사이의 심오한 일치"를 계시하며 "분리된 미립자는 남은 다른 것이 접근할 때 전율한다."[23) 사랑은 사람과 사람을 그리고 사람과 우주를 수렴시킨다. "보편적인 사랑은 심리학적으로만 가능한 것이 아니다. 보편적인 사랑은 우리가 사랑할 수 있는 유일하고 완전한 그리고 최종적인 길이다."[24) 그와 같은 우주적인 차원의 사랑은 요가와 같은 동양의 신비적인 철학들에 있어서 활력에 넘치는 것이며, 거기선 구심성, 즉 존재의 핵심으로서의 영원한 정신적인 실재와의 합일, 그리고 바로 그 존재의 핵심이 가지는 현상

---

18) 위의 책, p.284.
19) 위의 책, p.265.
20) 위의 책, p.264.
21) 위의 책, p.265.
22) 위의 책, p.266.
23) 위의 책, p.266.
24) 위의 책.

456

적인 측면으로서 모든 사람과 일체의 살아 있거나 움직이지 않는 객체들을
위한 사랑이 만다라의 상징으로 너무나 잘 표현되어 있고 강조되어 있다.

우리가 검토한 모든 역사철학들은 사랑을 건설적이며 응집력이 있는 기반
으로 강조하고 있으며 바로 이 사랑을 통하여 인간의 사회는 성장하고 번영
한다고 강조한다. 하나의 전체 세계 사회는 꼭 같은 사랑의 기반을 바탕으로
해야 비로소 성장하고 번영할 수 있다. 우리는 제1부 7장에서 현실적으로
개인과 전체 인간성 그리고 우주와의 재수렴인 사랑과 같은 것에 대해 한
사람의 심리학자로서 융의 견해를 기술하였다. 융이 말하는 자아 실현의
개체화 과정은 인간의 더 한층 적절한 '인간화'라고 하는 샤르뎅의 개념과
일치한다. 미래의 유기적인 세계 문화는 발전해 나가는 데 있어서 그와 같은
자기 실현의 정신적인 분위기를 이루고 그 분위기에서 사는 사람들을 꽃피
우게 하지 않을 수 없을 것이다. 평화와 자유의 이러한 상태에서 사람은
영원한 오메가가 "우리의 중심들 중의 신비스런 중심"으로 이미 하나의
"실재"인 것과 같은 그러한 정도로 자기의 이성과 과학적인 지식을 이타적
으로 발전시킬 수 있을 것이다.[25]

우리가 이미 논의한 동서양의 많은 철학자들과 거의 마찬가지로 샤르뎅은
"이성과 신비주의의 접속(사랑)을 통하여 인간의 정신은, 발전하고자 하는
바로 그 본질에 의하여, 활력의 최대치를 힘 자라는 데까지 투시하여 찾아내
도록 되어 있다"[26]고 생각한다. 이성과 과학 그리고 사랑을 통하여 민주적이
면서도 유기적인 세계 문화가 나타날 것이며, 그런 다음에 최종적으로 영원
한 오메가의 상태가 이르게 될 것이다.

좀더 평범하고 근시안적인 관점에서 볼 때 우리가 개관하였던 문화 순환
론자들은 보다 마음에 내키지 않는 예언을 하고 있다. 이전의 다른 문명의
흥망성쇠의 과정들을 보고 행한 어마어마한 유추의 증거를 가지고 저들은
우리가 한 시대의 종말에 존재들을 보고 주장한다(힌두교도, 불교도, 자이나교
도들 및 우주적 순환론을 추종하는 다른 사람들도 역시 인간의 사회가 이만큼 타락
한 상태에 있기 때문에 우리는 순환의 마지막 시대에 살고 있는 것이라고 믿는다).
유럽 사상계에서 최초의 위대한 문화 순환론자 비코는 분명히 '군주 정치'

25) 위의 책, p.267.
26) 위의 책, p.285.

를 몇몇 민주 국가 가운데 널리 퍼져 있는 사회와 경제적인 무질서에 대한
해결책으로서 예언하였을 것이다. 프랑스는 그와 같이 무질서한 상태에 있었
던 것 같으며, 드골(de Gaulle)의 통치에는 군주 정치의 이념이 존재한다.
심지어 미국에서조차 범죄적인 요소들과 이기주의적인 집단들에 재갈을
물리지 않는다면 혼란이 빚어질 것이다. 오늘의 세계는 어지간히 경제적
그리고 지리적인 전체이며 따라서 비코는 각기 이기적인 동기를 갖게 된
개체 민족들 사이의 끊임없는 갈등을 해소하기 위하여 하나의 세계 군주
정치를 예언해도 좋았을 것이다. 그는 세계 군주 정치의 기원을 맞이하는
또 다른 아우구스투스의 '불가피'한 출현을 지켜 보았을 것이다. 이것이 소위
슈펭글러가 이르는 바 독재 군주 정치(Caesarism)의 기원이다.

　슈펭글러는 위에서 제시한 몇 가지 이유 때문에 서양의 문화는 독재 군주
정치를 위한 시기가 무르익었다고 생각한다.[27] 독재 군주 정치는 최후의 시대
가 될 것이며, 그 후에 그 문화는 완전히 해체되어 세계의 유색 인종들(황
색, 갈색, 흑색의 인종, 즉 아시아인과 아프리카인)에 의하여 시작되고 확립된
하나의 새로운 세계 문화가 일어날 것이다.

　토인비도 역시 서양의 문명은 우리가 지금 소유한 문명과 전혀 다른 것을
의미한다고 할 수도 있을 참된 기독교로 돌아서지 않으면 비극적인 운명을
겪도록 되어 있다고 생각한다. 그것은 모든 제도가 기독교화, 즉 형제와 같은
사랑과 협동을 실행하는 근본적인 기독교의 윤리를 중심으로 재조직될 것이
기 때문에 새로운 문화를 수립하는 것과 같을 것이다. 그러나 만약 우리의
문화가 몰락한다면 그것은 또 다른 종류의 진보——태고 시대 이후 인류가
겪는 유일한 참된 진보를 의미할 것이다. 이것이 바로 종교의 진보인 것이
다. 모든 세속 문명의 실패는 인간의 단결과 사랑을 기본 윤리 원칙으로
강조하는 좀더 높은 종교들의 진보에서의 또 다른 이정표가 됨을 의미한
다.

　소로킨 역시 우리가 문화의 순환에 있어서 감각적인 시대의 종말에 존재
한다고 하는 충분한 증거를 제시한다. 하나의 새로운 문화가 시대의 풍조로
되어 있으며, 그것이 하나의 새로운 완전한 이념 위에 세워지게 될 것이다.
인간은 통일된 영성의 초의식적인 정신의 수준에 오르게 될 것이다. 창조적

---

27) 이 책, 제3부 제2장.

458

인 이타주의적 사랑에 의하여 동기를 갖게 된 인류는 "새 하늘과 새 땅"을 널리 세상에 알리게 될 것이다. 이는 정신적인 생활과 물질적인 생활 모두가 완전히 쇄신될 것이기 때문이다.

라다크리쉬난은 높은 영성의 새로운 시대, 즉 정신이 지금까지 인간의 지배적인 요소였던 지성을 대신하게 될 새로운 시대의 여명을 기대한다. 다가오는 정신의 시대는 지적인 사랑에 근거한 전세계적인 인간 통일의 시대가 될 것이며, 대체로 협조하는 개인들과 민족 문화들의 세계가 될 것이다. 지성과 사랑은 지배적인 가치가 될 것이다.

예전의 낡은 문명보다 더 위대한 새로운 문명을 건설하자는 데 대체적으로 일치하고 있으며, 그것은 인간 역사의 다음 시대에 본질적인 것이며, 우리는 깜짝 놀랄 만한 공학상의 과학적인 진보가 우리로 하여금 헉슬리의 책 이름과 같이 「멋진 신세계(*Brave New World*)」의 공포 가운데 던져 넣지 못하도록 하기 위해서 강력한 정신적인 근거를 마련하지 않으면 안 된다. 최근에 발행된 헉슬리의 이 책의 후편——「멋진 신세계 재방문(*Brave New World Revisited*)」——은 신세계의 기초를 위한 비법을 담고 있다. 더욱이 그 비법은 우리가 검토해 본 많은 철학에 두루 퍼져 있는 것과 다른 것이 없다. 즉 이성과 사랑이란 것이 그것이다. 헉슬리는 이와 같이 진술한다.

> 무엇보다도 먼저 인간의 다양성과 유전학적인 특성에 근거한 개인적인 자유의 가치, 즉 오랫동안 익혀 온 사실에 근거하고 있고, 요사이 현대 정신과 의사들에 의해 재발견된 사실——사람들의 정신과 신체적인 다양성이 무엇이든지 간에 사랑은 인간에게 음식물과 피난처만큼이나 필요한 것이라는 사실——즉 자선과 연민의 가치 그리고 끝으로 지성의 가치, 이런 것이 없으면 사랑이란 무력하고 자유란 이룰 수가 없는 것이다.[28]

인간의 정신은 이들 가치를 확립하기 위하여 최상의 노력을 기울여야 하며 그렇지 않을 경우 인간 역사의 다음 시대는 오웰(Orwell)의 「1984년」의 비극적인 광경을 닮게 될 것이다. 좀더 심하게 말하면——3차대전에서 살아 남은——인간은 끔찍스럽게 다시 야만 상태로 환원될 것이다. 이것은

28) 1958년 11월 15일 Saturday Review. 헉슬리의 책 「멋진 신세계 재방문」에서 인용, Granville Hicks의 서평, p.12(Harper & Brothers, 1958)

비코의 말을 빌리면 너무 썩어서 달리 구제할 길이 없는 사회에 대한 "극단적인 치유책"이다. 이성과 사랑 그리고 이들 가치를 보충하기 위한 작업은 인류를 이 마지막 재앙으로부터 구제하는 데 필수 불가결한 것이다. 그러나 만약 원자폭탄이 우리 모두를 파멸시킬 것이라고 한다면 우리가 최후에 목숨을 부지하고 있는 순간에 광대한 우주 속에서 다른 생활 형식으로 거대한 진보가 이루어졌어야 했다는 것을 분명히 깨닫는 것도 우리에게 위로가 될 것이다. 또는 우리의 정신적인 지각의 범위를 훨씬 넘어서는 존재의 단계들이 존재한다는 것이 가능하다는 것을 깨닫는 것도 우리에게 위로가 될 것이다. 우리의 편에서 개체적인 그리고 집단적인 정신 생활의 더 이상의 발전이 우리의 이 유성 위에서 사는 사람들에게만 달렸다거나 혹은 이러한 종류의 존재는 실재성을 가지지 못한다고 생각하는 것은 허영에 지나지 않는다. 그럼에도 불구하고, 우리가 절멸의 고통을 겪으면서도 보다 높은 차원의 영성을 위해 투쟁하는 것은 우리의 신성한 사명이다. 또한 적어도 우주 속의 생활 형식에 의하여 달성된 최고의 수준에서 우리가 존재한다(이것은 샤르뎅의 견해이다)는 가능성이 없지 않아 있는데, 이것은 우리가 초의식적인 존재의 높은 정신적인 수준에 달하는 것을 더 한층 피할 수 없게 만들 것이다.

시간과 공간의 천문학적인 광대함에서——호일레의 천체물리학을 받아들일 경우의 시간과 공간의 무한대——최고의 정신적인 목표는 이미 많은 은하계에서 여러 차례 달성되어 왔을 것이다. 비록 샤르뎅은 우리가 최종 목표를 예견할 수 있다고 생각하기는 하지만 이들 목표는 우리의 현재 진화 수준에선 아마도 예상하기가 용이하지 않을 것이다. 동양의 행자들과 서양의 성자들의 신비적인 체험에서 이루어지고 윤곽이 그려진 정신의 완전한 순환은, 호일레의 이론이 옳다고 할 경우, 무수한 은하계에서 이미 달성되어 왔을 것이며, 또 그와 같이 반복될 것이다. 힌두교와 불교도의 동양적인 순환관은 이런 까닭으로 해서 대우주적인 수준에서 역사적인 진리를 직관한 것임이 입증될 것이다.

다른 한편으로 대우주적인 수준에서 또는 원대한 관점으로부터 무엇이 진실이라고 판명되든지 간에 우리는 (원대한 비전을 잃지 않고) 지성과 사랑의 가치, 즉 우리의 인간적인 관계와 우리의 사회 제도들 그리고 국제적인 관계에서 노드롭이 분명하게 밝혀 준 이론적인 가치와 미학적인 가치를 인식하는 더욱 직접적인 과업에 우리 자신을 한정시켜야 한다. 다음에 올 대문화의 순환은 분명히 세계적인 문화의 시대이며, 이전 어느 때보다도 훨씬 고상한 정신적인 수준에 있는 것임을 알아야 한다. 이것은 무엇보다도 이 지상에서 살고 있는 모든 사람들의 건강과 경제 그리고 교육적인 욕구를 보살피기 위한 현명한 배려를 포함한다. 원자력과 태양열 그리고 대양의 에너지 이용은 이것을 실제적인 것으로 만들 것이다. 그러나 "극단적인 치유책"이 우리에게 닥치고 우리가 이 유성 위에서 살고 있는 하나의 종족으로서 자기 파멸로 실패하게 될지라도 우리의 종족 호모 사피엔스 가운데 몇몇 성원들은 최고의 사랑과 지성의 가치를 실현하는 데 성공하였다고 하는 위안이 아직 남아 있다. 동양과 서양의 위대한 성자들과 현인들이 있다. 이 거룩한 전위대는 우리에게 참 자유의 길을 보여 주었으며, 우리는 참 자유를 인간 역사의 직접적인 목표로 삼지 않으면 안 된다. 분명코 더욱 높은 가치와 목표가 샤르뎅과 쥴리앙 헉슬리 같은 사람들이 믿는 것처럼 인간의 더 이상의 진화 발전의 피안에 있다. 그러나 우리는 무엇보다도 먼저 현재와 미래의 새로운 역사의 시대에 이들 가치를 실현하도록 하지 않으면 안 된다. 그렇지 않으면 아마 우리는 하나의 종족으로서 더 이상의 역사를 지니지 못할 것이다.

역자 후기

근세에 들어서면서 북미와 그 밖의 몇몇 나라들을 제외한 지구상의 대부분의 나라들은 전통과 권위의 상실, 광적인 독재자들의 무분별한 파괴와 살상, 증오와 공포, 내란의 참변들을 경험하면서 비관론과 회의주의에 물들었다. 자연과학에서도 생물학이 누리던 위치를 물리학이 차지하면서 인간생활 전반에 걸쳐 혁신을 거듭하였으나 확률론이나 불확정성의 이론으로 인간과 우주 및 신에 대한 종래의 우리의 가치적인 관념들까지 완전히 뒤바꾸어 놓았다. 이때 우리 인류가 공통적으로 느꼈던 당혹과 좌절 그리고 지금까지 굳게 믿어 왔던 절대 가치들에 대한 회의와 배신감 등은 근대 문학과 예술 그리고 철학들의 사조에 잘 나타나 있다.

그러나 그러한 깊은 상실감과 허무감에도 불구하고 양 대전의 흑암을 벗어나면서부터 뚜렷한 모습은 아니나 어렴풋이라도 새로운 세계의 전망을 제시하는 사람들이 있었다. 그들은 서구의 합리성과 논리성에 근거를 가진 과학적 사고의 수리물리학과 분석적 경험주의적 실증철학의 한계를 인식하고 이들을 동양의 창조적 직관철학들과 비교 종합함으로써 새로운 진로를 모색하고 개척하려고 시도하였던 문화 인류학자들과 문화 사회학자들 그리고 세계 문화에 대한 비교철학자들이었다. 그들은 어느 특정한 문화가 우월하다는 입장에서 벗어나 원시 문화일지라도 저들 체계 속에는 일관적인 개념이 있다고 생각한다. 저들은 이러한 새로운 종합의 바탕 위에서 모든 문화 체계에 설득력 있는 새로운 세계적 규범을 찾아내고 이타주의와 보편적 인류애를 실천함으로써 보다 성숙한 자아 계발을 꾀하는 동시에 세계 역사에 기여하고자 하는 지성인들의 노력을 대변하였다.

우리는 이같은 시도와 노력의 추구가 결코 쉬운 일이 아니라고 생각하지만 그러나 우리 모두를 위해선 대단히 소중하고 바람직한 시도라 아니할 수 없다. 대원 동서 문화 총서는 인류에 대해 이러한 뉴 프런티어 정신을 가진 사상가들의 생각과 활동을 우리 독서계에 소개하려는 의도에서 시작되었다고 하겠다.

케언스 여사의 이 책은 이러한 조류와 맥락을 같이한다고 볼 수 있다. 동서양의 위대한 문명과 종교 및 사상가들과 철학가들의 역사관을 비교 검토하고 나서 그녀는 우리 앞에 새로이 도래되는 시대를 이성과 사랑에 근거한 세계적인 문화의 시대가 될 것과 거기선 인간의 참 자유를 보장받게 될 것이라고 내다보고 있다. 물론 역사적인 예언이나 예측이 부질없고 불확실한 것이기는 하지만 그러나 그러한 낙관적인 견해는 적어도 인간성에 대한 확고한 믿음과 따뜻한 애정이 없이는 나올 수 없는 것이라고 생각할 때 아무런 문제도 되지 않는 것이다. 우리에겐 냉철한 비판력과 분석력 못지 않게 종합력과 문제 해결 및 치유할 수 있는 능력도 중요하다고 보겠다. 케언스의 이 책은 이러한 점에서 우리에게 시사해 주는 바가 대단히 많을 것 같다.

1989. 10. 역자.

참고 문헌

Anesaki, Masaharu. *History of Japanese Religion*. London: Kegan Paul, 1930.

Arberry, A.J. *Revelation and Reason in Islam*. New York The Macmillan Company, 1957.

Aristotle. *The Basic Works of Aristotle*. Ross translation. Single volume edition. Edited by Richard Mckeon. New York: Random House, 1941.

Augustine. *The Works of Aurelius Augustine*. A new translation. Edited by the Rev. Marcus Dods, M.A. Vols, I and II, *The City of God*. Translated by the Rev. Marcus Dods, M. A. Edinburgh: T. and T. Clark, 1871~1872.

Aurobindo. *The Ideal of Human Unity*. New York: E.P. Dutton, Inc., 1950.

Aurobindo. *The Life Divine*. Pondicherry: Sri Aurobindo Ashram, 1955.

Aurobindo. *On Yoga: The Synthesis of Yoga*. Pondicherry: Sri Aurobindo Ashram, 1955.

Aurobindo. *The Problem of Rebirth*. Pondicherry: Sri Aurobindo Ashram, 1952.

Avalon, Arthur(Sir John Woodroffe), editor. *Tantrik Texts*, Vol. VII, *Shri-chakrasambhara Tantra*, edited by Kazi Dawa-Samdup. London: Luzac & Co.; Calcutta: Thacher, Spink & Co., 1919.

Barton, George A. *Archaeology and the Bible*. Philadelphia: American Sunday--School Union. Seventh revised edition, 1937.

Becker, Carl. *Everyman His Own Historian*. New York: Appleton-Century-Crofts, 1935.

Bradley, F.H. *Appearance and Reality*. New York: The Macmillan Co., 1908.

Charles, R.H. *Religious Development Between the Old and New Testaments*. London, New York: Home University Library of Modern Knowledge, 1914.

Chatley, H. "Ancient Chinese Astronomy," *Occasional Notes*, No. 5, *Royal Astronomical Society*, 1939, pp.65~74.

Chaudhuri, Haridas. *The Philosophy of Integralism*. Calcutta: Sri Aurobindo Pathamandir, 1954.

Cheng, Te-k'un. "Yin-Yang Wu-Hsing and Han Art," *Harvard Journal of Asiatic Studies*, Vol. 20.

Cohen, Morris Raphael. *The Meaning of Human History*. La Salle, Illinois: Open Court Publishing Company, 1947.

Collingwood, R.G. *The Idea of History*. Oxford: Clarendon Press, 1946.

Condorcet, Antoine Nicolas. *Sketch for a Historical Picture of the Progress of the Human Mind*. Translated by June Barraclough. New York: The Noonday Press, 1955.

Coomeraswamy, Ananda, *The Dance of Sihva*. Bombay, Calcutta: The Asia Publishing House, 1948.

Cornforth, Maurice. *Historical Materialism*. London: Lawrence and Wishart, 1953.

Cumont, Franz. *The Mysteries of Mithra*. Translated by Thomas J. McCormack from second revised edition. New York: Dover Publications, 1956.

Dentan, Robert Claude, editor. *The Idea of History in the Ancient Near East*. New Haven: Yale University Press, 1955.

Duyvendak, J.J.L. "The Mythico-Ritual Pattern in Chinese Civilization," *Proceedings of the 7th Congress for the History of Religions*, Amsterdam, 4th-9th September 1950, edited by C.J. Bleeker, G.W.J. Drewes and K.A.H. Hidding. Amsterdam: North-Holland Publishing Company, 1951, pp.137~138.

Evans-Wentz, W.Y. *Tibetan Yoga and Secret Doctrines*. Translated by Chen-Chi Chang. Edited by Evans-Wentz. Second edition. London, New York, Toronto: Oxford University Press, 1958.

Finegan, Jack. *Light from the Ancient Past*. Princeton: Princeton University Press, 1946.

Finegan, Jack. *The Archaeology of World Religions*. Princeton. Princeton University Press, 1952.

Fitzgerald, C.P. *China: A Short Cultural History*. Fourth revised edition. New

York: Frederick A. Praeger, Inc., 1954.

Frankfort, H. and H.A. et al. *Intellectual Adventure of Ancient Man.* Chicago: University of Chicago Press, 1946.

Frankfort, Henri. *The Birth of Civilization in the Near East.* Doubleday Anchor Books edition. Garden City. New York: Doubleday & Co., 1956.

Frazer, Sir James George. *Folklore in the Old Testament.* Abridged edition. New York and London: The Macmillan Company, 1923.

Fung, Yu-lan. *A History of Chinese Philosophy.* 2 vols. Translated by Derk Bodde. Princeton: Princeton University Press, 1952~1953.

Gamow, George. "Modern Cosmology," *The New Astronomy.* edited by editors of the *Scientific American.* New York: Simon and Schuster, 1955.

Gaster, Theodore H. *Tespis.* New York: Schumann, 1950.

Geyl, Pieter, "Prophets of Woe, "*Virginia Quarterly*, October, 1950, pp. 587~602.

Gibb, H.A.R. *Mohammedanism.* Mentor edition. New York: New American Library, 1955.

Gomperz, Theodore. *Greek Thinkers.* 4 vols. Translated by C.G. Berry. New York: Humanities Press, 1955.

Govinda, Anagarika. "Principles of Tantric Buddhism," *2500 Years of Buddhism,* edited by P.V. Bapat. Delhi: Publications Division, Government of India, 1959.

Granet, Marcel. *Chinese Civilization.* London: Routledge & Kegan Paul, Ltd., 1930.

Guenther, H.V. "Mantrayana and Sahajayana," *2500 Years of Buddhism*, edited by B. V. Bapat. Delhi: Publications Division, Government of India, 1959.

Guillaume, Alfred. *Islam.* Penguin edition. Baltimore: Penguin Books, Ltd., 1954.

Hartshorne, Charles, and Reese, William L. *Philosophers Speak of God.* Chicago: The University of Chicago Press, 1953.

Havell, E.B. *The Ideals of Indian Art.* London: John Murray, 1920.

Heath, Sir Thomas. *Aristachus of Samos, The Ancient Copernicus.* Oxford: The Clarendon Press, 1913.

Heath, Sir Thomas. *History of Greek Mathematics.* 2 vols. Oxford: The Clarendon Press, 1921.

Hegel, Georg Wilhelm Friedrich. *The Philosophy of History.* Translated by J. Sibree. Revised edition. New York: Willey Book Co., 1944.

Hooke, Samuel H. *New Year's Day.* London: Gerald Howe, Ltd., 1927.

Hoyle, Fred. *Frontiers of Astronomy.* New York: Harper & Brothers, 1955.

Jeffery, Arthur. *Islam.* Edited by Arthur Jeffery. Library of Religion series. New York: The Liberal Arts Press, 1958.

Jung, Carl Gustav. *Psychology and Religion: West and East.* Translated by R.F.C. Hull. Bollingen Series XX. New York: Pantheon Books, 1958.

Jung, Carl Gustav. *Modern Man in Search of a Soul.* Harvest Books edition. Translated by W.S. Dell and Cary F. Baynes. New York: Harcourt Brace, 1933.

Jung, Carl Gustav. "*The Spirit of Psychology,*" *This is My Philosophy*, edited by Whit Burnett. New York: Harper & Bros., 1957.

Khaldun(Ibn Khaldun). *The Muqaddimah, An Introduction to History.* Edited by Franz Rosenthal. 3 vols. Bollingen Series XLIII. New York: Pantheon Books, 1958.

Khemo(Bhikku Khemo). *What is Buddhism?* Third revised edition. Bangkok, Thailand: Prachandra Press, 1954.

Kramrisch, Stella, *The Art of India.* London: Phaidon Press, 1954.

Kroeber, A.L. *Anthropology Today.* Edited by A.L. Kroeber. See essay "Style," by Meyer Schapiro, pp.287~311. Chicago: University of Chicago Press, 1953.

Lewis, Sir George Cornewall. *An Historical Survey of the Astronomy of the Ancients.* London: Parker, Son, and Bourn, West strand, 1862.

Lovejoy, Arthur, and Boas, George. *Primitivism and Related Ideas in Antiquity.* Baltimore: Johns Hopkins Press, 1935.

Mandelbaum, Maurice. *The Problem of Historical Knowledge.* New York: Liveright Publishing Corporation, 1938.

Marx, Karl. *Capital*. Modern Library edition. Edited by Friedrich Engels. Revised and amplfied according to the fourth German edition by Ernest Untermann. Translated from the third German edition by Samuel Moore and Edward Aveling. New York: The Modern Library, Random House, n.d., copyright 1906 Charles H. Kerr and Company.

Marx, Karl and Engels, Friedrich. *Selected Works*, 2 vols. London: Lawrence and Wishart, 1950.

Maspero, G. *History of Egypt*. 2 vols. Edited by A.H. Sayce. Translated by M.L. McClure. London: The Grolier Society, n.d.

Mendelsohn, Isaac. *Religions of the Ancient Near East*. Edited by Isaac Mendelsohn. Library of Religion series. New York: The Liberal Arts Press, 1955.

Morgan, Kenneth W., editor. *The Path of the Buddha*. New York: Ronald Press, 1956.

Mus, Paul. *Barabudur. Esquisse d'une histoire du bouddhisme fondée sur la critique archéologique des textes*. 4 vols. Hanoi: Imprimerie d'extreme-Orient, 1935.

Needham, Joseph. *Science and Civilization in China*. 7 vols., vols. 1 and 2. Cambridge: The Cambridge University Press, 1954~1956.

Neugebauer, Otto. *The Exact Sciences in Antiquity*. Princeton: Princeton University Press, 1952.

Nicholson, Reynold A., editor. *Rumi: Poet and Mystic*. Translated with Introduction and notes by Reynold A. Nicholson. London: George Allen and Unwin, Ltd., 1950.

Nietzsche, Friedrich, *The Complete Works of Friedrich Nietzche*. Edited by Oscar Levy. Vols. XI and XVI. New York: Macmillan, 1913.

Nilson, Martin P. *Primitive Time Reckoning*. Oxford: Oxford Press, 1920.

Northrop, Filmer S.C. "Man's Relation to the Earth in Its Bearing on His Aesthetic Ethical and Legal Values," *Man's Role in Changing the Face of the Earth*. Edited by William L. Thomas et al. Chicago: University of Chicago Press, 1956.

Plato. *The Dialogues of Plato.* 2 vols. Translated by Benjamin Jowett. New York: Random House, 1937.

Radhakrishnan, Sarvepalli, "The Religion of the Spirit and the World's Need (Fragments of a Confession)" *The Philosophy of Sarvepalli Radhakrishnan.* Edited by Paul Arthur Schilpp. New York: Tudor Publishing Company, 1952.

Radhakrishnan, S. and Moore, Charles A. *A Source Book in Indian Philosophy.* Princeton: Princeton University Press, 1957.

Radhakrishnan, S. and Muirhead, J.H., editors. *Contemporary Indian Philosophy.* Second revised and enlarged edition. Muirhead Library of Philosophy. London: George Allen & Unwin, Ltd., 1952.

Radhakrishnan et al., editiors. *History of Philosophy: Eastern and Western.* 2 vols. London: George Allen & Unwin, Ltd., 1952.

Reichwein, Adolph. *China and Europe.* New York: Knopf. 1925.

Reps, Paul. *Zen Flesh and Zen Bones.* Rutland, Vermont: Charles E. Tuttle Company, 1957.

Rowland, Benjamin. *The Art and Architecture of India.* Baltimore: Penguin Books, 1953.

Sacred Books of the East. Edited by Max Muller. 50 vols. London: Oxford University Press. Vols. XII and XLIII *Satapatha Brahmana*; vol. V *Pahlavi Texts*; vol. XXXIV *The Vedanta-sutras with Commentary by Sankaracharya.*

Sangharakshita(Bhikshu). A Survey of Buddhism. Bangalore, India: The Indian Institute of World Culture, 1957.

Sankaracharya. *The Crest-Jewel of Discrimination.* Translated with Introduction by Swami Prabhavananda and Christopher Isherwood. Hollywood, California: Vedanta Press, 1947.

Sankaracharya. *A Thousand Teachings.* Translated with notes by Swami Jagadananda. Mylapore, Madras, India: Sri Ramakrishna Math, 1949.

Sarton, George. *A History of Science: Ancient Science Through the Golden Age of Greece*. Cambridge: Harvard University Press, 1952.

Smith, Charlotte Watkins. *Carl Becker: On History and the Climate of Opinion*. Ithaca, New York: Cornell University Press, 1956.

Snellgrove, David, "The Tantras," Third Part of *Buddhist Texts Through the Ages*. Edited by Edward Conze in collaboration with I.B. Horner, David Snellgrove and Arthur Waley. New York: Philosophical Library, 1954.

Snellgrove, David. *The Hevajra Tantra*, 2 vols. London, New York: Oxford University Press, 1959.

Soothill, William Edward. *The Hall of Light*. Edited by Lady Hosie and G.F. Hudson. London: Lutterworth Press, 1951.

Sorokin, Pitirim A. *The Crisis of Our Age*. New York: E.F. Dutton & Co., 1941.

Sorokin, Pitirim A. *The Social and Cultural Dynamics*, 4 vols. New York: American Book company, 1937.

Sorokin, Pitirim A. *The Reconstruction of Humanity*. Boston: The Beacon Press, 1948.

Sorokin, Pitirim A. *The Ways and Power of Love*. Boston: The Beacon Press, 1954.

Spengler, Oswald. *The Decline of the West*. 2 vols, Translated by Charles Atkinson. New York: Alfred A. Knopf, 1932.

Spiegelberg, Frederic. *Living Religions of the World. Englewood Cliffs*, N.J.: Prentice Hall, Inc., 1956.

Stalin, Joseph. *Dialectical and Historical Materialism*. Moscow: Foreign Languages Publishing House, 1951.

Stevenson, Mrs, Sinclair. *The Heart of Jainism*. London, New York, Toronto, Melbourne, Bombay: Humphrey Milford, Oxford University Press, 1915.

Thomas, Edward J. *The History of Buddhist Thought*. Second edition. London: Routledge & Kegan Paul, Ltd., 1953.

Toynbee, Arnold J. *A Study of History*. 12 vols. London: Oxford University

Press, 1934~1961.

Toynbee, Arnold J. *A Study of History.* 2 vols. Abridgement of vols. 1~10 by D.C. Somervell. New York and London: Oxford University Press, 1947~1957.

Toynbee, Arnold J. *Civilization on Trial.* New York: Oxford University Press, 1948.

Tritton, A.S. *Muslim Theology.* London: Luzac & Company, 1947.

Vaillant, George C. *The Aztecs of Mexico.* Penguin edition. Baltimore: Penguin Books, Inc., 1950.

Vico, Giambattista, *The New Science of Giambattista Vico.* Translated from the third edition (1744) by Thomas G. Bergin and Max H. Fisch. Ithaca: Cornell University Press, 1948.

Virgil. *Virgil's Works: The Aeneid, Eclogues, Georgics.* Translated by J.W. Mackail. Modern Library edition. New York: Random House, 1934.

Wáddell, L. Austine. *The Buddhism of Tibet or Lamaism.* Second edition. Cambridge: W. Heffer & Sons, Ltd., 1934, reprinted 1959.

Warren, Henry Clarke. *Buddhism in Translations.* Harvard Oriental Series, Vol. 3. Cambridge: Harvard University Press, 1922.

Wilhelm, Richard. *The Secret of the Golden Flower.* Translated into German and explained by Richard Wilhelm: translated into English by Cary F. Baynes; with a European commentary by Carl G. Jung translated by Cary F. Baynes. New York: Wehman Bros., 1955.

Yogindra, Sadananda, *Vedantasara or the Essence of Vedanta.* Mayavati, Almora, Himalayas: Advaita Ashrama, 1949.

Zeller, Eduard. *A History of Greek Philosophy.* Translated by S.F. Alleyne and others. Vol. I, *The Pre-Socratic Philosophers.* London: Longmans Green, 1881~88.

Zeller, Eduard. *Plato and the Older Academy.* New edition. Translated by Alleyne and Goodwin. London: Longmans Green and Co, 1888.

Zeller, Eduard. *Stoics, Epicureans and Sceptics.* Translated by Oswald J.Reichel. London: Longmans, 1870.

Zimmer, Heinrich, *Philosophies of India*. Edited by Joseph Campbell. Meridian Books edition. New York: Meridian Books, 1957.

Zimmer, Heinrich. *Myths and Symbols in Indian Art and Civilization*. Edited by Joseph Campbell. New York: Pantheon Books, Bollingen Series, 1946.

Zimmer, Heinrich. *The Art of Indian Asia*. 2 vols. New York: Pantheon Books, published for Bollingen Foundation, 1955.

대원동서문화총서

역사철학

초판1쇄 발행 ㅣ 1990년 1월 3일
초판4쇄 발행 ㅣ 2017년 5월 15일

지은이 ㅣ 그레이스 E. 케언스
옮긴이 ㅣ 이성기

발행인 ㅣ 김남석
발행처 ㅣ ㈜대원사
주   소 ㅣ 06342 서울시 강남구 양재대로 55길 37, 302
전   화 ㅣ (02)757-6711, 6717~9
팩시밀리 ㅣ (02)775-8043
등록번호 ㅣ 제3-191호
홈페이지 ㅣ http://www.daewonsa.co.kr

값 19,500원

Daewonsa Publishing Co., Ltd
Printed in Korea 1990

ISBN ㅣ 978-89-369-0509-5